二十五史藝文經籍志考補萃編續刊

第六卷（上）

補後漢書藝文志

王承略 劉心明 主編

[清] 顧櫰三 纂輯
李兵 林相 整理

清華大學出版社
北京

版權所有，侵權必究。舉報：010-62782989，beiqinquan@tup.tsinghua.edu.cn。

圖書在版編目(CIP)數據

二十五史藝文經籍志考補萃編續刊. 第六卷/王承略，劉心明主編. —北京：清華大學出版社，2023.9
ISBN 978-7-302-64440-8

Ⅰ.①二… Ⅱ.①王… ②劉… Ⅲ.①二十五史－藝文志 Ⅳ.①Z838

中國國家版本館CIP數據核字(2023)第153992號

責任編輯：馬慶洲
封面設計：曲曉華
責任校對：王淑雲
責任印製：曹婉穎

出版發行：清華大學出版社
　　網　　址：http://www.tup.com.cn, http://www.wqbook.com
　　地　　址：北京清華大學學研大廈A座　　郵　　編：100084
　　社　總　機：010-83470000　　　　　　　郵　　購：010-62786544
　　投稿與讀者服務：010-62776969, c-service@tup.tsinghua.edu.cn
　　質量反饋：010-62772015, zhiliang@tup.tsinghua.edu.cn
印 裝 者：三河市東方印刷有限公司
經　　銷：全國新華書店
開　　本：148mm×210mm　　印　張：27.5　　字　數：612千字
版　　次：2023年11月第1版　　　　　　　印　次：2023年11月第1次印刷
定　　價：139.00元（全兩冊）

產品編號：100928-01

《二十五史藝文經籍志考補萃編續刊》編纂委員會

學術顧問：張高評
主　　編：王承略　劉心明
副 主 編：馬慶洲　李　兵
特約作者：劉兆祐　顧力仁　劉　琳　聶鴻音　張固也
點校整理：辛智慧　李學玲　張　雲　李玲玲　于少飛
　　　　　楊勝男　由墨林　張　偉　陳福盛　解樹明
　　　　　邱琬淳
校　　對：王成厚　李　博　王　瑞　王志遠　肖鴻哉
　　　　　楊潤東　靳亞萍　馬慶輝　李古月　王銀萍
　　　　　張孜烜　盧姝宇　林　相　朱世堯　侯穎格

目　録

補後漢書藝文志 …………………………………… 1

補後漢書藝文志卷之一 …………………………… 4
補後漢書藝文志卷之二 …………………………… 60
補後漢書藝文志卷之三 …………………………… 82
補後漢書藝文志卷之四 …………………………… 128
補後漢書藝文志卷之五 …………………………… 165
補後漢書藝文志卷之六 …………………………… 236
補後漢書藝文志卷之七 …………………………… 285
補後漢書藝文志卷之八 …………………………… 356
補後漢書藝文志卷之九 …………………………… 385
補後漢書藝文志卷之十 …………………………… 392
補後漢書藝文志卷之十一 ………………………… 409
補後漢書藝文志卷之十二 ………………………… 414
補後漢書藝文志卷之十三 ………………………… 427
補後漢書藝文志卷之十四 ………………………… 457
補後漢書藝文志卷之十五 ………………………… 491
補後漢書藝文志卷之十六 ………………………… 512
補後漢書藝文志卷之十七 ………………………… 525
補後漢書藝文志卷之十八 ………………………… 552
補後漢書藝文志卷之十九 ………………………… 590

補後漢書藝文志卷之二十	658
補後漢書藝文志卷之廿一	727
補後漢書藝文志卷之廿二	745
補後漢書藝文志卷之廿三	756
補後漢書藝文志卷之廿四	762
補後漢書藝文志卷之廿五	768
補後漢書藝文志卷之廿六	777
補後漢書藝文志卷之廿七	811
補後漢書藝文志卷之廿八	818
補後漢書藝文志卷之廿九	822

補後漢書藝文志

[清] 顧櫰三 纂輯

李兵 林相 整理

底本：溫州市圖書館藏清鏡山（疑即何澂）抄本
校本：《二十五史補編》本
　　　國家圖書館藏繆荃孫藝風堂抄本

秋碧《續後漢書藝文志》稿本凡三，即最後稿本亦未卒業，已於乙己歸道山矣。壬子寓居都門，枯坐悶損，取三本細加讎校，鈔録一過。原本字迹清朗者，託宜興吴蔭堂楷書寫之，其字迹潦草不易辨識者，余以行書寫之。秋碧書法本不擅長，加以行草，往往自費審識。此編訛錯，難以枚舉，就余記憶所及，及前後合校宜改正者，尚未及十之一二。京邸苦於無書校正，①俟諸異日，余馬齒加長，心緒複不佳，未知此生能了此事否也，書竟泫然。十二月朔後一日鏡山識。②

計十一册二十七卷，③吴楷書十二卷，余行楷十七卷。④ 是日，鏡山再記。⑤

---

① "邸"，國家圖書館藏繆荃孫藝風堂抄本《補後漢書藝文志》（以下簡稱"國圖本"）作"都"。
② "一日鏡"三字原殘缺，據國圖本補。
③ 按，"二十七"，原作"二十九"，後以朱筆校改之，實際卷數仍爲二十九。
④ "十七"，原誤作"十九"，據溫州市圖書館藏《補後漢書藝文志》改。按，經考察，國圖本乃據溫州本所抄，溫州本第七、十二至十八、二十至二十八卷爲行書寫成，共計十七卷。
⑤ 按，"計十一册……鏡山再記"底本原無，據國圖本補。

補後漢書藝文志卷之一

經學師承上

治施氏易

騎都尉陳留東昏劉昆桓公、子宗正軼君文

本傳：受《施氏易》於沛人戴賓，子軼亦傳父業。《東觀漢記》：昆少治《施氏易》，篤志經學，教授弟子常五百餘人，爲光禄勲，授皇子經及諸王小侯五十人經。

漢陽太守北地靈州傅燮南容①

本傳：師事太尉劉昆，治《施氏易》。

徵士廣漢梓潼景鸞漢伯

本傳：鸞少隨師事經，涉七州之地，治《施氏易》，兼明河雒圖緯。《華陽國志》：鸞與廣漢郝伯宗、②蜀郡任叔本、潁川李仲、③渤海孟元叔游學七州，遂明經術。

治梁丘易

博士代郡范升辯卿

本傳：治《梁丘易》。

---

① "傅"，原誤作"傳"，據國圖本、《二十五史補編》本《補後漢書藝文志》（以下簡稱"補編本"）改。

② "伯"字原脱，據清乾隆五十六年金谿王氏刻《增訂漢魏叢書》本《華陽國志·梓潼士女志》（以下《華陽國志》皆據此本）補。

③ "仲"下原衍一"則"字，據《華陽國志·梓潼士女志》删。

山陽太守吕羌

博士梁恭

見《范升傳》,俱修《梁丘易》。

左中郎將京兆楊政子行

本傳:從博士范升受《梁丘易》,與京兆祁聖元同好,時人爲之語曰:"説經鏗鏗楊子行,論難僠僠祁聖元。"《續漢書》:政從代郡范升學。升嘗爲出婦所告,坐繫獄。政乃肉袒,以箭貫耳,抱升子潛伏道旁,俟車駕出,涕泣辭請,有感帝心,詔曰:"乞楊生師。"即爲放出升。

太子少傅潁川鄢陵張興君上、^①子屬國都尉魴

本傳:興習《梁丘易》,稍遷,至博士,弟子自遠方至者,著録且萬人。子魴亦傳父業。

漁陽太守南陽宛張堪君游

《東觀漢記》:堪受業長安,治《梁丘易》。本傳:年十六受業長安,諸儒號曰"聖童"。

重安侯相杜暉慈明

《隸釋》:治《梁丘易》。

治京氏易

主簿毗陵陸璜仲芳

《毗陵先賢傳》:璜操履清正,明《京氏易》《尚書》,風角、星算皆極精奧,辟主簿視事,旬日,謝病去,隱會稽山。

沛獻王劉輔

本傳:輔好經書,善説《京氏易》。《東觀漢記》:永平五年

---

① "上",原誤作"子",據國圖本、補編本改。

秋，①京師少雨，上御雲臺，②召尚席取卦具，③自爲卦，以《周易卦林》卜之。其繇曰："螳封穴户，大雨將集。"明日大雨，上即以詔書問輔曰："道豈有是耶？"輔上書曰："按《易卦》震之蹇'螳封穴户，大雨將集'，《蹇》，艮下坎上，艮爲山，坎爲水。山出雲爲雨，螳穴居而知雨，將雲雨，螳封穴，故螳爲興文。"詔報曰："善哉！王次叙之。"

侍中兼虎賁中郎將汝南平輿戴憑次仲④

本傳：習《京氏易》。

九真太守南陽宛任延長孫⑤

《續漢書》：延治《京氏易》。謝承《後漢書》：年十二，學於長安，明《詩》《易》《春秋》，號曰"任聖童"。《會稽典錄》：更始拜延會稽都尉，下車遣吏以中牢祠延陵季子。會稽頗稱多文士，延到皆禮之，聘請高行俊乂如董子儀、嚴子陵等，皆待以師友之禮。謝沈《後漢書》：延拜會稽都尉，時龍丘萇等篤志好學，王莽篡位，隱居太末，以耕稼爲業。時鍾離意爲主簿，白請萇爲門下祭酒。

方正成武孫期仲彧⑥

本傳：期少爲諸生，習《京氏易》《古文尚書》。家甚貧，牧豕於澤中，學者皆執經隴畔以追之。

---

① "秋"字原脱，據清乾隆武英殿聚珍版書本《東觀漢記》（以下《東觀漢記》皆據此本）卷七補。

② "雲"，原誤作"靈"，據《東觀漢記》卷七改。

③ "席"，原誤作"書"，據《東觀漢記》卷七改。

④ "戴憑"二字原脱，據國圖本吴翊寅批注、補編本補。

⑤ "真"，原誤作"江"，據補編本、清乾隆四年武英殿校刻本《後漢書·循吏傳》（以下《後漢書》皆據此本）改。

⑥ "成武"二字原誤倒，據補編本、《後漢書·儒林傳》乙正。

弘農太守南陽魏滿叔牙①

本傳：習《京氏易》，教授。

太尉弘農楊秉叔節

本傳：兼明《京氏易》，博通書傳，隱居教授。

濟北相涿郡安平崔瑗子玉

本傳：明天官曆數、《京氏易》、六日七分，諸儒宗之。與扶風馬融、南陽張衡篤相友好。

吳令安丘郎宗仲綏、子郎中顗雅光②

《顗傳》：③父宗習《京氏易》。顗少傳父業，兼通經典，隱居海畔，延致門徒常數百人。

處士廣漢折像伯式

本傳：通《京氏易》，好黃老言。《華陽國志》：像，廣漢雒人也。從東平虞叔雅，以道自處門人。朋友自遠而至。時人爲諺曰："折氏客誰？朱雲卿，段節英。中有佃子趙仲平，但説天文論五經。"

光禄大夫南陽魯陽樊英季齊

本傳：受業三輔，習《京氏易》，兼明五經，善風角、星算，諸經七緯，推步災異。隱於壺山之陽，受業者四方而至。

郎中南昌唐檀子産

本傳：習《京氏易》，還鄉教授，常百餘人。

兗州太守京兆第五元先

按，元先第五倫孫，范《書》不載元先名，以第五種字興先推之，知爲伯魚孫也。

---

① "弘"，原避諱作"宏"，今回改，下同。
② "雅"，原誤作"稚"，據補編本、《後漢書·郎襄傳》改。
③ "顗"，原誤作"闓"，據補編本、國圖本吳翊寅批注、《後漢書·郎襄傳》改。

大司農北海高密鄭玄康成

本傳：從第五元先受《京氏易》。《續漢書》：少造太學受業，師京兆第五元先，通《京氏易》《公羊春秋》《三統曆》《九章算術》。又從東郡張恭祖受《周官》《禮記》《左氏春秋》《古文尚書》。西入關，因涿郡盧子幹事扶風馬融。融門徒四百人，升堂進者五十餘人。融素驕貴，玄在門下三年不得見，乃使高業傳授於玄。玄日夜尋誦，未嘗倦怠。融會門人諸生考論圖讖，聞玄善算，乃召見於樓上。玄因從質諸疑義，①畢辭歸。②融喟然謂門人曰："鄭生今去，吾道東矣！"玄自游學十餘年乃歸鄉里，家貧，客耕東萊，學徒相隨已數百千人。其門人山陽郗慮至御史大夫，東萊王基、清河崔琰著名於世。③杜密爲太山太守，④行春至高密義鄉，玄爲鄉佐，知其異器，召試郡職，遣就太學。《別傳》：季長后戚，嫚於待士，玄不得見。住左右，自起精廬，既因介紹得通。時涿郡盧子幹爲門人冠首，季長又不解剖裂七事，玄思得五，子幹得三。季長謂子幹曰："吾與汝皆弗如也。"季長臨別，執玄手曰："大道東矣。"《世說》：鄭玄在馬融門下，三年不得見，高足弟子傳授而已。嘗算渾天不合，諸弟子莫能解。或言玄能者，召玄令算，一轉便決，衆咸駭服。及玄卒業辭歸，融有"禮樂皆東"之嘆。恐玄擅名而心忌焉。玄亦疑有追，乃坐橋下，在水上據屐。融果轉式逐之，告左右曰："玄在土下水上而據木，此必死矣！"遂罷追，玄竟以得免。劉峻注："馬融海內大儒，被服仁義。鄭玄名列門人，何猜忌而行鴆毒乎？委巷之言，賊夫人之子。"

---

① "疑"，原誤作"類"，據補編本、《後漢書·鄭玄傳》改。
② "畢"，原誤作"異"，據補編本、《後漢書·鄭玄傳》改。
③ "琰"，原避諱作"玉"，今回改，下同。
④ "守"下，補編本有"北海相"三字。

《異苑》：康成師融，三載無聞，融鄙而遣之。玄過樹蔭假寐，夢一老父以刀開腹心，傾墨汁著肉，曰："子可學矣。"於是寤而即返，遂洞精典籍。融嘆曰："詩書禮樂，皆以東矣。"潛欲殺之，玄知而遁。融推式以算玄，玄當在土木上，①躬騎馬追之。玄入一橋下，俯伏柱。融跼蹐橋側云："土木之間，此則當死，有水非也。"從此而歸，玄用免焉。

按：鄭君弟子見《魏志》者有樂安國淵子尼、淵字子尼，鄭玄奇其才，勸使從學。樂安任嘏昭光、光，博昌人。年十四就學，疑不再問，三年中誦五經，皆窮其義，兼苞群言，時人謂之神童。受學鄭玄之門，著書二十篇，帝命下秘書以貫群言。東萊王基、基，曲城人。王肅著經傳解及論定朝儀，改易鄭玄舊說，基據持玄義，②常與抗衡。山陽郗慮、《續漢書》：慮字鴻豫，山陽高平人。少受業於鄭玄。曹操《與孔融書》：鴻豫經學出於鄭玄之門，又明《司馬兵法》。清河崔琰；琰字季珪，東武城人。年二十二始感激讀書，通《論語》《韓詩》。至二十九，乃結公孫方，就鄭玄受學。《述初賦》：琰性頑口訥，至二十九，粗閱書傳。聞北海有鄭徵君，當世名儒，遂往造焉。見《蜀志》者有汝南南頓程秉德樞；秉逮事鄭玄，後避地交州，與劉熙考論大義，遂博通五經。著《周易摘》《尚書駁》《論語弼》三萬餘言。見《崔琰傳》者有公孫方；見蕭常《續漢書》者有樂安孫炎叔然；炎受學鄭玄之門，稱東州大儒。王肅集《聖證》以譏短玄，炎駁而釋之。及作《周易》《春秋例》《毛詩》《禮記》、《春秋》三傳、《國語》《爾雅》諸注。又著書十餘篇。見《後漢書》有河內趙商；③鄭玄《自叙》：商字子聲，河內溫人，博學有秀才，能講論，而吃不能劇談。按趙商有《詣鄭康成學書》見《太平御覽》，《遺闕文書》見梅鼎祚《東漢文紀》，④又晋李密有《釋河內趙商譏詩賦》二十餘篇。見《別傳》者有尚書左丞北海張逸；尚書左丞同縣張逸年十三爲縣小吏，君謂之曰："爾有過人之質。玉雖美，必雕琢而成，能爲書生以成爾志否？"對曰："願之。"遂拔於其輩，妻以弟女。見《鄭志》及《鄭記》者有劉炎、炅模、田瓊、孫皓、冷剛、任厥、汜閭、陳鏗、一作"陳鑠"。焦喬、崇精、王權、劉

---

① "土"字原脫，據清同治刻本《鄭學錄》（以下《鄭學錄》皆據此本）卷一補。
② "持玄"，原誤作"玄元"，據清乾隆四年武英殿校刻本《三國志‧魏志‧王基傳》（以下《三國志》皆據此本）、《鄭學錄》卷四改。
③ "商"，原誤作"聲"，據補編本、《後漢書‧鄭玄傳》改。
④ "闕"，補編本作"關"。

德、王瓚、桓翱，一作"崇翱"。鮑遺、臨碩，碩字孝存，北海人。按"臨"亦作"林"，古字通用。史承節《鄭公碑》"孝存"作"孝莊"。甄守然諸人；①又《孝經疏》引宋均《詩譜序》云"我先師北海鄭司農"，則均亦玄之傳業弟子也。

太尉河内杜喬叔榮

本傳：治《京氏易》，師事荀爽。魏明帝《甄表狀》：喬治《易》《尚書》《禮記》《春秋》，晚好《老子》。

處士豫章南昌徐穉孺子

本傳：習《京氏易》。《海内玉品》：孺子嘗師事江夏黃公。公卒，孺子躬行會葬。無資以自致，齎磨鏡具自隨。每所至磨鏡取資，然後得前。既至祭畢而反。穉子允，字季登，隱居林藪，躬耕稼穡，倦則誦經。

聘士陳留申徒蟠子龍

《高士傳》：治《京氏易》。本傳：從姜肱受業，博通五經。蟠與王子居同在太學，子居卒躬，送喪至家。

召陵令鄧李炳子然

謝承《後漢書》：治《京氏易》《韓詩》。

光祿勛弘農華陰劉寬文饒

謝承《後漢書》：治《京氏易》。

東海相京兆平陵韋著休明

謝承《後漢書》：治《京氏易》《韓詩》，博通術藝。

遼東太守山陽湖陸度尚博平

司馬彪《續漢書》：通《京氏易》，時人語曰"海内清明度博平"。

會稽餘姚董春紀陽

《會稽典錄》：餘姚董春，字紀陽，少好學，師事侍中王君仲，受

---

① "甄守然"，清嘉慶間刻《問經堂叢書》本《鄭志》(以下《鄭志》皆據此本)同，補編本作"甄子然"。

《古文尚書》。後詣京房受《易》，究極聖指，條別科義。後還爲師，立精舍，遠方門徒學者常數百人。謝承《後漢書》：春立精舍，諸生每升講堂，鳴鼓三通，橫經捧手請問者百人，追隨上堂難問者百餘人。

蕩陰令陳留己吾張遷方公

《張遷碑》：治《京氏易》。

費縣令東平陽田君

《田君碑》：治《京氏易》。

北唐子真

《廣韻注》：通《京氏易》。

博士韓宗

《吳書》：張紘從博士韓宗受《京氏易》。

治孟氏易

太山都尉梁國蒙夏恭敬公

本傳：習《孟氏易》。

大鴻臚南陽淯陽洼丹子玉

本傳：世傳《孟氏易》，謂之洼君學。建武中，徵博士。

少府中山觟陽鴻孟孫

時中山觟陽鴻亦以《孟氏易》教授。

咸安令汝陽袁良貢卿、孫司徒安邵公、安子蜀郡太守京仲譽、司空敞叔平、京子光祿勛彭伯楚、彭弟太尉湯仲河

本傳：安祖良習《孟氏易》。安少傳良業，作《難記》三十萬言。子京傳安學。京弟敞，少傳《易》教授。京長子彭，彭弟湯，亦傳父業。

贈褒親侯烏氏梁竦叔敬

本傳：習《孟氏易》。

博士廣漢綿竹任安定祖

本傳：師事楊厚，治《孟氏易》，時人爲之語曰"欲知仲桓問任安"，又曰"居今行古任定祖"。安家居教授，弟子自遠方而至。杜微、何宗、杜瓊皆名士，至卿。按：楊厚字仲桓，門生三千人，卒，鄉人謚爲文父。

琅邪都尉蘭陵徐淑伯進

謝承《後漢書》：習《孟氏易》。

汝南太守南陽安衆宗資叔都①

謝承《後漢書》：習《孟氏易》。

陳留太守南郡胡碩季叡

《蔡邕碑》：君治《孟氏易》。

太尉南閣祭酒召陵許慎叔重

《説文解字叙》言《易》稱孟氏。慎，河南滎陽人，博學經籍，時人爲之語曰"五經無雙許叔重"。

零陵太守會稽虞光、子平輿令成、孫鳳、曾孫日南太守歆文繡

虞翻上《易注》，奏曰："臣高祖父故零陵太守光，少治《孟氏易》。曾祖父故平輿令成，纘述其業。臣祖父鳳爲之最密。臣先考故日南太守歆，本受於鳳，最有舊書，世傳其業。"按蕭常《續後漢書》：翻，會稽餘姚人。四世祖廣零陵太守、曾祖承平輿令。

治費氏易

尚書令南陽韓歆翁君

建武中，歆欲爲《費氏易》立博士。

司空南閣祭酒蒼梧廣信陳元長孫

作《費氏易》章句。

---

① "宗"字原脱，據補編本補。

大司農河南鄭衆仲師

作《費氏易》章句。

徵士京兆摯恂季直

《高士傳》：恂字季直，伯陵十二世孫也。明《禮》《易》，遂治五經，通百家之言。隱居渭濱，教授數百人。弟子扶風馬融、沛國桓驎，自遠方至者十餘人。融從恂受業，恂以女妻之，後果爲大儒，當世以是服恂之知人也。和帝時，三府交辟，公車徵，皆不就。

南郡太守扶風馬融季長

衆以授融，融爲之注。謝承《後漢書》：融年十三明經。融自叙少而好問，學無常師。司馬彪《續漢書》：融在東觀十年，窮究典籍。初，京兆摯恂以儒術教授，名重關西，融從其游學，博通經籍，爲世通儒。教養諸生常有千數，涿郡盧植、北海鄭玄皆其徒也。融前授生徒後列歌伎，惟盧植未嘗忤視。

大司農北海高密鄭玄康成

融以授玄，玄爲之注，荀爽復爲之傳，自是《費氏》興，而《京氏》遂衰。

司空潁川荀爽慈明

荆州五業從事南陽章陵宋忠仲子

作《易注》。

鎮南將軍荆州牧山陽高平劉表景升

表受學於山陽王暢。作《周易後定章句》。

黃門侍郎弘農華陰董遇季直[①]

作《易章句》。遇性質訥，好學。興平中，關中亂，與兄季中依將軍段煨。采稆負販，而常挾持書傳。建安中，舉孝廉，稍遷

---

① 按，治《費氏易》末三條，補編本作爲正文附錄。

黄門侍郎。旦夕侍講，爲帝所愛。有從學者遇不肯教，云：
"必當先讀百遍，其義自見。"
徵士樂安孫炎叔然
作《周易傳例》。
汝南南頓程秉德樞
作《周易摘》。

治大夏侯尚書

祁令新都楊則仲續
楊統曾祖父仲續，舉河東方正，拜祁令。樂河東風俗，留家新都，代修儒學，以《大夏侯尚書》相傳。
太尉參錄尚書事北海安丘牟融子優
本傳：少博學，以《大夏侯尚書》教授，門徒數百人。
少府中山鮭陽鴻孟孫
本傳：習《大夏侯尚書》。
侍中領騎都尉扶風平陵賈逵景伯
本傳：以《大夏侯尚書》教授。
司隸校尉南陽宋意伯志
《意傳》：父京以《大夏侯尚書》教授，意少傳父業。
大司農定陶張馴子儁
本傳：以《大夏侯尚書》教授。
議郎齊國臨淄吳良大儀
《東觀漢記》：習《大夏侯尚書》。

治小夏侯尚書

大司徒司直東海蘭陵王良仲子
本傳：少好學，習《小夏侯尚書》，教授諸生千有餘人。

處士成陽閭葵廉仲潔

《隸釋》：治《小夏侯尚書》。

治歐陽尚書
大司徒夜侯樂安千乘歐陽歙正思

本傳：自歐陽生傳伏生《尚書》，至歙八世。歙既傳業，教授數百人。坐在汝南贓罪發覺，諸生守闕，爲歙求哀千餘人，至有自髡剔者。《歐陽氏譜》：歐陽欽，字子敬，生三子：曰容，曰述，曰興，同受業於伏生。容爲博士，生子曰巨。巨生遠，遠生高。按：高字子防。高生仲仁，仲仁生地餘。按：地餘字長賓。地餘生政，政生歙。歐陽修曰："漢世以歙爲和伯八世孫，今譜無生而有容，疑漢世所謂歐生者以其經師謂之生，如伏生之類，而其實名容，容字和伯，於義爲通。"

郎中平原禮震仲威

本傳：從司徒歙受《歐陽尚書》。聞獄當斷，馳至京師，行到河南獲嘉縣，自繫，上書求代歙死。曰："伏見臣師大司徒歐陽歙，學爲儒宗，八世博士，而以臧咎當伏重辜。歙門單子幼，未能傳學，身死之後，永爲廢絕。上令陛下獲殺賢之譏，下使學者喪師資之益。乞殺身以代歙命。"書奏，而歙已死獄中。謝承《後漢書》：光武嘉其仁義，拜震郎中。

新息高獲敬公

本傳：少游學京師，與光武有舊。師事司徒歐陽歙，歙下獄當斷，獲冠鐵冠帶鈇鑕詣闕請歙。

諫議大夫濟陰曹曾伯山、子河南尹祉

本傳：從司徒歙受《歐陽尚書》，門徒三千人。子祉傳父業，教授。《拾遺記》：曾家財巨億，學徒貧者皆給食。天下名書，上古以來，文篆訛落，曾皆刊正，垂萬餘卷。及國難既平，收天下遺書於曾家，連車繼軌，踰於王府。諸弟子於門外立祠，曰

"曾師祠"。及亂世，家家焚廬。曾慮先文湮没，乃積石爲倉以藏書，故謂曹氏爲"書倉"。

弘農楊寶文淵

習《歐陽尚書》。《續齊諧記》：弘農楊寶見一黄雀爲鴟梟所搏，墜於樹下，又爲螻蟻所困。寶愍之，取置巾箱中養之，惟食黄華。百餘日，羽毛成，放之。朝去暮來。後忽與群雀來，哀鳴繞室，數日乃去。爾夕三鼓，寶讀書未卧，有黄衣童子，向寶再拜曰："我王母使臣，爲鴟梟所搏，蒙君拯濟，今當使南海，不得復往，極以悲傷。"以白玉環四枚與寶，"令君子孫絜白，位登三事"。於此遂絶。寶生震，震生秉，秉生賜，賜生彪，四世爲三公。

兗州牧上黨屯留鮑永君長、子司隸校尉昱文泉

本傳：少有志操，習《歐陽尚書》。子昱少從父學，客授東平。

諫議大夫南陽堵陽尹敏幼季

本傳：習《歐陽尚書》，後授《古文尚書》。

中散大夫樂安臨濟牟長君高、子博士紆

本傳：少習《歐陽尚書》。建武二年，拜博士。諸生講學者常千餘人，著録者前後萬人。著《尚書章句》。子紆傳父業，隱居教授，門生千人。

潁川太守京兆長安宋登叔陽

本傳：少傳《歐陽尚書》。

太常關内侯沛國龍亢桓榮春卿

本傳：從九江朱普受《歐陽尚書》，學章句。《漢書》：普字公文，爲博士。《東觀漢記》：榮少勤學，講論不怠，治《歐陽尚書》，事九江朱文剛，窮極師道，貧寠無資，常客傭以自給，[①]十五年不窺家園。

議郎彭閎作明

司馬彪《續漢書》：閎字作明。

---

① "客傭"，原誤作"傭力"，據補編本、《東觀漢記·桓榮列傳》改。

揚州從事吳郡皋宏奉卿

時《歐陽》博士缺,帝欲用榮。榮叩頭讓曰:"臣經術淺薄,不如同門生郎中彭閎、揚州從事皋宏。"謝承《後漢書》:宏字奉卿,吳郡人,少有英才。

虎賁中郎將豫章南昌何湯仲弓

榮門徒四百人,湯爲高第,以才明知名。榮年四十無子,湯乃去榮妻,爲更娶,生三子,榮甚重之。建武中,召湯授皇太子經,帝善其説,問本師爲誰,對曰:"臣本師桓榮。"帝即召榮。

太傅汝南細陽張酺孟侯

本傳:祖父充與光武同學。酺少從充受《尚書》。又師事太常桓榮,聚徒數百人。何焯曰:"充亦許子成所授。"

侍講九江胡憲

從桓榮受《歐陽尚書》。

少府潁川定陵丁鴻孝公

本傳:鴻善論難,爲都講,遂篤志精鋭,不遠千里。代成封爲少府,門下由是益盛。《東觀漢記》:鴻年十三,師事太常桓榮,十六而通章句。謝承《後漢書》:榮弟子丁鴻學最高。

九江鮑駿

見《丁鴻傳》,與鴻俱師事桓榮。

太傅趙國襄陵張禹伯達

本傳:少好學,師事桓榮,習《歐陽尚書》。

太尉彭城劉愷伯豫

鴻弟子彭城劉愷、九江朱倀、北海巴茂皆至公卿。愷爲太常,論議常引正大義,諸儒爲之語曰"難經伉伉劉太常"。

愷朝會集諸生,講論終日,因令其二子曰:"吾日者,夢見先師東里先生,與我講於陰堂之奥。"既而長嘆:"吾其齒之盡乎?"其月望日,無病而終。

司徒九江朱倀孫卿

北海巴茂慰祖

蘄長陳留陳弇叔明

　　時陳留陳弇亦受《歐陽尚書》於丁鴻。司馬彪《續漢書》：以《尚書》教授，躬自耕種，常有黃雀飛來隨弇，翱翔弇側。

太常桓郁仲恩

　　本傳：郁篤學，傳父業，以《尚書》教授，門徒常數百人。門人楊震、朱寵皆至三公。①

太尉弘農楊震伯起

　　本傳：受《歐陽尚書》於太常桓郁，明經博覽，無不窮究，諸儒爲之語曰"關西夫子楊伯起"。後以讒死。弟子陳留虞放、陳翼追訟其冤。②《楊震碑》：明《尚書》歐陽，《河》《雒》緯度。謝承《後漢書》：震居湖縣，立精舍，家貧，常種藍自業。《續漢書》：教授二十餘年。家貧，與母獨居，假地種植。諸生嘗有助種藍者，震輒拔，更種以距其後。③後有冠雀銜三鱣魚，飛集講堂前，都講取魚進曰："蛇鱣者，卿大夫服之象也。數三者，法三台也，先生自此升矣。"

太尉京兆杜陵朱寵仲威

　　謝承《後漢書》：習《歐陽尚書》，師太尉桓郁。袁宏《後漢紀》：初爲潁川太守，表孝弟儒義，功曹、主簿皆選明經，使文學祭酒佩經書前驅，頓止亭傳，輒復教授。

大鴻臚陽平侯桓焉叔元、子御史中丞關內侯典公雅

　　焉，郁中子，傳父業。永初中，入授安帝經。順帝爲太子，以焉爲太子太傅。順帝即位，復入授經，弟子傳業者數百人。

---

①　"三公"，原誤作"公卿"，據補編本、《後漢書·桓榮傳》改。
②　"其"字原脱，據補編本補。
③　"種"，原誤作"植"，據補編本、清刻本《後漢書補逸》引司馬彪《續漢書》改。

黃瓊、楊賜最爲顯。子典復傳家業，以《尚書》教授潁川，門徒數百人。

太尉弘農楊秉叔節

本傳：少傳父業。秉弟奉，①字季叔，奉子敷，篤志博聞，能世其家業。子衆亦傳父業。② 蔡邕《楊公碑》：四方學者自遠而至，蓋踰三千。

繁陽令楊馥

《楊馥碑》：世授《尚書》，爲國師輔君。少傳祖業，兼苞載籍，靡不周覽。

司空臨晉侯楊賜伯獻

本傳：賜少傳家業，師事太傅桓焉。篤學博聞，教授門生。靈帝將受學，詔太傅三公選通《尚書》桓君章句者，三公舉賜，乃侍講於光華殿中。按王朗師事楊賜，賜卒，棄官行服。

侍中楊奇公挺

奇字公挺，震之曾孫。③ 少有志節，不以家勢爲名，交結英彥，不與豪右交通。於河南緱氏界立精舍，門徒常二百人。謝承《後漢書》：奇字公偉，通經，才性敏暢，入補侍中。天子所問，引經據義，靡不條對。

太尉楊彪文先

本傳：少傳家業。

司空邟鄉侯江夏黃瓊世英

師事桓焉。

---

① "弟"，原誤作"少子"，據補編本、《後漢書·楊震傳》改。
② 按，"子衆亦傳父業"，原位於"司空臨晉侯楊賜伯獻"條"乃侍講於光華殿中"下，據《後漢書·楊震傳》，楊衆爲楊奉之孫、楊敷之子，故移至於此。
③ "曾"，原誤作"玄"，據補編本、《後漢書·楊震傳》改。

西平侯南陽鄧宏叔紀

本傳：治《歐陽尚書》，師事劉述，授安帝禁中。子甫德傳父業。

處士豫章南昌徐穉孺子

本傳：通《歐陽尚書》。《風俗通》：師事江夏黃公。

大司農敦煌酒泉張奐然明

本傳：師事太尉朱寵，習《歐陽尚書》。謝承《後漢書》：奐詣太學受業，博通五經。隱在扶風界中，立精舍，斟酌法喬卿之雅訓，晝誦書傳，暮習弓馬。袁宏《後漢記》：陳蕃、李膺、張奐、楊秉皆師事皇甫規。

奐閉門不出，養徒千人。

太尉弘農華陰劉寬文饒

本傳：習《歐陽尚書》。《劉寬後碑》：周覽五經，氾篤《尚書》。

太尉河內杜喬叔榮

謝承《後漢書》：治《歐陽尚書》。

陳留太守南郡華容胡碩季叡

碑文：治《歐陽尚書》。

議郎南陽安衆宗資叔都

謝承《後漢書》：通《歐陽尚書》。

司空南陽安衆劉宏子高

年十五治《歐陽尚書》，常在師門，布衣徒行，講誦孜孜。

郎中鄭固伯堅

碑文：初受業於歐陽，遂窮究乎典籍。

上計掾熊師、子更督郵五官中郎將喬漢舉、孫綬民校尉領曲紅長 名字缺

碑：君祖父師，上計掾。君父喬，字漢舉，更督郵五官中郎將。君少傳祖、父業，治《歐陽尚書》、六日七分。碑首名、字皆缺。

歐陽公以喬爲綏民,非。
成陽閻葵龔叔謙
《唐扶碑》:處士閻葵班次子龔叔謙治《尚書》歐陽。
河南尹任城景君
步兵校尉景君
郊令景君　　以上名字並缺。
《郊令景君碑》:治《歐陽尚書》,傳祖父河南尹、父步兵校尉業,門徒上録三千餘人。
郎中王政季輔
碑文:治《歐陽尚書》。
丹水丞汝南陳宣彦威
碑文:卿承家學《歐陽尚書》。碑建於建平四年,至明成化中,中鄉水薄岸崩始出。
郎中汝南平輿廖扶文起
習《歐陽尚書》,教授常數百人。太守謁焕先爲諸生從扶學,後臨郡未到,先遣吏修門人之禮。謝承《後漢書》:汝南廖扶畢志衡門,死葬北郭,號曰"北郭先生"。
博士韓宗
《吴書》:張紘從宗受《歐陽尚書》。

治古文尚書
郎中魯國孔僖仲和、子長彦、季彦
本傳:自安國以下,世傳《古文尚書》。曾祖父子建,[1]少游長安,與崔篆友善。僖復與篆孫駰相友善,同游太學,習《顏氏春秋》,拜蘭臺令史。[2] 帝東巡狩,還過魯,以太牢祠孔子及七

---

[1] "曾祖"二字原脱,據補編本、《後漢書·孔僖傳》補。
[2] "史"字原脱,據補編本、《後漢書·孔僖傳》補。

十子,作六代之樂,大會孔氏男子二十以上六十以下幾百人,命儒者講道。僖因自陳謝。帝曰:"今日之會,寧於卿家有光榮乎?"對曰:"臣聞明王聖主,莫不尊師貴道。今陛下親屈萬乘,辱臨敝里,此乃崇禮先師,增輝聖德。至於光榮,非所敢承。"帝大笑曰:"非聖人子孫,焉有斯言乎!"拜僖郎中,賜褒成侯損及孔氏男女錢帛。僖子長彥,好章句學;季彥守其業,門徒數百人。時人語曰:"魯國孔氏好讀經,兄弟講習皆可聽。學士來者有聲名,不遇孔氏那得成?"

《經義考》:《連叢子》載孔大夫與僖子季彥問答。大夫曰:"今朝廷以下,四海之內,皆爲章句學,而君獨治古義,盍固已乎?"季彥答曰:"先聖遺訓,壁出古文,臨淮傳義,可謂妙矣,而不在科策之列,世人固莫識其奇矣,賴吾家世世獨修之。"若是,則壁中之《書》僖家具存矣。獨怪肅宗幸魯,孔氏子孫備具恩禮。僖家既有臨淮傳義,其時上無挾書之律,下無偶語之禁,何不於講論之際一進之至尊,或上之東觀,乃秘不以示人。竊意僖家古義,亦止伏生所授諸篇,而五十八篇增多則至晉而後罔缺。按:晉時《古文尚書》梅賾僞撰。

會稽餘姚董春紀陽

《會稽典錄》:師事侍中王君仲,受《古文尚書》。

博士汝南汝陽周防偉公

本傳:師事徐州刺史蓋豫,受《古文尚書》。《汝南先賢傳》:防字偉公。年十六,任郡小吏。世祖巡守汝南,召掾吏試經,防尤能誦讀,拜爲守丞。防以未冠,請去。[①] 師事徐州刺史蓋豫。明經,舉孝廉,拜郎中、郡丞。

---

① "請",補編本、《後漢書·周防傳》皆作"謁"。

陳留東昏楊倫仲理
本傳：少爲諸生，師事司徒丁鴻，習《古文尚書》。講授大澤中，弟子至千餘人。

安陵令安成周磐堅白
本傳：少游京師，學《古文尚書》《左氏》。廬於墓側，教授門生常千人。臨終，夢先師東里先生講於陰堂之奧。① 謝承《後漢書》：磐字堅白，爲安陵令。以弟暢爲司隸，縣屬部，換陽平令，復換重合令。磐已歷二縣，耻復經二城，遂去還家，立精舍，教授，守先人舊廬，遠方知名。

大司空扶風杜林伯山
本傳：林前在西州，得漆書《古文尚書》一卷，常寶愛之。

議郎東海衛宏敬仲、濟南徐巡
本傳：少與鄭興俱好古學，初事九江謝曼卿，善《毛詩》。後從大司空杜林受《古文尚書》，作《尚書訓旨》。時濟南徐巡師事宏，後更從林受《古文尚書》，自是古文大興。

按：袁宏《後漢紀》"徐巡"作"徐兆"。

中護軍司馬扶風班固孟堅
大中大夫河南鄭興少贛、子大司農衆仲師
左中郎將涿郡盧植子幹
植上書曰："古文科斗，近於爲實，而厭抑流俗，降在小學。中興以來，通儒達士班固、賈逵、鄭興父子，並敦説之。宜置博士，爲立學，以助後學，以廣聖意。"

順陽長潁川潁陰劉陶子奇
本傳：明《尚書》《春秋》，爲之訓詁，推三家《尚書》及古文，是正文字三百，名曰《中文尚書》。

---

① "里"，原誤作"野"，據補编本、《後漢書·周磐傳》改。

河南尹中山劉祐伯祖

本傳：習《古文尚書》。初，仕郡爲主簿。郡將少子嘗出錢付之，令市買果實。祐悉以買筆書，白郡將曰："郎君年少，不入小學，而但傲狠，遠近謂明府無過庭之教，請出授書。"郡將遣子從祐受經，五日一試，不滿程限，白決罰，遂成學業也。

長陵令河南張楷公超

本傳：通《古文尚書》，門徒常百人。《孝德傳》：楷至孝自然，喪親哀毀，每讀《詩》見《素冠》《棘人》，未嘗不掩涕焉。自父黨夙儒，皆造門焉。車馬填門，徒從無所止。黃門及貴戚之家，皆起舍巷次，以候過客往來之利。楷疾其如此，輒徙避之。隱居弘農山中，學者隨之，所居成市。華陰山中遂有公超市。

按：楷張霸子，本蜀郡成都人。① 霸遺令葬河南，遂家焉，故籍隸河南。

潁陰令扶風賈徽元伯

《賈逵傳》：逵父徽受《古文尚書》於塗惲。按：惲字子真，平陵人。

侍中賈逵景伯

本傳：逵少傳父業，數爲帝言《古文尚書》與經傳《爾雅》訓詁相侯應，詔令選歐陽、大、小夏侯《古文尚書》三家異同，逵集爲三卷。杜林得漆書《古文尚書》，以授濟南徐巡、東海衛宏，同郡賈逵爲之作訓，馬融作傳，鄭玄注解。逵自爲兒童，常在太學，不通人事。身長八尺二寸，諸儒爲之語曰："問事不休賈長頭。"《拾遺記》：逵年六歲，其姊聞鄰家讀書，日日抱逵就籬聽之。逵年十歲，乃暗誦六經。父曰："吾未嘗教爾，安得三墳、典誦之？"對曰："姊嘗抱於籬邊聽鄰家讀書，因得而誦

---

① "人"字原脱，據補編本補。

之。"遂博通墳典,門徒來學者,皆口授經文。贈獻者積粟盈倉,或云:"遂非力耕,所謂誦經口饋,世謂之舌耕也。"

南郡太守扶風馬融

本傳:作《尚書注》。

大司農北海高密鄭玄康成

本傳:玄初從東郡張恭祖受《古文尚書》。史承節《大司農鄭公碑》作"張欽祖"。

諫議大夫南陽堵陽尹敏幼季

見前。

方正武成孫期仲彧①

見前。

洛陽令魯國孔昱世元

本傳:家傳《古文尚書》學,時人爲之語曰"海内才珍孔世元"。補洛陽令,以師喪去官。

徵士宛孔喬子松

謝承《後漢書》:學《古文尚書》。

治齊詩

伏波將軍新息侯扶風馬援文淵

本傳:授《齊詩》,師事潁川蒲昌。

按《漢書》,蒲昌潁川人,字君都,受《詩》於匡衡,爲詹事。"蒲",一作"滿"。《廣韻》"蒲"字注引《風俗通》"漢有詹事蒲昌",作"滿"者非。② 援門生有爰寄生。

---

① 按,"潁陰令扶風賈徽元伯"至"方正武成孫期仲彧"六條,補編本位於"中護軍司馬扶風班固孟堅"條前。

② "非"字原脱,據補編本補。

九江張邯琅邪皮容①

皆援同門生。

白奇

奇爵里及字未詳。按奇與蕭望之同時,《經義考》列景鸞前,未知所據。

徵士廣漢梓潼景鸞漢伯

本傳：能理《齊詩》,作《詩解文句》。

大司徒不其侯琅邪東武伏湛惠公

本傳：伏理字君游,受《詩》於匡衡,由是有匡、伏之學。《漢書》：理,高密太傅,家世傳業。湛少傳父業,教授數百人。伏生以後,世傳經學,清净無競,青州號爲"伏不鬥"云。司馬彪《續後漢書》：湛字惠公,更始三年拜平原太守,遭倉卒兵起,莫不驚擾,而湛獨安然教授。

光禄勛伏黯稚文

本傳：明《齊詩》、改定章句,作《解說》九篇。

司空三老伏恭叔齊

本傳：恭,司徒湛之兄子也。黯無子,以恭爲後。恭少傳黯學,常試經第一,拜博士,遷常山太守。教授不輟,由是北方多爲伏氏學。初,父黯章句繁多,乃減省浮辭爲二十萬言。湛曾孫晨,謙敬博愛,好學尤篤。

侍中屯騎校尉伏無忌

本傳：少傳家學。永和元年,詔無忌與議郎黄景共校定中書五經諸子百家藝術。

郡功曹蜀郡繁任末叔本

本傳：少習《齊詩》,游京師,教授十餘年。後奔師喪,於道物

----
① "九江張邯琅邪皮容"與"白奇"二條,補編本無。

故。臨命,敕兄子造曰:"必致我尸於師門,使死而有知,魂魄不慚。"《拾遺記》:任末年十四,學無常師,負笈不遠險阻。每言:"人不好學,則何以成?"或依林木之下,編茅爲盦,削荆爲筆,剋樹汁爲墨。夜則映月望星,暗則然蒿麻自照。好觀書,有合意處,則題其衣裳及掌裏,以記其事。門徒悦其勤學,更以净衣易之。非聖人之言不視。《河》《雒》秘奧,非正典所載,皆注記於柱壁及園林樹木,好學者輒來寫之,時人謂任氏爲"經苑"。

大鴻臚潁川陳紀元方

《紀碑》:君習《齊詩》。

治魯詩

大司農平原般高詡季回

本傳:曾祖父嘉以《魯詩》授元帝,父容傳嘉學,詡以父任爲郎中,①世傳《魯詩》。光武即位,徵爲博士。

博士陳留許晏偉君

習《魯詩》,師事琅邪王扶,改學曰"許氏章句",時人諺曰"殿上成群許偉君"。

明經廣漢梓潼李業巨游

本傳:習《魯詩》,師事博士許晏。

按:《業傳》作"博士許晃",當由傳寫訛誤。

太傅褒德侯南陽卓茂子康

本傳:茂元帝時學於長安,②事博士江生,習《詩》《禮》及曆算,究極師法,稱爲通儒。按江生元帝時博士,號《魯詩》宗。

---

① "詡",原誤作"栩",據補編本、《後漢書·高詡傳》改。
② "安",原誤作"康",據補編本、《後漢書·卓茂傳》改。

大鴻臚會稽曲阿包咸子良

本傳：少爲諸生，受業長安，師事博士右師細君，習《魯詩》《論語》。立精舍教授。光武即位，乃歸鄉里。太守黃讜署户曹史，欲召咸入授其子。咸曰："禮聞來學，而無往教。"讜遂遣子師之。《吴録》：咸字子良，爲郡主簿。黃君行春，留咸守郡。君少子緣樓探雀卵，咸責數以春日不宜破卵，杖之三十。

五官中郎將任城魏應君伯

本傳：少好學。建武中，詣博士受業，習《魯詩》。舉明經，除濟陰王文學。以事免官，教授山澤中，徒衆常數百人。建初四年，拜五官中郎將，詔入授千乘王經。弟子自遠方至者，著録數千人。肅宗甚重之，數進見，論難。時會京師諸儒於白虎觀，論五經同異。使應專掌難問，侍中淳於恭奏之。帝親臨稱制，如石渠故事。張璠《漢記》：應字君伯，任城人，明《魯詩》。章帝重之，數見，論難於前，特受賞賜劍、玦、衣服。

千乘貞王劉伉

從魏應受《魯詩》。

司徒扶風平陵魯恭仲堪、弟侍中丕叔陵

本傳：恭與丕俱居太學，習《魯詩》，閉户講誦，絶人間事，①俱爲儒所宗。②恭憐丕小，欲先就其名，因留新豐教授。丕舉方正，恭始爲郡吏。趙熹聞而辟之。肅宗會諸儒於白虎觀，恭特以明經，得召與其議。③ 丕兼通五經，以《魯詩》《尚書》教授，爲世名儒。《東觀漢記》：恭閉門講誦，兄弟雙高。丕拜趙相，雖有官，不廢教，門生就學常百人，關東號曰"五經復興魯

---

① "間"字原脱，據補編本、《後漢書・魯恭傳》補。
② "俱"字原脱，據補編本、《後漢書・魯恭傳》補。
③ "得召與其議"，原誤作"得與爲議"，據《後漢書・魯恭傳》、清嘉慶十一年江寧藩署刻本《玉海》（以下《玉海》皆據此本）卷四十二改。

叔陵"。《華陽國志》：鐔顯，字子誦，郪人。蔡弓，字子騫，雒人。俱攜手共學，冬則侍親，春行受業。與張霸、李郃、張皓、陳禪爲師友，俱師事司徒魯恭。

侍御史豫章宜春陳重景公
南頓令豫章鄱陽雷義仲公

《陳重傳》：與豫章雷義俱習《魯詩》。

召陵令鄧李炳子然

謝承《後漢書》：習《魯詩》。

太尉汝南西平李咸元卓

謝承《後漢書》：習《魯詩》《春秋公羊傳》《三禮》。

琅邪王傅蔡郎叔明

碑文：以《魯詩》教授。

河隄謁者沛陳宣子興

碑文：習《魯詩》。

司隸校尉忠惠父山陽昌邑魯峻仲嚴

碑文：君治《魯詩》。

執金吾丞任城武榮含和

碑文：君治《魯詩》韋君章句，闕幘傳講《孝經》《論語》《漢書》《史記》《左氏》《國語》，廣學甄微，靡不貫綜，久游太學，①藐然高厲。

治韓詩

長沙太守汝南郅惲君章

本傳：習《韓詩》，客居江夏教授。建武中，授皇太子《韓詩》，講殿中。遷長沙太守。後免歸，避地教授。

---

① "游"，原誤作"然"，據補編本改。

千乘太守淮陽薛漢公子

本傳：世習《韓詩》。漢少傳父業，尤善説災異讖緯，教授常數百人。建武初爲博士。世言《詩》者推漢爲長。

案：漢父方丘，字夫子，世習《韓詩》。父子以章句著名。

惠棟《後漢書補注》：唐人所引《韓詩》，其稱薛君者，漢也；稱薛夫子者，乃方邱也，故《馮衍傳》注有《薛夫子章句》，傳不載漢父名字，後人以《章句》專屬諸漢者，失之。

河南尹南陽尹勤叔梁

《東觀漢記》：治《韓詩》，師事薛漢。身牧豕，事親至孝，無有交游，門生荆棘。

公車令犍爲武陽杜撫叔和

《薛漢傳》：弟子犍爲杜撫、會稽澹臺敬伯，案：敬伯名恭，官博士，見應劭《風俗通·姓氏篇》。鉅鹿韓伯高最知名。本傳：少有高才，受業薛漢，定《韓詩章句》。後歸鄉里教授，弟子千餘人。所作《詩題約義通》，①學者傳之，曰"杜君注"。《華陽國志》：撫治五經，教授門生千餘人，作《詩通議説》。

合浦太守京兆廉范叔度

本傳：詣京師受業，師事博士薛漢。漢坐楚獄誅，故人門生莫敢視，范獨往收斂之。②

有道山陰趙曄長君③

本傳：詣杜撫受《韓詩》，究竟其術，積二十年，卒業乃歸。著《詩細歷神淵》。蔡邕至會稽，讀《詩細》而嘆息，以爲過於《論衡》。邕至京師，傳之，學者咸誦習焉。

謝承《後漢書》：曄嘗爲縣吏，奉檄送督郵，曄心恥於厮役，遂

---

① "通"字原脱，據補編本、《後漢書·杜撫傳》補。
② "往"字原脱，據《後漢書·廉范傳》補。
③ "曄"，原避諱作"煜"，今回改，下同。

棄車馬去。到犍爲資中，詣杜撫受《韓詩》，究竟其術。

《會稽典錄》：撫嘉其精力，盡以其道授之。撫卒，曄經營葬之乃歸。

徵士南陽馮良君卿

《東觀漢記》：少作縣吏，恥在廝役，因壞車殺馬，毀裂衣冠，從杜撫學。《華陽國志》：撫弟子南陽馮良，以有道徵聘。《真誥》：從師受《詩》《傳》《禮》《易》，復學道術占候。

益州太守蜀郡成都王阜世公

《華陽國志》：①年十一，辭父母，欲之犍爲定生所學《韓詩》。父母以少不見聽，乃攜錢二千、②布兩端去。母追求到武陽北男謁舍家得阜，③將還。歲餘，白父母，乃聽，之定所受業，聲聞鄉里。

謝承《後漢書》：阜幼好經學，從安定受《韓詩》。年十七，經學大就，聲聞鄉里。

光祿勛九江壽春召馴伯春

本傳：少習《韓詩》，博通書傳，以志義聞，鄉里號之曰"德行恂恂召伯春"。肅宗召入授諸王。

博士山陽張匡文通

習《韓詩》，作章句。

閬中令巴郡閬中楊仁文義

本傳：建武中，詣師習學《韓詩》。數年歸，靜居教授。太常上仁經中博士，仁以年未五十，不應舊科，上府辭選。

---

① 按，檢《華陽國志》未見此語，當引自《東觀漢記》。
② "錢"字原脱，據補編本、《東觀漢記·王阜傳》補。
③ "求"字原脱，"阜"原誤作"追"，皆據《東觀漢記·王阜傳》改。

大司馬安定烏氏梁商伯夏
《東觀漢記》：少持《韓詩》，兼綜書傳。① 商女，順帝梁皇后，治《韓詩》，略通章句。

太山都尉梁國蒙夏恭敬公
本傳：習《韓詩》，講授門生常千餘人。子牙，少習家業。

弘農令扶風平陵朱勃叔陽
司馬彪《續漢書》：年十二，能習《韓詩》。

武威太守安定臨涇李恂叔英
本傳：習《韓詩》，教授諸生數百人。

郎中豫章南昌唐檀子產
本傳：習《韓詩》。

召陵令鄧李炳子然
謝承《後漢書》：習《韓詩》。

東海相扶風平陵韋著休明
謝承《後漢書》：習《韓詩》。

光祿勳弘農華陰劉寬文饒
謝承《後漢書》：尤明《韓詩外傳》。

弘農令北海膠東公沙穆文乂②
本傳：習《韓詩》，隱東萊山，學者自遠而至。

太尉京兆杜喬叔榮
謝承《後漢書》：治《韓詩》。

大司農北海高密鄭玄康成
本傳：初從東海郡張恭祖受《韓詩》。史承節《碑》作"張欽祖"。

陳留太守南郡華容胡碩季叡
碑文：總角入學，習《韓詩》。

---

① "綜"，《東觀漢記·梁商傳》作"讀粲"。
② "乂"，原誤作"人"，據補編本、《後漢書·公沙穆傳》改。

車騎將軍巴郡宕渠馮緄鴻卿

碑文：幽州君之元子也，少耽學問，習父業，治《春秋》嚴氏、《韓詩》倉氏。

案：緄父幽州刺史馮煥也。

會稽陳囂君期

《東觀漢記》：治《韓詩》，時人語曰"關東說詩陳君期"。

會稽陳修君遷

《會稽典錄》：少爲郡幹，受《韓詩》《穀梁春秋》。

侯包

包字及爵里無考，著《韓詩翼要》十卷，見《毛詩疏》。

外黄濮陽闓

《吳書》：張紘從闓受《韓詩》。

山陽太守濟陰祝睦元德

碑文：齠齔入學，①修《韓詩》《嚴氏春秋》。七典並立，兼綜百家。

廣漢屬國都尉丁魴叔河

碑文：君躭樂術藝，文雅少疇，治《易》《韓詩》，垂意《春秋》，兼究秘緯。

郎中濟陰乘氏馬江元海

碑文：通《韓詩》，贊業聖典。

中常侍南陽湖陽樊安子仲

碑文：君幼好學，治《韓詩》《論語》《孝經》，兼通記傳古今異義。

斥彰長關中田君

歐陽斐《集古錄》：總角修《韓詩》《京氏易》，究洞神變，窮奧極微。

---

① "齠齔"，原誤作"齠齔"，據補編本、《四部叢刊三編》影明萬曆刻本《隸釋》（以下《隸釋》皆據此本）卷七改。

費令東平陽田君

《隸續》：始游學，治《韓詩》《孝經》。

從事任成武梁綏宗

趙明誠《金石錄》：治《韓詩》，闕幘傳講。

治毛詩

郎中魯國孔僖仲和

本傳：世傳《毛詩》。

諫議大夫南陽堵陽尹敏幼季

本傳：兼通《毛詩》。

議郎東海衛宏敬仲

本傳：從謝曼卿受《毛詩》，作《毛詩序》，善得《風》《雅》之旨。
案：《經典·序錄》：徐敖授九江陳俠，俠傳謝曼卿，元始五年公車徵。

潁陰令扶風賈徽元伯

從謝曼卿學《毛詩》。

大司農河南鄭衆仲師

侍中扶風賈逵景伯

南郡太守扶風馬融季長

大司農北海高密鄭玄康成

司空潁川荀爽慈明

鄭衆、賈逵傳《毛詩》，馬融爲之注，以授鄭玄。玄又作《毛詩箋》《毛詩譜》，荀爽作《詩傳》。

涪李仁德賢、子太子中庶子譔欽仲

《蜀志》：益部多貴今文，①而不崇章句。仁知其不博，乃游學

---

① "部"，原誤作"都"，據補編本、《華陽國志·梓潼士女志》改。

荆州,從司馬德操、宋仲子受古學,以修文自終。子譔,少受父業,又講問尹默,著《毛詩傳》《左氏注解》。

學士南陽許慈仁篤

《蜀志》:師事劉熙,善鄭氏學,治《易》《尚書》《三禮》《毛詩》《論語》。建安中,與許靖自交州入蜀,①爲博士。② 子勗,爲博士,傳父業。附:胡潛,字公興,魏郡人。卓犖強識,祖宗制度,喪紀五服之數,皆指掌畫地,有可采者。昭烈定蜀,承喪亂之後,學業衰廢,乃鳩合典籍,沙汰衆學。慈、潛並爲學士,與孟光、來敏等共掌文學。

五官中郎將文學東平劉楨公幹

撰《毛詩義問》。

徵士樂安孫炎叔然

作《毛詩注》。

附　衛將軍太常蘭陵景侯王肅子邕

作《毛詩注》《毛詩義駁》《毛詩奏事》《毛詩問難》。

荆州刺史東萊王基伯輿

作《毛詩駁》。

散騎常侍袁準孝尼

作《詩傳》。

太子中庶子烏程令吳郡陸璣元恪

撰《毛詩草木蟲魚疏》。

太常卿豫章徐整文操

撰《毛詩譜暢》。

侍中吳郡韋昭宏嗣

撰《毛詩問難》。

---

① "交",原誤作"并",據《三國志·蜀志·許慈傳》改。
② "博",原誤作"學",據補編本、《三國志·蜀志·許慈傳》改。

治慶氏禮

五官中郎將犍爲資中董鈞文伯

本傳：習《慶氏禮》。事大鴻臚王臨，博通古今。永平中，爲博士。時草創五郊祭祀，及宗廟禮樂，威儀章服，輒令鈞參議，當時稱爲通儒。教授門生百餘人。《華陽國志》：永平中，議天地宗廟郊祀禮儀，鈞與太常定其制，又定諸王喪禮。以儒學繼叔孫通。

侍中魯國薛曹充、子侍中褒叔通

本傳：習《慶氏禮》，傳其子褒，遂撰《漢禮》。

治周官

河南緱氏杜子春

《正義》：杜子春，永平中年九十，能通《周官》讀識，鄭衆、賈逵往受業焉。

大中大夫河南鄭興少贛

作《周官解詁》。

大司農鄭衆仲師

中興，鄭衆傳《周官經》，作《周官解故》。

侍中扶風賈逵景伯

本傳：作《周官解故》。

議郎東海衛宏敬仲

本傳：作《周官解詁》。

河間相南陽西鄂張衡平子

本傳：作《周官解説》。

太傅南郡華容胡廣伯始

本傳：廣學究五經，畢覽古今藝術，練達事體，明解朝章，作

《周官解詁》,時人語曰"萬事不理問伯始"。
度遼將軍廣陵海西徐淑伯進
謝承《後漢書》:善《周官》《禮記》。①
南郡太守扶風馬融季長
本傳:融作《周官傳》,以授鄭玄。
大司農北海高密鄭玄康成
本傳:作《周官注》《答臨孝存周禮難》。
太尉汝南西平李咸元卓
謝承《後漢書》:習《三禮》。
太僕扶風趙岐邠卿
本傳:岐讀《周官》,二義不通,乃往造馬融。
五官中郎將涿郡盧植子幹
本傳:少與鄭玄同事馬融,能通古今。融,外戚豪家,多列女倡歌舞於前。植侍講積年,未嘗轉盼,融以是敬之。學終辭歸,闔門教授。作《尚書章句》《三禮解詁》。
尚書令山陽仲長統公理
本傳:尤精《三禮》。
學士南陽許慈仁篤
見前。
附 司徒東海郯王朗景興
作《周官傳》。
衛將軍太常蘭陵景侯王肅子邕
作《周官注》。
散騎常侍扶樂袁准孝尼
作《周官傳》。

---

① "記",原誤作"説",據補編本、《後漢書·左雄傳》引謝承《後漢書》改。

治儀禮

南郡太守扶風馬融季長

本傳：作《儀禮注》。

大司農北海高密鄭玄康成

玄本習《小戴禮》，從東郡張恭祖受《周官》《禮記》。後以古經校之，取其義長者作《儀禮注》，爲鄭氏學。

五官中郎將涿郡盧植子幹

見前注。

鎮南將軍荆州牧劉表景升

撰《後定喪服》。

大將軍錄尚書事安陽亭侯零陵湘鄉蔣琬公玉

撰《喪服要記》。

巴西譙周允南

撰《喪服集圖》。

  附 **衛將軍太常蘭陵景侯東海郯王肅子邕**

撰《喪服要記》。

散騎常侍扶樂袁准孝尼

撰《喪服經傳注》。

侍中太山平陽高堂隆升平

隆經學淹通，尤精《三禮》。

中書侍郎齊王傅彭城射慈孝宗

撰《喪服變除圖》。

選曹尚書沛郡竹邑薛綜敬文

述鄭氏禮五宗圖。

陳留阮諶士信

與鄭玄共撰《三禮圖》。

治小戴禮

河南尹中山劉祐伯祖
　　本傳：學《小戴禮》。
聘士陳留申屠蟠子龍
　　《高士傳》：治《小戴禮》。
太尉陳國橋玄公祖
　　本傳：世傳《戴氏禮》。
太山太守涿郡涿高誘
　　作《禮記注》。
南郡太守扶風馬融季長
　　作《禮記注》。
五官中郎將涿郡盧植子幹
　　作《禮記解詁》。
司空潁川荀爽慈明
　　作《禮傳》。
大司農北海高密鄭玄康成
　　作《禮記注》。本傳：玄本習《小戴禮》。
太子中庶子涪李譔欽仲
　　作《三禮傳》。
徵士樂安孫炎叔然
　　作《禮記注》。
鎮南將軍荆州牧劉表景升
　　撰《後定禮記章句》。
　　附　衛將軍太常蘭陵景侯東海郯王肅子邕
　　　　作《禮記注》。

中書令太子少傅會稽山陰闞澤德潤

少好學，貧無書，常爲人傭書，以供紙札。博覽群籍，兼通曆數。澤以經傳文多，乃斟酌諸家，刊約禮文及諸注説，以授二宫，爲制出入及見賓儀。

中書侍郎齊王傅彭城射慈孝宗

撰《禮記音》。

侍中國三老北海高密鄭小同

撰《禮記難記》。

外黄濮陽閭

《吴書》：張紘從閭受《禮記》。

彭城嚴畯曼才

少篤學，好《詩》《書》《三禮》，又好《説文》。

治公羊顔氏春秋

郎中魯國孔僖仲和

本傳：治《顔氏春秋》。

光禄大夫會稽陳宫

《會稽典録》：上見天下郡郎，制曰："文左武右。"陳宫乃正中立。上問："此何郡郎？"對曰："有文有武，未知何所如？"又問："何施？"答曰："文爲《顔氏春秋》，武爲《孫》《吴兵法》。"上擢拜爲大夫。

博士河内河陽張玄君夏

本傳：少習《顔氏春秋》，兼通數家法。有難者，輒爲張數家之説，令擇從所安，諸儒皆服其多通，著録千餘人。初爲縣丞，嘗以職事對府，不知官署處，吏白門下責之。時琅邪徐業亦大儒也，聞玄諸生，試引見之，與語，大驚曰："今日相遭，真解矇矣。"遂請上堂，難問極日。會《顔氏》博士缺，玄試策第一，拜博士。居數月，諸生上言玄兼説顏氏、宣氏，不宜專爲顏博士，光武令且還署。《東觀漢記》：玄專意經營，方其講誦終日，忽然如不飢渴。《河南通志》：玄建武初爲弘農太守，文學生徒多所矜式。

司隸校尉山陽昌邑魯峻仲嚴

碑文：通《顏氏春秋》。

案：峻門生刻石立銘者，有汝南於商、沛丁直、魏郡馬萌、渤海呂圖、任城吳盛、陳留誠屯、東郡夏侯宏。

郎中豫章南昌唐檀子產

本傳：游太學，習《顏氏春秋》。

治嚴氏春秋

大中大夫河南鄭興少贛

本傳：少學《公羊春秋》。案：東京雖立《顏氏》博士，然傳習者少。凡傳稱治《公羊春秋》者，皆《嚴氏春秋》也，文不具耳。

太子少傅北海安丘甄宇長文①

本傳：習《嚴氏春秋》，教授數百人。② 傳業子普，普傳子承。③承尤篤學，講授數百人。諸儒以承三世傳業，莫不歸服之。《東觀漢記》：宇持學精微，以白衣教授數百人。建武初，徵拜博士。賜博士羊，羊有大小肥瘦。時博士祭酒議欲殺羊分肉，又欲投鈎。宇恥之，因先自取最瘦者，由是不復爭。後召會，問瘦羊博士所在，京師因以號之。

侍中騎都尉三老北海安丘周澤穉都

本傳：少習《嚴氏春秋》，隱居教授，門徒常數百人。

---

① "丘"，原避諱作"邱"，今回改，下同。
② "人"，原誤作"文"，據補編本、《後漢書·甄宇傳》改。
③ "子"字原脱，據補編本、《後漢書·甄宇傳》補。

議郎董魯平叔、子議郎軼

《甄宇傳》：宇弟子周澤、董象、①平叔、叔子軼，並以學拜議郎。

騎都尉關內侯山東緡丁恭子然

本傳：習《嚴氏春秋》，義學精明，教授常數百人。建武初，爲議大夫、博士，遷少府。諸生自遠方至者，著録數千人，當世稱爲大儒。太常樓望、侍中承宮、長水校尉樊儵皆受業於恭。

中郎將汝南汝陽鍾興少文

本傳：從少府丁恭習《嚴氏春秋》。

左中郎將陳留雍邱樓望次子

本傳：少習《嚴氏春秋》，師少府丁恭。建武中，趙節王栩聞其高名，遣使齎玉帛請爲師，望不受。永平中，爲越騎校尉，入講省内。教授不倦，世稱儒宗，諸生著録九千人。年八十卒官。弟子會葬者數千人。

司隷校尉華松

謝承《後漢書》：松家本孤微，其母夜夢兩伍伯夾門，言司隷來此。松年十五，師事丁子然，學《春秋》。十九當冠。丁謂生曰："此宰相之器也。"

侍中琅邪姑幕承宮少子

本傳：爲人牧豬。鄉里徐子盛案：子盛名業，琅邪人。明《春秋》經，授諸生。宮過其廬，值諸生講誦之日，愛而聽之，遂忘其豬。主人求索，欲笞之。門下生共禁，止。因留精舍門下樵薪。執苦十數年，遂通經。後師事少府丁恭。永平中，徵詣公車。駕幸臨雍，拜博士。司馬彪《續漢書》：宮常出行，得虎所殺鹿，持歸，肉分門下，取皮上師，師不受，宮因棄之。人問其故，宮曰："既已與人，義不可復取。"

---

① "董象"，補編本同，《東觀漢記·甄宇傳》作"董魯"。

長水校尉南陽樊儵長魚

本傳：從少府丁恭習《嚴氏春秋》，教授門徒三千餘人。北海周澤、琅邪承宮皆海内大儒，儵皆以爲師友。

司徒九江夏勤伯宗
司空潁川李修伯游

《樊儵傳》：弟子九江夏勤、潁川李修，皆爲三公。

會稽太守蜀郡成都張霸伯饒

本傳：七歲通《春秋》，復欲進餘經。父母謂曰："汝小未能。"霸曰："我饒爲之。"故字曰"饒"①。後就長水校尉樊儵受《嚴氏春秋》，遂博覽五經。諸生孫林、劉固、段著等，各市宅其旁。②永元中，爲會稽太守，表用處士顧奉、公孫松。郡中争厲志節，習經者以千數，道路但聞誦聲。《華陽國志》：霸致達名士，奉、松而外，又有畢海、胡母官、萬虞先、王演、李根，皆至大位。

征西大將軍陽夏節侯潁川馮異公孫

本傳：通《嚴氏春秋》。

校書郎蜀郡成都楊終子山

本傳：詣京師受業，習《春秋》。《華陽國志》：通《公羊春秋》。

定遠侯扶風安陵班超仲升

本傳：傳《公羊春秋》。

東平王劉輔

謝承《後漢書》：學《春秋公羊傳》。

鉅鹿太守會稽山陰謝夷吾堯卿

謝承《後漢書》：第五倫使子從謝夷吾學《公羊春秋》，待之如師弟子之禮，或游戲不肯讀書，便白倫行罰，卒成。

---

① "饒"上原衍一"文"字，據補編本、《後漢書·張霸傳》删。
② "市"下原衍一"宅"字，據補編本、《後漢書·張霸傳》删。

酒泉太守濟北剛縣戴宏元襄

作《公羊解疑論》。宏濟北人，年十六，從父在縣丞舍。吳祐每行園，嘗聞諷誦之聲，奇而厚之，引以爲友，卒成儒宗。《雜記》：宏爲河間相，因自免歸家，不復仕，灌園蔬，以經教授，年九十八卒。《濟北先賢傳》：宏字元襄，剛縣人也。年二十二，爲郡督郵，曾以職事見詰，府君欲撻之。宏曰："今鄙郡遭明府，以爲仲尼之君，國小人少，以宏爲顔淵，豈聞仲尼有撻顔回之義？"府君奇其對，即日教署主簿。

侍中扶風李育元春

本傳：習《公羊春秋》，沈思專精，博覽經傳，知名太學。班固《奏記東平王蒼》曰："扶風李育，經明行著，教授百人。"

博士羊弼

諫議大夫任城樊何休邵公

本傳：作《春秋公羊解詁》，與其師博士羊弼追述李育意，作《公羊墨守》《左氏膏肓》《穀梁廢疾》。又以《春秋》駁漢事六百餘條，妙得《公羊》本意。《拾遺記》：何休木訥多智，《三墳》《五典》，陰陽算術，《河》《雒》讖緯，及遠年古諺，歷代圖籍，莫不成誦。門徒有問者，則爲注記，而口不能説。作《左氏膏肓》《公羊墨守》《穀梁廢疾》，謂之"三闕"。言理幽微，非知幾藏往，不可通焉。京師謂康成爲"經神"，謂何休爲"學海"。

太尉汝南西平李咸元卓

謝承《後漢書》：學《春秋公羊傳》。

車騎將軍宕渠馮緄鴻卿

謝承《後漢書》：學《公羊春秋》《司馬兵法》。碑文：治《春秋》嚴氏。

侍御史豫章宜春陳重景公

南頓令豫章鄱陽雷義仲公

《重傳》：俱習《嚴氏春秋》。

琅邪太守河內懷李章第公

本傳：習《嚴氏春秋》。

海西令豫章南昌程曾秀升

本傳：受業長安，習《嚴氏春秋》。積十餘年，還家講授。會稽顧奉等數百人常居門下。

蜀郡太守會稽顧奉季鴻

張勃《吳錄》：奉字季鴻。《儒林傳》：奉受《嚴氏春秋》於豫章程曾。

長陵令河南張楷公超

本傳：少傳父業，習《嚴氏春秋》。

處士豫章南昌徐稚孺子

本傳：學《嚴氏春秋》。

河南尹中山劉祐伯祖

謝承《後漢書》：習《嚴氏春秋》。隱居立精舍講授，諸生常數百人。

聘士陳留申屠蟠子龍

《高士傳》：治《嚴氏春秋》。

弘農令北海膠東公沙穆文乂[①]

謝承《後漢書》：習《嚴氏春秋》。東游太學，無貲糧，乃變服為傭，為吳祐賃舂。祐與語，大驚，乃定交於杵臼之間。

太尉梁國寧陵喬玄公祖

司馬彪《續漢書》：少治《禮》及《嚴氏春秋》。

兗州太守京兆第五元先

大司農北海高密鄭玄康成

本傳：從第五元先通《公羊春秋》。

---

① "乂"，原誤作"人"，據補編本、《後漢書·方術傳》改。

牂柯太守綿竹劉寵世信
　《華陽國志》：出自孤微，明《公羊春秋》。
司空潁川荀爽慈明
　本傳：作《公羊問》。
大司農河南洛陽孟光孝裕
　《蜀志》：光靈帝末爲講部吏。獻帝遷都長安，遂逃入蜀。博物識古，無書不覽，尤鋭意三史，長於漢家舊典。好《公羊春秋》而譏呵《左氏》，每與來敏爭此二意。
豫州從事潁川鄢陵尹宙周南
　碑文：君治《公羊春秋》，博通書傳。
重安侯相杜暉慈明
　碑文：君治《公羊春秋》。
山陽太守祝睦元德
　碑文：治《嚴氏春秋》。
太山都尉魯國孔宙季將
　碑文：少習家訓，治《嚴氏春秋》。
　案：碑陰載宙弟子自北海陸遐孟輔至卞王政漢方凡十人，門生自鉅鹿張雲子平至卞博張忠公直凡四十三人。又案："宙"，《後漢書》作"伷"。然伷字公緒，陳留人，非季將也，當以碑爲正。王粲《漢末英雄記》、張璠《漢南記》又以"伷"作"宙"，並誤。
豫州從事孔褒文禮、弟謙德讓
　碑文：君治家業《春秋》。孔謙謁述家業，修《春秋經》。
文學掾百石卒史孔龢
　碑文：永興元年六月甲辰朔，十八日辛酉，魯相平，行長史事、卞守長擅叩頭死罪，敢言之司徒、司空府，壬寅詔書："爲孔子廟置百石卒史一人，掌主禮器，選年冊以上、[①]經通一藝、雜試能奉先聖之禮、爲宗所歸者。"平叩頭叩頭，死罪死罪。謹案

————
① "冊"，原誤作"卅"，據《隸釋》卷一改。

文書守、文學掾魯孔龢，師孔憲，户曹史孔覽等雜試，龢修《春秋嚴氏》，經通高第，事親至孝，能奉先聖之禮，爲宗所歸，除龢補名狀如牒。

巴郡太守樊敏升達

碑文：總角好學，治《嚴氏春秋》。

東牟侯相祝長嚴訢少通

碑文：習《嚴氏春秋》馮君章句。

處士間葵班宣高、子讓公謙

碑文：治《嚴氏春秋》。

處士東莞綦母君

謝承《後漢書》：治《公羊春秋》。

廣陵太守琅邪趙昱元達

本傳：昱潛志好學，雖親友希得見之。謝承《後漢書》：就東莞綦母君受《公羊春秋》，兼通羣業，至歷年潛思不窺園圃。

徵士樂安孫炎叔然

作《公羊傳注》。

附　會稽山陰唐固子正

蕭常《後漢書》：固，闞澤州里先輩也，修身博學，稱爲名儒，著《國語》《公羊》《穀梁傳注》，講授嘗數百人。有嚴幹者，善《春秋》公羊。而龢好《左氏》，謂《左氏》爲大官，《公羊》爲賣餅家。數與幹辨析長短。① 龢機捷，善持論，而幹口呐，或紬而無以應。龢謂幹曰："《公羊》竟爲《左氏》服矣。"幹曰："直以故吏爲明使君服耳，公羊高未肯也。"

治穀梁春秋

司徒河南密縣侯霸君房

本傳：篤志好學，從九江太守房元治《穀梁春秋》，爲元都講。

---

① "析"，補編本作"折"，作"折"於意更勝。

案《前書》，房鳳字子元，九江太守，《穀梁春秋》有房氏之學。《東觀漢記》：從鍾寧君受律。《百官表》：元始元年，尚書令潁川鍾元寧君爲大理。

諫議大夫南陽堵陽尹敏幼季
本傳：兼通《穀梁春秋》。

侍中扶風賈逵景伯
本傳：兼通《穀梁》《左氏》之説。

會稽陳修奉遷
《會稽典錄》：受《穀梁春秋》。
案：《穀梁》雖立博士，然傳習者少，所謂以時好惡爲廢興也。

徵士樂安孫炎叔然
作《穀梁傳注》。

博士扶風段肅
作《穀梁傳注》。

附　樂安太守糜信
作《穀梁傳注》。

會稽唐固子正
作《穀梁傳注》。

治左氏春秋

大中大夫南陽來歙君叔
本傳：治《左氏春秋》。附丞相司直虞俊仲卿，明《春秋》公羊、左氏傳。哀帝時爲御史，稍遷丞相司直。王莽秉政，召爲司徒，俊飲藥。光武即位，高其節行，與二龔比。

雍奴侯上谷昌平寇恂子翼
本傳：恂好學，爲汝南太守，乃修學校，教生徒聘能爲《左氏春秋》者親受業焉。司馬彪《續漢書》：郡中無事，修行禮樂教授。

蒼梧廣信陳欽子佚、子博士祭酒元長孫

《元傳》：父欽習《左氏春秋》，事黎陽賈護，與劉歆同時而別自名家。案：護字季君，哀帝時待詔爲郎，授蒼梧陳欽子佚。元少傳家業，建武中詣闕上疏，①請置《左氏》博士。

將作大匠扶風馬嚴威卿

本傳：援兄子，從平原楊太伯講學，通《春秋左氏》。《東觀漢記》：從司徒祭酒陳元。

侍中扶風賈徽元伯、子侍中騎都尉逵景伯

《逵傳》：父徽從劉歆學《左氏春秋》，逵少傳父業。

尚書令南陽韓歆翁君

本傳：通《左氏春秋》。建武二年上疏，欲爲《左氏春秋》立博士。

武都太守關內侯右扶風茂陵孔奮君魚、弟奇子異、奮子城門校尉嘉山甫

本傳：少從劉歆受《左氏春秋》。弟奇，游學洛陽，博通經典，作《春秋左氏删》。奮晚有子嘉，作《左氏說》。《連叢子》：孔子通《左氏傳義詁訓》序曰："君魚少從劉子駿受《春秋左氏傳》，其於講業最明，精究其義。子駿自以才學不如也。其或訪經傳於子駿，輒曰：'幸問君魚，②吾已還從之咨矣。'由是大以《春秋》見稱於世。"

大中大夫河南鄭興少贛、子大司農衆仲師、衆子安世

本傳：興少學《公羊春秋》，晚善《左氏》。子衆傳父業。興去蓮芍，後遂不復仕，客授閿鄉。《東觀漢記》：興從金子嚴學《左氏春秋》，將門人從劉歆講正大義。衆年十二從父受《左

---

① "建"字原脱，據補編本補。

② "君"，原誤作"吾"，據補編本、明萬曆二十年刻《漢魏叢書》本《孔叢子》（以下《孔叢子》皆據此本）改。

氏春秋》，精力於學，明《三統曆》，作《春秋難記》，兼通《詩》《易》，知名於世。子安世亦傳家業。①

博士魏郡李封

《陳元傳》：太常選《左氏春秋》博士四人，元第一。帝以元新忿爭，乃用其次司隸從事魏郡李封。會封病卒，《左氏》遂廢。②

大中大夫魏郡許淑惠卿

見杜預《左傳集解》序及陸德明《經典釋文》。建武二年，與博士范升爭立《左氏春秋》。

安陵令汝安成周磐堅伯

本傳：通《左氏傳》。

汝南彭汪仲博

《經典釋文》：記先師奇說。

外黄令無錫高彪義方

本傳：通《左氏春秋》。彪爲諸生，游太學。嘗從馬融欲訪大義，融辭疾，不獲見，乃覆刺遺融。融省書慚，追謝之，彪逝不顧。後郡舉孝廉，試經第一。後遷外黄令。同僚臨送，祖於上東門，詔東觀畫彪象以勵學者。《彪碑》：師事太尉汝南許公，明於《左氏》。桓帝時，上書請置《左氏》博士。

案：朱彝尊《經義考》《左氏春秋》師承内列太尉汝南許公，而不載其名，考熊方《公卿表》，當是汝南平輿許敬鴻卿也。

南郡太守扶風馬融季長

本傳：著《三傳異同論》。

大司農北海高密鄭玄康成

本傳：從東郡張恭祖受《左氏春秋》，西入關，事馬融，受《左氏

---

① "傳"，原誤作"家"，據補編本、《後漢書·鄭興傳》改。
② "遂"，補編本、《後漢書·陳元傳》皆作"復"。

春秋》。

左中郎將涿郡盧植子幹

《北堂書鈔》載植奏事：丘明之傳《春秋》，博物盡變，①囊括古今，表裏人事。

徵士宛孔喬子松

本傳：受《左氏春秋》。

西鄂長潁川棠谿典季度

謝承《後漢書》：通《左氏春秋》。

扶風賈伯升

案：伯升賈逵之孫也。《經義考》作"許"，誤。

京兆尹南陽延篤叔堅

本傳：從棠谿典受《左傳》，又從馬融受業，博通經傳百家之學。以師喪奔赴棄官。爲京兆尹，病免歸，教授家巷。《先賢行狀》：篤從棠谿季度受《左傳》，欲寫本無紙。季度以殘牋紙與之，篤以殘牋紙不可寫，乃借本讀之。《經典釋文》：京兆尹延篤受《左氏》於賈逵之孫伯升，因而注。《風俗通》：陳國張漢直到南陽，從京兆尹延篤讀《左氏春秋》。

高陽侯左中郎將陳留蔡邕伯喈

本傳：邕少博學，師事太傅胡廣。《蔡邕別傳》：邕與李則共讀《左氏傳》。《魏志》：路粹少受學於陳留蔡邕。郝經《續後漢書》：阮瑀少受學於蔡邕，又顧雍從蔡邕學琴書。

九江太守河間服虔子慎

本傳：初名重，又名祇，後改爲虔。入太學受業，從棠谿典受《左氏春秋》，論解經傳，多所駁正，後儒以爲折衷。《世說》：鄭玄欲注《春秋傳》，尚未成。時與服子慎遇，宿過客舍，先未

---

① "物"字原脫，據清光緒十四年孔氏三十有三萬卷堂景宋刻本《北堂書鈔》（以下《北堂書鈔》皆據此本）卷九十五補。

相識。服在外車上與人説己注意,玄聽之良久,多與己同。玄就車與語曰:"吾久欲注,尚未了。聽君向言,多與吾同,今當盡以所注與君。"遂爲《服注》。

司徒南陽崔烈威考
《世説》:服虔既善《春秋》,將爲注。欲參考異聞,聞崔烈集門生講傳,遂匿姓名,爲烈門人賃作食。每至當講時,輒聽户壁間。既知不能踰己,稍共諸生叙其短長。烈聞,不測何人。然素聞虔名,意疑之。明早往,未及寤,便呼"子慎!子慎!"不覺驚應,遂相友善。

孝廉陳國長平潁容子嚴
本傳:善《春秋》左氏,師事太尉楊賜,著《春秋左氏條例》五萬餘言。

司徒掾王玢
《隋書·經籍志》注:①玢,漢司徒掾,作《春秋左氏達義》。《新唐書·經籍志》作《達長義》。

順陽長潁川潁陰劉陶子奇
本傳:明《尚書》《春秋》,爲之訓詁。
案:《陶傳》第言《尚書》《春秋》,不言《左氏》。考《三國志·士燮傳》及杜預《左氏傳集解》序,知陶治《左氏春秋》也。又《經義考》第列潁川劉子奇,不書陶名,特爲補出。

陳留邊讓文禮
蔡邕《薦邊讓書》:韶龀夙孤,不墜家訓,始任學問,便就大業,閑不游嬉。初覽諸經,見本知義,尋極緒,受者不能答其問,章句不能逐其意。《詩》《書》《易》《禮》先通大義,業以次舉,衆傳篇章,無術不綜。心通性達,剖纖入冥,經典交至,檢括

---

① "注"字原脱,據補編本、清乾隆四年武英殿校刻本《隋書·經籍志》(以下《隋書》皆據此本)補。

並合。《魏志》：楊俊，字季才，河南獲嘉人。受學於陳留邊讓，讓器異之。

荆州五業從事南陽宋衷仲子
《東京賦》注引宋衷《春秋傳》。

前將軍漢壽亭侯關羽長生
《江表傳》：好《左氏春秋》，諷誦略皆上口。《塔廟磚志》：祖諱審，字問之，以《易傳》《春秋》世其家。帝生而英偉雄駿，既受《春秋》《易》，旁通淹貫。

尚書郎諸暨程遐
《魏志》：遐學京師，治《毛氏詩》《尚書》《左氏春秋》。弟融學《尚書章句》，博而不精。

執慎將軍光禄大夫義陽新野來敏季達
《蜀志》：敏涉獵書籍，善《左氏春秋》，尤精《蒼》《雅》訓詁，好是正文字。子忠亦博覽經傳，有敏風。

涪李仁德賢、子太子中庶子譔欽仲
《蜀志》：益部多貴今文，而不崇章句。仁知其不博，乃游學荆州，從司馬德操、宋仲子受古學，以修文自終。子譔少受父業。[①] 又講問尹默，著《左氏注解》。

大中大夫涪尹默思潛
《華陽國志》：少與李仁俱受學司馬徽、宋忠等，博通五經。專精《左氏春秋》，自劉歆《條例》、鄭衆、賈逵父子、陳元、案：蕭常《續後漢書》"陳元"作"陳紀"，考《紀傳》及《鴻臚陳君碑》不言治《左氏春秋》，當以"陳元"爲正。服虔注說。

吳郡高岱禮文
《江表傳》：隱於餘姚，善《左傳》。

---

① "子"，原誤作"少"，據補編本、《三國志·蜀志·李譔傳》改。

京兆新豐賈洪叔業

魚豢《魏略》：洪好學有才，特精《春秋左傳》。建安中，歷守三縣令，所在輒開除厩舍親授。《魏志》：洪與馮翊、嚴苞才學最高。《太平御覽》：苞字文通，衆爲之語曰"州中煜煜賈叔業，議論洶洶嚴文通"。

外黄濮陽闓

《吴書》：張紘從闓受《左氏春秋》。

白侯子安

《吴志》：張昭少好學，從白侯子安受《左氏春秋》。蕭常《續後漢書》：昭字子布，彭城人。少好學，工屬文，精隸書，通《左氏春秋》，博覽群書。與琅邪趙昱、東海王朗齊名。

執金吾任城武榮含和

碑文：講《左氏》《國語》。

徵士樂安孫炎叔然

作《左氏傳注》。

公車司馬令南陽章陵謝該文儀

善《春秋左氏傳》。

文學祭酒河東樂詳文載

從謝該問《左氏》疑難數十事，作《左氏樂氏問》。蕭常《續後漢書》：杜畿署詳文學祭酒，使教後進，於是河東古學大興。時太學初立，有博士十餘人，學多狹淺，又不熟悉。惟詳五業並授，其或難教，質而不解，詳無愠色，以杖畫地，率引義類，至忘寢食，是以擅名遠近。年老罷歸，門生百餘人。

河南徵崇子和

蕭常《續後漢書》：治《易》《左氏春秋》，兼通内術，所教不過數人，欲令其業必有成也。

會稽介象元則

學通五經,博覽百家之言。常徑來弟子駱廷雅舍,帷下屏牀間,有數生論《左傳》義,不平。象旁聞之不能忍,①乃忿然爲決。②

吳郡沈珩仲山

蕭常《續後漢書》:珩少綜經籍,③尤善《春秋》内、外傳。

附　侍中大司農弘農華陰董遇季直

作《左傳章句》。

大司徒東海郯王朗景興

作《春秋傳》。

衛將軍太常蘭陵景侯王肅子雍

作《左傳注》。

荆州刺史東萊王基伯輿

作《左傳注》。

徵士敦煌周生烈文逸

作《左傳注》。

交阯太守蒼梧廣信士燮彦威

《吳志》:燮少游學京師,師事潁川劉子奇,治《左氏春秋》。

治古文孝經

議郎東海衛宏敬仲

建武中校《古文孝經》。

---

① "之"字原脱,據補編本、民國排印《道藏精華錄》本《神仙傳》(以下《神仙傳》皆據此本)卷九補。

② "決"下原衍一"之"字,據補編本、《神仙傳》卷九删。

③ "綜"字原脱,據補編本、清道光間刻《宜稼堂叢書》本《續後漢書·吳載記》(以下《續後漢書》皆據此本)補。

南閣祭酒汝南召陵許慎叔重

許沖《上父慎〈説文〉》曰:"《古文孝經》者,孝昭時魯國三老所獻,建武時議郎衛宏所校,①皆口傳,官無其説,臣父學孔氏古文,撰具一篇並上。"

南郡太守扶風馬融季長

本傳:作《孝經注》。《孝經疏》:《古文》稱孔安國,又馬融亦作《古文孝經傳》,而世不傳。

治今文孝經

博士代郡范升辨卿

本傳:九歲通《孝經》。

大司農河南鄭衆仲師

《正義》引鄭衆《孝經説》。

諫議大夫任城何休邵公

本傳:作《孝經注》。

大司農北海高密鄭玄康成

《正義》:《孝經》今文推鄭玄。

太山太守涿郡高誘

作《孝經注》。

斥彰長關中田君

碑文:治《孝經》。

中常侍南陽湖陽樊安子仲

碑文:治《孝經》。

執金吾丞任城武榮含和

碑文:傳講《孝經》。

---

① "校",原誤作"授",據補編本、清嘉慶間刻《平津館叢書》本《説文解字》(以下《説文解字》皆據此本)改。

五官中郎將文學青州邴原根矩

《別傳》：年十一而孤，家貧。鄰有書舍，原過其旁而泣。師問曰："童子何悲？"原曰："孤者易傷，貧者易感。夫書者，必皆具有父兄者也。"① 一則羨其不孤，二則羨其得學，心中惻然而爲涕零也。"師亦哀原之意而爲之泣，曰："欲書可耳。"答曰："無錢資。"師曰："子苟有志，我徒相教，不求資也。"於是就書，一冬之間，誦《孝經》《論語》。及長游學，單身負笈。至陳留則師韓子助，潁川則宗陳仲弓，汝南則交范孟博，涿郡則親盧子幹。後還鄉教授，由是青州有邴、鄭之學。案：根矩雖爲丕文學，入《魏志》，然其讀書、游學則在建安以前，故綴於此。

附　大司徒東海郯王朗景興

作《孝經傳》。

衛將軍太常東海郯王肅子雍

作《孝經注》。

駙馬都尉關內侯南陽何晏平叔

作《孝經注》。

散騎常侍陳留蘇林孝友

作《孝經注》。

光祿勳廣平劉邵孔才

作《孝經注》。

太常卿豫章徐整文操

作《孝經注》。

侍中吳郡韋昭弘嗣

作《孝經解讚》。

彭城嚴畯曼才

作《孝經傳》。

---

① "必"下原衍一"其"字，據補編本、《三國志·魏志·邴原傳》删。

謝萬
　　作《孝經注》。

治論語

沛獻王劉輔
　　本傳：善説《論語》。
校書郎扶風馬續季則
　　本傳：九歲通《論語》，十三治《尚書》，十六治《詩》。
博士代郡范升辨卿
　　本傳：九歲通《論語》。
大鴻臚會稽曲阿包咸子良、咸子福
　　本傳：以《論語》教授皇太子。子福傳業，以《論語》入授和帝。謝承《後漢書》：咸受業長安。王莽末，嘗負笈隨師。爲赤眉所得，見拘執。咸日夜誦經自若，賊異而遣之。
南郡太守扶風馬融季長
　　《論語集解·序》：《古論》惟博士孔安國爲之傳，而世不傳。至順帝時，南郡太守馬融爲之訓説。①
司空潁川荀爽慈明
　　本傳：年十二通《春秋》《論語》。《荀氏家傳》：爽一名諝。幼而好學，年十二，能通《春秋》《論語》。太尉杜喬見而稱之，曰："可爲人師。"爽遂耽思經書，慶弔不行。潁川爲之語曰："荀氏八龍，慈明無雙。"謝承《後漢書》：爽幼而岐嶷，游太學，儒林咸嘆息之，太尉杜喬師焉。
大司農北海高密鄭玄康成
　　本傳：玄就《魯論》考校篇章，考之《齊》《古》爲之注。

---

① "説"，原誤作"詁"，據補編本、《天禄琳瑯叢書》影元翻宋本《論語集解·序》改。

周生

作《論語注》。案：皇侃及邢昺《疏》並謂"周生"，不詳何名。①

盍氏、毛氏

見《石經論語》。

敦煌周生烈文逸

作《論語注》。

巴西譙周允南

作《論語注》。

汝南南頓程秉德樞

作《論語弼》。

> 附　司空潁川陳群長文
>
> 作《論語義說》。

衛將軍太常蘭陵景侯東海郯王肅子邕

作《論語注》。

山陽王弼輔嗣

作《論語釋疑》。

駙馬都尉關內侯南陽何晏平叔

作《論語集解》。

會稽餘姚虞翻仲翔

作《論語注》。

撫軍中郎彭城張昭子布

作《論語注》。

辟士蜀郡李尧孟元

《益部耆舊傳》：尧字孟元，江源人，修《易》《論語》，大義略舉。

---

① "名"字原脱，據《金陵叢書》本《補後漢書藝文志》補。

補後漢書藝文志卷之二

經學師承下

博通諸經不爲章句

議郎沛桓譚君山

本傳：博學多偏習五經，皆訓詁大義，不爲章句，尤好古學，數從劉歆、揚雄辨析疑難。《新論》：秦近君能說《堯典》，篇目兩字說十餘萬言，但說"曰若稽古"，三萬言。高君孟嘗自伏寫書，署郎哀其老欲代之，不肯，云："我躬自寫，當讀十遍。"予同時佐郎官有梁子初、揚子林，好學，所寫書萬卷，至於白首。常有所不曉百事寄予：予觀其書，皆略可見。

軍司馬扶風安陵班固孟堅

本傳：九歲能屬文誦詩書，及長，遂博貫載籍，九流百家之言，所學無常，不爲章句，舉大義而已。

會稽上虞王充仲任

本傳：受業大學師事扶風班彪，博覽而不爲章句。
《會稽典錄》：充爲兒童不好狎，父誦奇之，七歲教書數，家貧無書，游洛陽市肆，閱所賣書，一見輒能誦憶，遂博通眾流百家之言。

高士扶風梁鴻伯鸞

本傳：受業太學，博覽無不通，而不爲章句。《東觀漢記》：鴻少孤詣，太學受業，治《詩》《禮》《春秋》，嘗獨坐，止不與人同食。比舍先著炊已，呼鴻及熱釜炊。鴻曰："童子所謂不因人熱者也。"滅竈更然火，博學無不通。《高士傳》：高恢，字伯達，京兆人也。少治《老子》，與梁鴻友，善隱於華陰山。鴻有《思友詩》，即恢也。

潁川韓融長元

本傳：博學不爲章句。

潁川荀淑季和

本傳：博學而不好章句。司馬彪《續漢書》：淑有高才，王暢、李膺皆以爲師。淑卒，膺時爲尚書，自表師喪。

《荀氏家傳》：淑有高行，與李固、李膺友善。

五官中郎將涿郡盧植子幹

本傳：師事馬融，通古今學，精研而不守章句。樂史《太平寰宇記》引《後漢書》：盧植隱上谷軍都山，立黌肆教授，好學者自遠方而至。① 按：范《書》無此文，當是謝承、華嶠、袁山松、謝沈等《後漢書》文。

《公孫瓚傳》：瓚詣涿郡盧植讀經。

逢萌通《春秋經》，與同郡徐房、李子雲、王君公友善，與子雲各養徒千人。嵇康《高士傳》：逢萌、徐房、李雲、王尊同時相友，世號"四子"。皇甫謐《高士傳》：君公明《易》，爲郎，數言事不用，乃自汙與官婢通。詐狂儈牛，口無二價。時人爲之語曰"避世牆東王君公"。《山東省志》：逢萌都昌人，徐房北海人，王君公平原人。袁宏《後漢紀》：子雲潁川陽翟人。

劉宣，字子高，安衆侯崇之從弟，知王莽當篡，乃變名姓，抱經書隱避林藪。

蘇竟，字伯況，扶風平陵人，以明《易》爲博士，講書祭酒，善圖緯，能通百家之言。

徐宣，字驕穉，東海臨朐人，能通《易經》。

韓順，字子良，成紀人也，經行清白。隗囂以順道術深遠，使人齎璧帛，卑辭厚幣欲以爲師。順因使謝囂曰："禮有來學，義無往教，即欲相師，但入深來。"囂聞矍然，不敢強。

---

① "而至"二字原脱，據清紅杏山房刻《趙氏藏書》本《太平寰宇記》（以下《太平寰宇記》皆據此本）卷六十九補。

王閎，字選公，明《易》、天文。更始中守山陰令，補侍御史，遷冀州相。不交豪強，號王獨坐。《毗陵先賢傳》。

崔篆，母師氏，能通經學百家之言。

鄧晨少受《易》。

鄧禹年十六能誦詩，受業長安。《東觀漢記》：禹篤於經書。禹有子六人，令各守一經。

劉憲與伯升俱學長安，習《尚書》。

順易侯劉嘉與伯升俱學長安，習《尚書》《春秋》。

周黨學《春秋》長安。

嚴光與光武同游學。嚴光碣其妻梅福女，少與光武同學及長安，避亂會稽。《鐘離意別傳》：嚴遵與光武俱爲諸生，暮夜宿息，天寒不得寢臥，更相謂曰："後此富貴，憶此勿相忘。"後數年，光武有天下，徵不至。《會稽典錄》：光，一名遵，字子陵，與世祖俱受業長安。建武五年，下詔徵遵，設樂陽明殿，命宴會，暮留宿，遵以足荷上，①其夜客星犯天子宿。明旦，太史以聞，上曰："此無異也，昨夜與嚴子陵俱臥耳。"

光武與朱暉父岑俱學長安，有舊。及即位，求問岑，已卒。乃召暉拜爲郎，卒業太學。子頡修儒術。

朱祐初學長安，帝往候之，祐不時相勞苦，而先升講舍。後車駕幸祐第，帝因笑曰："主人得毋舍我講乎？"對曰："不，耿況與王莽從弟攽共學《老子》於安丘先生。"《高士傳》：望之著《老子章句》，故《老子》有安丘之學，扶風耿況、王汲等皆師事之，從學老子。案：《遂初堂書目》有安丘注《老子》。

耿弇好學，通《詩》《禮》，習父業。

耿秉博通詩記，能說《司馬兵法》。

耿純學於長安。

---

① "上"下原衍一"腹"字，據民國間刻《四明叢書》本《會稽典錄》卷上冊。

王霸世好文法，西學長安。

景丹少學長安。

劉隆學於長安。

祭遵少好經書，取士皆用儒術，對酒設樂，必雅歌投壺。建爲孔子立後，奏置五經大夫。雖在軍旅，不忘俎豆。

梁統少治《春秋》。子松博通經書，明習故事。松子扈亦敦《詩》《書》。

郭凉，字公文，右北平人，雖武將，然通經書。

賈復習《尚書》，師事舞陰李生，閉門養威，受《易經》，知大義。子宗與當世大儒問難經傳。

馬廖少習《易》。

陰興博觀五經，訪問政事。

陰識游學長安。

陰慶明《尚書》，修儒術。

郭丹少孤，小心孝順，後母哀憐之，爲鬻衣裝，賣產業，遣從師。既至京師，師事公孫昌，常爲都講。《東觀漢記》：昌敬重丹，常待重編席，以顯異之。袁宏《後漢紀》：是時昌爲王莽講學大夫，門下生甚衆，而昌獨禮異丹，①由是嚴尤、王尋更辟之。

韋彪好學治國雅教授，三輔諸儒莫不尊仰之。建武末舉孝廉，除郎中，以病免，復歸教授。

馮衍九歲能誦詩，至二十而博通群書。《潛夫論》：衍篤學好義，諸儒號曰："德行雍雍馮敬通。"著書十篇，孝章皇帝愛重其文。

馮豹以《詩》《春秋》教授麗澤山下，鄉里爲之語曰"道德彬彬馮仲文"。

閔道宏，閔子十七代孫，爲明帝《孝經》師。《闕里志》。

---

① "昌"，原誤作"丹"，據民國六年刻《龍溪精舍叢書》本《後漢紀》（以下《後漢紀》皆據此本）卷九改。

郭憲體忠烈之節，游志太學，學貫秘奧，師事東海王仲子。王莽爲大司馬，權貴傾朝，召仲子，欲令爲兒講。仲子聞，即褰裳欲往。憲曰："今君位爲博士，如何輕身賤道，禮有來學、無往教，不宜輕道也。"於是仲子晏乃往。莽問："君來何遲？"具以憲言對莽，陰奇焉。《論衡》：近世蘭陵王仲子，昔廬君陽，寑位久病，不應上徵，可謂養名矣。

犍爲任永字業與同郡馮信并好學博古。

譙玄，字君黃，能説《易》《春秋》。時兵戈十年，莫能修尚學業，玄獨訓諸子，勤習經書。子瑛善説《易》，授孝明帝經。

東平王蒼好經書。

濟南王香篤行好經書。

琅邪王京好經學，顯宗尤愛之。

桓鸞學覽，六經莫不綜貫。

劉般東至洛陽修學，師門講誦不怠。

寒朗好經學，博通書傳，以《尚書》教授。

孫堪，字子穉，河南緱氏人，明經學，有志操。

王望，字慈卿，琅邪人，客授會稽。

京兆都郵郭基，孝行稱於州里，經學著於師門。班固《奏記東平王蒼》。

案：基字季通，班叔皮有《與京兆丞郭季通書》。

戴封，年十六詣太學，師事鄭令東海申君。謝承《後漢書》：封字平仲，年十五詣太學，師事東海申君。申君卒，送喪到縣，道經其家。父母以封當還，豫爲娶妻，封暫拜親，不宿而去。還京師卒業，時同學石敬平溫病卒，封養視殯斂，以所齎糧市小棺，送至家。家更棺斂，見敬平生時書物皆在棺中，乃大異之。

謝承《後漢書》：馬寔，字伯騫，扶風茂陵人，晝誦經書，夜習兵弓。

傅毅，永平中於平陵習章句，因作《迪志詩》。

田邑，字伯玉，馮翊人，少有大節，涉學藝，善屬文。

范式少游京師,受業太學,與汝南張劭元伯爲友。式後到京師,時諸生長沙陳平子亦同在學。平子病卒,式親送喪到家。謝承《後漢書》:孔嵩,字季山,與范式游集太學。

劉茂習《禮經》,隱居弘農山中,教授常數百人。

荀恁,字君大,雁門人,隱居教授。

索盧敖,字君錫,以《尚書》教授,弟子千餘人。

辛繕,字公文,少治《春秋》《詩》《易》,隱居弘農,弟子受業者六百餘人。

井丹受業大學,學通五經,博學高論,京師爲之語曰"五經紛綸井大春"。

宋漢,字仲和,以經行知名。

崔駰,年十三通《詩》《易》《春秋》、古今訓詁百家之言。少游太學,與班固、傅毅齊名。

周榮,字平孫,廬江舒人,肅宗時舉明經。

周燮十餘歲就學,能通書論。華嶠《後漢書》:燮專精《禮》《易》,不讀非聖之書。

張衡少游三輔,因入京師游太學,學通五經貫六藝。

樂恢好經學,事博士焦永。永爲河東太守,恢從之官,閉精廬講授,不交人物。後永以事被考,弟子皆以通關被繫,恢獨皎然不汙,遂篤志爲名儒。後恢以竇憲迫脅自殺,弟子衰絰輓者數百人,門生何融上書陳恢忠。

趙牧修《春秋經》,師事樂恢。

李充立精舍教授。

何敞通經傳,能爲天官,遷汝南太守,立春日遣儒術大吏案行屬縣,舉冤獄,以《春秋》決斷之。

徐防祖父充以《易》教授,父憲傳業,防少傳祖父業。

司馬均,字少賓,東萊人,隱居教授。

張堪,年十六受業長安,諸儒號曰"聖童"。
杜安,年十三入太學,號"奇童"。《先賢行狀》號曰"神童"。
黃香讀書東觀,號"江夏黃童"。
鄭均治《尚書》。
王景少學《易》,遂廣闚衆書。
宋均,年十五好經書,受業博士,通《詩》《禮》。
王渙習《尚書》。
陳寵世習文律,兼通經學。
謝承《後漢書》:玉況,字文伯,京兆杜陵人。代爲三輔名族,該總五經,志節高亮。
鄭弘事同郡河東太守焦貺。楚王英謀反,以疏引貺,貺被收捕,疾病道亡,妻子繫獄,考掠連年。故人門生皆改變姓名,以逃其禍,弘獨髡頭負鈇鑕,詣闕上章,爲貺訟冤。顯宗覺悟,赦家屬,弘躬送貺喪及妻子歸鄉里。袁宏《後漢紀》:弘事博士陳留焦貺。貺門徒數百人,常舉明經,其妻勸貺以弘有卿相才,當此舉也,從之。案,焦貺、焦永當是一人。
竇固好覽書傳。
竇環少好經書。案:周紆劾竇環學無經術而妄開講舍,外招儒生,又造作巡守封禪之書。與《環傳》相抵牾。考竇氏兄弟,惟環最賢,不幸身爲貴戚,喜招賓客,又不禮家婢中大人,固宜其禍及也。
竇章少好學,與馬融、崔瑗同好。
王晏,字叔博,與廣漢張昌寧叔受業太學。
寇祺,字朝宰,梓潼人,與邑子侯蔓俱學涼州。
楊充,字盛國,梓潼人,少好學求師,遂受業古學於扶風馬季長、南陽朱明叔、潁川白仲職,精究七經,還以教授州里。常言圖讖去事希略,疑非聖言,不以爲教。
崔琦少游學京師。
翟輔四世傳《詩》,少師事段翳。

杜真習《易》《春秋》，誦百萬言，事同郡翟輔。

王忳，字少林，新都人，學京師。

吳祐牧豕長垣澤中，行唫經書。

張鉗，字子安，廣漢人，師事犍爲謝亰。亰死，負土成墳。三年，亰子爲人所殺，鉗復其仇，當世義之。

郅壽免官後歸家教授。

任棠，漢陽人，有奇節，隱居教授。《高士傳》：棠字季卿，詔徵不至，乃卒。鄉里圖畫其形，至今稱任徵君也。

虞詡，年十三通《尚書》，後下獄，子顗及門生百餘人訴言枉狀。

張皓，字叔明，治律《春秋》，游學京師。《益部耆舊傳》：皓與廣漢譚粲、漢中李郃、蜀郡張霸共結爲友。

謝承《後漢書》：公孫煜，字春光，到太學受《尚書》，寫書自給。拜博士侍中，國有疑事，尚使進見，問其得失。所陳皆據經義，補益國家，深見省納。

謝承《後漢書》：路仲翁好學，家居，受學者自遠方而至，徵爲博士。

《楚國先賢傳》：孫敬好學，閉戶牖，精力過人，編楊柳簡以爲經本，①晨夜誦習。將欲寤寐，奮志，縣頭於梁，以自課責太學，號曰"閉戶先生"。嘗入市，市人曰："閉戶先生來矣。"《三輔決錄注》：張中尉，扶風人也，少與同郡魏景卿隱身不仕。明天官，博學，好爲詩賦，所居蓬蒿沒人也。

揚匡，陳留人，在外黃受業，教授門徒。袁山松《後漢書》：匡一名章，字叔奉。

史弼少篤學，聚徒數百人。

皇甫規以《詩》《易》教授，門徒三百餘人。

---

① "柳"字原脱，據《四部叢刊三編》影宋刻配補日本聚珍本《太平御覽》（以下《太平御覽》皆據此本）卷六百六引《楚國先賢傳》補。

朱穆,少有英才,學明五經。穆壯耽學,銳意講誦,或時思至,不自知亡失衣冠,顛墜坑岸。時同郡趙康叔盛者,隱居武當山,清静不仕,以經傳教授。穆時年五十,乃奉書幣稱弟子。及康没,喪之如師。

蔡衍,少明經講授,時人語曰"天下雅志蔡孟喜"。

周舉博學洽聞,爲世所宗,時人語曰"五經縱橫周宣光"。

蔡玄,字叔陵,南頓人,學通五經,門徒嘗千人,其著録者萬六千人。順帝時徵拜議郎,講論《五經同異》,甚合帝意。

張綱,字文紀,少明經學。

范丹通五經,尤篤《易》與《尚書》。謝承《後漢書》:丹學通三經,常自賃灌園。《陳留耆舊傳》:范丹就馬融通經。干寶《搜神記》:丹遂之南郡,轉入三輔,從英賢游學,十三年乃歸家,人不復識。

李固入太學,明五經。固改易姓名,杖策驅驢,負笈追師三輔,學五經,積十餘年。常到太學,密入公府,定省父母,不令同業諸生知是郃子。案:固弟子爲固訟冤者,有汝南郭亮、南陽董班、潁川杜訪、渤海王調、河南趙函等數十人。述固德行,潁川杜訪、汝南鄭遂等七十二人與固少子燮。變姓名爲酒家傭者,則門生王成也。《河南續志》:郭亮,字恒直,朗陵人。案:亮,一作諒。《汝南先賢傳》:郭亮童幼之年則有尚義之心。年十四,始欲出學。聞潁川杜周甫精贇於長社,①亮造門而師事焉。朝受業,夕已精講,動聲則宫商清暢,推義則尋理釋洽,周甫奇而偉之。《李固别傳》:固既誅,弟子汝南郭亮始成童,游學洛下,乃詣闕上書,乞收固屍。不許,固往哭臨喪不去,太后聞而許之。謝承《後漢書》:郭諒師事杜喬。李固

---

① "甫"下原衍一"立"字,"長"原誤作"吕",皆據《太平御覽》卷三百八十五引《汝南先賢傳》改。

之誅，詣闕上書，乞收斂。不聽，因往守視，驅護蠅蟲。《楚國先賢傳》：董班，字季文，宛人也。少游太學，宗事李固。聞固死，乃星行奔赴，哭泣盡哀。司隸案狀奏聞，天子釋而不罪。班守屍，積十日不去，桓帝嘉其義烈，聽許送喪到漢中，①赴畢喪而還。李燮從王成專精經學十餘年。成卒，燮行喪制服。

鄧閻妻耿氏，養河南尹豹子嗣爲閻後。耿氏教之書，學遂以通博。永壽中，與伏無忌、延篤著書東觀。

崔實母有母儀淑德，博覽書傳。

謝承《後漢書》：壽張縣人女子張雨早喪父母，年五十，不肯嫁，留養孤弟二人，教其學問，各得通經。皆爲聘娶，並成善士。謝夷吾薦於州府，使各選舉，表復雨門户。

河南樂羊子遠尋師，學一年來歸。妻跪問其故，羊子曰："久行懷思，無它異。"妻乃引刀斷機。羊子感其言，復還終業，遂七年不返。

謝承《後漢書》：賀純，字仲真，會稽山陰人，少爲諸生博極群藝。

陳寔有志好學，坐立誦讀。縣令鄧劭與語，奇之，聽受業太學。謝承《後漢書》：寔詣太學，與郭林宗、陳仲舉爲親友。歸家，立精舍，教授諸生數百人。《先賢行狀》：時潁川荀慈明、賈偉節、李元禮、韓元長並從陳君學。袁宏《後漢紀》：鄧劭每出侯賓，見寔執書立誦。劭嘉之，即解録，遣詣太學。《魏書》：寔遭黨錮，隱居荊山，遠近宗師之。

王烈師事陳寔。郝經《續後漢書》：王烈師事潁川陳仲弓，與其子紀諶爲友。時荀慈明、賈偉節、李元禮、韓元長皆就仲弓學。咸稱烈器業，由是知名海內。

管幼安師事陳寔，常患世俗多變，氏族違聖人之旨，非命姓之

---

① "送"字原脱，據《後漢書·李杜傳》引《楚國先賢傳》補。

意,著《氏族論》以原世系。

《會稽典錄》:周昕,字太明,少游京師,師事太傅陳蕃。博覽群書,明於風角,善推災異辟。太尉舉高第,稍遷丹陽太守。

李膺以同郡荀淑、陳寔爲師友,免官後,還綸氏,教授常千人。南陽樊陵求爲門徒,膺謝不受。陵從阿附宦官,致位太尉,爲節志者所羞。《李膺家錄》:膺居陽城,時門生在門下者,恒有四五百人。膺每作一文出手,門生共爭之,不得墮地。

《華陽國志》:景毅,字文堅,梓潼人,以子師事少府李膺。膺誅,自免歸。

符融游太學,師事少府李膺。郭林宗始入京師,時人莫識,融一見嗟賞,介於李膺,由是知名。

氾水縣石底山,有漢儒屈宗伯彦,講業其上,四方學者環聽。

郭林宗從成皋屈伯彦學,三年業畢,游京師,與李膺、符融、賈彪、宗慈、范康、何容相友善。黨事起,遂閉門教授,弟子千數。《高士傳》:林宗辭母,與同縣宋沖至京師,從屈伯彦學《春秋》,博洽無不通。《林宗別傳》:大以有道君子徵,同邑宋子浚勸使仕。太遂辭以疾,闔門教授。

童子魏照求入事郭太,供給洒埽。太曰:"當精義講書,何來相近?"照曰:"經師易獲,人師難遭,欲以素絲之質附近朱藍。"案任昉《雜傳》:魏照字德公。

竇武少以經行著稱,教授大澤中桂陽湖。勝少師武,武爲曹節矯詔所害,勝獨殯斂行喪。

謝承《後漢書》:蘇章,字士誠,北海人,負笈追師,不遠萬里。

謝承《後漢書》:高呂爲廣漢太守,朝省官事,晝誦經典。

謝承《後漢書》:陳留陳常字君淵,晝則躬耕,夜則賃書,以養母。

謝承《後漢書》:王奐,字子昌,河内武德人,明五經,負笈從師,常自賃灌園。

謝承《後漢書》：謝翊，字子相，陳國人。張奉禮常弔師喪，大水，寒車毀，牛病不能進，罷於道路。翊於汝南界中逢之，素不相識，下馬與語，便推所乘牛車，強牛與之，供其資糧，不告姓名。案范書《翊傳》及《真誥》當作"劉翊"。

仇覽入太學，時諸生符融有高名。覽曰："天子修設太學，豈使人游談其中？"一揖而去。《蘇林廣舊傳》：仇香，字季智，爲書生，學通三經。《海內先賢傳》：覽字季智，郭太齎刺入見之，日暮求留宿。明旦，太下牀謂之曰："君非太友，乃太師也。"郝經《續後漢書》：仇覽爲蒲亭長，農事既畢，令子弟群居還就黌學。

宗慈詣太學受業，有高才，郭林宗、朱公叔皆與爲友，時人爲之語曰"天下通儒宗孝初"。

范康受業太學，與郭林宗友善，時人語曰"海內彬彬范仲真"。

檀敷立精舍教授，弟子自遠方至者數百人，時人語曰"海內通士檀文友"。

賈彪少游京師，與同郡荀爽齊名，時人語曰"賈氏三虎，偉節最怒"。

何容少游學洛陽，雖少進，而郭林宗、賈偉節與之友善，顯名太學。

鐘皓以詩律教授，門生千有餘人。兄子瑾好學慕古。

謝承《後漢書》：董昆，字文通，少游學，師事潁川荀季卿，受《春秋》，與刺史盧孟同師。

袁山松《後漢書》：岑晊，字公孝，南陽人，高才絕人，五經六藝，無不洞貫。時人語曰"海內珍好岑公孝"。

庾秉少給事縣庭，林宗見而拔之，勸游學宮，遂爲諸生傭。後能自講誦，自以卑第，①每處下坐，諸生博士皆就雠問，由是學生

---

① "以"字原脱，據《後漢書·郭符許傳》補。

皆以下坐爲貴。案：秉字世游，鄢陵人。秉孫峻字山甫，少好學，閒常侍蘇林嘗從秉學，因質究疑義，大通經理，遂爲醇儒，舉博士。時重《莊》《老》而輕經史，峻懼雅道陵遲，以儒典自任。曹髦幸太學，問《尚書》義，峻援引師說，發明經義，申暢疑滯，對答詳悉。

王子山與父叔師到太山，從鮑子真學算。

邊韶以文學知名，教授數百人。韶口辨，曾晝日假卧，弟子私嘲之曰："邊孝先，腹便便，懶讀書，但欲眠。"韶潛聞之，應時對曰："邊爲姓，孝先字。腹便便，五經笥。但欲眠，思經事。寐與周公通夢，靜與孔子同意。師而可嘲，出何典記？"《搜神記》：王子珍，太原人也，父母遣從陳留邊孝先習業。行至定州，於樹旁憩。有鬼化爲生人，與子珍同憩。鬼曰："我渤海郡人，姓李名玄石，欲往邊先生處求業。"乃誓爲兄弟，同詣孝先受業。三年，玄石才藝過於先生。先生曰："玄石豈非聖人乎？何目之所覽，更無遺漏？"玄石曰："某因宿會，得事先生，所受之業，不可知也。"尋以子珍辭義不解，即教授之。子珍敬之如師，學業得就。後太原太子舍人王仲祥經過，與子珍同宗，因謁先生，追延客知玄石是鬼。及旦，語子珍曰："玄石是鬼，非生人也。"子珍曰："玄石是上聖之姿，經書靡不該博，先生尤推之，何得不是生人乎？"祥曰："弟若不信，今宿可鋪新葉於席上，令卧之。弟與別榻，旦視之，弟之卧處其葉即實，鬼之卧處其葉即虛。"子珍乃疑，依仲祥所言，鋪之。及曉，果如祥說。朔日謂玄石曰："外言兄是鬼物，故咨兄。"玄石曰："我實鬼，與弟言者，是仲祥也。緣冥司舉我爲太山主簿。喚玄石曰：'汝寡學，未能該通。汝且往人間邊孝先處求業，業成早來，委汝此任。'我恐世懼，故爲生人，與弟同師。未經一年，學業已成。任太山主簿二年矣。與弟深情，眷戀相伴。今弟既知，固難久處，即當分別。"

應奉讀書，五行俱下，子劭少便篤學，博覽多聞。

袁閎潛身土室十八年。黄巾賊起，攻没郡縣，閎誦經不輟。

袁宏，字邵甫，耻其門族貴盛，乃變姓名，徒步師門，從師受業。

謝承《後漢書》：宏博覽群書六藝，常負笈從師，變易姓名。

衛颯家貧好學問，隨師無糧，常傭以自給。

高鳳專心誦讀，晝夜不息。妻嘗之田，曝麥庭中，令鳳護雞。時天暴雨，而鳳持竿誦讀，不覺流麥。妻還，怪問之，鳳方寤。

《通典》：湖陽，在棘水之陽，有唐子山，一曰西唐山，高鳳隱處。

《廣州先賢傳》：徐徽，字君球，頗覽書傳，尤明律令。

荀悦，年十二能説《春秋》。《荀氏家傳》：悦字仲豫，儉弟三子，年十二能説《春秋》。家貧無書，每之人家，誦讀所見篇章，一覽多能誦憶。

仲呈，成都人，少受學於巖季后。季后爲汶江尉，書呼仲呈，仲呈許十月往。會夷反，斷道，仲呈期於往。經渡六十幾死，數年卒得至汶江。爲季后陳策，俱得免難。

陳綱，字仲卿，成固人，少與同郡張宗受學南陽。

張貞，僰道人，受《易》於韓子方，去家三千里，船覆，死。貞弟求喪，經月不得。貞妻黃帛乃自往没處，躬詣不得，自投水中。大小驚眩，積十四日，持夫手浮出。時人爲語曰："符有先絡僰道帛，求其父夫天下無。"案：家潤賁校《華陽國志》謂當作"求其夫父無有偶"，以"絡帛"爲韻，"父偶"爲韻也。予謂"先絡"在前，"黃帛"在後，"父"字在"夫"上，未免倒置，不如作"求其父夫天下無"，蓋"夫無"亦自爲韻也。

張臻少游太學，學兼内外。

朱倉，字雲卿，受學於蜀郡張寧，屑豆飲水以諷誦。同業憐其貧，①給米終不受。《益部耆舊傳》：倉廣漢人，畜錢八百文，從處士張寧受《春秋》，糴小豆十斛，屑之爲糧。寧矜之，斂得米二十石，倉不受。

學士廣漢嚴象、大儒趙翹、河南李吉並楊宣弟子。案東漢有兩嚴象：一廣漢人，師事楊吉者；一京兆人，字文則，少聰博，同郡趙岐作《三輔決録》，爲時人不能悉其意，故其書惟以示象。

《汝南先賢傳》：薛包好學篤行。

徐誦，字子産，少讀書不過五十字，誦千遍，乃得終成儒學。

劉丕師受經傳，博學群書，號爲通儒。子寵傳父業。司馬彪《續

---

① "憐"字原脱，據《太平御覽》卷四百八十五引《華陽國志》補。

漢書》"丕"作"本",東萊牟平人,舉孝廉方正,爲殷長,卒官。寵字世榮。

劉淑,字仲承,少好學,明五經,立精舍教授,諸生常數百人。時人語曰"天下德宏劉仲承"。

來艷好學下士,開館養徒衆。案《風俗通》:艷字季德,南陽人。

成翊世少好學,深明經術。

樂巴學覽經典。

趙戒,字志伯,成都人,博學明經講授。

趙典,字仲經,學孔子七經、《河》《洛》圖緯,靡不綜貫,受業者七百餘人。時人號曰"天下才英趙仲經"。案《典傳》"父戒爲太尉"注引謝承《後漢書》曰:"典,太尉之叔子也。"《華陽國志》:"太尉戒之孫。"三說互異,當以范《書》爲正。考戒長子瑶、仲子囗亦見《華陽國志》,①則謝承所云"叔子"者,第三子也。

《益部耆舊傳》:趙玤,字孫明,②好游俠,行部帶劍過亭長,亭長譴之。乃嘆曰:"無大志,故爲豎吏所輕耳!③"乃解劍挂壁曰:"玤不乘輜重佩綬,不復帶劍。"因之京師,詣太學受業,治《春秋》,變行厲操。

《長沙耆舊傳》:虞授,字承卿,說《易》不怠。諺曰:"不讀經,視虞生。"

《高士傳》:姜岐,字子平,少失父,獨與母兄居,治《書》《春秋》,恬然自守,名重西州。與兄岑隱居教授,滿於天下,營業者三百餘人。

---

① "囗"原爲空格,今以"囗"表示,下同。
② "孫",原誤作"德",據《太平御覽》卷二百六十八引《益部耆舊傳》改。
③ "豎",原誤作"監",據《太平御覽》卷二百六十八引《益部耆舊傳》改。

尹珍，字道真，①牂柯母斂人，以生遐裔，未漸庠序，乃遠從汝南許叔重受五經，又師事應世叔，學圖緯，通三才，還以教授。《華陽國志》：珍以經術選用，②歷尚書丞、荊州刺史，而應世叔爲司隸校尉，師生并顯。王愔《文字志》：珍善書。

士孫瑞，字君榮，世爲學門。瑞少傳家業，博學，無所不通。

李雲，字行祖，甘陵人，性好學，通陰陽。

孔融少好學，博涉多聞。

趙岐明經有才藝。

馬日磾，字翁叔，融族孫，少傳融業，與楊彪、盧植、蔡邕等典校中書。

魏隸《高士傳》：向長，字子平，通《易》《老子》，安貧樂道。讀《易》至《損》《益卦》，喟然嘆曰：「吾知富貴不如貧賤，未知存何如亡耳？爲子嫁娶畢，敕斷家事。」是後肆意游五岳名山，遂不復反。

侯瑾少孤貧，爲人傭賃，暮輒燃柴薪以讀書。③

《益部耆舊傳》：杜真，④字孟宗，周覽求師，歷齊魯。資用將絶，磨鏡自給。

繆斐，代修儒學，⑤繼踵六博士，時人爲之語曰「素車白馬繆文雅」。案：斐東海人，該覽經傳，徵博士，六辟公府。獻帝在長安，公卿博舉名儒。舉斐侍中，並無所就。

謝承《後漢書》：黃昌，字聖真，會稽餘姚人。本出孤微。居近學宮，見諸生修庠序之禮，因好之，遂就經學。

---

① "真"，原誤作"直"，據《華陽國志·南中志》改。
② "用"字原脱，據《華陽國志·南中志》補。
③ "燃"字原脱，據宋紹興刻本《藝文類聚》（以下《藝文類聚》皆據此本）卷八十引《汝南先賢傳》補。
④ "杜真"，原誤作"楊直"，據《太平御覽》卷七百十七引《益部耆舊傳》改。
⑤ "學"，原誤作"雅"，據《太平御覽》卷四百九十六引皇甫謐《達士傳》改。

許曼少傳祖峻術。

《益部耆舊傳》：趙閎，字溫柔，幼時讀《尚書》，一見便誦，聞人讀書，識其章句。

《楚國先賢傳》：耒陽胡紹，字伯蕃，①年十八，爲縣門下幹，迎太守許荊，②足下中風，③使紹抑之。紹視荊蹠下而笑，荊怒問之，紹曰："見明府蹠下有黑子，紹亦有之，故爾笑。④"荊視之，果有黑子。⑤令其從學，後八年，遂歷九真、零陵二郡太守。

《風俗通》：九江太守武陵威游學京師。

《風俗通》：任嘉父騰爲諸生，於漢中就師。

《風俗通》：郅伯夷誦《六甲》《孝經》。

《益部耆舊傳》：廣漢王棠妻文拯。其前妻子博學好寫書，拯爲手自作衮，常過其意。

《華陽國志》：廣漢王兆輔游學京師。

《華陽國志》：吳許升妻，⑥呂氏之女，名榮。升游誕博戲。榮殷勤養姑，勸升學，未嘗不流涕而言。升後改悔，尋師遠學，四年乃歸。遂致名譽，爲州里所辟。

劉虞通五經。

劉表從王暢受學。

劉焉，居城陽，精學，隱居教授，以師祝公喪去官。案：祝公，司徒祝恬也。

陶謙，字恭祖，且陽人，少好學，爲諸生。

臧洪，字子源，射陽人，年十五拜童子郎，知名太學。

---

① "蕃"字原脱，據《太平御覽》卷二百五十九引《楚國先賢傳》補。
② "迎"字原脱，據《太平御覽》卷二百五十九引《楚國先賢傳》補。
③ "足下"，《太平御覽》卷二百五十九引《楚國先賢傳》作"荊足"。
④ "故爾笑"，《太平御覽》卷二百五十九引《楚國先賢傳》作"忻而故笑"。
⑤ "有"字原脱，據《太平御覽》卷二百五十九引《楚國先賢傳》補。
⑥ "吳許升"，原誤作"吳漢升"，據《後漢書·列女傳》改。

諸葛亮在荊州游學，每晨夜，常抱膝長嘯。附：諸葛瑾，字子瑜，少游京師，治《毛詩》《尚書》《左氏春秋》。

《荊州先賢傳》：龐士元師事司馬德操。蠶月躬采桑後園，士元往助之，因與共談，言甚神儁，①遂移日妄飡。德操於是異之。

韓嵩，字德高，義陽人，少好學，貧不改操。

向朗，字巨達，少涉獵文學，師事司馬德操。潛心典籍，聚書萬卷，孜孜不倦。年將八十，猶自校書，刊定謬誤，積聚篇卷，於時最多也。蕭常《續後漢書》：朗誘掖後進，講論古義。

費褘游學入蜀。

張裔，字君平，成都人，治《公羊春秋》，博涉《史》《漢》。

姜維好鄭氏學。

《襄陽耆舊傳》：楊慮，字威方，少有德行，爲沔南冠冕。②年十七而夭，門徒數百人，宗其德行，③號爲"德行楊君"④。許洗，慮同里人，少師事慮。與劉備在劉表坐論元龍者，即其人也。

郤正本名纂，安貧好學，博覽載籍，著詩、賦、論之屬凡百篇。

徐庶先名福，本單家子，少任俠擊劍。中平中，⑤嘗爲人報仇，白堊突面，被髮而走，爲吏所得，其黨共篡解之。⑥於是感激，棄其刀戟，更疏巾單衣，折節學問。始詣精舍，諸生聞其前作賊，不肯與共止。福乃卑躬早起，常獨埽除，動靜先意，聽習經業，義理精熟。遂同郡石韜相友愛。蕭常《續後漢書》：庶折節學問，遂通經旨。

---

① "言甚神儁"，《太平御覽》卷六百十七引《荊州先德傳》作"元善神"。

② "沔"，原誤作"漢"，據清乾隆刻《心齋十種》本《襄陽耆舊傳》（以下《襄陽耆舊傳》皆據此本）改。

③ "德行"，《襄陽耆舊傳》作"德範"。

④ "君"字原脫，據《襄陽耆舊傳》補。

⑤ "中平中"，清道光九年刻本《季漢書·諸葛亮傳》（以下《季漢書》皆據此本）作"中平末"。

⑥ "解"，原誤作"取"，據《季漢書·諸葛亮傳》改。

殷禮，字往嗣，七歲就官學書，①在師未嘗戲弄。諷誦恒不爲聲，潛識而已。師殺雞詣禮父穎曰：②"賀此子能興君門。"行往舟中，手不釋卷。從曲阿往返，並不知堤牘廣狹。時人語曰"強記殷往嗣"。

劉先，字始玄，博學強記，尤好黄老，明習漢家典故。先欲遣周不疑就劉巴學，巴曰："昔游荆州，③時涉師門，記問之學，不足紀名。猶天之南箕，④虛而不用。賜書乃欲令賢甥摧鸞鳳之艷，⑤游燕雀之宇，將何以啓明之哉？"案：此則諸書所引作"劉先主"者，誤也。

張臶，字子明，少游太學，復還鄉里，袁紹屢辟不應。入常山，學徒數百人。

寒貧者，字德林，安定人。建安中，客三輔。時長安有宿儒欒文博者，門徒數千人，德林亦就學。始精《詩》《書》，後好内事。

蕭常《續後漢書》：喜讀《老子五千文》及諸内書，晝夜吟誦。

劉穎，廣陵人，精意典籍，隱居不仕。

初平中，⑥山東有青牛先生者，字正方，客三輔，曉知星曆、風角、鳥情。門人京兆厴累，字伯重，隨正方學，人謂累能傳其術。

華佗游學徐土，兼通數經。

公孫度，字叔濟，本遼東襄平人。度父延，避地玄菟，任度爲郡吏。⑦時玄菟太守公孫域，子豹，年十八，早死。度少時名豹，又與域子同年，域見親愛之，⑧遣就師學，爲娶妻。後舉有道，

---

① "官"，原誤作"宫"，據《太平御覽》卷六百十四引殷興《通語》改。
② "穎"，原誤作"報"，據《太平御覽》卷六百十四引殷興《通語》改。
③ "荆州"，《三國志·蜀志·劉巴傳》作"荆北"。
④ "天"字原脱，據《三國志·蜀志·劉巴傳》補。
⑤ "令"字原脱，據《三國志·蜀志·劉巴傳》補。
⑥ "中"字原脱，據《續後漢書·隱逸傳》補。
⑦ "度"字原脱，據《三國志·魏志·公孫度傳》補。
⑧ "之"字原脱，據《三國志·魏志·公孫度傳》補。

除尚書郎、遼東太守。

陳化,字元耀,汝南人,博覽群書。

王遇,性質訥而好學。興平中,關中亂,與兄季中依將軍段煨。采相負販,而常挾持經書,投閒習讀。其兄笑之,①而遇不改。

司馬儁,字元異,河內溫人,博學好古。子防,字建公,雅好《漢書》名臣列傳,所諷誦者數十萬言。司馬朗,字伯達,十二試經,爲童子郎。

張武,吳郡由拳人。父業,郡門下掾,送太守妻子還鄉里,②至河內亭,③遭盜夜劫之,業與賊戰死,亡失屍骸。武時年幼,不及識父。後之太學受業,每節,常持父遺劍,至亡處祭酹,泣而還。④

《汝南先賢傳》:黃浮,字隱公,陽安人。⑤ 年十二,曾爲墟里所差,次當路亭,於是感激學書,慨然嘆曰:"黃浮非鄉里所知。"因隨人之京師。歲餘,除昌慮長。

《會稽記》:江夏太守宋輔,於重山白樓立學舍教授。沛國桓儼避地至會稽,聞陳業賢而往候,不見,臨去入交州,留書繫白樓亭柱而別。

冀州刺史王純,字伯敦,中都人,祖儒宗,治《春秋》。君天資才敏,遵父業術。

張壽,字仲吾,敦悅經睢,襲父東光君業,兼綜六藝,博物多識。

金鄉長侯成,字伯盛,山陽防東人,治《春秋經》,博綜書傳,以典籍教授。

---

① "笑",原誤作"苦",據《三國志·魏志·王朗傳》、《太平御覽》卷八百二十九引《魏志》改。
② "妻"字原脱,據《後漢書·張武傳》補。
③ "亭"字原脱,據《後漢書·張武傳》補。
④ "泣"字原脱,據《後漢書·張武傳》補。
⑤ "陽安"二字原誤倒,據《太平御覽》卷二百六十八引《汝南先賢傳》乙正。

夏承,字仲兖,治《詩》《尚書》,博覽群藝,靡不尋暢。

堵陽長劉松,字子山,修《春秋經》。

成陽仲氏居高相里,①躭樂道術,教授經業,雍徒帶褁,②滋滋汲汲,誨人不倦,海内稱曰"儒術之宗"。

玄儒先生婁壽,字伯考,南陽隆人。曾祖父修《春秋》,以大夫侍講。祖父太常博士。父安貧守賤,不可榮以禄。先生椀髮傳業,好學不厭。

弘農太守張景伯高,襲父業《春秋經》《尚書》。

《世說》:鄭玄家奴婢皆讀書。玄嘗使一婢,不稱旨,將撻之,方自陳說,玄怒,使人曳著泥中。復一婢來,問曰:"胡爲乎泥中?"答曰:"薄言往愬,逢彼之怒。"《白樂天詩注》:鄭康成家牛觸牆成八字。

隗禧,字子牙,京兆人,少好學。初平中,三輔亂,南客荆州,負書傳,采柏之餘,③必涉誦習。年八十餘,以老居家,學者甚衆。禧既明經,又善星官。魚豢嘗從問《左氏傳》,禧曰:"欲知幽微莫若《易》,人倫之紀莫若《禮》,多識山川草木之名者莫若《詩》,《左氏》直相斫書耳,不足精意也。"豢又問《詩》,禧說齊、魯、韓、毛四家義,不復執文,如諷誦。又撰諸經解數十萬言。

濟陰人馬普好古篤學,丹陽太守孫瑜厚禮之,使二府將吏子弟數百人就受業,遂立學宫,臨饗講肄。瑜好樂經書,雖在戎旅,誦聲不絶。

---

① "高相"二字原誤倒,據《隸釋》卷一乙正。
② "雍",原誤作"惟",據《隸釋》卷一改。
③ "栢",《三國志·魏志·王朗傳》作"梠",《太平御覽》卷八百二十九引《魏略》作"稆",作"稆"於意較勝。

附：

夏侯惇，字元讓，沛郡譙人。年十四，有辱其師者，惇殺之。以烈氣聞。

虞溥，字公允，昌邑人，專心墳典。黃初中爲鄱陽長，設庠序，爲誥，以訓諸生。注《春秋經傳》。

常林，字伯枳，河內溫人，性嗜學，帶經耕鉏。

吉茂，字叔暢，馮翊人，好學，不恥惡衣惡食，而恥一物之不知。

譙周盡傳秦宓業。文立從南充國譙周，周門人以立爲顔回，陳受爲子夏，羅憲爲子貢。李密，字令伯，犍爲武陽人。師事譙周，門人方之游夏。博貫經史，尤好《左氏春秋》。

孟宗，字恭氏，江夏人。少從南陽李肅學，其母爲作厚蓐重被。人問其故，曰："小兒無德致客，①學者多貧，故爲廣被，俾得氣類相接也。"

潘濬，字承明，武陵漢壽人，弱冠受學於宋忠。

蘇林，字孝友，陳留人，博學多聞。凡諸書傳，林皆解釋之，甚有抵要。

王蕃，字永元，廬江人，博覽多聞，並通術藝。

---

① "致"字原脱，據《三國志・吳志・三嗣主傳》補。

補後漢書藝文志卷之三

圖讖

光武帝夜生,時有赤光,室中盡明,皇考異之。使卜者王長筮之。長曰:"大善吉,不可言。"是歲,有嘉禾生,一莖九穗,長大於凡禾,縣界大豐,因名上曰"秀"。《論衡》:皇考召功曹吏充蘭,使出問卜,與馬下卒俱之卜。王長問所卜,長謂蘭曰:"此吉祥也,勿多言。"元帝之初,有鳳凰下濟陽,故今濟陽宮有鳳凰盧。王莽時,竭者蘇伯阿能望氣觀色,嘗之春陵,喟曰:"氣佳哉!鬱鬱葱葱。"《金樓子》:光武父欽爲濟陽令,有赤光照室,如五麟七鳳,而生光武帝。美鬚眉,長八尺七寸,脚下有文,色如銀,印厚一分。《前書》:衛將軍王涉,素養道士西門君惠。惠好天文、圖讖,爲涉言星字掃宮室,劉氏當復興,國師公姓名是也。秋碧按:國師公,劉歆也。歆改名秀,以應圖讖。

光武避吏新野,宛人李通以圖讖説光武曰:"劉氏復興,李氏爲輔。"

《鄧晨傳》:穰人蔡少公學圖讖,言劉秀當爲天子。或曰:"是國師劉秀乎?"帝時在長安,曰:"安知非僕耶!"晨心獨喜。及帝即位,晨見帝曰:"臣竟辨之。"帝大笑。《高士傳》:牛牢,字君直。世祖爲布衣時,與游,夜講説讖言,云:"劉秀當爲天子。"世祖曰:"安知非我。萬一果然,各言爾志。"牢獨默然。世祖問之,牢曰:"丈夫立義,不與帝友。"及世祖即位,徵牢,稱疾不至。詔曰:"朕幼交牢君直,清高士也。"恒有疾,州郡之官者,常先到家致意焉。刺史、郡守是以每輒奉詔,就家存問。牢恒被髮稱疾,不答詔命。

上初起兵還春陵,遠望舍南,火光赫然屬天,有頃不見。《論衡》:始與季父等俱起,到柴桑界中,遇賊兵,惶惑走還濟陽舊盧。比到,見光若火正赤,在舊盧道南，光耀種種上屬天，有頃不見。

光武先在長安時，同舍生彊華自關中奉赤伏符至曰："劉秀發兵捕不道，四夷雲集龍鬥野，四七之際火爲主。"群臣因復奏曰："受命之符，人應爲大，萬里合信，不議同情，周之白魚，曷足比焉？"讖記曰："劉秀發兵捕不道，卯金修德爲天子。"帝猶固辭。群下僉曰："皇天大命，不可稽留。"乃即皇帝位。

讖記："王梁主衛作玄武。"帝以野王衛之所徙，玄武水神之名，司空水土之官，於是擢梁爲大司空。《東觀漢記》:《赤伏符》"王梁作玄武"。讖記："孫咸征狄。"帝以咸爲大司馬。

公孫述引讖《錄運法》："廢昌帝，立公孫。"《括地象》曰："軒轅受命，公孫氏握。"《援神契》曰："西太守，乙卯金。"述夢中語曰："八厶子系，十二爲期。"帝與述書曰："圖讖言'公孫'，即宣帝也。代漢者當塗高，君豈高之身耶？乃復以掌文爲瑞，王莽何足效乎！"

劉揚僞造讖文：赤九之後，瘦揚爲主。

朱浮爲太僕，與講圖讖。

帝以尹敏博通經記，令校圖讖。對曰："讖書非聖人所作，其中多近鄙別字，頗類世俗之辭，恐疑誤後世。"帝不納。帝嘗問鄭興郊祀事，曰："吾欲以讖斷之，何如？"興對曰："臣不爲讖。"帝怒曰："卿之不爲讖，非之耶？"興惶恐曰："臣於書有所未讀，而無所非也。"帝意乃解。

世祖方信讖，多以決嫌疑。桓譚上疏曰："凡人情忽於見事而貴於異聞，觀先王之所記述，①咸以仁義正道爲本，非有奇怪虛誕之事。蓋天道性命，聖人所難言也。自子貢以下，不得而聞，況後世淺儒，能通之乎！今諸巧慧小才伎藝之人，增益圖書，矯稱讖記，以欺惑貪邪，詿誤人主，焉可不抑遠之哉！臣

---

① "記"，原誤作"說"，據《後漢書·桓譚傳》改。

譚伏聞陛下窮折方士黄白之術,甚爲明矣;而乃欲聽納讖記,又何誤也！其事雖有時合,譬猶卜數隻偶之類。陛下宜垂明聽,發聖意,屏群小之曲術,①述五經之正義,略雷同之俗議,②詳通人之雅謀。"帝省奏,不悦。其後詔書議靈臺所處,帝謂譚曰:"吾欲以讖決之,何如?"譚默然良久,曰:"臣不讀讖。"帝問其故,譚復極言讖之非經。③ 帝大怒曰:"桓譚非聖無法,將下斬之。"譚叩頭流血,良久乃得解。《東觀漢記》載譚書云:"矯稱孔丘,爲讖記以誤人主。④"

建武十七年,帝以讀圖讖多,御座廡下淺露,受風感病。自漢草創德運,正朔服色未有所定,高祖因秦,以十月爲正,以漢水德,立北畤而祠黑帝。至孝文帝,賈誼、公孫臣以爲秦水德,漢當爲土德。自孝武,兒寬、司馬遷猶從土德。及帝即位,推五運,漢爲火德。周蒼漢赤,木生火,赤代蒼,故帝都雒陽。制兆於城南七里,北郊四里。行夏之時,時以平旦,服色、犧牲尚赤,⑤明火德之運,常服徽幟尚赤,四時隨色,季夏黄色。《前書·郊祀志》:劉向父子以爲帝出乎《震》,故包羲氏始受木德,⑥其後以母傳子,始自神農、黄帝,下歷唐虞、三代,而漢得火焉。故高祖起,神母夜號,著赤帝之符,旗章遂赤,⑦自得天統矣。鄧展曰:"向父子雖有此議,時不施行,至光武建武二年,乃用火德,色尚赤。"

三十二年,群臣奏言:"登封告成,爲民報德,百王所同。陛下輒

---

① "術",《後漢書·桓譚傳》作"説"。
② "議",《後漢書·桓譚傳》作"語"。
③ "經"字原脱,據《後漢書·桓譚傳》補。
④ "主"字原脱,據《後漢書·桓譚傳》補。
⑤ "赤",《東觀漢記·光武帝紀》作"黑"。
⑥ "木",原誤作"水",據清乾隆四年武英殿校刻本《漢書·郊祀志》(以下《漢書》皆據此本)改。
⑦ "旗章遂赤",原誤作"旗帝遂尚赤",據《漢書·郊祀志》改。

拒絕不許,臣下不敢頌功述德業。① 謹案《河》《雒》讖書,赤漢九世,當巡封太山,凡三十六事,傳奏左帷。陛下遂以仲月令辰,遵岱岳之正禮,奏《圖》《雒》之明文,以和靈瑞,以爲兆民。"司馬彪《祭祀志》:三十二年正月,上齋,夜讀《河圖會昌符》,曰:"赤劉之九,會命岱宗。不慎克用,何益於承。誠善用之,奸僞不萌。"感其言,乃詔梁松等復案索《河》《雒》讖文言九世封禪者。松等列奏,② 乃許焉。《續漢書》:《河圖會昌符》曰:"漢大興之道,在九代之王,③ 封乎太山,刻石著紀,禪於梁父,退省考功。"《郊祀志》:上使梁松等案《河》《雒》讖文,以章句細微相況八十一卷,明者爲驗,又其十卷,皆不昭指。上東巡狩,至泰山,有司復奏《河》《雒》圖記,表章赤漢九世尤著明者,④ 前後凡三十六事。

中元二年初,起靈臺、明堂、辟雍,宣布圖讖於天下。

明帝永平三年八月戊辰,改大樂爲大予樂。時博士曹充上言:"漢再受命,宜興禮樂。"《河圖括地象》曰:"有漢世,⑤ 禮樂文雅出。"《尚書璇璣鈐》曰:"有帝漢出,⑥ 德洽作樂,名予。"帝善之,詔曰:"今且改大樂官曰大予樂。詩曲雅操,⑦ 以俟君子。"

肅宗即位,有司言:"孝明皇帝聰明淵塞,著在圖讖。"《河圖》曰:"圖出代,九天開明,受用嗣興,⑧ 十代以光。"又《括地象》曰:

---

① "功"字原脱,據《東觀漢記·郊祀志》補。
② "列",原誤作"特",據《後漢書·祭祀志》改。
③ "漢大興之道,在九代之王",原誤作"炎漢大興道備前代",據《太平御覽》卷五百三十六引司馬彪《續漢書》改。
④ "章",原誤作"裹",據《東觀漢記·郊祀志》改。
⑤ "漢"下原衍一"十"字,據《後漢書·曹襃傳》删。
⑥ "帝"字原脱,據《後漢書·曹襃傳》補。
⑦ "詩曲雅操",《後漢書·曹襃傳》作"歌詩曲操"。
⑧ "用",原誤作"命",據《後漢書·章帝紀》改。

"十代禮樂，文雅並出。"謂明帝也。

賈逵曰："臣以永平中上言《左氏》與圖讖合者，先帝不遺芻蕘，省納臣言，寫其傳詁，藏之秘書。"徐天麟《東漢會要》。按張衡云："逵常摘讖互異三十餘事，①諸言讖者皆不能説。及考逵論《左氏》，乃專引其合圖讖者以爲證。"范氏謂"賈逵以附同稱顯"，謂此也。

永平三年，東平王蒼奏議世祖廟登歌八佾舞名。② 議曰："漢制舊典，宗廟各奏其樂，不皆相襲，以明功德。秦爲無道，殘賊百姓，高皇帝受命誅暴，元元各得其所，萬國咸熙，作《武德》之舞。孝文皇帝躬行節儉，除誹謗，去肉刑，澤施四海，孝景皇帝制《昭德》之舞。孝武皇帝功德茂盛，威震海外，開地置郡，傳之無窮，孝宣皇帝制《盛德》之舞。光武皇帝受命中興，撥亂反正，武暢方外，震服百蠻，戎狄奉貢，宇内治平，登封告成，修建三雍，肅穆典祀，功德巍巍，比隆前代。以兵平亂，武功盛大。歌所以咏德，舞所以象功，世祖廟樂名宜曰《大武》之舞。《元命包》曰："緣天地之所雜樂爲之文典。"文王之時，民樂其興師征伐，而詩人稱其武功。《璇璣鈐》曰："有帝漢出，德洽作樂。"各與虞《韶》、③禹《夏》、湯《濩》、周《武》無異，不宜以名舞。《叶圖徵》曰："大樂必易。"《詩傳》曰："頌言成也，一章成篇，宜列德，故登歌《清廟》一章也。"《漢書》曰："百官頌所登御者，一章十四句。"依書《文始》《五行》《武德》《昭德》《盛德》修之舞，④節損益前後之宜，⑤六十四節爲舞，曲副八佾之數。十月烝祭始御，用其《文始》《五行》之舞如故。勿進。

---

① "摘讖"，原誤作"擇讁"，據《後漢書·張衡傳》改。
② "奏議""廟"三字原脱，據《東觀漢記·郊祀志》補。
③ "各與"，原誤作"名予"，據《東觀漢記·郊祀志》改。
④ "修"字原脱，據《東觀漢記·郊祀志》補。
⑤ "益"字原脱，據《東觀漢記·郊祀志》補。

初，光武善讖，顯宗、肅宗因祖述焉。自中興之後，儒者爭學圖緯，復附以妖言。張衡以圖緯虛妄，非聖人之法，①乃上疏曰："臣聞聖人明審律曆以定吉凶，重之以卜筮，雜之以九宮，經天驗道，本盡於此。或觀星辰逆順，寒燠所由來，②或察龜筴之占，巫覡之言，其所因者，非一術也。立言於前，有證於後，③故智者貴焉。讖書始出，蓋知之寡。自漢取秦，用兵力戰，功成業遂，可謂大事，當此之時，莫或稱讖。若夏侯勝、眭孟之徒，以道術立名，其所述著，無讖一言。劉向父子領校秘書，閱定九流，亦無讖錄。④成、哀之後，乃始聞之。《尚書》堯使鯀理洪水，九載績用不成，鯀則殛死，禹乃嗣興。而《春秋讖》云'共工理水'。凡讖皆云黃帝伐蚩尤，而《詩讖》獨以為'蚩尤敗，堯乃受命'。《春秋元命苞》中有公輸班與墨翟，事見戰國，非春秋時也。又言'別有益州'。益州之置，在於漢世。其名三輔諸陵，世數可知。至於圖中訖於成帝。一卷之中，⑤互異數事，聖人之言，勢無若是，殆必虛偽之徒，以要世取資。往者侍中賈逵摘讖互異三十餘事，諸言讖者皆不能說。至於王莽篡位，漢世大禍，八十一篇何為不戒？則知圖讖成於哀平之世也。⑥且《河雒》《六藝》，篇錄已定，後人皮傅，無所容篡。永元中，清河宋景遂以曆紀推言水災，而偽稱洞視玉版。或者至於棄家業，入山林。後皆無效，而復采前世成事，以為證驗。至於永建復統，⑦則不能知。此皆欺世罔

---

① "法"，原誤作"言"，據《後漢書·張衡傳》改。
② "來"字，《後漢書·張衡傳》無。
③ "證"，《後漢書·張衡傳》作"徵"。
④ "錄"字原脫，據《後漢書·張衡傳》補。
⑤ "中"，《後漢書·張衡傳》作"書"。
⑥ "世"，《後漢書·張衡傳》作"際"。
⑦ "於"字原脫，據《後漢書·張衡傳》補。

俗，以媚於勢位，情僞較然，莫不糾禁。① 且律曆、卦候、九宫、風角，數有徵效，世莫肯學，而競稱不占之書。譬猶畫工，惡圖犬馬而好作鬼魅，誠以實事難形，而虛僞不窮也。宜收藏圖讖，一禁絶之，則朱紫無所眩，典籍無瑕玷矣。"

蘇竟曰："孔丘秘經，爲漢赤制，玄包幽室，文隱義明。②"

王充曰："神怪之言，皆在讖記，所表皆效圖、③書。"

《韓勑碑》：八皇三代，至孔乃備。三陽吐圖，二陰出讖。

荀悦曰："世稱緯書仲尼之作，臣悦叔父故司空爽辨之，蓋發其僞也。或曰：'以己雜仲尼乎？以仲尼雜己乎？若彼者以仲尼雜己而已，然則所謂八十一首，非仲尼之作矣。'"

劉熙曰："緯，圖也，反覆圍繞以成經也。圖，度也，盡其品度也。讖，纖也，言其義纖微也。"

夫子甕中記：後世修吾書，董仲舒。護吾車，拭吾履，發我笥，會稽鍾離意。璧有七，張伯藏其一。④

鄭玄夢孔子謂己曰："起，起，今年歲在辰，明年歲在巳。"玄以讖文合之，自知命當終。

鄭康成引圖讖，皆謂之"説"，《易緯》曰《易説》，《書緯》曰《書説》，嫌引秘書也。

古志曰："赤厄三七。"三七者，經二百一十載，當有外戚之簒，丹眉之妖。簒盜短祚，極於三六，當有龍飛之秀，興復祖宗。又歷三七，當復有黄首之妖，天下大亂矣。自高祖建業，至於平帝之末，二百一十年，而王莽簒位，蓋因母后之親。十八年而

---

① "不"，《後漢書·張衡傳》作"之"。
② "義"，《後漢書·蘇竟傳》作"事"。
③ "效"，原誤作"在"，據明萬曆二十年刻《漢魏叢書》本《論衡》（以下《論衡》皆據此本）卷二十六改。
④ "藏"，原誤作"懷"，據《後漢書·鍾離意傳》改。

山東賊樊子都等起，實丹其眉，故天下號曰"赤眉"。於是光武以興，①其名曰"秀"。至於靈帝中平元年，而張角起，置三十六方，徒眾數十萬人，②皆著黃巾，故天下號曰"黃巾賊"。今道服，由此而興。初起於鄴，會於真定，誑惑百姓曰："蒼天已死，黃天當立。遂名甲子，天下大吉。"小民相向跽拜，荊、揚尤甚。蕩棄財產，流沉道路，死者數百萬。角等初以二月起兵，其冬十二月悉破。自光武中興至靈帝之末黃巾之起，未盈二百年，而天下大亂，漢祚廢絕，實三七之應也。

《獻帝紀》：白馬令李雲上事曰："許昌氣見於當塗，當塗而高大者，魏也，當代漢。"

董卓引《石苞室讖》，謂漢宜再遷都。

韓馥議立劉虞爲帝，稱讖云"神人將在燕分"③。又言濟陰男子王定得玉印，文曰"虞爲天子"。又見兩日出於代郡，謂虞當代立。

公孫度語楊儀："《讖書》云孫登當爲天子，太守姓公孫，字升濟，④升即登也。⑤"

《英雄記》："時年號初平，紹字本初，自以爲年與字合，必能平定禍亂。"紹主簿耿苞密白紹曰："赤德衰盡，紹爲黃胤，⑥宜順天意。"紹以苞密白事下軍府將吏，議者咸爲苞爲妖妄。紹乃殺苞以自解。

---

① "興"下，清嘉慶十年刻《學津討原》本《搜神記》（以下《搜神記》皆據此本）卷六有"祚"字。
② "徒"字原脫，據《搜神記》卷六補。
③ "人"字原脫，據《三國志·魏志·公孫瓚傳》補。
④ "升濟"二字原脫，據《三國志·魏志·公孫度傳》補。
⑤ "升即"，原誤作"字"，據《三國志·魏志·公孫度傳》改。
⑥ "胤"，原誤作"德"，據《後漢書·袁紹傳》改。

袁術少見讖書，言"代漢者當塗高"，^①自云名字應之。^② 術以"術"及"公路"皆是"塗"，故云應之。又以袁氏出自陳爲舜後，以黃代赤，德運之次，陳大夫轅濤塗，袁氏其後也。五行火生土，故云"以黃代赤"。遂有僭逆之謀。

《魏志》：桓帝時，有黃星見於楚、宋之分，遼東殷馗善天文，言後五十年當有真人起於梁、沛之間，其鋒不可當。至是凡五十年，而太祖破袁紹，天下莫敵矣。

昭烈帝受命讖。《洛書甄曜度》曰："赤三日德昌，九世會備，合爲帝際。"《洛書寶號命》曰："天度帝道備稱皇。"

秋碧按：東漢之世，以通七緯者爲内學，通五經者爲外學。蓋自桓譚、張衡而外，鮮不爲所惑者。今將專精圖緯諸儒傳授注釋次於前，而以唐宋以來諸人辨正附著於後。

大司空固始侯南陽宛李通次元

通父守，少師事劉歆，好星曆讖記之言，云"漢當復興，李氏爲輔"，私竊議之，非一朝也。世祖往候通，言及兵起及讖文，遂深相結。

諫議大夫南陽堵陽尹敏幼季

建武二年，上書陳《洪範》消災之術。帝以敏博通經記，令校圖讖，使蠲去崔發所爲王莽著錄次比。敏因其文增之曰："君無口，爲漢輔。"帝見而怪之，召敏問其故。敏對曰："臣見前人增損圖書，敢不自量，竊幸萬一。"秋碧按：此劉勰《文心雕龍》所謂"尹敏戲其深瑕"也。

沛獻王劉輔

善説圖緯。

---

① "代"，原誤作"當"，據《後漢書·袁術傳》改。
② "云"，原誤作"以"，據《後漢書·袁術傳》改。

有道徵士廣漢梓潼景鸞漢伯

受《河》《洛》圖緯，著《河洛交集》。①

千乘太守淮陽薛漢公子②

善説災異讖緯。建武初爲博士，受詔定圖讖。

侍中魯國曹褒叔通

次序禮事，依準舊典，雜以五經讖記之文。

長水校尉南陽樊儵長魚

以讖記正五經文字。

虎賁中郎將武始侯京兆杜陵張純伯仁

明習故事，自郊廟婚冠喪紀禮儀，多所正定。建辟雍，案七經讖。

光禄大夫汝南郭憲子横

《汝南先賢傳》：憲學貫秘奧，師事東海王仲子。

道德三老新都楊統仲通

統父春卿，善圖讖，爲公孫述將。漢兵平述，春卿自殺，臨終戒子統曰："吾綈籯中有先祖所傳秘記，爲漢家用，爾其修。"統感父遺言，服闋，辭家從犍爲周循學習先法，又就同郡鄭伯山受《河》《洛》書及天文推步之術。按：馬援有《與隗囂將楊廣書》稱"字曰春卿"，疑廣初爲隗將，後乃事公孫述。《華陽國志》：統事華里先生炎高。高戒統曰："漢九世王出圖書，與卿適應之。"建武初，天下初定，求通《内讖》二卷者，不得。永平中，刺史張志舉統方正。上《家法章句》及二卷《解説》。

秋碧按《巴漢志》，《内讖》者，《孔子内讖》也。

侍中楊厚仲桓

統次子，少傳父業，精力著述。後歸家教授，門生著録者千餘

---

① "集"，原誤作"解"，據補編本改。
② "淮"，原誤作"雒"，據補編本改。

人。謝沈《書》：厚潛身藪澤，耦耕誦經。司徒楊震表其高操，公車特徵，不就。
侍中賈逵景伯
《逵傳》：五經家皆無以證圖讖明劉氏爲堯後者，而《左氏》獨有明文。劉焯謂《左氏》稱"在夏爲陶唐氏，其處者爲劉氏"，非魯史本文，乃漢儒欲其傳，特爲此語，以漢出堯後，獨堯《左氏》爲有明文，①以此求重於世。又案《堯母慶都碑》稱"昔慶都游觀河濱，感赤龍交，始生堯，漢感赤龍，堯之苗胄"，許叔重亦言"堯親慶都出觀於河，有赤龍負圖而至，受天之圖，有人赤衣，面光八采"，皆襲圖讖之説而爲之附會耳。蔡邕《典引注》"《春秋傳》'陶唐氏既衰，其後有劉累者，在夏爲御龍氏，在商爲豕韋氏，在周爲唐杜氏。成王滅唐，宣王殺杜伯，杜伯之子隰叔奔晉，其後士會奔秦而復歸，其子留秦者爲劉氏'，以是明之漢爲堯後"。《左傳疏》：士會之子，在秦不顯，其處者爲劉氏，不知何以言此。討尋上下，其文不類，疑此句非本旨。蓋漢世初興，棄捐古學，《左氏》不顯於世，先儒無以自申，劉氏從秦從魏，②其源本出劉累，③插注此辭，將以媚於世。明帝時，賈逵上疏云："五經皆無證圖讖明劉氏爲堯後者，而《左氏》獨有明文。"竊謂前世藉此以求道通，故引之以爲證耳。賈注《國語》云："隰叔，杜伯之子。宣王殺杜伯，其子奔晉，子輿士蔿。士武子，蔿之孫，即士會。"又《世本》"蔿生士伯缺，缺生會，會生燮"。會，蔿之孫，是爲堯後。會子在秦不被賜族，故自復姓爲劉氏。秦滅魏，劉氏徙大梁。漢高祖之祖爲豐公，又徙沛，故高祖爲沛人。閻若璩曰："《隋志》讖緯篇云

---

① "獨"下"堯"字，補編本無。
② "劉氏"二字原脱，據補編本、《漢書·高帝紀》補。
③ "出"，原誤作"處"，據補編本、《漢書·高帝紀》改。

'賈逵之徒獨非之'，與范《書》'逵能附會文致，①最差貴顯'者不合，蓋《隋志》不詳考此奏，而誤讀張衡疏内'侍中賈逵指摘互異三十餘事，諸言讖者皆不能説'，以爲逵首非之，不知逵第摘其互異處初無所非也。"

博士扶風平陵蘇竟伯況

竟以明《易》世爲博士，講書祭酒，善圖緯，能通百家之言。

尚書令江夏黃香文强

兼明圖讖、天官、星氣、鍾律、曆算、窮極道術。

鉅鹿太守會稽山陰謝夷吾堯卿

謝承《後漢書》：謝夷吾學風角占候。班固薦夷吾曰："推考星度，綜校圖録。"《會稽典録》：謝夷吾字堯卿，爲西部督郵。烏程長有罪，太守第五倫使夷吾往收之，到縣入閤便大哭，以三百錢爲禮便歸。倫問其故，曰："三十日當死，故不收之。"至時果如其言。

濟北相涿郡崔瑗子玉

從賈逵質正大義，明天官、《易傳》、六日七分。

大司徒漢中南鄭李郃孟節

李頡以儒學稱，官至博士。郃襲父業，游太學，通五經，善《河》《洛》圖緯。郃卒，門人上黨馮胄獨制服，心喪三年。和帝遣使者二人微行至蜀，宿郃候舍。②郃爲出酒夜飲，露坐。郃問曰："君來時，寧知二使何時發來耶？"二人怪問之。郃指星言曰："有二使星入益部矣。"後一人爲漢中太守，命爲功曹，遂馳名。

太尉李固子堅

大司徒郃子，學明五經，善風角、《河圖》、星算、讖緯。

---

① "致"下原衍一"異"字，據補編本、清光緒十四年刻《皇清經解續編》本《尚書古文疏證》卷七删。

② "舍"，原誤作"合"，據補編本改。

河間相南陽西鄂張衡平子

《平子碑》：金匱玉板之奧，讖契圖緯之文，罔不該羅其指，原始要終。

巴西閬中周舒叔布

少學術於廣漢楊厚，名亞董扶、任安。時人有問《春秋讖》曰："'代漢者，當塗高'，此何謂也？"舒曰："當塗高者，魏也。"子群，少受業於舒。

侍中綿竹董扶茂安①

少游太學，與任安齊名，俱事同郡楊厚，學圖讖，還家教授。

聘士綿竹任安定祖

從楊厚學圖緯，究極其術。《益部耆舊傳》：安廣漢人，少事聘士楊厚，究極圖籍，游覽京師，還家講授，與董扶俱以學行齊聲。

雒昭約節宰

綿竹寇懽文儀

蜀郡何㝹幼正

蜀郡侯祈升伯

皆楊厚弟子。《華陽國志》：皆徵辟聘舉，馳名當世。

博士成都楊班仲桓

公府辟士羅衡仲伯

並何㝹弟子，見《華陽國志》。

徵士南陽樊英季齊

以圖讖教授。

太邱長潁川陳寔仲弓

《英傳》：寔少從英學。

---

① "扶"，原誤作"按"，據《後漢書·董扶傳》改。

博士陳郡夏陽郤巡仲信

《樊英別傳》：英忽披髮拔刀斫舍中，妻問故，曰："郤生道遇鈔。"郤生還，云："道遇賊，賴披髮老人相救得全。"郤生名巡，字仲信，陳郡夏陽人，能傳英業。

貞節先生范丹史雲

丹到南陽受業於樊英。

徵士南陽魏衡伯梁①

《華陽國志》：少師事隱士樊季齊。《楚國先賢傳》：樊英忽謂學者曰："成都市火甚盛。"因含水西向漱之。後有從蜀郡來者，云"是日大火，須臾大雨，火遂滅"。

尚書會稽上虞魏朗少英

亡命到陳留，從博士郤仲信學《春秋》圖緯，又詣太學受五經。

郎中南昌唐檀子產

好星占。永寧元年，南昌有婦人生四子，②太守劉祇問檀變異之應。③ 檀以爲京師當有兵氣，其禍發於蕭牆。至延光四年，黃門孫程揚兵殿省，④誅皇后兄閻顯等，立濟陰王爲天子。

將作大匠雒翟酺子超

少事段翳，以明天官爲侍中尚書。常見太史令孫懿，欷歔泣曰："圖書有'賊臣孫登，將以才智爲黃門開路'⑤，君相實應之，是以淒愴。"懿懼，不敢對策。酺試策第一。又言漢四百年當有弱主閉門聽政，數在三百年之間。注《孝經援神契》《孝經鉤命決》。⑥ 酺善天文曆算，時尚書有缺，詔將大夫六百

---

① "陽"，原誤作"鄭"，據補編本改。
② "四"字原脫，據補編本、《後漢書·唐檀傳》補。
③ "太守"，原誤作"太子傅"，據補編本、《後漢書·唐檀傳》改。
④ "門"，原誤作"問"，據補編本、《後漢書·唐檀傳》改。
⑤ "黃門開路"，補編本作"黃門官所害"，《後漢書·翟酺傳》作"中官所害"。
⑥ "決"下，補編本有"解詁"二字。

石以上試對政事、天文、道術，以高第補之，酬對第一。①

隱士夫子新都段翳元章

習《易》，明風角。《華陽國志》：翳明經術，妙占未來。常告大渡津口曰："某日當有諸生二人荷擔問翳舍處者，幸爲告之。"後竟如其言。又有人從冀州來學積年，自以精究翳術，辭去。翳爲筒作書，封頭與之，告曰："有急發之。"至葭萌，爭津破頭，以膏裹之。生乃喟然，知不及翳，還更精學。翳常隱匿，不使人知。門人皆號夫子。

江夏太守會稽山陰韓説叔儒

博通五經，尤善圖緯。

謁者僕射蜀郡郫何英叔俊

學通經緯。

徵士東平平陸王輔公助

學《公羊傳》《援神契》。

博士渤海郭鳳君張

好圖讖，善説災異吉凶占驗。自知死期，令弟子市棺斂具，至其日而没。

高士成都楊由哀侯

少習《易》，并七政、元氣、風角、占候。《華陽國志》：由爲太守廉范文學，言當有賊發。頃之，廣柔羌反。鄉人冷豐齋酒候之，由知其多少。又言人當致果，其色赤黄。果有送甘橘者。大將軍竇憲從太守索兵《雲氣圖》，由諫莫與，憲尋誅。其明如此。

徵士平原鬲陰襄楷公矩

好學博古，善天文陰陽之術。《九州春秋》：陳蕃子逸與術士

---

① "一"字原脱，據補編本、《玉海》卷二補。

平原襄楷會於冀州刺史王芬坐，楷曰："天文不利宦者，黃門、常侍真滅族矣。"逸喜。芬曰："若然，芬願效驅除。"於是與許攸等結謀。

徵士北海安丘郎宗仲綏、子顗

宗善風角、星算、六日七分。顗少傳父業，隱居海畔，延致學徒常數百人。晝研精義，夜占星度。《真誥》：宗學精道術，候占風氣。一日有暴風經窗間，占知京師大火，[①]燒大夏門，遣人往參，果爾。秋碧按：顗上事引《易雌雄秘曆》，亦緯書所不載。《潛研齋文集》：問："郎顗傳，陽嘉二年上書言：'正月三日至乎九日，三公卦也。'注：'凡卦法，一爲元士，二爲大夫，三爲三公，四爲諸侯，五爲王位，六爲宗廟。分卦直日之法，爻主一日，即三日九日，并爲三公之卦也。'此說然否？"曰："非也。京氏卦氣直日之法，[②]《坎》《離》《震》《兌》用事分至之首，得八十分日之七十三，[③]餘卦皆主六日八十分日之七。郎氏父子世傳六日七分，[④]即其術也。今以《四分術》推是歲天正，十一月甲戌朔，二十九日壬寅冬至，《坎》卦用事；次日癸卯，十二月朔日也。自癸卯至戊申，《中孚》卦用事；己酉至甲寅，《復》卦用事；乙卯至庚申，《屯》卦用事；辛酉至丙寅，《謙》卦用事；丁卯至壬申，《睽》卦用事；癸酉至戊寅，《升》卦用事；己卯至甲申，《臨》卦用事；乙酉至庚寅，《小過》卦用事；辛卯至丙申，《蒙》卦用事；丁酉至癸卯，《益》卦用事；甲辰至己酉，《漸》卦用事。《漸》主正月，三公之卦也。是歲正月壬寅朔，甲辰爲月之三日，甲辰至己酉，盡六日而尚有餘分，[⑤]故云'正月三日至乎九日，三公卦也'。自正月九日至二月九日，《泰》《需》《隨》《晉》《解》五卦更代用事，[⑥]而及於《大壯》，故郎再上書言'今月九日至十四日，《大壯》用事'。今月，謂二月也。"

[①] "火"字原脱，原補編本、明正統刻《道藏》本《真誥》卷十四補。
[②] "日"，原誤作"月"，據清光緒十年長沙龍氏家塾重刻嘉定錢氏《潛研堂全書》本《潛研堂文集》（以下《潛研堂文集》皆據此本）卷十四改。
[③] "日"，原誤作"月"，據《潛研堂文集》卷十四改。
[④] "父"下原衍一"傳"字，據《潛研堂文集》卷十四删。
[⑤] "盡"字原脱，據《潛研堂文集》卷十四補。
[⑥] "解""代"二字原脱，據《潛研堂文集》卷十四補。

太常蜀郡成都趙典仲經

謝承《後漢書》：學孔子七經，①《河圖》《雒書》，内外藝術，受業者七百餘人。

侍中廣陵劉瑜季節

少好經學，尤善圖讖、天文、曆算之術。子琬，傳父業。

處士彭城姜肱伯淮

博通五經，兼明星緯。弟子遠來就學者三千人。

聘士陳留申屠蟠子龍

從姜肱受業，博貫五經，兼明星緯。

太尉沛國蘄縣施延君子

謝承《後漢書》：少爲諸生，明五經星官風角。

徵士扶風法真高卿

博通内外圖典，爲關西大儒。弟子自遠方至者，陳留范冉等數百人。《三輔決録》注：少明五經，兼通讖緯，學無常師。謝承《後漢書》：法真隱居大澤，講論術藝，歷年不問園圃。

諫議大夫任城何休邵公

注風角七分。《公羊注》：夫子素按圖籍，知庶姓劉季當代周，見薪采者獲麟，知爲漢出者何？麟者木精，薪采者庶人，然火之意，此赤帝將代周居其位，故麟爲薪采者所執。西狩獲之者，從東方王於西也。東卯木，西金象也。言獲者，兵戈文也。言漢姓卯金，以兵得天下。不地者，異也。又先是螟蟲冬踊，彗金精埽旦置新之象。夫子知其將有六國爭强從橫相滅之象，秦、項驅除，②積骨流血之虞，然後劉后乃帝。絶筆於春，不書三時者，起木絶火，王制作道備，當授漢也。得麟之

---

① "經"，原誤作"緯"，據《後漢書·趙典傳》改。
② "項"，原誤作"次"，據補編本、清嘉慶二十年南昌府學重刊宋本《十三經注疏》本《公羊注疏》（以下《公羊傳注疏》皆據此本）卷二十八改。

後,天下血書魯端門曰:"趨作法,孔聖没。周姬亡,彗星出。秦政起,胡破術。書記散,孔不絶。"子夏明日往視之,血書飛而爲赤烏,化爲白書,署曰《演孔圖》,中有作圖制法之狀。孔子仰惟天命,俯察時變,知漢當出,繼大亂之後,故作撥亂之法以授之。

聘士豫章徐穉孺子

兼綜風角、星官、算曆、《河圖》、七緯、推步、變易。

有道徵士太原郭泰林宗

家藏書二千卷,皆言天文、圖讖之事。蔡邕《郭有道碑》:考覽六經,探綜圖緯,周流華夏,隨集聖學,收文武之將墜,極微言之未絶。

南郡太守扶風馬融季長

常命門生考校圖讖,以鄭玄善算,乃召見於樓上。

大司農北海高密鄭玄康成

《世説·文學》劉峻注引《玄别傳》:玄少好學,年十三,誦五經,好天文、占候、風角、隱術。年十七,見大風起,詣縣曰:"某時當有火災,宜祭爟禳,廣設禁備。"至時果然,而不爲害,知者異之。"宜祭爟禳"二句,據《御覽·咎徵部》引補。年二十一,博極羣書,精術數圖緯之學,兼精算術。注《尚書璇璣鈐》《尚書中候》《尚書帝命驗》《尚書考靈曜》,注《易乾鑿度》《易稽覽圖》《易辨終備》《易乾元序制記》《易通卦驗》《易是類謀》《易坤靈圖》《易乾坤鑿度》,注《詩汎歷樞》,注《禮記默房》《禮含文嘉》《禮斗威儀》,注《孝經鉤命決》。

太傅南郡胡廣伯始

《胡廣碑》:探孔子之房奧。

中郎將陳留蔡邕伯喈

邕《陳時政疏》及《天投蜺對》《蝗蟲踊冬對》多引緯書。

琅邪王傅蔡朗仲明

　　《朗碑》：包洞典籍，刊摘沈秘。

郎中汝南周勰巨勝

　　《勰碑》：總六經之要，括《河》《雒》之機。

大鴻臚南陽宛李休子材

　　《休碑》：既綜七籍，又精群緯。

國三老汝南袁良貢卿

　　《良碑》：親執經緯，概括在手。

太尉弘農楊震伯起

　　《震碑》：明《河》《洛》緯度，窮神知變。

山陽太守濟陰祝睦元德

　　《睦碑》：該洞七典，探賾窮神。

咸陽令潁川郾唐扶正南

　　《扶碑》：綜緯《河》《洛》，咀嚼七經。

酸棗令廣陵海西劉熊孟光

　　《熊碑》：敦五經之緯圖，兼綜古學，覈其妙，七業勃然而興。

高陽令弘農楊著

　　《著碑》：窮七道之奧，博綜書籍，特以儒學詔書敕留定經東觀。

郃陽令敦煌效穀曹全景完

　　《全碑》：甄極毖緯，①靡文不綜。

藁長蔡湛子德

　　《湛碑》：少耽七典。

小黃門譙敏漢達

　　《敏碑》：其先故國師譙贛，深明箕奧，讖錄圖緯，精徹天意，傳

―――――――
①"毖"，原誤作"秘"，據清嘉慶十年刻同治錢寶傳等補修本《金石萃編》（以下《金石萃編》皆據此本）卷九改。

道與京君明。君承厥後，不忝其美，幼而好學，才略聰敏，《詩》《書》是綜，言合典謨。

從事任城武梁綏宗
《梁碑》：兼通《河》《洛》。

太尉弘農華陰劉寬文饒
《寬碑》：明星官、風角、算曆。

冀州從事張表公方
《表碑》：該覽群緯，靡不究窮。

廣漢屬國都尉丁魴叔河
《魴碑》：兼究秘緯。

溧陽長陳國長平潘乾元卓
《乾碑》：幼學典謨，祖講《詩》《易》，剖演奧義，外貫百家。

廣漢屬國候李翊
《翊碑》：通經綜緯。

鉅鹿太守丹陽歙方儲聖明
曉風角占，爲句章長。時人田土，置餘粟一石及刀鉏於田陌。明日求之，亡去，疑其東家。儲曰："此人非偷。"自呼功曹，謂曰："君何故取人粟，置家後積荄中？"功曹款服。後爲洛陽令。功曹是竇憲客，①爲憲所諷，夜殺人，斷頭著匣中，置廁門下，欲令儲去官。儲摩死者耳邊問誰所殺，有頃曰："死人言，爲功曹所殺。"功曹考竟具服。

弘農令北海膠東公沙穆文乂②
謝承《後漢書》：銳思《河》《洛》推步之術。《白帖》：公沙穆爲弘農令，永壽元年，三輔已東漂沒。穆曉占候，告乃百姓，令徙高地，免漂沒也。

---

① "是"，原誤作"爲"，據補編本、《太平御覽》卷六百四十六改。
② "乂"，原誤作"人"，據補編本、《後漢書·公沙穆傳》改。

孝廉汝南姚浚

謝承《後漢書》：尤明圖緯秘奧。

治中祭酒什邡朱倉雲卿

《華陽國志》：受學於蜀郡張寧，著《河洛解》。

荊州刺史牂牁母斂尹珍道直

從應世叔學圖緯，通三才，還家教授。

徵士丹陽句容李南孝山

謝承《後漢書》：李南少明風角，女亦曉家術，爲由卷縣民妻。① 晨詣爨，卒有暴風，婦便上堂，從姑求歸，辭其二親。姑不許，乃跪而泣曰："蒙傳術，疾風卒起，先吹竈突及井，此禍爲女主爨者，妾將亡之應。"因著其亡日。《抱朴子》：李南乘赤馬行，逢一人乘白馬，白馬先鳴，赤馬應之。南謂從者曰："白馬言'汝當見一黃馬左目盲，是吾子，可令馳行相及也'。"須臾果逢盲黃馬，赤馬果先鳴，盲馬應之。

博士敦煌侯瑾季瑜

王隱《晉書》曰："漢末，敦煌侯瑾善內學，語弟子曰：'涼州城西有泉水當竭，當有雙闕起其上。'魏嘉平中，武威太守起學舍，築闕於此。酒泉太守慎永造起樓，與闕相望。"

侍御史豫章周騰叔達

騰字叔達，爲侍御史。桓帝當郊，平明應出，騰仰觀曰："夫王者象星，今中宿及策馬星悉不動，上明不出。"四更，皇太子卒。

太常成都杜瓊伯瑜

師事任安，通經緯術義。譙周問當塗之讖，答曰："魏，闕名也。當塗而高，聖人取類而言耳。"周未達，瓊又曰："古者名

---

① "由"字原脱，據《後漢書·李南傳》補。

官職不言曹,自漢以來,官盡言曹,吏言屬曹,卒言侍曹,殆天意也。"瓊書柱曰:"衆而大,期之會。具而授,若何復?"

大鴻臚蜀郡郫何宗彥英

《華陽國志》:通經緯、天官、推步、圖讖。知劉備應漢九世之運,贊立先主。《季漢輔臣》注:從廣漢任安學,問究安術。與杜瓊同師而名問過之。

諫議大夫涪杜微國輔

任安弟子。

徵士巴西西充譙岍榮始、子周允南

治《尚書》,兼通諸經及圖緯。子周,幼孤,耽古篤學,研精六經,頗曉天文而不以留意。譙周書版文:"典午忽兮,月酉没兮。"譙周讖:"廣順漢北有大賊,曰流曰特攻難得,歲在元宮自相賊。"武平府君云:"譙周言:'没後三十年,當有異人入蜀,蜀由之亡。'"蜀亡之歲,去周三十三年。又曰:"宋岱不死,則孫皓不交市。三旬之内,流離之首縣於轅門。"後終如其說。

御史大夫王立

袁宏《後漢紀》:尚書令王允奏曰:"太史王立說《孝經》六隱事,令朝廷行之,消却災邪,有益聖躬。"詔曰:"王者當修德爾,不聞孔子制《孝經》有此而却邪者也。"允固奏請,帝乃從之。常以良日,王允與立入,爲帝誦《孝經》一章,以二丈竹簟畫九宫其上,隨日對而出入焉。案《孝經》六隱未詳所出,《風俗通》亦云"郅伯夷誦《六甲》《孝經》《易本》",六隱其亦六甲與?疑緯書有是說。張璠《漢紀》:初王師敗於曹陽,欲浮河東下。御史大夫王立曰:"先是太白犯鎮星於斗牛,過天津,又逆行守河北,不可犯也。"由是過北渡河,將有輅車東出。立又謂宗正劉艾曰:"前太白守天關,與熒惑會;金火交會,尊金之象。漢祚終矣，晋、魏必有興者。"後立數言於帝曰："天命有去就，五行不常盛。代火者土也，承漢者魏也。能安天下者曹姓，惟在任曹氏而已。"曹公聞之，使人謂立曰："知公忠於朝廷，天道深遠，幸勿多言。"秋碧按：蔡中郎有《潁川太守王立義葬流民頌》，見《北堂書鈔》，以時考之，疑即此王立。

盧氏尹軌公度
《神仙傳》：軌字公度，博學五經，尤明天文、星氣、河洛、讖緯。

平原管輅公明①
管輅字公明，善《周易》，星數、風角、卜相，無不精究。

赤伏符
諸生强華自長安奉《赤伏符》至鄗，群臣因復上尊號。

校定圖讖
尹敏奉詔校定圖讖，使蠲去崔發所爲王莽著録次比。②《郊祀志》：上使梁松等案《河》《洛》讖文，以章句細微相況八十一卷，明者爲驗，又其十卷，皆不昭晰。③

楊春卿　秘記
楊統　家法章句一卷
楊統　内讖解説二卷
統字仲通，事華里先生弓高。高戒統曰："漢九世出圖書，卿應之。"建武初定天下，求通《内讖》者，不可得。永平中，刺史張志舉統方正，司徒魯恭辟爲掾。與恭共定律，上《家法章句》二卷、《内讖解説》二卷。

---

① "平原管輅公明"六字原無，據補編本及上下文意補。
② "比"，原誤作"凡"，據補編本、《後漢書·尹敏傳》改。
③ "晰"，原誤作"指"，據《後漢書·祭祀志》改。

孝經援神契孝經鉤命決詁十二篇
　翟酺注。酺字子超，廣漢雒人，注《孝經援神契》《鉤命決》。
春秋緯注十二篇
　魏朗注。朗字少英，會稽上虞人。
易緯注九卷
　《隋志》：鄭玄《易緯注》八卷，梁九卷。《舊唐志》及李淑《書目》遂作九卷。凡《乾鑿度》《稽覽圖》《通卦驗》各二，《辨終備》《是類謀》《坤靈圖》各一。今三館所藏《乾鑿度》通出爲一書，而《易緯》止有鄭氏注七卷，《稽覽圖》第一，《辨終備》第四，《是類謀》第五，《乾元序制記》第六，①《坤靈圖》第七，二卷、三卷無目。《崇文總目》：鄭玄《易乾鑿度注》二卷、《易稽覽圖》一卷。
　《四庫全書提要》：《**周易乾鑿度**》二卷，鄭康成注，與《乾坤鑿度》本二書，晁公武並指爲"倉頡修古籀文"，誤併爲一。《永樂大典》遂合加標目。今考《宋志》有鄭康成注《易乾鑿度》三卷，而不及《乾坤鑿度》，則知宋時固自單行也。說者稱其書出自先秦，自《後漢書》、南北朝諸史及唐人撰《五經正義》、李鼎祚《周易集解》，徵引最多。皆於《易》旨有所發明，較他緯獨爲醇正。至於"太乙、九宫、四正、四維，皆本於十五"之說，乃宋儒"戴九履一之圖"所由出。② 朱子取之，列於《本義》圖說。故程大昌謂"漢魏以降，言《易》學者皆宗而用之，非後世所托爲"③，誠稽古者所不可廢矣。④ 原本文字斷缺，多有訛舛。謹依經史所引各文，及旁採明錢叔寶舊本，互相校正，增

---
　① "第"字原脫，據補編本、《玉海》卷三十五補。
　② "由"，原誤作"自"，據中華書局 1965 年版《四庫全書總目》（以下《四庫全書總目》皆據此本）卷六改。
　③ "所"字原脫，據《四庫全書總目》卷六補。
　④ "者"字原脫，據《四庫全書總目》卷六補。

換若干字。其定爲上、下二卷,則從鄭樵《通志》之目也。
《易緯稽覽圖》二卷。案《後漢書・樊英傳》注舉"七緯"之名,以《稽覽圖》冠《易緯》之首。《隋志》:鄭康成注《易緯》八卷;《唐志》:宋均注《易緯》九卷。皆不詳其篇目。《宋志》有鄭康成注《易稽覽圖》一卷,《通志》:七卷。而馬氏《經籍考》載《易緯》七種,亦首列鄭注《稽覽圖》二卷。獨陳振孫《解題》別出《稽覽圖》三卷,稱"與上《易緯》相出入,而詳略不同"。似後人掇拾緯文,依托爲之,非即康成原注之本。自宋以後,其書亦久佚不傳。《永樂大典》載有《稽覽圖》一卷,謹以《後漢書・郎顗傳》《楊賜傳》、《隋書・王劭傳》所見緯文及注參校,無不符合。其爲鄭注原書無疑。惟陸德明《釋文》引"無以教之曰蒙"①,《太平御覽》引"五緯各在其方"②之文,此本闕如。則意者書亡僅存,已不免於脱佚矣。首言"卦氣起中孚",③以《坎》《離》《震》《兑》爲四正卦,六十卦卦主六日七分。④ 又以自《復》至《坤》十二卦爲消息,餘《雜卦》主公卿諸侯大夫,候風雨寒温,以爲徵應,蓋即孟喜、京房之學所自出。漢世大儒言《易》者,⑤悉本於此,最爲近古。至所稱"軌筴之數",⑥以及"世應""游歸",乃兼通日家推步之法。考唐一行推大衍之策,⑦以算術本於《易》,⑧故其《本議》言代軌德運,⑨及《六卦

---

① "無"下原衍一"以"字,據《四庫全書總目》卷六删。
② "各"字原脱,據《四庫全書總目》卷六補。
③ "言"字原脱,據《四庫全書總目》卷六補。
④ "卦主",原誤作"二至",據《四庫全書總目》卷六改。
⑤ "漢"上原衍一"自"字,據《四庫全書總目》卷六删。
⑥ "至"字原脱,"筴"原誤作"折",皆據《四庫全書總目》卷六改。
⑦ "推",原誤作"爲",據《四庫全書總目》卷六改。
⑧ "於"字原脱,據《四庫全書總目》卷六補。
⑨ "運"字原脱,據《四庫全書總目》卷六補。

議》言"一月之策九、①六、七、八",《發斂術》言"中節候卦",②皆與《稽覽圖》相同。獨所云天元甲寅以來至周宣帝宣政元年,則似甄鸞所推甲寅元曆之術,③而又有云"太初癸巳",則古無以此爲元者。其它雜引宋永初、元嘉,魏始光,唐上元、先天、貞元、元和年號,紛錯不倫。蓋皆六朝迄唐術士先後所附益,④非《稽覽圖》本文。今審覈詞義,按文附書,以爲區別,並援經注史文,是正訛舛。依馬氏舊録,析爲上下二卷,⑤庶言《易》學者或有所考見焉。

錢大昕《易稽覽圖序》:⑥《易緯》有六家,今行於世者,惟《乾鑿度》上下二卷,此外絶無傳本。乾隆癸巳春,天子詔儒臣校《永樂大典》,擇世未見之書凡若干種,將刊布以嘉惠學者,《易稽覽圖》,其一也。謹案此書首言甲子卦氣起《中孚》,卦氣之法,以《坎》《離》《震》《兑》爲四正卦,主春、夏、秋、冬,爻主一氣,餘六十卦,卦主六十日八十分日之七,⑦始《中孚》,終《頤》,而周一歲之日,大指即《説卦傳》⑧"帝出乎《震》"一章之文而推演之。其以風雨寒温驗政治得失,亦與《洪範》五行相爲表裏。漢人引此書者,或稱《中孚經》,或稱《中孚傳》,或稱《易内傳》,或稱《易傳》。蓋七十子之微言間有存者,而術士迂怪之説,亦頗雜其中。要其精者足以傳經義,其駁者亦足以博異聞,窮經嗜古之士,宜有取焉。第中多脱簡訛字,難以

---

① "月",原誤作"日",據《四庫全書總目》卷六改。
② "卦"下原衍一"氣"字,據《四庫全書總目》卷六删。
③ "元曆"二字原脱,據《四庫全書總目》卷六補。
④ "益"字原脱,據《四庫全書總目》卷六補。
⑤ "析"字原脱,據《四庫全書總目》卷六補。
⑥ "覽"字原脱,據《潛研堂文集》卷二十四補。
⑦ "卦"字原脱,據《潛研堂文集》卷二十四補。
⑧ "傳"字原脱,據《潛研堂文集》卷二十四補。

盡通,安得博物如鄭康成、何劭公者出而正之。

《易緯辨終備》。案"辨終備"一作"辨中備"。《後漢書·樊英傳》注:《易緯》凡六,爲《稽覽圖》《乾鑿度》《坤靈圖》《通卦驗》《是類謀》,而終以此篇。馬氏《經籍考》皆稱爲鄭康成注,而《辨終備》著録一卷。今《永樂大典》所載,僅寥寥數十言,已非完本。且其言頗類《是類謀》,①而《史記正義》所引《辨終備》孔子與子貢言世應之説,與此反不類。或其書先佚,而後人雜取它緯以成之,亦未可定也。別無可證,姑仍舊題云。

《易緯通卦驗》二卷。案《易緯通卦驗》,馬端臨《經籍考》及《宋史·藝文志》俱載其名。黄震《日抄》謂其書大率爲卦氣發。朱彝尊《經義考》則以爲久佚。今載於《說郛》者,皆從類書中湊合而成,不逮十之二三。蓋是書之失傳久矣。《經籍考》《藝文志》舊分二卷,此本卷帙不分。核其文義,似於"人主動而得天地之道,則萬物之蘊盡矣"以上爲上卷,"曰凡《易》八卦之氣,驗應各如其法度"②以下爲下卷。上明稽應之理,③下言卦氣之徵驗也。至其中訛舛頗多,④注往往與正文相混。其字句與諸經注疏、《續後漢書》劉昭補注、歐陽詢《藝文類聚》、徐堅《初學記》、宋白《太平御覽》、孫瑴《古微書》等書所徵引,⑤亦互有異同。第此書久已失傳,⑥當世並無善本可校,類書所載亦展轉訛舛,不盡可據。謹於各條下儳列案語,其文與注相混者,悉爲釐正;脱漏異同者,則詳加參校,與本文兩存之。蓋通其所可知,闕其所不可知,亦闕疑、仍舊之

---

① "其言頗類",《四庫全書總目》卷六作"其文頗近"。
② "其"字原脱,據《四庫全書總目》卷六補。
③ "上"下原衍一"以"字,據《四庫全書總目》卷六删。
④ "舛",《四庫全書總目》卷六作"脱"。
⑤ "徵"字原脱,據《四庫全書總目》卷六補。
⑥ "第"字原脱,據《四庫全書總目》卷六補。

義也。

《易緯是類謀》一卷。案《是類謀》一作《筮類謀》。馬氏《經籍考》：一卷，鄭康成注。其書通以韻語綴輯成文，①古質錯綜，別爲一體。《藝文類聚》《太平御覽》諸書引其文頗多，與此本參校並合。蓋視諸《緯》略稱完備。其間多言機祥推驗，並及於姓輔名號，與《乾鑿度》所引《易曆》者義相發明。而《隋書·律曆志》載周太史上士馬顯所上表，②亦有玉羊、金雞之語。則此書固隋以前以言術數者之所必及也。

《易緯坤靈圖》一卷。按《坤靈圖》，孫瑴謂配《乾鑿度》名篇。馬氏《經籍考》著録一卷。今僅存論《乾》③《无妄》《大畜》卦辭，④及史注所引"日月連璧"數語，則其闕佚者蓋已夥矣。考《後漢書》注，《易緯坤靈圖》第三，在《辨終備》《是類謀》之上，而王應麟《玉海》謂三館所藏有鄭注《易緯》七卷：⑤《稽覽圖》一，《辨終備》四，《是類謀》五，⑥《乾元序制記》六，《坤靈圖》七，二卷、三卷無標目。《永樂大典》編次亦然。今略依原第編耆，⑦蓋從宋時館閣本也。

《易緯乾元序制記》一卷。案《乾元序制記》，《後漢書》注"七緯"並無其目。⑧馬氏《經籍考》始見一卷，陳振孫疑爲後世術士附益之書。⑨今考此篇首簡"文王比隆興始霸"云云，孔穎

---

① "以"，原誤作"似"，據《四庫全書總目》卷六改。
② "律曆"，原誤作"經籍"，據《四庫全書總目》卷六改。
③ "論"字原脱，據《四庫全書總目》卷六補。
④ "辭"字原脱，據《四庫全書總目》卷六補。
⑤ "有鄭注"三字原脱，據《四庫全書總目》卷六補。
⑥ "五"字原脱，據《四庫全書總目》卷六補。
⑦ "耆"字原爲空格，據《四庫全書總目》卷六改。
⑧ "注"字原脱，據《四庫全書總目》卷六補。
⑨ "後世"二字原脱，據《四庫全書總目》卷六補。

達《詩》疏引之，作《是類謀》疏。① 又引《坤靈圖》②"法地之瑞"云云，今《坤靈圖》亦無其文，③而與此篇文義相合。又《隋書·王劭傳》引《坤靈圖》"泰姓商名宮"④之文，亦在此篇。至其所言風雨寒溫、消息之術，⑤乃與《稽覽圖》相近。疑本古緯所無，而後人於各緯中分析以成此書者。晁公武謂其本出於李淑，當亦唐、宋間人所妄題耳。

案儒者多稱讖緯，其實讖自讖，緯自緯，非一類也。讖者，詭爲隱語，預決吉凶。《史記·秦本紀》稱盧生奏錄圖書之語，是其始也。緯者，經之支流，衍及旁義。《史記·自序》引《易》"失之毫釐，差以千里"，《漢書·蓋寬饒傳》⑥引《易》"五帝官天下，三王家天下"，注者均以爲《易緯》之文是也。蓋秦漢以來，去聖日遠，儒者推闡論説，各自成書，與經原不相比附。如伏生《尚書大傳》、董仲舒《春秋》陰陽，核其文體，即是緯書；特以顯有主名，故不能托諸孔子。其它私相撰述，漸雜以術數之言，既不知作者爲誰，因附會以神其説。迨彌得彌失，又益以妖妄之詞，遂與讖合而爲一。然班固稱"聖人作經，賢者緯之"，楊侃稱"緯書之類，謂之秘經；圖讖之類，謂之內學；《河》《洛》之書，謂之靈篇"。胡應麟亦謂讖緯二書，雖相表裏，⑦而實不同。則讖與緯別，⑧前人固已分析之；後人連類而譏，非其實也。右《乾鑿度》等七書，⑨皆《易緯》之文，

---

① "疏"字原脱，據《四庫全書總目》卷六補。
② "圖"字原脱，據《四庫全書總目》卷六補。
③ "圖""其"二字原脱，據《四庫全書總目》卷六補。
④ "泰"，原誤作"秦"，據《四庫全書總目》卷六補。
⑤ "消息"二字原脱，據《四庫全書總目》卷六補。
⑥ "蓋寬饒"，原誤作"蓋饒寬"，據《四庫全書總目》卷六改。
⑦ "相"字原脱，據《四庫全書總目》卷六補。
⑧ "別"字原脱，據《四庫全書總目》卷六補。
⑨ "度"字原脱，據《四庫全書總目》卷六補。

與圖讖之熒惑民志、悖理傷教者不同。以其無可附麗，故著錄於易類之末焉。

尚書緯注三卷

按：《文選·木玄虛海賦》注、《永明十一年策秀才文》注、《藝文類聚·帝王》夏后氏條、《開元占經》並引《尚書璇璣鈐》鄭注。《文選·石闕銘》注、《太平御覽·皇王部》並引《尚書帝命驗》鄭注，《禮記·月令》正義、《爾雅·釋天》正義、《藝文類聚·虹部》《夏部》、《開元占經》並引《尚書考靈曜》鄭注，《海賦》引《尚書緯》鄭注。

尚書中候注五卷

《隋志》：鄭玄《尚書中候注》五卷，梁有八卷，今殘。《玉海》：《詩正義》鄭玄注《中候》依《運斗樞》以伏犧、女媧、神農爲三皇，又云五帝，帝鴻、金天、高陽、高辛、唐虞氏。《類聚·祥瑞部》《帝王部》《禪部》、《開元占經》並引《尚書中候注》。

詩緯注

《開元占經·石氏外宮占》引《詩汎歷樞》鄭注。

禮緯注三卷

《文選·魯靈光殿賦》注、《開元占經》並引《禮斗威儀》鄭注，《太平御覽·天部》引《禮含文嘉》《禮記默房》鄭注。

孝經緯注

《東京賦》注、《太平御覽·皇王部》並引《孝經鉤命決》鄭注。

宋衷　易緯注

《文選·景福殿賦》注引宋衷《易緯注》"天文者謂之三光"。

宋衷　春秋緯注

《文選·羽獵賦》注引宋衷《春秋緯注》"驚，動也"，《北征賦》注引宋衷《春秋緯注》"五運，五行用事之運也"，盧子諒《贈劉琨詩》注引宋衷《保乾圖注》之"運作之迹"，《四子講德論》引宋衷《保乾圖注》"緒,業也",沈休文《齊故安陸昭王碑文》引宋衷《春秋元命苞注》"爲模者,師傅之德也"。

宋衷 孝經援神契注

《藝文類聚》引宋衷《孝經援神契注》"神靈滋液,則犀駮雞",宋衷曰"角有光,雞見而駭驚"。

宋衷 樂緯注

《上林賦》注引宋衷《樂汁圖徵》"焦明,似鳳皇",宋衷曰"小鳥也"。宋衷《動聲儀注》:六英,能爲天地四時六合也。五莖,[①]能爲五行之道,[②]立根本也。

宋均　春秋孝經緯注

張掖郡玄石圖一卷

高堂隆撰。隆字升平,太山平陽魯高堂生之後。

右讖緯類。

范曄曰:"桓譚以不善讖流亡,鄭興以遜辭僅免,賈逵能附會文致,最差貴顯。世主以此論學,悲哉!"又曰:"《河》《洛》之文,龜龍之圖,箕子之術,師曠之書,緯候之部,鈐决之符,皆所以探抽冥賾,參驗人區,時有可聞者焉。漢自武帝好方術,後王莽矯用符命,及光武猶信讖言,士之趨赴時宜者,皆馳騁穿鑿,爭談之。故王梁、孫咸名應圖籙,越登槐鼎之任,[③]鄭興、賈逵以附同稱顯,桓譚、尹敏以乖忤淪敗,自是習爲內學,尚奇文,貴異數,不乏於時矣。"

蕭綺曰:"童謠信於春秋,讖辭煩於漢末。"

---

　　① "五"下原衍一"行"字,據補編本、清嘉慶胡克家重刻宋淳熙本《文選》(以下《文選》皆據此本)卷六刪。
　　② "爲"字原脱,據補編本、《文選》卷六補。
　　③ "任",原誤作"位",據《後漢書·方術傳》改。

劉勰曰："六經彪炳，而緯候稠疊；孝論昭晰，[1]而鈎讖葳蕤。按經驗緯，其偽有四：蓋緯之成經，其猶織綜，絲麻不雜，布帛乃成；今經正緯奇，倍摘千里，其偽一矣。經顯，聖訓也；緯隱，神教也。聖訓宜廣，神教宜約，而今緯多於經，神理更繁，其偽二也。有命自天，乃稱符讖，而八十一篇，皆托於孔子，則是堯造綠圖，昌制丹書，其偽三矣。商周以前，圖籙頻見，[2]春秋之末，群經方備，先緯後經，體乖織綜，[3]其偽四矣。偽既倍摘，[4]則義異自明。經足訓矣，緯何與焉？[5]乃技數之士，附以詭術，[6]或說陰陽，或序災異，若鳥鳴似語，蟲葉成字，篇條滋蔓，必假孔子，通儒討覈，謂起哀平，東序秘寶，朱紫亂矣。至於光武之世，篤信斯術，風化所靡，學者比肩，沛獻集緯以通經，曹褒撰讖以定禮，[7]乖道謬典，亦已甚矣。是以桓譚疾其虛妄，[8]尹敏戲其深瑕，張衡發其僻謬，荀悅明其詭誕，[9]四賢博練，論之精矣。"[10]

劉昭曰："緯候衆書，宗貴神詭，[11]出沒隱顯，動挾誕怪。該覈陰陽，徹迎起伏，或有先徵，時能後驗，故守寄構思，雜稱曉輔，通儒達好，時略文滯。公輸、益州，具於張衡之詰；[12]無口

---

[1] "論"原誤作"經"，"晰"原誤作"析"，皆據清乾隆五十六年刻《增訂漢魏叢書》本《文心雕龍·正緯》（以下《文心雕龍》皆據此本）改。
[2] "圖籙頻見"，原誤作"圖錄頗見"，據《文心雕龍·正緯》改。
[3] "體"，原誤作"禮"，據《文心雕龍·正緯》改。
[4] "偽"，原誤作"緯"，據《文心雕龍·正緯》改。
[5] "與"，《文心雕龍·正緯》作"豫"。
[6] "術"，原誤作"說"，據《文心雕龍·正緯》改。
[7] "撰"，原誤作"選"，據《文心雕龍·正緯》改。
[8] "妄"，《文心雕龍·正緯》作"偽"。
[9] "荀悅"，原誤作"荀爽"，據《文心雕龍·正緯》改。
[10] 按，"明其……精矣"原無，據《文心雕龍·正緯》補。
[11] "詭"，原誤作"鬼"，據《後漢書·百官志》改。
[12] "詰"，原誤作"語"，據《後漢書·百官志》改。

漢輔,炳乎尹敏之諷。圖讖紛僞,其俗多矣。"

《隋書·經籍志》曰:"說者云:孔子既叙六經,以明天人之道,①知後世不能稽同其意,故别立讖緯,以遺來世。其書出於前漢,有《河圖》九篇、《洛書》六篇,云自黄帝至周文王所受本文。又别有三十篇,②云自初起至於孔子,九聖之所增演,③以廣其意。又有《七經緯》三十六篇,並云孔子所作,並前合爲八十一篇。而又有《尚書中候》《洛罪級》《五行傳》、《詩推度災》《汎曆樞》《含神霧》、《孝經鉤命決》《援神契》。漢代有郗氏、袁氏説。漢末,郎中郗萌采圖緯讖雜占爲五十篇,④謂之《春秋災異》,宋均、鄭玄並爲讖緯之注。然其文辭淺俗,⑤顛倒舛錯,不類聖人之旨。或者又加點竄,非其實録。起王莽好符命,光武以圖讖興,遂盛行於世。漢時,又詔東平王蒼,正五經章句,皆命從讖。俗儒趨時,益爲其學,篇卷第目,轉加增廣。言五經者,皆憑讖爲説。至宋大明中,始禁圖讖,梁天監以後,又重其制。及高祖受禪,⑥禁之愈切。煬帝即位,乃發使四出,搜天下書籍與讖緯相涉者皆焚之,爲吏所糾者至死。自是無復其學,秘府之内,亦多散亡。"

唐章懷太子賢曰:"七緯者,《易》緯《稽覽圖》《乾鑿度》《坤靈圖》《通卦驗》《是類謀》《辨終備》也;《書》緯《璇璣鈐》《考靈曜》《刑德放》《帝命驗》《運期授》也;《詩》緯《推度災》《汎歷樞》《含神霧》也;《禮》緯《含文嘉》《稽命徵》《斗威儀》也;《樂》緯《動聲儀》《稽耀嘉》《汁圖徵》也;《孝經》緯《援神契》

---

① "人",原誤作"文",據《隋書·經籍志》改。
② "十"字原脱,據《隋書·經籍志》補。
③ "九"下原衍一"世"字,據《隋書·經籍志》删。
④ "采",《隋書·經籍志》作"集";"緯"字原脱,據《隋書·經籍志》補。
⑤ "辭"字原脱,據《隋書·經籍志》補。
⑥ "及",原誤作"又",據《隋書·經籍志》改。

《鉤命決》也；《春秋》緯《演孔圖》《元命苞》《文耀鉤》《運斗樞》《感精符》《合誠圖》《考異郵》《保乾圖》《漢含孳》《佐助期》①《握誠圖》《潛潭巴》《說題辭》也。"

孔穎達曰："緯文鄙近，不出聖人，前賢共疑有所不取。"又曰："龜負《洛書》，經無其事。《中候》及諸緯，多說黃帝、堯、舜、禹、湯、文、武受《圖》《書》之事，皆云龍負《圖》、龜負《書》。緯候之書，不知誰作，通人討覈，謂起於哀、平者也。"

楊侃曰："緯書之類，謂之秘經；圖讖之書，②謂之內學；河洛之書，謂之靈篇。"

徐鍇曰："圖讖之興，興於兩漢。自唐堯申四岳之命，箕子陳五行之書，《河圖》《洛書》，聖人則之。此天所以陰騭下人，③而聖人知命之術也。自董仲舒、劉向博極其學。自餘諸子，多非兼才，其陳說圖讖，皆玄契將來。然離合文字，本非其術，至使所作符命文字，皆俗體相兼，顏之推論之詳矣。又童謠符讖亦天所以告俗人，④或時之識占候者隨事而作，以傳俗聞，未可以文字言也。"

歐陽修曰："士之所本，在乎六經。而自暴秦焚書，聖道中絕。漢興，收拾亡逸，所存無幾，或殘編斷簡出於屋壁，而餘齡昏眊得其口傳。去聖日遠，⑤莫可考證，偏學異說，因自名家，然而授受相傳，尚有師法。暨晉、宋而下，師道漸亡，章句之篇，家藏私蓄，其後各為箋傳，附著經文。其說存亡，以時好惡，

---

① "佐"，《後漢書·方術傳》作"佑"。
② "書"，《四庫全書總目》卷六引作"類"。
③ "人"，原誤作"民"，據《四部叢刊》本《說文解字繫傳》（以下《說文解字繫傳》皆據此本）卷三十六改。
④ "符"字，《說文解字繫傳》卷三十六無。
⑤ "日"，明弘治三年刻本《諸臣奏議》（以下《諸臣奏議》皆據此本）卷八十三作"既"。

學者茫昧，莫知所歸。至唐太宗時，始詔名儒撰定九經之疏，號爲正義，凡數百篇。自爾以來，著爲定論，凡不本正義者謂之異端，則學者之宗師，百世之取信也。然其所載既博，所擇不精，多引讖緯之書，以相雜亂，怪奇詭僻，①所謂非聖之書，異乎正義之名也。臣欲乞時詔名儒學官，②悉取九經之疏，删去讖緯之文，使學者不爲怪異之言所惑亂，③然後經義純一，無所駁雜。其用功至少，其爲益則多。愚以爲欲使士子學古勵行而不本六經，欲學六經而不去其詭異駁雜，欲望功化之成，不可得也。"又曰："自周衰，禮樂壞於戰國，而廢絶於秦。漢興，六經在者，皆錯亂、散亡、雜僞，而諸儒方共補輯，以意解詁，未得其真，而讖緯之書出以亂經。鄭玄之徒，號稱大儒，皆主其説。學者由是牽惑没溺，④而時君不能斷決。由是郊、丘、明堂之論，至於紛然而莫知所止。《禮》曰：'以禋祀祀昊天上帝。'⑤此天也，玄以爲天皇大帝者，北辰耀魄寶也。又曰：'兆五帝於四郊。'此五行精氣之神也，玄以爲青帝靈威仰、赤帝赤熛怒、黄帝含樞紐、白帝白招拒、黑帝汁光紀者，五天帝也。⑥由是有六天之説，後世莫能廢焉。然而禮之失也，豈獨緯書之罪哉！在於學者好爲曲説，而人君一切臨時申其私意，以增多爲盡禮，⑦而不知煩數之爲黷也。"

胡寅曰："讖書原於《易》之推往以知來。周家卜世得三十，卜

---

① "詭"，原誤作"古"，據《諸臣奏議》卷八十三改。
② "時"，《諸臣奏議》卷八十三作"特"。
③ "亂"字原脱，據《諸臣奏議》卷八十三補。
④ "學者"二字原脱，據清乾隆四年武英殿校刻本《新唐書·禮樂志》(以下《新唐書》皆據此本)補。
⑤ "禋"下原脱一"祀"字，據《新唐書·禮樂志》補。
⑥ "帝"字，《新唐書·禮樂志》無。
⑦ "盡"，原誤作"益"，據《新唐書·禮樂志》改。

年得八百者,此知來之的也。《易》道既隱,卜筮者溺於考測,必欲奇中,故分流別派,其說寖廣,要之各有以也。《易》道所明,時有所用,知道者以義處命,理行則行,理止則止,數術之學,蓋不取也。光武早歲從師長安,受《尚書》大義,夷考其行事,蓋儒流之英傑也。何乃蔽於讖文,牢不可破耶?"又曰:"緯書原本於五經而失之者,①而尤紊於鬼神之理、幽明之故,非知道者不能識。自孟子而後,知道者鮮矣,所以易惑而難解也。斷國論者,誠能一決於聖人之經,經所不載,②雖有緯書讖記,屏而不用,則庶乎其不昧於理也。③"

晁公武曰:"緯書起漢哀、平,光武既以讖立,故篤信之。陋儒阿世,學者甚衆。鄭玄、何休以之通經,曹褒以之定禮,歷代革命之際,莫不引讖爲符命,④故桓譚、張衡之徒皆深嫉之。自苻堅之後,其學殆絕。⑤使其尚存,猶不足信,況又非其實也。"

洪邁曰:"圖讖星緯之學,豈不或中,然要爲誤人,聖賢所不取也。⑥眭孟覩'公孫病已'之文,勸漢昭帝求索賢人,禪以帝位,而不知宣帝實應之,孟以此誅。孔熙先知宋文帝禍起骨肉,江州當出天子,故謀立江州刺史彭城王,而不知孝武實應之,熙先以此誅。當塗高之讖,漢光武以詰公孫述,袁術、王浚皆自以姓名或父子應之,以取滅亡,而其兆爲曹操之魏。

----

① "於"字原脱,據清康熙五十三年刻本《致堂讀史管見》(以下《致堂讀史管見》皆據此本)卷三補。
② "不載",原誤作"載者",據《致堂讀史管見》卷三改。
③ "昧",《致堂讀史管見》卷三作"謬"。
④ "命",清嘉慶二十四年重刻宋衢州本《郡齋讀書志》(以下《郡齋讀書志》皆據此本)卷一作"瑞"。
⑤ "其",原誤作"自",據《郡齋讀書志》卷一改。
⑥ "取",明崇禎三年馬元調刻本《容齋隨筆》(以下《容齋隨筆》皆據此本)卷十六作"道"。

兩角犢子之讖，周子諒以劾牛僊客，①李德裕以議牛僧孺，而其兆爲朱溫。隋煬帝謂李氏當有天下，遂誅李金才之族，而唐高祖乃代隋。唐太宗知女武將竊國命，②遂濫五娘子之誅，而阿武婆幾易姓。③武后謂代武氏者劉，劉無強姓，殆流人也，遂遣六道使悉殺之，而劉幽求佐臨淄王平内難，韋、武二族皆殄滅。晋張華、郭璞，魏崔伯深，皆精於天文占筮，言事如神，然皆不免身誅，④況其下者乎。"

吕祖謙曰："讖記之僞易知，祇緣光武以符命起，故篤信之，亦是欲蔽明也。楊春卿有祖傳秘記，出於術數之士，豈無小驗。然無益於治亂，徒足爲害耳。人主以讖害政，學者以讖害身。隋文帝創業大類始皇，然始皇焚書，文帝焚讖，利害相反也。"

又曰："讖記之學，以術數推天人，以爲天災人事皆有定數，如此將怠於修省，急於消伏。以天變言之，君子雖可假此以去小人，小人亦將假此以害君子。以正治邪，猶慮不勝，況以邪治邪乎！襄楷以天文星象言宫女之禍，雖感帝能寬其死，至上瑯琊于吉神書，其不以左道誅者幸也。"

陳振孫曰："按《後漢書》'緯候之學'注言：'緯，七緯也；候，《尚書中候》也。'讖緯之學，⑤起於哀、平、王莽之際，莽以此濟其篡逆，公孫述效之，而光武紹復舊物，乃亦以《赤伏符》自累，篤好而推崇之，甘心與公孫述同志。⑥於是佞臣陋士，從風而靡，賈逵以此論《左氏》，曹襃以此定漢禮，作《大予樂》。

---

① "客"字原脱，據《容齋隨筆》卷十六補。
② "將"，原誤作"當"，據《容齋隨筆》卷十六改。
③ "阿武"二字原誤倒，據《容齋隨筆》卷十六乙正。
④ "誅"下，《容齋隨筆》卷十六有"家族"二字。
⑤ "學"，清乾隆武英殿聚珍版書本《直齋書録解題》卷三作"説"。
⑥ "公孫述"，《直齋書録解題》卷三作"莽述"。

大儒如鄭玄以讖言經，何休又不足言矣。二百年中，惟桓譚、張衡力排之，①而不回也。魏、晋以革命受終，②莫不附會符命，其源實出於此。隋、唐以來，其學寢微矣。故《唐志》猶存九部八十四卷，今其書皆亡，惟《易緯》僅存，及孔氏《正義》時或援引，先儒蓋欲刪去之，以絶僞妄矣。使所謂七緯猶存，猶學者所不道，況其殘闕不完，於僞之中又有僞者乎！《唐志》術數内有《論語緯》十卷，七緯無之。《太平御覽》有《論語摘輔象撰考讖》者，意其是也。《御覽》又有《書帝驗期》《禮稽命曜》《春秋命曆序》《孝經左右契》《威嬉拒》等，皆七緯所無，要皆不足道也。"
魏了翁曰："凡緯書皆三字名，如《乾鑿度》《參同契》等皆然，鄭康成皆有注，是經書、緯書盡讀也。"
王應麟曰："鄭康成引圖讖皆謂之說，《易緯》曰《易說》，《書緯》曰《書說》，嫌引秘書也。"《檀弓正義》引《鄭志》：張逸問：《禮注》曰《書說》，何書也？答曰："《尚書緯》也。當爲注時，時在文網中，③嫌引秘書，故諸所牽圖讖皆謂之說。④"又曰："《宋·符瑞志》云：'孔子齋戒，向北辰而拜，告備於天曰：《孝經》四卷，《春秋》《河》《洛》凡八十一卷，謹已備矣。'是以聖人爲巫史也。緯書謬妄，而沈約取之，無識甚矣。"
黄震曰："讖書謂孔子預知始皇上我之堂，然始皇實未至魯。"
陳普曰："王莽以哀章金匱，用賣餅兒王盛爲四將，天下所共笑也。光武初興，又按《赤伏符》用王梁爲大司空，以讖文用孫咸爲大司馬，群情不悦，始以吳漢代之，後欲以罪誅梁。夫

---

① "排"，《直齋書録解題》卷三作"非"。
② "以"下原衍一"來"字，據《直齋書録解題》卷三删。
③ "時時"二字原脱，據《鄭志》補。
④ "圖讖"，原誤作"秘書"，據《鄭志》改。

名應《赤伏符》而有可誅之罪，則所謂劉秀者，何足道哉？且人情有所不悦，而與《河圖》《洛書》同寶，①抑何誖也。"

張九韶曰："讖緯之説，秦以前未之聞也。始皇時，方士盧生入海，還奏圖書，此圖讖之所始乎？其後，王莽以金匱符命而篡漢，遣五威將帥頒《符命》四十二篇於天下。光武即位，以《赤伏符》之文，信用圖讖。終漢之世，儒者鮮不傳習，至引之以釋經。先儒歐陽子嘗議取九經注疏，删去讖緯之文。惜乎，當時未之能行也。"

胡應麟曰："讖緯之説，蓋起《河》《洛》圖書。西漢末，符命盛行，俗儒增益，舛訛日繁。其學自隋文二主禁絶，世不復傳，稍可見者惟類書一二援引，及諸家書目具名而已。《易》則《稽覽圖》《乾鑿度》《坤靈圖》《通卦驗》《是類謀》《辨終備》《乾坤鑿度》《乾元序制》；秋碧按：此外，《易萌氣樞》《京房易飛候》《京房易妖占》見《開元占經》，《易天人應》見郎顗拜章，《易雌雄秘曆》見《後漢書注》。《書》則《中候》亦作"期中候"。《璇璣鈐》《考靈曜》《帝命驗》《運期授》；秋碧按：此外有《刑德放》見《後漢書注》，《尚書金匱》見《開元占經》，《尚書鉤命決》《洛罪級》見《太平御覽》。《禮》則《含文嘉》《稽命徵》按《太平御覽》作《稽命曜》。《斗威儀》《禮記默房》；《詩》則《含神霧》《推度災》亦作《推度覽》。《汎歷樞》；②《春秋》則《元命包》《演孔圖》《文曜鉤》亦作《文作鉤》。《運斗樞》《感精符》③《合誠圖》《考異郵》《保乾圖》《漢含孳》《佐助期》《握誠圖》《潛潭巴》《説題辭》；按：此外有《春秋命曆序》見《御覽》，《春秋内事》《春秋渾付》《春秋運期授》《春秋圖》《春秋録圖》《春秋河圖揆命篇》見《開元占經》。《孝經》則《孝經雜緯》《孝經内事》亦作

---

① "河圖洛書"，原作"河洛圖書"，據明萬曆三年薛孔洵刻本《石堂先生遺集》卷二十改。

② "汎"，清光緒間廣雅書局刻民國九年徐紹榮彙編重印《廣雅書局叢書》本《少室山房筆叢》（以下《少室山房筆叢》皆據此本）卷三十作"紀"。

③ "感"，《少室山房筆叢》卷三十作"咸"。

《內事記》。《鉤命決》《援神契》《元命包》《左右握》《左右契》《雌雄圖》《分野圖》《弟子圖》按：周顯德中，日本國僧奝然獻《孝經雄圖》《孝經雌圖》，是《孝經》雌雄圖五代時猶存，其所稱孔子弟子外傳，即此《弟子圖》也。《口授圖》《瑞應圖》；按：此外尚有《孝經握輔占》①《孝經左秘》②《孝經右秘》《孝經洞寶丹》《孝經章句》《孝經中黃讖》見《開元占經》，《孝經威嬉拒》見《太平御覽》。《占經》所引《孝經章句》所言皆災異之事，非孔、鄭章句也。《論語》則《摘輔象》《撰考讖》；按：此外尚有《比考讖》《陰嬉讖》《糾滑讖》《素王受命讖》《崇爵讖》《摘衰聖承進讖》③《威鳳嬉讖》。《樂》則《動聲儀》《稽曜嘉》《葉圖徵》。《太平御覽》又有《易卦統通圖》《書帝驗期》等。然《隋志》所序，僅十之三。馬氏《經籍考》止《易緯》數種，晁、陳俱斥爲僞書，今惟《乾鑿度》行於世，蓋《易緯》又幾盡矣。《河圖》則《括地象》《河圖稽命曜》《河圖挺輔佐》④《河圖帝通紀》《河圖錄運法》《河圖真鉤》《河圖著命》《河圖矩起》《河圖天靈》《河圖秘徵》按《開元占經》引作《秘徵篇》。⑤《河圖玉版》；按：此外尚有《河圖會昌符》《河圖揆命篇》《河圖叶光篇》《河圖聖合符》《河圖闓苞受》《河圖稽曜鉤》《河圖考曜文》⑥《河圖帝覽嬉》《河圖絳象》⑦《河圖始開圖》⑧《河圖龍文》《龍魚河圖》《河圖令占篇》⑨《河圖要元篇》。《洛書》則《錄運法》《洛書稽命曜》等。按：此外尚有《洛書摘王辟》，"王"亦作"亡"，《洛書甄曜度》《洛書兵鈐勢》

---

① 按，檢清鈔本《大唐開元占經》（以下《大唐開元占經》皆據此本），未見此書。
② "秘"，《大唐開元占經》卷五作"契"。
③ "承"，原誤作"孔"，據《四部叢刊》影宋刻本《六臣注文選》卷二十改。
④ "輔佐"，原誤作"作輔"，據《少室山房筆叢》卷三十改。
⑤ "篇"，原誤作"示"，據《大唐開元占經》改。
⑥ "文"字原脫，據清乾隆四十二年刻本《經義考》（以下《經義考》皆據此本）卷二百六十四補。
⑦ "絳"，原誤作"絳"，據清道光二十四年刻《守山閣叢書》本《古微書》（以下《古微書》皆據此本）卷三十二改。
⑧ "圖"，原誤作"土"，據《古微書》卷三十二改。
⑨ "令"，原誤作"女"，據《太平御覽》卷四引《河圖令占篇》改。

《洛書寶號命》並見《開元占經》。尋其命名,亦《易緯》之類。① 第《御覽》所引用亦甚希,而諸史《藝文志》,馬、鄭《經籍考》《略》,② 並其名亦無之。蓋自唐已亡,高士廉等編《文思博要》或掇拾於宋、齊諸類書中,《御覽》又得之《博要》諸書中,③決非宋初所有也。"又曰:"《乾坤鑿度》所載緯書《太古文目》,有《元皇介》,次《萬形經》,次《乾文緯》,次《乾鑿度》《坤鑿度》,次《考靈經》,次《制靈圖》,次《河圖八文》,次《希夷名》,次《含文嘉》,次《稽命圖》,次《填文》,次《八文》,次《元命包》,共一十四緯。今見於類書者,惟《含文嘉》《元命包》、乾坤二《鑿度》而已。《垂皇策》《乾文緯》、乾坤二《鑿度》,説《易》者也,《含文嘉》則《禮》,而《元命包》,《春秋》《孝經》皆有之,不知何者在先,而衛元嵩《易元包》則又因是而命名者也。今《乾坤鑿度》全書存,其理欲深而甚淺,其文欲怪而甚庸,其它雜見類書者往往不相遠也。《坤鑿度》又有《地靈母經》《含靈孕》《易靈緯經》,又《洛書》有《靈準聽》,又《地形經》,又《制靈經》,甚矣!其名之衆也。蓋此又宋世僞撰《乾坤鑿度》者,④依仿《御覽》所引諸目創立新題,故尤可笑。"按《開元占經》尚有"天鏡""地鏡""握鏡""玉曆""玉策""記災異圖""堯圖""變赫連圖"等名。又曰:"世率以讖緯並論,二書雖相表裏而實不同。緯之名所以配經,故自六經、《語》《孝》而外,無復別出,《河圖》《洛書》等緯皆《易》也。讖之依附六經者,但《論語》有讖八卷,餘不概見,以爲僅此一種,偶閱《隋書·經籍志》注附見十餘家,乃知凡讖皆托古聖

---

① "類",原誤作"數",據《少室山房筆叢》卷三十改。
② "考",《少室山房筆叢》卷三十無。
③ "中",原誤作"要",據《少室山房筆叢》卷三十改。
④ "蓋"字原脱,據《少室山房筆叢》卷三十補。

賢以名其書，與緯體制迥別。① 蓋其説尤誕妄，故隋禁之後永絶，②類書亦無從援引。以世所少知，附其目於此。《孔老讖》十二卷、《老子河洛讖》一卷、《尹公讖》四卷、③《劉向讖》一卷、《雜讖書》二十九卷、《堯戒舜禹》一卷、《孔子王明鏡》一卷、郭文《金雄記》一卷、《王子年歌》一卷、《嵩山道士歌》一卷。又有以緯侯並稱者，今惟《尚書中侯》它不可考也。"按《開元占經》所引有《二十八宿山經》《東官候》《南官候》《西官候》《北官候》《中官候》《救黃經》《救赤經》《救白經》《救黑經》《黃帝占》《高宗占》《高宗日旁雲氣圖》《玄冥占》《海外占》《齊伯五星占》《五星災變占》《仰觀占》《韓揚占》《王成占》《握輔占》等名，皆占候之書也。

徐常吉曰："緯書八十一篇，然《乾鑿度》而外，又有《坤鑿度》，④魏伯陽《參同契》亦《易緯》也，而説者以其入道家，遂不列於緯書之目。《尚書中侯》《論語讖》亦不與八十一篇之數。則漢之緯書，何啻八十一篇已也。"

顧起元曰："《易緯》六篇、《書緯》五篇、《詩緯》三篇、《禮緯》三篇、《樂緯》三篇、《孝經緯》二篇、《春秋緯》十三篇，是爲七緯，共三十五篇。⑤ 又有《論語緯》，按"緯"當作"讖"。及《河圖》九篇、《洛書》六篇，共八十一篇，其實不出於孔子。蓋漢武購求遺書，當時儒者多僞作以應命，孔安國、毛公輩皆目以爲妖妄，⑥哀、平之世，夏賀良之徒又增爲之。末流既濫，不可復障。先是毛公、孔安國諸人因魯恭王、河間獻王所獻表而章之，謂之古學。至魏王肅注釋《孝經》，推引古學，王弼、杜預從而和之。宋大明中，始禁讖緯之書，及隋末搜天下書籍，與讖緯稍

---

① "制"字原脱，據《少室山房筆叢》卷三十補。
② "後"字原脱，據《少室山房筆叢》卷三十補。
③ "四卷"二字原脱，據《少室山房筆叢》卷三十補。
④ "坤"上，《經義考》卷二百九十八有"乾"字。
⑤ "共"，原誤作"其"，據《經義考》卷二百九十八改。
⑥ "輩"字原脱，據《經義考》卷二百九十八補。

涉者悉焚之，①而緯書稍戢。至唐以來，則李淳風輩專明讖學，②而孔穎達作《九經正義》亦多引緯書以證其說，是時《唐志》所存緯書尚有九種四十八卷，③蓋亦不能障其流也。至宋歐陽公、魏鶴山輩刪而正之，而緯學始息。然鶴山所作《九經要義》多引孔穎達《正義》之說，則亦豈能盡斥而遠之哉？"又曰："讖緯前記之外，《易》又有《坤鑿度》《運期讖》《乾元序制記》，④《書》有《期中候》《洛罪級》，《春秋》有《演義圖》《玉版讖》，《孝經》有《中黃讖》，《論語》有《素王受命讖》《比考讖》，《河圖》有《會昌符》《括地象》《稽曜鉤》《握矩起》《帝通紀》《叶光篇》《著命篇》《揆命篇》，《洛書》有《甄曜度》《寶號命》《錄運期》，共二十一種，大都此等多係漢人偽作。東漢人所著錄如《參同契》之名，皆三字，其爲假托者多，難以斷決也。⑤"

黃秉石曰："漢好讖緯，極爲不經，僉謂起於哀、平之世，然公孫卿稱黃帝鼎書，其作俑者也。《史記・天官書》曰：'雖有明天子，必視熒惑所在。'注言：'《春秋文曜鉤》有此文。⑥'是則讖緯之說久矣。"

孫瑴曰："緯候之興，出於'河出圖'一語乎？自前漢世有《河圖》九篇、《洛書》六篇，自黃帝至周文王所授文；又別本三十篇，自初起至孔子，九聖增演，以廣其意，⑦蓋七緯之祖也。⑧其錄有曰《括地象》、曰《絳象》、曰《始開圖》，⑨皆以鉤山河之

---

① "稍"，《經義考》卷二百九十八作"相"。
② "輩"字原脫，據《經義考》卷二百九十八補。
③ "種"，《經義考》卷二百九十八作"部"。
④ "記"字原脫，據《經義考》卷二百九十八補。
⑤ "以"，《經義考》卷二百九十八作"可"。
⑥ "此文"，《經義考》卷二百九十八作"此語"。
⑦ "演以"二字原脫，據《古微書》卷三十二補。
⑧ "之"，原誤作"一"，據《古微書》卷三十二改。
⑨ "圖"，原誤作"土"，據《古微書》卷三十二改。

賾；①曰《帝覽嬉》、曰《稽曜鉤》，皆以扶星象之玄；曰《握矩起》、②曰《挺佐輔》，皆以闡曆運之要，③而又有《帝通紀》《真紀》《鉤著命》④《秘徵要》《元考曜》，視諸緯爲富云。"

顧炎武曰："《史記・趙世家》扁鵲言秦穆公寤而述上帝之言，公孫枝書而藏之，秦讖於是出矣；⑤《秦本紀》燕人盧生使入海，還，以鬼神事因奏録圖書，曰：'亡秦者胡。'然則讖記之興，實始於秦人而盛於西漢之末也。"又曰："自漢以後，凡世人所傳帝王易姓受命之説，一切附之孔子，如沙丘之亡、卯金之興，皆謂夫子前知而預爲之讖，其書蓋不一矣。魏高祖太和九年詔'自今圖讖、秘緯及名爲《孔子閉房記》者，一皆焚之，留者以大辟論'。《舊唐書・王世充傳》：世充將謀篡位，有道士桓法嗣自言解圖讖，乃上《孔子閉房記》，畫作丈夫持一竿以驅羊，釋云：'隋，楊姓也。干一者，王字也。王居羊後，明相國代隋爲帝也。'世充大説。詳此乃似今人所云《推背圖》者，今則托之李淳風而不言孔子。"

朱錫鬯曰："讖緯之書，相傳始於西漢哀、平之際，而《小黄門譙敏碑》稱'其先故國師譙贛，深明典奧，讖録圖緯，能精微天意，傳道與京君明'，則是緯讖本於譙氏、京氏也。徵之於史，如'亡秦者胡''明年祖龍死''楚雖三户，亡秦必楚'，已爲讖緯兆其端矣。迨新莽之篡，丹書白石、金匱銅符，海内四出，於是劉京、謝囂、臧洪、哀章、甄尋、西門君惠等争言符命，遂遣五威將軍王奇等乘《乾》文車，駕《坤》六馬，將軍持節稱天

---

① "河"，原誤作"谷"，據《古微書》卷三十二改。
② "起"，《古微書》卷三十二作"記"。
③ "曆運"，《古微書》卷三十二作"運曆"。
④ "紀鉤"二字原誤倒，據《古微書》卷三十二乙正。
⑤ "秦"字原脱，據清康熙三十四年刻本《日知録》（以下《日知録》皆據此本）卷三十補。

一之使,帥持幢稱五帝之使,頒符命四十二篇於天下,不過籍以愚一時之耳目爾。乃光武篤信不疑,至讀之廡下。終東漢之世,①以通七緯者爲内學,通五經者爲外學。自桓譚、張衡而外,鮮不爲所惑焉。蓋當時之論咸以内學爲重。及昭烈即位,群臣勸進,廣引《洛書》《孝經緯》文。②蕭綺所云,讖辭煩於漢末,不誣也。然鄭康成注《周官》,目《孝經緯》爲説,賈公彦《疏》以漢時禁緯故,則又未始不禁之矣。秋碧按:賈《疏》誤。《鄭志》明言"時遭文網,嫌引秘書",是鄭君恐涉文字之禍,故諸引緯書,皆名曰"説"。當時實未嘗禁之也。考東京之世,名臣章奏多引讖緯,惟襄楷以上"于吉神書"下獄,李雲以"帝欲不諦"被誅,餘皆不諱言讖緯也。然釋慧皎作《高僧傳》,稱法護博覽六經,游心七籍。沈約作《宋書》,於《天文》《五行》《符瑞》亦備引緯侯之説。蕭子顯《南齊書·志》亦然。而周續之兼通五經、五緯,號爲十經。至隋焚禁之後,流傳漸罕。乃孔氏、賈氏、徐氏猶援以釋經,杜氏、歐陽氏、虞氏、徐氏編輯類書,間亦引證。今則《樊英傳》注所載《隋》《唐經籍志》所録,《太平御覽》所采,學士大夫能舉其名者寡矣。"

全謝山曰:"緯書萌於春秋、③戰國之間,秦穆公、趙簡子紀夢二册,其始也。④降至始皇之世,⑤則有'亡秦者胡'之説。考《隋書》云:⑥'漢儒習於緯書,惟孔安國、毛公、王璜諸人以爲妖妄。'然則奚至哀、平之際始出乎?張衡謂'劉向校《七略》,尚無讖緯',不知此在秘學,不在群書之列。"

---

① "東"字原脱,據《四部叢刊》影清康熙五十三年刻本《曝書亭集》(以下《曝書亭集》皆據此本)卷六十補。
② "文"字原脱,據《曝書亭集》卷六十補。
③ "春秋"二字原脱,據清道光五年翁氏守福堂刻本《困學紀聞注》(以下《困學紀聞注》皆據此本)卷一補。
④ "其"下原衍一"托"字,據《困學紀聞注》卷一删。
⑤ "世",《困學紀聞注》卷一作"際"。
⑥ "考",《困學紀聞注》卷一作"故"。

《潛研齊文集》：問："七經緯不載於《漢書·藝文志》，[①]相傳昉於哀、平之間。然《太史公書》引孔子云：'我欲載之空言，不如見之於行事之深切著明也。'此語在《春秋緯》文。[②] 又引《易》'失之毫釐，差以千里'，亦《易緯》文。太史公豈嘗見緯書乎？"曰："《緯候》多孔氏七十子之遺言，後來方士采取，[③]又以誕妄之説附益之。光武應符讖以興，故其書大行於東漢。後儒惡其妄，並其言之醇者一槩屏之，未免不分皂白矣。"《養新録》：《續漢書·[④]天文志》云："黄帝始受《河圖鬭苞授》。"王伯厚謂"鬭苞似是人名"。案《文選》李善注引《河圖闓苞受》曰："第感苗裔出應期。"則《闓苞受》蓋《河圖》篇名。《漢志》誤"闓"爲"鬭"，非人名也。"授"與"受"通。

---

① "緯"字原脱，據《潛研堂文集》卷九補。
② "文"字，《潛研堂文集》卷九無。
③ "采取"二字原誤倒，據《潛研堂文集》卷九乙正。
④ "漢書"二字原脱，據清嘉慶刻本《十駕齋養新録》（以下《十駕齋養新録》皆據此本）卷十七補。

補後漢書藝文志卷之四

熹平四年二月，詔諸儒正五經文，刻石立於太學。
宦者汝陽李巡以爲博士試甲乙科，爭第高下，更相告語，①至有行賂定蘭臺漆經字，②以合其私文者，乃白帝，與諸儒共刻五經文於石，於是詔蔡邕等正其文字。自後五經一定，爭者用息。
蔡邕以去聖久遠，③文學多謬，俗儒穿鑿，疑誤後學，熹平四年，與五官中郎將堂谿典、光禄大夫楊賜、諫議大夫馬日磾、議郎張馴、韓説、太史令單颺等，奏求正定六經文字，靈帝許之。邕乃自書册於碑，使工鐫刻，立於太學門外。於是後儒晚學咸取正焉。及碑始立，其觀視及摹寫者，車乘日千餘兩，填塞街陌。
太學在洛陽城南開陽門外，講堂長十丈，廣三丈。④堂前有石經四部。⑤本碑凡四十六枚。元魏時，西行，《尚書》《周易》《公羊傳》十六碑在，十二碑毁。⑥南行，《禮記》十五碑悉崩壞。東行，《論語》三碑存，二碑毁。《禮記》碑上有諫議大夫馬日磾、議郎蔡邕名。《水經注》：陸機言《太學讚》别一碑，在講堂西，下列《石龜碑》，載蔡邕、堂谿典、韓説等名。《太學弟子讚》復一碑，在外門中。今二碑

---

① "語"，《後漢書·吕强傳》作"言"。
② "字"字原脱，據《後漢書·吕强傳》補。
③ "以"下，《後漢書·蔡邕傳》有"經籍"二字。
④ "三丈"，《後漢書·光武帝紀》引《洛陽記》同，而《後漢書·蔡邕傳》引《洛陽記》作"二丈"。
⑤ "石經"，原誤作"五經"，據《後漢書·蔡邕傳》改。
⑥ "十二"，原誤作"十六"，據《後漢書·蔡邕傳》改。

並無。

一字石經周易一卷 　《隋書·經籍志》：梁有三卷。《唐書·藝文志》同。

尚書六卷 　梁有今字石經《鄭氏尚書》八卷，亡。《唐書·藝文志》同。

魯詩六卷 　梁有《毛詩》三卷，亡。《唐志》與《隋志》同。

儀禮九卷 　《唐書·藝文志》：《儀禮》四卷。

春秋一卷 　梁有一卷，《唐志》同。

公羊傳九卷 　《唐志》同。

論語一卷 　梁有二卷。《唐志》：《論語》二卷。

蔡邕 　字伯喈，陳留圉人，官議郎，有傳。

棠谿典 　《先賢行狀》：典字子度，潁川人，爲西鄂長。《延篤傳》"堂谿"作"唐谿"，注云："典爲五官中郎將。'唐'與'堂'同。"

楊賜 　字伯獻，弘農人，官司空太尉，震之孫，秉之子，附《震傳》。

馬日磾 　扶風人，官太傅，南郡太守融族孫，附《融傳》。《三輔決錄》注：日磾，字翁叔。

張馴 　字子儁，定陶人，官太司農，有傳。

韓説 　字㐰儒，山陰人，官江夏太守，有傳。

單颺 　字武宣，湖陸人，官尚書，有傳。

趙㑻 　無考。

劉宏 　官司空，見《靈帝紀》。《漢官儀》云："宏字子高，安衆人。"

張文　蘇陵　傅楨　左立　孫表 　皆無考。

盧植 　字子幹，涿人，官尚書，有傳。

楊彪 　賜之子，字文先，官至太尉，附《震傳》。

李巡 　汝陽人，靈帝時，爲中常侍，見《呂强傳》。

石經尚書殘碑

命孔本作"身"。何及相闕。散孔作"憸"，下闕。言曰人惟舊孔"舊"上有"求"字，下闕二字。救孔作"求"。舊下闕。有志女母禽侮成人母流孔作"汝無侮老成人無弱"，下闕。各共爾事齊乃位度爾孔作"乃"。口下闕。民之承保后胥高孔作"戚"。鮮以不浮下闕。試以爾孔作"汝"。安定厥國孔作"邦"。仝孔無。女歹下闕。其或迪孔作"稽"。自怨孔作"怒"，下闕。永孔作"誕"。勸憂今其有今罔後女何下闕。之勞爾先予不下闕。于兹高后不乃知孔作"崇"。降爾疾曰下闕。能迪古我先后民女有近孔作"戎"。則在乃心我先后綏下闕。興降歹永於戲孔作"崇降弗祥嗚呼"。今予下闕。絶遠女比猶孔作"分猷"。念以相從各爲孔作"設"。中下闕。建乃家闕。股孔作"盤"，闕一字。既下闕。衆曰女罔台民孔作"無戲怠"。勖孔作"懋"。建大命今我①孔作"予"，下闕。凶德綏孔作"嘉"。續下闕。今孔無。爾惠孔作"謂"。② 朕闕。柂孔作"震"。動萬民以遷肆上下闕。乘孔作"隱"。哉予其勖孔作"懋"。簡相爾念敬我衆朕歹已上《盤庚》三篇。

民中絶命民有不若德不聽爾天既孚③孔作"字"④。已上《高宗肜日》篇。

厥遺任孔作"壬"。父母弟不迪乃維四方下闕。歹徇于四伐五伐六伐七伐乃已上《牧誓》篇。

伊孔無。鴻孔作"洪"。水曰孔作"泊"。陳其五行帝下闕。曰建用皇極次六曰艾孔作"乂"。用三德下闕。潤下作鹹炎上作苦曲直作⑤下闕。食二曰貨三曰祀四曰司空⑥下闕。極凡厥庶民無有淫弱人無有下闕。明人之有能有爲使蒼其行而下闕。路毋偏毋黨王道蕩蕩毋黨下闕。爲天下王三德孔"三"⑦上有"六"。一曰正直二下闕。家而孔無。凶于而國人用闕。頗辟孔作"僻"，下闕。乃心諆及卿闕。諆及庶民孔作"人"。已上《洪範》篇。

---

① "我"字原脱，據《隸釋》卷十四補。
② "惠"字原在"作"下，據《隸釋》卷十四調正。
③ "孚"，原誤作"付"，據《隸釋》卷十四改。
④ "字"，原誤作"孚"，據《隸釋》卷十四改。
⑤ "潤"，原誤作"灡"，據《隸釋》卷十四改。
⑥ "四"下"曰"字原脱，據《隸釋》卷十四補。
⑦ "三"字原脱，據《隸釋》卷十四補。

維天命元孔"元"作"無違"。朕不敢有下闕。爾時維天命王曰告爾孔無"告爾"二字。多下闕。茲雒孔作"洛"。予維四方罔攸責亦維爾下闕。有年于茲雒爾小子乃興從乃遷王已上《多士》篇。

嗇孔作"穡"。之艱難乃劮孔作"逸"。乃憲孔作"諺"。既延孔作"誕"。丕孔作"否"。則侮厥下闕。中宗嚴恭寅畏天命自亮以孔作"度治"。民祗懼下闕。或怨肆高宗之饗國百年孔作"享國五十有九年"。自時厥後下闕。功田功徽果懿共懷保小人孔作"民"。惠于矜孔作"鮮鰥",下闕。酒孔作"淫"。毋劮孔作"逸"。于游田維闕。共孔作"無淫于觀、于逸、于游、于田,以萬民惟正之供"。毋兄孔作"無皇"。曰今日①下闕。厥丕聖孔作"聽"。人乃訓變孔"變"上有"之乃"。亂正刑孔"正"上有"先王之"。至於下闕。則兄曰②孔作"皇自"。敬德厥衎曰朕之衎允下闕。公曰於戲嗣王監於茲孔"監"上有"其"。已上《無逸》篇。

道孔作"終"。出於不詳於戲君闕。曰時我已上《君奭》篇。

我則致天之已上《多方》篇。

常伯常任辟孔作"準",下闕。亂孔無。謀面用下闕。于厥邑其在下闕。有會孔作"後"③。心以敬事下闕。王維厥孔"厥"上有"克"。度孔作"宅"。心乃下闕。受茲孔作"此"。丕丕其孔作"基"。於戲下闕。且以前孔作"以受"④。人之微⑤孔作"徽"。言下闕。則德⑥孔"德"上有"于"。是罔顯哉孔作"任"⑦。厥世下闕。⑧ 王之鮮孔作"耿"。光以揚武王以上《立政》篇。

几乃闕。召大保下闕。通孔作"達"。殷就孔作"集"。大命在下闕。非

---

① "曰"字原在"兄"下,據《隸釋》卷十四調正。
② "兄",《隸釋》卷十四作"凡"。
③ "後",《隸釋》卷十四作"俊"。
④ "以",《隸釋》卷十四作"已"。
⑤ "人"字原脫,據《隸釋》卷十四補。
⑥ "則",《隸釋》卷十四作"訓"。
⑦ "任",《隸釋》卷十四作"在"。
⑧ "下闕"二字原脫,據《隸釋》卷十四補。

幾茲即孔作"既",下闕。黼衣孔作"㡨"。已上《顧命》篇。

右石經《尚書》殘碑,《盤庚》篇百七十二字,《高宗肜日》篇十五字,《牧誓》篇二十四字,《洪範》篇百八字,《多士》篇四十四字,《無逸》篇百三字,《君奭》篇十一字,《多方》篇五字,《立政》篇五十六字,《顧命》篇十七字,合五百四十七字,熹平四年議郎蔡邕所書者。漢儒傳伏生《尚書》,有歐陽、大小夏侯之學。孔安國《尚書》,漢人雖有爲之訓傳者,然不立於學官。① 永嘉之亂,三家之書並亡,故孔氏傳獨行。以其書校之石本,多十字,少二十一字,不同者五十五字。借用者八字,"鴻""艾""勦""猶"之類是也。通用者十一字,"於戲""母""女"之類是也。孔氏叙商三宗,以年多少爲先後,此碑獨闕祖甲,計其字,蓋在中宗之上,以傳序爲次也,但云"高宗饗國百年"異爾。碑高一丈,廣四尺。陸機《洛陽記》云:"碑凡四十六書,《易》《公羊》二十八碑,其十二毀。《論語》三碑,其二毀。《禮記》十五碑,皆毀。"北齊徙之鄴都,至河陽,岸頹,半没於水。隋復載入長安,有《易》一卷,《書》六卷,《魯詩》六卷,《儀禮》九卷,《春秋》一卷,《公羊》九卷,《論語》一卷,未及補治而亂作,營繕者至用爲柱礎。唐初魏鄭公收聚之,十不存一,則石經之散亡久矣。本朝一統時,遺經斷石藏於好事之家,猶崑山片玉,已不多見。予既集《隸釋》,因以所有鑱之會稽蓬萊閣。

石經魯詩殘碑

惟毛作"維"。是褊心是以爲刺　葛屨下闕。汾一曲言采其藚彼其之子美下闕。之誰知闕一字,毛"誰"上有"其"。之蓋亦勿思　園有棘其實之下闕。父兮父闕一字,毛無。曰嗟予子行役夙夜毋毛作

---

① "官",原誤作"宮",據《隸釋》卷十四改。

"無"。已尚毛作"上"。慎下闕。哉猶來毋死　陟岵三章章六句十下闕。兮毛作"猗"。不稼不嗇毛作"穡"。胡取禾三百廛兮不狩不下闕。特兮彼君子兮不素食兮　飲飲毛作"坎"。伐輪兮下闕。母食我黍三歲宦毛作"貫"。女莫我肎顧逝將去女下闕。宦女莫我肎勞闕。逝將去女適彼樂郊樂郊下闕。蟋蟀在堂歲聿其逝今我不樂日月其闕。句　山有蓲毛作"樞"。隰有榆子有衣裳弗曳下闕。酒食胡毛作"何"。不日鼓瑟且以喜樂下闕。既見君子云何其憂　楊下闕。

右石經《魯詩》殘碑，百七十三字，魏、唐國風數篇之文也，與《毛詩》異者如"猗"作"兮"，"貫"作"宦"，"樞"作"蓲"數字。又有一段，二十餘字零落不成文，惟有《叔于田》一章及"女曰雞"八字可讀，其間有齊、韓字，蓋叙二家異同之説，猶《公羊》碑所云顔氏、《論語》碑所云盍、毛、包、周之比也。漢代《詩》分爲四，在東京時，毛氏《詩》不立學官。《隋志》有《石經魯詩》六卷，此碑既論齊、韓於後，則知《隋志》爲然也。

石經儀禮殘碑

東面主人下闕。卒爵坐奠爵拜執下闕。人盥洗升媵觚于賓下闕。上拜受爵于筵前下闕。前公答拜媵爵者立①下闕。媵爵者執觶待于下闕。公坐取大

右石經《儀禮》殘碑四十五字，皆《大射儀》之文也。石磨滅，字畫比它經不明白。《靈帝紀》：詔諸儒正五經文字，刻石立于太學。《蔡邕傳》則云："奏求正定六經紀傳，既已不同。"陸機《洛陽記》所載，但有《書》《易》《公羊》《禮記》《論語》爾，惟《隋志》云："後漢刻七經於石碑，皆蔡邕所書，其目有一字石經《儀禮》九卷，乃漢史陸記之疏略也。"未央宫有曲臺殿，天

---

① "前"，《隸釋》卷十四作"首"。

子射宮也，西京無太學，於此行禮，故后蒼著書說禮數萬言，名曰《曲臺記》。古者射爲六藝之一，《儀禮》一經説射者兩篇，後世非介冑之士則不習，與古殊矣。"滕觚""滕爵"云者，"滕"蓋"送"也。①

石經公羊殘碑

翬者何公子翬闕一字。何以不稱公下闕。桓於是謂桓曰吾爲闕三字。矣隱曰下闕。之之辭也然則孰立之石闕二字。之石躇板本作"碏"。立下闕。美大之之辭也棠者何濟②闕一字。之邑也曷爲下闕。仲子板本有"也"字。桓未君則曷爲祭仲子闕一字。爲桓立故下闕。諸侯四諸公者何諸闕一字。者何天子三公稱下闕。相處乎内始闕一字。諸公放板本作"昉"。於此乎前此矣前其成也曰吾成敗矣吾與鄭人未有成板本有"也"字。吾下闕。 後爲年外取邑不書此何以書久也③下闕。弟母兄稱兄凡闕五字。之大夫也此下闕。之邑也天子有闕四字。諸侯皆從泰山下闕。而葬不日卒赴而闕一字。不告公曷爲與微者下闕。大夫之未命者也 十年此公子翬也何下闕。外於外大惡書小惡不書於内大惡諱小下闕。國也何以不書葬隱之也何隱爾弑板本作"試"。也試下闕。葬板本有"以爲"字。不繫闕一字。臣子闕二字。薨何以不地不忍言④已上隱公。何易之也易之則其下闕。諱取周田也諱取已上成公。⑤
十有四年何以闕二字。記異也何異下闕。則至無王者則不至有以告者曰有鸜而下闕。乎隱祖之所遐板本作"逮"。聞闕一字。所見異辭所聞異辭所下闕。不亦樂乎堯舜闕一字。⑥ 君子也制春秋

---

① "蓋"字原脱，據《隸釋》卷十四補。
② "大"下，原脱一"之"字，據《隸釋》卷十四補。
③ "後"字原脱，據《隸釋》卷十四補。
④ "地"下"不"字原脱，據《隸釋》卷十四補。
⑤ "成"，《隸釋》卷十四作"咸"。
⑥ "一"，《隸釋》卷十四作"二"。

之義以已上哀公。

有　傳桓公二年顏氏有所見異辭所聞異下闕。何以書記災也
　　世年顏氏言君出則已入下闕。顏氏無伐而不言圍者非取邑
之辭也　十下闕。　谿典諫議大夫臣馬日磾臣趙陚議郎臣闕二
字。臣劉弘郎中臣張文臣蘇陵臣傅楨雜①。

右石經《公羊》殘碑，三百七十五字，自隱公四年至威公元年
及哀公十四年之文也。所書者皆是公羊氏傳辭，②而無《春
秋》正經，又有顏氏說，石文斷續不可考繹，③蓋嚴、顏異同之
辨也。以今板本校之，惟易四字、省四字爾。漢注引陸機《洛
陽記》云：《禮記》碑上有馬日磾、蔡邕名。"今此碑有堂谿典
八人姓名，《論語》碑亦有左立二人姓名，陸氏所記未之詳也。

石經《論語》殘碑

鮮矣不好犯上而好作下闕。本本立闕一字。道生孝下闕。曰道千
乘之國敬事下闕。使民以時　子曰弟子下闕。而有信雖曰未學
吾必謂下闕。君子不重則不威學則下闕。與意板本作"抑"。予之
與子贛板本作"貢"。④曰夫子闕五字。以得之夫子之求之也下闕。
道斯爲美小大由之有所不行知闕五字。禮節之亦不板本有"可"字。
行下闕。焉可謂好學已矣板本作"也已"，下闕。而無諂富而無驕下
闕。告諸往而知來下闕。人之不下闕。章已上《學而》篇。

免而無恥道之以德齊之下闕。乎板本作"于"。學卅⑤下闕。孫問孝
於我我對曰母違樊遲闕一字。何下闕。曰生下闕。葬之以禮祭下
闕。以別　子夏問孝子曰色難有下闕。勞有下闕。孝下闕。⑥廋

---

① "張文"，《隸釋》卷十四作"張父"。
② "辭"字原脫，據《隸釋》卷十四補。
③ "繹"字原脫，據《隸釋》卷十四補。
④ "板本作貢"四字原脫，據《隸釋》卷十四補。
⑤ "卅"，《隸釋》卷十四作"世"。
⑥ "孝下闕"三字原脫，據《隸釋》卷十四補。

哉人焉廋板本有"哉"字。　子曰温故而知下闕。子下闕。噐子贛問下闕。乎異端斯害也已　子曰下闕。子下闕。曰何爲則民服孔子對曰下闕。之下闕。子曰書云孝于板本作"乎"。惟孝友于兄下闕。也周因於殷禮所損益可知下闕。已上《爲政》篇。

曰人而不仁如禮何人而不仁如樂何　林闕十一字。與下闕。與對曰不能子闕五字。山不如林放闕九字。也射下闕。曰起予板本有"者"字。商也始可下闕。子曰下闕。殷禮吾下闕。也知其説闕三字。天下也其闕一字。示諸斯乎下闕。如神在下闕。於二代郁郁乎下闕。大廟下闕。子知禮下闕。禮下闕。也下闕。以柏周人以栗曰使民下闕。往下闕。門國板本作"邦"。君爲兩君之好有反闕一字。管氏下闕。知禮下闕。吾未嘗不得見也從者闕三字。①　出曰下闕。無道也久下闕。觀之哉　凡廿六章已上《八佾》篇。

人　子曰苟志於仁矣無惡板本有"也"字。　子曰富與貴是人之所欲也下闕。顛沛必於是　子闕二字。未見好仁板本有"者"字。惡不仁者好仁者無以尚之下闕。過也各於其黨闕二字。斯知仁矣　子曰朝聞道夕死可也板本作"矣"字,下闕。子懷刑小人懷惠子曰放於利而行多怨　子能以禮下闕。曰唯子出門人問曰何謂也曾子曰夫子之道忠恕而已下闕。曰父母在不遠游游必有方　子曰三年無改於父之下闕。已上《里仁》篇。

有三年之愛於②闕一字。父母板本有"乎"字。　子曰飽食終日無所用心難矣哉下闕。君子板本有"亦"字。有惡乎子曰有板本有"惡"字。惡稱人之惡者惡居下板本有"流"字。而訕上者惡下闕。之則不孫遠之則怨子曰年卌板本有"而"字。見惡焉其終也已　凡廿六章已上《陽貨》篇。

枉道而事人何闕一字。去父母之國板本作"邦",闕一字。景公待孔

————————————————
① "三",《隸釋》卷十四作"二"。
② "三"上原衍一"有"字,據《隸釋》卷十四删。

子曰若季氏下闕。子曰鳳兮鳳兮何而板本無"而"字。德之衰也板本無"也"字。往闕二字。可諫也板本無。來者猶可追也板本無，下闕。執車板本作"輿"。者爲誰子板本"無"。子路曰爲孔丘曰是魯孔丘與曰是板本有"也曰"二字。① 是知津矣下闕。若從避板本作"辟"。世之士哉櫌板本作"耰"，有"而"字。不輟子路板本有"行"字。以告板本有"夫"字。子憮然曰鳥獸不可與同下闕。穀不分孰爲夫子置板本作"植"。其杖而耘板本作"芸"。子路拱而闕一字。止子路宿殺雞下闕。禮板本作"義"。如之何其廢之也板本無。欲絜其身而亂大倫君子之仕也行其義下闕。志辱身矣言中倫行中慮其斯以乎板本作"而已矣"。謂虞仲夷佚②板本作"逸"。隱居下闕。少闕。陽擊磬襄入於海　周公謂魯公曰君子不施其親下闕。已上《微子》篇。
交於子張子闕一字。曰子夏闕一字。何對曰子夏曰可者闕四字。者距板本作"拒"，下闕。子夏曰雖闕五字。觀者焉致遠恐泥是以下闕。其事君子學下闕。子夏曰小人之過下闕。曰下闕。③ 子夏曰大德闕五字。出入可也　子斿板本作"游"，闕六字。子下闕。君子之道焉可闕二字。有闕一字。④ 有卒者其唯聖人下闕。仕而下闕。曾子曰吾聞諸板本有"夫"字。子人未有自致也者板本作"者也"。必也親喪乎闕一字。子曰下闕。如得其情則哀矜而勿喜子贛曰紂之闕一字。善闕一字。是其板本作"之"，下闕。贛曰仲尼焉學子贛曰文武之道未隧板本作"墜"。於地在人賢者志板本作"識"。其下闕。告子贛闕一字。贛曰辟諸板本作"之"。宮藴板本作"牆"。賜之藴闕三字。⑤ 窺見室家之好夫下闕。尼不可毁闕二字。人之賢者丘陵也闕二字。踰也仲尼日月也下闕。一言以爲不知言不可不慎也夫

---

① "日二"二字原脱，據《隸釋》卷十四補。
② "佚"，《隸釋》卷十四作"供"。
③ "曰下闕"三字原脱，據《隸釋》卷十四補。
④ "有闕一字"四字原脱，據《隸釋》卷十四補。
⑤ "三"，《隸釋》卷十四作"二"。

子之不可及也猶天之下闕。已上《子張》篇。

不蔽簡在帝心朕躬有罪毋板本作"無"。以萬方萬方有闕一字，板本有兩"罪"字。在朕躬下闕。歸心焉所重民食喪闕一字。寬則得衆敏則有功闕一字。則説下闕。不驕威而不猛子闕一字。曰何謂惠而不費子曰闕一字。民之下闕。尊其瞻視儼闕三字。而畏之斯不亦威而不猛乎下闕。已上《堯曰》篇。

凡廿篇萬五千七百一闕一字。字賈板本作"沽"。諸賈之哉包周闕四字。蓋肆乎其肆也闕一字。周下闕。曰言闕一字。而在於蕭牆之內盎毛包周無於下闕。

詔書與博士臣左立郎中臣孫表

工陳興刻

右石經《論語》殘碑九百七十有一字，前四篇後四篇之文也。每篇必計其章，終篇又總其字，又載盎、毛、包、周有無不同之説。以今所行板本校之，亦不至甚異。其文有增損者，其字亦有假借及用古者，有字異而訓不遠，若"置其杖""賈之哉"者。① 漢人作文，不避國諱，威宗諱志，順帝諱保，石經皆臨文不易。《樊毅碑》"命守斯邦"，《劉熊碑》"來臻我邦"之類，未嘗爲高帝諱也。此碑"邦君爲兩君之好，何必去父母之邦"、《尚書》"安定厥邦"，皆書"邦"作"國"，疑漢儒所傳如此，非獨遠避此諱也。《水經》云："光和六年立石于太學，其上悉刻蔡邕名。魏正始中又刻古、篆、隸三字石經。"蓋諸儒受詔在熹平，而碑成則光和年也。《隋志》有一字石經七種，三字石經三種，其論云："漢鐫七經，皆蔡邕書。"又云："魏立一字石經。"其説自相矛盾。《新》《舊唐書》②有今字石經七種，而注《論語》云："蔡邕作，又有三字石經古篆兩種。"蓋唐史以隸爲

---

① "者"字原脱，據《隸釋》卷十四補。
② "書"，《隸釋》卷十四作"志"。

今字也。觀遺經字畫之妙，非蔡中郎輩不能爲，以黄初後來碑刻比之，①相去不啻霄壤，豈魏人筆力可到？當以《水經》爲據，三體者，乃魏人所刻。《儒林傳》云"爲古文、篆、隸三體"者，非也。史稱邕自書丹，使工鐫刻，今所存諸經字體各不同，雖邕能分善隸，兼備衆體，但文字之多，恐非一人可辨。《史》云："邕與堂谿典、楊賜、馬日磾、張馴、韓説、單颺等正定諸經。"今《公羊》《論語》之後，惟堂谿、日磾二人姓名尚存，別有趙䧕、劉弘、張文、蘇陵、傅楨、左立、孫表數人，竊意其間必有同時揮毫者。予詳玩遺字，《公羊》《詩》《書》《儀禮》又在《論語》上。《隸釋》。

右石經。

石經遺字古文、篆、隸三體，凡八百二十九字。後漢熹平中，校定五經，使蔡邕以三體書，今其石亡失皆盡。皇祐中，有蘇望者得模本《左傳》於故相王文康家，取其完者而刻之，莫辨其真僞也，在雒陽蘇氏家。歐陽棐《集古録目》。

漢魏石經堙滅殆盡，往年雒陽守因閲營造司所棄碎石，識而取之，凡得《尚書》《論語》《儀禮》合數十段，又有《公羊》碑一段，在長安。《尚書》《論語》之文，今多不同，獨《公羊》當時無他本，故其文與今文無異，然皆殘闕已甚。姚寬《西溪叢語》。

嘉祐末，得石經二段於洛陽城，乃蔡邕隸書。亦無甚異，惟求之與？抑與之與？

近年雒陽張氏發地得石十數，漢蔡伯喈隸《尚書》《禮記》《論語》各已壞闕。《論語》多可辨，每語必他出，至十數語，則曰凡章若干，如"朝聞道，夕死可也"，如"鳳兮鳳兮，何而德之衰"，如"'執車者爲誰子？'子路曰：'爲孔丘。'曰：'是魯孔丘

---

① "刻"字原脱，據《隸釋》卷十四補。

與?'曰:'是。''是知津矣'",如"置其杖而耘"等語,較今世本爲異。《尚書》"高宗饗國百年",今世本"肆高宗享國五十有九年",爲異甚。初,伯喈以經讀遭穿鑿謬妄,①自書立石雒陽太學門下。至開皇六年,遷其石於長安,文字刓泐不可知。詔問劉焯、劉炫,能盡屈群起之説,焯因罹飛章之毀。② 予謂孔子自衞反魯,一定《詩》《書》之册,至漢熹平六百年有奇,已多謬失,自熹平至開皇又四百年有奇,自開皇至今代又五百年有奇,其謬失可勝計耶? 又《隋史》既遷其石於長安,今尚有出於雒陽者,何哉? 邵博《聞見後録》。

右漢石經遺字者,藏雒陽及長安人家,蓋靈帝熹平四年所立,其字則蔡邕小字八分書也。其後屢經遷徙,故散落不存。今所有者,才數千字,皆土壤埋没之餘、摩滅而僅存者爾。按《後漢書・儒林傳叙》云"爲古文、篆、隸三體"者,非也。蓋邕所書乃八分,而三體石經乃魏時所建也。又按《靈帝紀》言"詔諸儒正五經文字,刻石立於太學門外",《蔡邕傳》乃云"奏求正定六經文字",既已不同,而章懷太子注引《洛陽記》所載有《尚書》《周易》《公羊傳》《論語》《禮記》。今余所藏遺字有《尚書》《公羊傳》《論語》,又有《詩》《儀禮》,然則當時所立又不止六經矣。《雒陽記》又云:"《禮記》碑上有諫議大夫馬日磾、議郎蔡邕等名。"今《論語》《公羊》後亦有堂谿典、馬日磾等姓名尚在。據《邕傳》稱:"邕以經籍去聖久遠,文字多謬,俗儒穿鑿,疑誤後學,乃奏求正定,自書於碑。於是後儒晚學咸取正焉。"今石本既已摩滅,而歲久轉寫,日就訛舛,以世所傳經書本校此遺字,其不同者已數百言,又篇第亦時有小異,

---

① "妄",原誤作"忘",據清嘉慶十年刻《學津討原》本《邵氏聞見後録》(以下《邵氏聞見後録》皆據此本)卷六改。

② "罹",原誤作"羅",據《邵氏聞見後録》卷六改。

使完本具存，則其異同可勝數邪？然則豈不可惜也哉！① 而後世學者於去古數千百歲之後，盡絀前代諸儒之論，欲以己之私意悉通其說，難矣！余既錄爲三卷，又取其文字不同者具列於卷末云。《金石錄》。

臨漢石經，與今文不同者殊多，今略記之。《書》"女毋翕侮成人"今本："女無侮老成人。" "保后胥高" "保后胥戚"。"女永勸憂" "汝誕勸憂"。 "女有近，則在乃心"今"近"作"戒"。"女比猶念以相從"今作"汝分猷"。"各翕中" "各設中"。"爾惠朕曷祇勳萬民以遷"今作"爾謂朕曷震動"。"天既付命"今"付"作"孚"②。"曰陳其五行"今"汨陳"。"嚴恭寅畏天命，自亮以民祇懼"今"亮"作"度"，"以"作"治"。"懷保小人惠于矜寡"今"人"作"民"，"于"作"鮮"。"母兄曰"今作"無皇曰"。"則兄自敬德" "兄"作"皇"。"旦以前人之微言"今"前"作"受"，"微"作"徽"。"是罔顯哉厥世"今"哉"作"在"。"文王之鮮光"今作"耿光"。"通殷就大命"③今作"達殷集大命"。《論語》"意與之與"今"意"作"抑"。"孝于惟孝"今"于"作"乎"。"朝聞道，夕死可也"今"也"作"矣"。"是魯孔丘與。曰是，是知津矣"④ "是魯孔丘與。曰是也，曰是知津矣。" "穫不輟，子路以告，子憮然" "穫而不輟，子路行以告，夫子憮然"。"置其杖而耘"今"置"作"植"。"其斯以乎" "其斯而已矣" "譬諸宮牆"今"諸"作"之"。"賈諸，賈之哉"。今"賈"作"沽"。又《論語》每篇各計其章數。其最後云："凡二十篇，萬五千七百一十字。"又記諸家異聞之語，若曰："在於蕭牆之内，蓋、毛、包、周氏。"於今《論語》無蓋氏、毛氏書。此石刻在洛陽，本在洛宮前御史臺

---

① "豈"，原誤作"其"，據清道光間刻《三長物齋叢書》本《金石錄·跋尾》改。
② "孚"，原誤作"字"，據清嘉慶十年刻《學津討原》本《東觀餘論》（以下《東觀餘論》皆據此本）卷上改。
③ "殷"，原誤作"因"，據《東觀餘論》卷上改。
④ "曰"下原脱一"是"字，據《東觀餘論》卷上補。

中,年久摧散,洛人好事者,時時得之,若騏驥一毛,虬龍片甲。今張燾龍學家有十版,最多,張氏婿家有五六版,王晋玉家有小塊,洛中所有者止此。予皆得其拓本。《論語》之末,題云:"詔書與博士臣左立劉本無"臣"①。郎中臣。"書上、臣下皆缺,當是著書者姓名。或云,此即蔡邕書。姓名既亡,無以辨之。獨刻者陳興姓名甚完,何其幸歟。又有一版《公羊》,不知誰氏所得。其末云:"谿典,諫議大夫臣馬日磾、臣趙䧭,議郎臣劉弘,郎中臣張文、臣蘇陵、臣傅楨雜"雜",未詳。下。""谿"上缺,"谿"上當是"堂",謂堂谿典也。此蓋鴻都一字石經,各異手書,不必皆蔡邕也。三字者,不見真刻,獨此一字者,乃當時所刻。字畫高古精善,殊可寶重。開元中嘗藏拓本於御府,以"開元"二字小印印之,與法書、名畫同藏。蓋唐世以前,未錄前代石刻,獨此見收,其可寶如此。《東觀餘論》。

經廢於世,無所傳聞久矣,當秦末滅《詩》《書》,其學已失舊法,世傳不可復求而得之,況其在後世耶?漢承秦亡,雖起而盡收於溝渠炱燼間,然缺殘湮淪無復全學,諸儒妄度聖人,隨誤釋謬,方將訓習章句,不得其序,其能得之道全,以求聖人之意而不失哉?至其不得於言,則疑於經;不得於經,則疑於學。師習各異,黨學相伐,至改滋荄周由等以就其學,有不合者,②則私定棶書以應其誤。獨蔡邕鐫刻七經,著於石碑,有所檢据,隱括其失,而周盡當時,號"鴻都三字",其異文者附見此。於已殘之經,得收其遺逸而僅存,其可貴也。纔三十年,兵火繼遭,碑亦損缺。魏正始中,又立一字石經,相承以爲七經正字。後魏武定四年,移洛陽漢魏石經於鄴。魏末,

---

① "臣",《東觀餘論》卷上作"立字"。
② "者"字原脱,據明崇禎間汲古閣刻清初彙印《津逮秘書》本《廣川書跋》(以下《廣川書跋》皆據此本)卷五補。

齊神武自洛陽徙於鄴都河陽，河岸崩，遂没於水，其得至鄴者，殆不得其半。周大象中，詔徙鄴城，石經於洛時爲軍人破毁，至有竊載還鄴者，船壞没溺不勝其衆也，其後得者盡破爲橋基。隋開皇六年，自鄴京載入長安，置於秘書内省，議欲補緝立於國學，會亂遂廢，營造之司用爲柱礎。貞觀初，魏徵始收聚之，十不一存，其相承傳拓之本，①猶在秘府，當時考驗至詳，謂不盡爲邕，如馬日磾數輩相與成之。然漢隷簡古，深於法度，亦後世不及，故兼存之。趙綽曰："唐造防秋館時，穿地多得石經，故洛中人士逮今有之。考當時所得，已是漢世所遺没得者。"國初開地，唐御史府得石經十餘石，此又唐末淪没之所出也。②

秘書郎黄符以石經《尚書》示予，爲考而識之。蔡邕以熹平四年，奏求正定六經文字，自書於碑，大屋覆藏，立太學門外，號"鴻都石經"，屋覆四面欄障，③開門於南，河南郡設吏卒視之。昔朱越石與兄書曰："石經文在鴻都，其碑高一丈許，廣四尺，駢羅相接太學，在南明門外講堂，④長十丈，廣三丈，⑤堂前石經四部，本碑四十六枚。"元魏時，西行，《尚書》《周易》《公羊傳》十六碑存，十二碑毁。南行，《禮記》十五碑悉崩壞。東行，《論語》三碑毁，《禮記》但存諫議大夫馬日磾、議郎蔡邕名。當是時尚有碑十八，蓋《春秋》《尚書》作篆、隷、科斗，復有《周易》《尚書》《公羊》《禮記》四部。陽衒之曰："石經《尚書》《公羊》爲四部。"又謂《春秋》《尚書》二部書有二經，⑥當是

---

① "相承傳拓"，原誤作"相存承傳"，據《廣川書跋》卷五改。
② "淪没"二字原誤倒，據《廣川書跋》卷五乙正。
③ "面"，原誤作"門"，據《廣川書跋》卷五改。
④ "門外"二字原誤倒，據《廣川書跋》卷五乙正。
⑤ "丈"，《廣川書跋》卷五作"尺"。
⑥ "謂"，原誤作"爲"，據《廣川書跋》卷五改。

古文已出。銜之出北齊謂得四十八碑，誤也。洛陽昔得石經《尚書》幾段，①殘破不屬，蓋《盤庚》《洪範》《無逸》《多士》《多方》，總二百三十六字，其文與今《尚書》盡同，間有異者纔十餘，然則知《古文尚書》蓋已見於此。或曰："魏亦作石經，安知此爲漢所書哉？"予謂："魏一字，漢爲三字，此其得相亂耶？"且曰："'天命自度'碑作'亮'，'惠鮮鰥寡'碑作'惠于矜寡'，'乃逸既誕'作'乃憲既延'，'治民祇懼'作'以民'，'肆高宗享國五十九年'作'百年'。以《書》考之知，傳授訛誤，不若碑之正也。"方漢立學官，《書》惟有歐陽、夏侯，其書雖不全見，今諸家所引，與《古文尚書》全異，不應今所存古文反盡同也。疑邕既立二書，則或當以古文自存矣。王肅解書，悉自《孔傳》，便知魏去漢世未遠，肅得其文，不然不應又盡同也。晋内史梅賾分《舜典》，②而當時猶疑，知古經已廢於漢、魏，不爾，肅得自私使世疑耶？予知至晋其書已絶，今考杜預釋《左傳》，以古文爲逸書，又知歐陽、夏侯所傳殆異於古文，其知者於此乎考之。

石經今廢不存，或自河南御史臺發地得之，蓋《論語》第一篇並第十四篇爲一碑，亡其半矣，其可識者字二百七十。又自第十八篇至第二十篇爲一碑，破缺殘餘，得五之一，其存字爲三百五十七。以今文《論語》校之，其異者若"抑與之與"爲"意與之我"，"未見好仁者、惡不仁者"作"未見好仁，惡不仁"，"朝聞道，夕死可矣"作"可也"，"有三年之愛於其父母"無"乎"字，"惡居下流"而無"流"字，"年四十而見惡焉"無"焉"字，"鳳兮鳳兮"作"何德之衰，往者不可諫也，來者猶可追也"今本皆異。"執輿者爲誰"而作"'執車者爲誰子，是魯

---

① "幾"字，《廣川書跋》卷五無。
② "晋"，原誤作"昔"，據《廣川書跋》卷五改。

孔丘與？'曰'是'然後曰'是知津矣'"比今書多二字。"耰而不輟"作"憂夫子憮然"①，"植其杖"作"置其斯"，"而已矣"作"其斯以乎"，"子游"作"子斿"，"而在蕭牆之内"作"而在於蕭牆之内"。凡碑之所存校，其異者已十五之一矣，使鴻都舊書盡存，則其異可知也。夫以邕之所定，雖未盡得聖人本書，②然漢儒學專，其校定衆家，得正訛誤多矣，此猶是千歲舊書，比今兵火之餘，師學已久廢，其庸得論當邪？《廣川書跋》。

石經本末，丞相洪公論載於《隸釋》詳矣。洪公所未及者，今麤見於此。唐章懷太子引《雒陽記》注范氏《漢書》，稱石經凡四十六碑，③及高澄遷石經於鄴，《通鑑》所書爲五十二碑。自東漢歷魏、晋、宋，數百年間，洛陽數被兵，此碑當有毁者，其遷於鄴，乃視《雒陽記》多六焉，疑《洛陽記》未詳也。碑製高一丈，廣四尺。六經文多，必非四十六碑所能盡者。宋常山公《河南志》稱石經凡七十三碑。常山公博物洽聞，歐陽文忠每以古今疑事諮之，《河南》所書，必有依據矣。後周伐齊，毁碑以爲礴石。方高緯昏亂，兩陣勝負之頃，猶需孽婦一觀，遂以其國輸後周，復何有於石經！則此碑之殘毁亦宜也。④貞觀稽古，⑤止得石經數段，其傳於今者亦可知其無幾矣。蔡邕本傳稱邕"自書丹於碑"，不言爲何體書。今世所傳皆爲隸體。至《儒林傳序》則云"爲古文、篆、隸三體書法以相參檢"，注言"古文謂孔氏壁中書"。以續考之，孔壁所藏皆科斗文字，孔安國當武帝之世，已稱科斗書無能知者，其承詔爲《尚

---

① "憂"，《廣川書跋》卷五作"輟"。
② "得聖人本書"，《廣川書跋》卷五作"善"。
③ "稱"，原誤作"論"，據民國四明張氏約園刻《四明叢書》本《石經考》（以下《石經考》皆據此本）改。
④ "毁"字原脱，據《石經考》補。
⑤ "稽"，《石經考》作"考"。

書》五十九篇作傳，①爲隸古定，不復從科斗古文，邕安能獨具三體書法於安國之後三百年哉？②漢建武時，杜林避地河西，得《古文尚書》一軸，諸儒共傳寶之。一軸已爲世所珍如此。熹平距建武又幾載，乃謂六經悉能爲古文，非事情也。或者邕以三體參校其文，③而書丹於碑則定爲隸，亦如孔安國之書傳耶？《儒林傳序》疑字有誤者。初，邕正定六經，與堂谿典數人同受詔，今六經字體不一，當是時書丹者亦不獨邕也。姑識其末，以俟博雅君子。張縉《石經跋》。

堂谿典官五官中郎將，馬日磾、趙㮁官諫議大夫，劉弘、張馴、韓説官議郎，張文、蘇陵、傅貞、楊賜、孫表官郎中，單颺官太史令，左立官博士，並熹平中奉詔正定諸經者。陶宗儀《書史會要》。

洛陽石經，晉末未嘗損失。至元魏，馮熙、常伯夫相繼爲雒州刺史，取之以建浮屠精舍，大致頹落，間有存者，委於榛莽。其後侍中崔光請遣官守視，補其殘闕，竟不能行，而古迹泯矣。視焚書之慘，輕重不同，其爲吾道之厄一也。于慎行《筆塵》。④

宋初，開地唐御史府，得石經十餘石。又嘉祐中居民治地得碎石，⑤洗視乃石經。此本蓋彼時所搨也。雖所存僅百十餘字，然先正典型具存，真希世之珍也。予裝之硯山齋秘笈中。《庚子銷夏記》。

予兩見此本，一於鄒平張氏，一於京師孫氏。《尚書·盤庚》篇三十餘字，《論語·爲政》篇七十餘字，《堯曰》篇三十餘字，

---

① "傳"，原誤作"篆"，據《石經考》改。
② "安能獨具"，《石經考》作"獨安能具"。
③ "校"，《石經考》作"檢"。
④ "塵"，原誤作"麈"，據明萬曆于緯刻本《筆塵》改。
⑤ "治"，原誤作"之"，據《金石萃編》卷十六改。

以視洪氏《隸釋》所存不過什之一而已。按二體石經，漢魏皆嘗立之，熹平之立石見於《後漢書・靈帝紀》《蔡邕傳》《張馴傳》《儒林傳》《宦者傳》，正始之立石見於《晉書・衛恒傳》，而《水經注》則曰漢碑五經立於太學講堂前，悉在東側；碑上悉刻蔡邕等名。魏正始中又立古、篆、隸三字石經，魏初傳古文出邯鄲淳，石經古文轉失淳法，樹之於堂西。石四十八枚，廣三十丈。《洛陽伽藍記》則曰：「堂前有三種字石經，二十五碑，表裏刻之，寫《春秋》《尚書》二部，作篆、科斗、隸三種字，漢右中郎將蔡邕筆之遺迹也。」猶有十八碑，餘皆殘毀；復有石碑四十八枚，①亦表裏隸書，寫《周易》《尚書》《公羊》《禮記》四部。又讚學碑一所，並在堂前。章懷太子引《洛陽記》則曰：「講堂長十丈，廣二丈。堂前石經四部，本碑凡四十六枚。少二枚。西行，《尚書》《周易》《公羊傳》十六碑存，十二碑毀；南行，《禮記》十五碑，悉崩壞；東行，《論語》三碑存、二碑毀。《禮記》碑上有諫議大夫馬日磾、議郎蔡邕名。」此皆當時親見其石而記之者也。合而考之，其不同有四焉：一曰漢五、六、七經之不同；二曰魏石經三體、一體之不同；三曰堂西所立石爲漢、爲魏之不同；四曰後魏所存石諸經之不同。《後漢書・本紀》《儒林》《宦者傳》皆云五經，《蔡邕》《張馴傳》則以爲六經，《隋書・經籍志》又以爲七經，此言漢五、六、七經之不同也。《衛恒傳》言：「魏初，傳古文者出於邯鄲淳，至正始中，立三字石經，轉失淳法，因科斗之名更效其形。」《水經注》亦云：「三字石經在堂西。」而《伽藍記》以爲表裏隸書，《隋書・經籍志》則謂之一字石經矣。然則所謂效科斗之形，而失淳法者安在耶？此言魏石經三體、一體之不同也。《金石錄》

---

① 「有」，原誤作「又」，據清嘉慶間刻《借月山房彙鈔》增修本《金石文字記》（以下《金石文字記》皆據此本）卷一改。

曰："漢石經，蔡邕小字八分書。"《後漢書·儒林傳序》云"爲古文、篆、隸三體"者，非也。蓋邕所書乃八分，而三體石經乃魏時所建也。《伽藍記》二十五碑爲三種字，四十八碑表裏隸書。《水經注》謂："漢碑在堂東側，而四十八碑爲魏經，在堂西。"乃《雒陽記》不言東側有碑，而云堂前有四十六枚，上有蔡邕、馬日碑名，又不言字之爲三體、一體，無乃並《水經》之所謂魏者而指之爲漢歟。此言堂西所立石爲魏爲漢之不同也。《伽藍記》云："《周易》《尚書》《公羊》《禮記》四部。"《雒陽記》則多一《論語》，而《金石錄》言其家所收又有《詩》《儀禮》，苟非其傳拓之本出於神龜以前，則不應以宋人之所收而魏時猶未見也。此言後魏所存石諸經之不同也，凡此皆不可得而詳矣。若夫《魏書·江式傳》謂："魏三字石經立於漢碑之西，爲邯鄲淳書。"則不考衛恒之言而失之者也。胡三省《通鑑注》云："魏碑以正始年中立。"《漢書》言："元嘉元年，度尚命邯鄲淳作《曹娥碑》。"時淳已弱冠，自元嘉至正始九十餘年，謂淳所書，非也。

《孝靜帝紀》：武帝四年八月，遷雒陽漢魏石經於鄴。《北齊書·文宣帝紀》言有五十二枚，視《伽藍記》所列東二十五、①西四十八之數，僅失二十一枚耳。而《隋書·經籍志》言河陽岸崩，遂没於水，得至鄴者不盈大半，則不考北齊之紀而失之者也。《周書·宣帝紀》：大象元年二月辛卯，詔徙鄴城石經於洛陽。《隋書》於《劉焯傳》言："開皇六年，運洛陽石經至京師。"而《經籍志》則云："自鄴載入長安。"則自不考其列傳而失之者也。此皆其乖誤之易見者也。又《晉書·裴頠傳》曰："轉國子祭酒，奏修國學刻石寫經。"而《水經注》諸書無言晉石經者，豈頠嘗爲之而未成耶？②

---

① "東"下原衍一"二"字，據《金石文字記》卷一刪。
② "頠"，原誤作"顧"，據《金石文字記》卷一改。

又按宋胡宗愈《重刻漢石經記》曰："玆來少城，得墜刻於一二故家，因以鑱之錦官西樓。"宇文紹奕跋言："給事內翰胡公旁搜博訪，合諸家所藏，得蔡中郎石經四千二百七十字有奇，以楷書釋之。又得古文、篆、隸三體石經遺字八百一十九，並鑱諸石，夫字至四千二百七十有奇，三體之文又八百一十九。"可謂多矣。而成都兵火之後，此石恐已不存，亦未見拓本。
《金石文字記》。

按：漢立石經，蔡邕所書本一字。惟因范史《儒林傳》云："爲古文、篆、隸三體書法以相參檢，樹之學門。"而陽衒之《雒陽伽藍記》①《北史·劉芳傳》因之。唐竇蒙、宋郭忠恕、蘇望、方匋、歐陽棐、董逌、姚寬等，均仍其誤。獨張績謂邕以三體參檢其文，而書丹於碑則定爲隸。其義爲允。載考《衛恒》及《江式傳》、酈道元《水經注》，皆以一字爲漢石經。迨趙明誠《金石錄》、②洪适《隸釋》《隸續》辨之甚詳，足以徵信。其載一字石經遺文後，列堂豀典、馬日磾等姓名。使一字石經出於魏，當更列正始中正字諸臣姓名，亦何取仍列典、日磾等諸人於經文之後哉？又史家體例，以時代爲前後。《隋·經籍志》列一字石經於前，次魏文帝《典論》，然後敘三字石經於後。是一字爲漢，而三字屬魏，不待辭說始明。其曰"魏正始中又立一字石經，相承以爲七經正字"，蓋雕本相沿，偶訛"三"字爲"一"爾。今漢石經遺字猶有搨本存者，余嘗見宛平孫氏所藏，雖經文無多，而八分古雅，定爲漢隸無疑也。"又按：元吳萊立夫《漢一字石經歌》云："先聖去已久，世傳惟六籍。後儒各專門，穿鑿多變易。蔡邕在季漢，章句攻指摘。八分自爲書，刊定乃勒石。古碑四十六，兵火空餘迹。熹平歷正始，洛

---

① "記"字原脫，據《經義考》卷二百八十七補。
② "迨"字原脫，據《經義考》卷二百八十七補。

土重求索。衛侯思邯鄲,三體精筆畫。煌然立其西,學者常噴噴。史書竟舛錯,①一字幾不覯。"立夫之見,亦以一字爲漢,三字屬魏,故節錄之。朱彝尊《經義考》。

按:漢靈帝光和六年癸亥至魏廢帝正始元年庚申,凡五十八年,②石經應未毀,魏人何故復刻?豈董卓焚洛陽宮殿,太學亦被焚,並石經延及耶?不然,漢石經出中郎之手,後人必無能及者,使其一無所損,魏人必不重立,則其殘闕可知。然五六十年之間,何以遂致殘闕,則必遭董卓之禍無疑也。觀陸機《洛陽記》,③石經凡四十六碑,毀者至二十有九,此未經遷鄴之前已如此,④非遷鄴而沒於水也。考獻帝西遷之後,至陸機作記之前,洛陽無大兵革,其遭董賊之禍,益可知。獨恨陳壽《魏志》無一語言及,而衛恒、江式亦語焉不詳,後人無由知其故爾。

按:《後漢書·儒林傳》及《洛陽伽藍記》並言漢立三字石經。《晉書·衛恒傳》《後漢書·江式傳》及酈道元《水經注》,并言魏石經亦然。是兩朝石刻皆用古文、篆、隸三體,無可疑矣。乃《隋書·經籍志》、黃伯思《東觀餘論》、董逌《廣川書跋》謂漢用三體,魏止一體。趙明誠《金石錄》、洪适《隸釋》則謂魏用三體,漢止一體,而詆《後漢書》爲誤。兩記矛盾如此,⑤將安適從?愚謂《儒林傳》所言必不誣,即陽衒之、衛恒、江式、酈道元,皆得之目睹,豈有舛謬?當是時,漢碑雖多殘毀,而魏碑無損。諸儒生長洛陽,觀覽已非一日,安得反譏其誤?

---

① "舛錯",《經義考》卷二百八十七作"差舛"。
② "凡",清嘉慶二十一年刻本《羣書疑辨》(以下《羣書疑辨》皆據此本)卷八作"正"。
③ "觀"字原脱,據《羣書疑辨》卷八補。
④ "如",原誤作"知",據《羣書疑辨》卷八改。
⑤ "記",《羣書疑辨》卷八作"説"。

由黄、董、趙、洪諸子,止見殘缺之餘,未獲見其全文,故各持一説,而不相合。夫生數百年之後,遥度數百年以前之事,終不若目睹之真。衛、江諸公,皆出於目睹,惟宋以後文人未見真刻,但考索於殘碑搨本,曰此漢也,此魏也,不得其實,而以意度之,故有此紛紜之論。其在於今,石經遺字,士大夫家多有之,莫不誇爲中郎真迹。豈知宋之中世,胡宗愈刻之於成都,洪适刻之於會稽,得之者何嘗不視爲異寶,而不知非其真也。然則後人之疑漢疑魏,豈若前人目睹之可據哉!萬斯同《石經考》《群書疑辨》。

石經一字、三字之分,紀載各殊。趙明誠、洪景伯諸人考定以一字者爲漢刻,三字者爲魏刻,既確不可易矣。季野據《後漢書·儒林傳序》①"爲古文、篆、隸三體書法以相参校"一語欲翻此案,謂蔚宗得于目睹必不誤。② 甚矣,季野之惑也!蔚宗著書在宋文帝之世,其時洛陽已非宋土,何由得石經而睹之?若云目睹在義熙、永初之間,則蔚宗未嘗至洛陽。③ 衛恒,④晉初人,其撰《四體書勢》⑤則云"正始中立三字石經"矣。酈道元生長洛都,其注《水經》則云"漢碑五經立于太學講堂前,⑥悉在東側。碑上悉列蔡邕等名。⑦ 魏正始中,又立古、篆、隸三字石經樹之堂西"矣。兩人真目睹石經者,並以三字爲魏正始刻,則一字爲漢刻何疑?一字別於三字言。漢人必無一字之目,但有"魏立三字",⑧則漢刻祇有隸書,不待言也。《靈

---

① "據",《十駕齋養新錄》卷十三作"執"。
② "誤",《十駕齋養新錄》卷十三作"誣"。
③ "至",《十駕齋養新錄》卷十三作"官"。
④ "恒"字原脱,據《十駕齋養新錄》卷十三補。
⑤ "勢",原誤作"式",據《十駕齋養新錄》卷十三改。
⑥ "五經"二字原脱,據《十駕齋養新錄》卷十三補。
⑦ "列",《十駕齋養新錄》卷十三作"刻"。
⑧ "有",《十駕齋養新錄》卷十三作"言"。

帝紀》、蔡邕、張馴、李巡諸《傳》俱不云三體，惟《儒林傳序》有之。① 蓋蔚宗習聞太學有三體石經，誤仍爲漢熹平所刻，遂增此語。後來又承蔚宗之誤，不能訂正，季野以史學自負，何至憒憒若此！②《養新録》。

顧炎武《石經考》云："《隋書·經籍志》失載周徙洛陽一節，以爲自鄴載入長安，史書之疏也。"《劉焯傳》言："自洛陽運至京師者爲信。"《西溪叢語》云："石經湮滅殆盡，往年洛陽守因閱營造司所棄碎石，識而取之，凡得《尚書》《論語》《儀禮》合數十段。"則營造司在洛陽。《隋書·經籍志》所云用爲柱礎者，非載入長安後事，亦其誤也。《西溪叢語》又云："又有《公羊》碑一段，③在長安，此則載入長安之所遺耳。"《廣川書跋》云："唐造防秋館時，穿地多得石經，故洛中人士逮今有之。"此蓋出之唐時者。《廣川書跋》又云："國初開地唐御史府，得石經十餘石。"此又唐末淪没，出之宋初者也。《東觀餘論》云："漢石經在洛宮前御史臺中，年久摧散，洛人好事者時時得之。張燾龍圖家有十版，張氏婿家有五六版，王晉玉家有小塊。"此即宋初之所出，後復摧散者也。《畫墁録》云："嘉祐末得石經二段於洛陽城，乃蔡邕隸書。"邵氏《聞見後録》④云："近年雒陽張氏發地，⑤得石十數。漢蔡伯喈隸《尚書》《禮記》《論語》，俱已缺壞。"此又在御史府十餘石之外者也。凡所得石經殘碑，多在洛陽。隋之載入長安者，《公羊》碑一段，而外不聞更有所得。今此兩地之石已不知所在，而拓本之存者，僅

---

① "傳"字原脱，據《十駕齋養新録》卷十三補。
② "至"，《十駕齋養新録》卷十三作"亦"。
③ "公羊"，原誤作"柱礎"，據清康熙五十七年項氏玉淵堂刻本《隸辨》（以下《隸辨》皆據此本）卷七改。
④ "云嘉祐末……聞見後録"原脱，據《隸辨》卷七補。
⑤ "地"，原誤作"石"，據《隸辨》卷七改。

有《尚書》《論語》百餘字，藏北海孫氏，余從而摹得之。宋之翻本有二，洪适本在紹興，胡宗愈本在成都。曾惇《石刻鋪叙》云："漢石經今不易得，好古者所藏僅十數葉。"蜀中又以翻刻入石，即其本也。

石經之傳疑有二，五經、六經、七經之不同也，漢、魏一字、三字之不分也。《靈帝紀》云："詔諸儒正五經文字，刻石立於太學門外。"《儒林傳》云："正定五經，刊於石碑。"《宦者傳》云："與諸儒共刻五經文字於石。"《盧植傳》云："時始立太學石經，以正五經文字。"而《蔡邕傳》云："奏求正定六經文字。"《張馴傳》云："與蔡邕共奏定六經文字。"《後漢書》所載五經、六經已自不同。《隋書·經籍志》云："後漢鐫刻七經著於石碑。"則又以爲七經。① 其目有一字石經《周易》一卷、《尚書》六卷、《魯詩》六卷、《儀禮》九卷、《春秋》一卷、《公羊傳》九卷、《論語》一卷，而《蔡邕傳》注所引《洛陽記》，則有《尚書》《周易》《公羊》《禮記》《論語》，而無《魯詩》《儀禮》《春秋》，乃多一《禮記》，則又不止七經矣。考之《金石錄》與《隸釋》所載，皆有《魯詩》《儀禮》。《金石文字記》云："苟非傳拓之本出於神龜以前，則不應以宋人之所收，②而魏時猶未見此。"則《洛陽記》之疏略，③《隋書》爲可信也。若《禮記》則本自有碑。《盧植傳》云："考《禮記》失得刊正碑文。"《洛陽伽藍記》載石經四部，中有《禮記》。邵氏《聞見後錄》洛陽張氏發地所得，亦有《禮記》，而《隋書》失之者。按《雒陽記》云："《禮記》十五碑悉崩壞，豈當時無傳拓之本。"故不得列於其目耶。以愚論之，《靈帝紀》《儒林傳》《宦者傳》《盧植傳》所云五經者，蓋以《儀

---

① "以"字原脱，據《隸辨》卷七補。
② "不"，原誤作"在"，據《隸辨》卷七改。
③ "略"，原誤作"洛"，據《隸辨》卷七改。

禮》《禮記》爲一經，《春秋》《公羊》爲一經，與《周易》《尚書》《魯詩》而爲五經，實則七經也。唐開成時立石壁九經，《新唐書・儒學傳序》止云文宗定五經鐫之石，張參是正訛文三卷，亦曰五經文字，蓋《禮》兼三禮，《春秋》兼三傳，故曰五經。漢之七經爲五經，猶唐之九經爲五經也。《蔡邕》《張馴傳》所云六經者，蓋以《論語》而爲六也。按《舊唐書・經籍志》有今字石經《論語》二卷，蔡邕注"隸書"，唐謂之"今字"。《隸釋》載《論語》殘碑有盍、毛、包、周有無不同之說，此即邕所注者。蓋當時詔定者五經，邕乃奏定六經，益之以《論語》，張馴與邕共奏定六經，故其傳亦曰六經也。然則漢碑乃有八經，而以五經、六經、七經爲疑，猶爲未盡。《儒林傳序》云："爲古文、篆、隸三體書法，以相參檢，樹之學門。"《魏書・劉芳傳》亦云："昔漢世造三字石經於太學。"則漢石經爲三字矣。《晉書・衛恒傳》云："魏初傳古文者，出於邯鄲淳。正始中立三字石經，①轉失淳法，因科斗之名遂效其形。"《魏書・江式傳》云：②"邯鄲淳特善倉雅，以書教諸皇子。又建三字石經於漢碑之西。"則魏石經爲三字矣。《洛陽伽藍記》云："漢國子堂前有三種字石經，二十五碑，表裏刻之，作篆、科斗、隸三種，蔡邕筆之遺迹也。復有石碑四十八枚，亦表裏隸書。"則又有一字石經矣。《隋書・經籍志》以一字石經七種、三字石經三種，皆爲蔡邕所書；而云魏正始中又立一字石經，則魏石經爲一字矣。按《水經注》云："漢碑五經立於太學講堂前，悉在東側，碑上悉刻蔡邕等名。魏正始中又立古、篆、隸三字石經，樹之堂西。"雖不言漢碑爲一字，而於魏曰三字，則漢爲一字可知矣。唐、宋以來，所得石經殘碑，悉是隸書，雖缺蔡邕名，

---

① "中"字原脱，據《隸辨》卷七補。
② "江式"，原誤作"江氏"，據《隸辨》卷七改。

而堂谿典、馬日磾等與邕共正定諸經者,儼然尚存,則可與之相証。其云三字石經,魏正始中立,與《衛恒傳》合。又云"樹之堂西",與《江式傳》合。漢爲一字、魏爲三字,當以《水經注》爲據。《儒林傳序》云"爲古文、篆、隸三體者",非也。趙明誠、洪适亦嘗非之,而莫得其説。張縯《石經跋》乃謂邕或以三體參檢其文而書丹於碑,則定爲隸,亦如孔安國之書傳,恐未必然也。按紀傳俱不言有三體,獨於《儒林傳序》言之者。相傳劉昭補《後漢書》十志,而昭之自序云:"序或未周志,遂全闕;天才富博,猶俟改具。"則昭不特補志,序亦有改具者,《儒林傳序》豈昭之所改具耶?漢、魏俱立石經,又俱在太學講堂前,至南北朝大致頹落,復徙鄴都,亦顛倒茫昧,漢魏莫辨。故《魏書》於三字石經,《江式傳》以爲魏建,《劉芳傳》以爲漢造,即當時親見其石而記之者。如《洛陽伽藍記》亦謂三字石經爲蔡邕遺迹,昭生其時而仕於梁,惑於傳聞,奮筆改具,遂成千古之疑耳。《洛陽伽藍記》所謂表裏隸書者,即漢之一字石經,而不敢亦定爲蔡邕遺迹,傳疑也。《隋書·經籍志》則以一字石經爲蔡邕書,是矣。而又云魏立一字石經,乃其誤也。《石經考》云:"晉、魏二《書》,皆云立三字石經。"此獨以爲一字,則所謂因科斗之名遂效其形者,安在耶?若其以三字石經,亦爲蔡邕書,此承前之誤,無足怪也。《隸續》云:"近世方勺作《泊宅編》,載其弟匋所跋石經,爲《范史》《隋志》所惑,指三體字者爲漢一體字者,爲魏至《公羊》碑有馬日磾等名,乃云魏世用其所正定之本,因存其名,可謂謬論。"以愚考之,若曰漢魏所立,皆爲三字,而一字者,立於何時?若曰一字、三字皆爲漢刻,而正始中所立者何在?若曰魏立者一字,而《公羊》碑上乃有馬日磾等名,諸史訛錯,衆説舛謬,惟趙明誠、洪适皆以一字者爲漢,三字者爲魏,不易之論也。《金石文字記》云："《伽藍記》二十五碑爲三體字，四十八碑表裏隸書。《水經注》謂漢碑在堂東側，而四十六碑爲魏經，在堂西，乃《洛陽記》不言東側，而云堂前有四十六枚，上有馬日碑、蔡邕名，又不言字之爲三體、一體，無乃并《水經注》所謂魏者，而指之爲漢歟？"按《伽藍記》四十八碑，寫《周易》《尚書》《公羊》《禮記》四部，《洛陽記》少二碑而多一《論語》，尚缺《魯詩》《儀禮》《春秋》四部，經數未全，又何論碑數耶？① 四十八碑在堂西，《水經注》以爲魏經，證之《江式傳》似爲可信。《洛陽記》世無傳本，恐亦漢、魏俱載。章懷太子引注《後漢書》，則專取漢碑，所云四十六枚，未必指魏爲漢。若《伽藍記》三體隸書，漢、魏尚且莫辨，二十五碑亦不足信也。《隸辨》。
朱竹垞《跋石經殘字》云："《論語》：《書》云：'孝乎惟孝。'《包咸注》云：'孝乎惟孝，美大孝之辭。'《古文尚書》脫'孝乎'字，以'惟孝'二字屬下句讀，而施于作'克施'，説經者每以滋疑。今觀石本'乎'作'于'，然則'孝于惟孝''友于兄弟''施于有政'三語，句法正相同也。"方綱按竹垞跋，唐太極元年《易州石浮圖頌》云："包咸《論語》注'孝乎惟孝'，美大孝之辭。"碑同此讀。考陸氏《釋文》云："包咸、周氏並爲章句，列於學官。"然陸氏尚不能舉包氏章句之卷數，惟云以何晏《集解》爲主而已，何氏《集解》則固明，據包氏"美大孝之辭"云矣，雖至邢疏云書言小異，而《論語》"孝于惟孝"之讀如故也。其稱注者，乃後來刊本注疏對舉之詞，包氏固未嘗有注之目也。而其以"惟孝"屬下句讀者，則唐人尚未嘗如此也。
乾隆丁酉秋八月，②黃司馬易購得漢石經殘字《尚書·盤庚》

---

① "何"字原脫，據《隸辨》卷七補。
② "丁酉"二字原脫，據清乾隆五十四年翁方綱南昌使院刻本《兩漢金石記》（以下《兩漢金石記》皆據此本）卷三補。

篇五行、①《論語·爲政》篇八行、《堯曰》篇四行，方綱手摹屬海鹽張芑堂燕昌勒之石。按黃長睿《東觀餘論》記漢石經云："張燾龍學家有十版最多，張氏婿家有五六版，王晉玉家有小塊，洛中所有者止此，予皆得其拓本。"而黃氏所著諸句，字間有一、二較洪氏或多少者。至《金石文字記》云："熹平石經，一見於鄒平張氏，一見於京師孫氏。"《尚書·盤庚》、《論語·爲政》《堯曰》篇字，以視洪氏《隸釋》所存不過什之一而已。吾鄉孫退谷硯山齋所藏本，載於《庚子銷夏記》者。退谷謂是宋嘉祐時所搨，而何義門云退翁所藏乃越州石氏摹本，今在華亭王司農家。然即以亭林所見於張氏、孫氏兩家者，皆同是此二經三段，則焉有東漢元本至千數百年後，恰在兩家同一文者乎？是其爲後人摹本可知矣。今黃司馬所得之三段，又與此同，其紙墨亦舊册，內有元人蒙古篆字印一，而無北海孫氏之印；既與張、孫諸家所藏文同，自必非漢石元本矣。至如《尚書·盤庚》篇"庚"字、《論語·堯曰》篇"冠"字，尚皆微露一二筆；《爲政》篇"女"字具全，而洪皆云闕，則又知其非洪氏蓬萊閣重刻之本也。愚既摹黃氏藏本於齋中，其後三年，門人吳權堂孝顯於華亭王氏，②摹寫孫退谷硯山齋本來相參校，《盤庚》篇多出半行"凶德綏績"四字，册後有戊戌八月退谷記、朱竹垞二跋、林佶一跋。按徐壇長《圭美堂集》載此本云："宋越州石氏刻帖，首末不載年月姓名，曾見華亭司農，以三十金質之。"孫北海此帖內有石經一段，朱錫鬯不察，認爲蔡中郎原本。石氏名熙，明見施武子《會稽志》，其碑目則見於《寶刻叢編》。愚按洪氏《隸續》云："稽山石邦哲熙明聚碑頗富，今亡矣。"假之其子祖禮故能成書於越，据此則石氏所

---

① "五行"二字原脱，據《兩漢金石記》卷三補。
② "權"，原誤作"榷"，據《兩漢金石記》卷三改。

刻石經，與洪氏蓬萊閣本其時當不相遠也。但吳生摹寫王氏所藏退谷本，而未見其搨迹。又後四年，見如皋姜氏重摹退谷硯山齋本，①《盤庚》第六行僅存一"德"字，蓋摹勒偶有詳略之不同也。又後三年，始得見金匱錢氏所藏石經殘字，凡十段，以合於前摹之三段，而《論語·堯曰》篇一段，正與前段上下接筍，珠聯璧合，於是摹為一十二段。時方綱校士江西，乃勒石於南昌學宮，凡為方石塊，共得六百七十五字。雖未及洪氏所藏之半，亦足以追步張龍圖、王晉玉之後塵耳。《兩漢金石記》。

漢石經《尚書》《論語》一百二十餘字，黃通守易得之京邸，或以為孫侍郎承澤藏本，即何氏焯云越州石邦哲重摹者，或按《隸釋》所載《為政》篇"由，誨汝知之"句多一"女"字，謂是熹平原刻。予不得而定之，特愛其文之有關經學也。②今本《尚書》"盤庚"石刻作"般庚"，"丕"石刻作"不"；《論語》"人焉廋哉""人焉廋哉"石刻無下"哉"字，猶文字之小異耳。至《盤庚》篇"不其或稽，自怒曷瘳"③，石刻"稽"作"迪"，"怒"作"恕"。迪，進也，言不進而遷居，勝偽孔義多矣。《為政》篇"孝乎惟孝，友于兄弟"石刻作"孝于"。考《釋文》本亦作"孝于"，惟云一本作"孝乎"而已，是唐時板本尚與漢合。包咸注云："'孝乎惟孝'，美大孝之辭。"潘岳《閒居賦》引"孝乎惟孝，友于兄弟"，亦皆讀"乎"同"于"字，雖改而意不易，未嘗以"孝乎"斷句也。《堯曰》篇"簡在帝心"，石刻從"草"作"蕳"者，自是隸書之體。古無"蕳"字，惟《詩》云"方秉蕳兮"，《傳》云"蕳，蘭也"。《釋文》云："若作竹下，是簡策之字耳。"不知

---

① "見"字原脫，據《兩漢金石記》卷三補。
② "特"，《金石萃編》卷十六作"持"。
③ "怒"，原誤作"恕"，據《金石萃編》卷十六改。

"蘭"字亦以"柬"爲聲，"柬"與"簡"通。古人假借，何不可以"簡"爲之乎？予方著《詩詁》，嘗引此以証《詩》字。[①] 今世石經之存，惟熹平。此本及開成、嘉祐宋高宗御書意，蜀石經亦有存者而未之見。《中州金石記》。

按《後漢書·蔡邕傳》："以經籍去聖久遠，文字多謬，俗儒穿鑿，疑誤後學，乃與堂谿典等奏求正定六經文字。"又《儒林傳》《宦者傳》並言諸博士試甲乙科，爭第高下，更相告言，至有私行金貨，定蘭臺漆書經字，[②] 以合其私文者。靈帝乃詔諸儒正定五經，刊於石碑，此即漢石經之緣起也。自是以後，傳注紛出，或不遵太學所刻，私自改竄，迨雕板既行，而輾轉傳僞，益不勝計，其久而可據者，惟石本耳。顧石經始刻於東漢，歷代論書家時齒及之，而未有參校其文字之異同者。至邥博、趙明誠、黃伯思、董逌、洪适諸家，方始詳述其文。後來學者藉以考見，漢時定本實賴有此，惜所存之字無多耳。然昶歷考經傳諸書，其引石經足廣，邥、趙諸家所未見者，蓋有數事焉。《尚書正義》云："蔡邕所刻《石經尚書》，止今文三十四篇。"又《正義序》云："今文則歐陽、夏侯二家之所說，蔡邕碑石刻之。""古文尚書堯典第一"，《正義》曰："檢古本并石經，直言'《堯典》第一'，無'古文尚書'。"《毛詩正義》云："三傳之文不與經連，故石經《公羊傳》皆無經文。"《隋書·經籍志》："一字石經《周易》一卷，梁有三卷。《尚書》六卷，梁有今字石經《鄭氏尚書》八卷，亡。《魯詩》六卷，梁有《毛詩》三卷，亡。《儀禮》九卷、《春秋》一卷。梁有一卷。《公羊傳》九卷、《論語》一卷。梁有二卷。"《唐書·藝文志》作《尚書》六卷、《儀禮》四卷、《論語》二卷，餘皆與《隋志》同。此卷帙題識之可考者也。《公羊傳·昭公二

[①] "嘗"，《金石萃編》卷十六作"當"。
[②] "經"，原誤作"金"，據《後漢書·宦者傳》改。

十五年》云："人以爲苗"，何休注云："苗，周圩垣也，今太學辟雍作'側'①字。"即指太學石經而言也。《易•繫辭》"洗心"，《經典釋文》云："京、荀、虞、董、張、蜀才作'先'，石經同。"《詩•淇奧》"綠竹"，《釋文》引《韓詩》作"蕩"，音徒沃切，石經同。《廣韻》十聲四十五厚"斗"字注云："《說文》作'𣂑'，有柄象形，石經作'斗'。"此皆據漢石經而言也。張參《五經文字敘例》云："《說文》體包古今，先得六書之要，有不備者，求之《字林》。其或古體難明，衆情驚憒者，則以石經之餘比例爲助。若'冝'變爲'宜'，'晉'變爲'晋'之類。《說文》'冝''晉'，人所難識，則以石經遺文'宜'與'晋'代之。"今按：張氏之書皆上列正字，下列隸變之字，正字多本《說文》，隸變半從石經。如卷上：木部："朩"省作"木"，凡字從"木"皆倣此。"桃"作"桃"，凡字從"兆"者皆倣此。"筑"作"築"，"樆"作"樀"。凡"敵""滴"之類從"商"。"樓"作"樓"，"樟"作"樟"。手部："手"在左者皆作"扌"，"指"作"指"。爿部："牆"作"牆"。米部："粲"作"粲"②。人部："僑"從"喬"。彳部："得"作"得"，"復"作"復"，凡"複""輹"之類皆從"復"。"御"作"御"。辶部："辵"作"辶"，"逪"作"迂"。凡從"于"者皆倣此。夊部："夂"作"夊"。宀部："害""憲"省從"士"，"寏"作"寏"③，"寂"作"寂"，"冝"作"宜"。日部："冑"從"月"。目部："𥣔"作"𥣔"。見《詩》，凡"還""擐"之類皆從"𥣔"。冂部："网"作"罒"，凡從"罒"倣此。"罸"作"罰"。肉部："肉"字作"月"，偏傍從"月"者皆倣此。"散"作"散"。月部："朙"作"明"。舟部："俞"④作"俞"，自"俞"以下本皆從"舟"，今並作"月"。

① "側"，原誤作"則"，據《公羊傳注疏》卷二十四改。
② "粲"，原誤作"粲"，據清乾隆刻《微波榭叢書》彙印本《五經文字》（以下《五經文字》皆據此本）卷上改。
③ "寏"，原誤作"寏"，據《五經文字》卷上改。
④ "俞"，原誤作"俞"，據《五經文字》卷上改。

"朕"作"朕"。凡"縢""勝"之類皆從"朕"。丹部："青"作"青"。魚部："㳬"作"魚"。卷中：艸部："蒾"作"蒾"，"荅"作"荅"，"薛"作"薛"。廿部："庹"作"庶"。竹部："篹"作"篹"①。革部："鞏"作"鞏"。彡部："弱"作"弱"，凡字從"弱"者皆倣此。髟部："髟"作"髟"。凡從"髟"者放此。心部："㣺"作"心"，其在左者，經典相承，隸省作"忄"，又作"小"。"憃"作"憃"，見《周書》。"恐"作"恐"。犬部：在左者皆作"犭"。言部："譱"作"善"。邑部："鄣"作"郭"。卩部："卩"並省點，"卸"變"止"作"山"，"卿"②作"卿"③。自部："自"作"阝"，"陰"作"陰"。刀部："刀"作"刀"。凡字在右者皆省作"刂"。斤部："所"作"所"。戈部："賊"作"賊"。門部："門"作"門"。内部："离"作"离"，凡"摛""離"之類皆從"离"。巛部："州"作"州"。凡字從"州"者放此。卷下：水部："溉"作"溉"，"潭"作"淳"，"淑"從"叔"。人部："會"作"會"，凡字從"會"者皆放此。"舍"作"舍"。幸部："幸"作"幸"。食部："食"作"食"，凡字在左者，又省一畫作"食"，凡從"食"者，"鄉""既"之類皆同。"饐"作"饐"。女部："婁"作"婁"。凡"數""樓"之類皆放此。見部："覞"作"覞"。夊部："夋"作"夋"，凡"駿""峻"之類皆從"夋"。"夏"作"复"，凡"復"之類皆從"复"。"憂"④作"憂"。凡"擾"之類皆從此。攵部："攴"作"攵"。又部："叔"作"叔"，凡字從"叔"者皆放此。"書"作"書"。橐部："橐"作"囊"。一部："丕"作"丕"，見《春秋傳》。"北"作"丘"。龜部："龜"作"龜"。歹部："歺"作"歹"。日部：⑤"晉"作"晋"，"昝"作"昔"。曰部："曹"作"曹"。凡字從

---

① "篹"，原誤作"篹"，據《五經文字》卷中改。
② "卿"，原誤作"鄉"，據《五經文字》卷中改。
③ "卿"，原誤作"鄉"，據《五經文字》卷中改。
④ "憂"，原誤作"憂"，據《五經文字》卷下改。
⑤ "日部"，原誤作"曰"，據《五經文字》卷下改。

"曺"者放此。疒部:"旋"作"旂"。虍部:"虙"作"虘"。血部:"盇"作"盍"。共八十五字。張氏皆引石經爲證,其餘偏傍附見,以類相推者,不在此數也。又呂氏《讀詩記》載董氏之説,所引石經異文,如"江有汜"作"洍","擊鼓其鏜"作"鼞",《静女》"愛而不見"作"僾","芄蘭之支"作"枝","青青子衿"作"裣","挑兮撻兮"作"旲",《葛屦》"摻摻女手"作"攕攕",《正月》"民之譌言"作"偽言"。或與唐石經不同,而證之《説文》引經多半吻合,疑亦據東漢石刻而言,凡此之存,皆有裨於學者,安得以單辭隻字少之耶? 蓋石經碑成在光和中,尋遭董卓之亂,焚燒洛陽宫府官舍,碑在太學,恐已難免殘缺。至後魏武定四年由洛陽移至鄴城,周大象元年則從鄴城移至洛陽,隋開皇六年又從洛陽徙至長安。《隋書·經籍志》作"自鄴京載入長安",今從《劉焯傳》。輾轉遷移,自多損壞,不徒没於潁岸、毁於浮屠也,故唐初已有"十不存一"之嘆。而宋代諸家所見挂漏尤多,胡宗愈、洪适皆嘗就當時所見重勒於石,今亦無傳。昶官京師時,錢唐黄同知易出示宋拓本石經殘字《尚書·盤庚》五行、《論語·爲政》八行、《堯曰》四行,紙光墨色,古澤照人,洵爲希世之寶。後金匱錢君泳貽昶重摩雙鈎本,據云檢篋中得之,而不知其所自來。翁鴻臚方綱又合兩家所藏,彙摹其文,刻於南昌官舍,石經殘字存者止此。而讀其遺文,猶可以見鴻都之舊,則未始非經學之助矣。顧氏藹吉《隸辨序》言"於北海孫氏摹得石經殘碑",蓋即昶所見黄氏本。孫氏研山齋本後流傳今户部郎中董君元鏡所,黄君見而借之,會董方嫁女,貧甚,黄爲置奩具,直白金數十兩,董君無以償,遂舉石經歸之。董,漢軍正黄旗人,工分書,嘗預修《西清古鑑》,先任大理寺評事,爲昶屬官,故道其顛末如此。然考《隸辨》,採石經《尚書》惟平聲五支、十一模"於戲"二字見孫氏本中,餘所引《尚書》《論語》《公羊》《魯詩》《儀禮》共八十餘條,皆孫本所無,知顧氏所見止此,其餘則皆從《漢隸字源》採出也。

又按：一字、三字之異，衆説紛然。今考《後漢書》紀、傳，詔立五經，無"一字""三字"之説，惟《儒林傳序》稱"石經爲古文、篆、隸三體書法"。《魏書·劉芳傳》云："漢世造三字石經於太學。"是一體爲一字。① 所謂三字者，古文爲一、篆爲二、隸爲三，是三體石經皆熹平中同時所刻，故《儒林傳》有"古文、篆、隸"之語。然隸書自宋以來，略有流傳，而古文篆字，唐宋間無有見者。《隋書·經籍志》亦止存一字石經，蓋因東漢已尚隸書，古文篆字不爲世所通用，而邕之隸書尤有重名。當時鴻都車馬填咽，摹揭古文篆字者少，隸書者多，則隸書歷久而猶傳云矣。洪氏适、顧氏藹吉謂漢石經止有一體，並無三體，皆無確切實據，未敢据以爲信也。至漢之光和逮魏之正始，不過六十餘年，而魏復重刻三體者，亦因漢刻立石經之後不過八年，而董卓逼脅獻帝遷都長安，宮闕宗廟盡爲灰燼，何有於太學之碑，想亦零落不全。正始振興文教，重書三體立石，殆非無故，特漢石經一字，各自爲碑，魏石經合三字，連書之總於一碑，微有不同耳。

又按：蔡邕於熹平四年，奏請正定五經文字，乃自書册於碑，而《隸釋》載《公羊》《論語》殘碑之後，未見邕名，却有堂谿典、馬日磾諸人，以爲其間必有同時揮毫者。張縯亦云六經字體不一，當時書丹非至蔡邕，以昶得見宋拓殘字驗之，《尚書》《論語》二經字體已有不同之處，則諸經亦可類推。蓋文字繁多，原非一人所能手辦，且石經立於光和六年，去熹平四年受詔之時，遲至六載，始得告成。而光和元年，邕先坐論災異，與家屬髠鉗徙朔方，計邕在東觀止三年耳，既徙之後，尋遇赦還，又復遯迹江海，閱十二年，是光和二年以後校經之事，皆

---

① "爲一字"三字原脱，據《金石萃編》卷十六補。

非邕所與聞，安得再能書丹於碑乎？陽衒之《雒陽伽藍記》謂漢國子學堂前石經皆蔡邕遺迹，而後來考據家或專指以爲邕書者，蓋緣奏刻石經，邕實首創其議，因即以邕統之。亦如唐初《五經正義》，詳審同官多至六十餘人，而其後止知孔穎達、賈公彥等名也。至《邕傳》稱：同奏者五官中郎將堂谿典、光禄大夫楊賜、諫議大夫馬日磾、議郎張馴、韓説、太史令單颺等，而《公羊傳》後别有諫議大夫趙㻞、議郎劉弘、郎中張文、蘇陵、傅楨；《論語》後别有博士左立、郎中孫表。疑當時同與此事者尚多，而史略不載也。考《盧植傳》，植由廬江太守徵拜議郎，與諫議大夫馬日磾、議郎蔡邕、楊彪、韓説等並在東觀，校中書五經傳記。帝以非急務，尋由侍中遷爲尚書，是植奏請刊正《尚書》《禮記》得失，之後亦嘗同校五經。且是時，楊彪已爲議郎，亦在東觀。又《吕强傳》稱：汝陽李巡白帝與諸儒共刻五經文於石，於是蔡邕等正定其文。則刻經之議，雖創於邕，而其得蒙詔許，實由李巡之功，紀、傳亦皆未及也。

補後漢書藝文志卷之五

洼丹　易通論

丹字子玉,南陽育陽人。世傳《孟氏易》。王莽時,避亂教授,徒衆數百人。建武初,爲博士。作《易通論》七篇,世號"窪君通"。丹學問研深,易家宗之,稱爲大儒。《東觀漢記》作《通論》七卷。

崔篆　易林

篆,涿郡安平人。客居滎陽,閉門潛思,著《周易林》六十四篇,用決吉凶,多所占驗。《孔僖傳》:僖拜臨晋令,崔駰以《家林》筮之,謂爲不吉。注:篆所著《易林》。李石曰:"篆,駰之祖,著《易林》六十四篇,或曰《卦林》,或曰《象林》。"

鄭衆　易章句

衆字叔師,河南開封人。傳《費氏易》,作《易章句》,以授馬融。卦下之彖辭,文王所作。爻下之象辭,周公所作。《山堂考索》引。從俗所爲,服民之教,故君子治人不求變俗是也。如封太公於齊,五月報政,爲簡其君臣禮從俗,不同伯禽於魯,變其俗,易其禮三年報政也。史徵《口訣義·觀大象》引。身既不安,豈能安衆?同上,《震》九四"震遂泥"注引。

荒躭於酒,則有沈酗之患。志累於衆,則有傷性之患。所以君子樂之善者,莫過於敦《詩》《書》,習道義,教之美矣。《兑·大象》注引,同上。

景鸞　易説

《益部耆舊傳》:鸞字漢伯,梓潼人。少隨師學經,涉七州之地,[①]

---

① "之"字原脱,據補編本、《後漢書·景鸞傳》補。

作《易說》《禮略》及《詩解》，文句兼取《河》《洛》，以類相從，名曰《交集》。

袁京孟氏 易傳難記

京字仲譽，汝陽人。世傳《孟氏易》，作《難記》，凡三十萬言。

袁太伯 易章句

《論衡》：東番鄒伯奇、臨淮袁太伯、袁文術、會稽吴君高、周長生，位雖不至公卿，誠能知之囊橐，文雅之英雄也。觀伯奇之《玄思》、太伯之《易章句》、文術之《箴銘》、君高之《越紐録》、長生之《洞歷》，雖劉子政、揚子雲不能過也。

秋碧案：君高，名平，見《越絕書》離合姓名詩。長生，名樹，見謝承《後漢書》。伯奇有《檢論》，亦見《論衡》，惟名爵及太伯、文術並無考。

張滿 易林

張滿，未詳何代人。《唐志》列於許峻之前，姑附於此。

許峻 易章句

峻字季山，平輿人。善占卜之術。時人方之京房，所著《易新林》至今傳於世。孫曼傳祖業。

《隋志》：許峻《易》五卷，漢方士許峻撰，梁有十卷。《唐志》同。

樊英 易章句

英字季齊，南陽魯陽人。習《京氏易》，兼明五經、七緯。安帝初，徵爲博士，著《易章句》，世名"樊氏學"。

馮顥 易章句

《華陽國志》：顥字未宰，郪人也。少師事楊仲桓及蜀郡張光超，又事東平虞未雅，作《易章句》及《刺奢説》。

周易版詞

《文獻通考》：《周易版詞》一卷。

陳振孫《書錄解題》曰："不知名氏，當是漢魏以前人所爲，其間官名皆東京制也。"

張遐　太極説

《饒州府志》：遐字子遠，江西餘干人。侍徐穉，過陳蕃，穉指之曰："此張遐也。"通《易》理，所著有《太極説》。

馬融　易注

融字季長，右扶風人。

《隋志》：一卷。《舊唐書·藝文志》：馬融《易章句》十卷。陸德明《經典釋文》作《易傳》九卷。案：近有輯本刊行。

鄭玄　易注

玄字康成，北海高密人。

《隋志》：九卷。《舊唐書·志》作十二卷。《經典釋文》、《新唐書·志》並作十卷。《崇文總目》：今惟《文言》《説卦》《序卦》《雜卦》四篇，餘皆逸。

《經典·序錄》：北海鄭玄傳《費氏易》。

鄭自序：爲袁譚所逼，來至元城，乃注《周易》。

王應麟輯《鄭氏易注》叙曰："康成《易注》九卷，多論互體。江左與王輔嗣學並立，顔延之爲祭酒，黜鄭置王。齊陸澄貽王儉書云：'《易》自商瞿之後，雖有異家之學，同以象數爲宗。數百年後，乃有王弼之注。'王濟云：'弼所誤者多，何能頓廢前儒？河北諸儒專主鄭氏。'隋興，學者慕弼之學，遂爲中原之師。唐因之。鄭注不傳，此景迂晁氏所慨歎也。李鼎祚云：'鄭多參天象，王全釋人事，《易》道豈偏滯於天人者哉？'合《彖》《象》於經，蓋自康成始，其説間見於鼎祚《集解》及《釋文》《三禮》、《春秋》義疏、《後漢書》《文選注》。乃於讀書之暇，輯爲一卷，庶使先儒象數之學猶有考焉。"又曰："康成《詩箋》多改字，其注《易》亦然。如'包蒙'，謂'包'作'彪'，文也；

《泰》'包荒',謂讀爲'康',虚也;'豶豕之牙',讀'牙'爲'互';《大過》'枯楊生荑',讀'枯'音'姑',山榆也;《晉》'錫馬蕃庶',讀爲'蕃遮',謂'蕃遮,禽也';《解》'百果草木皆甲坼'作'甲宅','皆'讀爲'解','解'謂'坼',呼'皮'曰'甲','根'曰'宅';《困》'劓刖'當爲'倪仉'①;'一握爲笑'②,'握'讀如'夫三爲屋'之'屋';《繫辭》'道濟天下'之'道'當作'導';'言天下之至賾'③,'賾'當爲'動';《說卦》'爲乾卦','乾'當爲'幹'④。其說多鑿。"

《四庫全書提要》曰:"《周易鄭康成注》一卷,宋王應麟編。案《隋志》載鄭玄《周易注》九卷,又稱:鄭玄、王弼二注,梁、陳列於國學;齊代惟傳鄭義;⑤至隋,王《注》盛行,鄭學寖微。然《新唐書》著録十卷,是唐時其書猶在,故李鼎祚《集解》引之。宋《崇文總目》惟載一卷,所存者僅《文言》《序卦》《說卦》《雜卦》四篇,餘皆散佚。至《中興書目》始不著録,則亡於南北宋之間,故晁說之、⑥朱震尚能見其遺文,而淳熙以後諸儒即罕所稱引也。應麟始旁摭諸書,裒爲此帙,經文異字亦皆並存。又以玄《注》多有互體,並取《左傳》《禮記》《周禮正義》中論互體者八條,以類附焉。考玄初從第五元先受《京氏易》,⑦又從馬融受《費氏易》,故其學出入於兩家。然要其大旨,《費》義居多,實爲傳《易》之正脈。齊陸澄與王儉書曰:'王弼注

---

① "倪仉",原誤作"樌杌",據清光緒八年重刻《湖海樓叢書》本《周易鄭注》(以下《周易鄭注》皆據此本)卷五改。
② "爲",原誤作"謂",據補編本、《周易鄭注》卷五改。
③ "之至賾"三字原脱,據補編本、《周易鄭注》卷七補。
④ "幹",原誤作"斡",據補編本、《周易鄭注》卷十改。
⑤ "傳",原誤作"存",據《四庫全書總目》卷一改。
⑥ "之"字原脱,據《四庫全書總目》卷一補。
⑦ "初"字原脱,據《四庫全書總目》卷一補。

《易》，玄學之所宗，今若崇儒，鄭《注》不可廢。'其論最篤。唐初詔修《正義》，仍黜鄭崇王，非達識也。應麟能於散佚之餘，蒐羅放失，以存漢《易》之一綫，可謂篤志遺經、研心古義者矣。近時惠棟別有考訂之本，體例較密，然經營創始，實自應麟，其捃拾之勞亦不可泯。今並著於錄，所以兩存其功也。"
魏淳于俊曰："康成合《彖》《象》於經，欲使學者尋省易了。"王儉曰："《易》理微遠，實貫群籍。施孟異聞，周韓殊旨，豈可專據小王，便爲該備？依舊存鄭，意謂可安。"李延壽曰："鄭玄並爲衆經注解，大行於河北。魏末，大儒徐遵明門下講鄭氏所注《周易》。"朱震曰："康成始以《彖》《象》連經文，王弼又以《文言》附《乾》《坤》。自康成而後，其本加'彖曰''象曰'；自弼而後，加'文言曰'。至於文辭連屬，不可附卦爻，則仍其舊篇。"吳仁傑曰："鄭康成省去六爻之畫，又省去用九、用六之畫，移上下體於卦畫之下，又移卦名兩體之下，又移初九至用九，爻位之文加之爻辭之上，又合《彖》傳、《象》傳於經，於《彖》傳加'彖曰'二字，於《象》傳加'象曰'二字。"
《經義考》：鄭氏之《易》與王輔嗣本不同者甚多，如"爲其嫌于無陽也"，"嫌"作"謙"；"君子以經綸"，作"論"；"君子幾"，作"機"；"包蒙"，"包"作"彪"；"需"讀爲"秀"；"需于沙"作"沚"；①"致寇"作"戎患"；"至掇也"，"掇"作"惙"；"終朝三褫"之"褫"，作"拕"；"王三錫命"，"錫"作"賜"；"乘其墉"，作"庸"；"明辨晢也"，"晢"作"遰"；"裒多益寡"，"裒"作"捋"；"舍車而徒"，"車"作"輿"；"賁如皤如"，"皤"作"蹯"；"頻複"，作"顰複"；"枯楊生梯"，作"荑"；"不鼓缶而歌"，作"擊缶"；"則大耋之嗟"下無"凶"字；"離王公也"，"離"作"麗"；

---

① "沚"，原誤作"址"，據補編本、《經義考》卷九改。

"竣恒",作"濬恒";"或承之羞","或"作"咸";"羸其角",作"纍";"不詳也","詳"作"祥";"失得勿恤",作"矢得勿恤";"文王以之",作"似之";"夷于左股","夷"作"睇";"其牛掣"①,作"挈"②;"先張之弧,後脫之弧",作"壺";"宜待也",作"宜待時也"③;"懲忿窒欲","窒"作"懫";"壯于頄",作"䪼";"其行次且",作"趑且";"姤"作"遘";"後以施命誥四方",作"詰四方";"升"作"𦫵";"剸刖"作"倪㐳";"其形渥"④,作"剭";"列其夤",作"䘽";⑤"遇其配主",作"妃";"豐其蔀",作"菩";"豐其沛",作"韋";"日中見沬",作"見昧";"天際翔也","翔"作"祥";"麗澤兑",作"離澤";"所樂而玩者","玩"作"翫";"故君子之道鮮矣","鮮"作"尟";"藏諸用","藏"作"臧";"議之而後動",作"儀之有功";"而不德",作"不置";"冶容"作"野容";"又以尚賢也",作"有以";"暴客"作"𢕟客";"雜物撰德","撰"作"算";"爲廣顙",作"黃顙";"爲科上槁",作"稾";"爲黔喙之屬",作"黚喙";"蠱則飭也","飭"作"飾"。當日河北諸儒專主鄭學,今則王伯厚所纂一卷,見於陸氏《釋文》僅此爾。"

鄭玄　易贊

《正義》:鄭玄作《易贊》及《易論》。

王應麟曰:"《易》有《序卦》,《書》有孔子作序,鄭玄避之,謂之爲贊。贊,明也。"

夏曰《連山》,殷曰《歸藏》。《書·洪範》疏引鄭《易贊》。

---

① "掣",原誤作"制",據補編本、《經義考》卷九改。
② "挈",原誤作"絜",據《經義考》卷九改。
③ "時",原誤作"用",據《經義考》卷九改。
④ "形",原誤作"刑",據補編本、《經義考》卷九改。
⑤ "䘽",原誤作"曠",據補編本、《經義考》卷九改。

蔡景君　易注

虞翻《易注》引。案：景君名爵里未詳。

荀爽　易傳

《隋志》：漢司空荀爽注十卷。《新》《舊唐書·志》並同。

爽字慈明，一名諝，潁川潁陰人。著《禮》《易傳》《詩傳》《尚書正經》《春秋條例》。又作《公羊問》及它所論說，凡百餘篇。

荀悅《漢紀》曰："臣悅叔父故司徒爽著《易傳》，專據爻象承應陰陽變化之義，以十篇之文解說經意，由是兗豫之言《易》者，咸傳荀氏學。"

虞翻曰："漢初以來，海内英才其讀《易》者，解之率少。至孝靈之際，潁川荀諝號爲知《易》，臣得其注，有愈俗儒。又南郡太守馬融，有俊才，其所解釋，複不及諝。"鄒湛曰："《易》'箕子之明夷'，荀爽訓'箕'爲'荄'，詁'子'爲'滋'，漫衍無經，不可致詰。"

陸德明曰："《荀爽九家集注》十卷，不知何人集。所稱荀爽者，以爲主也。其序有荀爽、京房、馬融、鄭玄、宋衷、虞翻、陸績、姚信、翟子元，注内又有張氏、朱氏，並不詳何人。其《說卦》傳本《乾》後有四，爲龍、爲直、爲衣、爲言；《坤》後有八，爲牝、爲迷、爲方、爲囊、爲黃、爲裳、爲帛、爲漿；《震》後有三，爲玉、爲鵠、爲鼓；《巽》後有二，爲揚、爲鸛；《坎》後有八，爲宮、爲律、爲可、爲棟、①爲叢棘、爲狐、爲蒺藜、爲桎梏；《離》後有一，②爲牝牛；《艮》後有三，爲鼻、爲虎、爲狐；《兌》後有二，爲常、爲輔頰，注云'常，西方神也'。"

朱震曰："秦漢之時，《易》亡《說卦》。孝宣時，河内女子發老

---

① "棟"，原誤作"揀"，據補編本、清乾隆嘉慶間刻《抱經堂叢書》本《經典釋文》（以下《經典釋文》皆據此本）卷二改。

② "一"，原誤作"二"，據補編本、《經典釋文》卷二改。

屋,得之。至後漢荀爽,又得八卦逸象三十有一。"

吳仁傑曰:"《易》爻三百八十六,諸儒但知三百八十四爻耳。獨荀爽論八純之爻,通用九、用六而爲五十,它未有以爲言者。按《説卦》所論二篇之策,此三百八十四爻之策也。《乾》《坤》之策,則用九、用六周公之策也。《注》《疏》既通《乾》《坤》之策爲兩篇之策,朱氏又破荀爽之説,謂用九、用六皆在八卦爻數之内。若爾,則《乾》《坤》之策未免於重出,而用九、用六兩爻亦幾於贅而可削矣。夫有是爻則有是策,今三百八十六爻具在,而獨置兩爻不論,聖人之意豈若是乎?"

王應麟曰:"爽《易》其文散見於李鼎祚《集解》,若乾升於坤曰雲行,坤降於乾曰雨施;乾起坎而終於離,坤起離而終於坎;離坎者,乾坤之家而陰陽之府,故曰'大明終始',皆諸儒所未發。"

《經義考》:按荀氏《易注》見於《釋文》所引,其文不同者:"陰疑於陽必戰","疑"作"凝";"爲其嫌於無陽也","嫌"作"慊";"財成天地之道",作"裁成";"哀多益寡","哀"作"捊";"朋盍簪",作"宗"①;"賁如,皤如","皤"作"波";"蔑貞凶",作"滅";"其欲逐逐",作"悠悠";"大耋之嗟",作"差","下戚嗟若",亦爾;"出涕沱若"作"池";"咸其拇",作"母","解而拇"同;"咸其脢",作"肥";"有疾憊也",作"備";"文王以之",作"似之";"家人嗃嗃",作"確確";"其牛掣",作"觭";"以正邦也",爲漢諱,作"國";"已事遄往","遄"作"顓";"惕號",作"錫";"包有魚",作"胞";"聚以正也","聚"作"取";"君子以除戎器","除"作"慮";"劓刖",作"臲卼";"井穀射鮒","射"作"耶"②;"井收勿幕","收"作"甃";"震來虩虩",作"愬愬";

---

① "宗",原誤作"匡",據補編本、《經義考》卷九改。
② "耶",原誤作"取",據補編本、《經義考》卷九改。

"震遂泥",作"隊";"列其夤",作"脅";"厲薰心","薰"作"動";"孕不育","孕"作"乘";"歸妹以湏",作"嬬";"月幾望",作"既望",《中孚》同;"雖旬",作"均";"匪夷所思","夷"作"弟"①;"喪其茀",作"紱";"言天下之至賾而不可惡也","惡"作"亞"②;"可與佑神矣"③,"佑"作"侑"④;"六爻之義易以貢",作"功";"爲矯輮,作撓;爲亟心",作"極心";"豐多故親",句。"寡旅也",別爲句。

劉表　周易章句

《隋志》：五卷。《新》《舊唐書·志》同。《中經簿》録十卷。《七録》：九卷,目録一卷。

表字景升,山陽高平人,魯恭王之後也。爲鎮南將軍,荊州牧。關西、兗、豫學士歸者千數。起立學校,博求儒術。綦毋闓、宋忠等撰《五經》章句,謂之"後定章句"。

謝承《後漢書》：表受學於同郡王暢。

《劉鎮南碑》：君深湣末學遠本離直,乃令諸儒改定《五經》章句,删剗浮辭,⑤芟除煩重,又求遺書,寫還新者,於是古典畢集,充於州閒。

"纆用徽纆"劉表云："繩三股爲徽,兩股爲纆。"《穀梁疏》引。

宋忠　易注十卷

《隋志》："梁有漢荊州五業從事宋忠注《周易》十卷,亡。"

忠,一名衷,字仲子,南陽章陵人。

虞翻曰："北海鄭玄、南陽宋忠,雖各立注,忠小差玄,而皆未

---

① "弟",原誤作"弔",據補編本、《經義考》卷九改。
② "亞",原誤作"互",據補編本、《經義考》卷九改。
③ "矣"字原脱,據補編本、《經義考》卷九補。
④ "侑",原誤作"倚",據補編本、《經義考》卷九改。
⑤ "辭",原誤作"疑",據清光緒五年陸心源刻《十萬卷樓叢書》本《蔡中郎集》(以下《蔡中郎集》皆據此本)卷三改。

得其門,難以問世。"

王伯厚曰:"忠字仲孚,一字仲子。①"按:宋忠《易注》今有輯本刊行。②

陸績　易注

績字公紀,吳郡吳人。博覽多識,星曆算數,無不該覽。作《渾天圖》,注《易》,釋《玄》,皆傳於世。官至鬱林太守。預自知亡,乃爲辭曰:"有漢志士,吳郡陸績。幼敦《詩》《書》,長玩《禮》《易》。受命南征,遘疾遇厄。遭命不幸,嗚呼悲隔!"

蕭常《續後漢書》曰:"績,風度英偉,博學多識,星曆之書,無不研究。虞翻舊齒名德,龐統荊楚碩望,皆與友善。"

按:陸績《易注》今有輯本刊行。

陸績　京房積算雜占條例注

李譔　古文易注

《華陽國志》:譔字欽仲,梓潼涪人。譔所注書,皆依准賈、馬,而異於鄭,與王氏殊隔。初不見其所述,而意指多同。

孫炎　周易例

蕭常《續後漢書》:炎字叔然,樂安人。受學鄭玄之門,稱東州大儒。王肅作《聖證論》以譏短玄。炎駁而釋之,及作《周易》《春秋例》③《毛詩》《禮記》《春秋三傳》《國語》《爾雅》諸注,又著書十餘篇。

程秉　周易摘

蕭常《續後漢書》:秉字德樞,汝南南頓人。逮事鄭玄,後避地交州,與劉熙考論大義,遂博通五經,著《周易摘》《尚書駁》《論語弼》三萬餘言。

---

① "仲子"二字原脱,據補編本補。
② "本"字原脱,據補編本補。
③ "例"上原衍一"傳"字,據補編本、《續後漢書·魏載記》刪。

附　王朗　易傳

朗字景興，東海郯人。以通經爲郎，師事太尉楊賜。賜卒，棄官行服，著《易》《春秋》《孝經》《周官》傳，奏議論記，皆傳於世。其所著《易傳》，子肅爲之撰定，列於太學。

王弼　易傳

《釋文》：弼注《易》上下經六卷，作《易略例》一卷。《七志》云："注《易》十卷。"

弼字輔嗣，山陽人。幼敏慧，年十餘，好老氏，已能辨晰。其注《周易》，以《老》《莊》爲宗，以無爲爲旨。潁川荀融難弼《大衍義》。弼又注《老子》，爲之指略，頗有理致。又注《道略論》。太原王濟好談《老》《莊》，常云"見弼《易注》，所悟者多"。

王肅　周易注十卷

肅字子邕，司徒朗之子。魏衛將軍、太常、蘭陵景侯。又注《尚書》《禮》《容服》①《論語》《孔子家語》，述《毛詩注》，作《聖證論》難鄭玄。余蕭客曰："按本傳，肅不注《周易》，但撰定父朗所作《易傳》，則諸引肅注，②本王朗《易傳》，然諸志一不及朗，遂與班固遺親攘美之罪同。至蘇易簡《文房四譜》第五卷引顧野王《輿地志目》'王朗爲會稽太守，子肅隨之郡，住東齋，注《周易》'，則謬誤顯然。按朗《與許靖書》'大男名肅，生於會稽'，即非隨父之郡明矣。"按：肅作《周易音》。

董遇　章句十二卷

《七志》《七錄》並云"十卷"。

遇字季直，弘農華陰人。魏侍中、大司農。遇性質訥而好

---

① "容"，補編本作"喪"。
② "引"，原誤作"句"，據補編本改。

學。興平中,關中亂,與兄季中依將軍段煨,采稆負販,而常挾持書傳。建安中,舉孝廉,稍遷黃門侍郎。旦夕侍講,爲帝所愛。善治《老子》,作訓詁。又喜《左氏春秋傳》,作《朱墨別異》。人有從學者,遇不肯教,云:"必當先讀百遍,其義自見。"

何晏　周易私記

何晏　周易講疏

《册府元龜》:何晏《周易私記》二十卷、《周易講疏》十三卷。

晏字平叔,大將軍進之孫。尚操女,封關内侯。好《老》《莊》,作《道德論》。余蕭客曰:"按本傳及諸書,並不載此二書,未知王欽若所本。《隋志》有《周易私記》二十卷,不著撰人。下接《周易講疏》十三卷,注云'何妥撰'。恐編《册府》時,誤'妥'爲'晏',複誤兩書爲一人。然李鼎祚《周易集解》引晏説而不詳書名,故備其目。"

虞翻　易傳

翻字仲翔,會稽餘姚人。世受《孟氏易》,最有師法。翻少好學,有大志。爲《易傳》《老子》《論語》訓注,皆傳於世。後徙交州,雖處放廢,而講學不倦,門徒常數百人。以典籍自慰,依《易》設象,以占吉凶。又以宋氏解玄頗有舛謬,更爲立法。又著《明揚釋宋》,以理其滯。

初,翻欲注《易》,奏疏曰:"臣生值衰亂,長於軍旅,習經於枹鼓之間,承先師之説,依經立注。又臣郡吏陳桃,夢臣與道士相遇,披髮被鹿裘,布《易》六爻,撓其三以飲臣。臣乞盡吞之,道士言《易》道在天,三爻足矣。豈臣受命,應當知經。而所覽諸家解,不離流俗,義有不當,輒悉改定,以就其正。"又曰:"經之大者,莫過於《易》。自漢初以來,讀

《易》者解之率少。孝靈之世,潁川荀諝號爲知《易》,臣得其注,愈於俗儒。至釋'西南得朋,東北喪朋',顛倒反逆,了不可曉。"又言:"鄭玄解《尚書》,違失事因。臣聞周公制禮,以辨上下。孔子曰:'有君臣然後有上下,有上下然後禮義有所措。'是故尊君卑臣,禮之大同也。伏見玄所注《尚書》,顧命以康王執瑁,古'冃'字從誤作'同',[①]既不覺定,複訓爲'杯',謂之酒杯;'成王疾困憑幾洮頮',以爲'洮'字,虛更作'濯'字,以從其非;又古大篆'丣'字讀當爲'桺',古'桺''丣'[②]同字,而以爲昧;'分北三苗','北'古'別'字,又訓'北',言'北猶別'也。若此之類,誠可怪也。又馬融以爲'同者大同天下',今經益'金'作'銅'字,訓詁言天子副璽。雖皆不得,猶愈於玄。又玄所注五經,違義尤甚者百六十七事,不可不正。行乎學校,傳乎將來,臣竊恥之。"翻與少府孔融書,並示以所注《易》。融複書曰:"聞延陵之理樂,觀吾子之治《易》,乃知東南之美,非徒會稽之竹箭也。"

虞翻　周易日月變例六卷

虞翻與陸績同撰。

姚信　易注十卷

信字德祐,《七錄》云字元直,吳興人。吳太常卿。《七錄》云十二卷。《隋志》:十卷。

袁準　易傳

準字孝尼,渙第四子。著書百萬言,論經世之術,爲《易》《周官》《詩》傳及論釋《五經》滯義。按范蔚宗《後漢書》斷自獻帝建安二十五年,而蕭常《續後漢書》則以昭烈爲正統,而吳、魏爲載記,故吳、魏諸臣

---

① "古",原誤作"右",據補編本、《續後漢書·吳載記》改。
② "丣"字原脱,據補編本補。

并附入列傳。郝經《續後漢書》亦以昭烈爲正統，而吳、魏君臣并歸列傳。然儒林則上及馬融、鄭玄、盧植、服、潁諸儒，而狂士則下逮阮孚、阮籍，論者病其疏於界限。今載諸儒撰述，起建武，迄末帝禪，而吳魏諸儒著述則斷自司馬氏受禪以前，從蕭、郝二書例也。以下諸經放此。

右周易類。

桓君歐陽尚書大小太常章句

桓榮，字春卿，沛郡龍亢人。少學長安，習《歐陽尚書》，事博士九江朱普。普卒，榮奔喪九江，負土成墳，因留教授。莽敗，天下亂。榮抱其經書，與弟子逃匿山谷。雖常飢困，而講論不輟。後複客授江淮間。建武十九年，年六十餘，始辟大司徒府。時顯宗始立爲太子，擢榮弟子豫章何湯爲虎賁中郎將，以《尚書》授太子。世祖從容問湯本師爲誰，對曰："沛國桓榮。"帝即召榮，令說《尚書》，甚善，拜議郎，授太子經。顯宗即位，親自執業。永平三年，三雍成，拜爲五更，封關內侯。子鬱，字仲恩，傳父業，以《尚書》教授，門徒嘗數百人。永平十五年，入授皇太子經，父子給事禁省。永元四年，爲太常。初，榮受朱普章句四十萬言，浮辭繁長，①多過其實。及榮入授顯宗，減爲二十三萬言。鬱複刪省，定成十二萬言。由是有《桓君大小太常章句》。

五家要說章句

顯宗自製，桓鬱校。

牟氏長　尚書章句

長字君高，樂安臨濟人。少習《歐陽尚書》。建武二年，拜博士。遷河内太守。諸生講學者常千餘人，著錄前後萬人。著《尚書章句》，皆本之歐陽氏，俗號爲"牟氏章句"。

---

① "長"字原脫，據補編本補。

周防　尚書雜記

防字偉公，汝南汝陽人。師事徐州刺史蓋豫，受《古文尚書》。建武中，以明經舉孝廉。撰《尚書雜記》三十二篇，四十萬言。太尉張禹薦博士，①稍遷陳留太守。

杜林　漆書古文尚書一卷

林字伯山，扶風茂陵人。光武征拜侍御史。林前於西州得漆書《古文尚書》，嘗寶愛之。雖遭艱困，握持不離身。出以示衛宏等曰："林流離兵亂，常恐斯經將絕。何意東海衛子宏、②濟南徐生巡復能傳之，③是道竟不墜於地也。古文雖不合時務，然願諸生無悔所學。"於是古文遂行。

衛宏　尚書訓旨

宏字敬仲，東海人。從大司空杜林受《古文尚書》，作《尚書訓旨》。時濟南徐巡師事宏，後更從林受學。

《序》："伏生老不能言，言不可曉，使其女傳言教錯。齊人語多與潁川異，錯所不知凡十二三，略以意屬讀而已。"

"克明峻德"，衛宏説："摯立九年而唐德盛，乃禪位焉。"《史記索隱》。

武王崩，成王年十歲。《書正義》鄭康成用衛宏説。

戒成康叔以慎酒，成就人之道也，故曰成王。同上。賈逵《訓》同。

賈逵　尚書注

逵字景伯，扶風平陵人。杜林傳《古文尚書》，同郡賈逵爲之作訓，馬融作傳，鄭玄注解，由是《古文尚書》遂顯於世。按：《東漢會要》作《古文尚書訓》。

六宗者：天宗三，日、月、星；地宗三，河、海、岱也。劉昭《注補後

---

① "尉"字原爲空格，據補編本改。
② "宏"，補編本、《後漢書・杜林傳》皆無。
③ "巡"，補編本、《後漢書・杜林傳》皆無。

漢書》。

堯順考其道而行之。《册府元龜》引賈逵《訓》。

甸服之外，每百里爲差，所納總銍秸粟米者是，甸服之外特爲此數。其侯服之外，每言三百二百里還就，其服之内别爲名耳，非是服外更有其地也。《詩正義》引賈《訓》。

曰："圛，古文作'惕'，賈逵以今文校之，定爲'圛'。"《書正義》。

賈逵《奏尚書疏》云"流爲鳥"，是與孔異也。

《經義考》：按《漆書古文》，雖不詳其篇數，而馬、鄭所注實依是書。陸氏《釋文》采馬氏注甚多，蓋惟《今文》及《小叙》有注，而孔氏增多二十五篇，無一語及焉。安國叙中稱伏生口授裁二十餘篇，德明謂即馬、鄭所注二十九篇是也。[①] 蓋《今文》二十八篇，益以《小叙》，合二十九。德明又云馬、鄭所注並伏生所誦，非古文也，然則漆書所載，亦止有《今文》二十八篇而已。孔氏增多之書無之也。夫東漢爲《古文尚書》者不一家，有蓋豫所傳者，有杜林所得，初不本於安國。而孔穎達《正義》謬稱孔所傳者，賈逵、馬融等皆是，世儒不察，見古文字即以爲安國所傳，亦粗疏甚矣。

賈逵　尚書古文同異三卷

肅宗降意儒術，特好《古文尚書》。逵數爲帝言《古文尚書》與經傳《爾雅》訓詁相應，詔令撰歐陽、大小夏侯《尚書》古文同異。逵集爲三卷，帝善之。

陳振孫曰："考《儒林傳》，安國以《古文尚書》授都尉朝，弟子相承，以及塗惲、桑欽。至東都則賈逵作訓，馬融作傳，鄭玄注解。而逵父徽實受《書》於塗惲，逵傳父業，雖曰遠有源流，然而兩漢名儒皆未嘗實見孔氏古文也。豈惟兩漢，魏晉猶然。凡杜征南以前所注經傳，有援引《大禹謨》《五子之歌》

---

① "二十九"，原誤作"二十五"，據補編本、《經義考》卷七十七改。

《允征》諸篇，皆曰《逸書》；《太誓》，則云今《太誓》所無，蓋伏生《書》無《太誓》，《太誓》後出。或云武帝末民有獻者，或云宣帝時河內女子得之，所載'白魚火烏之祥'，實偽書也，則馬鄭所解豈真古文哉？"

張楷　尚書注

楷字公超，通《嚴氏春秋》《古文尚書》。隱居弘農山中，學者隨之，所居成市。性好道術，能作五里霧。時關西人裴優亦能爲三里霧，自以不如楷，從學之，楷避不肯見。桓帝即位，優遂行霧作賊，①事覺被考，引楷言從學術，楷坐繫廷尉詔獄，積二年，恒諷誦經籍，作《尚書注》。後以事無驗，見原還家。②

馬融　尚書傳

《隋志》：十一卷。

馬融《書序》曰："《泰誓》後得，其文似若淺露。又云'八百諸侯不召自至，不期同時'，及'火複於上，至於王屋，流爲雕，五至，以穀俱來，舉火'，神怪，得毋所謂子不語乎？又《春秋》引《泰誓》'民之所欲，天必從之'，《國語》引《泰誓》曰'朕夢協朕蔔，襲於休祥，戎商必克'，《孟子》引《泰誓》曰'我武惟揚，侵於之疆，取彼凶殘，我伐既張，於湯有光'，《孫卿》引《泰誓》曰'獨夫受'，《禮記》引《泰誓》曰'予克受，非予武，惟朕文考無罪，受克予，非朕文考有罪，惟予小子無良'。今文《泰誓》皆無此語。吾見《書》傳多矣，所引《泰誓》而不在《泰誓》者甚多，弗複悉記，略舉五事以明之，亦可知矣。"又云："逸十六篇絕無師說。"《通典》：顯慶二年十一月二十一日，講武於滻水之南，行三驅，上設次於尚書臺以觀之。時許州刺史封道弘奏言："後漢南郡太守馬融講《尚書》於此，因爲名。今請改爲

---

① "作賊"二字原脱，據《後漢書・張霸傳》補。
② "還家"二字原脱，據《後漢書・張霸傳》補。

講武臺。"從之。孔穎達曰："馬融《書序》云'經傳所引《泰誓》,《泰誓》並無此文',又云'逸十六篇絶無師説',是融亦不見孔氏古文也。"王應麟曰："鳥獸蹌蹌,馬融注以爲'筍簴',《七經小傳》用其説。"

《經義考》：馬氏《尚書注》本於杜林漆書,故多與今文異。如"至於北岳,如西禮"作"如初"；"天叙有典","有"作"五"；"天明畏"作"威"；"暨稷播,奏庶艱食鮮食","艱"①作"根",云"根生之食謂百穀"；"日、月、星、辰、山、龍、華蟲、作會","會"作"繪"；"作十有三載","載"作"年"；"瑶琨篠蕩","琨"作"瑻"；"沿於江海","沿"作"均"；"滎波既豬","波"作"播",云"滎播,澤名"；"導岍及岐","岍"作"開"；"天用勦絶其命","勦"作"巢"；"誕告用亶"②作"單"；"用乂讎斂"③,"讎"作"稠",云"數也"；"自靖"作"清",云"潔也"；"弗迓克奔","迓"作"禦",云"禁也"；"無虐煢獨",作"毋侮煢獨"；"我之弗辟"作"避",謂"避居東"；"信,噫"作"懿",云"猶億也"；"大誥爾多邦",作"大誥繇爾多邦"；"降割"作"害"；《酒誥》"王若曰",作"成王若曰"；"皇天既付中國民","付"作"附"；"非我小國敢弋殷命","弋"作"翼"；"大淫泆有辭","泆"作"屑",云"過也"；"嚴恭寅畏"作"儼"；"文王卑服","卑"作"俾"；"譸張爲幻","譸"作"輈"④；"其終出於不祥","終"作"崇"⑤,云"充也"⑥；"我道惟寧王德延","道"作"迪"；"若南宮括","宮"作"君"；"迪簡在王廷","迪"作"攸",云"所也"；

---

① "艱"上原衍"鮮食"二字,據補編本、《經義考》卷七十七删。
② "亶",原誤作"單",據補編本、《經義考》卷七十七改。
③ "用"字原脱,據補編本、《經義考》卷七十七補。
④ "輈",原誤作"輖",據補編本、《經義考》卷七十七改。
⑤ "崇",原誤作"榮",據補編本、《經義考》卷七十七改。
⑥ "充",原誤作"受",據補編本、《經義考》卷七十七改。

"爾罔不克臬"作"剢";"王不懌",作"不釋",云"疾不解也";"在後之侗"作"詞";"冒貢",作"勗贛",云"陷也";"王崩"作"成王崩",注"安民立政曰成";"四人綦弁","綦"作"騏",云"青黑色";"三吒"作"詫";"折民惟刑","折"作"悊",云"智也";"王曰吁"作"于";"惟來",作"求",云"有求請賕也"[1];"仡仡勇夫",作"訖訖",云"無所省録之貌";"諞言"作"偏",云"少也,辭約損明,大辨佞之人"。蓋其書唐初尚存,此陸氏《釋文》引之。

按:馬融《尚書注》宋王應麟有輯本,孫伯淵補輯,近王氏《漢魏遺書》亦有輯本刊行。

張奐　尚書記難

奐字然明,燉煌酒泉人。師事太尉朱寵,學《歐陽尚書》。延熹九年,拜大司農。建寧元年,遷少府。尋以黨罪禁錮,歸田裏,閉門養徒不出。著《尚書記難》三十萬言。

按:《詩》"流離之子"正義引張奐云"鶵鷯食母",不言所出,當是"名之曰鴟鴞"注文。

張奐　牟氏尚書章句删

《牟氏章句》浮辭繁多,有四十餘萬言,張奐減爲九萬言。

鄭玄　尚書注

《隋志》:九卷。梁陳所講有孔鄭二家,齊代惟傳鄭義,至隋孔鄭並行,而鄭氏甚微。

玄《尚書序》:《虞夏書》二十篇,《商書》四十篇,《周書》四十篇。

孔穎達曰:"鄭亦不見古文,故注《書序》《舜典》云'入麓伐木',注《五子之歌》云'避亂於洛汭',注《允征》云'允征,臣

---

[1] "賕",原誤作"䣛",據補編本、《經義考》卷七十七改。

名',又注《禹貢》引《允征》云'厥篚玄黃,昭我周王',又注《咸有一德》云'伊陟臣扈曰'①,又注《典寶》引《伊訓》云'載孚在亳',又曰'征是三朡',又注《旅獒》云'獒,讀曰豪,西戎無君,名強大者爲酋豪,國人遣其酋豪獻於周',又古文有《仲虺之誥》《太甲》《説命》等見在而云亡,其《汩作》《典寶》一十三篇見亡而云已逸,是亦不見古文也。"按:穎達既云馬融不見孔氏古文,下又云孔所傳者膠東庸生、②劉歆、賈逵、馬融等所傳,豈非自相矛盾。

鄭《毛詩箋》"阿倚,衡平也。③ 伊尹,湯所依倚以取平也",又曰"太甲時曰保衡",鄭不見古文《太甲》"不惠於阿衡",故爲此解。

《禮記》"使之行商容而復其位",鄭注:"箕子視商禮樂之容,賢者所處,皆令復其位。"商容,人名,鄭不見《古文尚書》,故以爲禮樂也。

"小民惟曰怨資","資"當爲"至",齊魯語聲之誤也。"祁"之言"是"也,齊西偏之語也。按:《尚書》"小民惟曰怨咨",此本作"資",鄭又讀"資"爲"至",鄭不見《古文尚書》也。百篇次第於序,孔鄭不同。孔以《湯誓》在《夏社》前,於百篇爲第二十六,鄭以爲在《臣扈》後第二十九。孔以《咸有一德》次《太甲》後第四十,鄭以爲在《湯誥》後第三十九。孔以《蔡仲之命》次《君奭》後第八十三,鄭以爲在《費誓》前第九十六。孔以《周官》在《立政》後第八十八,④鄭以爲在《立政》前第八十六。孔以《費誓》在《文侯之命》後第九十九,鄭以爲在《吕刑》前第九十七。孔依壁內篇次及序爲文,鄭依賈氏所奏別録爲次。按:孔傳凡五十八篇四十六卷,三十三篇與鄭注同,二十五篇增多鄭注。其二十五篇:《大禹謨》一,《五子之歌》二,《允征》三,《仲虺之誥》四,《湯誥》五,《伊訓》六,《太

---

① "曰"字原脱,據補編本、清嘉慶二十年南昌府學重刊宋本《十三經注疏》本《尚書正義》(以下《尚書正義》皆據此本)卷二補。
② "庸"字原爲空格,據補編本改。
③ "平"字原脱,據補編本、清嘉慶二十年南昌府學重刊宋本《十三經注疏》本《毛詩注疏》(以下《毛詩注疏》皆據此本)卷二十補。
④ "十"下"八"字原爲空格,據補編本、《尚書正義》卷二改。

甲》三篇九,《咸有一德》十,《説命》三篇十三,《太誓》三篇十六,《武成》十七,《旅獒》十八,《微子之命》十九,《蔡仲之命》二十,《周官》二十一,《君陳》二十二,《畢命》二十三,《君牙》二十四,《冏命》二十五。值巫蠱不行,前漢諸儒不見孔傳,遂有張霸之徒僞造《尚書》二十四篇,其數雖與孔同,其篇則有異。孔則於伏生所傳二十九篇内無古文《泰誓》,除序尚二十八篇,分出《舜典》《益稷》《盤庚》三篇、《康王之誥》爲三十二篇,增二十五篇爲五十八篇。鄭則於伏生二十九篇之内分出《盤庚》二篇、《康王之誥》,又《泰誓》三篇爲三十四篇。更增益僞書二十四篇爲五十八篇,所增二十四篇則鄭所注:《舜典》一,《汨作》二,《九共》九篇十一,《大禹謨》十二,《益稷》十三,《五子之歌》十四,《允征》十五,《湯誥》十六,《咸有一德》十七,《典寶》十八,《伊訓》十九,《肆命》二十,《原命》二十一,《武成》二十二,《旅獒》二十三,《冏命》二十四,以此二十四爲十六卷,以《九共》九篇共卷,除八篇爲十六。

王應麟曰:"鄭康成《書注》間見於疏義,如作服十二章、州十有二師,孔注皆所不及。"又曰:"康成注《禹貢》九河曰:'齊桓公塞之,同爲一。'按《春秋緯·保幹圖》云:'移河爲界在齊吕,填閼八流以自廣。'鄭蓋據此文。"又曰:"康成云:'祖乙居耿,奢侈踰禮,土地迫近山川,嘗圮焉。至陽甲立,盤庚爲之臣,乃謀徙居湯舊都。上篇是盤庚爲臣時事,中篇、下篇是盤庚爲君時事。'正義以爲謬妄。《書禆傳》云:'鄭大儒,必有所據而言。'"

顧炎武曰:"馬融、鄭玄注《古文尚書》,載於《舊唐書·經籍志》,則開元之時尚有其書,而未嘗亡也。"

鄭玄　書贊

孔穎達曰:"避序名,故爲之贊。"

孔子乃尊而名之曰《尚書》。

三科之條五家之教是。

我先師棘下生安國,亦好此學,衛、賈、馬二三君子之業,則雅才好博,既宣之矣。《書正義》。

歐陽氏失其本義,今疾此蔽冒,猶複疑惑。

後又亡其一篇,故五十七。《漢書注》。

《鄭志》：張逸問《贊》云："我先師棘下生何時人？"答云："齊田氏時，善學者所會處也。齊人號之棘下生，無常人也。"《水經》。

鄭玄　書論

孔子求書，得黃帝玄孫帝魁之書，迄於秦穆，凡三千二百四十篇，斷遠取近，可以爲世法者百二十篇，以百二篇爲《尚書》，十八篇爲《中侯》。

民間得《泰誓》。並《山堂考索》。

鄭玄　尚書音

《七錄》：一卷。

陸德明曰："爲《尚書音》者四人：孔安國、鄭康成、李軌、徐邈。"

鄭玄　尚書大傳注

《隋志》：三卷。《中興書目》：康成始詮次爲八十一篇。

《序》曰："蓋自伏生也。伏生爲秦博士，至孝文時年且百歲，歐陽生、張生從其學而授焉。數子各論所聞，以己意彌縫其闕，而別作章句。又特撰其大義，因經屬指，名之爲傳。劉子政校中書，奏此目錄，凡四十一篇。"

晁公武曰："康成詮次爲八十一篇，今本四卷，首尾不倫。"

王楙曰："《尚書大傳》與《古文尚書》所載不同，《大傳》謂'周公死，王誦欲葬於成周，天乃雷電乃風，禾盡偃，大木斯拔，國人大恐，王乃葬周公於畢，示不敢臣也'，梅福、張奐皆引以爲言。據《今書》，言大雷電以風見於周公居東之日，而非死葬之時，以此一事觀之，則知《大傳》與經抵牾多矣。"

王應麟曰："《大傳》說《堯典》謂之'唐傳'，則伏生不以是爲《虞書》。"又曰："《書大傳·虞傳》有《九共》篇引《書》'予辯下土，使民平明，使民無傲慢'，有《帝告》篇引《書》'章施乃服，明上下'，豈伏生亦見《古文逸書》耶？"又曰："《大傳》以《西伯戡黎》爲《戒者》，《冏命》爲《臩命》，《費誓》爲《甫刑》。"

《經義考》：《大傳》引經文異者，《大誥》"民獻有十夫"，"獻"作"儀"；《康誥》"惟乃丕顯考文王，克明德"，上有"俊"字；《無逸》作"毋"。又引《般庚》云"若德明哉"，引《酒誥》曰"王乃封，惟曰若圭璧"，今無其文。

案：《雅雨堂叢書》有鄭玄《尚書大傳》輯本刊行。

劉陶　中文尚書

陶字子奇，一名偉，潁川潁陰人，濟北貞王勃之後。舉孝廉，除順陽長。① 陶明《春秋》《尚書》，② 爲之訓詁，推三家《尚書》及古文是正三百餘事，名曰《中文尚書》。

張懷瓘《書斷》：陶以杜北山本爲正。案：北山本即漆書古文也，賈逵、鄭玄皆傳其學。

盧植　尚書章句

植字子幹，涿郡涿人。少與鄭玄俱事馬融。建寧中，征爲博士，拜九江太守，以疾去官，作《尚書章句》。

荀爽　尚書正經

爽爵里見前《易注》。

亡名氏　書傳略說

案：《周禮・大行人》疏、《禮記・曲禮》《檀弓》《王制》《玉藻》疏、《春秋公羊傳》俱引是書，未詳作者姓氏。

王粲　尚書釋問

《隋志》：魏侍中王粲撰。《七錄》：四卷。《舊唐書・志》注：王粲問，田瓊、韓益正。

粲字仲宣，山陽高平人。辟丞相掾，遷軍謀祭酒。魏國建，遷侍中。

王粲曰："世稱伊雒以東、淮漢以北，康成一人而已，咸言先儒

---

① "陽"字原脱，據補編本、《後漢書・劉陶傳》補。
② "明"，原誤作"名"，據補編本、《後漢書・劉陶傳》改。

多闕，鄭氏道備。粲竊嘆怪，因求所學，得《尚書注》。退思其意，意皆盡矣。所疑猶有未諭焉，凡有二篇。"《顏氏家訓》：吾初入鄴，與博陵崔文彥交游，①嘗説《王粲集》中難鄭玄《尚書》事。崔轉爲諸儒道之，始將發口，橫見排蹙，云："文集止有詩、賦、銘、誄，豈當論經史事乎？且先儒之中，未聞有王粲也。"

案：粲卒於建安二十二年，魏國雖建，而鼎祚未移，故系以漢。

程秉　尚書駁

秉見前周易類。

附　王肅　尚書注十卷

《經典·序録》：肅亦注今文，而解大與古文相類，②或肅私見孔傳而秘之乎？王肅注《堯典》，自"慎徽五典"以下分爲《舜典》。

肅字子雍，善賈、馬學，而不好鄭氏，采合同異，爲《尚書》《論語》《三禮》《左氏》解，及撰定父朗所作《易傳》，皆列於學。

右尚書類。

景鸞　詩解文句

鸞字景伯，廣漢梓潼人。能理《齊詩》，作《詩解文句》。

伏黯　齊詩解説

黯字稚文，明《齊詩》，少傳父業，改定章句，作《解説》九篇。

伏恭　删定齊詩章句

恭字叔齊，司徒湛之兄子也，黯無子，以恭爲後。恭少傳黯

---

① "文"，原誤作"及"，據補編本、明萬曆二十年刻《漢魏叢書》本《顏氏家訓》（以下《顏氏家訓》皆據此本）卷上改。

② "大"字原爲空格，據補編本、《經典釋文·序録》改。

學,教授不輟,以父黯章句繁多,乃減省浮辭,定爲二十萬言。

魯詩許氏章句

許晏,字偉君。習《魯詩》。師事琅邪王扶,改學曰《許氏章句》。

薛方丘　韓詩章句
薛漢　韓詩章句

《隋志》:薛漢《韓詩章句》二十二卷。

漢字公子,淮陽人。世習《韓詩》,父子以章句著名。漢少傳父業。建武初爲博士。當世言《詩》者推漢爲長。永平中,爲千乘太守,坐事下獄死。

案《唐書·宰相世系表》:漢薛廣德生饒,饒生願,願生方丘,字夫子,方丘生漢,字公子。與《漢書·儒林傳》合。然則夫子非通稱也,夫子乃薛漢父方丘之字,王氏《困學紀聞》失考誤爲一人。

案薛君《章句》、《韓詩內》《外傳》及《經解鉤沈》、《漢魏遺書》業經采輯。

杜撫　詩題約義通

撫字叔和,犍爲武陽人。受業於薛漢,定《韓詩章句》。後歸鄉里教授,弟子千餘人。東平王蒼辟爲大夫。建初中,爲公車令。其所作《詩題約義通》,學者傳之,曰"杜君注"。

《華陽國志》:撫治五經,教授門生千人。

杭董浦《諸史然疑》:《儒林傳》"杜撫作《詩題約義通》",劉攽刊誤云:"案文'題'下當有脫字,合云'文約義通'也。"此貢父妄解。《詩題約義》,撫書名如此,吳陸璣作《草木蟲魚疏》末附《四詩源流》,亦稱撫作《詩題約義通》,蓋已在范曄前百餘年矣。

趙曄　詩細

《七録》作《詩譜》二卷。

曄字長君,會稽山陰人。詣杜撫受《韓詩》,卒業乃歸。州補從事,不就,舉有道。卒於家。曄著《吳越春秋》《詩細》《厯神淵》。蔡邕至會稽,讀《詩細》而善之,以爲長於《論衡》。邕還京師傳之,①學者咸誦習焉。

趙曄　厯神淵

《隋志》:《詩神泉》一卷,漢有道徵士趙曄撰。案:《隋志》成於唐,改"淵"稱"泉",避高祖諱也。以厯言,猶《詩》之有《汎厯樞》也。

虞翻曰:"有道山陰趙曄,征士上虞王充,各洪才淵懿,學究道源,著書垂藻,絡繹百篇,釋經傳之宿疑,解當世之盤結,上窮陰陽之奧秘,下據人情之歸極。"

張匡　韓詩章句②

匡字文通,習《韓詩》,作章句。後舉有道,博士徵,不就,卒於家。

侯包　韓詩翼要

《隋志》:《韓詩翼》十卷,侯包撰。案:包爵里未詳。

房中之樂有鐘磬。《樂書》引《韓詩翼要》。

禓示之方也。

衛武公刺王室,亦以自戒。行年九十有五,猶使臣日誦是詩,而不離於其側。並《詩正義》。

杜瓊　韓詩章句

瓊字伯瑜,成都人。仕至大鴻臚、太常。少受學於任安,精究其術,著《韓詩章句》十餘萬言。

---

① "傳"上原衍一"學"字,據補編本、《後漢書·趙曄傳》删。

② "韓詩章句",原誤作"詩解文句",據補編本、《後漢書·趙曄傳》改。

賈逵　齊魯韓詩毛詩異同十卷

《七録》作《毛詩雜義難》十卷。

永平中，帝令逵撰《齊》《魯》《韓詩》與《毛詩》異同。八年九月，詔諸儒各選高才生受《左氏》《穀梁春秋》《古文尚書》《毛詩》，由是四經復行於世。

衛宏　毛詩序　毛詩傳

宏字敬仲，東海人。初，九江謝曼卿善《毛詩》，乃爲其訓。宏從曼卿受學，因作《毛詩序》，善得風雅之旨，於今傳於世。

《隋志》：先儒相承，謂《毛詩序》子夏所創，毛公及衛敬仲又加潤益。

苯苢實似李，食之宜子，①出於西戎。《詩正義》引《衛宏傳》。《釋文》引同。

《四庫全書提要》：案《詩序》之説，紛如聚訟。以爲《大序》子夏作，②《小序》子夏、毛公合作者，鄭玄《詩譜》也；以爲子夏所序《詩》，即今《毛詩序》者，王肅《家語注》也；以爲衛宏受學謝曼卿，乃作《詩序》者，《後漢書·儒林傳》也；以爲子夏所創，毛公及衛宏又加潤益者，③《隋書·經籍志》也；以爲子夏不序《詩》者，韓愈也；以爲子夏惟裁初句，④以下出於毛公者，成伯璵也；以爲詩人所自製者，王安石也；以《小序》爲國史之舊文，以《大序》爲孔子作者，⑤明道程子也；以首句即爲孔子所題者，王得臣也；以爲《毛傳》初行尚未有序，其後門人互相傳授，各記其師説者，曹粹中也；以爲村野妄人所作，昌言排擊而不顧者，則倡之者鄭樵、王質，和之者朱子也。然樵所作

---

① "食"，原誤作"實"，據補編本、《毛詩注疏》卷一改。
② "子夏"，原誤作"孔子"，據《四庫全書總目》卷十五改。
③ "益"，原誤作"色"，據《四庫全書總目》卷十五改。
④ "句"，原誤作"地"，據《四庫全書總目》卷十五改。
⑤ "爲"，原誤作"多"，據《四庫全書總目》卷十五改。

《詩辨妄》一出，周孚即作《非鄭樵〈詩辨妄〉》一卷，摘其四十二事攻之，①質所作《詩總聞》亦不甚行於世。朱子同時如呂祖謙、陳傅良、葉適皆以同志之交，各持異議。黄震篤信朱子，而所作《日抄》亦申序説。馬端臨作《經籍考》，於它書無所考辨，惟《詩序》一事，反覆攻詰，至數千言。自元、明以至今日，越數百年，儒者尚各分左右袒，豈非説經之家第一争訟之端乎？②考鄭玄之釋《南陔》曰："子夏序《詩》，篇義各編，遭戰國至秦，而《南陔》六詩亡。毛公作傳，各引其序冠之篇首，故詩雖亡，而義猶在也。"程大昌《考古編》亦曰："今六序兩語之下，③明言有義無辭，知其爲秦火之後，見序而不見詩者所爲。"朱鶴齡又舉《宛丘》篇序首句與《毛傳》異辭，④其説皆足爲《小序》首句，原在毛前之明證。丘光庭《兼明書》舉《鄭風·出其東門》篇，謂《毛傳》與序不符。⑤曹粹中《放齋詩説》亦舉《召南·羔羊》《曹風·鳲鳩》《衛風·君子偕老》三篇，謂傳意、⑥序意不相應，序若出於毛，⑦安得自相違戾？其説尤足爲續申之語出於毛後之明證。觀蔡邕本習《魯詩》，而所作《獨斷》，載《周頌》三十一篇之序，⑧皆衹有首二句，與《毛序》文有詳略，而大旨略同。蓋子夏五傳至孫卿，孫卿授毛亨，毛亨授毛萇，是《毛詩》距孫卿再傳。⑨申培師浮丘伯，浮丘伯師

---

① "二""之"二字原脱，據《四庫全書總目》卷十五補。
② "争訟之端"，原誤作"争端"，據《四庫全書總目》卷十五改。
③ "序"，原誤作"詩"，據《四庫全書總目》卷十五改。
④ "篇"字原脱，據《四庫全書總目》卷十五補。
⑤ "符"，原誤作"同"，據《四庫全書總目》卷十五改。
⑥ "傳"，原誤作"詩"，據《四庫全書總目》卷十五改。
⑦ "序"字原脱，據《四庫全書總目》卷十五補。
⑧ "之序"二字原脱，據《四庫全書總目》卷十五補。
⑨ "詩"，原誤作"特"，據《四庫全書總目》卷十五改。

孫卿,是《魯詩》距孫卿亦再傳。① 故二家之序大同小異,其爲孫卿以來遞相授受者可知。其所授受袛首二句,而以下出於各家之演説,亦可知也。且《唐書·藝文志》稱《韓詩》"卜商序,韓嬰注,二十卷",是《韓詩》亦有序,其序亦稱出子夏矣。而《韓詩》遺説之傳於今者,往往與毛迥異,豈非傳其學者之遞有增損哉？今參考諸説,定序首二語爲毛萇以前經師所傳,以下續申之詞爲毛萇以下弟子所附,仍録冠詩部之首,② 明淵源之有自,並録朱子之辨説,③ 著門户所由分,蓋數百年朋黨之争,兹其發端矣。

葉夢得曰:"世人疑《詩序》非衛宏所爲,此殊不然。使宏鑿空爲之乎？④ 雖孔子亦不能。使宏誦師説爲之乎？則雖宏有餘矣。且宏《詩序》,有專取諸書之文而爲之者,有雜取諸書所説而重複互見者,有委曲婉轉附經而成其書者,不可不論。'《詩》有六義,一曰風,二曰賦,三曰比,四曰興,五曰雅,六曰頌',其文全出於《周官》。'情動於中而形於言,言之不足故嗟嘆之',其文全出於《禮記》。'成王未知周公之志,公乃爲詩以遺王',其文全出於《金縢》。'高子好利而不顧其君,文公惡而遠之不能,使高克將兵而禦狄於境,陳其師旅,翱翔於河上,久而不召,師散而歸,高克奔陳',其文全出於《左傳》。'微子至於戴公,禮樂廢壞',其文出於《國語》。'古者長民,衣服不貳,從容有常,以齊其民',其文全出於《公孫尼子》。則《詩序》之作,實在數書既傳之後明矣。此吾所謂專取諸書所言也。'《載馳》之詩,許穆公夫人作也,閔其宗國顛覆',又

---

① "卿"字原脱,據《四庫全書總目》卷十五補。
② "冠"字原脱,據《四庫全書總目》卷十五補。
③ "辨"字原脱,據《四庫全書總目》卷十五補。
④ "空"字原脱,據補編本、《經義考》卷九十九補。

曰'衞懿公爲狄人所滅';《絲衣》之詩,既曰'繹賓尸矣',又曰'靈星之尸'①,蓋衆説並傳,衞氏得善辭美意並録,而不忍棄之。此吾所謂雜取諸書所説,②而重複互見也。《騶虞》之詩,先言'人倫既明,朝廷既治,③天下純被文王之化',而復繼之曰'蒐田以時,仁如騶虞,則王道成';《行葦》之詩,先言'周家忠厚,仁及草木',然後繼之曰'内睦九族,外尊事黄耇,養老乞言',此又吾所謂委曲宛轉,附經而成其義也。即三者而觀之,序果非宏之所作乎?漢世文章未有引《詩序》者,惟黄初四年,有'曹共公遠君子,近小人'之説,蓋宏之《詩序》至魏始行也。"《後漢書注》:案《左傳·襄二十九年》季劄見歌《秦》,曰"美哉!此之謂夏聲",服虔《解誼》云"秦仲始有車馬禮樂之好,侍禦之臣,戎車四牡,田獵之事,與諸夏同風",此《秦風·車鄰》序也。太尉楊震疏"朝無《小明》之晦",此《小雅·小明》序也。李尤《刻漏銘》曰"挈壺失職,刺流在詩",此《齊風·東方未明》序也。蔡邕《獨斷》載《周詩》三十二章,盡録《詩序》。服、楊、李、蔡皆東漢儒者,當時已用《詩序》,何嘗至黄初始行耶?《養新録》:陳啓源云:"司馬相如《難蜀父老》云'王者未有不始於憂勤,而終於逸樂',此《魚麗》詩序也。班固《東都賦》'德廣所及',此《漢廣》序也。④一當武帝時,一當明帝時,可謂非漢世耶?"

曹粹中曰:"'羔羊之皮,素絲五紽',《毛傳》謂'古者素絲以英裘,不失其制,大夫羔裘以居',其説如此而已。而序云'在位皆節儉正直,德如羔羊',且以退食爲節儉,其説出於康成,毛無此意也。'維鵲有巢,維鳩居之',《毛傳》謂'鳩不自爲巢,居鵲之成巢',其説如此而已,而序云'德如鳲鳩,乃可以配焉'。'君子偕老,副笄六珈',《毛傳》云'能與君子偕老,乃宜居尊位,服盛服',而序云'故陳人君之德,服飾之盛,宜與君子偕老',則與傳意先後顛倒矣。序若出於毛,亦安得自相矛

---

① "尸",原誤作"詩",據補編本、《經義考》卷九十九改。
② "所",補編本、《經義考》卷九十九皆作"之"。
③ "治"字原脱,據補編本、《經義考》卷九十九補。
④ "此"字原脱,據補編本、《十駕齋養新録》卷一補。

盾如此？要知《毛傳》初行之時，猶未有序也。意毛公既託之子夏，其後門人互相傳授，各記其師説，至宏而遂著之，後人又復增加，殆非成於一人之手，則或以爲子夏，或以爲毛公，或以爲衛宏，其勢然也。"

程大昌曰："謂《詩序》爲子夏作者，毛公、鄭玄、蕭統也。謂子夏有不序《詩》之道三，疑爲漢儒附託者，韓愈是也。範蔚宗之傳衛宏也，曰：'九江謝曼卿善《毛詩》，宏從受學，作《毛詩序》，善得風雅之旨，於今傳於世。'而鄭玄作《毛詩箋》也，其序著傳受明審如此，則今傳之序爲宏所作，何疑哉？然《詩》之古序非宏也，古序之與宏序，今混並無別。然有可考者，凡詩發端兩語，如《關雎》'後妃之德也'，世人謂之《小序》者，古序也。兩語之外，續而申之，世謂《大序》者，宏語也。鄭玄之釋《南陔》曰：'子夏序《詩》，篇義合編，遭戰國至秦，而《南陔》六詩亡。毛公作傳，蓋引其序冠之篇首，①故詩雖亡而義猶在也。'玄謂序出子夏，失其傳矣。至謂六詩發序兩語，古嘗合編，至毛公分冠篇首者，玄之在漢，蓋親見之。今六序兩語之下，明言有義亡辭，知其爲秦火之後見序而不見詩者所爲也。毛公於《詩》，第爲之傳，不爲之序，則其申釋先序時義，非宏而孰爲之哉？"

顧炎武曰："《詩》之世次不可信，今詩必皆孔子所正，且如'褒姒滅之'，幽王之詩也，而次於前；'召伯營之'，宣王之詩也，而次於後。② 序者不得其説，遂並《楚茨》《信南山》《甫田》《瞻彼洛矣》《裳裳者華》《桑扈》《鴛鴦》③《魚藻》《采菽》十詩，皆以爲刺幽王之詩，恐不然也。又如《碩人》，莊姜初歸事也，而次

---

① "序"，原誤作"義"，據補編本、《毛詩注疏》卷九改。
② "後"字原脱，據補編本、《日知録》卷三補。
③ "鴦"，原誤作"央"，據補編本、《日知録》卷三改。

於後;《緑衣》《日月》《終風》,莊姜失位而作,《燕燕》送歸妾作,《擊鼓》國人怨州籲作,而次於前。《渭陽》,秦康公爲太子時作也,①而次於後;《黄鳥》,穆公薨後事也,而次於前。此皆經有明文可據,故鄭謂《十月之交》《雨無正》《小明》《小宛》皆刺厲王之詩。漢興之初,經師移其第耳。而《左氏傳》楚莊王之言曰'武王作《武》',其卒章曰'耆定爾功',其三曰'敷時繹思,我徂維求定',其六曰'綏萬邦,屢豐年',今詩但以'耆定爾功'一章爲《武》,而其三爲《賚》,其次爲《桓》,章次復相隔越。《儀禮》歌《召南》三篇,越《草蟲》而取《采蘋》,正義以爲《采蘋》舊在《艸蟲》之前,知今日之《詩》已失古人之次矣。"

朱錫鬯曰:"《詩》之有序,不獨《毛傳》爲然,説《韓詩》《魯詩》者,亦莫不有序。如'《關雎》,刺時也'②'《苤苢》,傷夫有惡疾也''《漢廣》,悦人也''《汝墳》,辭家也''《蟋蟀》,刺奔女也''《黍離》,伯封作也''《雞鳴》,讒人也''《雨無極》,正大夫刺幽王也''《賓之初筵》,衛武公飲酒悔過也',此《韓詩》之序也。楚元王受《詩》於浮丘伯,劉向元王之孫,實爲《魯詩》,其所撰《新序》,以《二子乘舟》爲伋之傅母作,《黍離》爲壽閔其兄作,《列女傳》以《苤苢》爲蔡人妻作,《汝墳》爲周南大夫妻作,《行露》爲申人女作,《邶·柏舟》爲衛宣夫人作,《燕燕》爲定姜送婦作,《式微》爲黎莊公夫人作,《大車》爲息夫人作,此皆本於《魯詩》之序也。《齊詩》雖亡,度當日經師必有序。惟《毛詩》之序本於子夏,子夏習《詩》而明其義,又能推原國史,明乎得失之故,試稽之《尚書》《儀禮》《左氏内外傳》《孟子》,其説無不合。《毛詩》出,學者舍齊、魯、韓三家而從之,以其有子夏之序,不同於三家也。惟其序作於子夏,子夏授《詩》

---

① "公"字原脱,據補編本、《日知録》卷三補。
② "時",原誤作"詩",據補編本、《經義考》卷九十九改。

於高行子,此《絲衣》序有高子之言;又子夏授曾申,申授李克,克授孟仲子,此《維天之命》有孟仲子之言,皆以補師説之所未及,毛公因而傳之不廢。若《南陔》六詩,有其義而亡其辭,則出自毛公足成之,所謂有其義者,據子夏之序也。而論者多謂序作於衛宏,夫《毛詩》雖後出,亦在武帝時,《詩》必有序而後可授受,《韓》《魯》皆有序,《毛詩》豈獨無序,直至東漢之世俟宏之序以爲序乎?"

馬融　毛詩注

《七録》:十卷。

陸德明曰:"無下帙。"

鄭玄　毛詩箋

《隋志》:二十卷。

鄭自序:遭黨錮之事,逃難黨錮事,解注《古文尚書》《毛詩》《論語》。

《六藝論》:注《詩》,宗毛爲主,毛義若隱略,則更表明,如有不同,即下己意。《養新録》:鄭箋宗毛,然亦間有從韓、魯説者,如《唐風》"素衣朱襮",以"繡黼"爲"綃黼",《十月之交》爲厲王之詩,《皇矣》"侵阮徂共"爲三國名,皆《魯詩》也。《衡門》"可以樂飢"爲"療飢","抑此皇父","抑"讀爲"意","古之人無斁","斁"作"擇",以"狄彼東南"作"鬄",皆《韓詩》説也。案:康成先通《韓詩》,故注《禮》與箋《詩》異,①如"先君之思,以勗寡人"爲定姜之詩,"生甫及申"爲仲山甫、申伯,又"不濡其翼""維禹甸之"②"上天之載""匪革其猶""汭坻之即"③"至於湯齊"是也,又"温良而能斷者,宜歌《商》",鄭注謂"《商》,宋詩",蓋用《韓詩》説也。

《正義》:當桓靈之世,著此書也。

《三齊略記》:鄭玄刊注《詩》《書》棲黌山,今山有古井不竭,地生細草,葉形似韭,俗稱鄭公書帶。山陽丁晏《鄭君譜》:案鄭君箋

---

① "箋詩"二字原誤倒,據補編本乙正。
② "甸"字原爲空格,據補編本改。
③ "坻"字原爲空格,據補編本改。

《詩》,在注《禮》《論語》之後。《鄭志》答炅模云:"爲記注之時,依循舊本。後得《毛詩傳》而爲《詩注》,更從毛本,故與記不同。"又《論語》"哀而不傷",《詩箋》以"哀"爲"衷"。答劉炎云:"《論語注》,人間行久,義或宜然,故不復定以遺後。"今按《禮注》引《詩》多據《三家詩》,其時未得毛故,則知鄭君注《禮》在前,《論語》次之,箋《詩》又次。

陸德明曰:"鄭氏作箋,申明毛義,以難三家,於是三家遂廢。"曰"鄭氏箋"者,相傳是雷次宗題。案周續之釋題已如此,又恐非雷之題也。

《初學記》:箋,薦也,言薦成毛意。《日聞錄》:古無紙,用簡牘。① 簡以竹爲之,牘以木爲之。鄭康成釋《詩》,別爲注文以附毛公之下,以竹簡書之,故特名之爲箋,其字從竹。

《直齋書錄解題》:鄭氏曰"箋"者,案《正義》云"鄭於諸經皆謂之'注',獨此言'箋'者,《字林》云'箋,表也,識也',鄭遵毛學,表明毛言,記識其事,故稱爲'箋'。"又案《後漢書》傳注引張華《博物志》"鄭注《毛詩》曰'箋',不解此意。或云毛公曾爲北海相,鄭是郡人,故以爲敬"。雖未必由此,然漢魏達上之辭,皆謂之"箋",則其爲敬明矣。

《四庫全書提要》:《毛詩正義》四十卷,② 漢毛亨傳,鄭玄箋,唐孔穎達疏。案《漢書·藝文志》:"《毛詩》二十九卷、《毛詩故訓傳》三十卷。"然但稱毛公,不著其名。《後漢書·儒林傳》始云趙人毛長傳《詩》,是爲《毛詩》。其"長"字不從"艸"。《隋書·經籍志》載"《毛詩》二十卷,漢河間太守毛萇傳,鄭氏箋",於是《詩傳》始稱毛萇。然鄭玄《詩譜》曰:"魯人大毛公爲訓詁,傳於其家。河間獻王得而獻之,以小毛公爲博士。"陸璣《毛詩草木蟲魚疏》亦云:"孔子刪《詩》,授卜商,商爲之序,以授魯人曾申,申授魏人李克,克授魯人孟仲子,仲子授

---

① "簡",原誤作"薦",據補編本、《守山閣叢書》本《日聞錄》改。
② "四"字原脱,據《四庫全書總目》卷十五補。

根牟子，根牟子授趙人荀卿，荀卿授魯人毛亨，毛亨作《訓詁傳》，①以授趙國毛萇。時人謂亨爲大毛公，萇爲小毛公。"據是二書，則作《傳》爲毛亨，非毛萇。故孔氏《正義》亦云："大毛公爲其傳，由小毛公而題'毛'也。"《隋志》所云，殊爲舛誤，而流俗沿襲，莫之能更。朱彝尊《經義考》乃以《毛詩》二十九卷，題毛亨撰，注曰"佚"，《毛詩訓故傳》三十卷，②題毛萇撰，注曰"存"。意主調停，③尤爲於古無據。今參稽衆説，定作傳者爲毛亨。④ 以鄭氏後漢人，陸氏三國吳人，並傳授《毛詩》，淵源有自，所言必不誣也。鄭氏發明毛義，自命曰"箋"。《博物志》：毛公嘗爲北海郡守，康成是此郡人，故以爲敬。推張華所言，蓋以爲"公府用記，郡將用箋"之意。然康成生於漢末，乃修敬於四百年前之太守，殊無所取。案《説文》曰："箋，表識書也。"鄭氏《六藝論》云："注《詩》宗毛爲主。毛義若隱略，⑤則更表明。如有不同，⑥即下己意，使可識別。"然則康成特因《毛傳》而表識其旁，如今人之簽記，積而成帙，故謂之"箋"，無庸別爲異説也。⑦ 自《鄭箋》既行，齊、魯、韓三家遂廢。然《箋》與《傳》義亦時有異同。魏王肅作《毛詩注》《毛詩義駁》《毛詩奏事》《毛詩問難》諸書，⑧以申毛難鄭。歐陽修引其釋《衛風·擊鼓》五章，謂鄭不如王。王基又作《毛詩駁》，以申鄭難王。王應麟引其駁《芣苢》一條，謂王不及鄭。晉孫

---

① "傳"字原脱，據《四庫全書總目》卷十五補。
② "傳"上原衍一"訓"字，據《四庫全書總目》卷十五删。
③ "主"，原誤作"在"，據《四庫全書總目》卷十五改。
④ "定作傳者"四字原脱，據《四庫全書總目》卷十五補。
⑤ "毛義"二字原脱，據《四庫全書總目》卷十五補。
⑥ "同"，原誤作"用"，據《四庫全書總目》卷十五改。
⑦ "異"，《四庫全書總目》卷十五作"曲"。
⑧ "書"字原脱，據《四庫全書總目》卷十五補。

毓作《毛詩異同評》，復申王説。陳統作《難孫氏毛詩評》，①又明鄭義。袒分左右，垂數百年。至唐貞觀十六年，命孔穎達因《鄭箋》爲《正義》，乃論歸一定，無復歧塗。《毛傳》二十九卷，②《隋志》附以《鄭箋》作二十卷，疑爲康成所併。穎達等以疏文繁重，又析爲四十卷。其書以劉焯《毛詩義疏》、劉炫《毛詩述義》爲稿本，故能融貫群言，包羅古義。終唐之世，人無異詞。惟王讜《唐語林》記劉禹錫施士匄講《毛詩》所説"維鵜在梁""陟彼岵兮""勿翦勿拜""維北有斗"四義，稱毛未注，然未嘗有所抵排也。至宋鄭樵，恃其才辨，無故而發難端，南渡諸儒始以掊擊毛、鄭爲能事。元延祐科舉條制，③《詩》雖兼用古注疏，其時門户已成，講學者迄不遵用。沿及明代，胡廣等竊劉瑾之書作《詩經大全》，著爲令典，於是專宗朱《傳》，漢學遂亡。然朱子從鄭樵之説，不過攻《小序》耳。至於《詩》中訓詁，用毛、鄭者居多。後儒不考古書，不知《小序》自《小序》，《傳》《箋》自《傳》《箋》，閧然佐鬥，遂並毛、鄭而棄之。是非惟不知毛、鄭爲何語，殆併朱子之《傳》亦不辨爲何語矣。④

朱錫鬯曰："《毛詩》經文久而滋誤者，因《鄭箋》可證其非。若《小旻》⑤'如彼泉流'，今誤'流泉'，《鄭箋》曰'如原泉之流'，則'流泉'非矣。《旱麓》'延於條枚'，今誤作'施'，《鄭箋》云'延蔓於木之枚，木而茂盛'，則當作'延'矣。《吕覽》《韓詩外傳》亦同作'延'。⑥《思齊》'厲假不瑕'，'厲'今作'烈'，《鄭箋》云'厲、假皆病也'。又'古之無斁'，'斁'今作'斁'，《鄭箋》云'口無

---

① "陳統"原誤作"陳緩"，"詩"字原脱，皆據《四庫全書總目》卷十五改。
② "傳"，原誤作"詩"，據《四庫全書總目》卷十五改。
③ "延"字原脱，據《四庫全書總目》卷十五補。
④ "殆"字原脱，據《四庫全書總目》卷十五補。
⑤ "旻"，原誤作"明"，據補編本、《經義考》卷一百一改。
⑥ "延"，原誤作"枚"，據補編本改。

擇言,身無擇行,以身化其臣下'。《卷阿》'嗣先公爾酋矣',今作'似先公酋矣',《鄭箋》云'嗣先君之功而終成之'。《蕩》'殷鑑不遠,近在夏後之世',今本失'近'字,《鄭箋》云'近在夏後之世,謂湯誅桀也'。凡此可補王伯厚《詩考》之闕。"

鄭玄　毛詩譜

《隋志》:《詩譜》三卷,有太叔裘及劉炫注。

《書錄解題》:漢鄭康成撰,①歐陽修補亡。其序云:"慶曆四年至絳州得之,有序而不見名氏。譜序自周公致太平以上皆亡之,取孔氏《正義》所載補足之,因爲之注。自此以下即用舊注。考《春秋》《史記》,合以毛、鄭之説,補譜之亡,於是其書復完。"

《古今書錄》:有徐正陽注。《經典釋文·序錄》所稱"徐整暢,太叔裘隱括之",蓋整既演暢而裘隱括之也。②

《宋兩朝國史》:歐陽修於絳州得之,注本卷首殘闕,因補成進之。然不知注者乃太叔裘也。

王應麟曰:"鄭於《三禮》《論語》爲之作序,此譜亦序類,避子夏序,以其列諸侯世及詩之次,故名譜。譜者,普也。"

《詩譜序》曰:"詩之興也,諒不於上皇之世,大庭、軒轅逮於高辛,其時有亡,載籍亦蔑云爾。《虞書》曰:'詩言志,歌永言,聲依永,律和聲。'然則詩之道昉於此乎?③有夏承之,篇章泯棄,靡有孑遺。邇及商王,不風不雅。何者?論功頌德,④所以將順其美,刺過譏失,所以匡救其失,⑤各於其黨,則爲法者

---

① "成"字原脱,據補編本、《直齋書錄解題》卷二補。
② "裘"下原衍一"而"字,據補編本删。
③ "昉",《毛詩注疏·詩譜序》作"放"。
④ "頌",原誤作"誦",據《毛詩注疏·詩譜序》改。
⑤ "失",《毛詩注疏·詩譜序》作"惡"。

彰顯，有戒者著明。① 周自后稷，播種百穀，黎民阻飢，兹時乃粒，自傳於此名也。陶唐之末，中葉公劉，亦世修其業，以明民共財。至於太王、王季，克堪顧天。文、武之德，光熙前緒，以集大命於厥身，遂爲天下父母，使民有政有居。其時詩，風有《周南》《召南》，雅有《鹿鳴》《文王》之屬。及成王、周公致太平，制禮作樂，②而有頌聲興焉，盛之至也。本之由此風、雅而來，故皆錄之，謂之《詩》之正經。後王稍更凌遲，懿王始受譖亨齊哀公，夷身失禮之後，邧不尊賢。③ 自是而下，屬也、幽也，政教尤衰，周室大壞，《十月之交》《民勞》《板》《蕩》，勃爾俱作，衆國紛然，刺怨相尋。五霸之末，上無天子，下無方伯，善者誰賞，惡者誰罰，紀綱絕矣。故孔子錄夷王、④懿王時詩，⑤訖於陳靈公淫亂之事，謂之變風、變雅。以爲勤民恤功，⑥昭事上帝，則受頌聲，弘福如彼；若違而弗用，則被劫殺，大禍如此。吉凶之所由，憂虞之萌漸，昭昭在斯，足作後王之鑑，於是止矣。夷、厲以上，歲數不明，《太史年表》自共和始，歷幽、宣、平王而得《春秋》，次第以立斯《譜》。欲知源流清濁之所處，則循其上下而省之；欲風化芳臭氣澤之所及，則旁行而觀之，此《詩》之大綱也。舉一綱而萬目張，解一卷而衆篇明，於力則鮮，於思則寡，其諸君子，亦有樂於是與。"

鄭玄　毛詩音

陸德明曰："爲《毛詩音》者九人：鄭玄、徐邈、蔡氏、孔氏、阮侃、王肅、江惇、干寶、李軌。"

---

① "有"，《毛詩注疏·詩譜序》作"爲"。
② "作"字原脱，據《毛詩注疏·詩譜序》補。
③ "賢"字原脱，據《毛詩注疏·詩譜序》補。
④ "子"字原脱，據《毛詩注疏·詩譜序》補。
⑤ "時"，原誤作"之"，據《毛詩注疏·詩譜序》改。
⑥ "民"，原誤作"王"，據《毛詩注疏·詩譜序》改。

荀爽　詩傳

荀悦《漢紀》：臣悦叔父故司空爽著《詩傳》，皆明正義，無它説。通人學者多好尚之，然希得立於學官也。

李譔　毛詩傳

譔見前易類。

劉楨　毛詩義問

《隋志》：十卷。《通志》：三卷。《册府元龜》：劉楨爲太子文學，撰《毛詩義問》九卷。楨爵里見後集類。

夫婦失禮則虹氣盛，有赤色在上者，陰乘陽氣也。《北堂書鈔》。

烏有鵯烏、雅烏、楚烏也。《初學記》。

弸所以覆矢也，謂箭筒蓋也。《太平御覽》。

國多兵役，①男女怨曠，於是女感傷而思男，故出游於洧之外，託采芬香之草，②而爲淫佚之行，乃時草始生，而云蔓者，女情急欲以促時也。同上。

橫一木作門而上無屋謂之衡門。《藝文類聚》。

晨風，今之鸇。同上。

蟋蟀食蠅而化成。《太平御覽》。

鬱，其樹高五尺，其實大如李而赤，食之正甜。《詩正義》。

狐之類，貈貓狸也。貈子曰貆。貆形狀與貈異，世人皆名貆。

貈子似狸。《初學記》。

蠦蜪，長腳䵴䵴也。《太平御覽》。

鉶羹，有菜鹽豉其中，菜爲其形象，③可食，因以鉶爲名。《初學記》。④

---

①　"多"，原誤作"貧"，據《太平御覽》卷九百九十四改。

②　"託"，原誤作"采"，據《太平御覽》卷九百九十四改。

③　"爲其"，原誤作"可爲"，據補編本、清同治光緒間三十有三萬卷堂重刻《古香齋袖珍十種》本《初學記》（以下《初學記》皆據此本）卷二十六改。

④　"初學記"三字原無，據補編本補。

附　王肅　毛詩注
《經典釋文》：二十卷。述毛非鄭。

王肅　毛詩義駁　毛詩奏事　毛詩問難

王基　毛詩駁
基字伯輿，東萊人。官至荊州刺史。作《毛詩駁》以申鄭難王。

孫炎　毛詩傳
見前周易類。

陸璣　毛詩草木鳥獸蟲魚疏三卷[①]
璣字元恪，吳郡人。吳太子中庶子、烏程令。
案：陸氏《疏》，《津逮秘書》有刊本。

袁準　詩傳
準爵里見前。

徐整　毛詩譜暢
《隋志》：譜三卷。
整字文操，豫章人。吳太常卿。案：東漢末有兩徐整，一柏人令，《顏氏家訓》所稱"柏人令徐整碑"者是也；一吳太常卿，陸氏《釋文》所稱"徐演暢"者是也，又整亦字正陽。

韋昭　毛詩問難七卷

右詩類。

曹充　慶氏禮章句辨難
曹褒父充，持《慶氏禮》。建武中爲博士。顯宗即位，拜侍中，作《章句辨難》，於是遂有慶氏學。

---

① "獸"字原脱，據補編本補。

曹褒　禮通義十二篇

《隋書》：大戴、小戴、慶氏三家並立，後漢惟曹充傳慶氏，以授子褒。然三家雖存並微，相傳不絕。

褒字叔通，魯國薛人。舉孝廉，拜博士，遷侍中。博物識古，爲儒者宗。作《通義》十二篇，演經雜論百二十篇，又傳《禮記》四十九篇。教授諸生千餘人。慶氏學遂行於世。

《漢名臣奏》：詔褒先叙禮樂，以《帝新》一篇冠首。

葛龔《與梁相笺》：曹褒寢懷鉛，筆行誦文書。

鄭衆　婚禮謁文

衆字仲師，河南開封人。官至大司農。

納采，始相言語，采擇可否之時。問名，謂問女名，將歸上之。納吉，謂歸葡吉，往告之也。納徵，用束帛，徵成也。請期，謂吉日將親迎，成之也。

百官六禮大略同於周制，而納采女家答辭末云：“奉酒肉若干。”再拜，反命。① 其所稱前人，不云吾子，皆云君。六禮文皆封之，先以紙封表，又加以皂囊，著篋中。又以皂衣篋表，訖以大囊表。題檢文言：“謁篋某君門下。”其禮物凡三十種，各内謁文，外有贊文，各一首。封如禮文，篋表訖，蠟封題，用皂帔蓋於箱中，無囊表，便檢題文言：“謁篋某君門下。”便書贊文，通共在檢上。《通典》。②

禮物以玄纁、羊、雁、清酒、白酒、粳米、稷米、蒲、葦、卷柏、嘉禾、長命縷、膠、漆、五色絲、合歡鈴、九子墨、金錢、得祿香草、鳳皇、舍利獸、鴛鴦，③受福獸、魚、鹿、烏、九子婦、陽燧。鑽

---

① "命"，原誤作"拜"，據補編本、清乾隆十二年武英殿刻本《通典》(以下《通典》皆據此本)卷五十八改。

② "通典"，原爲正文字號，據補編本改。

③ "鴦"，原作"央"，據補編本、《通典》卷五十八改。下"鴛鴦"同。

言：物之所象者衆，玄象天，纁法地。羊者，祥也，群而不黨。雁則隨陽。清酒降神，白酒次之。粳米羞食。稷米粢盛。蒲衆多性柔，葦柔之久。卷柏屈卷附生。嘉禾須祿。長命縷縫衣延壽。膠能合異類。漆內外光好。五色絲章采屈伸不窮。合歡鈴意解和諧。九子墨長生子孫。金錢和明不止。得祿香草爲吉祥。鳳皇雌雄伉合。舍利獸仁而謙。鴛鴦飛止須匹，鳴則相和。受福獸體恭心慈。魚處淵，無射。鹿者，祿也。烏知反哺，孝於父母。九子婦有四德。陽燧成明安身。又有丹爲二十五色之宗，青爲色，東方始。《山堂考索》。①

群而不黨，跪乳有義。《羊贊》，《初學記》、《白帖》引同。

雁候陰陽，待時乃舉，冬南夏北，貴有其所。《雁贊》，同上。

秔米馥芬，婚禮之珍。《秔米贊》、《北堂書鈔》。

稷爲大官。《稷贊》、《藝文類聚》。

九子之墨成於松煙，本姓長生子孫圖邊。②《九子墨贊》。

金錢爲質，所曆長久。金取和明，錢用不止。《金錢贊》。

長命之縷，女工所爲。《長命縷贊》。

舍利爲獸，獸而能謙，禮義乃信，口無譏詈。《舍利贊》。

卷柏藥草，附生山顛。屈拳成性，終無自伸。《卷柏贊》。

嘉禾爲穀，班祿是宜。吐秀五七，乃名爲嘉。《嘉禾贊》。

女貞之樹，柯葉冬生。寒涼守節，險不能傾。《女貞贊》、《太平御覽》。

鴛鴦之鳥，雄雌相類，飛止相匹。《鴛鴦贊》，同上。

案：是書久佚，贊文亦多殘闕不完，今從各書采輯，得若干條，知東京時士大夫家婚禮儀節如此。

---

① 按，檢《山堂考索》未見此段內容，應出自《通典》。

② "姓"，補編本作"性"。

崔駰　婚禮結言

駰字亭伯,涿郡人。乾坤其德,恒久不已。爰定大綱,夫婦作始。乃降英媛,有淑其儀。姬姜是侔,比則姚嫣。載納嘉贄,申結鞶褵。《藝文類聚》。

委禽奠雁,配以儷皮。

溫如蒲葦,固以膠漆。《太平御覽》。

景鸞　禮略

本傳：撰《禮內外記》。

杜子春　周官注

《隋志》：漢時,有李氏得《周官》,上於河間獻王,獨闕《冬官》一篇。獻王購以千金不得,遂取《考工記》以補其闕,合成六篇奏之。至王莽時,劉歆始置博士,以行於世。河南緱氏杜子春受業於歆,因以教授。

陸德明曰："河南緱氏杜子春受業於劉歆,還家以授門徒,好學之士鄭興父子等多師事之。"

賈公彥曰："劉歆門徒河南緱氏杜子春,永平初年且九十,家於南山,通《周官》說,鄭眾、賈逵往受業焉。"

鄭興　周官解詁

興字少贛,河南開封人。建武六年,征為大中大夫,作《周官解詁》。鄭康成注稱為鄭大夫者,即興之《解詁》也。《書序》言成王既黜殷命,還歸在豐,作《周官》,則此《周官》也。《通典》引鄭興《解詁》。

鄭眾　周官解詁

馬融《周官注》序：鄭眾、賈逵洪雅博聞,又以經書記轉相證明為解,[①]逵解行於世,眾解不行。然眾所解說,近得其實。

---

① "明"下原衍"杜氏"二字,據補編本、清嘉慶二十年南昌府學重刊宋本《十三經注疏》本《周禮注疏・序》(以下《周禮注疏》皆據此本)刪。

晁公武曰："鄭興、鄭衆傳授《周禮》，康成引以參釋同異。云大夫者，興也；司農者，衆也。"

賈逵　周官解故①

本傳：並作《周官解故》。

陸德明曰："賈景伯亦作《周官解詁》。"

衛宏　周官解詁

張衡　周官訓詁

衡字平子，南陽西鄂人。安帝征拜郎中，再遷爲太史令，出爲河間相，征拜尚書，著《周官訓詁》。崔瑗以爲不能有異於諸儒也。

順帝時，平子爲侍中，典校書，乃作《周官解説》，又欲以漢次述漢事，會復遷河間相，遂莫能立也。

外史，五帝之書。五典，五帝之常道也。《春秋疏》引張衡《解》。

胡廣　周官解詁

廣字伯始，南郡華容人。官至太傅，著詩、賦、銘、頌、箴、吊及諸解詁凡二十篇。

案：諸解詁即《周官解詁》《漢書解詁》《漢官解詁》等書。

馬融　周官傳十二卷

孔穎達曰："馬融爲《周官注》，欲省學者兩讀，②故具載本文。後漢以來始就經爲注。"

趙岐讀《周官》，二義不通，往造馬融。

融《周官傳》序：秦法與《周官》相反，故始皇特疾惡，欲絶滅之，搜求焚燒之獨悉。孝武帝始除挾書之律，開獻書之路，《周官》出於山巖屋壁。③至孝成皇帝，達才通人劉向、子歆，

---

① "故"，補編本作"詁"。
② "兩"，原誤作"而"，據補編本、《毛詩注疏》卷一改。
③ "壁"字原脱，據補編本、《周禮注疏·序》補。

校理秘書，始得列序，著於《録》《略》。然亡其《冬官》，以《考工記》足之。時衆儒並出共排之，以爲非是。惟歆獨識，[①]其年尚幼，務在廣覽博觀。末年，乃知周公致太平之迹，迹具在此。奈遭天下倉卒，兵革並起，弟子死喪，僅有門人河南緱氏杜子春，永平之初，年且九十，能通其讀。鄭衆、賈逵往受業焉。逵、衆洪雅博聞，又以經書轉相證明。逵解行於世，衆解不行。然衆所解説近得其實。予至六十，爲武都守。郡小事少，乃述平生之志，著《易》《尚書》《詩》《禮》傳皆訖，惟念前業未畢者，惟《周官》。年六十有六，目瞑意倦，自力補之，謂之《周官傳》也。

鄭玄　周官注十二卷

玄初從東郡張恭祖受《周官》《禮記》，後師事馬融。融作《周官傳》，授鄭玄。玄作《周官注》。

鄭《周官序》：世祖以來，[②]通人達士大中大夫鄭少贛名興，及子大司農仲師名衆，及故議郎衛次仲、侍中賈景伯、南郡太守馬季長，皆作《周官解詁》。玄竊觀之二三君之文章，顧省竹帛之浮辭，其所變易，灼然如晦之見明；其所彌縫，奄然如合符複析，斯可謂雅達廣覽者也。然猶有參錯，同事相違，則就其原文字之聲類，考訓詁，捃秘逸。謂二鄭者，實同宗之大儒，明理於典籍，粗識皇祖大經《周官》之義，存古字，[③]發疑正讀，亦信多善，徒寡且約，用不顯傳於世。今贊而辨之，庶成此家世所訓也。

《四庫全書提要》：《周禮》一書，上自河間獻王，於諸經之中，其出最晚。其真僞亦紛如聚訟，不可縷舉。惟《橫渠語録》

---

① "識"字原脱，據補編本《周禮注疏·序》補。
② "祖"，原誤作"人"，據補編本《周禮注疏·序》改。
③ "字"字原脱，據補編本《周禮注疏·序》補。

曰："《周禮》是的當之書，其間必有末世增入者。"鄭樵《通志》引孫處之言曰：①"周公居攝六年之後，書成歸豐，而實未嘗行。蓋周公之爲《周禮》，亦猶唐之《顯慶》《開元禮》，預爲之以待它日之用，俟其臨事而損益之。故建都之制，不與《召誥》《洛誥》合；封國之制，不與《武成》《孟子》合；設官之制，不與《周官》合；九畿之制，不與《禹貢》合。"其說差爲近之，然亦未盡也。夫《周禮》作於周初，而周事之可考者，不過春秋以後。其東遷以前三百餘年，官制之沿革，政典之損益，除舊布新，不知凡幾。其初去成、康未遠，不過因其舊章，稍爲改易。② 而改易之人，不皆周公也。於是以後世之法竄入之，其書遂雜。其後去之愈遠，時移世變，③不可行者漸多，其書遂廢。此亦如後世律令條格，率數十年而一修，修則必有所附益。特世近者可考，年遠者無徵，其增删之迹遂靡所稽，統以爲周公之舊耳。迨乎法制既更，簡編猶在，好古者留爲文獻，故其書閱久而仍存。此又如開元《六典》、政和《五禮》，在當代已不行用，而今日尚有傳本，不足異也。使其作僞，何不全僞六官，而必闕其一，至以千金購之不得哉？且作僞者必剟取舊文，借真者以實其贗，《古文尚書》是也。劉歆宗《左傳》，而《左傳》所云"禮經"，④皆不見於《周禮》。《儀禮》十七篇，皆在《七略》所載古經七十篇中；⑤《禮記》四十九篇，亦在劉向所錄二百十四篇中。而《儀禮·聘禮》賓行饔餼之物、禾米薪芻之數、籩豆簠簋之實、鉶壺鼎甕之列，與《掌客》之文不同；又《大射禮》天子、諸侯侯數、侯制，與《司射》之文不同；《禮記·

---

① "曰"字原脱，據《四庫全書總目》卷十九補。
② "舊章稍爲"四字原脱，據《四庫全書總目》卷十九補。
③ "世"，《四庫全書總目》卷十九作"勢"。
④ "而"字原脱，據《四庫全書總目》卷十九補。
⑤ "中"字原脱，據《四庫全書總目》卷十九補。

雜記》載子、男執圭，與《典瑞》之文不同；《禮器》天子、諸侯席數，與《司几筵》之文不同。如斯之類，與二《禮》多相矛盾。歆果贗托周公爲此書，又何難牽就其文，使與經傳相合，以相證驗，而必留此異同，以啓後人之攻擊？然則《周禮》一書，不盡原文，而非出依託，可概睹矣。《考工記》稱"鄭之刀"，又稱"秦無廬"。鄭封於宣王時，秦封於孝王時，其非周公之舊典，已無疑義。《南齊書》稱："文惠太子鎮雍州，有盜發楚王冢，獲竹簡書，青絲編，簡廣數分，長二尺有奇。得十餘簡，以示王僧虔。僧虔曰：①'是科斗書《考工記》。'"則其爲秦以前書亦灼然可知。雖不足以當《冬官》，然百工爲九經之一，其工爲九官之一，②先王原以制器爲大事，存之尚稍見古制。俞廷椿以下，紛紛割裂五官，均無知妄作耳。鄭《注》，《隋志》作十二卷。賈《疏》文繁，乃析爲五十卷，《新》《舊唐志》並同。今本四十二卷，不知何人所併。玄於三禮之學，本爲專門，故所釋特精。惟好引緯書，是其所短。③《歐陽修集》有《請校正五經劄子》，欲刪削其書。然緯書不盡可據，亦非盡不可據，在審別其是非而已，不必竄易古書也。又好改經字，亦其一失。然所注但曰"當作某"耳，尚不似北宋以後連篇累牘，動稱錯簡，則亦不必苛責於玄矣。公彥之《疏》亦極博核，足以發揮鄭學。《朱子語錄》稱："五經《疏》中，《周禮疏》最好。"蓋宋儒惟朱子深於《禮》，故能知鄭、賈之善云。

酈道元曰："湛水出犨縣北魚齒山。《周禮》'荊州，其浸潁、④湛'，鄭玄注云'未聞'，蓋偶有不照也。"

---

① "僧虔"二字原脱，據《四庫全書總目》卷十九補。
② "其"，原誤作"共"，據《四庫全書總目》卷十九改。
③ "所"，《四庫全書總目》卷十九作"一"。
④ "其"，原誤作"甚"，據補編本、明嘉靖十三年黃省曾刻本《水經注》（以下《水經注》皆據此本）卷二十一改。

王應麟曰："鄭康成注經，以緯書亂之，以臆說汩之，而聖人之微旨晦焉。徐氏《微言》謂鄭注誤有三：《王制》，漢儒之書，今以釋《周禮》，其誤一；《司馬法》，兵制也，今以證田制，其誤二；漢官制皆襲秦，今引漢官以比《周官》，小宰乃漢御史大夫之職，謂小宰如今御史中丞，如此之類，其誤三。"

又曰："《唐·禮志》云：'讖緯亂經，鄭玄主其說。以禋祀祀昊天上帝，此天也。玄以爲天皇大帝者，北辰耀魄寶也。兆五帝於四郊，此五行精氣之神也。玄以靈威仰、赤熛怒、含樞紐、白招拒、汁光紀者五天也，由是有六天之說。顯慶二年，禮官議六天出緯書，南郊、圜丘一也，玄以爲二。郊及明堂祭天，而玄以爲祭太微五帝。啓蟄而郊，郊而後耕，而玄謂周祭感生帝靈威仰，配以後稷，因而祈穀，皆謬論也。'"

魏了翁曰："康成以漢制解經，以賦爲口率出泉，三代安有口賦？王介甫用之以誤熙寧，①皆鄭注啓之。"

鄭玄　答臨碩周禮難

案：碩字孝存，北海人。博學多聞，蚤卒。孔融爲北海相，令與甄孝然配食縣社。

《正義》：林孝存以爲武帝知《周官》末世不經之書，作十論七難排之。② 何休以爲六國陰謀之書。惟鄭玄知爲周公致太平之迹，故能答林碩之難。

晁公武曰：秦火後，《周禮》比它經最晚出論者不一，獨劉歆稱周公致大平之迹，鄭氏則曰：周公復辟，後以此授成王，使居洛邑，治天下林氏存，謂之瀆亂不經之書。何休亦云：六國陰謀之説，昔北宮錡問孟子周室班爵之制，孟子謂諸侯惡其害

---

① "誤"，原誤作"設"，據補編本、《四部叢刊》影宋刻本配明嘉靖銅活字本《鶴山集存》改。

② "七"，原誤作"五"，據補編本、《周禮注疏·序》改。

己,皆去其籍,則自孟子時已無《周禮》矣,況經秦火乎? 漢儒非之良有以也。

鄭玄　周官音一卷

陸德明曰:"三禮音各一卷。"

附　王肅　周官注十二卷

袁准　周官傳

王朗　周官傳

鄭玄　儀禮注

《隋志》:十七卷。玄本習《小戴禮》,後以古經校之,取其義長者爲鄭氏學。

《晋書》:元帝踐祚,《周官》《禮記》鄭氏置博士。荀崧上疏曰:"《儀禮》一經,所謂《曲禮》,鄭玄於禮特明,皆有證據,宜置鄭《儀禮》博士一人。"①

阮孝緒曰:"古經出魯淹中,其書周宗伯所掌五禮威儀之事,有六十六篇,無敢傳者。後博士侍其生傳十七篇,鄭玄注《儀禮》是也,②餘篇皆亡。"

《隋書》:古經十七篇,惟鄭注立於國學,其餘並多散亡,又無師説。

晁公武曰:"《儀禮》十七篇,惟鄭注。西漢諸儒得《古文禮》,凡五十六篇。高堂生傳《士禮》十七篇,③爲《儀禮》。《喪服傳》一卷,子夏所爲。其説曰:《周禮》爲本,聖人體之;《儀禮》爲末,聖人履之。爲本則重者在前,故宗伯序五禮以吉、凶、軍、賓嘉爲次;爲末則輕在前,故《儀禮》先冠、昏,後喪、祭。"

---

① "禮"字原脱,據補編本、清乾隆四年武殿校刻本《宋書·禮志》(以下《宋書》皆據此本)補。

② "也"字原脱,據補編本、《經義考》卷一百三十一補。

③ "高"字原脱,據補編本、清乾隆十二年武英殿刻本《文獻通考·經籍考》補。

《四庫全書提要》：《儀禮注疏》十七卷，漢鄭玄注，唐賈公彥疏。《儀禮》出殘闕之餘，漢代所傳，凡有三本。一曰戴德本，以《冠禮》第一，《昏禮》第二，《士相見》第三，《士喪》第四，《既夕》第五，《士虞》第六，《特牲》第七，《少牢》第八，《有司徹》第九，《鄉飲酒》第十，《鄉射》第十一，《燕禮》第十二，《大射》第十三，《聘禮》第十四，《公食》第十五，《覲禮》第十六，《喪服》第十七。一曰戴聖本，亦以《冠禮》第一，《昏禮》第二，《相見》第三，其下則《鄉飲》第四，《鄉射》第五，《燕禮》第六，《大射》第七，《士虞》第八，《喪服》第九，《特牲》第十，《少牢》第十一，《有司徹》第十二，《士喪》第十三，《既夕》第十四，《聘禮》第十五，《公食》第十六，《覲禮》第十七。一曰劉向《別錄》本，即鄭氏所注。賈公彥謂："《別錄》尊卑吉凶，次第倫叙，故鄭用之。二戴尊卑吉凶雜亂，故鄭不從之也。"其經文亦有二本。高堂生所傳者，①謂之今文。魯恭王壞孔子宅，得亡《儀禮》五十六篇，其字皆以篆書之，謂之古文。玄注參用二本。其從今文而不從古文者，則今文大書，古文附注，《士冠禮》②"闑西閾外"句注③"古文'闑'爲'槷'，'閾'爲'蹙'"是也；從古文而不從今文者，則古文大書，今文附注，《士冠禮》醮辭"孝友時格"句注"今文'格'爲'假'"是也。其書自玄以前，絕無注本。玄後有王肅注十七卷，見於《隋志》。④ 然賈公彥序稱："《周禮》注者則有多門，《儀禮》所注後鄭而已。"則唐初肅書已佚也。爲之義疏者有沈重，見於《北史》，又有無名氏二家，見於《隋志》。然皆不傳。故賈公彥僅據齊黃慶、隋李孟悊二家之疏，

---

① "生"，原誤作"隆"，據《四庫全書總目》卷二十改。
② "禮"字原脱，據《四庫全書總目》卷二十補。
③ "注"字原脱，據《四庫全書總目》卷二十補。
④ "志"，原誤作"注"，據《四庫全書總目》卷二十改。

定爲今本。其書自明以來,刻本舛訛殊甚。顧炎武《日知録》曰:①"萬曆北監本《十三經》中,《儀禮》脱誤尤多。《士昏禮》脱'壻授綏,母辭曰:未教,不足與爲禮也'一節十四字。賴有《長安石經》,據補此一節,而其注疏遂亡。《鄉射禮》脱'士,鹿中,翿旌以獲'七字,《士虞禮》脱'哭止,告事畢,賓出'七字。《特牲饋食禮》②脱'舉觶者祭,卒觶,拜,長者答拜'十一字。《少牢饋食禮》脱'以授尸,坐取簞,③興'七字。此則秦火之所未亡,而亡於監刻矣。"云云。蓋由《儀禮》文古義奧,傳習者少,注釋者亦代不數人,寫刻有訛,猝不能校,故紕漏至於如是也。今參考諸本,一一釐正,④著於録焉。

鄭玄　儀禮音

《七録》:二卷。《釋文・序録》:一卷。

馬融　喪服經傳一卷

朱錫鬯曰:"陸氏《序録》載注解傳述人,於《儀禮》有鄭康成注,此外馬融、王肅、孔倫、陳銓、裴松之、雷次宗、蔡超宗、田僎之、劉道拔、⑤周續之,凡十家,云自馬融以下並注。考《隋書・經籍志》,十家之中,惟載王肅《儀禮注》十七卷,其餘未嘗有全書注也。《舊唐書・經籍志》於馬融《喪服紀》下,又一卷鄭玄注,又一卷袁準注,又一卷陳銓注,又二卷蔡超宗注,又二卷田僧紹注,亦未載諸家有全書注。至《新唐書・藝文志》始載袁準注《儀禮》一卷,孔倫注一卷,陳銓注一卷,蔡超宗注二卷,田僧紹注二卷,並不著其注《喪服》,則誤以《喪服》

---

① "曰"字原脱,據《四庫全書總目》卷二十補。
② "禮"字原脱,據《四庫全書總目》卷二十補。
③ "簞",原誤作"觶",據《四庫全書總目》卷二十改。
④ "正"字原脱,據《四庫全書總目》卷二十補。
⑤ "拔"字原爲空格,據補編本、《曝書亭集》卷四十二改。

注爲《儀禮》全書注也。① 至鄭氏《通志·略》,既於《儀禮》全書注載袁準、孔倫、陳銓、蔡超宗、田僧紹,又於《喪服傳》注五家複出,由是西亭王孫《受經圖》、焦氏《經籍志》並沿其誤,當以陸氏《序錄》爲正也。"

傳:麻之有蕡者也。注:蕡者,枲實,枲麻之有子者。其色粗惡,故用之。"以下斬衰。"

傳:天子至尊也。注:天下所尊。

傳:君至尊也。② 注:君,一國所尊也,故曰至尊。

父爲長子,正體於上,又乃將所傳重也。注:體者嫡,嫡相承也。正爲體在長子之上,上正於高祖,體重其正,故服三年。此爲五世之嫡,父乃爲之斬也。

庶子不得爲長子三年,不繼祖也。注:庶子賤,爲長子服,其服不得隨父服三年,③故云不繼祖也。

傳:夫,至尊也。注:婦人夫天,故曰至尊。

傳:妾爲君,君至尊也。注:妾賤,事夫如君,故曰至尊。

傳:子嫁反在父之室,④爲父三年。注:爲犯七出,還在父母之家。

傳:受重者。注:受人宗廟之重,故三年。

傳:斬衰三年,公士大夫之衆臣爲君。⑤ 注:士,卿士。公卿大夫厭於天子諸侯,故降其衆臣布帶繩屨。公卿大夫室老、士,⑥貴臣也,其餘皆衆臣。君,有采地者,故曰君也。

傳:衆臣杖,不以即位。近臣,君服斯服矣。注:衆臣室老,

---

① "誤以"二字原爲空格,據補編本、《曝書亭集》卷四十二改。
② "君"字原脱,據補編本、《通典》卷八十八補。
③ "不得"二字原脱,據補編本、《通典》卷八十八補。
④ "父"下原衍一"母"字,據補編本、《通典》卷八十八刪。
⑤ "公"下原衍一"卿"字,據補編本、《通典》卷八十八刪。
⑥ "士"字原脱,據補編本、《通典》卷八十八補。

家相也。士，邑宰也。近臣，①閹寺之屬。君，嗣君也。斯，此也。近臣從君喪服，無所降。

傳：牡麻絰，右本在上。注：在上指右，②故曰右本。以下齊衰三年。

傳：父卒則爲母齊衰三年。注：父卒無所復屈，故得伸重服三年也。傳：慈母如母。注：謂大夫士之妾，妾子之無母者，父命爲母子者。其使養之，③不命爲母子，則亦服庶母慈己之服可也。

傳：母爲長子齊衰三年。父之所不降，母亦不敢降也。注：父不傳重無五代之義，④而服三年，隨父從於夫也。不在斬衰章者，以子當爲母服齊衰也。

傳：父在，爲母齊衰杖周，屈也。注：屈者，子自屈於父，故周而除母服也。父至尊，子不敢伸母服三年。以下齊衰周。

傳：爲妻齊杖周。妻，至親也。注：妻與己共承宗廟，⑤所以至親。

出妻之子爲母周。注：犯七出爲之服周。不直言爲出母，嫌妾子及前妻之子爲之服。⑥ 子無出母之義，⑦故繼夫而言。⑧

傳：絶族無施服，親者屬也。注：在旁而及曰施。親者屬也，母子至親，無絶道也。

傳：父卒，繼母嫁，從爲之服報。注：繼母爲己父三年喪，禮畢嫁後夫，重成母道，故隨爲之服。繼母不終己父三年喪，則不服也。

---

① "近"字原脱，據補編本、《通典》卷八十八補。
② "右"字原脱，據補編本、《通典》卷八十七補。
③ "使養"二字原爲空格，據補編本、《通典》卷八十九改。
④ "父"字原脱，據補編本、《通典》卷八十九補。
⑤ "己"字原脱，據補編本、《通典》卷八十九補。
⑥ "之子"二字原脱，據《通典》卷八十九補。
⑦ "無"，原誤作"服"，據《通典》卷八十九改。
⑧ "繼"，原誤作"係"，據《通典》卷八十九改。

傳：與尊者一體也。注：與父一體，故不降而服周。①
傳：父之所不降，子亦不敢降也。注：大夫重嫡不降大功，子從父不敢降其妻，故服周也。
傳：不貳斬也。注：爲大宗後，當爲大宗斬，還爲小宗周，故曰不貳斬也。
傳：爲其父母昆弟之爲父後者，周。注：婦人以適人降，故服父母周，爲昆弟之爲父後者亦爲之周也。
傳：必有歸宗，曰小宗。注：歸宗者，歸父母之宗也。昆弟之爲父後者曰小宗。
傳：與之適人。注：無大功之親，以收養之故，母與之俱行適人。
傳：妻不敢與焉。注：不敢與知之也。
傳：未嘗同居，則不爲異居。注：謂己自有宗廟，不隨母適人。初不同居，何異居之有。
傳：爲夫之君，周。注：夫爲君服三年，妻從夫降一等，故服周。
傳：從服也。注：從夫而爲之服也。從服降一等，故夫服三年，妻服周也。
傳：報之也。注：伯母叔母報之。
傳：公妾大夫之妾。注：公，諸侯也。②
傳：女子子爲祖父母。注：不言女孫，言女子子者，婦質者親親，故繫父言之。出入服同，故不言在室適人也。
傳：大夫不敢降其祖與嫡也。注：尊祖重嫡，自尊者始也。
傳：以及士妾。注：其間有卿大夫妾，故言。
傳：丈夫婦人爲宗子、宗子之母妻。注：言一族男女，皆爲宗

---

① "周"，原誤作"同"，據補編本、《通典》卷九十改。
② "注公諸侯也"五字原脱，據補編本、《通典》卷九十補。

子母與妻。

傳：庶人爲國君。注：衆人爲國君服齊衰三月。

傳：大夫不敢降其宗也。注：五屬孫雖爲大夫，①不敢降宗子者，故服齊衰三月。以下齊衰三月。

傳：大夫不敢降其祖也。注：尊祖，故不降。

傳：其成人。注：成人，謂十五以上許嫁未行者也。

傳：不敢降其祖也。注：以祖名曾，明婦人雖爲天王后，不降其祖宗也。

傳：公爲嫡子之長殤、中殤，大夫爲嫡子之長殤、中殤。注：重嫡也。大夫亦重嫡，故皆不降服。大功也。以下大功。

傳：纓絰。注：長殤以成人，其絰有纓。

傳：不纓絰。注：中殤賤禮，②略其絰無纓也。

傳：爲人後者爲其昆弟。注：昆弟在周而降之，以所後爲親也。

傳：不降其嫡也。注：重嫡，故不降之爲服也。

傳：爲衆昆弟。注：適人，降其昆弟，故大功也。

傳：姪。注：嫁姑爲嫁姪服也，俱出也。

傳：從服也。注：從夫爲之服降一等。

傳：子。注：謂庶子也，皆周也。大夫尊降士，故服大功也。

傳：尊同，則得服其親服。注：尊同者亦爲大夫服周也。

傳：公之庶昆弟，大夫之庶子爲母。注：言庶者，諸侯異母昆弟也。庶子，大夫妾子也。諸侯貴妾子，父在爲母周，父没伸服三年。大夫貴妾子，父在爲母周。賤妾子父在爲母大功。所從大夫而降也。

傳：爲夫之昆弟之婦人子適人者。注：在室者周，適人者降

---

① "孫"字原脱，據補編本、《通典》卷九十補。

② "賤"字原脱，據補編本、《通典》卷九十一補。

大功也。

傳：女子子嫁者未嫁者。注：合大夫之妾爲君之庶子、女子子嫁者未嫁者，言大夫之妾爲此三人同服。

傳：大夫、大夫之妻、大夫之子、公之昆弟爲姑、姊妹、女子子嫁於大夫者。注：此上四人者，各爲其姑、姊妹、女子子嫁於大夫者服也。在室大功，嫁於大夫大功，尊同也。

傳：君爲姑、姊妹、女子子嫁於國君者。注：君，諸侯也。爲姑、姊妹、女子子嫁於國君者服也。不言諸國者，關天子元士卿大夫也。上但言君者，欲關天子元士卿大夫嫁女諸侯皆爲大功也。①

傳：尊同則得服其親服。注：諸侯絕周，姑姊妹在室無服也。嫁於國君者，尊與己同，故服周親服。

傳：牡麻絰。注：絰帶從大功制度，小功言澡麻。是言牡麻，知從大功也。

傳：叔父之下殤，適孫之下殤，昆弟之下殤，大夫庶子爲適昆弟之下殤，爲姑姊妹女子子之下殤。注：本皆周服，下殤降二等，故小功也。以下小功。

傳：爲人後者，爲其昆弟從父昆弟之長殤。注：成人服大功也，長殤降一等，故小功。

傳：爲夫之叔父之長殤。注：成人大功，長殤降一等。

傳：夫之昆弟之子，女子子之下殤。注：伯叔父母爲之服也。成人在周，下殤降二等，故服小功。

傳：大夫公之昆弟大夫之子，爲其昆弟庶子姑姊妹女子子之長殤。注：大夫以尊降公之昆弟，以尊厭大夫子，以父尊厭各降在大功，長殤復降一等，故服小功也。大夫無昆弟之殤，此

---

① "元士"二字原脱，據補編本、《通典》卷九十一補。

言殤者,闕有罪,若畏厭溺當殤服之也。

傳:大夫之妾爲庶子之長殤。注:除嫡子一人,其餘皆庶子也。男女至成人,①同在大功。長殤降一等,故小功也。不言君者,殤賤見妾亦得子之也。

傳:從祖祖父母。注:曾祖之子,祖之昆弟也。正服小功。

傳:從祖父母報。注:從祖,祖父之子,是父之從父昆弟也。云報者,恩輕欲見兩相爲服。

傳:從祖昆弟。注:謂曾祖孫也,②於己爲再從昆弟,同出曾祖,故言從祖昆弟,正服小功。

傳:從父姊妹。注:伯叔父之女。

傳:孫適人者。注:祖爲女孫適人者降一等,故小功。

傳:爲人後者,爲其姊妹適人者。③ 注:在室者齊衰周,適人大功以爲大宗後,疏之降二等,故小功也。不言姑者,明降一體不降姑也。

傳:以尊加也。注:本服緦,④以母所至尊,加服小功,故曰以尊加。

傳:從母丈夫婦人報。注:母之姊妹也。言丈夫婦人者,異姓無出入,降皆以丈夫婦人成人之名名之也。

傳:以名加也。注:外祖從母,其親皆緦也。以尊名加,故小功也。

傳:娣姒婦。注:兄弟之妻相名也。長稚自相爲服,不言長者,婦人無所專,以夫爲長幼,不自以年齒也。妻雖小,猶隨夫爲長也。先娣後姒者,明其尊敬也。

---

① "至",原誤作"有",據補編本、《通典》卷九十二改。
② "謂",原誤作"俱",據補編本、《通典》卷九十二改。
③ "者"字原脱,據補編本、《通典》卷九十二補。
④ "服",原誤作"親",據補編本、《通典》卷九十二改。

傳：報。注：姑報姪婦也。言婦者，廟見成婦乃相爲服。
傳：大夫、大夫之子、公之昆弟爲從父昆弟，庶孫，姑、姊妹、女子子適士者。注：謂上三人各自爲其從父昆弟，庶孫，姑、姊妹、女子子適士者服也。從父昆弟、庶孫大功也，以尊降，故服小功。姑、姊妹、女子子適人大功，適士降二等，故服小功。
傳：大夫之妾爲庶子適人者。注：嫡夫人庶子也。在室大功，出適降一等，故服小功。
傳：庶婦。注：庶子婦也。舅姑爲之服。
傳：君母之父母從母。①注：君母者，母之所君事者。從母者，君母之姊妹也。妾子爲之服小功也，自降，外祖服緦麻，外無二統者。
傳：君母不在，則不服。注：從君母爲親服也。君母亡無所復厭，則不爲其親服也。自得伸其外祖小功也。
傳：君子子爲庶母慈己者。注：爲慈養己者，服小功。
傳：貴人之子也。注：貴人者，嫡夫人也。子以庶母慈養己，加一等小功也。爲父賤妾服緦，父没之後，貴賤妾皆小功也。
傳：族祖父母。注：族祖父，祖之從父昆弟也。亦高祖之孫。以下緦麻。
傳：族父母。注：族父，從祖昆弟之親也。
傳：庶孫之婦。注：祖父母爲嫡孫之婦小功，庶孫降一等，故緦也。
傳：庶孫之中殤。注：祖爲孫成人大功，長殤降一等，中下殤降二等，故服緦也。言中，則有下文不備疏者略耳。
傳：從祖姑姊妹適人者。注：於己再從，在室小功，適人降一等，故緦也。

---

① "父"，原誤作"庶"，據補編本、《通典》卷九十二改。

傳：從祖父從祖昆弟之長殤。① 注：成人服小功、長殤降一等，故緦也。中下殤無服，故不見也。
傳：從父昆弟姪之下殤。注：降二等，故服緦。
傳：夫之叔父之中殤下殤。注：妻爲之服也。成人在大功，中下殤降二等。
傳：從母之長殤。注：成人小功，長殤降一等。
傳：與尊者爲一體，不敢服其私親也。注：承父之體，四時祭祀，不敢伸私親服，廢尊者之祭，故服緦也。
傳：則爲之三月不舉祭。注：②緣先人在時，哀傷臣僕有死宮中者，爲缺一時不舉祭，③因是服緦也。
傳：士爲庶母。注：以有母名，爲之服緦。
傳：貴臣貴妾。注：君爲貴臣貴妾服也。天子貴公，諸侯貴卿，大夫貴室老。貴妾，謂姪娣。
傳：乳母以名服也。注：士爲乳母服，以其乳養於己者，有母名。
傳：從母昆弟以名服也。注：姊妹子相爲服也。以從母有母名，以子有昆弟名。
傳：甥。注：從其母而服己緦，故報之。
傳：婿。注：婿從女而爲己服緦，④故報之以緦也。
傳：從服也。注：婿從妻而服緦也。
傳：舅之子從服也。注：姑之子爲舅之子服，今之中外兄弟也。從其母來服舅之子緦。
傳：夫之諸祖父母報。注：所服者四，其報者二，曾祖正小

---

① "昆"，原誤作"兄"，據補編本、《通典》卷九十二改。
② "注"字原脱，據補編本補。
③ "爲"下原衍一"是"字，據補編本、《通典》卷九十二刪。
④ "而"，原誤作"來"，據補編本、《通典》卷九十二改。

功，故妻服緦，不報也。從祖祖父旁尊，故報也。

傳：君母之昆弟。注：妾子爲嫡夫人昆弟服也。君母卒則不服。

傳：從服也。注：從母在，爲之服。

傳：昆弟之孫之長殤。注：成人小功，長殤降一等。

傳：則生緦之親焉。注：娣姒以同室相親，生以繐緦之服。

經云：袂，尺二寸。注：袂，末也；尺二寸，足以容拱手也。喪拱尚右手下。又衣下施腰，取半幅橫綴身下，長短隨衣。

傳：繼母之配父與因母同。① 注：因猶親也。

記：爲其妻繐冠，葛絰帶。注：天子諸侯之庶子爲其妻，輕，故繐冠葛帶。

改葬緦。注：棺有弛壞，將亡尸棺，② 故制改葬。棺物敗者，設之如初，其奠如大斂時。不制斬者，禮已終也。從墓之墓，事已而除，不必三月。惟三年者服緦，周以下無服。

案：馬氏《喪服經傳注》見陸德明《經典·序錄》，而杜氏《通典》所采尤多，是唐時書尚存，《宋史》始不著錄。今人不講《喪服》久矣。今據余蕭客《古經解鉤沈》所輯，參以注疏，錄之，以爲治經者之一助云。

鄭玄　喪服經傳一卷

經云："凡縗外削幅，裳內削幅。"鄭云："削猶殺也。太古衣，先知爲上，外殺其幅，以便禮也；後知爲下，內殺其幅，稍有飾也。後代聖人易之而以此爲喪服是也。其制身長二尺二寸，合前後爲四尺四寸，兩邊凡八尺八寸。"

經云："衣二尺有二寸。"鄭云："衣自領至腰二尺二寸。""齊衰不書受月，亦天子諸侯及卿大夫士卒哭異數也。"

---

① "因母"，原誤作"親因"，據補編本、《通典》卷八十九改。
② "棺"，補編本、《通典》卷一百二皆作"柩"。

經云："衣帶下尺。"鄭云："謂腰也。廣尺足以掩裳上際，①又於腰兩旁當縫各綴一衽。"

經云："衽二尺有五寸。"鄭云："衽所以掩裳際。其制：上正方一尺，於方一尺之下，角斜向下，長尺五寸，末頭闊六寸。今但取三尺五寸布，交解相當裁之即可，②亦謂之燕尾。今闊頭向上，取象與吉服之衽相反。又取布方尺八寸，置背上，上縫著領，③下垂之，謂之負。"

經云："負廣出於適寸。④"鄭云："負，在背上也。適，辟領也。負出於辟領旁一寸也。今據辟領廣尺六寸，負各出一寸，故知尺八寸。其開領處交右各開四寸孔，向辟厭之，謂之適。"

經云："適辟領廣四寸。"⑤鄭云："則內闊八寸也，兩之爲尺六寸。又取布長六寸，博四寸，綴於外衿上，謂之縗。"

經云："縗長六寸，博四寸。"鄭云："廣袤當心也。負左右有辟領，孝子哀戚之心無所不在。其裳之制：前三幅，後四幅，開兩邊，故以衽蔽之於腰上。每一幅爲三辟積，⑥其辟積相向爲之，謂之絇。其絇大小隨人腰粗細爲之。"

經云："裳內削幅，幅三絇。"⑦鄭云："絇謂辟兩側空中央也。凡裳前三幅後四幅，若斬縗即衰與裳不纏緝，若齊縗以下，縗則外纏之，裳則內纏之。"

經云："若齊，裳內縗外。"⑧鄭云："齊，緝也。⑨凡五服之縗，

―――――――

① "足"，原誤作"卒"，據補編本、《通典》卷八十七改。
② "相當"，《通典》卷八十七作"相衺"。
③ "上"，原誤作"之衽"，據補編本、《通典》卷八十七改。
④ "負"原誤作"交"，"適"原誤作"尺"，皆據補編本、《通典》卷八十七改。
⑤ 按，據《通典》卷八十七，此句應爲"鄭云"內容。
⑥ "積"字原脱，據補編本、《通典》卷八十七補。
⑦ "幅三絇"，原誤作"商"，據《通典》卷八十七改。
⑧ "外"字原脱，據補編本、《通典》卷八十七補。
⑨ "緝"，原誤作"縫"，據補編本、《通典》卷八十七改。

一斬四緝。緝裳者，内展之；緝緣者，外展之。展則纏緝也。"
傳："妾爲君，君至尊也。"鄭云："不得體之，加尊焉，①雖士亦然。"
傳："父爲長子，正體在乎上，又所以傳重也。② 庶子不得爲長子三年，不繼祖也。"鄭云："此言爲父後者，然後爲長子三年，重其當先祖之正體，又知其將代己爲宗子也。③ 庶子爲父後者之弟也，言庶者，遠别之也。《小記》曰：'不繼祖與禰。'④'此但言祖，容祖禰共廟。"
傳："子嫁反在父之室，爲父三年。"鄭云："謂遭喪而出者，始服齊衰周，出而虞則受以三年之喪受。既虞而出，則小祥亦如之。既除而出，則已。女行於大夫以上曰嫁，行於士庶人曰適人。"
傳："母爲長子三年，父之所不降，母亦不敢降也。"鄭云："不敢降者，謂不敢以己尊降祖禰之正體也。"
傳："爲妻齊衰杖周，妻至親也。"鄭曰："嫡子父在，則爲妻不杖，以父爲之主也。《服問》曰：'君所主，夫人、妻、太子、嫡婦。'父在，爲妻以杖，即當爲庶子也。"
傳："父卒繼母嫁，從爲之服，報貴終也。"鄭云："嘗爲母子，貴終其恩也。"

鄭玄　喪服變除

臣爲君不笄纚。
諸侯爲天子、父爲長子，皆爲次於内。
襲而括髮者，彼據大夫以上之禮，死之明日，與士小斂同日，

---

① "加"，原誤作"如"，據補編本、《通典》卷八十八改。
② "所以"，《通典》卷八十八作"將所"。
③ "又知其將代己爲宗子也"，補編本、《通典》卷八十八皆作"又以其將代己爲宗廟主也"。
④ "繼"字原脱，據補編本、《通典》卷八十八補。

俱是死後二日也。

尸襲,去纚括髮,在二日大斂之前。

至死之明日,士則死日襲,明日小斂。

小斂之後,大夫以上冠素弁,士則素委貌。其素弁、素冠皆環絰。

鄭玄　喪服譜一卷

劉表　後定喪服一卷

《隋志》作《喪禮》一卷。

父亡在祖後,則不得爲祖母三年,以爲婦人之服不可踰夫。孫爲祖服周,父亡之後,爲祖母不得踰祖也。既除喪,有來弔者,以縞冠深衣於墓受之,畢事反吉。

君來弔臣,主人待君到,①脫頭絰,貫左臂,去杖,出門迎。門外再拜,乃厭,還,先入門,東壁向君。讓君於前聽,即堂先哭。乃止於廬外伏哭,當先君止。君起致辭,子對而不言,稽顙以答之。

蔣琬　喪服要記一卷

琬字公琰,零陵湘鄉人。爲尚書令,遷大將軍,錄尚書事,封安陽亭侯。延熙二年,加大司馬。卒,謚曰恭。

譙周　喪服集圖一卷

周字允南,巴西人。

《縗服圖》：童子不降成人,小功親以上皆服本親之縗。童子不杖不廬,不免不麻。當室著免麻,②十四以下不堪麻則否。

內宗外宗,女在己國,則得爲君服斬衰,夫人齊衰;若在它國,則不得也。

國君爲卿大夫,皮弁錫縗以居,它事出,亦如之。其弔,則皆

---

① "到",原誤作"則",據補編本、《通典》卷八十三改。
② "著"下原衍一"免"字,據補編本刪。

錫縗,布弁而経,三月服吉。其弔士,則服弁絰疑縗,亦往則服,出則否。
公及大夫弔衆妾,如君弔它國卿大夫,皮弁錫縗不経。
君使人弔襚,主人迎於寢門外,見使者不哭。先入門右,北面。弔者入,升自西階,東面。主人至於中庭,弔者致君命,主人哭拜稽顙成踊。弔者出去,主人拜送於門外,致君命。襚者左執領,右執腰,致命訖,入室,衣尸乃出。它皆如弔。既斂之後,不衣尸,委於尸東席上。凡主人出送,因拜賓;所拜者拜訖,皆即位西階下,東面哭踊,哭訖,反室。
大夫弔,服以錫縗,用麻布而夾理之曰錫。士弔服以疑縗,用錫布爲衣而素裳,儗於吉也。其冠各以其縗。歸其家,猶弔服弁絰以居。其以它事出,則脫経。三月既葬,服吉。五代兄弟相爲亦然。凡大夫弔於其臣,異者,主人不迎於門外,主君入,即位堂下,西面。主人北面,衆主人南面。
遷祖之奠,升自西階如初。及日載於車,下奠設於西方,乃陳遣車於庭。訖,徹奠以巾席,俟於西方,乃祖。車既祖,旋向外,離於載處,爲行始也,布席乃奠如初。爲父,始死,去冠及羔裘大帶,其笄纚革帶者皆如故。衣布深衣,扱上衽,徒跣,拊心號咷而無常聲,哭踊無數。始死者至小斂,大功以上者皆在室。丈夫在尸牀東,西面;婦人夾牀,東面。雖諸父兄姑姊,不踰主人,皆次其後。餘衆婦人户外,北面;衆兄弟堂下,北面。諸侯之喪,惟主人主婦坐,其餘皆立。卿大夫亦在室外,命婦户外北面,有司庶士堂下北面。大夫之喪,主人主婦及有命夫命婦者皆坐,無者皆立,室老亦立,室老之妻户外北面,衆臣堂下北面。士之喪,父兄子姪婦人皆坐,它皆如前。
父爲長子,不徒跣,不歠粥。
凡父兄雖往哭,不於子弟之宮設哀次也。

女子子未嫁爲父，始卒，去彩飾之屬，筓纚及帶如故，衣布深衣，不扱上衽，不徒跣，吉白麻屨無絇，拊心哭泣無數，不袒，其踊不絕地。

父卒爲母，始死，去玄冠；尸襲之後，因其筓纚而加素冠，其餘與爲父同。

爲父，至葬，腰絰散垂如小幼時。反哭於廟，升自西階。虞祭於寢，杖不入室。

父卒母嫁，非父所絕，適子雖主祭，猶宜服期。《檀弓》疏。據母嫁猶服周。則親母可知。

凡外親正服皆緦，加者不過小功。今異父兄弟，父没母嫁，所生者皆相報服。

父母既没，兄弟異居，又或改娶，則娣姒有初而異室者矣。若不本夫爲論，惟取同室而已，則親娣姒與堂娣姒不應有殊。經殊其服以夫之親疏行，是本夫與爲倫也。婦人於夫昆弟，本有大功之倫；從服其婦，有小功之倫；於夫昆弟，有小功之倫；從服其婦，有緦麻之倫也。夫以遠之而不服，故婦從無服而服之。然則初而異室，猶自以其倫服。

大夫之子，父在降旁親，亦如大夫，從父厭也。大夫庶子爲妻父母無服，爲其母、妻大功，父没皆如國人。諸侯夫人亦隨其君降旁親無服，爲其族人亦降旁親，非諸侯，自周以下無服，爲其父母及祖如國人。夫夫命婦爲其旁親，以大夫爵降又降一等；其爲父後者，不以嫁降，但以尊降一等。

諸侯降旁親，旁親若爲諸侯及女子嫁於諸侯者，服如國人。

天子、諸侯爲外祖父小功，諸侯嫡子爲母、妻及外祖父母、妻父母皆如國人。嗣子雖無正爵，與君爲體，其誓於天子，則下其成人。舊説外祖父母，母族正統也；妻父母，妻族正統也。母、妻與己尊同，其所當降亦不降也，故嗣子亦不降妻之父母。

大夫命婦爲其昆弟爲父後者、大宗，則服如國人。男子幼取必冠，女子幼嫁必笄。禮之則從成人，不爲殤。

附　王肅　喪服經傳注

《隋志》：一卷。

王肅　喪傳要記

《隋志》：一卷。

袁準　喪服經傳注

《釋文》。

射慈　喪服變除圖

《隋志》：五卷。

慈字孝宗，彭城人。吴中書侍郎。齊王傳。按：《孫休傳》作"射慈"，《孫奮傳》作"謝姓之改"。《三輔決錄》："射援，其先本姓謝，與北地諸謝同族。始祖謝服爲將軍出征，天子以謝服非令名，改爲射，子孫氏焉。"

薛綜　述鄭氏禮五宗圖

綜字敬文，沛郡竹邑人。少避地交州，從劉熙學，所著詩、賦、難、論數十萬言。又定《五宗圖述》《二京解》，皆傳於世。

馬融　禮記注

《隋志》：河間獻王得仲尼弟子及後學者所記一百三十一篇，① 劉向考校經籍，衷獲百三十篇。又得《明堂陰陽記》三十三篇、《孔子三朝記》七篇、②《王史氏記》二十一篇、③《樂記》二十

---

① "弟子"二字原脱，據補編本、《隋書·經籍志》補。
② "七篇"，原誤作"十篇"，據補編本、《隋書·經籍志》改。
③ "王史氏記"，原誤作"王氏史記"，據補編本改。

三篇，①凡五種，合二百十四篇。戴德删其繁重，爲八十五篇。戴聖又删爲四十六篇。馬融又益《月令》《明堂位》《樂記》，合四十九篇。按《橋玄傳》"七世祖仁從戴聖學，著《禮記章句》四十九篇"，《曹褒傳》"傳《禮記》四十九篇"，則四十九篇不始於馬融。

《經典·序錄》：後漢馬融、盧植考諸家同異，附戴聖篇章，去其繁重及所叙略而行於世，即今之《禮記》是也。鄭玄亦依盧、馬之本而注焉。

《東漢會要》：馬融《禮記注》十二卷。

元行沖曰："《小戴禮》行於漢末，馬融爲之傳。"

高誘　禮記注

《藝文類聚》：引高誘《禮記注》。案：考誘《淮南子注》《吕覽注》序不言作《禮記注》，《類聚》所引當是《吕氏春秋·月令》注，誤以爲《禮記》也。

盧植　禮記注

《隋志》：三十二卷。《釋文》：二十卷。《東漢會要》作《禮記解詁》十二卷。《新》《舊唐書》同作二十卷。②

元行沖曰："《小戴禮》行於漢末，盧植合二十九篇爲之解，世所不傳。"按：植本傳作《尚書章句》《三禮解詁》，則《周官》《儀禮》皆各有注也。然《隋書》已不著錄，則亡佚多矣。

《釋文》：《毛詩》故大題在下，案馬融、盧植、鄭玄《禮記注》並大題在下，如《詩經》卷首"周南訓詁傳第一"列於上，"毛詩"兩字列於此行下，所謂大題在下，唐刻石經亦然。時始立大學石經，以正五經文字，植上書曰："臣少從通儒故南郡太守馬融受古學，頗知今之《禮記》特多回穴。按《韓詩》"回通"作"回穴"，康成《禮記》注"先君之思"，以"鼂寡人"，作"定姜"，云"注《禮記》時就盧君，後得《毛傳》，乃改之"，是子幹亦治《韓詩》也。臣以《周禮》發起紕繆，敢率愚淺，

---

① "樂記二十三篇"六字原脱，據補編本、《隋書·經籍志》補。
② "作"字原脱，據補編本補。

爲之解詁,而家乏,無力供繕寫上。願將能書生二人,共詣東觀,就官財糧,①專心研精。② 合《尚書》章句,考《禮記》得失,庶幾裁定聖典,刊正碑文。古文科斗,近於爲實,而厭抑流俗,降在小學。中興以來,通儒達士班固、賈逵、鄭興父子,並敦説之。今《毛詩》《左氏》《周禮》各有傳記,其與《春秋》共相表裏,宜置博士,爲立學官,③以助後學,以廣聖意。"

案:盧植《禮記注》,王氏《漢魏遺書》采輯刊行。

荀爽　禮傳

天下諸侯事曾祖已上皆稱曾孫。《通典》。

鄭玄　禮記注

《釋文》:二十卷。《隋志》同。

鄭《禮記注·序》:舉大略小,缺其殘者。《明堂位》疏。禮者,體也,履也。統之於心曰禮,踐而行之曰履。《春秋正義》。

衛湜曰:"鄭氏注《禮》,雖間有拘泥,而簡嚴該貫,非後學可及。"

李覯曰:"鄭康成注《禮記》,其字誤處但云'某當爲某',《玉藻》全篇次第亦止於注下發明,未嘗便就經文改正,此蓋尊經重師,不敢自謂己見爲得。"

《四庫全書提要》:《禮記正義》六十三卷,漢鄭玄注,唐孔穎達疏。《隋書·經籍志》曰:"漢初,河間獻王得仲尼弟子及後學者所記一百三十一篇獻之,時無傳之者。至劉向考校經籍,檢得一百三十篇,第而序之。又得《明堂陰陽記》三十三篇、《孔子三朝記》七篇、《王史氏記》二十一篇、《樂記》二十三篇,凡五種,合二百十四篇。戴德刪其煩重,合而記之爲八十五

---

① "財"字原脱,據補編本、《後漢書·盧植傳》補。
② "精",原誤作"誦",據補編本、《後漢書·盧植傳》改。
③ "官"字原脱,據補編本、《後漢書·盧植傳》補。

篇,謂之《大戴記》。而戴聖又删大戴之書爲四十六篇,①謂之《小戴記》。漢末,馬融遂小戴之學。融又益《月令》一篇、《明堂位》一篇、《樂記》一篇。"云云。其説不知所本。今考《後漢書·橋玄傳》云:"七世祖仁,著《禮記章句》四十九篇,號曰橋君學。"仁即班固所謂"小戴授梁人橋季卿"者,成帝時嘗君大鴻臚。其時已稱四十九篇,②無四十六篇之説。又孔《疏》稱《別錄》:《禮記》四十九篇,《樂記》第十九。四十九篇之首,《疏》皆引鄭《目錄》。鄭《目錄》之末必云:"此於劉向《別錄》屬某門。"《月令》,《目錄》云:"此於《別錄》屬《明堂陰陽記》。"《明堂位》,《目錄》云:"此於《別錄》屬《明堂陰陽記》。"《樂記》,《目錄》云:"此於《別錄》屬《樂記》。蓋十一篇,今爲一篇。"則三篇皆劉向《別錄》所有,安得以爲馬融所增?《疏》又引《六藝論》曰:"戴德傳記八十五篇,則《大戴禮》是也。戴聖傳《禮》四十九篇,則此《禮記》是也。"玄爲馬融弟子,使三篇果融所增,玄不容不知,豈有以四十九篇屬於戴聖之理?況融所傳者,乃《周禮》。若小戴之學,一授橋仁,一授楊榮。後傳其學者有劉祐、高誘、鄭玄、盧植。融絶不與其授受,③又何從而增三篇乎?知今四十九篇實戴聖之原書,《隋志》誤也。元延祐中,行科舉法,定《禮記》用鄭玄注。④ 故元儒説禮,率有根據。自明永樂中敕修《禮記大全》,始廢鄭《注》,改用陳澔《集説》,⑤《禮》學遂荒。然研思古義之士,好之者終不絶也。爲之疏義者,⑥唐初尚存皇侃、熊安生二家。貞觀中,敕

---

① "四十六",原誤作"四十五",據《四庫全書總目》卷二十一改。
② "篇"字原脱,據《四庫全書總目》卷二十一補。
③ "與",《四庫全書總目》卷二十一作"預"。
④ "定",原誤作"敕",據《四庫全書總目》卷二十一改。
⑤ "陳澔",原誤作"陳皓",據《四庫全書總目》卷二十一改。下"陳澔"同。
⑥ "義"字原脱,據《四庫全書總目》卷二十一補。

孔穎達等修《正義》，乃以皇氏爲本，以熊氏補所未備。穎達《序》稱："熊則違背本經，多引別義，① 猶之楚而北行，馬雖疾而去愈遠。又欲釋經文，惟聚難義，猶治絲而棼之，手雖繁而絲愈亂也。② 皇氏雖章句詳正，微稍繁廣。又既遵鄭氏，③ 乃時乖鄭義。此是木落不歸其本，狐死不首其丘。此皆二家之弊，未爲得也。"故其書務伸鄭《注》，未免有附會之處。然採撫舊文，詞富理博，說禮之家，鑽研莫盡，譬諸依山鑄銅，④ 煮海爲鹽。即衛湜之書尚不能窺其涯涘，陳澔之流益如莛與楹矣。

鄭玄　禮記音一卷

《釋文》：三禮音各一卷。

鄭玄　三禮目錄一卷

案：《三禮目錄》散見《正義》，近《漢魏遺書》有輯本刊行。

鄭玄　禮議二十卷

鄭玄　魯禮禘祫義

鄭《禘祫志·序》：儒家之說禘祫也，通俗不同。或云歲祫終禘，或云三年一禘，五年再禘。學者競傳其聞，⑤ 是用訩訩，從數百年來矣。竊念《春秋》者，書天子、諸侯中失之事，得禮則善，違禮則譏，可以發起是非，故據而述。

案：鄭《禘祫志》，近《漢魏遺書》采輯刊行。

鄭玄　三禮圖一卷

鄭玄及阮諶共撰。諶字士信，陳留人。精求禮制，與康成同時有名。受《禮》於潁川綦毋君，取其說，爲圖三卷，世傳《三

---

① "別"，《四庫全書總目》卷二十一作"外"。
② "愈"，《四庫全書總目》卷二十一作"益"。
③ "氏"，原誤作"義"，據《四庫全書總目》卷二十一改。
④ "諸"，原誤作"之"，據《四庫全書總目》卷二十一改。
⑤ "聞"，原誤作"問"，據補編本改。

禮圖》,諶所作也。

鄭小同　禮記難記一卷

《鄭玄別傳》：玄一子,名益,字益恩,①年二十三,國相孔府君舉孝廉。府君以多寇屯都昌,爲賊管亥所圍,乃令從家將兵奔救,遇賊見害,時年二十七。妻有遺體,生男,玄以太歲在丁卯生,此男以丁卯日生,又手文與玄相似,②故名曰小同。華歆《薦小同表》：故漢大司農鄭康成,當時之學,名冠華夏,爲世儒宗。③適孫小同,年踰三十,少有令名,學綜六經,行著鄉邑,海岱之人莫不嘉其自然,美其氣量。

郝經《續後漢書》：小同長盡傳玄學,爲鉅儒,教授鄉里。

李譔　三禮傳

孫炎　禮記注

《隋志》：三十卷。《釋文》：二十九卷。

附　王肅　禮記注

《隋志》：三十卷。《釋文》同。

王肅　禮記音

《釋文》：三禮音各一卷。《七録》惟云"撰《禮記音》"。

射慈　禮記音一卷

右三禮類。

---

① "恩"字原脱,據補編本補。
② "玄"下原衍"相玄"二字,據補編本删。
③ "宗"字原脱,據清嘉慶刻本《鄭司農年譜》補。

補後漢書藝文志卷之六

北海王睦　春秋旨義終始論
睦少好學,博通書傳。光武愛之。顯宗在東宮,尤見幸待,入侍講誦,出則執轡。睦性謙恭好士,千里交結,自名儒宿德,莫不造門。作《春秋旨義終始論》。

陳欽　春秋説
欽字子佚,蒼梧廣信人。
許慎《五經異義》引奉德侯陳欽《春秋説》:麟,西方毛蟲,孔子作《春秋》,有立言,西方兑,兑爲口,故麟來。

陳元　春秋訓詁
元字長孫。少傳父欽業,爲之訓詁。鋭精覃思,至不與鄉里通。建武初,與桓譚、杜林、鄭興俱爲學者所宗。帝立《左氏》學,①太常選博士四人,元爲第一。
《經典・序録》:司空南閤祭酒陳元作《左氏同異》。

鍾興　刪定嚴氏春秋章句
興字次文,汝南汝陽人。少從少府丁恭受《嚴氏春秋》。恭薦興學行高明,光武召見,拜郎中,稍遷左中郎將。詔定《春秋章句》,去其重複,以授皇太子。又使宗室諸侯從興受章句。

孔奇　春秋左氏刪三十一卷
一名《左氏傳義》。《孔奮傳》:奮字君魚,扶風茂陵人。少從劉歆受《春秋左氏傳》,歆稱之。弟奇博通經典,作《春秋左氏刪》。

---

① "帝",原誤作"常",據補編本、《玉海》卷四十改。

《連叢子》載孔子通《左氏傳義序》曰："先生名奇,字子異,其先褒成侯次孺第二子之後也。兄君魚,王莽末,避地大河之西,以論道爲事,是時先生年二十一矣。每與其兄論學,其兄謝服焉。及世祖即阼,君魚乃仕,官至武都太守、關內侯,以清儉聞海內。先生雅好儒術,淡忽榮祿,不願從政,遂刪撮《左氏傳》之難者,集爲義詁,發伏闡幽,讚明聖祖之道,以祛學者之蔽,著書未畢,而早世不永。宗人子通,痛其不遂,[①]惜茲大訓不行於世,乃校其篇目,各如本第,并序答問,答凡三十一卷,將來君子儻肯游息,幸詳錄之焉。"

孔嘉　左氏説
奮晚有子嘉,官至城門校尉,作《左氏説》。
《經典·序錄》:侍中孔嘉,字山甫,扶風人。

鄭興　春秋左氏條例
興少學《公羊春秋》,晚善《左氏傳》,遂積精深思,通曉其旨,學者皆師之。天鳳中,將門人從劉歆質正大義,歆美興才,使撰條例、章句、訓詁。興好古學,尤明《左氏》《周官》,長於曆數,自杜林、桓譚、衛宏之屬,莫不斟酌焉。

鄭衆　春秋難記條例
《隋志》:九卷。《釋文》作大司農鄭衆《左氏條例章句》。
《東觀漢記》:永平五年,廬江獻鼎,詔問衆齊桓公之鼎在柏寢見何書,《春秋左氏》有鼎事幾。衆對狀,除爲郎。
"是以隱公立而奉之"章句:"隱公攝立爲君,奉桓爲太子。"
"城櫟而置子元焉":"子元即檀伯也。"
"先配":"配謂共牢食也。"
"厲公殺檀伯而居櫟,因櫟之衆逼弱昭公,使至殺死。"

---

① "遂",原誤作"通",據補編本、《孔叢子》卷下改。

"二叔之不咸":"二叔:管叔、蔡叔。傷其不和睦而流言作亂,故封建親戚。"
"二子死焉":"縠甥、牛父二人死耳。"
"天王使石尚來歸脤":"脤可以白器,令色白"。
"皆髽":"枲麻與髮,相半結之。"
"三分四軍":"分四軍爲三部。"
"數疆潦":"經界内有水潦者。"
"欒范易行":"易行謂中軍與下軍易卒也。"
"自幕":"幕,舜之先也。"
"辰在子卯":"五行子卯自刑。"
"五大不在邊,五細不在庭":"太子晋申生居曲沃是也,母弟鄭共叔段居京是也,貴寵公子若棄疾在蔡是也。貴寵公孫若無知食渠丘是也,累世正卿衛寧殖居蒲、孫氏居戚是也。五細:賤妨貴、少陵長、遠間親、新間舊、小加大也。不在庭,不使居朝廷爲政也。"
"渠丘殺無知":"渠丘,無知邑。"
"爭承":"爭所爲承次貢賦之輕。"
"物官":"物官,相其才之所宜而官之。"
"攝屏至於大宮":"攝束茅以爲屏蔽,祭神之處草易然,故巡行之。"
"琴張":"子張,即顓孫師。"
"王未應":"太子壽卒,王命猛代之,復欲廢猛立朝。"
"使各居一館":"使叔孫、子服回各居一館。邾魯大夫本不同館,欲分别叔孫與子服回不得相見,各聽其辭。"
"介其雞":"介甲爲雞著甲。"
"蕢筊":"蕢筊,旆名。"
"始尚羔":"天子之卿執羔,大夫執雁。諸侯之卿當天子之大夫,故《傳》曰'惟卿爲大夫'。當執雁而執羔,僭天子之禮也。魯人效之而始尚羔,記禮所從壞。"

"使死士":"欲以死報恩者。"

"立於社宮":"社宮中有室屋。"

"弗及,不踐其難":"是時輒已出,不及事,不當踐其難。子羔言不及,以爲子路欲死難也。"

"如魚窺尾":"魚勞則尾赤,以喻蒯聵淫縱。"

鄭衆　春秋删

衆受詔作《春秋删》十九篇。按:即《左氏長義》。徐彦曰:"鄭衆作《長義》十九條十七事,專論《公羊》之短、《左氏》之長。"

鄭衆　牒例章句九卷

鄭衆　國語訓解二十卷①

韋昭《國語解·序》:鄭大司農爲《國語訓注》,解疑釋滯,昭晰可見。至於細碎,有所缺略,侍中賈君敷而衍之,其所發明文義,略舉爲已瞭矣。

賈徽　左氏條例二十一篇

賈逵父徽,從劉歆受《左氏春秋》,兼習《國語》《周官》,又受《古文尚書》於塗惲,學《毛詩》於謝曼卿,作《左氏條例》二十一篇。《經典·序録》:徽字伯慎,後漢潁陰令。

賈逵　春秋左氏傳訓解詁三十卷

逵弱冠能誦五經,兼通五家《穀梁》之説,尹更始、劉向、周慶、丁姓、②王彦。尤明《左氏》《國語》,爲之解詁五十一篇。注:《左氏》三十篇,《國語》二十一篇。永平中,上疏獻之。顯宗重其書,寫藏秘館。建初元年,詔逵入 講北宮白虎觀、南宮雲臺。帝善逵説,使出《左氏》大義長於二傳者,逵於是摘出《左氏》三十事,帝嘉之。

---

① "卷",補編本作"篇"。
② "姓"字原爲空格,據補編本、《後漢書·賈逵傳》改。

令逵自選公羊、①嚴、顏諸生高才者二十人,教以《左氏》,與簡紙經傳各一通。

賈逵　春秋左氏長經章句

《隋志》:二十卷。《舊唐書·志》:三十卷。

徐彥曰:"賈逵作《長義》四十一條,云《公羊》理短,《左氏》理長。""鄭衆雖扶《左氏》而毀《公羊》,但不與讖合。逵作《長義》奏御於帝,幾廢《公羊》也。""宋人執鄭祭仲。"《公羊》曰:"祭仲之權是也。"長義:"若臣子得行,則閉君臣之道。"《公羊》疏。

賈逵　春秋釋訓一卷

賈逵　春秋三家經本訓詁十二卷

"天王":"畿内稱王,諸夏稱天王,夷狄稱天子。"《穀梁》疏。

賈逵　春秋左氏經傳朱墨例一卷

賈逵　春秋外傳國語解詁二十一卷

《隋志》:二十卷。《唐志》無。

王氏謨曰:"案宋庠《國語補注》序錄云:'今惟韋氏所解傳於世,諸家章句遂無存者。'然當唐世,賈書實自別行,故李善注《文選》,每並引賈逵、韋昭《國語》,而韋解多。"

即賈注猶班班可考,且如《類聚》《書鈔》於耕籍門所引《國語》數條,具載賈注,則賈書固不以韋廢也。

按:宋王應麟賈、服《春秋》《古文尚書》《古文論語》輯本,獨《紅豆齋秘鈔》相傳,近《漢魏遺書》有賈逵《左氏解詁》《國語解詁》輯本刊行。

許淑　左氏傳注解

《經典·序錄》:大中大夫許淑,字惠卿,魏郡人。

---

① "選",原誤作"撰",據補編本、《後漢書·賈逵傳》改。

"葬蔡桓侯"注："桓卒而季歸無臣子之辭也。蔡侯無子，以弟承位，群臣無廢主，社稷不乏祀，故傳稱'蔡人'，嘉之，非貶所也。杞柏稱子，傳爲三發，蔡侯有貶，史亦宜然。史官謬誤，疑有闕文。"

"公以楚伐齊"："諸稱'以'，皆小以大、下以上，非其宜也。"

樊鯈　删定嚴氏春秋章句

鯈字長魚，南陽湖陽人。就侍中丁恭受《公羊嚴氏春秋》。永平元年，拜長水校尉。初，鯈删定《公羊嚴氏春秋》章句，世號"樊氏學"。教授門徒前後三千餘人，弟子潁川李修、九江夏勤皆爲三公。

張霸　減定嚴氏春秋章句

霸字伯饒，蜀郡成都人。就長水校尉樊鯈受《嚴氏春秋》。永元中，爲會稽太守。霸以鯈《删嚴氏春秋》猶多繁辭，乃減定爲二十萬言，更名"張氏學"。

楊終　春秋外傳

終字子山，蜀郡成都人。年十三，爲郡小吏。太守奇其才，遣詣京師，受業習《春秋》。顯宗時，徵詣蘭臺，拜校書郎，著《春秋外傳》，改定章句十五萬言。

李育　難左氏義

育字元春，扶風漆人。少習《公羊春秋》。嘗讀《左氏傳》，雖樂文采，然謂不得聖人深意，以爲前世陳元、范升之徒，更相非析而多引圖讖，不據理體，於是作《難左氏義》四十一事。建初元年，舉方正，爲議郎。後拜博士。詔與諸儒講五經於白虎觀。遷尚書令侍中。

戴宏　公羊春秋解疑論

宏字元襄，濟北剛縣人，官至酒泉太守。

戴宏序曰："子夏傳與公羊高，高傳與其子平，平傳與其子地，地傳與其子敢，敢傳與其子壽。至漢景帝時，壽乃共弟子胡母子都著於竹帛，①與董仲舒皆見於圖讖。"

論曰："聖人不空生，受命而制作，所以生斯民覺後生也。西狩獲麟，知天命去周，赤帝方起，麟爲周亡之異、漢興之瑞，故孔子曰：'我欲託諸空言，不如載諸行事。'又聞端門之命，有制作之狀，乃遣子夏等求周史記，得百二十國寶書，修爲《春秋》，故《孟子》云：'世衰道微，邪說暴行。臣弑其君者有之，子弑其父者有之。孔子懼，作《春秋》。'故《史記》云：'春秋之中，弑君三十六，亡國五十二，諸侯奔走不得保其社稷者，不可勝數。'故有國者不可以不知《春秋》，爲人臣者不可以不知《春秋》。爲人君父而不通於《春秋》之義，必蒙首惡之名；爲人臣子而不通於《春秋》之義，必陷篡弑之誅。"《解疑論》：譏丑父。徐彥曰："何氏恨先師觀聽不決，多隨二創。先師，戴宏等也，宏作《解疑論》以難《左氏》，不得《左氏》之理，不能以正義決之，②故云'觀聽不決，多隨二創'者。背經任意，反傳違戾，與《公羊》爲一創；後引它經，失其句讀，又與《公羊》爲一創也。"戴氏云："荊、楚一物，③義能相發。吳、揚異訓，故不得州名也。"

馬融　三傳異同説

融嘗欲訓《左氏春秋》，及見賈逵、鄭衆注，乃曰："賈君精而不博，鄭君博而不精。既精既博，吾何加焉。"但著《三傳異同説》。

"雉"："雉長三丈。"

"虢仲、虢叔"："虢叔，同母弟。虢仲，異母第。虢仲封下陽，

---

① "子"，原誤作"仲"，據補編本、《公羊傳注疏·序》改。
② "正"字原脱，據補編本、《公羊傳注疏·序》補。
③ "一"，原誤作"二"，據《公羊傳注疏》卷七改。

"虢叔封上陽。"

"夷吾無禮":"申生不自明而死,夷吾改葬之,章父之過,故曰無禮。"

"二叔之不咸":"夏殷之叔世。"①

"二子死焉":"皇父之二子從父在軍,爲敵所殺。名不見者,方道二子死,故得勝之,如令皆死,誰殺緣斯。"

"田於首山":"首山在蒲坂,華山之北,河曲之中。"

"組甲三百,被練三千":"組甲,以組爲甲裏,公族所服。被練,以練爲甲裏,卑者所服。"

"皆髽":"屈布爲巾,②高四寸,著於顙上。"

"予敢忘高圉亞圉":"高圉、亞圉,周人所報而不立廟。"

"《三墳》《五典》《八索》《九丘》":"《三墳》,三氣,陰陽始生,天地人之氣也。《五典》,五行也。《八索》,八卦。《九丘》,九州之數也。"

"坯招":"坯爲王坯,王者游戲,不過坯內。昭,明也,言千里之内足明德。"

"祗宮":③"坯内游觀之宮也。"

"肅爽":"肅爽,雁也,其羽如練,高首而修頸。馬似之,天下稀有,故子常欲之。"④

何休　春秋公羊解詁十一卷

休字邵公,任城樊人。父豹,少府。休以列卿子詔拜郎中,辭病去。陳蕃辟之。蕃敗,休坐廢錮,乃作《春秋解詁》。覃思不出門,十有七年。又以《春秋》駁漢事六百餘條,妙得《公

---

① "之叔",原誤作"季",據補編本、清嘉慶二十年南昌府學重刊宋本《十三經注疏》本《左傳正義》(以下《左傳正義》皆據此本)卷十改。
② "布",原誤作"巾",據補編本、《左傳正義》卷二十九改。
③ "祗宮"二字原脱,據《左傳正義》卷四十五補。補編本"祗"作"坯"。
④ "練……故子常欲之"原脱,據《左傳正義》卷五十四補。

羊》本意。休善曆算，與其師博士羊弼追述李育意，以難二傳，作《公羊墨守》《左氏膏肓》《穀梁廢疾》。黨禁解，拜議郎，再遷諫議大夫。

《公羊解詁序》曰："昔者孔子有云：'吾志在《春秋》，行在《孝經》。'此二學者，聖人之極致，治世之要務也。傳《春秋》者非一，本據亂而作，其中多非常異義可怪之論，説者疑惑，至有倍經任意，反傳違戾者。其勢雖問不得不廣，是以講誦師言至於百萬猶有不解。時加釀嘲辭，援引他經，失其句讀，以無爲有，甚可閔笑者，不可勝紀也。是以治古學、貴文章者，謂之俗儒，至使賈逵緣隙奮筆，以爲《公羊》可奪，《左氏》可興。恨先師觀聽不決，多隨二創。此世之餘事，豈非守文、持論、敗績、失據之過哉！予竊悲之久矣。往者略依胡母生《條例》，多得其正，故遂隱括，使就繩墨焉。"

張華曰："休注《公羊傳》，云'何氏學'，或云休謙辭，受學於師，乃宣此義不出於己。"

《拾遺記》：何休木訥多智，三墳五典、陰陽算術、《河》《洛》讖緯及遠年古諺、①歷代圖籍，莫不成誦。門徒有問者則爲注記，而口不能説。作《左氏膏肓》《公羊墨守》《穀梁廢疾》，謂之三闕，言理幽微，非知幾藏往不可通焉。京師謂休爲"學海"。

晁説之曰："何休特負於《公羊》之學，五始、三科、九旨、七等、六輔、二類、七缺之設，何其紛紛耶！既曰據百二十國寶書，而又謂三世異辭，何耶？"

陳振孫曰："其書多引讖緯，所謂黜周、王魯、變周、文從殷質之類，②《公羊》皆無明文，蓋爲其學者相承有此説也。"

吕大圭曰："何、范、杜三家各自爲説，而説之謬者莫如何休，

① "緯"字原脱，據補編本、《漢魏叢書》本《拾遺記》卷六補。
② "殷"下原衍一"之"字，據補編本、《直齋書録解題》卷三删。

如'元年春，王正月，公即位'，《公羊》不過曰'君之始年爾'，何休則曰'《春秋》紀新王，受命於魯'；'滕侯卒，不名'，不過曰'滕，微國而侯不嫌也'，而休則曰'《春秋》王魯，託隱公以爲始'；'黜周王魯'，《公羊》未有明文也，而休乃倡之，其誣聖人也甚矣！《公羊》曰'母弟稱弟，母兄稱兄'，其言已有失矣，而休又從爲之説，曰'《春秋》變周之文，從商之質，質家親親，明當厚於群公子也'，使後世有親厚於同母弟而薄於父之枝葉者，未必不由斯言啓之。《公羊》曰'立適以長不以賢，立子以貴不以長'，此言固有據，而休乃爲之説曰'嫡子有孫而死，質家親親，先立弟；文家尊尊，先立孫'，使後世有惑於質文之異而嫡庶互爭者，未必非斯語禍之。其釋會戎之文，則曰'王者不治夷狄，録戎者來者勿拒，去者勿追也'，《春秋》之作，本以正夫夷夏之分，今乃謂之不治，可乎？其釋'天王使來歸賵'之義，則曰'王者據土，與諸侯分職，俱南面而治，有不純臣之義'，《春秋》之作，本以正君臣之分，乃謂有不純臣之義，可乎？'隱三年，春，二月，己巳日，有食之'，《公羊》不過曰'記異也'，而休則曰'是後衛州吁弑其君，諸侯初僭'。'桓元年，秋，大水'，《公羊》不過曰'記災也'，而休則曰'先是桓篡隱，與專易朝宿之地，陰逆與怨氣所致'①。而凡地震、山崩、星雹、②雨雪、蟲螟、彗孛之類，莫不推尋其致變之由，考驗其爲異之應，其不合者，必强爲之説。《春秋》記災而不説其應，曾若是之瑣碎磔裂乎？若此之類不一而足，凡此皆休之妄也。"

《四庫全書提要》：《春秋公羊傳注疏》二十八卷，漢公羊壽傳，③

---

① "逆"，原誤作"道"，據補編本、《經義考》卷一百七十二改。
② "雹"，原誤作"電"，據補編本、《經義考》卷一百七十二改。
③ "傳"，原誤作"撰"，據《四庫全書總目》卷二十六改。

何休解詁,唐徐彥疏。案《漢書·藝文志》:《公羊傳》十一卷。班固自注曰:"公羊子,齊人。"顏師古注曰:"名高。"徐彥疏引戴弘《序》曰:"子夏傳與公羊高,高傳與其子平,平傳與其子地,地傳與其子敢,敢傳與其子壽。至漢景帝時,壽乃與齊人胡母子都著於竹帛。"何休之注亦同。① 今觀《傳》中有"子沈子曰""子司馬子曰""子女子曰""子北宮子曰"②,又有"高子曰""魯子曰",蓋皆傳授之經師,不盡出於公羊子。③ 定公元年《傳》"正棺於兩楹之間"④,《穀梁傳》引之,稱沈子,不稱公羊,是並其不著姓氏者亦不盡出公羊子。且並有"子公羊子曰",尤不出於高之明證。知《傳》確爲壽撰,而胡母子都助成之。舊本首署高名,蓋未審也。又羅璧《識遺》稱公羊、穀梁,自高、赤作《傳》外,更不見有此姓。萬見春謂皆"姜"字切韻脚,疑爲姜姓假托。案"鄒"爲"邾婁"⑤、"披"爲"勃鞮"、"木"爲"彌牟"、"殖"爲"舌職",記載音訛,經典原有是事。至弟子記其先師,子孫述其祖父,必不至竟迷本字,別用合聲。璧之所言,殊爲好異。至程端學《春秋本義》意指高爲漢初人,則講學家臆斷之詞,⑥更不足與辨矣。三《傳》與經文,《漢志》皆各爲卷帙。⑦ 以《左傳》附經始於杜預,《公羊傳》附經則不知始自何人。觀何休《解詁》但釋《傳》而不釋《經》,與杜異例,知漢末猶自別行。今所傳蔡邕石經殘字,《公羊傳》亦無

---

① "注",原誤作"説",據《四庫全書總目》卷二十六改。
② "宮"字原脱,據《四庫全書總目》卷二十六補。
③ "於"字原脱,據《四庫全書總目》卷二十六補。
④ "正"上原衍一"公"字,據《四庫全書總目》卷二十六删。
⑤ "邾",原誤作"朱",據《四庫全書總目》卷二十六改。
⑥ "家"字原脱,據《四庫全書總目》卷二十六補。
⑦ "志"字原脱,據《四庫全書總目》卷二十六補。

經文,足以互證。今本以傳附經,①或徐彥作《疏》之時所合併歟?

何休　公羊墨守

《隋志》:十四卷。《唐志》:一卷。《高麗史》:十五卷。

何休　左氏膏肓

《隋志》:十卷。《崇文總目》:九卷。《中興書目》:七卷,闕。

《通志》:三卷。

《崇文總目》:漢司空掾何休始撰答賈逵事,②因記《左氏》所短,遂頗流布,學者稱之,更删補爲定本。今每事左方輒附鄭康成之學,③因引鄭説竄何書,④今殘缺,第七卷亡。

徐彥曰:"休作《墨守》等書,皆在注傳之前。"

陳振孫曰:"何休著《公羊墨守》等三書,鄭康成作《箴膏肓》《起廢疾》《發墨守》以排之。今其書多不存,惟范寧《穀梁集解》載休之説,而'鄭君釋之'當是所謂《起廢疾》者。今此書並存二家之言,意亦後人所録。《館閣書目》闕第七篇,今本亦正闕《宣公》,而於第六卷分'文十六年'以後爲第七卷,當併合其十卷,止於《昭公》,亦闕《定》《哀》,固非全書也,而錯誤殆未可讀,未有它本可正。"

何休　穀梁廢疾

《隋志》:三卷。何休撰,鄭玄釋,張靖箋。

《鄭玄傳》:任城何休好《公羊》學,遂著《公羊墨守》《左氏膏肓》《穀梁廢疾》。玄乃《發墨守》《箴膏肓》《起廢疾》。休見而

---

① "今本"二字原脱,據《四庫全書總目》卷二十六補。

② "掾"字原脱,據補編本、清乾隆文淵閣《四庫全書》本《崇文總目》(以下《崇文總目》皆據此本)卷二補。

③ "方",原誤作"氏",據補編本、《崇文總目》卷二改。

④ "鄭康成之學,因引"七字原脱,據補編本、《崇文總目》卷二補。

嘆曰："康成入我室，操我矛，以伐我乎？"

徐彦曰："賈逵作《長義》四十一條，①云《公羊》理短，《左氏》理長。鄭衆亦作《長義》十一條，專論《公羊》之短，《左氏》之長，在逵之前。何氏作《墨守》以距《長義》，爲《廢疾》以難《穀梁》，造《膏肓》以短《左氏》。"

《拾遺記》謂之三闕，言理幽微，非知幾藏往不可通焉。及鄭康成起而攻之，求學者不遠千里，贏糧而至，如細流之赴巨海，京師謂康成爲"經神"，何休爲"學海"。

何休　春秋左氏難

休與博士羊弼追求李育之意，作《難左氏》四十事。

何休　春秋議

《隋志》：十卷。

何休　春秋漢議十三卷

"孝安皇帝崩，立北鄉侯，未踰年，薨，以王禮葬，於《春秋》何義也？"答曰："《春秋》未踰年魯君子野卒，降成人稱子，從大夫禮可也。"

何休　公羊文謚例②

此《春秋》五始、三科、九旨等，以矯枉撥亂，③爲受命品道之端，正德之紀也。

徐彦曰：④何氏作《文謚例》，⑤有五始、三科、九旨、七等、⑥六輔、二類、七缺之義。三科九旨者，新周、故宋，以《春秋》當新

---

① "四"字原脱，據補編本、《經義考》卷一百七十二補。
② "謚"字原爲空格，據補編本改。
③ "枉"，原誤作"止"，據補編本、《公羊傳注疏》卷一改。
④ "曰"字原脱，據《經義考》卷一百七十二補。
⑤ "謚"字原爲空格，據《經義考》卷一百七十二改。
⑥ "七等"二字原脱，據《經義考》卷一百七十二補。

王，①此一科三旨也；②所見異辭，所聞異辭，所傳聞異辭，③此二科六旨也；内其國而外諸夏，④内諸夏而外夷狄，是三科九旨也。按宋氏之注《春秋》説三科者，一曰張三世，二曰存三統，三曰異外内，是三科；九旨者，⑤一曰時，二曰日，三曰月，四曰王，五曰天，六曰天子，七曰譏，八曰貶，九曰絶；⑥時與月、⑦日，詳略之旨也；王與天王、⑧天子，是録遠近親疏之旨也；譏與貶、絶，則輕重之旨也。五始者，元年、春、王、正月、公即位是也。七等者，州、國、氏、人、名、字、子是也。六輔者，公輔天子，卿輔公，大夫輔卿，士輔大夫，京師輔君，諸夏輔京師是也。二類者，人事與災異是也。七缺者，惠公妃匹不正，隱、桓之禍生，是夫道缺也；文姜淫而害夫，婦道缺也；大夫無罪而致戮，君道缺也；臣而害上，臣道缺也；晋侯殺其世子申生，宋公殺其世子痤，父道缺也；楚世子商臣弑其君髡，蔡世子般弑其君固，子道缺也；桓八年'正月乙卯，烝'，桓十四年'八月乙亥，嘗'，僖三十一年'夏四月，四卜郊，不從，乃免牲，猶三望'，郊祀不修，周公之禮缺。是爲七缺。"

何休　春秋公羊傳條例一卷

"葬我小君成風"："母以子貴，庶子爲君，母爲夫人，葬卒赴告，皆以成禮，不行妾母之制，夫人成風是也。"

---

① "新"，原誤作"親"，據《經義考》卷一百七十二改。
② "三旨"二字原脱，據《經義考》卷一百七十二補。
③ "所傳聞異辭"五字原脱，據《經義考》卷一百七十二補。
④ "外"原誤作"門"，"夏"原誤作"侯"，皆據《經義考》卷一百七十二改。
⑤ "者"，原誤作"曰"，據《經義考》卷一百七十二改。
⑥ "絶"，原誤作"斷"，據《經義考》卷一百七十二改。
⑦ "月"字原脱，據《經義考》卷一百七十二補。
⑧ "與"上"王"字，原誤作"天"，據《經義考》卷一百七十二改。

何休　公羊音訓

《史記索隱》及《困學紀聞》引。①

彭汪　左氏奇説

《經典・序録》：汝南彭汪，字仲，博記先師奇説及舊注。①

"齊侯虢衛，衛慚而下。問守備焉，以無備告。揖之，乃登"："問衛之守高唐者。衛無恩信，故令守者以無備告。齊侯善其言，故揖之，乃命士卒登城。"

"是無若我何"："當言：'是無我若何'，無我當如何，'我'字當在'若'上。"

王玢　春秋左氏達義

《七録》：一卷。《隋志》：王玢，漢司徒掾。

服虔　春秋左氏傳解誼

《隋志》：三十一卷。《唐志》：三十卷。《釋文》同。

《漢南記》：虔字子慎，河南滎陽人。② 少行清苦，爲諸生。尤明《春秋左氏傳》，爲作訓解。舉孝廉，爲尚書郎、九江太守。

本傳：虔入太學受業，作《春秋左氏傳解》，行之至今。

《世説》：鄭欲注《春秋傳》，尚未成。行與服子慎遇，宿過舍，先未相識。服在外車上與人説己注意，玄聽之良久，多與己同。玄就車與語，曰："吾久欲注，尚未了。聽君向言，多與吾同，今當盡以所注與君。"遂爲服氏注。又曰："服虔既善《春秋》，將爲注，欲參考同異。③ 聞崔烈集門生講傳，遂匿姓名，爲烈門人賃作食。當至講時，輒竊聽户壁間，既知不能踰己，稍共諸生叙其短長。烈聞，不測何人，然素聞虔名，意疑之。

---

① "及"，原誤作"反"，據補編本、《經義考》卷一百七十二改。
② "滎"，原誤作"榮"，據補編本、《經義考》卷一百七十二改。
③ "同"字原脱，據補編本、《四部叢刊》影明袁氏嘉趣堂刻本《世説新語》（以下《世説新語》皆據此本）卷上補。

明早往，未及寤，①便呼'子慎'，子慎虔不覺驚應，②便相與友善。"

謝承《後漢書》：服虔從棠谿典受《左氏春秋》，論解經傳，多所駁正，後儒以爲折衷。

《隋書》：諸儒傳《左氏》甚衆，其後賈、服並爲訓解，至魏遂行於世。晉杜預又爲《經傳集解》，服虔、杜預注俱立國學，而後學惟傳服義。至隋，杜氏盛行，服氏寖微，殆無師說。《北史》：河北諸儒能通《春秋》者，並服子慎所注。《潛研齋·春秋左氏傳古注輯存序》曰："漢儒傳《春秋》者，公、穀爲今文，左氏爲古文。班孟堅謂《左氏傳》多古字古言，而今所傳杜元凱本，文多淺俗，轉不如公、穀二家。而《左氏》解誼莫精於服子慎，魏、齊、周、隋之世，與鄭康成注諸經並行。當時至有'寧道周孔誤，不言鄭服錯'之諺。自唐初《正義》專用杜說，而服學遂亡，遂不復知左氏之爲古文者。此嚴子豹人古注輯存所爲作也。"

案：賈、服《左氏》傳注，宋王應麟有輯本，秘鈔藏惠紅豆齋。近余氏《古經解鉤沈》、王氏《漢魏遺書鈔》③並有輯本刊行。

服虔　春秋左氏膏肓釋痾

《隋志》：十卷。《唐志》：五卷。鄭樵《通志》、焦竑《國史經籍志》並作一卷。

遺越人以冠，終不以爲惠。《初學記》引《春秋釋痾》。

漢家郡守行大夫禮，鼎俎籩豆，④工歌縣。⑤注：《補後漢書》引《左氏膏肓釋痾》。

服虔　春秋漢議駁

《七錄》：二卷。《唐志》：十一卷。

本傳：虔又以《左氏》駁何休之所議漢事十六條。

---

① "未及"，《世說新語》卷上作"及未"。
② "虔"字原脫，據補編本、《世說新語》卷上補。
③ "鈔"字原脫，據補編本補。
④ "俎"字原脫，據補編本、《後漢書·禮儀志》補。
⑤ "縣"字原脫，據補編本、《後漢書·禮儀志》補。

服虔　春秋成長説

《隋志》：九卷。《唐志》：七卷。

邾婁本附庸，三十里耳，而言五分之，爲六里國也。《公羊疏》引《成長義》。

服虔　春秋塞難

《隋志》：三卷。

服虔　春秋音隱

《隋志》：一卷。《舊唐志》同。《釋文》：《左氏傳音》一卷。

劉陶　春秋訓詁

劉陶　春秋條例

本傳：靈帝詔陶次第《春秋條例》。

延篤　左氏傳注

篤爵里見後子集類。

《經典①・序錄》：京兆尹延篤受《左氏春秋》於賈逵之孫伯升，因而注之。

"《三墳》《五典》《八索》《九丘》"："張平子説：'《三墳》，三禮，禮爲人防。②'《爾雅》：'墳，大防也。'《書》曰：'誰能典朕三禮？'三禮，天、地、人之禮也。《五典》，五帝之常道也。《八索》，《周禮》八議之刑，索，空也，空設之。《九丘》，《周禮》之九刑，亦空設之。"延篤《左傳注》。

鄭玄　春秋左氏分野

《七錄》：一卷。

鄭玄　春秋十二公名

《七錄》：一卷。

---

① "典"，原誤作"傳"，據補編本、《經典釋文・序錄》改。

② "人"，補編本作"大"。

鄭玄　駁何氏漢議

《隋志》：二卷。

鄭玄　駁何氏漢議叙一卷

王晢曰："鄭康成不爲章句，特緣何氏興辭曲爲二傳解紛，不顧聖人本旨。"

鄭玄　發墨守

鄭玄　箴膏肓

鄭玄　起廢疾

《四庫全書提要》：《箴膏肓》一卷、《起廢疾》一卷、《發墨守》一卷，漢鄭玄撰。《後漢書》玄本傳稱："任城何休好《公羊》學，遂著《公羊墨守》《左氏膏肓》《穀梁廢疾》。玄乃發《墨守》、箴《膏肓》、起《廢疾》。休見而嘆曰：'康成入吾室，操吾矛，以伐我乎？'"其卷目之見於《隋書·經籍志》者，有《左氏膏肓》十卷，《穀梁廢疾》三卷，《公羊墨守》十四卷，皆注"何休撰"。而又別出《穀梁廢疾》三卷，注云："鄭玄釋，張靖箋。"似鄭氏所釋與休原本，隋以前本自別行。至《舊唐書·經籍志》所載《膏肓》《廢疾》二書，卷數並同，特《墨守》作二卷爲稍異。① 其下並注"鄭玄箋""鄭玄發""鄭玄釋"云云，則已與休書合而爲一。迨於宋世，漸以散佚。惟《崇文總目》有《左氏膏肓》九卷。而陳振孫所見本復闕宣、定、哀三公。振孫謂其錯誤不可讀，②疑爲後人所録，已非《隋》《唐志》之舊。③ 其後漢學益微，即振孫所云不全之《左氏膏肓》，亦遂不可復見。此本凡《箴膏肓》二十餘條、《起廢疾》四十餘條、《發墨守》四條，④並

---

① "二"，原誤作"三"，據《四庫全書總目》卷二十六改。
② "可"下原衍一"復"字，據《四庫全書總目》卷二十六刪。
③ "志"字原脱，據《四庫全書總目》卷二十六補。
④ "四"，原誤作"四十"，據《四庫全書總目》卷二十六改。

從諸書所引掇拾成編，不知出自誰氏。或題爲宋王應麟集，亦別無顯據。殆因應麟嘗輯《鄭氏周易注》《齊魯韓三家詩考》，而以類推之與？然《玉海》之末，不附此書，不應其孫不見，而後來反有傳本也。今以諸書校勘，惟《詩·大明》篇疏所引"宋襄公戰泓"一條尚未收入，其餘並已蒐采無遺。雖不出自應麟手，然亦究心古學者之所爲矣。① 謹爲掇拾補綴，著之於錄。雖視原書不及什之一二，而排比薈萃，略存梗概。爲鄭氏之學者，或亦有所考。

案：《問經堂叢書》及《藝海珠塵》並刊有《箴膏肓》《發墨守》《起廢疾》各一卷。

鄭玄　左傳音
《群經音辨》引。

荀爽　春秋公羊問答
《隋志》：荀爽問，魏安平太守徐欽答。《七錄》：五卷。《唐志》同。

荀爽　春秋條例
本傳：爽著《春秋條例》。

潁容　春秋釋例
《隋志》：十卷。《唐志》：七卷。

容字子嚴，陳國長平人。善《春秋左氏》，師事太尉楊賜。郡舉孝廉，州辟，公車徵，皆不就。初平中，避亂荆州，劉表以爲武陵太守，不肯起。著《春秋左氏條例》五萬餘言。潁容《春秋釋例》序曰："漢興，博物洽聞著述之士，前有司馬遷、揚雄、劉歆，後有鄭衆、賈逵、班固，近即馬融、鄭玄，其所著作違義正者，遷尤多。略舉一兩事以言：《史記》不識畢公爲文王之

---

① "然""學"二字，《四庫全書總目》卷二十六分別作"要""義"。

子,而言與周同姓;揚雄著《法言》,不識六十四卦,所從來尚矣。"

杜預《左氏集解》序:"末有潁子嚴者,①雖淺近,亦復名家。"

孔融　左氏雜義難

《七錄》:五卷。

謝該　左氏解釋

該字文儀,南陽章陵人。善《春秋左氏傳》,門徒數百人。建安中,河東人樂詳條《左氏》疑滯數十事以問,該皆爲通解之,名爲《謝氏釋》,行於世。仕爲公車司馬令,少府孔融薦之,拜議郎。

樂詳　左氏問

詳字文載。少好學。建安初,聞南郡謝該善《左氏傳》,乃從南陽徒步詣該,問疑難諸要。今《左氏樂氏問》七十二事,詳所撰也。

段肅　春秋穀梁傳注

《隋志》:十四卷,疑漢人。《唐志》:十三卷。

陸德明曰:"不知何人。"案:"段肅",疑作"殷肅",見《東平王蒼傳》。

宋忠　春秋傳

《東京賦》注引宋衷《春秋傳》"帝魁,黃帝子孫也"。

李齊　左氏難

李譔　左氏指歸

《華陽國志》:譔字仲欽,涪人。爲太子中庶子、右中郎將。著《左氏注解》,依則賈、馬,異於鄭玄。《經典·序錄》:梓潼李仲欽著《左氏指解》。

---

① "嚴",原誤作"容",據補編本、《左傳正義》卷一改。

郄萌　春秋災異十五卷

《隋志》：漢末，郄萌集圖緯雜讖爲五十篇，謂之《春秋災異》。萌，官太史令，字、里未詳。

糜信　春秋説要

《隋志》：十卷。

《經典·序録》：信字南山，東海人。

糜信　理何氏漢議

《隋志》：二卷。案：信，仕魏，官樂平太守。然《唐志》載鄭康成駁、糜信注一卷，則信之書固作於建安時也。

糜信　穀梁傳注

《隋志》：十二卷。

案：《漢魏遺書》有輯本刊行。

糜信　穀梁音

《釋文》引。

孫炎　春秋例

見《魏志》。

孫炎　春秋三傳注

見蕭常《續後漢書》。

附　王朗　春秋傳

王肅　左傳注

《經典·序録》：三十卷。

董遇　左傳章句

《隋志》：三十卷。《釋文》同。

董遇　朱墨別異

《魏志》注。

王基　左傳注

《經典·序録》：荆州刺史王基、大司農董遇、徵士燉煌周生烈,並注解《左氏傳》。

周生烈　左傳注

高貴鄉公　左傳音

曹髦,字士芳,魏廢帝。

曹耽　左傳音四卷

士燮　春秋經注十一卷

《吳錄》:燮字彥威,蒼梧廣信人。少游學京師,事潁川劉子奇,治《左氏春秋》。補尚書郎,遷交阯太守。耽玩《春秋》,爲之注解。陳國袁徽與尚書令荀彧書曰:"交阯士府君官事小閒,輒玩習書傳,《春秋左氏傳》尤簡練精微。① 吾數以咨問傳中諸疑,皆有師説,意思甚密。又《尚書》兼通古今,大義詳備。閒京師古今之學,② 是非忿爭,今欲條《左氏》《尚書》長義上之。"其見稱如此。③

張昭　左傳注

昭字子布,彭城人。少好學,工屬文,尤精隸書。從白侯子安受《左氏春秋》,博覽群書,與琅琊趙昱、東海王朗齊名,作《左氏春秋注解》。

唐固　國語注

唐固　公羊傳注

唐固　穀梁傳注

《經典・序録》:固字子正,丹陽人,吳尚書僕射。

郝經《續後漢書》:固字子正,闞澤州里先輩也。修身博學,稱名儒。著《國語》《公羊》《穀梁傳注》,講授嘗數百人。

唐固　春秋古今會盟地圖一卷

---

① "練",原誤作"鍊",據補編本、《三國志・吳志・士燮傳》改。
② "閒",原誤作"問",據補編本、《三國志・吳志・士燮傳》改。
③ "稱"下原衍一"之"字,據補編本、《三國志・吳志・士燮傳》删。

韋昭　國語注

昭字弘嗣，吳郡人。吳侍中領左國史，爲晋諱，改爲曜。昭《國語解》叙曰："左丘明采録前世穆王以來，下訖魯悼、智伯之誅，①邦國成敗，嘉言善語，陰陽律吕，天時人事，順逆之數，以爲《國語》。其文不主於經，故號曰'外傳'。漢章帝時，鄭大司農爲之訓詁，侍中賈君敷而衍之。建安、黃武之間，故侍御史會稽虞君、尚書僕射丹陽唐君，又因賈爲主而損益之。然猶有異同，昭切不自料，因賈君之精實，采唐虞之信善，復爲之解。"

虞翻　國語注

翻徙交州，講學不倦，門徒嘗數百人。又爲《論語》《國語》《老子》訓注，皆行於世。

右春秋三傳類。

鄭衆　孝經注

《七録》：一卷。

衛宏　古文孝經一卷

《説文叙》：《古文孝經》，給事中議郎衛宏所校。

何休　孝經訓註

馬融　孝經注

《七録》：一卷。

黃震曰："《孝經》，鄭康成諸儒主今文，孔安國、馬融主古文。"《經典·序録》：古文出孔氏壁中，別有《閨門》一章，自餘分析十八章，總爲二十二章。孔安國作傳，劉向校書定爲十八。後漢馬融亦作《古文孝經傳》，而世不傳。

---

① "誅"，原誤作"説"，據補編本、《士禮居叢書》影宋刻本《國語·序》改。

許慎　古文孝經注一卷

慎字叔重，汝南召陵人。官至太尉、南閣祭酒。

召陵公乘許沖上父慎《説文》曰："《古文孝經》者，孝昭時魯國三老所獻，建武時議郎衛宏所校，皆口傳，官無其説。臣父學孔氏古文，撰具一篇，並上。"

高誘　孝經解

鄭玄　孝經注

《唐志》：一卷。

《自序》：《孝經》者，三才之經緯，五行之綱紀。孝爲百行之首，經者至易之稱。僕避兵於城南之山，棲遲於巖石之下，念昔先人餘暇，述夫子之志而注《孝經》焉。

《後漢書》：鄭玄漢末遭黃巾之難，客於徐州。今《孝經序》，鄭氏所作。南城山西上可二里所，有石室焉，周迴五丈，俗云是康成注《孝經》處。右見《太平御覽》所引，考范史無此文，則未知爲袁山松、華嶠之書與，抑薛瑩、謝沈之書與？

《唐會要》：開元七年三月一日敕，《孝經》《尚書》有古文本，孔、鄭注旨趣頗多踳駁，令諸儒質定。六日，詔曰："《孝經》德教所先，頃來獨宗鄭氏，孔氏遺旨，今則無聞。其令儒官詳定所長，令明經者習讀。"四月七日，左庶子劉知幾議曰："謹按今俗所傳《孝經》題曰鄭注，爰在近古，皆云鄭注即康成，而魏晋之朝無有此説。晋穆武帝十一年及孝武帝太元元年，再聚群臣，共論經義，有荀茂祖者，撰集《孝經》諸説，始以鄭氏爲宗。自齊梁以來，多有異論。陸澄以爲非玄所注，請不藏於秘府。王儉不依其請，遂得見傳於時。魏齊則立於學宫，著於律令。蓋由膚俗無識致斯訛舛，然則《孝經》非玄所著，其驗十有二。案鄭君《自序》云'遭黨錮事起，逃難。禮黨錮事解，注《古文尚書》《毛詩》《論語》。爲袁譚所逼，來至元城，乃注《周易》'，都無注《孝經》之文，其驗一也。鄭君卒後，其弟子追論師所著述及應對時人，謂之《鄭志》，其言鄭所注，惟有《毛詩》《三禮》《尚書》《周易》，都不言鄭注《孝經》，其驗二也。又《鄭志目錄》記鄭之所注，五經之外，有《中候》《書傳》《七政論》《乾象曆》《六藝論》《毛詩譜》《答臨碩難周禮》《駁許慎異義》《發墨守》《箴膏肓》《起廢疾》及《答甄子然書》，寸紙片言，莫不悉載。若有《孝經》之注，無容匿而不言，其驗三也。鄭之弟子分授門徒，各述師言，更相問答，編録其語，謂之《鄭記》，惟載《詩》《書》《禮》《易》《論語》，其言不及《孝經》，其驗四也。趙商作《鄭先生碑文》，具稱諸所注箋駁論，亦不言注《孝經》。《晉中經簿》《周易》《尚書》《尚書中候》《尚書大傳》《毛詩》《周禮》《儀禮》《禮記》《論語》凡九書，皆云'鄭氏注，名玄'，至於《孝經》，則稱'鄭氏解'，無'名玄'二字，其驗五也。《春秋緯·演孔圖》云：'康成注《禮》《詩》《易》《尚書》《論語》，其《春秋》《孝經》則有評論。'宋均於《詩譜序》云'我先師北海鄭司農'，則均是玄之傳業弟子也。師所著述，無容不知，而云'《春秋》《孝經》惟有評論'，非玄之所注，於此特明，其驗六也。又宋均《孝經注》引鄭《六藝論》叙《孝經》云'玄又爲之注，司農論如是，而均無聞焉，有義無辭，令予昬惑'，舉鄭之語而云'無聞'，其驗七也。宋均《春秋緯》《孝經略説》非注之謂，所言玄又爲之注者，汎辭也，非事實。其序《春秋》亦云'玄又爲之注'，寧可復責以實注《春秋》乎？其驗八也。後漢史書存於代者，有謝承、薛瑩、司馬彪、袁山松等，其爲鄭玄傳者，載其所注皆無《孝經》，其驗九也。王肅《孝經傳》首有司馬宣王之奏，云'奉詔令諸儒述《孝經》，以肅説爲長'，若先有鄭注，亦應言及，而都不言鄭，其驗十也。王肅著書，發揚鄭短，凡有小失，皆在《訂證》。若《孝經》此注亦出鄭氏，被肅攻擊最應繁多，而肅無言，其驗十一也。魏晉朝賢論辨時事，諸注無不撮引，未有一言引《孝經》之注，其驗十二也。凡此證驗，易爲討覈。而代之學者不覺其非，乘彼謬説，競相推舉。諸解不立學官，此注獨行於代。觀夫語言鄙陋，義理乖疏，固不可以示彼後來，傳諸不朽。至《古文孝經》孔傳，本出孔氏壁中，語甚詳正，無俟旁推商榷，而曠代亡逸，不復流行。至隋開皇十四年，秘書學士阮孝逸於京師市陳人處買得一本，送與著作郎王劭，劭以示河間劉炫，仍令校定，而此書更無兼本，難可依憑。炫輒以所見，率意刊改，因著《古文孝經稽疑》一篇。劭以爲此書經文盡正，傳義甚美，而歷代未嘗置於學官，良可惜也。然則孔鄭二家雲泥致隔，今綸音發問，校其所長。愚以爲行孔廢鄭，於義爲允。"

國子祭酒司馬貞議曰："《今文孝經》是漢河間王所得顔芝本，至劉向以此本校古文，省除繁惑，定爲此一十八章。其注相承云是鄭玄所注，而《鄭志》及《目錄》等不載，故往賢共疑焉。惟荀昶、范煜以爲鄭注，故昶《集解》具載此注，而其序以鄭爲主，是先達博選，以此注爲優。且其注縱非鄭氏所作，而義旨敷暢，將爲得所，其數處小有未穩，實亦未離經傳。其古文二十二章元出孔壁，先是安國作傳，遭巫蠱，代未之行。荀昶集注之時，尚有孔傳，中朝遂亡其本。近儒欲崇古學，僞作此傳，假稱孔氏，輒穿鑿改更，又僞作《閨門》一章。劉炫詭隨，妄稱其善。且閨門之義，近俗之語，非宣尼之正説。按其文云'閨門之内，具體矣乎。嚴兄，妻子臣妾，繇百姓徒役也'。是比妻子於徒役，文句凡鄙，不合經典。又分《庶人》章，從'故自天子'以下別爲一章，仍加'子曰'二字。然'故'者連上之詞，即爲章首，不合言'故'。是故古文既亡，後人妄開此等數章，以應二十二章之數，非但經文不真，抑且傳習淺僞。至注'用天之時，因地之利'，其略曰'脱衣就功，暴其肌體，朝暮從事,露髮塗足,少而習之,心安焉'。此語雖旁出諸子,而引之爲注,何言之鄙俚乎?與鄭氏之所云'分別五土,視其高下,高田宜黍稷,下田宜稻麥',優劣縣殊,曾何等級?今議者欲取近儒詭說,殘經缺傳,而廢鄭注,理實未可。望請準式《孝經》鄭注與孔傳並行。"五月五日詔:鄭仍舊行用。孔注傳習者稀,亦存繼絕之典,頗加獎飾。

陸德明曰:"鄭注相承以爲鄭玄。按:《鄭志》及《中經簿》無,惟中朝穆帝講習《孝經》,以鄭玄爲主。檢《孝經注》與康成注五經不同,未詳是非。"

劉肅曰:"梁載言《十道志》解南城山引《後漢書》云'鄭玄遭黄巾之亂,客於徐州'。今者有《孝經序》,相承云鄭氏所作,蓋康成允孫所爲也。陸德明亦云鄭注《孝經》與注五經體不同,則劉子玄所證信有徵矣。"

《崇文總目》:先儒多疑其書,惟晉孫昶集解以此注爲優,請與孔注並行,詔可。今太學所立陸德明《釋文》與此相應。五代兵興,中原久逸其書。咸平中,日本僧以此書來獻,議藏秘府。案:《五代史》新羅國進《別序孝經》,未知是鄭注與否。周顯德中,日本僧齋然又嘗進《孝經雄圖》《孝經雌圖》,乃《孝經緯》,《開元占經》多引其書,非鄭注《孝經》也。

《書録解題》:世傳秦火之後,河間人顔芝得《孝經》,藏之,以獻河間王,今十八章是也。相承云康成作注,而《鄭志目録》不載,故先儒並疑之。古文有孔安國傳,不行於世。劉炫僞作《稽疑》一篇,序所謂"劉炫明安國之本,陸澄譏康成之注"者也。及唐開元中,詔議孔、鄭二家,劉知幾以爲宜行孔廢鄭,諸儒非之,卒行鄭學。按《三朝志》,五代以來,孔、鄭注皆亡。周顯德中,新羅獻《別序孝經》,即鄭注者,而《崇文總目》以爲咸平中日本僧齋然所獻,未詳孰是。世少有其本。乾道中,熊克子復、袁樞機仲得之,刻於京口學宫,而《孔傳》不可復見矣。

王應麟曰：「鄭氏注相承言康成作，《鄭志目錄》不載，通儒皆驗其非。開元中，孝明纂諸説自注，以奪二家。然尚不知鄭氏之爲小同。」案：以《孝經》爲小同注，亦後儒儗度之詞。小同所著有《鄭志》十二卷，與玄弟子同撰集。又有《禮記》四卷，不言注《孝經》。據華歆《表》云「玄適孫小同，年逾三十，少有令名，學綜六經」，後爲司馬昭所鴆而死，距黄巾之亂相去甚遠，不得云"遭黄巾亂，避難徐州，注《孝經》"也。

《序》：《孝經》有古文，有今文。孔安國爲古文作傳，而鄭康成注今文。孔注世多有刻本，鄭注則否。南齊時，國學置鄭玄《孝經》，陸澄乃與王儉書論之曰：「世有一《孝經》，題爲鄭玄注，觀其用辭不與注書相類。案玄自序所注衆書，亦無《孝經》。」儉答曰：「鄭注虛實，前代不嫌，意謂可安，仍舊立學。」據此，則鄭注之行，其來尚矣。是本與陸德明《經典釋文》吻合無差，其爲鄭注審矣。頃者讀《知不足齋叢書》鮑、盧諸家序跋，乃知惟得孔傳，未得鄭注。瀛海之西，其佚已久。嗚呼！書之災厄，不獨水火，靳秘之甚，其極有至沈滅者，豈不悲乎！今刻是本，予之志在傳諸瀛海之西，與天下之人共之，家置一通，人挾一本，讀之誦之，則聖人之道，由是而宏，悠久無窮。海舶之載而西者保其無恙，冀賴神明護持之力。鮑、盧諸家得是本，再付剞劂，流傳遍於寰海，當我世見其收入叢書中，所翹跂以俟之也。癸丑之秋日本國尾張岡田挺之序。

《重刊孝經鄭注序》：往歲，平湖賈舶自日本國購得《孝經鄭注》，歸時寓居杭州萬松山館。客有攜以相示者，前有岡田挺之序，後稱寬政六年寅正月梓。其題首云"新川先生校驗"，序末小印知新川即挺之之字。寬政六年，歲在癸丑，以甲子計之，實皇朝乾隆五十八年也。予向見日本亨保十六年，太宰純重刻《古文孝經》，云"宋歐陽子嘗作詩云'逸書百篇今尚存'，昔僧奝然適宋，獻鄭注《孝經》一本於太宗，今去其世七百有餘年，古書之散佚者亦不少，而孔傳《古文孝經》全然尚存"。又亨保十五年所刊山井鼎《七經孟子考文》，《孝經》但載古文孔傳，並不言鄭注之有無。此本與《經典釋文》《孝經正義》所述鄭注大半相合。初疑彼國稍知經學者抄撮而成，繼細讀之，如《孝治》章以"昔"訓"古"，見《公羊傳疏》；"《聘問》天子無恙"諸語，見《太平御覽》；①《聖治》章"上帝者，天之別名也"，見《南齊書·禮志》暨《困學紀聞》，俱《釋文》《正義》之所未引，而此本秩然具載，不謀而合，斷非作僞者所能出也。惟挺之序謂與《釋文》吻合則不盡然，即以首章而言："仲尼居"，《釋文》述鄭作"凥"，"凥，講堂也"；"曾子侍"，注"卑者在尊者之側曰侍"，此類甚多，今本所無，其與陸氏所見本不同明矣。案鄭注《孝經》不見於《鄭志目錄》及趙商《碑銘》，故魏晉諸儒論議紛起，唐人至設十二驗以疑之。然宋均《孝經緯注》引鄭《六藝論》序《孝經》云"玄又爲之注"，《大唐新語》引鄭《孝經序》云"僕避亂徐州南城山，棲遲巖石之下，念昔先人，餘暇述夫子之志而注《孝經》"，又均《春秋緯注》云"爲《春秋》《孝經》略說"，皆當日作注之證。唐儒駁之者曰"所言爲之注者，汎辭，非實事。其序《春秋》亦云'玄又爲之注'，寧可復責以實注《春秋》"？予謂鄭注《春秋》未成，遇服虔，盡以所注與之，《世說新語》實載其事，而云鄭作《春秋注》非也。《鄭志》書多爲後人羼雜，隋唐所行，已非原本，所記庸有脫漏。趙商撰《鄭碑銘》，其載諸所注箋亦不言注《孝經》者，猶《後漢書》本傳叙所注《周易》《尚書》《毛詩》《儀禮》《禮記》《論語》《孝經》諸書，而史承節《碑》乃多《周官》而無《論語》，俱載筆者偶然之失，豈得據墓碑史傳並謂鄭無《周官》《論語》注乎？

---

① "御"，原誤作"孝"，據補編本改。

《唐會要》載開元七年，劉子玄等議欲行孔廢鄭，博士司馬貞以爲其注縱非鄭玄，而義旨敷暢，將爲得所，請準令式，鄭注與孔傳並行，詔從貞議。蓋前此學者篤信是書非出北海，同聲附和，即有爲之剖辨者，亦多執首鼠之説，不復深究是否。荀勖《中經簿》但題"鄭氏解"，不云名玄，於《毛詩》《三禮》直稱鄭玄注，而於《孝經》標"鄭氏"二字，注云"相承解爲鄭玄"，則亦疑而未決之辭。此本挺之跋稱鄭注《孝經》一卷，《群書治要》所載。考《群書治要》凡五十卷，唐魏鄭公撰。其書久佚，僅見日本天明七年刻本，前列表文亦有岡田挺之題銜，則此書即其校勘《治要》時所録而單行者。《治要》采集經子各注，不著撰人名氏，而今本竟稱鄭注，亦或彼國相承云爾，而挺之始據《釋文》定之，故太宰純、山井鼎諸人俱未言及耳。鄭注各經自漢至唐多立學官，惟《孝經》顯晦不一，故唐初傳寫率多踳錯。《釋文》摘注爲音，每注云"自某至某本今無"，以明所見之異，則其時已無足本。可知《治要》所載，恐亦有刪削，而陸本云無者，今本無之，亦有陸以爲無而今仍存者，知別一古本流傳外國者如此。其經文與注疏本異者數處：如《廣要道》"敬一人則千萬人悦"，"則"作"而"；《諫爭》章"雖無道不失天下"，"失"下多"其"字；"並"同石臺《孝經》、開成石經"益"，足定爲宋以前古本也。日本傳載奝然於雍熙六年，浮海而至，獻鄭注《孝經》，據陳振孫《書録解題》云'乾道中，熊克子復、袁樞機仲嘗得之刻於京口學宫'，是南宋猶有板本。自是以後，著録家無道及者，蓋當時漢學已廢不講，雖得鄭注而不加寶貴，尋復散失。乾道至今又七百年，距雍熙又八百六十年，而是書復出於右文稽古之世，治經者得知孔、鄭之異同，闡注疏之精藴，身體力行，於以仰副聖天子孝治天下之至意，不可謂非厚幸也。欽惟我朝統一，區夏重熙，累洽文教，覃敷溢於薄海，雖至重譯絶島，皆知尊聖學而窮經義。如皇侃《論語義疏》，唐宋以後久無傳本，而《七經孟子考文》具云彼國尚有其書。迨乾隆中四庫館開，詔求天下遺書，而《論語義疏》與《孝經》孔傳同時得自日本。數千百年沈淪秘籍，一旦發其光於鯨波鮫室之中，①藉海舶以光秘閣，夫孰非神物呵護有靈，俾之應運而興者乎？然彼國好古之士於漢唐經解知所服膺，不惜校録而考訂之，若太宰純、山鼎井、岡田挺之者，其亦足嘉尚也已。是書原刻繭紙印本，其製與中華書板不異。余曾印鈔一册置篋中，友人見之，傳録者頗衆。因授剞劂，用公同好，并記所見於簡端，以俟博雅君子。至原刻經注字句之下，多有點乙，譯其意義，殆爲便於童誦而設，無裨經學。今亦仿而摹之，使存其舊焉。嘉慶七年歲星在壬戌月躔鶉首之次，嘉定錢侗書於青浦舟次。

《孝經鄭氏解輯本題辭》：往者鮑君以文持日本《孝經鄭注》請序，予案其文辭，不類漢魏人語，且與群籍所引有異，未有以應。近見臧子東序輯録本，喜其精核，欲與新出本合刊，仍屬予序。予知東序治鄭氏學幾二十年，有手訂《周易》《論語注》等，所采皆唐以前書，爲晉宋六朝相傳鄭注，②學者咸所依據。鮑君耄而好學益篤，凡有善本，靡不刊行。然則《孝經》舊引之注、新出之書，二本並行，奚爲不可？嘉慶辛酉季冬儀徵阮元題。

附　王朗　孝經傳

見蕭常《續後漢書·朗傳》。③

---

① "鯨"，原誤作"鮫"，據補編本改。
② "注"字原脱，據《山右叢書初編》本《萬卷精華樓藏書記》卷九補。
③ "傳"字原脱，據補編本補。

王肅　孝經注

《隋志》：一卷。

蘇林　孝經注

林字孝友，陳留人。魏散騎常侍。凡諸書疑滯，林皆解釋之，甚有抵要。

何晏　孝經注

劉邵　孝經注

邵字孔才，廣平人，魏光禄勛。

徐整　孝經注

整字里見《詩譜注》。

韋昭　孝經解讚

《隋志》：一卷。

謝萬　孝經注

吴人，非晋之謝萬也。

嚴畯　孝經傳一卷

畯字曼才，彭城人。少篤學，好《詩》《書》《三禮》，又好《説文》。仕吴，官至尚書。著《孝經傳》《潮水論》。

右孝經類。

沛獻王劉輔　論語傳

本傳：輔善説《京氏易》《孝經》《論語傳》。

熊方《年表》：沛獻王，光武子。建武十五年四月，封右馮翊公。十七年十月，進爲中山王。二十年六月，徙爲沛王。

賈逵　論語注

"當仁不讓於師"注："師，衆也。"

包咸　論語章句

咸字子良，會稽曲阿人。師事博士右師細君，習《魯詩》《論語》，舉孝廉，除郎中。建武中，入授皇太子《論語》，又爲其章句。永平五年，以左中郎將遷大鴻臚。八年，卒。

鄭衆　論語傳

《册府元龜》：鄭衆爲大司農，傳《論語》。

馬融　論語訓説

邢昺曰："後漢順帝時，南郡太守馬融爲《古文論語訓説》。"

何休　論語訓注

何晏《集解》引休《論語注》。

鄭玄　論語注

《隋志》：十卷。

鄭《論語序》：《論語》，仲弓、子游、子夏等所撰定。《易》《詩》《書》《禮》《樂》《春秋》筴皆長二尺四寸；①《孝經》謙，半之；《論語》八寸筴者，三分居一，又謙焉。案：王充《論衡》：《論語》者，弟子共紀孔子之言行，敕己之時甚多，數十百篇，以八寸爲策，紀之約者，持之便也。以其遺非經，傳文紀識恐忘，故但以八寸，不二尺四寸也。漢興失亡，至武帝發孔子壁中古文，得二十一篇，齊、魯、河間九篇，本三十篇。至昭帝女讀二十一篇，宣帝下詔太常博士。時尚稱難曉，名之曰傳，後更隸寫傳誦。初，孔子孫安國以教魯人扶卿，官至荆州刺史，始曰《論語》。

《隋志》：《古論語》與《古文尚書》同出，章句煩省，與《魯論》不異，惟分《子張》爲二篇，故有二十一篇。鄭氏以《張侯論》爲本，參考《齊論》而爲之注。梁、陳之時，惟鄭氏、何晏立於國學，而鄭氏甚微。周、齊，鄭學獨立。至隋，何、鄭並行，鄭氏盛於人間。

陸德明曰："《古論語》出自孔氏壁中，凡二十一篇，有兩《子張》，篇次不與《齊》《魯論》同。《齊論語》者，齊人所傳，別有

---

① "二尺四寸"，原誤作"尺二寸"，據補編本、民國十四年刻《食舊堂叢書》本《論語鄭氏注》改。

《問王》①《知道》二篇,凡二十二篇,其二十篇中,章句頗多於《魯論》。《魯論語》,魯人所傳,即今所行篇次是也。鄭氏校《魯論》本,以《齊》《古》讀正,凡五十事。"

邢昺曰:"康成作注之時,就《魯論》篇章,復考校之以《齊論》《古論》,擇其善者而爲之。"

洪适曰:"《季氏》一篇,或以爲《齊論》。"

朱錫鬯曰:"《漢志》'《論語》十二家,《齊》二十二篇,多《問王》②《知道》'。如淳曰:'《問王》《知道》皆篇名。'説者謂内聖外王之業,此附會也。《論語》二十篇皆就首章字義名篇,非有包括全篇之義。今逸《論語》見於《説文》《初學記》《文選注》《太平御覽》等書,其詮玉之屬特詳。竊疑《齊論》所逸二篇,其一乃《問玉》,非《問王》也。考之篆法,三畫正均者爲"王",中畫近上者爲"玉",初無大異,因訛'玉'爲'王'耳。王伯厚亦云《問王》疑即《問玉》,亶其然乎?《魯論語》《堯曰》篇無《不知命》一章,《齊論語》則有之,蓋後儒參入。其字義異讀者"傳不習乎"讀"傳"爲"專","崔子弑齊君"作"高子","未嘗無誨"③讀爲"悔","五十以學《易》"讀"易"爲"亦","正唯弟子不能學也"讀"正"爲"誠","君子坦蕩蕩"讀爲"湯湯","冕衣裳者"讀爲"絻","瓜祭"讀"瓜"爲"必","賜生"讀"生"爲"牲","車中不内顧"無"不"字,"仍舊貫"讀"仍"爲"仁","折獄"讀"折"爲"制","小慧"讀"慧"爲"惠","古之矜也廉"讀"廉"爲"貶","天何言哉"讀"天"爲"夫",又讀"躁"爲"傲"、"窒"爲"室"。鄭氏注與今文不同者:"衆星共之","共"作"拱";"先生饌",作"餕";"云食餘",曰"餕";"舉直錯諸枉",

---

① "王",原作"玉",據補編本、《經典釋文·序録》改。
② "王",原作"玉",據補編本、《經義考》卷二百十一改。
③ "無",原誤作"吾",據補編本、《經義考》卷二百十一改。

作"措",云"投也",下同;"子張問十世可知也",無"也"字;"必也射乎","必也"句截;"哀公問社",作"主",云"主田,主謂社";"無適也,無莫也","適"作"敵","莫"音"慕",云"無所貪慕也";"吾黨之小子",句截;"則吾必在汶上矣",無"則吾"二字;"子之燕居",作"宴";"子疾病",無"病"字;"冕衣裳者","冕"作"弁";"異乎三子者之撰"作"僎",讀曰"詮,詮之言善也";"咏而歸",作"饋",云"饋酒食也";"有是哉,子之迂也","迂"作"于";"往也直躬",作"弓",云"直人名弓";"子貢方人","方"作"謗";"丘何爲是栖栖者與",無"爲"字;"在陳絶糧",作"粻",音"長",下"糧也";"而謀動干戈於邦内",作"封内";"歸孔子豚",作"饋";"惡徼以爲直者","徼"作"絞";"齊人歸女樂","歸"亦作"饋";"朱張"作"侏張",陟留反;"厲已",讀爲"賴",云"恃賴也";又以申棖爲孔子弟子,申續子、桑伯子爲秦大夫,陳司敗爲人名,齊大夫老彭爲老聃、彭祖,太宰是吳太宰嚭,卞莊子爲秦大夫,與諸家異義。案:鄭君《論語注》,近《漢魏遺書》、宋于庭大令并有輯本刊。

鄭玄　古文論語注

《七録》:十卷。《經籍志》:梁别載玄注《古文論語》十卷。案:何晏《論語集解·序》"鄭玄就《魯論》篇章,考之《齊》《古》爲之注",是玄未嘗别注《古文論語》也。

鄭玄　論語釋義

《唐志》:十卷。

鄭玄　論語孔子弟子目録

《隋志》:一卷。

太史公曰:"學者多稱七十子之徒,譽者或過其實,毀者或損其真,鈞之未睹厥容貌,則《論言弟子籍》,出孔氏古文近是。余以弟子名姓文字悉取《論語弟子問》,并次爲篇,疑者闕焉。"

蘇子由《古史》曰:"孔子弟子高弟七十七人,①余以《太史公書》及《孔子家語》考之皆同,秦冉、顏何不載於《家語》,而琴牢、陳亢不錄於《史記》,二書皆不可偏廢,而琴張、陳亢又見於《論語》,②故并錄之,③凡七十九人"云。

《闕里志》曰:"按弟子名數,《史記》載孔子言曰:'受業身通六藝者七十有七人,皆異能之士也。'唐司馬貞索隱曰:'《孔子家語》亦有七十七人,魏王肅本自顏回至顏祖止,列七十六人,缺一人,不合前數。'乃觀《史記·弟子傳》有顏何字冉,《索隱》證之曰《家語》字稱,則知顏何已載於《家語》,而肅本缺之耳。又北齊顏之推稱仲尼門徒升堂者七十有二,顏氏居八。唐顏真卿自叙家譜稱孔門達者七十有二,顏氏居八。八人之中,顏何與焉。《索隱》去古未遠,之推、真卿俱顏氏裔孫,必各有據。今當以顏何足七十七人之數云。"又曰:"《史記》所載數同《家語》,内無琴張、陳亢、縣亶三人,而別有公伯寮、秦冉、鄡單三人當其數。文翁《石室圖》七十二人,比《家語》少公西輿縣、亶原亢、公肩、公夏、首句、井疆、邦巽、顏何八人,而別有蘧瑗、秦冉、林放三人。子由《古史》又錄七十九人,又因《索隱》云文翁圖有蘧伯玉、林放、申棖、申堂四人。今《石室圖》七十二人,亦無所謂棖與堂也。"

王氏謨曰:"案朱竹垞《孔子弟子考》云自《孔子徒人圖法》既亡,④見《漢書·藝文志》。而文翁石室象在顯晦之間,世儒據以考定弟子之籍,惟《史記》之傳、《家語》之解而已,而不言及鄭氏

---

① "七十七",原誤作"七十二",據明崇禎刻清雍正增修本《闕里志》(以下《闕里志》皆據此本)卷十三改。
② "亢"字原脱,據《闕里志》卷十三補。
③ "故"字原脱,據《闕里志》卷十三補。
④ "圖"字原脱,據補編本補。

《目録》,蓋是書之亡亦已久矣,故其名次無得而考。獨賴裴駰《史記集解》於列傳下時引《目録》證諸弟子籍里,如魯人、衛人可考見者三十有八人。竊意裴氏當日必猶見《目録》原書,與《史記》大略相同,故采其異者注本傳下,其同者不復注也。今故仍依《史記·弟子列傳》名次采録,而以《家語》別出三人附載於後,凡七十九人。"

麻達　論語注
《廣韻注》:漢有麻達《論語注》。

周氏失名。　論語章句
陸德明曰:"不詳何人。"邢昺曰:"包氏、周氏就《張侯論》爲之章句訓解,以出其義理焉。皇侃疏亦云不知何人。"

《周官》"五命賜則"注:"則,地未成國之名。王莽時,以二十五成爲則,方五十里,合今俗説子男之地。獨劉子駿等識古有此制焉。"①疏:"時有孟子、張、包、周及何休等,並不信《周禮》有五百里已下之國,②以《王制》百里、七十里、五十里等爲周法,故鄭指此等人爲俗説。"

盍氏　論語注
毛氏　論語注
案:石經《論語》"'而在於蕭牆之内',盍、毛、包、周無'於'",盍、毛與包、周並列,是盍氏、毛氏並有《論語注》也。

譙周　論語注
《七録》:十卷。

"不亦樂乎"注:"悦深而樂淺。"《釋文》。

"鄉人儺"注:"儺,却之也。以葦矢射之。"劉昭注《續漢書·禮儀志》引。

---

① "識"字原脱,據補編本、《周禮注疏》卷十八補。
② "禮"字原爲空格,據補編本、《周禮注疏》卷十八改。

附　周生烈　論語注

《中經簿》：周生，姓。烈，名。

阮孝緒曰："烈字文逸，本姓唐。"

裴松之《三國志注》：何晏《論語集解》有烈義例，餘所著述見《晉武帝中經簿》。

《抱朴子》：周生烈學精而不仕。

馬總《意林》引周生烈《自序》略曰："六蔽鄙夫燉煌周生烈，字文逸。張角敗後，天下潰亂，哀苦之間，故著此書，以堯舜作植幹，仲尼作師誡"云。案：據此序，則烈後雖爲魏博士侍中，然此書之成，實當靈帝末、獻帝初，故附於譙氏之後。

"三月不知肉味"注："孔子在齊，聞韶樂，樂盛，故忽忘肉味。"

"冉子退朝"注："君之朝。"

"駟不及舌"注："口者，言之門。脣者，舌之藩。齒者，脣之舍也。故子貢曰'駟不及舌'。"

《寓簡》：昔有人習大科十餘年，業成，見田元均。論及《論語正義》中題目，元均曰："曾見博士周生烈傳中亦有一二好題，合入編次。"其人駭，未嘗見此書也。元均因取示之，其人慚未始學也。

《潛研齋文集》：問："《論語》何氏集解采孔安國、包咸、周氏、馬融、鄭康成、陳群、王肅、周生烈八家之說。周氏，不詳其名。周生烈，字文逸，燉煌人，本姓唐，魏博士、侍中。晉《中經簿》'周生，姓。烈，名'，今本《集解》有'周'無'周生'，何也？"曰："平叔《自序》稱'集諸家之善，記其姓名'，疑平叔本姓名兼舉，後人厭其繁複，因刪去其名。又不知周生之爲複姓，并'生'字亦去之，由是周氏、周生氏兩家之說不可復辨矣。後得皇侃《義疏》讀之，凡孔、馬、鄭、陳、王、周生諸人皆稱名，惟包咸稱苞氏而不名，蓋何氏家諱

'咸'也。然細讀全部，但有周生氏，而無周氏，殊不可解。"

程秉　論語弼

陳群　論語義説

群字長文，潁川人。魏司空。

王肅　論語注

《隋志》：十卷。案：《集解》注序作《論語義説》。

王弼　論語釋疑

《隋志》：三卷。

王弼　論語音

《釋文》引。

何晏　論語集解十卷

《經典·序錄》：魏吏部尚書何晏集孔安國、包咸、周氏、馬融、鄭玄、陳群、王肅、周生烈之説，并下己意爲《集解》。正始中，上之，盛行於世。

何晏　論語音

《釋文》引。

虞翻　論語注十卷

張昭　論語注

右論語類。　案：《孟子》入諸子類，《爾雅》入小學類，故斷自《論語》。

白虎通義

一作"議奏"，一作"通議"。《隋志》：六卷。《宋志》：十卷。

蔡邕曰："孝宣會諸儒於石渠，章帝集學士於白虎，通經釋義，其事優大。"

劉知幾曰："漢世，諸儒集論經傳，定之於白虎閣，因名曰《白虎通》。"

《中興書目》：《白虎通》十卷，凡四十篇。今本自《爵號》至《嫁娶》，凡四十四篇。

吕祖謙曰：" 講白虎觀議論發於楊終，以人才好惡定諸儒是非，亦未爲得。"

陳振孫曰：" 章帝詔諸儒講論五經同異，五官中郎將魏應承制問，侍中淳于恭奏，帝親制臨决，作《白虎議奏》。蓋用宣帝石渠故事，《石渠議》今不傳矣，《班固傳》稱撰集凡四十四門。"

《四庫全書提要》：《白虎通義》四卷，漢班固撰。《隋書·經籍志》載《白虎通》六卷，不著撰人。《唐書·藝文志》載《白虎通義》六卷，始題班固之名。《崇文總目》載《白虎通德論》十卷，凡十四篇。陳振孫《書録解題》亦作十卷，云凡四十四門。今本爲元大德中劉世常所藏，凡四十四篇，與陳氏所言相符，知《崇文總目》所云十四篇者，乃傳寫脱一"四"字耳。然僅分四卷，視諸志所載又不同。朱翌《猗覺寮雜記》稱，《荀子注》引《白虎通》"天子之馬"六句，今本無之。然則輾轉傳寫，亦或有所脱誤，翌因是而指其僞撰，則非篤論也。據《後漢書》固本傳，稱"天子會諸儒講論五經，作《白虎通德論》，令固撰集其事"。而《楊終傳》"終言'宣帝博徵群儒，論定五經於石渠閣。方今天下少事，學者得成其業，而章句之徒破碎大體，宜如石渠故事，永爲世則'。於是詔諸儒於白虎觀，論考同異焉。會終坐事繋獄，博士趙博、校書郎班固、賈逵等，以終深曉《春秋》，學多異聞，表請之，即日貰出"。《丁鴻傳》稱"肅宗詔鴻與廣平王羨及諸儒樓望、成封、桓郁、賈逵等，論定五經同異於白虎觀，使五官中郎將魏應主承制問難，侍中淳于恭奏上，帝親稱制臨决"。時張酺、召馴、李育皆得與於白虎觀。蓋諸儒可考者十有餘人，其議奏統名曰《白虎通德論》，猶不名"通義"。《後漢書·儒林傳》序言"建初中，大會諸儒於白虎觀，考詳同異，連月乃罷。肅宗親臨稱制，如石渠故事，顧命史官，著爲《通義》"。唐章懷太子賢注云即《白虎通義》。是足證固撰集乃名其書曰《通義》，《唐志》所載蓋其本名。《崇文總目》稱《白虎通德論》，失其實矣。《隋志》删去"義"字，蓋流俗略有此一名。故唐劉知幾《史通》引《白虎通》《風俗通》爲説，則遞相祖述，忘其本始者也。書中徵引，六經傳説而外，①涉及緯讖，②乃東漢習尚使然。又有《王度記》《三正記》《别名記》《親屬記》，則《禮》之逸篇。方漢時崇尚經學，咸兢兢守其師承，古人舊聞多在乎是，洵治經者所宜從事也。

案：《抱經堂叢書》有《校刊白虎通》四卷。

沛獻王劉輔　五經通論

本傳作《五經論》，時號"沛王通論"。

《金樓子》：輔性矜嚴，有盛名。沈深好經書，善説《京氏易》。論集經傳及圖讖文，作《五經論》，世號之曰"沛王通論"。明帝甚重之，賞賜恩寵加異。

曹褒　五經通義十二篇

朱錫鬯曰："劉向、曹褒俱撰《五經通義》，群書所引大都皆向之説，惟《太平御覽》一條竊有可疑。文云：'歌者象德，舞者象功，君子尚德下功，故歌在堂舞在庭。何言歌在堂也？《燕禮》曰"升歌《鹿鳴》"，是以知之。何言舞在庭也？《援神契》曰"合忻之樂舞於堂，四夷之樂陳於户"③，以此知之。'度劉向時《援神契》未行於世，至褒撰《漢禮》多雜以五經讖緯之文，然則此蓋褒十二篇中語也。"

---

① "説"，《四庫全書總目》卷一百十八作"記"。
② "讖"字原脱，據《四庫全書總目》卷一百十八補。
③ "四"，原誤作"西"，據補編本、《經義考》卷二百三十九改。

曹褒　演經雜論百餘篇
程曾　五經通難百餘篇
　　曾字秀升，①豫章人。
張逸　五經通義
許慎　五經異議
　　《隋志》：十卷。初，慎以五經傳說臧否不同，於是撰爲《五經異義》。
　　案：其書所載有《易》孟、京說、施讎說、下邳傳甘容說，《古尚書》賈逵說，②《今尚書》歐陽、夏侯說，古《毛詩》說，今《詩》齊、魯、韓說，治《魯詩》丞相韋玄成說、匡衡說，古《春秋》左氏說、奉德侯陳欽說、侍中騎都尉賈逵說，今《春秋公羊》《穀梁》說，《公羊》董仲舒說、大鴻臚眭生說，古《周禮》說，今《戴禮》說、今《大戴禮》說，《禮·王度記》盛德記，《明堂月令》講學大夫淳於登說，古《孝經》說，今《論語》說，魯郊禮、叔孫通禮，古《山海經》鄒書公，議郎尹更始、待詔劉更生議石渠，博存衆說，蔽以己意，或從古，或從今。
鄭玄　駁五經異義
　　《四庫全書提要》：③《駁五經異義》一卷、《補遺》一卷，漢鄭玄所駁許慎《五經異義》之文也。考《後漢書·許慎傳》："慎以《五經》傳說臧否不同，於是撰爲《五經異義》，傳於世。"《鄭玄傳》載玄所著百餘萬言，亦有《駁許慎五經異義》之名。《隋書·經籍志》有《五經異義》十卷，後漢太尉祭酒許慎撰，而不及鄭玄之《駁議》。《舊唐書·經籍志》：《五經異義》十卷，許慎撰，鄭玄駁。《新唐書·藝文志》並同。蓋鄭氏所駁之文，

---

① "秀升"二字原爲空格，據補編本改。
② "賈"上原衍一"說"字，據補編本刪。
③ "庫"，原誤作"書"，據補編本改。

即附見於許氏原本之內，非別爲一書，故史志所載亦互有詳略。至《宋史·藝文志》，遂無此書之名，則自唐以來失傳久矣。學者所見《異義》，僅出於《初學記》《通典》《太平御覽》諸書。而鄭氏《駁義》則自《三禮正義》而外，所存亦復寥寥。此本從諸書采綴而成，或題宋王應麟編，然無確據。其間有單詞隻句，《駁》存而《義》闕。原本錯雜相參，頗失條理。今詳加釐正，以《義》《駁》兩全者彙列於前。其僅存《駁義》者，則附錄以備參考。又近時朱彝尊《經義考》內亦嘗引鄭《駁》數條，而長洲惠氏所輯則蒐羅益爲廣備，往往多此本所未及。今以二家所采，參互考證，除其重複，定爲五十七條，別爲《補遺》一卷，附之於後。其間有《異義》而鄭無駁者，則鄭與許同者也。兩漢經學，號爲極盛，若許若鄭，尤皆一代通儒，大敵相當，輸攻墨守，非後來一知半解者所可望其津涯。此編雖散佚之餘，十不存一，而引經據古，獨見典型。① 殘編斷簡，固遠勝於後儒之累牘連篇矣。

案：《問經堂叢書》有《五經異義》并《駁義》一卷《補遺》一卷刊行。

鄭玄　六藝論

《隋志》：一卷。《舊唐書·志》同。

孔穎達曰："方叔機注。"《疏》引叔機注云："六紀者，九頭紀、五龍紀、攝提紀、合洛紀、連通紀、②序命紀，凡六紀也。九十一代者，九頭一、五龍五、攝提七十二、合洛三、連通六、序命四，凡九十一代也。"叔機，未詳何人。

徐彥曰："鄭君先作《六藝論》，然後注書。"

朱錫鬯曰："西漢學士大都專治一經，兼經者自韓嬰、申培、后

---

① "獨"，《四庫全書總目》卷三十三作"猶"。
② "連通紀"三字原脫，據清嘉慶二十年南昌府學重刊宋本《十三經注疏》本《禮記注疏》（以下《禮記注疏》皆據此本）卷一補。

蒼、孟卿、膠東庸生、瑕丘江翁而外，蓋寥寥也。至東漢而後，兼者漸多。鄭康成出，凡《易》《書》《詩》《周官》《儀禮》《禮記》《論語》《孝經》，無不爲之注釋。而又《六藝》、《七政》有論，《毛詩》有譜，禘祫有議，許慎《五經異義》有駁，臨孝存《周禮》有駁難，何休之《墨守》《膏肓》《廢疾》，或發，或鍼，或起，可謂集諸儒之大成，而大有功於經學者。① 萬歲通天初，州刺史史承節撰銘曰：'公之挺生，大雅之懿。囊括墳典，精通奧秘。六藝殊科，五經通義。小無不盡，大無不備。'此天下之公言也。惟其意主博通，故於《三統》《九章》《大傳》《中候》，以及《易》《書》《禮》緯，靡不有述。然其箋傳，經自爲經，緯自爲緯，初不相雜。第如七曜四游之晷度，八能九錫之彌文，三雍九室之遺制，經師所未詳者，則取諸緯候以明之。蓋緯候亦有純駁之不同，康成所取特其醇者耳，災祥神異之説，未嘗濫及也。或疑五帝之名近於怪，然此在漢時著之祀典者，君子居是邦，不非其大夫，況朝廷之典禮乎？乃宋儒極口訿之，沿及元明，隨聲附和，至有以此罪之，竟黜其從祀者，其亦不仁甚矣！不觀九峰蔡氏之《書傳》乎？'周天三百六十五度四分度之一'，此《洛書甄曜度》《尚書考靈曜》之文也。'黑道二去黄道北，赤道二去黄道南，白道二去黄道西，青道二去黄道東'，此《河圖帝覽嬉》之文也。而蔡氏引之，於蔡氏乎何傷？不觀新安文公之注《楚辭》乎？'崐崘者，地之中也，地下有八柱互相牽制，名山大川孔穴相通'，此《河圖括地象》之文也。'三足烏者，陽精也'，此《春秋元命包》之文也。文公引之，於文公乎何損？乃一偏之論，在漢儒則有罪，在宋儒則無誅，斯後學之心，竊有未平矣。"

---

① "功"字原脱，據補編本、《經義考》卷二百三十九補。

案：《漢魏遺書》近有采輯鄭君《六藝論》十九條刊行，尚漏二條，今附録於後。

文王創業，至魯僖時，《商頌》不在數矣。孔子刪《詩》時，録此五章，豈無意哉？"商邑翼翼，四方之極"，"我有嘉客，亦不夷懌"，豈能忘哉？景山，商墳墓之所在也。商邑之大，豈無賢才？松柏丸丸，在於斷而遷之，方斷而敬承之，以用之爾。松柏小材，有挺而整布；衆楹大材，有閑而静别。既各得施，則寢成而孔安矣。拱成君子之材，而任以成國，則人君高拱仰成矣，是《綢繆》牖户之義也。漢法：死事之子，皆拜郎中。

鄭記

《隋志》：六卷。鄭玄弟子撰。劉知幾曰："鄭之弟子，分授門徒，各述師言，更不問答，①編録其語，謂之《鄭記》。"

鄭志

《隋志》：十一卷。《唐志》：九卷。

《後漢書》：玄所著群書，不得於禮堂寫定，傳與其人。門人相與撰玄答諸弟子問五經，依《論語》作《鄭志》八篇。

劉知幾曰："鄭弟子追論師注及應答，謂之《鄭志》。"

朱錫鬯曰："案《鄭志》載於《正義》及《通典》者，大抵張逸、趙商、冷剛、田瓊、炅模問，而康成答之，又有焦喬、王權、鮑遺、陳鏗、崇精、孫皓弟子互相問答之辭。"

《四庫全書提要》：《鄭志》三卷《補遺》一卷。案《隋書·經籍志》："《鄭志》十一卷，魏侍中鄭小同撰。《鄭記》六卷，鄭玄弟子撰。"《後漢書》鄭玄本傳則稱："門生相與撰玄答弟子，依《論語》作《鄭志》八篇。"劉知幾《史通》亦稱："鄭弟子追論師

---

① "不"，補編本作"相"。

説及應答,謂之《鄭志》。分授門徒,各述師言,更不問答,謂之《鄭記》。"其説不同。然范蔚宗去漢未遠,其説當必有徵。《隋志》根據《七録》,亦阮孝緒所考定,非如唐、宋諸《志》動輒疏舛者比,斷無移甲入乙之事。疑追録之者諸弟子,編次成帙者則小同。《後漢書》原其始,《隋書》要其終。觀八篇分爲十一卷,知非諸弟子之舊本也。《新》《舊唐書》載《鄭記》六卷,尚與《隋志》相同。而此書則作九卷,已佚二卷。① 至《崇文總目》始不著録,則全佚於北宋初矣。此本三卷,莫考其出自誰氏。觀書中《禮運注》"澄酒"一條答趙商之問者,前後兩見,②而詳略小異;又陳鏗之名前後兩見,而後一條注"一作鑠"。知爲好鄭氏之學者惜其散佚,於諸經《正義》中裒輯而成。③ 然如所載"弼成五服"答趙商問一條,④不稱《益稷》而稱《皋陶謨》,則正合孔疏所云鄭氏之本。又卷首冷剛問《大畜》"童牛之牿"一條,今《周易正義》中不見,而《周禮正義》引之,較此少"冷剛問云"⑤以下六十餘字;《周禮正義》引"答孫皓問"一條,較此少"夏二月仲春,太簇用事,陽氣出,地始温,故禮應開冰,先薦寢廟"五句。其《皋陶謨》注與《經典釋文》及《正義》所引,亦互有詳略,而《堯典》注一條乃不載《正義》中。則亦博采諸書,有今日所不盡見者,非僅剽剟《正義》。又《玉海》十八卷引《定之方中》詩,張逸問:"仲梁子何時人?⑥"答曰:"先師魯人。"此本"先師"之下多一"云"字,方知先師非指

---

① "二",原誤作"三",據《四庫全書總目》卷三十三改。
② "前後"二字原脱,據《四庫全書總目》卷三十三補。
③ "裒",原誤作"襃",據《四庫全書總目》卷三十三改。
④ "所",原誤作"初",據《四庫全書總目》卷三十三改。
⑤ "問"字原脱,據《四庫全書總目》卷三十三補。
⑥ "時"字原脱,據《四庫全書總目》卷三十三補。

仲梁子。如此之類，亦較它書所載爲長。足證爲舊人所輯，非近時新編也。間有蒐采未盡者，諸經①《正義》及《魏書·禮志》《南齊書·禮志》、《續漢書·郡國志》注、《藝文類聚》諸書所引尚有三十六條。又《鄭記》一書，亦久散佚。今可以考見者，尚有《初學記》《通典》《太平御覽》所引三條。併附錄之，亦存鄭學之梗概。并以見漢代經師專門授受，師弟子反覆研求，而後筆之爲傳注，其既詳且慎至於如此。昔朱子與胡紘爭寧宗持禫服之禮，反覆辨難，②終無據以折之。後讀《喪服小記》疏所引《鄭志》一條，方得明白證驗。因自書於本議之後，記其始末，有"向使無鄭康成，③則此事終未有所斷決"④語。是朱子議禮，未嘗不折服於玄矣。後之臆斷談經而動輒排斥鄭學者，亦多見其不知量也。

案：《問經堂叢書》有《鄭志》一卷《補遺》一卷刊行，嘉定錢氏亦有《校刊鄭志》一卷《附錄》一卷。

劉表　後定五經章句

表爲荆州牧，使綦毋闓、宋忠等撰《定五經章句》。

《鎮南碑》：君深愍末學遠本離道，⑤乃令諸儒改定五經章句，删剗浮辭，芟除煩重。贊之者，用力少而探微知機者多，⑥又求遺書，寫還新本，留其故本，⑦於是古典畢集，充於州閭。

---

① "諸"字原脱，據《四庫全書總目》卷三十三補。
② "辨"，原誤作"解"，據《四庫全書總目》卷三十三改。
③ "有"字原脱，據《四庫全書總目》卷三十三補。
④ "未""所"二字原脱，據《四庫全書總目》卷三十三補。
⑤ "道"，補編本作"質"，與清光緒二十年刻《全上古三代秦漢三國六朝文》（以下《全上古三代秦漢三國六朝文》皆據此本）同。
⑥ "力"原誤作"日"，"多"字原脱，皆據補編本、《全上古三代秦漢三國六朝文》改。
⑦ "留"原誤作"晋"，"故"字原脱，皆據補編本、《全上古三代秦漢三國六朝文》改。

譙周　五經然否論

《隋志》：五卷。

《蜀志》：周撰定《法訓》《五經論》《古史考》之屬百餘篇，辨理明通，爲世碩儒，有董、揚之規。

《秦宓傳》：初，宓見帝系之文，五帝皆同一族，宓辨其不然。又論皇帝王霸養龍之説，^①甚有通理。譙允南少時數往諮之，記録其言於《春秋然否論》。文多，故不載。

案：《漢魏遺書》輯有譙氏《五經然否論》數條刊行。

附　王肅　聖證論

《隋志》：十二卷。

《魏志》肅本傳：肅集《聖證論》以譏短鄭玄，時樂安孫叔然授學鄭玄之門人，稱"東州大儒"，駁而釋之。

《禮記正義》曰："案《聖證論》王肅難鄭，馬昭申鄭云，張融謹案郊與圜丘是一，爲鄭學者馬昭等通之。"

《唐書·元行沖傳》曰："王肅規鄭玄數千百條，鄭學馬昭詆劾肅短，詔博士張融按經問詰，融推處是非，而肅酬對疲於歲時。"

《困學紀聞》曰："王肅《聖證》譏短鄭康成，謂天體無二，郊、丘爲一，禘是五年大祭先祖，非圜丘及郊，祖功宗德是不毀之名，非配食明堂，皆有功於禮學，先儒韙之。《聖證論》今不傳，《正義》僅見一二。"

王氏《漢魏遺書》序録曰："案《聖證論》書雖不傳，然諸經正義所引王肅難語及馬昭、張融之説，皆當屬《聖證論》無疑，《紀聞》以爲僅見一二，亦爲未審。今並録，出孔氏《尚書疏》三條，《左傳疏》一條，《禮記疏》十二條，賈氏《周禮疏》

---

① "皇"字原脱，據補編本、《三國志·蜀志·秦宓傳》補。

十三條,《前漢書》一條,《後漢書注》一條,《類聚》一條,《書鈔》一條。"

孫炎　駁聖證論

闞澤　刊定五經傳注

澤字德潤,會稽山陰人。少貧好學,無書,嘗爲傭書,以供紙札,博覽群籍。延熙五年,拜太子太傅。澤以經傳文多,乃斟酌諸家,刊約禮文及諸注説以授二宮。

右五經總。①

---

①　"總",補編本作"類"。

補後漢書藝文志卷之七

皇羲五十章

靈帝自作《典略》，熹平四年五月造。《續漢書》：靈帝置鴻都，諸生能爲尺璧賦及工書鳥篆課，至千人焉。衛恒《四體書勢》：靈帝好書，時多能者，①而師宜官爲最，《書斷》：師宜官，南陽人。靈帝好書，徵天下工書者於鴻都門，至數百人，八分稱宜官爲最。性嗜酒，或時空至酒家，因書壁以售之，見者雲集，酤酒多售。大則一字徑丈，小則方寸千言，②獨矜其能。每書則削而焚其柎，梁鵠乃益其版，而飲之酒，《世語》：鵠字孟皇，安定人，工八分。候其醉而竊其柎。鵠卒以書至選部尚書。宜官後爲袁術將，今鉅鹿有《耿球碑》③，其書甚工，是宜官書也。梁鵠在秘書自效，是以今者多有鵠手迹。魏武以爲勝宜官。今宮殿題署多是鵠字。鵠宜大字，邯鄲淳宜爲小字。鵠謂淳得次仲法，然鵠之用筆，盡其勢。鵠弟子毛宏教於秘書，今八分皆宏法也。漢末有左子邑，亦作"子邕"。《書斷》：左伯字子邑，東萊人。特工八分，名與毛宏等列，小異於邯鄲淳，亦擅名漢末。又甚能作紙，故蕭子良《答王僧虔書》"子邑之紙，研妙輝光。仲將之墨，一點如漆。伯英之筆，窮神盡思。妙物遠矣，④邈不可追"。小與淳、鵠不同，然亦有名。

---

① "時"字，原位於"靈帝"下，據補編本、清乾隆四年武英殿校刻本《晉書・衛瓘傳》（以下《晉書》皆據此本）移正。
② "千言"二字原脱，據補編本、宋咸淳《百川學海》本《書斷》（以下《書斷》皆據此本）卷一補。
③ "球"，原誤作"純"，據補編本、《晉書・衛瓘傳》改。
④ "思妙"二字原誤倒，據補編本、《書斷》卷一乙正。

在昔篇一卷　班固撰

續揚雄作十三章。

太甲篇一卷　班固撰

飛龍篇　崔瑗撰

皇初篇　崔瑗撰

篆書勢　崔瑗撰

隸書勢　崔瑗撰

書體之興，始自頡皇。寫彼鳥迹，以定文章。爰暨末葉，典籍彌繁。人之多僻，①政之多權。官事荒蕪，剿其墨翰。惟作佐隸，舊字是刪。《初學記》引作《草書體》，②並爲一條，③觀末二句係論隸勢，今改附此。秦壞古法，書有八體，八曰隸書。蓋既用篆，奏事煩多，篆字難成，即令隸人佐書，曰隸字。④漢因之。隸書者，篆之捷也。隸書始於程邈，八分作於王次仲。東漢以來，碑刻用八分書。近世乃誤以八分爲隸，如邈書《見古帖》者，自是小楷也。《書苑》：蔡文姬言："割程邈隸字，八分取二分；割李斯篆字，二分取八分。"於是爲八分書。庾肩吾曰："隸書，今之正書也。"張懷瓘《六體書論》云："隸書者，程邈造字皆真正，亦曰'真書'。自唐以前，皆謂楷字爲隸，至歐陽修《集古錄》誤以八分爲隸，自是後漢石刻皆目爲隸，東魏《大覺寺碑》題曰'隸書'，蓋今楷字也。"《古今印史》：古人紀事皆是篆書，更無別字。始皇時，獄訟繁劇，衡石程書，程邈始變篆爲隸，以便隸佐，故隸書亦曰佐書。後人以其形勢言之，曰蠶頭燕尾，斬釘截鐵；又云摧鋒劍折，落點星垂是也。王次仲又小變

① "僻"，原誤作"辨"，據補編本、《初學記》卷二十一改。
② "作"字，補編本無。
③ "一"字原脫，據補編本補。
④ "字"字原脫，據補編本、《初學記》卷二十一補。

其法，曰八分書，比隸大同小異，但無點畫俛仰之勢耳。書至此二人，古法大壞。後得蔡邕刊正六經文字，書丹刻石於太學，古法稍得顯明。下此，日趨簡易，流蕩而無法，殊不足觀矣。隸書不可施於印章，惟崔子玉作篆尚圖，有似隸耳，實非隸也。檖按：《玉篇》序有開春申君墓，得其銘文，皆是隸字。又齊胡公冢銘作隸書，①則遠在春申君之前，是並不始於程邈矣。②

草書勢　崔瑗撰

草書之法，蓋尤簡略。③應時諭旨，用於卒迫。兼功並用，愛日省力。④純儉之變，豈必舊式。⑤觀其法象，俯仰有儀。方不中矩，圓不副規。抑左揚右，望之若欹。⑥一作"乃若疏崎"。獸跂鳥跱，⑦志在飛移。狡獸暴駭，將奔未馳。或黝黶黵黜，⑧狀似連珠，⑨絶而不離。畜怒怫鬱，⑩放逸生奇。或淩邃而惴栗，若據槁而臨危。⑪旁點斜附，若蜋蜋而抱枝。一作"若蜩蜩挶枝"。絶筆放體，一作"收勢"，餘綖糾結。若山蠆施毒，一作"杜伯捷毒"。看隙緣巇，騰蛇赴穴，頭没尾垂。是故遠而望之，⑫若沮岸崩

---

① "又"下，補編本有"水經注"三字。
② "並"，補編本作"隸亦"。
③ "尤"，《玉海》卷四十五同，補編本、《晋書·衛瓘傳》皆作"又"。
④ "力"，原誤作"少"，據補編本、《晋書·衛瓘傳》改。
⑤ "舊"，補編本、《晋書·衛瓘傳》皆作"古"。
⑥ "欹"，《初學記》卷二十一同，補編本、《晋書·衛瓘傳》皆作"崎"。
⑦ "獸跂鳥跱"，補編本、《初學記》卷二十一、《晋書·衛瓘傳》皆作"竦企鳥跱"。
⑧ "黝黶黵黜"，補編本、《晋書·衛瓘傳》皆作"黝黜點黵"。
⑨ "狀"字原脱，據補編本、《晋書·衛瓘傳》補。
⑩ "怫"，原誤作"拂"，據補編本、《晋書·衛瓘傳》改。
⑪ "槁"，補編本、《晋書·衛瓘傳》皆作"高"。
⑫ "遠"，原誤作"適"，據補編本、《晋書·衛瓘傳》改。

崖；①傾而察之，②即一畫不可移。機微要妙，臨時從宜。略舉大較，髣髴若斯。《書斷》：崔瑗，字子玉，安平人，官濟北相。文章蓋世，善章草書，師於杜度，媚趣過之。③點畫精微，神變無礙。利金百鍊，美玉天姿，可謂冰寒於水也。④

杜操　章草書

《書斷》：《章草書》，漢黃門令史游所作也。蕭子良云漢齊相杜操始變藁法，非也。王愔云："元帝時，⑤史游作《急就章》，解散隸體，粗書之。漢俗隨簡，漸以行之是也。"又杜操，原本作"度"，今改。字伯度，京兆杜陵人也。御史大夫延年孫。章帝時，爲齊相，善草書。章帝曰："史游始作草書，傳之不絕其能，又絕其迹，創其神妙，其爲杜公乎！"《法書苑》：杜操，善草書，詔令上表亦作草書，謂之章草。《書論》：章帝號草書，名章草。杜恕《篤論》：杜伯度，名操，善章草。曹魏時，以其名同武帝，故隱而舉字。後人見其姓杜字伯度，又削去"伯"字，呼爲杜度。明知"度"非名也。

北海敬王睦　草書尺牘

本傳：睦善史書，世以爲楷則。永平中，帝驛馬令作《草書尺牘》十首。

徐幹　章草書

幹字伯章，善章草。班固《與弟超書》稱之曰："得伯章槀，與知識讀之，莫不嘆息，實亦藝由己立，名自人成。"後有蘇班者，平陵人也。五歲能書，甚爲伯章之所稱嘆。檡按：幹有

---

① "若沮岸崩崖"，補編本、《晋書·衛瓘傳》皆作"王焉若沮岑崩崖"。
② "傾"，補編本、《晋書·衛瓘傳》皆作"就"。
③ "媚"，原誤作"姿"，據《書斷》卷一改。
④ 按，朱筆眉批：此條當移在《飛龍篇》下。
⑤ "帝"，原誤作"年"，據《書斷》卷一改。

《願助班超書》，官至司馬。

張芝　草書急就章

《張奐傳》：長子芝，字伯英，孫過庭《書譜》，"伯"作"百"。最知名。及弟昶，善草書，至今稱之。《書斷》：伯英善章草，成《急就章》，字皆一筆而成，①合於自然，可謂變化之極。崔瑗云"龍驤豹變，青出於藍"。又創爲今草，天縱尤異，率意超曠，無惜是非。若清澗長源，流而無限，②縈回岸谷，任於造化。至於蛟龍駭獸，奔騰拏攫之勢，手隨心變，窈冥不知其所如也。韋仲將謂之"草聖"，豈徒言哉！漢興而有草書，不知作者姓名。至章帝時，齊相杜度號善作，崔瑗、崔實亦皆稱工。杜氏殺字甚安，而書體微瘦；崔氏甚得筆勢，而結字小疏。弘農張伯英者因而轉精甚巧，凡家之衣帛，必書而後練之。臨池學書，池水盡黑。下筆必爲楷則，號"匆匆不暇草書"。韋仲將謂之"草聖"。伯英弟昶字文舒，次伯英。羅叔景、趙元嗣者，與伯英並時，見稱於西州，故英自稱"上比崔、杜不足，下方羅、趙有餘"。河間張超亦有名，然雖與崔氏同州，不如伯英，英得其法也。昶，伯英季弟，爲黃門侍郎。尤善章草，家風不墜。奕葉清華，書類伯英，時人謂之"亞聖"。張超，字子並，善章草書，崔家州里頗相倣，妙絕時人，可謂醬鹹於鹽，冰寒於水。《三輔決錄》：趙襲，字元嗣，爲燉煌太守。先是杜伯度、崔子玉以工草稱於前世，襲與羅暉亦以能草頗自矜。櫰按：趙襲亦作趙恭，又姜詡字孟穎，梁宣字孔達，及田彥和、韋仲將，皆伯英弟子。

---

① "而成"二字原脱，據補編本、《書斷》卷一補。
② "流而"二字原脱，據補編本、清嘉慶十年刻《學津討原》本《法書要錄》（以下《法書要錄》皆據此本）卷八補。

皇象　急就章一卷　又　文武帖一卷

曹喜　垂露縣筬篆書勢

《白帖》：《古今篆隸》：垂露書，漢中行曹喜作，以書章奏，謂點綴輕露於垂條也。王愔《文字志》：縣筬，小篆體也。字必垂畫細末，纖直縣筬，故謂之縣筬。垂露書，如縣筬，而勢不遒勁，阿那若濃露之下垂，故謂之垂露。韋續《書法》：縣筬篆，亦曹喜作，有似針鋒，用題五經篇目。衛恒《四體書勢》：漢建初中，扶風曹喜少異於斯，而亦稱善。邯鄲淳師焉，略究其妙。蔡邕采斯、喜之法，爲古今雜形，然精密閑理不如淳也。①《魏志》：鍾繇尤善書，師曹喜、蔡邕、劉德昇。

十二時書

後漢東陽公徐安子，搜諸史籀得《十二時書》，蓋象神形云。

記誨篇　蘇竟撰

竟字伯況，扶風平陵人。

勸學篇二卷　蔡邕撰

《易·晉卦》疏引"鼫鼠五能，不能成一技"。《周禮》疏引"周之師氏居虎門，今之祭酒也"。《文選·歸田賦》注引"人無貴賤，道在則尊"②。《太平御覽》引"木以繩直，金以淬剛。必須砥礪，就其鋒鋩"，"明珠不瑩，焉發其芒；寶玉不琢，不成珪璋"，又"瞻彼淺薄，執性不固。心游目蕩，意與手互"。《藝文類聚》引"蚓無爪牙，軟弱不便，穿穴洞地，食塵飲泉"。《一切衆經音義》引"儲，副君也"，又"傭，賣力也"③。

---

① "理"，原誤作"雅"，據補編本、《晉書·衛瓘傳》改。
② "在"，原誤作"任"，據補編本、《文選》卷十六改。
③ "力"，原誤作"刀"，據補編本、清刻《海山仙館叢書》本《一切經音義》（以下《一切經音義》皆據此本）卷六改。

聖皇章一卷　蔡邕撰
皇初篇　蔡邕撰
吴章篇　蔡邕撰
女史篇一卷　蔡邕撰

《隋志》《唐志》無。

蔡邕　篆勢

因鳥遺迹皇，頡循聖則，作制斯文。體有六篆，①妙巧入神，龜文斜列，②櫛比龍鱗。③《初學記》引作"或象龜文，或比龍鱗"。紆體放尾，長短副身。④一作"長翅短身"。揚波震激，⑤鷹跱鳥震，延頸脅翼，勢似凌雲。頽若黍稷之垂穎，蘊若蟲蛇之夯縕。或輕筆内挼，⑥微本濃末，若絶若連，⑦似露緣絲，垂凝下端。⑧ 從者如縣，横者如編。⑨ 杪者斜趣，⑩不方不員。若行若飛，跂跂翾翾。⑪ 遠而望之，象鴻鵠群游，駱驛遷延。迫而察之，⑫端際不可得見，⑬指撝不可勝原。研桑不能數其詰屈，離婁不能睹其隙閑。班倕揖讓而辭巧，籀誦拱手而韜翰。處篇籍之首，目粲粲斌斌其可觀。摘華豔於紈素，爲學藝之範閑。⑭ 嘉文德

① "六"，原誤作"二"，據補編本、《晋書·衛瓘傳》改。
② "斜"，補編本、《晋書·衛瓘傳》皆作"鍼"。
③ "櫛"，原誤作"節"，據補編本、《晋書·衛瓘傳》改。
④ "副"，補編本、《晋書·衛瓘傳》皆作"複"。
⑤ "震激"，補編本、《晋書·衛瓘傳》皆作"振擎"。
⑥ "内"，原誤作"力"，據補編本、《晋書·衛瓘傳》改。
⑦ "若連"，原誤作"不連"，據補編本、《晋書·衛瓘傳》改。
⑧ "垂凝"，補編本、《晋書·衛瓘傳》皆作"凝垂"。
⑨ "横"，補編本、《晋書·衛瓘傳》皆作"衡"。
⑩ "杪者"，補編本、《晋書·衛瓘傳》皆作"杳杪"。
⑪ "翾翾"，補編本、《晋書·衛瓘傳》皆作"翽翽"。
⑫ "察"，補編本、《晋書·衛瓘傳》皆作"視"。
⑬ "際"，原誤作"倪"，據補編本、《晋書·衛瓘傳》改。
⑭ "閑"，補編本、《晋書·衛瓘傳》皆作"先"。

之洪懿，①蘊作者之莫刊。思字指之俯仰，②舉大體而論旃。③

蔡邕　隸勢

鳥迹之變，乃爲佐隸。蠲彼繁文，崇此簡易。厥用既行，④體象有度。煥若星陳，鬱若雲布。其大徑尋，細不容髮。隨事從宜，靡有常制。或穹隆恢廓，或櫛比箴列。⑤或砥平繩直，或蜿蜒繆戾。或長斜角趣，⑥或規旋矩折。修短相副，異體同勢。奮筆輕舉，離而不絶。纖波濃點，錯落其間。若鍾簴設張，庭燎飛烟。嶄巖雀嵯，⑦高下屬連。似崇臺重宇，曾雲冠山。遠而望之，若飛龍在天。近而察之，如心亂目眩。奇姿譎誕，⑧不可勝言。⑨研、桑所不能計，宰、賜所不能言。詎草篆之足算，⑩而斯文之未宣？豈體大之難睹，將秘奥之不傳？聊俯仰而詳觀，⑪舉大較而論旃。

蔡邕　飛白書勢

《書斷》：飛白者，後漢左中郎將蔡邕所作也。靈帝熹平四年，詔蔡邕作《聖皇篇》，成，詣鴻都門。上時方修飾鴻都門，伯喈待詔門下，見役人以堊掃成字，心有悦焉，歸而爲飛白之書。

---

① "嘉"，補編本、《晋書・衛瓘傳》皆作"喜"。
② "指"，補編本、《晋書・衛瓘傳》皆作"體"。
③ "體"，補編本、《晋書・衛瓘傳》皆作"略"。
④ "行"，補編本、《晋書・衛瓘傳》皆作"弘"。
⑤ "櫛"，原誤作"節"，據補編本、《晋書・衛瓘傳》改。
⑥ "斜角"二字原誤倒，據補編本乙正。
⑦ "雀嵯"，補編本作"嵯巇"。
⑧ "誕"，補編本、《晋書・衛瓘傳》皆作"詭"。
⑨ "言"，補編本、《晋書・衛瓘傳》皆作"原"。
⑩ "詎"，補編本、《晋書・衛瓘傳》皆作"何"。
⑪ "俯仰"，原誤作"結思"，據補編本、《晋書・衛瓘傳》改。

漢末魏初,並以題署宮閣。① 其體有二創,②法於八分,③窮微於小篆,自非蔡公設妙,豈能詣此？可謂勝寄冥通,縹緲神仙之事也。孫過庭《書譜》釋文：飛白有飛而不白者,有白而不飛者,蔡中郎所製。其體不傳,今惟晉祠唐太宗碑額存。

蔡邕　筆法

羊欣《筆法》：蔡邕工書,篆隸絕世,尤得八分之精微。體法百變,④窮靈盡妙。又創飛白,妙有絕倫。女琰亦工書。八角垂芒,傳寫李斯並史籒用筆勢。伯喈得之,不食三日,乃大叫喜歡,若對數十人。邕因誦讀三年,便妙達其旨。常居一室,不寐,恍然一客,厥狀甚異,授以九勢,言訖而没。伯喈自書五經於太學,觀者如市。鍾繇問蔡邕《筆法》於韋誕,誕惜不與,乃自搥胸歐血。曹操以五靈丹救活之。及誕死,令人盜發其墓,得《筆法》。

永初討羌草檄

永初二年六月丁未朔廿日丙寅,得車騎將軍莫府文書,上郡屬國都尉二千石守丞、廷義縣令三水,十月丁未到府受印綬,發夫討叛羌,急急如律令。馬卌匹,驢二百頭,日給。宣和中,陝右人發地得木簡一甕,字皆章草,朽敗不可詮次,⑤惟此檄完。中貴人梁師成得之,⑥常以入石。予按章草今在世益少,惟《急就章》現在,然《急就》轉摹失真愈遠,《官帖》章帝皇象、索靖等書,又率是贗作,則此檄章草家第一也。

---

① "閣",原誤作"榜",據補編本、《法書要錄》卷七改。
② "創",原誤作"初",據補編本、《法書要錄》卷七改。
③ "法",原誤作"決",據補編本、《法書要錄》卷七改。
④ "百",原誤作"有",據補編本、《書斷》卷一改。
⑤ "敗",原誤作"脱",據清嘉慶刻《平津館叢書》本《古刻叢鈔》(以下《古刻叢鈔》皆據此本)改。
⑥ "人"字原脱,據《古刻叢鈔》補。

劉德升　行書

《書斷》：後漢潁川劉德升，字君嗣，造行書，即正書之小訛。務從簡易，相間流行，故謂之行書。劉德升，桓靈之時，以造行書擅名。以草創，示豐妍，①風流宛轉，②獨步當時。胡昭、鍾繇並師其法，而胡書肥，鍾體絶瘦，亦各有德升之美也。《能書録》：書有三體：一曰銘石之書，最妙者也；二曰章程書；三曰行押書，相聞者也。③

古文官書一卷　衛宏撰

《隋志》：漢議郎衛敬仲《古文官書》一卷。《漢書·儒林傳》序注引《詔定古文官書序》"伏生老，不能正言，言不可曉也，使其女傳言教錯。齊人語率多與潁川異，錯所不知者凡十二三，略以意屬讀而已"。《藝文類聚》太常引"大常主導贊助祭，皆平冕七旒，玄上纁下，畫華蟲七章。漢陵屬三輔，太常月一行"。《一切衆經音義》引"尋、得二字同體。柨、桴二字同體"，又"圖、啚二字形同。拔，推也"。

古文奇字一卷　衛宏撰

《唐志》作衛宏《詔定古文字書》一卷。韓愈《科斗書後記》：李陽冰子服之授予以其家科斗書、漢衛宏《官書》兩部。予寶蓄之，而不暇學。歸公好古書，能通之。凡爲文辭，宜略識字。《漢書注》引"今新豐縣溫湯之處號，愍儒鄉"。《北堂書鈔》引"秦既焚書，改古文爲大篆及隸字，周人多誹謗怨恨。秦苦天下不從所改更法。據《漢書注》及《太平御覽》引增。始皇三十五年，諸生到者拜爲郎，前後七百人。密令人冬種瓜於驪山硎谷中溫處。瓜實成，使人上書曰：'驪山硎谷中，瓜冬有實。'有詔下

---

① "以草創，示豐妍"，補編本、《書斷》卷一皆作"既以草創，亦甚妍美"。
② "轉"，《書斷》卷一作"約"。
③ "聞"，原誤作"問"，據補編本、《隸辨》卷八改。

博士諸生説之，人人異説，則皆使往視之。而爲伏機，諸儒皆至，方相難不決，因發機，從上填之以土，皆壓死，谷中終乃無聲”。《説文》引"儿，人也，象形"，又"涿從日乙"①，又"兂通於元"，又"用，可施行也，從卜從中"，又"魝，畫粉也，從粉省"。《一切衆經音義》引"炒，《古文奇字》作'櫖'"，又"老陽作棺，有虞氏用瓦棺。棺，完也，②關之也"，又"鏵，《古文奇字》作'鍨'。坙，刃也，亦橫斧也"，又"燭，《古文奇字》作'翮'"，又"勉，當作魊"。

衛覬　古文尚書一卷
衛敬侯書數卷，其一卷殷事最爲工妙。

蒼頡訓詁一卷　　杜林撰
蒼頡故一篇　　杜林撰
《隋志》：《蒼頡》二卷，漢司空杜林注，亡。《漢書·藝文志》：《蒼頡》多古字，俗師失其讀。宣帝時徵齊人能正讀者，張敞從受之，傳外孫之子杜林，爲作訓傳云。初，杜鄴從張吉學。吉子竦從鄴學問，尤長小學。鄴子林，清静好古，亦有雅材，其是正文字過於鄴，世言小學者由杜公。《地理志》注引"渭水出隴西首陽山渭首亭，東南入河"，又"敦煌郡即古瓜州地"。《漢官儀》引"自環者謂之輔，③背私者謂之公"。《文選·潘安仁馬汧督誄》注引"卜者黨相詐驗爲婪"。《説文》引"蕫，薡根"，又"芰，從多"，又"蘀，草蘀蘀貌"，又"卑，杜林以爲騏驎字"，又"橢，杜林以爲橢楠字"，又"朿，④亦朱木字"，又"貏，杜林以爲貶損之'貶'"，又"㹛，從心"，又"耿，光也"，又

---

① "涿"，原誤作"泳"，據補編本、《説文解字》卷十一改。
② "也"，原誤作"之"，據補編本、《一切經音義》卷十三改。
③ "環"，原誤作"壞"，據清嘉慶間刻《平津館叢書》本《漢官六種》改。
④ "朿"，原誤作"宋"，據《説文解字》卷六改。

"娸，醜也"，又"娽，加教於女也，①讀若阿"，又"畚，䉛屬"，又"䉛，杜林以爲竹筥"，又"䟽，杜林以爲朝旦"，又"斡，杜林以爲榦車輪"，又"軎，車軸端也"。《一切衆經音義》引"欯，恚聲也"，又"蚘，腹中蟲也"，又"豻，似狗，色白，有爪牙迅捷，善搏噬也"，又"誃，本從多，杜林改從寸"，又"窰，燒瓦竈"，又"毃，下擊也"，又"飫，飽也"，又"垸，以桼和之"②，又"痹，手足不仁也"，又"欯，息聲也"。

史書解説　王育撰

《拾遺記》：育字少君。家貧，美姿容，爲人繕書，人愛説之，多與金錢衣服。後游太學，遂博通傳記，尤精《蒼》《籀》。章帝時，官至侍中。《漢書藝文志》：建武時亡六篇。唐玄度云："建武中獲九篇，章帝時王育爲之解説，所不通者十有二三。""安帝年十歲，好學《史書》，和帝稱之，數見禁中"注：《史書》，周宣王太史籀所作之書，凡十五篇，可以教童幼。《漢官儀》：能通《蒼頡》《史籀篇》補蘭臺令史，歲滿爲尚書郎。《説文》引"蒼頡出，見秃人伏禾中，因以制字"，又"女，婦人也，象形"，又"天屈西北爲无。醫，治病工也。殴，惡姿也，醫之性然。得酒而使，從酉"③。

三蒼三卷　賈魴撰

魴字升郎。和帝時，官郎中。李斯作《蒼頡篇》，揚雄作《訓纂篇》，魴作《滂喜篇》，故曰《三蒼》。樓按：《漢書·藝文志》載揚雄所作《訓纂篇》順續八十九章，是中有《蒼頡》五十五章以建首，乃以《訓纂》順續之，《訓纂》止三十四耳。班固又續揚雄作十三章，凡一百二章。據韋昭注，彼時所見

---

① "加教"二字原誤倒，據《説文解字》卷十二乙正。
② "桼"，原誤作"黍"，據《一切經音義》卷十八改。
③ "酉"，原誤作"丙"，據《説文解字》卷十四改。

一百二章，通名《蒼頡》，分上中下三篇，每篇三十四章。① 而五十五章之《蒼頡》，則漢閭里書師所合李斯之《蒼頡》、趙高之《爰歷》、胡母敬之《博學》三篇，以爲一章者也。元魏江式曰："李斯破大篆爲小篆，造《蒼頡解詁》。趙高作《爰歷》六章，胡母敬造《博學》七章。後人分爲五十五章，爲三卷之上卷。至哀帝元壽中，揚子雲作《訓纂》爲中卷。和帝永元中，賈升郎接記《滂喜篇》爲下卷，故稱爲《三蒼》。"徐鉉曰："賈魴以《三蒼》之書皆爲隸字，隸字始廣而篆籀轉微。"《書斷》："《倉頡訓纂》八十九章，合賈廣班三十四章，凡一百二十三章，文字備矣。"自"蒼頡"至"彦均"皆六十字，凡十五句，句皆四言，《說文》引"幼子承詔"、郭璞《爾雅注》引"考妣延年"是也。揚雄《訓纂》終於"滂喜"二字，賈魴用此二字爲篇目，而終於"彦均"二字，故庾元威云"揚記滂喜，賈記彦均"。《隋志》則云揚作《訓纂》、賈作《彦均》，其實一也。

字屬一卷　賈魴撰

《唐志》作《字屬篇》。

字指一卷　郭調撰

調字顯卿。《隋志》：太子中庶子郭顯卿《字指》一卷。《唐志》作《字指篇》一卷。《文選·西都賦》注引"儵忽，電光也"。又《吳都賦》注引"兝，②秃山也"③。又《鵩鳥賦》注引"礚，大聲也"。又《歸田賦》注引"鱨，魦屬"。《集韻》引"韰，調色畫繒"。《一切眾經音義》引"'教'字，《字指》作'孝'"，又"甹，《古文奇字》郭調以爲'逝'字"，又"鼇，字從鼀"，又"鷓鴣，鳥。其鳴自呼，飛但南不北，形如雌雉"，又"翡翠，南方取之，因其

---

① "三十四"，原誤作"十二十四"，據《困學紀聞注》卷八改。
② "兝"，原誤作"兝"，據補編本、《文選》卷五改。
③ "秃"，原誤作"買"，據補編本、《文選》卷五改。

生子漸下其巢，迫乃取之，皆取其羽也"。櫟按：《文選·洞蕭賦》注引《雜字指》"潺湲，水流貌"①，《太平御覽》引周氏《字指》"鸚珸，鳥，似鳧"，乃周成《雜字指》，非顯卿書也。

急就章續篇

王應麟云："《急就篇》分三十二章，前代能書者多以草書寫之。今惟有一本，傳是吳皇象書，②比顏本無'焦滅胡'以下六十三字，才三十一章而已。國朝太宗嘗親書此篇，又於顏本外多《齊國》《山陽》兩章，凡爲章三十四。蓋起於東漢。按《急就篇》言長安涇渭街術，此篇亦言洛陽人物之盛以相當，而鄗縣以世祖即位之地，升其名爲高邑，與前漢所述真定、常山並列，其爲後漢人所續無疑。"

通俗文一卷　服虔撰

《顏氏家訓》：《通俗文》世間題曰"服虔造"。虔，漢人。其《序》引蘇林、張揖，蘇、張皆魏人。且鄭玄以前，全不解反語，通俗反音，甚近今俗。阮孝緒云"李虔造"。晉《中經簿》及《七志》並無其目。③殷仲堪常用字訓，亦引服虔說，今復無此書。書音是其枝葉，小學乃其宗系。見服虔、張揖音義則貴之，得《通俗》《廣雅》而不屑。一手之中，向背如此，況異代各人乎？④世人皆以《通俗文》爲服虔造，未知非服虔而輕之，猶謂是服虔而輕之，故此論是從俗也。近王氏《漢魏遺書》有輯本一卷，尚多遺漏。櫟向輯有一卷，附錄於左，閱者當合王本證之。

---

① "流"字原脱，據《文選》卷二十六補。
② "皇"，原誤作"黄"，據補編本、清刻《天壤閣叢書》本《急就篇·跋》改。
③ "目"字原脱，據《顏氏家訓》卷下補。
④ "各"，原誤作"名"，據《顏氏家訓》卷上改。

《史記·梁孝世家》注引"高置立攱棚曰棚閣"①。又《平準書》注引"雇車載曰僦"。又《高祖本紀》注引"超通爲跳"。又"斗藪謂之籰鑿"②。《續漢書·郡國志》注引"渠在浚儀曰莨蕩"。又《輿服志》注引"車前爲蕃，車當謂之屏星，車箱爲較"，又"刀鋒曰鐔，鐵環曰鐇"，又"弓韜謂之韇"，又"幘裏曰纚"。又《禮儀志》注引"載喪車謂之轀輬"，又"細毛曰㲣"。《顏氏家訓》引"入室求曰搜，見侯反"。《文選·西京賦》注引"露髻曰鬤，以雜麻爲之，③如今撮也"。又《上林賦》注"水鳥食謂之唼，與啑同"。又《長揚賦》注"骨中脂曰髓"。又《登樓賦》注"暗色曰慘"。又《江賦》注"髮亂曰鬖髿"。又《秋興賦》注"髮垂曰髧"。又《頳白馬賦》注"天子出，虎賁伺非常，④謂之遮迒"。又《別賦》注"與死者辭曰訣"。《一切衆經音義》作"死別曰訣"。又《長笛賦》注"營居曰隝，⑤一曰庳城也"。又《琴賦》注"樂不勝謂之嗢噱。嗢，烏没切。噱，巨略切"⑥。又《洛神賦》注"耳珠曰璫"。又《應詔樂游苑餞呂僧珍》⑦詩注"幰道曰筡"⑧。又《從斤竹澗越嶺溪行》⑨詩注"板閣曰棧"。又《七哀》詩注"日陰曰映"。又《過秦論》注"罰罪者曰謫"。又《王命論》注"不長曰幺，細小曰麽"。又《典論》注"榷謂概也"⑩。又《養生論》

────────

① "棚閣"，清乾隆四年武英殿校刻本《史記·梁孝王世家》(以下《史記》皆據此本)作"攱閣"。
② 按，此句爲《一切經音義》所引。
③ "以雜麻爲之"，《文選》卷二作"以麻雜爲髻"。
④ "虎"上原衍一"師"字，據《文選》卷十四刪。
⑤ "居"上原衍一"營"字，據《文選》卷十八刪。
⑥ "巨"，原誤作"長"，據《文選》卷十八改。
⑦ "餞"，原誤作"薦"，據《文選》卷二十改。
⑧ "幰道"二字原誤倒，據《文選》卷二十乙正。
⑨ "從斤竹澗越嶺溪行"，原誤作"從斤竹越宿"，據《文選》卷二十二改。
⑩ "榷"上原衍"一作"二字，據《文選》卷五十二刪。

注"所以理髮謂之刷"。又《辨命論》注"喝，①口不正也"。《初學記》引"微風曰颸，小風曰飈，涼風曰瀏"，又"所以制馬曰鞚"，又"吳船曰艑，晋船曰舶"，又"牀三尺五曰榻板，獨坐曰枰，八尺曰牀"，又"方絮，白紙也"②，又"南楚謂美色爲娃"。《太平御覽》引"美"作"好"。又"體柔弱曰媄姬"。《太平御覽》引"體"作"骨"。又"白頭鳥謂之鶃鶃"。《北堂書鈔》引"名氈毲者，施大牀之前，小榻之上，所以登而上牀也"，又"煮米爲糝"，又"寒具謂之餲"。《經典釋文》引"上曰臆，下曰函"，又"長尾爲蠆，短尾爲蠍"。《詩正義》引"燥煑曰焦"。《左傳正義》引"腋下謂之脇"。又"蠍毒傷人曰蛆"。《廣韻》引"牖，版也"，又"屋平曰庮蘇"，又"門機曰檻"，又"車後重曰軒，前重曰輊"③，又"車聲曰轞，車轢曰軋"，又"蓋，張帛也"。又"牛牽船曰鞭"，又"剡木傷盜謂之槍"，又"帛三幅曰帊"。④帊，衣襆也"，《一切中經音義》引"三"作"兩"。又"一目曰眙"，又"大咽曰欼，塞喉曰噎"。又"細食物曰嚙"，又"府藏曰帑"，又"牽乾也"，又"捎撼也"，又"沙土入食中曰沙墋"，《一切衆經音義》引無第二"沙"字。又"芸草可以死復生"，又"草陸生曰莄"，又"豬毛曰鬣，豬糞曰豶"。《太平御覽》引"連閣曰簃"，《一切衆經音義》引"簃"作"棚"。又"屋加橡曰橑"，又"門扇飾謂之鋪首"，又"奥内曰扆"，又"客堂曰序"，又"鑿柄曰椊"⑤，又"軸限者謂之枸"，又"勒飾曰珂"⑥，又

---

① "喝"，原誤作"哆"，據《文選》卷五十四改。
② "紙"，原誤作"紵"，據《初學記》卷二十一改。
③ "重"字原脱，據《太平御覽》卷七百七十三補。
④ "幅"，原誤作"複"，據《古逸叢書》覆宋刻本《廣韻》（以下《廣韻》皆據此本）卷四改。
⑤ "柄"，原誤作"棲"，據《廣韻》卷二改。
⑥ "勒飾"二字原誤倒，據《太平御覽》卷三百五十九乙正。

"馬鬈尾曰鞘"①,又"匕首,劍屬,其頭類匕,故曰匕首,短而便用",又"矛丈八者謂之矟",又"障牀曰幨,②户帷曰簾",又"機汲曰桔橰",又"小甌曰甌瓯,題猶區匵也。漿梧曰盞,或謂之䀝",又"甕甖下孔曰瓨",又"鬴有足曰錡",又"以箸取物曰敧",又"瓠瓠爲蠡,木瓢爲斗",又"火斗曰熨",又"簾謂之筐筤",又"帛幬曰帕",又"攬減髮須謂之钂",又"亂金謂之鉅",又"帊衣曰幞",又"張帛避雨謂之繖蓋,張布曰幰",又"所以行緯謂之莎",又"大繩曰絚",《一切衆經音義》引"繩"作"索"。又"合繩曰糾,單展曰紉",又"細葛謂之耗挺","挺"一作"翅"。又"丸毛謂之毱",又"染青石謂之點黛",又"脣不覆齒謂之齴齳",又"乳疾曰疠",又"强健曰駃",又"容麗曰媌,形美曰婧,容媚曰婠,頰姸美曰嫵,③媚容茂曰孍。可惡曰嬒,④不媚曰嬌,大醜曰奆,醜稱曰娭",又"飯臭曰饐,沙入飯曰糝",又"芸薹謂之胡菜。韭根曰荄。淹韭曰虀,⑤淹菹曰韲"。《禮部韻略》引"履不著根曰屣",又"小蹋謂之蹏"。又《集韻》引"獸脂聚曰朒"。《農政全書》引"水硾曰翻車,硾石曰碾,轢穀曰輾,礱磨曰棲,填磨曰硐,磨牀曰摘",又"石鑿曰鏨,鏨充曰銃,小鑿曰鐯,鐯柄曰櫈,受櫈曰鏓",又"環臂謂之釧,金銀鏤飾器謂之鉏鏤,竹器謂之笭箵,竹器緣邊曰匲",又"織纖謂之維,受緯曰莩,張絲曰梶。梭,織具也,所以行緯謂之莎",又"形如大豆而小,色黃,野生引蔓者也"。又"覆種曰耬,一云耬犁。踐穀曰踩",又"芸薹,胡菜也",又"草盛曰菶,草茂曰葆",又

---

① "鬈",原誤作"鞍",據《太平御覽》卷三百五十九改。
② "幨",原誤作"襜",據《太平御覽》卷六百九十九改。
③ "美",原誤作"媚",據《太平御覽》卷三百八十一改。
④ "嬒",原誤作"嬗",據《太平御覽》卷三百八十二改。
⑤ "虀",《太平御覽》卷八百五十五作"韲"。

"荔,又名馬藺"。《一切衆經音義》一卷引"門闌謂之楯",又"陶竈曰窯",又"連舟曰舫,櫂謂之檝",又"織毛曰罽,邪文曰𦇛",又"一目曰眇",又"言不通利謂之謇吃"。一作"切吃"。又"肉胅曰瘜",又"拘罪人曰桁",又"物堅鞭謂之碻",又"魚臭曰腥",又"肉中蟲曰蛆,蠅乳肉中也",又"以湯去毛曰燅"。一作"𤏡"。二卷引"雲覆曰爲靄霼",又"埒土曰坣",又"木石怪謂之魍魎",又"靈滴謂之淋渧",又"手杷曰棓",又"毛飾曰眊",又"規模曰範",又"綴衣曰䙝",又"目動曰眴",“眴”亦作"瞚"。又"體創曰瘡,頭創曰瘍",又"痛惜曰吒",又"米皮曰䊫",又"釣魚曰餌",又"含吸曰漱",又"虎聲謂之唬哮",又"卵生曰孚"。三卷引"覆蓋曰葺",又"筏作艬",又"木四方爲棱,八棱爲觚",又"收績曰縈。縈,旋也",又"輕絲絹曰總",“總”與"蕬"同。又"蹙額曰矉",又"直視曰瞪",又"張口運氣謂之欠呿",又"齞唊曰齔",又"脂在腰曰肪,在胃曰䐄",又"曲背謂之傴僂",又"侏儒曰矬",又"平財賄曰貨"①,又"求願曰訽",又"撞出曰打",又"旁驚曰憚",又"癎語謂之癛",又"殽臭曰臊",又"蜎化爲蚊,小蚊曰蚋"。四卷引"亭水曰汪",又"疏門曰橘",又"瓶方大者謂之甂甌",又"刺韋傷盜謂之槍",又"青雜曰粺",“青”一作"肴"。又"燠脣謂之峕礊",又"腫足曰瘇"②,又"合心曰捆",又"短小曰㒌蠃",又"財帛曰賄",又"至誠曰懇。懇,亦堅忍也",又"疲極曰憊",又"灌溉曰沃",又"汲取曰挐,浮取曰摷",又"熱煨謂之熺煨","煨"一作"灰","煨"亦"爐"也。又"含水濮曰溢,迕而出之曰汭"。五卷引"私記曰幟",又"文章謂之蝙斕",又"錘頭曰鋃鐺",又"難可謂之諀訾",又"沈取曰撈",又"去汁曰滓"。七卷引"雨止曰霽",一作"南陽呼雨止曰霽"。

---

① "財賄",原誤作"貨",據《一切經音義》卷三改。
② "腫",原誤作"踵",據《一切經音義》卷四改。

又"邪道曰徯,①步道曰徑",又"水淹塵曰灑",又"山澤怪謂之魖魅",又"蕃隔曰障",又"記物曰注",又"服飾鮮盛謂之嬗嬻",又"白禿曰頹",又"斜戾曰喎",又"入口曰呧","呧"亦作"哫"。又"咀齧曰嚼,一作"咀爵"也。齧挽曰齰",又"班白曰鬢䰑",又"争倒曰撲",又"小怖曰歡",又"意若曰嫽",又"事不利曰躓,限至曰礙",又"慚恥謂之忸怩",又"回過曰宕",又"掊出謂之掬",又"熅羊乳曰酪,酪酥謂之瓳餬",又"獸口曰喙"。八卷引"地多小石謂之礓礫",又"邱冢謂之壙埌",又"水廣大謂之溙沆",又"木垣曰籬"②,又"乳汁曰潼",又"言過謂之謥詞",又"穀曰粒,豆曰宗",又"辛甚曰𥹿"。九卷引"雷聲曰磤",又"峻阪曰峭",又"泥塗謂之洭㳧,細礪謂之䃔䃀",又"汲出謂之抒",又"矜求謂之蚑蛛,③關西呼'蚤蝂'④爲'蚑蛛'"。十卷引"西域出蒲萄,荆州出竿蔗",又"自蔽曰庇",又"磨齊曰鐁",又"氣逆曰噦",又"手團曰摶",又"擇言曰詮",又"物欲壞曰庰庫",又"捫摸曰㨝",又"淅米謂之洮汰",又"白酒曰醝",又"羊卷毛謂之㹍㹎",又"佳其謂之鶲鳩⑤",又"唧唧,鼠聲也,亦率猥也"。十一卷引"和溏曰淖",又"藏穀麥曰窖",又"瓦破聲曰瓵",又"毛長曰𣮧𣮧",又"手足坼裂曰皵",又"禾謂之稭櫼",又"詳,虚辭也,與"佯"同。又"去骨曰剔,去節曰刓","剔"與"剔"同,"刓"與"鎦"同。又"然火曰㶼",又"狗益曰蝇"。十二卷引"積土曰陎,塵土曰塺",又"題賦曰帖",又"口不開曰噤",又"面黧黑曰䶌䶍",又"患愁曰怓",又"大調

---

① "徯",原誤作"徑",據《一切經音義》卷四改。
② "籬",《一切經音義》卷十八作"栅"。
③ "矜",原誤作"務",據《一切經音義》卷九改。
④ "蝂",《一切經音義》卷九作"瘦"。
⑤ "鶲",原誤作"鵨",據《一切經音義》卷十六改。

曰謑",又"多意謂之悜悑",一作"忴愲"。又"大而無形曰倱伅",又"大呼曰嚾",又"欲燥曰臃",又"枘,再生也",又"以刀去陰曰劇",又"暮子曰鸚",又"搖動蟲曰蠕"。十三卷引"捭指謂之擹撕,四支寒動謂之鷚,體不申謂之趜,足跌傷曰踤",又"失蹋曰跌",又"平直曰侹",又"束縛謂之撐",又"自矜曰夸,大語曰浠",又"從上取曰扒",又"耽酒曰酗,酗酒曰嶜"。十四卷引"柴門曰枇","木垣曰柵,南土悉椑竹篎爲之鍼纎者,① 謂之已飛枇",又"射堋曰埻,埻中木曰的",又"藿葉曰釟,釟即大箭也","箭服謂之步叉",又"鍛具曰鉆",又"匕或謂之匙",又"澡器謂之盪滌",又"官信曰啟",又"便縫曰褊,合紩曰緣,手捏曰撚",又"毛布曰氈",又"纖文謂之褥,亦謂之氀毻,細者謂之氈毳",又"黃白雜謂之駁犖",又"驚視曰瞑",又"利喉曰礐欬",又"毛茂謂之䶑齞",又"體烊沸曰瘠,泹皮起曰癢",又"截斷曰剬,張申曰磔",又"理亂謂之撩理",又"相狎習謂之嫟瀆",又"柔堅曰朋,堅硬不消曰磙砎",又"凡物病而瑿,瑿而聲散曰甈",又"水浸曰漬,旁沾曰湎,山東名也,江南名瀢",瀢,祖旦反。又"密藏曰奔",又"樹鋒曰杪"。十五卷引"積煙以爲炱煤",又"門鍵曰鼎② 鼎,門鼎也",又"狹長者謂之甌甄",又"受黍者曰桶,可以盛食物也",又"重衣曰褬"③,又"繰車曰軖",又"纎繩曰辮",又"生絲絹曰綃",又"手捉頭曰揉",又"體肉曰胹",又"舉踵曰企",又"短小曰瘀皺,不申曰縮抐",又"尿水曰脬"④,又"錢戲曰賭",又"摮手挃曰摭也"⑤,又"痛聲曰侑,警聲曰僗",又"除物曰摒擋",又"物傷濕

---

① "篎",原誤作"筊",據《一切經音義》卷十四改。
② "鼎",原誤作"串",據《一切經音義》卷十五改。下"鼎"字同。
③ "褬",《一切經音義》卷十五作"襲"。
④ "水",《一切經音義》卷十五作"本"。
⑤ "摮",《一切經音義》卷十五作"拳"。

補後漢書藝文志　305

曰溦",溦,五悲反。又"擣細曰侖餳"。十六卷引"小癡曰疙",又"舉尾走曰趕"。十七卷引"野豆謂之登豆"。十八卷引"灰塵曰埃",又"小户曰牀",又"裝衣曰袊"①,又"三尺衣謂之襆",又"瘡痕曰瘢",又"尻骨謂之八髎"②,又"出胅曰尿",又"市買先入物曰賧",又"伏伺曰狙",又"掣挽曰批",又"小兒戲謂之狡獪",又"時務曰茫",又"舉振謂之擡",又"縣鎮曰縋",又"燒骨以漆曰烷",又"攻板曰剗",又"雞伏卵,北燕謂之菢,江東呼蓲"。十九卷引"伏視曰覘"。二十卷引"齆鼻曰齈",又"心亂曰忹",又"自刻曰刎",又"遮取謂之抄掠,縱失曰蘭",又"大語曰諦"。二十二卷引"徽號曰幖"。二十四卷引"書文圓曰規,規模曰桐",又"蟲食曰喳"。二十五卷引"手把曰攫",又"以湯煑物曰瀹",又"刈餘曰柤"。

説文解字十四篇　許慎撰

慎字叔重,汝南人,官至太尉南閣祭酒。《養新録》:《儒林·許慎傳》太疏略。叙其歷官,但云"爲郡功曹,舉孝廉,再遷除洨長,卒於家",不言仕於何朝。今按《説文》序"粵在永元困敦之年孟陬之月朔日甲申",是其著《説文》在和帝永元十二年庚子歲也。其子沖於安帝建光元年辛酉上書,稱"臣父故太尉南閣祭酒",又云"慎今已病",則太尉南閣祭酒乃其所終之官也。《説文》引漢人説皆直稱其名,惟賈逵稱"賈侍中説"而不名。沖上書云"慎本從逵受古學,博問通人,考之於逵,作《説文解字》",是慎爲逵弟子無疑。漢儒最重師承,而史略不及之,此其疏也。考《賈逵傳》"永元二年爲左中郎將,八年復爲侍中騎都尉,十三年卒",是慎撰《説文》時逵尚無恙。其爲太尉南閣祭酒亦當在永元時。考《和帝紀》,永元五年太尉

---

① "曰"字原脱,據《一切經音義》卷十六補。
② "尻",原誤作"尻",據《一切經音義》卷十八改。

尹睦免而張酺代之，十二年酺免而張禹代之，延平元年禹遷太傅而徐防代之，是慎爲南閣祭酒時，府主非張酺即張禹也。沖又言慎前以詔書校書東觀，教小黄門孟生、李喜等，此事亦當見於傳。

檸按：《説文》所引《易》孟氏如"夕惕若夤""亢龍有悔""乘馬驙如""泣涕漣如""以往遴""用包芁""噬乾肉""百穀草木麗乎地""日厢之離""楷恒凶""明出地上，晉""糘升大吉""井渫寒泉食""扚馬壯吉""豐其屋""需有衣絮""夫乾崔然""雜而不逑""天地壹壺""犕牛乘馬""重門擊檊"，一作"樆"。又如瓦部"𦉢"下引《易》曰"𦉢飪"，出部"𧮫"下引《易》曰"𦉢𧮫"，目部"相"下引《易》曰"地可觀者，莫可觀於木"，今本無之，皆《易傳》及《易緯》文也。引《書》孔氏，如《虞書》"平暆東作""鳥獸犎髦""稘三百有六旬""吁咨""旁逑孱功""洪水浩浩""有能俾嬖""雉蟄昕期""五品不愻""伯䍩竄三苗""教育子""八音克鍇""予乘四載，水行乘舟，陸行乘車，山行乘欙，澤行乘輀""睿眎从距川""衣裳黼黻""粉袞衣、山、龍、華蟲""丹絑㓝淫於家""予娶盇山""邶成五服""籧以記之""檮戩"；《夏書》"厥草惟蘨"①"草木漸苞""瑶琨筱簜""惟箘輅楛""天用剿絶其命"；《商書》"若顛木之有㽙櫱""王譒告之""今汝懇懇""相時憝民""予亦灼謀"②"高宗癄得説，使百工夐求之，得之傳巖之穴""祖甲返""以相陵懺""西伯戡黎""戡"亦作"㦰"，"大命不墊""我興受其退"；《周書》"其在受德忐""尚狟狟""哉生霸""鯀垔洪水""彝倫攸斁""卟疑曰""貞曰毣"③"無有作妞""王有疾不念""我之不辟""我有截于西""瞽不畏死"

---

① "草"字原脱，據補編本、《説文解字》卷一補。
② "予"字原脱，據補編本、《説文解字》卷十補。
③ "曰"，原誤作"田"，據補編本、《説文解字》卷三改。

"盡執拘""惟其斁丹臒""至于娚婦""有夏氏之民叨墾"①"焯見三有俊心"②"常歧常任""勿以譣人"③"有勘相我國家""尃我于艱""不蕚于凶德""武王惟膭""王出涘""布重莫席""陳宋赤刀""一人冕執鈗""三齊三祭三䣫""敃攘矯虔""劋刖歊斁""報以庶訧""峙乃餱餦""粜誓"④"籛籛巧言""翮翮狗無它技""師乃搯""來就甚甚"。引《毛詩》"槮差荇菜""葛藟縈之""我及酌彼金罍""桃之枖枖""召伯所茇""江之羨矣""魴魚赬尾""王室如煶"⑤"江有汜",一作"媄","終風且瀑""壇壇其陰""擊鼓其鼞""深則砅,淺則濿""衹彼兩髦""騋牝驪牡""髖弁如星""新臺有玼""晏婉之求""得此䯲罷""室人交遍催我"⑥"静女其袾"⑦,一作"姝","優而不見""參髮如雲""是褻衪也",一作"紲","施罟濊濊""鱣鮪鲅鲅""信誓悬悬""安得蘐草""曷其有佸""灘其乾矣""雉離于罿""麤衣如褖""襢裼暴虎""左旋右抽""衣錦褧衣""縞衣綥巾""風雨湝湝""叟兮達兮""潧與洧""並驅從兩豜兮""宛如左僻""市也婆娑""碩大且嫙""匪風嘌兮""溉之釜鬵""儈兮蔚兮""婉兮嬽兮""棘人孌孌兮""卭有旨鷊""納于滕陰""熠熠宵行""惟予音之嘵嘵""霝雨其濛""赤舄掔掔""一之日潷冹"⑧"伐木所所""韇韇舞我""疢疢駱馬""厭厭夜飲""烝然鯸鯸""鞞革有瑲""振旅嗔嗔""鑾聲鉞鉞""載衣之禯""伛伛俟俟""它山之

---

① "氏",原誤作"后",據《説文解字》卷十二改。
② "有"字原脱,據補編本、《説文解字》卷十補。
③ "以譣",原誤作"用險",據《説文解字》卷三改。
④ "粜",原誤作"粜",據補編本、《説文解字》卷七改。
⑤ "煶",原誤作"娓",據補編本、《説文解字》卷十改。
⑥ "遍"字原脱,據補編本、《説文解字》卷八補。
⑦ "袾",原誤作"姝",據補編本、《説文解字》卷八改。
⑧ "潷",原誤作"畢",據《説文解字》卷十一改。

石,可以爲厝""可以饋饎""民之訛言""螟蠕有子,蜾蠃負之"①"憂心炃炃""佌佌彼有屋""宜犴宜獄""天方薦嗟""綝兮斐兮""謂地蓋厚,不敢不蹐"②"國步斯矉""既微且瘇""民之方唸吚""傅沓背憎"③"歧彼織女""載載大猷""豔妻偏方處""四牡騯騯",一作"駢駢","匪鶉匪鳶""瓶之罄矣""既漫既渥""取其血膋""祝祭于祊""仄弁之俄""屢舞斐斐"④"觲觲角弓""受福不儺""淲沱北流""視我怖怖"⑤"陶窶陶穴""犬夷呬矣""不堋不騽""克岐克嶷""禾穎穟穟""或簸或舀""烝之烰烰""其灌其栵""實始戩商""白鳥鬵鬵""聿求厥寧""崇墉圪圪""鉤膺鏤鍚""無然呭呭",一作"詍","籋人伎忒"⑥"渾沸檻泉""詖以溢我""以茠荼蓼""素衣其絆""弁服倈倈""禋之秩秩""不徠不來""熒熒在欠""既有和鸑""有濊有聲""鼛鼓嚞嚞""布政憂憂""百禄是摯""武王載坺""粜入其阻"。引《魯詩》說"鼐,小鼎"。引《韓詩傳》"鄭交甫逢二女魅、服"。引《禮記》"掩骼薶骴""數將儳終""晰明行事""尊壺者侕其鼻""黃帝之後于邾"。引《春秋傳》"不義不鲔""齊人來氣諸侯""六鷁退飛""磧石于宋五""與犬犮獒""無以茜酒""誒誒出出""晉人或以廣隊,楚人卑之""取其鱷鯢""女嫯不過亲栗""謂之饕飻""諸侯敵王所鏄""長儷者""鎬之而已""獪瀆鬼神""公孫碬字子石""闞碧之甲""以備三窓""猇犬""入華臣之門""附婁無松柏""忨歲而濈日"⑦"執玉憪""敫然公子陽生

---

① "蜾",原誤作"蜾",據補編本、《説文解字》卷十三改。
② "蹐",原誤作"蹖",據補編本、《説文解字》卷二改。
③ "傅",原誤作"僧",據補編本、《説文解字》卷八改。
④ "斐斐",原誤作"娑娑",據補編本、《説文解字》卷十二改。
⑤ "我",原誤作"彼",據補編本、《説文解字》卷十改。
⑥ "人",原誤作"介",據補編本、《説文解字》卷八改。
⑦ "忨",原誤作"忼",據補編本、《説文解字》卷十改。

也"。引《孝經》"仲尼居"。引《論語》"陳伉,瑚槤也""文質份份""讇曰:禱爾于上下神示""踧,讀如《論語》'踧予之足'""色孛如也",一引作"艴","趨進,趨如也"①"結袌長,短右袂,狐貉之厚以居""不使勝食既""朝服,拕紳""小人窮斯嚂矣""弙善射""訴子路于季孫""有荷臾而過孔氏之門者,擾而不輟,以杖荷莜"。引《孟子》"曾西攲然""成覵""孝子之心,不若是忞,諑諑而來""去齊,滰淅而行"。引司馬相如說:"薐從遴"②"營或從弓""茵從革""淮南宋蔡舞旁喻也""鴱,③從奻聲"④"槀,⑤一莖六穗""豦,封豕之屬""饗從向""蠪從戹""輇從需"。引淮南王說:"蝄蜽,狀如三歲小兒,赤黑色,赤目,長耳,⑥美髮""玄田爲畜"。引董仲舒說:"蠔,蝗子也"。引劉向說:"此味苦苦蓂也"⑦。引劉歆說:"蠔,蚍蜉子"⑧。引京房說:"貞,鼎省聲"。引楊雄說:"廾,從兩手""膴,無骨臘也""奎從肺""疊,古理官決罪,三日得其宜乃行之,⑨從晶從宜""人面頯""拜,從兩手下"⑩"鉼,蒲器""綘,《漢律》祠宗廟丹書告""匧鼀,蟲名"⑪"堅,握也""蹠,舛從足"。引爰禮說:"掊,手舒也"。引尹彤說:"屮,艸木初生也,象丨出形,有枝莖也。古文或以爲'艸'字,讀若徹"。引逯安說:"亡人爲匄"。引莊

---

① "如",原誤作"然",據補編本、《說文解字》卷二改。
② "從"字原脫,據《說文解字》卷一補。
③ "鴱",原誤作"鵝",據《說文解字》卷四改。
④ "奻",原誤作"鴱",據《說文解字》卷四改。
⑤ "槀",原誤作"槀",據《說文解字》卷七改。
⑥ "赤目長耳",原誤作"赤耳長目",據《說文解字》卷十三改。
⑦ 上"苦"字,原誤作"若",據《說文解字》卷一改。
⑧ "蜉",原誤作"蝣",據《說文解字》卷十三改。
⑨ "得其宜乃行之",原誤作"乃得其宜",據《說文解字》卷七改。
⑩ "下"字原脫,據《說文解字》卷十二補。
⑪ "名"字原脫,據《說文解字》卷十三補。

都説：" 典，大册也"。引歐陽喬説：" 离，猛獸"①。引黄顥説："廣車䡴，②楚人爲舉之"。引譚長説：③"折，斷也，從斤從艸""嘷從犬""牖，甫上日也，非户也。牖所以見日""沙或從尐""帀，周也。從反之而周也"④。引官溥説："丵，箕屬，所以推棄之器也。象形""棄除也，從廾推丵""㿮，仁也。從皿，以食囚也"⑤"東，動也，從日在木中"⑥。引張林説："辛，讀若愆"。引寧嚴説：⑦"豣，讀之若淺"。引桑欽説："溺水，自張掖刪丹，⑧西至酒泉合黎，餘波入于流沙""濕水，出平原高唐""汶水，出泰山萊蕪，西南入泲"。引宋弘説："淮水中出玭珠。玭，珠之有聲"司農云："帢，裳，纁色"。引徐巡説："木至西方戰枭""㤝，凶也"。引班固説："㤝，不安也"。引傅毅説："䫜，讀若慴"。引博士説："心，火藏"。引賈侍中説："犧，宗廟之牲也。從牛，羲聲"。"尟，俱存，少也。從是，少聲""迪，前頡也。從辵，市聲""蹢足垢也""讄，⑨笑也""檹即椅木，可作琴""稽、稷、𣓀三字皆木名""囧，讀與明同""此斷首到縣𦥓字""厄，裹、蓋也""豫，象之大者。不害于物""楚人謂姊曰𡥇""秦始皇母與嫪毐淫，坐誅，故世罵淫曰嫪毐"⑩"㬆，法度也""亞，次第也""巳，意巳實也。象形""醜爲鸎清"。

---

① "獸"下原衍一"引"字，據《説文解字》卷十四删。
② "車"，原誤作"東"，據《説文解字》卷三改。
③ "引"字原脱，據本書體例及上下文意補。
④ "帀"，原誤作"周"，據《説文解字》卷六改。按，此條應爲周盛説。
⑤ "以"上原衍一"從"字，據《説文解字》卷五删。
⑥ "木"，原誤作"禾"，據《説文解字》卷六改。
⑦ "引"字原脱，據本書體例及上下文意補。
⑧ "删"字原脱，據《説文解字》卷十一補。
⑨ "讄"，原誤作"譆"，據《説文解字》卷三改。
⑩ "淫曰"二字原脱，據《説文解字》卷十二補。

爾雅注六卷　樊光撰

光，京兆人，後漢中散大夫。《經典釋文》引。

爾雅注三卷　李巡撰

《隋志》：中黃門李巡注。《經典釋文》：巡，汝南人，後漢中黃門。王愔《文字志》：巡善書。檉按：巡，汝陽人，靈帝時官中常侍，見《呂強傳》。

釋名五十篇　劉珍撰

珍字秋孫，南陽蔡陽人。撰此書，以辨萬物之稱號。

釋名三十篇　劉熙撰

《顏氏家訓》曰："九州之人，言語不同，自揚雄著《方言》，其書漸備。然皆考名物之異同，不顯聲讀之是非也。至劉熙製《釋名》，始有譬況、假借以證音字。① 而古語與今殊別，其間輕重清濁，猶未盡曉。然亦有益於六經，功不薄也。"陳振孫《書錄解題》："漢徵士北海劉熙成國撰。"序云："名之於實，各有類義。百姓日稱，而不知其所以命名之意，② 故撰天地、陰陽、四時、邦國、都鄙、車服、喪紀，下及名物應用之器。"經訓堂《釋名疏證序》：劉熙《釋名》自序云二十七篇，③ 按《後漢書·文苑傳》，劉珍字秋孫，亦名寶，撰《釋名》三十篇，以辨萬物之稱號。而韋曜、顏之推等，皆云劉熙製《釋名》。熙，或作熹，《吳志·曜傳》"曜在獄中上辭，有云見劉熙所作《釋名》，信多佳者。然物類衆多，難得詳究，故時有得失。而爵位之事，又有非是"云云。玩曜之語，則熙之書吳末乃始流布，是熙之去曜年代必當不遠，一也。舊本題"安南太守劉熙撰"，

---

① "假"字原脫，據補編本、《顏氏家訓》卷下補。
② "命名"二字，清同治二十年粵東書局刻《小學彙函》本《釋名·序》（以下《釋名》皆據此本）無。
③ "云"，原誤作"又"，據補編本、清刻《經訓堂叢書》本《釋名疏證·序》（以下《釋名疏證》皆據此本）改。

近時校者以二漢無安南郡，或云"當作南安"。今考劉昭注《續漢書》，稱《三秦記》云"中平五年，分漢陽，置南安郡"，《元和郡縣志》亦云"漢靈帝立"，是置郡已在漢末，二也。此書《釋州國》篇有司州，按《魏志》及《晋書·地理志》，魏以漢司隸所部河南、河東、河内、弘農，并冀州之平陽，合五郡置司州，是建安以前無"司州"之名，三也。又云西海郡海在其西，據劉昭注則西海郡亦獻帝建安末立，其時去魏受禪不遠，四也。《釋天》等篇於光武烈宗之諱均不避，五也。以此而推，則熙爲漢末或魏受禪以後之人無疑。又自序云二十七篇，而《文苑·劉珍傳》云三十篇，篇目亦不甚相縣遠，疑此書兆於劉珍，踵成於熙，至韋曜又補官職之闕也。其書參校方俗，考合古今，晰名物之殊，辨典禮之異，洵爲《爾雅》《説文》以後不可少之書。今分觀其所釋，亦時有與《爾雅》《説文》諸書異者。《爾雅》曰"齊爲營州"，而此云"營州，齊衛之地"；《爾雅》云"石戴土，謂之崔嵬。土戴石爲岨"，而此依《毛傳》立文，曰"石戴土爲岨。土戴石曰崔嵬"，正與相反是也。《説文》"錦從帛，金聲"，凡爲聲者皆無義，而此云"錦，金也。作之用功，其價如金，故其制字從帛從金"，是以諧聲之字爲會意。又《説文》"平土有叢木曰林"，而此云"山中叢木爲林"，亦皆異義。且其字體出《説文》外十之三，益信熙之時去叔重已遠，其聲讀輕重，名物異同，與安、順前又迥別也。暇日取群經及《史》《漢書》注、唐宋類書、《道》《釋》二藏校之，表其異同，是正缺失，又益以補遺及《續釋名》二卷，凡三閱，歲而成。復屬吳縣江君聲審正之，江君欲以篆書付刻，余以此二十七篇内俗字較多，故依隸寫云，所以仍昔賢之舊觀示來學以易曉也。①

---

① "昔"，原誤作"習"，據補編本、《釋名疏證·序》改。

《養新錄》：劉熙《釋名》八卷見於《隋志》，不言何代人。《直齋書錄解題》云"漢徵士北海劉熙成國撰"，當有所據。《册府元龜》則云"後漢安南太守"，然漢無安南郡，或是"南安"之名。近時校書家以"司州"之名曹魏始有之，而《釋州國》篇有"司州"，疑其爲魏初人，以予考之，殆非也。《吳志·程秉傳》"避亂交州，與劉熙講論大義，遂博通五經"。《薛綜傳》"少依族人，避地交州，從劉熙學"。《韋曜傳》"曜因獄吏上書，言見劉熙所作《釋名》，信多佳者"。據此三者推之，則劉君漢末名士，避地交州，故其書行於吳，而韋弘嗣因有《辨釋名》之作也。交州與魏隔遠，不當有入魏之事。史又不言其曾仕吳，殆遁迹以終者，清風亮節亦管幼安之流亞矣。漢雖無"司州"之名，而有官稱司隸校尉，"建武中復置，并領一州"，又稱"刺史十二人各主一州，一則屬司隸校尉"，則司隸部亦可云"州"。《左雄傳》稱司冀，復有大、小司冀對舉，蓋當時案牘之文，稱其官則曰司隸，稱其地則曰司部，亦曰司州。雖不著於令甲，不得謂漢無此名也。此書《釋天》篇一云"豫司兖冀"，一云"兖豫司冀"，與《左雄傳》文正同。《釋州國》篇言"司州，司隸校尉所主"，不言何義，明司州之名出於流俗相沿，未可執此單辭即以爲魏初人也。范蔚宗以《釋名》爲劉珍所撰，今據《吳志》則爲熙撰無疑。承祚去成國未遠，較之蔚宗爲可信矣。

爾雅注　孫炎撰

辨釋名一卷　韋昭撰

風俗通義三十卷　應劭撰

劭字仲遠，汝南人，舉孝廉。中平六年，拜太山太守，見本傳。懷向輯有《風俗通義佚文》並改正增補字句，附錄於後，其諸書所引而刊本現存者不錄。

萬物之中，惟人爲貴。《春秋左氏傳》：官有世功，則有官族，邑亦如之。《公羊》譏衛滅邢，《論語》貶昭公娶於吳，諱同姓也。《通志》。凡氏一興九事，或氏於號，或氏於謚，或氏於爵，或氏於國，或氏於官，或氏於宗，或氏於居，"居"一作"地"。或氏於事，或氏於職。凡氏於號，虞、夏、商、周是也；凡氏於謚，戴、宣、武、穆是也；凡氏於爵，王孫、公孫是也；一作"王、公、侯、伯也"。凡氏於國，齊、魯、宋、衛是也；凡氏於官，則司徒、司馬是也；《通志》引多"司寇、司空"四字。凡氏於宗，伯、仲、叔、季是也；凡氏於地，城、郭、園、池是也；凡氏於事，巫、卜、陶、匠是也；凡氏於職，三烏、五鹿是也。《廣韻注》。張、王、李、趙，黃帝賜姓也。同上。司鴻氏，古有司鴻苟著書，漢有中大夫司鴻儀。《通志》。蒙氏，東蒙主以蒙山爲氏，秦有將軍蒙驁，驁生武，武生恬，皆仕秦。同上。室中姓。《史記索隱》。漢有交阯刺史僮尹。①《廣韻注》。漢有少府卿中京。農，神農之後。同上。御龍氏，陶唐氏之後有劉累者，學擾龍，事夏孔甲。擾龍氏，劉累之後，漢有侍御史擾龍群。《困學紀聞》。重氏，顓頊帝、重黎之後，少昊時重爲南正，司天之事；黎爲北正，司地之事。《通志》。移氏，齊公子雍食采於移，其後氏焉。漢有弘農太守移良。《廣韻注》。漢有南郡太守爲昆。隨氏，隨侯之後，②漢有博士隨何，後漢有扶風隨蕃。羲姓，堯卿羲仲之後。漢有中牟令池瑗，又有池仲魚，城門失火，燒死，故諺曰："城門失火，禍及池魚。"③奚仲爲夏車正自薛封邳，其後爲氏，漢有信都侯邳肜。有期思國。並同上。離氏，離婁，孟子門人，漢有中庶子離常之。《通志》。訾氏，帝嚳妃訾陬氏女。皮氏，周卿士樊仲皮之後，漢有皮尚。縶

---

① "史"，原誤作"氏"，據《廣韻》卷一改。
② "侯"，原誤作"何"，據《廣韻》卷一改。
③ "禍"，《廣韻》卷一作"殃"。

氏，纍祖之後。資氏，資成，陳留人。旗氏，齊卿公孫竈之孫欒施字子旗，①子孫以王父字爲氏。夷氏，本范蠡也。墨夷氏，宋大夫有墨夷須。祝其氏，宋戴公之子公子祝其爲大司寇，因氏焉。漢有清河都尉祝其承先。師氏，師，樂人瞽者之稱。晉有師曠，魯有師乙，鄭有師悝、師觸、師蠲、師成。並同上。有牧師氏。《春秋釋例》：楚有師祁黎。《廣韻注》。卑氏，鄭大夫卑湛之後，漢有卑躬爲北地太守。《後漢書注》。非氏，子伯益之後。《廣韻注》。威氏，齊威王之後，以田氏始王，故其後以爲氏。《通志》。肥氏，漢有肥昭。貴氏，秦非子之後。貴音肥，並同上。魚氏，宋桓公子目夷字子魚，賢而有謀，子孫因以爲氏。《廣韻注》。余氏，秦由余後。後漢有蜀郡林閭翁儒，博學善書。並同上。沮，姓也，黃帝時史官沮誦之後。《後漢書注》。壽于姚，吳大夫。同上。諸氏，漢有洛陽令諸於。諸葛氏，葛嬰爲陳涉將，有功而誅，孝文追錄封諸縣侯，因並氏焉。《廣韻注》。漢有樂安毋車伯奇爲下邳相，有主簿步邵南，時人稱毋車府君、②步主簿。同上。淳于，春秋時之小國也。桓五年，不復其國，子孫因以國爲氏。《通志》。巫氏，商有巫咸、巫賢，漢有冀州刺史巫捷。義渠氏，狄國爲秦所滅，因氏焉。信都氏，張敖尚漢魯元公主，封於信都，因氏焉。滕徒，即申屠也。據《廣韻注》補。申徒氏，隨音改爲申屠氏。申徒狄，夏賢人也。③湯以天下授之，恥不以義聞，自投於河。《莊子》申徒兀者，鄭人也。漢有西屏將軍申徒建。④並同上。須，太皥之後，《史記》魏有須賈。《廣韻注》。漢有詹事蒲昌。漢有諫議大夫壺遂。投壺氏，晉中行穆子相投

---

① "旗"，原誤作"施"，據清乾隆十二年武英殿刻本《通志·氏族略》（以下《通志》皆據此本）改。
② "時"，原誤作"陽"，據《廣韻》卷一改。
③ "賢"字原脱，據《通志·氏族略》補。
④ "屏"，原誤作"平"，據《通志·氏族略》改。

壺，因氏焉。青鳥氏，漢有青鳥子，善術數。胡母姓，本陳胡公之後，公子完奔齊，遂有齊國，齊宣王母弟別封母鄉，遠本胡公，近取母邑，①故曰胡母氏。塗氏，塗山氏之後，②據《後漢書注》補。漢有諫議大夫塗惲。黎氏，九黎之後。《通志》。鞬氏，晉銅鞬伯華之後。稽氏，稽黃，秦賢人也。③洼，音圭，漢有大鴻臚洼丹。並同上。儲姓，齊大夫儲子之後。《後漢書注》。終黎氏。《史記集解》。棠谿氏，吳夫槩王奔楚封唐谿，因以爲氏。漢有唐谿典爲五官中郎將，"唐"與"棠"同。案《廣韻》"棠"字注引《風俗通》"吳王闔閭弟夫槩奔楚爲棠谿氏"④。王符《潛夫論·姓氏》篇：棠谿二地名，在汝南西平。前人書棠谿誤作啓。啓當唐，刊本誤也。《廣韻注》。裴，伯益之後。同上。枚氏，六國有賢人枚被。《通志》。哀姓，魯哀公之後，因氏以爲姓。《漢書注》。來氏，楚有來英。《通志》。澹臺氏，澹臺滅明，字子羽，武城人。漢有博士澹臺恭。同上。樓按：恭即杜撫弟子澹臺敬伯。公賓，姓也，魯大夫公賓庚之後。《廣韻注》。漢有太尉長史真佑。神，神農之後，漢有騎都尉神曜。頻氏，漢有酒泉太守頻暢。倫，黃帝樂人伶倫之後。並同上。金天氏裔孫曰臺駘，其後氏焉。《後漢書注》。聞人氏，少正卯，魯之聞人，其後氏焉。同上。王人氏，王人子突之後，後因氏焉。漢有安平太守王人宰公。《通志》。春氏，楚相春申君黃歇之後。同上。鈞氏，楚大夫元鈞之後，漢有侍中鈞喜。《廣韻注》。尊，尊盧氏之後。同上。晉有大夫芸賢。《元和姓纂》。文氏，周文王支庶以謚爲氏，越大夫文種。《通志》。芬氏，晉大夫芬賢。樓按："芬"疑"芸"字之誤。勤氏，魯有大夫勤成。貢氏，魯有貢浦。並同上。盆成括仕齊，

---

① "母"，原誤作"諸"，據《後漢書·獻帝紀》改。
② "氏"字原脱，據《後漢書·賈逵傳》補。
③ "秦"，原誤作"晉"，據《通志·氏族略》改。
④ "閭"，原誤作"唐"，據《廣韻》卷二改。

孟子知其必死,其子逃難改氏成。《後漢書注》。恩氏,陳大夫成仲不恩之後。混屯氏,太皞之良佐,漢有屯莫如爲常山太守。垣,秦邑也,因以爲姓。秦始皇有將垣齮。並同上。新垣氏,魏將新垣衍,①畢公高之後。《漢書》:文帝時,新垣平善望氣。《通志》。軒轅氏,軒轅即黃帝也,姓公孫,或言姬姓。同上。漢有衛尉邯鄲義,因國爲氏也。《廣韻注》。晉有大夫丹木。安氏,漢有安成爲太守。瞞氏,荊蠻之後,古姓蠻,其枝裔隨音改變爲瞞氏。② 關氏,關令尹喜之後。班氏,楚令尹鬥班之後。冠,古賢者鶡冠子之後。並同上。褐冠氏,賓人以褐冠爲姓。褐冠子著書。《通志》。樸按:褐當作鶡,知天文者冠,鶡冠即術氏冠也。山氏,烈山之後,晉大夫山祈。漢有武都太守山昱。同上。弦氏,弦子後,《左傳》:鄭有商人弦高。《廣韻注》。騫,閔子騫之後。同上。鮮于氏,武王封箕子于朝鮮,其子食采于朝鮮,因氏焉。《後漢書注》。僑氏,黃帝孫僑極之後。《通志》。皋氏,漢有司徒長史皋誨。同上。毛伯,文王子也,見《左傳》。漢有毛樗之,爲壽張令。③《後漢書注》。蕭氏,宋樂叔以討南宮萬立御説之功,受封於蕭,列附庸之國。漢相國蕭何即其後氏也。④《廣韻注》。漢有聊倉爲侍中,又有聊氏爲潁川太守,著《萬姓譜》。黽,衛大夫史黽之後,漢有黽錯。漢有饒斌爲漁陽太守。苗,楚大夫伯棼之後,⑤賁皇奔晉,⑥食采於苗,因而氏焉。並同上。朝那,東夷也,其後單姓那氏。《通志》。阿衡,伊尹號,其後氏。《廣韻注》。過氏,過國,夏諸侯,後因爲氏,漢有兗州刺史過翔。麻,齊大

---

① "新",原誤作"辛",據《通志·氏族略》改。
② "音",原誤作"意",據《廣韻》卷一改。
③ "張"字原脱,據《漢書·儒林傳》補。
④ "國""氏"二字原脱,據《廣韻》卷二補。
⑤ "棼",原誤作"芬",據《廣韻》卷二改。
⑥ "皇",原誤作"黃",據《廣韻》卷二改。

夫麻嬰之後,漢有麻達注《論語》。家氏,漢有家羨,爲劇令。牙氏,周大司徒君牙之後。嘗氏,齊孟嘗君之後。匡,魯邑也,句須爲之宰,其後氏焉,漢有匡衡。漢有中郎威王弼,齊威王之後。芳氏,漢有幽州刺史芳乘。棠,楚邑,①大夫伍尚爲之,後因氏焉。横氏,韓王子成爲横陽君,其後氏焉。並同上。襄姓,楚大夫襄老之後。《後漢書注》。强氏,晋有大夫强鉏,《通志》。漢有强華。《通鑑注》。櫟陽氏,漢景丹封櫟陽侯,丹曾孫分避亂櫟陽,因以爲氏。《通志》。浩羊氏,齊大夫浩羊嘉之後。方氏,方雷氏之後。昌氏,黄帝子昌意之後。蒼氏,八凱蒼舒之後,漢有江夏太守蒼英,英子孫遂爲江夏人。皇氏,三皇之後,因氏焉。《左傳》:鄭大夫皇頡、皇辰。宋有皇氏,世爲上卿,本皇甫充石之後,以字爲氏。漢有瑯邪相皇連。穰氏,田穰苴,諸田之族,穰,所封之邑,②因以氏焉。陽成氏,陽城胥,晋隱士也。漢有諫議大夫陽城公衡。五王氏,齊自威、宣、緡、襄至建,凡五王,因氏焉。東方氏,伏羲之後,帝出乎震,位東方,因氏焉。平原厭次漢大中大夫東方朔。西鄉氏,宋大夫西鄉錯之後。高堂氏,齊卿敬仲食采於高堂,因氏焉。並同上。漢明帝時,有梁成恢,善曆數。《廣韻注》。鄭武公子段封於京,號京城太叔,其後氏焉。漢有京房。甥,晋大夫吕甥之後。衡,伊尹之後。又魯公子衡,後乃氏焉。《通志》引作"衡氏,伊尹爲湯阿衡,子孫以衡爲氏焉。又魯公子衡之後,以王父字爲氏焉"。營氏,周成王卿士營伯之後,漢有京兆尹營郃。嬰,齊大夫季嬰之後。行氏,漢有行祐爲趙相。並同上。周生,姓也。《後漢書注》。荆氏,漢有九江太守荆修。《容齋五筆》。卿氏,趙相虞卿之後,戰國時有卿秦爲魏將。或云項羽將卿子冠軍宋義之後。《通志》。武成

---

① "楚"字原脱,據《廣韻》卷二補。
② "封",《通志·氏族略》作"食"。

氏，趙平原君勝封武成君，因氏焉。庫成氏，本苦成，方言音變爲庫成。古成氏，苦成氏之後，隨音改焉，漢有廣漢都尉古成雲。柏成氏，柏成子高，堯時諸侯也。並同上。伶，姓也。周有大夫伶州鳩。《後漢書注》。靈氏，齊靈公之後，或云宋公子靈圍龜之後。①晉有餓者靈輒。《廣韻注》。冥氏，漢有冥都爲丞相。瓶氏，漢有少傅瓶守。東陵氏，東陵侯邵平，子孫氏焉。恒氏，楚大夫恒思公之後，漢有東安長恒裴，子孫因居之。弘氏，衛大夫弘演之後，漢有宦者弘恭爲中書令。乘氏，楚大夫子乘之後，以王父字爲氏。公乘，姓也。於陵氏，陳仲子，齊世家，辭爵禄灌園於於陵，②因氏焉。漢有牛崇爲隴西主簿，馬文淵爲太守，羊喜爲功曹，涼部謂之三牲備具。犨氏，晉大夫卻犨之後。丘氏，魯左丘明之後。又云齊太公封於營丘，支孫以地爲氏，代居扶風。漢末，丘俊持節江淮，屬王莽篡位，遂留江左，居吳興也。謀氏，周卿士祭公謀父之後。③牟子國，祝融之後，《通志》。後氏焉，漢有太尉牟融。投壺，④中行穆子相投壺，因以氏焉。並同上。疇氏，摯疇，古之諸侯，後有摯疇氏、摯氏、疇氏、席疇氏。《路史》。龍丘氏，漢有高士龍丘萇。渠丘氏，晉有渠丘公。並同上。屈侯氏，魏賢人屈侯鮒，漢有郎中令屈侯豫。⑤《通志》。州氏，晉有州綽、州賓，其先食采於州，因以爲氏。繇氏，咎繇之後。猷氏，衛有猷康。區氏，歐冶子之後轉爲區氏，王莽時有郎中區博。婁氏，邾婁之國，子孫或以婁爲氏，或以邾婁爲氏。並同上。由余，秦相也，見《史記》。漢有由章，至長沙太傅。《後漢書注》。東越王徭，句踐之後，其後

---

① "圍"，原誤作"韋"，據《廣韻》卷二改。
② "爵"下原衍一"禄"字，據《通志·氏族略》刪。
③ "公"，原誤作"父"，據《通志·氏族略》改。
④ "壺"字原脱，據《廣韻》卷二補。
⑤ "郎"字原脱，據《通志·氏族略》補。

以徭爲姓。同上。林，林放之後。《廣韻注》。箴氏，有衛大夫鍼莊子。同上。陰氏，陰康氏之後，周有陰不佞。《通志》。管修自齊適楚，爲陰大夫，其後氏焉。《廣韻注》。岑氏，古岑子國之後，漢有岑彭。堪氏，八元仲堪之後。社南氏，其先齊倡徙居社南，因以爲氏。並同上。聃氏，周文王第十子聃季載之後。《通志》。奄氏，奄，國號，即商奄也，魯地。衛祝佗曰："因商奄之民，以命伯禽。"今兗州有奄城，秦大夫奄息其後也。《通典》。兼氏，衛公子兼之後。同上。雍，文王子雍伯之後。《廣韻注》。李氏，李伯陽之後。俟氏，有俟子，古賢人，著書。委氏，漢有太原太守委進。並同上。内史氏，周内史叔興之後，周有内史過。《通志》。王史氏，周先王太史，號王史氏。侯史氏，董狐爲晉侯史官，①因氏焉。百里氏，秦大夫百里奚之後，其先虞人，家於百里，因氏焉。中壘氏，劉向爲中壘校尉，支孫氏焉。幾氏，宋大夫仲幾之後，以王父字爲氏。並同上。禹氏，禹支庶以爲氏。《路史》。史記趙有辨士處子，故有處姓。《後漢書注》。漢有北海太守處興。欒按：《漢書》注：處子也。徐廣《史記》"劇子之言"注：應劭《氏姓注》直云"處子"也。②《廣韻注》。甫氏，甫侯之後。府氏，漢有司徒掾府惺。武，宋武公之後，漢有武臣。武強氏，漢武強侯王梁其後，因封爲氏。趙有將軍五鳩盧。虎氏，其先八元伯虎之後，漢有合浦太守虎旗。扈氏，趙有扈輒。並同上。旅氏，周大夫子旅之後，漢高功臣王侯旅卿，③傳封六代。《通志》。終古氏，終古，紂内史也，④因氏焉。綦母氏，漢有廷尉綦母參。並同上。所氏，宋大夫華所事之後，漢有所忠爲諫議大夫。《後漢書注》。古，姓

---

① "侯"字原脱，據《通志・氏族略》補。
② "氏姓"，原誤作"姓名"，據《史記・孟子荀卿列傳》改。
③ "王侯"，《通志・氏族略》作"昌平侯"。
④ "紂"，《通志・氏族略》作"桀"。

也，周有古公亶父，其後氏焉。同上。邸氏，漢有上郡太守邸杜。《廣韻注》。采氏，漢有度遼將軍采皓。滿氏，荆蠻有瞞氏，音舜變爲滿。並同上。莞蘇，楚大夫，見《吕氏春秋》。漢有莞路，爲御史中丞。《漢書注》。管夷吾，齊桓佐也，見《論語》。漢管虢爲西河太守。《廣韻注》。蹇氏，漢有蹇蘭爲交阯刺史。《通志》。典氏，漢有校尉典章。衍氏，宋微仲衍之後。昊氏，昊英氏之後，一云少昊之後。老氏，顓頊帝子老童之後。並同上。矯氏，晋大夫矯父之後。《廣韻注》。蔣，周公之允。白馬氏，微子乘白馬朝周，因氏焉。廣氏，廣成子之後。丙氏，齊有大夫丙歜。靖氏，靖獻公之後，以謚爲氏，一云齊田氏之族部靖君之後。耦氏，宋卿華耦之後，漢有侍中耦嘉。並同上。有氏，有巢氏之後。仲尼弟子有若，漢有有禄。《通志》。仲氏，湯有左相仲虺。《廣韻注》。子仲氏，魯宣公子仲之後。《通志》。用氏，古有用國，漢有高唐令用蚪。《路史》。備氏，宋封人備之後。《廣韻注》。被氏，漢有牂牁太守被條。《路史》。摯氏，摯疇，古諸侯國也。周有摯荒，或言帝嚳之後。同上。利氏，漢有利乾爲中山相。《廣韻注》。嗣衛，嗣公之後。忌氏，周公忌父之後。懿氏，齊懿公之後。肆氏，宋大夫肆臣之後。食我，韓公子也，見《戰國策》。漢有食子公，爲博士。食音嗣。按《廣韻》引作"漢有博士食子公，河内人。"《通志》作"食子通，河南人。"貴氏，陸終之後，據《通志》補。漢有貴遷爲廬江太守。尉氏，鄭大夫尉氏之邑也，亦云鄭之别獄。《左傳》：鄭大夫尉止。並同上。既氏，吴王夫槩之後，因避仇改爲既氏。漢有南安長既良。①《通志》。露氏，漢有上黨都尉露平。《廣韻注》。遇氏，漢有遇沖爲河内太守。庫姓，古守庫大夫之後，以官爲氏，後漢有輔義侯庫鈞。並同上。鑄氏，鑄國，

---

① "南"，原誤作"長"，據《通志·氏族略》改。

堯後。《通志》。布氏，趙有布子善相馬。同上。戰國時，秦有大夫世鈞。《廣韻注》。會氏，陸終之子會乙之後。《通志》。龐儉母艾氏。漢有交阯太守賴先。載氏，姬姓之後。大氏，大庭氏之後。蒯氏，晉大夫蒯得之後。信氏，魏公子信陵君之後。①並同上。眉氏，夏侯國子孫氏焉。《路史》。慎氏，慎到爲韓大夫，著《慎子》十三篇。《通志》。獻氏，秦獻公之後，戰國時有秦大夫獻則。《廣韻注》。子獻氏，齊大夫子獻之後也，楚文王之時子獻遼爲大夫。②段，段干木之後，姓段名干木。據《史記注》補。斟灌氏，斟灌之後，夏諸侯也，子孫氏焉。建氏，楚太子建之後。敬氏，陳敬仲之後。敬歆，漢末爲揚州刺史。檟按：《元和姓纂》：歆，平陽人。又《揚州刺史敬使君碑》名字皆不可見，惟"敬仲"二字尚可識，賴此得知其名。而後《周書·敬光傳》《唐書·宰相世系表》"歆"皆作"韶"，與《姓苑》《姓纂》不同，當以《風俗通》爲正。諫氏，《周禮》有司諫氏，因以爲氏，漢有治書御史諫忠。③漢有北平太守賤瓊。孝，齊孝公之後。豹，八元叔豹之後。並同上。暴氏，暴辛公，周諸侯也。秦有將軍暴鳶，漢有御史大夫暴勝之。《通志》。望氏，齊太公望之後。曠氏，師曠之後。並同上。伉，齊大夫三伉之後，漢有伉喜爲大中大夫。《廣韻注》。按《後漢書·桓帝紀》注引作"漢有抗喜爲漢中太守"。白象氏，白象先生，古隱士。《通志》。播氏，播鞉鼓，商末賢人。耸氏，新鄭人，揚耸村在縣二十五里。耸音嗄。將作氏，漢官有將作大匠，因官氏焉。糅氏，漢有糅宗爲嬴長。並同上。漢有諫議大夫救仁。《廣韻注》。寇氏，黃帝之後。蘇忿生爲武王司寇，後因官爲氏。《禮記》：司寇惠子爲魯大夫。"禮記"十字，據《通志》補。夏帝相遭有窮氏之難，④其妃方娠，逃出自竇，而生少康，其後

---

① "魏"字原脱，據《通志·氏族略》補。
② "子獻之後也""楚文王之時""爲大夫"十三字原脱，據《通志·氏族略》補。
③ "治"，《通志·氏族略》作"持"。
④ "帝"原作"后氏"，"窮"下"氏"字原脱，皆據《廣韻》卷四改。

氏焉。並同上。晝氏，齊大夫食邑於晝，後因氏焉。《路史》。廖氏，古有廖叔安。《左傳》作飂，蓋其後也。漢有廖覬，爲鉅鹿太守。《通志》。令尹，楚令尹子文之後。《史記注》。應姓，本自周武王。《左傳》：邘、晉、應、韓，武之穆也。漢有應曜，隱於淮陽山中，①與四皓俱徵，曜獨不至。時人爲之語曰："南山四皓，不如淮陽一老。"八代孫應劭，集解《漢書》。②《通志》。監氏，衛康叔爲連屬之監，其後氏焉。白鹿氏，白鹿先生，古賢人，著書。並同上。漢有巴郡太守鹿旗。《廣韻注》。漢有東平太守沐寵。漢有尚書令平原鞠譚，其子避難，改麹氏，後遂爲西平著姓。"其子"三句，據《通志》補。宿氏，漢有雁門太守宿詳。督氏，宋大夫華父督之後，晉有督戎，漢有五原太守督瓊。逯，秦邑也，其大夫氏焉。③據《後漢書注》補。漢有大司空逯並。牧氏，漢有越巂太守牧稂。沃，太甲子沃丁之後。述，魯大夫仲述之後。漢有渾良侯僕多。並同上。蓐氏，蓐收之後。《路史》。郗氏，漢有東海太守郗熙。《容齋五筆》。公族氏，晉成公立嫡子爲公族大夫，韓無忌號公族穆子。禄氏，紂子武庚，字禄父，其後以字爲氏。齊滑王有臣公玉冉，其後因以爲氏。《漢書注》。鬼谷氏，鬼谷先生，六國時縱橫家。《通鑑注》。勃氏，宋左師勃之後也，晉有寺人勃鞮。《通志》。濯氏，濯輯之後。《廣韻注》。郱氏，郱，商時諸侯國也，見《毛詩》。漢有濟南太守郱都。《路史》。闞姓，承闞黨童子之後也。縱橫家有闞子著書。漢有荊州刺史闞翊。④《漢書注》。第八氏，亦齊諸田之後，田廣弟田英爲第八門，因氏焉。王莽時有講學大夫第八矯。《通志》。按《後漢書·

---

① "淮陽"，原誤作"淮南"，據《廣韻》卷二改。下"淮陽"同。
② "解"字原脱，據《廣韻》卷二補。
③ "氏"，原誤作"世"，據《後漢書·郅惲傳》改。
④ "闞翊"，原誤作"闞史"，據《通志·氏族略》改。

第五倫傳》云："其先齊諸田徙園陵者多，①故以次第爲氏。②"頡氏，蒼頡，古之聖人；頡衛，古之賢人。同上。東郭氏，齊大夫東郭牙之後，咸陽其後也。《漢書注》。鐸氏，漢有廷尉鐸椒。《通志》。幕氏，舜祖幕之後。落氏，皋落氏，翟國也，與赤翟別。作氏，周公之子胙侯，子孫因避地改爲作氏，漢有涿郡太守作顯。薄氏，③衛賢人薄疑，漢高帝薄夫人生文帝，夫人弟昭封軹侯，官至車騎將軍，子戎奴嗣。丁若氏，④齊丁公子懿伯食采於若，⑤因氏焉。謁氏，古有謁者官，因以爲氏。並同上。漢有汝南太守謁煥。《廣韻注》。滑氏，漢有詹事滑典。同上。葛氏，葛夫氏之裔。《通志》。習，國名，漢有習響爲陳國相。⑥《通志》。析氏，齊大夫析歸父之後。《廣韻注》。職氏，漢有山陽令職洪。即氏，其先食采即墨，因以爲氏，漢有單父令即賣。集氏，漢有外黃令集一。社北氏，與社南氏皆齊倡。並同上。柏氏，柏皇氏之裔。《通志》《路史》。筦氏，楚有筦倫。獲氏，宋大夫猛獲之後。昔氏，周大夫封昔，⑦因氏焉，漢有昔登爲烏傷令。並同上。赤氏，帝嚳師赤松子之後。《通志》。汲氏，衛宣公太子伋之後，居汲，因以爲氏。葉氏，楚沈尹戌生諸梁，食采於葉，因氏焉。捷氏，邾公子捷菑之後。《漢書・藝文志》有《捷子》二篇，六國時人。輒氏，衛出公輒之後，漢有輒終古。莢氏，莢成僖子，見《世本》。甲氏，太甲之後，一云鄭大夫石甲父之後。並同上。鄴氏，漢有梁令鄴風。《廣韻注》。

---

① "田"下原衍一"族"字，"陵"原誤作"林"，皆據《後漢書・第五倫傳》改。
② "氏"，原誤作"姓"，據《後漢書・第五倫傳》改。
③ "薄"，原誤作"博"，據《通志・氏族略》改。下"薄疑"同。
④ "丁"，原誤作"子"，據《通志・氏族略》改。
⑤ "丁"，原誤作"玎"，據《通志・氏族略》改。
⑥ "響"，原誤作"郁"，據《通志・氏族略》改。
⑦ "昔"字原脫，據《通志・氏族略》補。

櫰按：以上皆《姓氏篇》佚文，諸書所引多割裂删改，今所列可補者補之，餘一仍其舊。又盧抱經學士《群書拾補》所載，單姓居前，複姓居後，今仍照《廣韻注》部分條列，雖其中不無穿鑿附會，然觀此可知古人得姓受氏之由。六朝最重譜學，不知實始於漢人，如王符《姓氏篇》及圈稱《陳留耆舊傳》、趙岐《三輔決錄》諸書，並詳載氏族，亦小學之支流餘裔也。

天地尊化。《北堂書鈔》。《易》説：天先春而後秋，地先生而後凋，日月先光而後幽。是以王者則之，亦先教而後刑，三皇結繩，五帝畫象，三王肉刑，五伯黠巧。此言步驟稍有優劣。《太平御覽》。傳曰：后稷冬懇田，流汗而種，田不生者，人力非不至，天時不與也。俗説：天地開闢，未有人民，女媧摶黄土作人，務劇，力不暇給，乃引繩於泥中，舉以爲人。故富貴者黄土人，貧賤凡庸者繩人也。月與星並無光，日照之乃光耳。若以鏡光照日，則景見壁。月初見西方，月望後光見東北，①一照也。②吴牛望月則喘，彼之苦於日，見月怖亦喘之矣。同上。風或清明，來久長，不摇樹木枝葉，去地二三丈者，此有龍德在其下。風或清明，③不及地二三尺者，此君子之風。《藝文類聚》。五月有落梅風，江淮以爲信風。又其霖霪，號爲梅雨，沾衣服皆敗黦，④《初學記》。夫火者，南方陽，光輝爲明，聖人嚮之而治，取其象也。同上。里俗語：不救蝕者，⑤出行遇雨。《太平御覽》。泰山之松，鬱鬱蒼蒼。《文選注》。石高二丈，刻之曰："事天以禮，立身以義。事父以孝，成民以仁。⑥四海之内莫

---

① "北"，原誤作"者"，據《太平御覽》卷六改。
② "一"，原誤作"亦"，據《太平御覽》卷六改。
③ "風"字原脱，據《藝文類聚》卷一補。
④ "沾"字原脱，據《太平御覽》卷九百七十補。
⑤ "救"下原衍一"日"字，據《太平御覽》卷八百四十九删。
⑥ "民"，原誤作"名"，據《漢書·郊祀志》改。

不爲郡縣，四夷八蠻咸來貢職，與天無極。食畜蕃息，①天禄永得。"封廣丈二尺，高九尺，方有玉牒書上。《漢書注》。武帝出璽印石，財有朕兆，奉車子侯則没印，帝畏惡，故殺之。《史記注》。俗説：脯，大脯也。按：岱宗廟在博縣西北三十里，山虞長守之。每歲十月日合凍，臘月日涸凍，正月解凍，皆太守潔齋，自侍祠。作脯，廣一尺，長五寸。若有穢疾，代行事，法七十萬五千三牲，燔柴上。既祀訖，取太山君夫人坐前福脯三十朐，太守拜章，縣次驛馬，傳送京師。"京師"一作"洛陽"。檉案：《北堂書鈔》《太平御覽》引作"俗説：脯，大脯也。謹案：太山博縣每歲十月祠太山，脯闊一尺，長五寸。"《風俗通》"五岳"條所載亦有訛脱，今據《後漢書注》補正。太守侍祠，常以衣冠子弟，容止端嚴，學問通覽，任顧問者以爲御史。《通典》。江者，貢也，爲其出珍物可貢獻也。《北堂書鈔》。海，一云朝夕池，一云天池，亦云大壑、②巨壑。《初學記》。鼈令死，尸隨水上，荆人求之不得也。鼈令至岷山下，已復生起，見蜀望帝。帝使鼈令鑿巫山，然後蜀得陸處。望帝自以德不如，以國禪與鼈令，爲③蜀王，號曰開明。《太平御覽》。吳王夫差大敗齊於艾陵，還誅子胥，取其身投之江，抉其目縣東門，曰："使汝見越之入吳也。"《匡謬正俗》。秦昭王使李冰爲蜀守，開成都兩江，溉田萬頃。無復水旱之災，歲大豐熟。二句據《北堂書鈔》補。江神歲取童女二人爲婦，不然爲水災。主者白出錢百萬以行聘。冰曰："不須，吾自有女與爲婚。到時裝飾其女，當以沈江水。"往至神祠，上神座，勸神酒，舉酒酹曰："今得傳九族，江君大神，當見尊顔，相爲進酒。③"冰先投杯酒，④但澹淡

---

① "食畜"，《漢書·郊祀志》作"人民"。
② "亦云"，原誤作"一又"，據《初學記》卷六改。
③ "爲"字原脱，據《太平御覽》卷八百八十二補。
④ "冰"，原誤作"水"，據《太平御覽》卷八百八十二改。

不耗。冰厲聲責之曰："江君相輕，當相伐耳。"因拔劍，忽然不見。自"不然"以下據《水經注》增補。良久，有兩蒼牛鬥於岸旁。有間，冰還，謂官屬曰："吾鬥疲極，不出相助耶？南向腰中正白者，我綬也。北向腰中正青者，江神綬也。"主簿以刀刺殺北面者，江神遂死。蜀人慕其氣決，凡壯健者，因名曰"冰兒"。《史記正義》。東方曰夷者，東方者好生，萬物舐觸地而出。夷者，舐也，其類有九：一曰玄菟，二曰樂浪，三曰高驪，四曰滿飾，①五曰鳬臾，六曰索家，七曰東屠，②八曰倭人，九曰天鄙。南方曰蠻者，君臣同川而浴，極為簡慢。蠻者，慢也，其類有八：一曰天竺，二曰咳首，三曰僬僥，四曰跂踵，五曰穿胸，六曰儋耳，七曰狗軹，八曰旁春。西方曰戎者，斬伐殺生不得其中。戎者，凶也，其類有六：一曰僥夷，二曰戎夷，三曰老白，四曰耆羌，五曰鼻息，六曰天剛。北方曰狄者，父子、嫂叔同穴無別。狄者，僻也，其行邪僻。其類有五：一曰月支，二曰穢貊，三曰匈奴，四曰單于，五曰白屋。《禮記》疏。氐，言抵冒貪饕，至死好利，樂在山谿，③本西南夷，又別種號曰白馬。孝武帝遣中郎將郭昌征之，降復以為武都郡。《太平御覽》。貊者，謹案《春秋傳》：大貊、小貊。貊，略也，薄也。不知送往勞來，賦斂薄也。胡者，謹案《漢書》：山戎之別種。又胡者，互也，言其被髮左衽，言語贅幣，事殊互也。同上。殷時曰獯粥，改曰匈奴。《史記索隱》。故樓煩胡地也。《史記正義》。北夷作寇，千里無煙火。《文選注》。羌本西戎卑賤者也，主牧羊，故羌字從羊人，因以為號。無君臣上下，健者為豪，不能相一，種別部分，強者凌弱，轉相抄掠。男子戰死為吉，病終者送之凶。《太平御覽》。

---

① "滿飾"，原誤作"蒲師"，據《禮記注疏》卷十二改。
② "屠"，原誤作"賓"，據《禮記注疏》卷十二改。
③ "山谿"，原誤作"谿谷"，據《太平御覽》卷七百九十四改。

諸羌種落熾盛，①大爲邊害。《文選注》。昔高辛氏有犬戎之患，帝患其侵暴，而征伐不克。乃訪募天下，有能得犬戎之將吳將軍頭，購黃金千鎰，邑萬家，又妻以少女。時帝有畜狗，其毛五采，名曰槃瓠。遂銜人頭造闕下，群臣怪而診之，乃吳將軍首也。帝大喜，而計槃瓠斷不可妻之以女，又無封爵之道，議欲有報而未知所宜。女聞之，以爲帝皇下令，不可違信，因請行。帝不得已，乃以女配槃瓠。槃瓠得女，負而走入南山，止石室中。所處險絶，人迹不至。於是女解去衣裳，爲樸鑑之結，著獨力之衣。帝悲思之，遣使尋求，輒遇風雨震晦，使者不得進。經三年，生子一十二人，六男六女。槃瓠死後，因自相夫妻。織績木皮，染以草實，②好五色衣服，製裁皆有尾形。其母後歸，③以狀白帝，於是使迎致諸子。衣裳斑蘭，語言侏離，好入山壑，不樂平曠。帝順其意，賜以名山廣澤。其後滋蔓，號曰蠻夷。外癡内黠，安土重舊。以先父有功，母帝之女，田作賈販，無關梁符傳，租税之賦。有邑君長，皆賜印綬，④冠用獺皮。名渠帥曰精夫，相呼爲姎徒。《後漢書·南蠻傳》注。槃瓠之後，輸布一匹二丈，⑤是謂賨布。廩君之巴氏出幏布八丈。⑥《文選注》。哀牢夷者，其先有婦人名沙壹，⑦居於牢山。嘗捕魚水中，觸沈木若有感，因懷姙，十月，産子男十人。後沈木化爲龍，出水上。沙壹忽聞龍語曰："若爲我生子，今

① "盛"字原脱，據《文選》卷五十七補。
② "實"，原誤作"色"，據《後漢書·南蠻傳》改。
③ "母後"二字原誤倒，據《後漢書·南蠻傳》乙正。
④ "傳租税……皆"十字原脱，據《後漢書·南蠻傳》補。
⑤ "二"，原誤作"三"，據《文選》卷六改。
⑥ "幏"，原誤作"幪"，據《文選》卷六改。
⑦ "沙壹"，原誤作"沙壺"，據《後漢書·西南夷傳》改。後"沙壹"同。

悉何在?"九子見龍驚走,獨小子不能去,背龍而坐,①龍因舐之。其母鳥語,謂背爲九,謂坐爲隆,因名子曰九隆。及後長大,諸兄以九隆能爲父所舐而黠,遂共推爲王。② 後牢山下有一夫一婦,復生十女,九隆兄弟皆娶爲妻,後漸相滋長。種人皆刻畫其身,象龍文,衣皆著尾。《後漢書注》。禹入倮國,欣起而解裳。俗説:禹治水,乃播入倮國,君子入俗不改其恒,於是欣然而解裳也。原其所以,當言皆裳。③ 倮國,今吳郡是也。被髮文身,倮以爲飾,蓋正朔所不及也。猥見大聖之君,④悦禹文德,欣然皆著衣裳矣。《禮記疏》。有賨人,剽勇。高祖爲漢王,閬中人范目説高祖募取賨人,定三秦,封目爲閬中慈鳧鄉侯,並復除目所發賨人盧、⑤朴、沓、鄂、度、夕、⑥襲七姓,不供租賦。閬中有渝水,賨人左右居之。鋭氣喜舞。高祖樂其猛鋭,數觀其舞。後令樂府習之,謂之巴渝舞。《文選注》。五月五日,賜五色續命縷,俗説:以益人命。《初學記》。五月五日,以五采絲繫臂,題曰"游光",辟厲鬼知其名者,令人不病温。同上。參《北堂書鈔》。又曰:亦因屈原。謹案:取新斷織繫户,亦此類也。織取新斷二三寸帛,綴著衣衿,⑦以己織縑告成於諸姑也。後世彌文,易以五采。永建中,京師大疫,云厲鬼字野重游光。亦但流言,無指見之者。其後歲歲有病,人情焦愁,復增題之,冀以脱禍。今家人織新縑,皆取著後縑絹二寸許繫

---

① "坐",原誤作"去",據《後漢書·西南夷傳》改。
② "王",原誤作"主",據《後漢書·西南夷傳》改。
③ "言",原誤作"作",據《太平御覽》卷六百九十六改。
④ "猥",原誤作"偎",據《太平御覽》卷六百九十六改。
⑤ "除目",原誤作"出",據《文選》卷四改。
⑥ "夕",原誤作"文",據《文選》卷四改。
⑦ "衣",原誤作"今",據《抱經堂叢書》本《群書拾補初編·風俗通義》(以下《群書拾補初編》皆據此本)改。

户上，此其驗也。《太平御覽》。五月五日，集五色繒辟兵。予問於服君，服君曰："青赤白黑爲四方，黃爲中央，襞方綴於胸前，以示婦人蠶功也。織麥䌫懸於門，以示農工成，①傳聲以襞爲辟兵耳。"同上。俗云五月到官，至死不遷。今年有茂才除蕭令，②五月到官，破日入舍，視事五月，四府所表，遷武陵令。予爲營陵令，③正觸太歲，主簿令予東北上，予不從，在事五月，④遷太山守。《意林》。俗以菰葉裹黍米，令爛熟，於五月五日及夏至啖之。⑤ 一名糉，一名角黍。《北堂書鈔》。此月蓋屋，令人頭禿。《太平御覽》。《戶律》：漢中、巴、蜀、廣漢自擇伏日。俗説：漢中、巴、蜀、廣漢土地温暑，草木早生晚落，氣異中國，夷狄畜之，故令自擇伏日。謹按：秦孝公始置伏，高祖分四郡之衆，因張良之策，還定三秦，席卷天下。蓋君子所因者本也，論功定封，加以金帛，重復寵異，令自擇伏日，不同凡俗也。《史記注》，參《白帖》《藝文類聚》補正。織女七夕當渡河，使鵲爲橋。《歲華紀麗》。漢以八月算人，后家以金帛賂遺主者，以求入也。《後漢書注》。"后"亦作"民"。采女。按采者，擇也。以歲八月，雒陽民遣中大夫與掖庭令丞及相工閲視童女。⑥按《後漢書·皇后紀》作"於雒陽鄉中，閲視良家童女"。年十三以上，二十以下，長壯妖絜者，有法相者，載入後宫。《文選注》。謹按自郊貙腰，春秋饗射，天子射麋掩雉，獻諸宗廟，扶陽發滯，養老致敬，化之至也。《太平御覽》。臘，比歲中祭神之名也。《一切衆經音義》。兔髕。

---

① "工"，原誤作"功"，據《太平御覽》卷三十一改。
② "茂"，原誤作"范"，據清嘉慶十年刻《學津討原》本《意林》（以下《意林》皆據此本）卷四改。
③ "陵"，原誤作"丘"，據《意林》卷四改。
④ "月"，原誤作"年"，據《意林》卷四改。
⑤ "至"下原衍一"月"字，據《太平御覽》卷八百五十一刪。
⑥ "童"，原誤作"采"，據《文選》卷四十九改。

俗説：臘正祖之食得兎髕者，名之曰幸，賞以寒酒。幸者，令人吉利。《太平御覽》。謹按：律者，法也。《皋陶謨》"虞始造律"。蕭何成九章，此百王不易之道也。《北堂書鈔》。時王所制曰令，《漢書》著爲令。夫吏者，始也，當先自正，然後正人。故文書下如律令，①言當履繩墨，動不失律令也。《藝文類聚》。《易》"噬嗑爲獄"。十月之卦，從犬，言聲，二犬亦所以守也。廷者，陽也，陽尚生長。獄者，陰也，陰主刑殺。故獄皆在廷北，順其位。《詩》"宜犴宜獄"。犴，司空也。《周禮》：凡萬民之有罪過未離於法者，桎梏以上，坐諸嘉石，役諸司空，令平易道路也。《太平御覽》。自辛爲罪，令其辛苦憂之也。秦皇謂辠字似皇，故改爲罪。《意林》。《周禮》：三王始作獄，夏曰夏臺，言不害人，若游觀之臺，桀拘湯是也。②殷曰羑里，言不害人，③若云閭里，紂拘文王是也。周曰囹圄，囹令，圄舉也，言令人幽閉思愆，改惡爲善，因原之也。今縣官録囚是也。同上。囚，遒也。言辭窮情得，以罪誅遒也。《禮》：罪人實諸圜土。故囚爲口中人，此其象也。械，戒也，所以警戒使爲善也。桎，實也。言其下垂於地，④然後吐情首實。《白帖》。舊制本無奴婢，奴婢皆是犯事者或原之。奴者劣，婢者卑。臧者，被臧罪没爲官奴。獲者，逃亡獲得爲婢。《一切衆經音義》。秦始皇使蒙恬築長城，徒卒罪髡，免上赭衣，後遂繇不息。今皆髡頭衣赭，已徒之明效也。《北堂書鈔》。徒不上墓。俗説：新遭刑罪原解者，不可上墓祠祀，令人死亡。謹按：身體髮膚，受之父母。曾子病困，啓手足以全歸也。遭刑者，髡首剔髮，身被刑笞，

---

① "下"，原誤作"不"，據《文選》卷四十四改。
② "桀拘湯是"四字原脱，據《太平御覽》卷六百四十三補。
③ "人"字原脱，據《太平御覽》卷六百四十三補。
④ "於"，《太平御覽》卷六百四十四作"至"。

新出狴犴,臭穢不潔。凡祭祀者,孝子致齋,貴以馨香,如親存也。時見子被刑,①心有惻愴,緣生事死,恐神明不歆,故當不上墓耳。《意林》。頃者,廷尉多牆面而苟充其位,侍御史不復平議,讞當紛紛,豈一事哉!里語曰:"縣官漫漫,怨死者半。"昔在清平之世,使明恕君子哀矜折獄,尚有怨言,況在今時耶?同上。光武中興以來,五曹詔書題鄉亭壁,②歲補正,多有闕謬。永建中,兗州刺史過翔,箋撰卷別,改著板上,一勞而永逸。③《太平御覽》。廷者,平也,又正也,言縣廷、郡廷、朝廷,皆取平均正直也。《後漢書注》。據《廣韻注》補。寺,嗣也。理事之吏,嗣續於其中也。一説寺,司也,廷之有法度者也。"司"亦作"止"。光武嘗從皇考至南頓,故識官府寺舍。據《禮部韻略》補。諸官府所止,④故曰寺。今尚書侍御史、謁者皆曰寺。故後代道場及祠宇皆取稱焉。同上。據《初學記》《太平御覽》增補。府,聚也。公卿牧守,道德之所聚也。《廣韻注》《一切羣經音義》作"文書財賄所聚也"。丞者,承也。相者,助也。《藝文類聚》。三公一歲共食萬石。《通典》。秦時,六國未平,將帥皆家關中,稱關內侯。《後漢書注》。漢武帝諱徹,改曰通侯,或曰列侯。通侯,言其功大,通於王室;列者,言其功德列著,乃饗爵。《太平御覽》。尚書、御史臺,皆以官蒼頭爲吏,主賦舍,⑤凡守其門戶。《後漢書注》。今史、郵書掾,府督郵,職掌此。《漢書志注》。牧、守、長不數易。按《尚書》有考績。孔子曰:"如有用我,期月而已,三年有成。"鄭子産從政三年,民乃歌之。聖賢尚須漸進,況中才乎!數易豈

---

① "也時"二字原誤倒,據《太平御覽》卷六百四十二乙正。
② "書"字原脱,據《太平御覽》卷五百九十三補。
③ "永",《太平御覽》卷五百九十三作"九"。
④ "諸"下原衍一"侯"字,據《後漢書·光武帝紀》删。
⑤ "賦",原誤作"賊",據《後漢書·百官志》改。

不紛錯道路也。《意林》。周制，天子方千里，分爲百縣，①縣有四郡。郡者，群也。故《左氏傳》曰："上大夫受縣，下大夫受郡。"秦始皇初置三十六郡，以監縣。縣，平也。同上。《周禮》：百里曰同，所以獎王室，協風俗，總名曰縣。縣，玄也，首也，從系倒首，②舉首易偏矣；言當玄靜，平徭役也。《周禮》：五家爲鄰，四鄰爲里。《廣韻注》作"五家爲軌，十軌爲里。"謹案《春秋》《國語》：五家爲軌，五軌爲里。里者，止也。里有司，司二十五家，③共居止也，同事春秋，通其所也。《續漢書注》。《周禮》：五黨爲州。州，疇也。州有長，使之相周足也。《藝文類聚》。鄉有秩者，則田間大夫，④言其官裁有秩耳。嗇夫。嗇，省也；夫，賦也。言當消息百姓，均其賦役。國家制度，大率十里一鄉。《後漢書注》。據《通典》補。謹按《春秋》《國語》：䢼有寓望。⑤謂今亭也，民所安定也。⑥漢家因秦，大率十里一亭，亭有樓亭，留也。今語有亭待，蓋行旅宿會之所館也。亭亦平也，亭中民有爭訟吏留辦處，勿失其政也。亭長者，一亭之長率也。陳、楚、宋、魏謂之亭父，齊謂之師。亭長舊名負弩，今改爲長，或謂亭父。《漢書注》。據《後漢書注》《北堂書鈔》增補。漢改郵爲置。置者，度其遠近之間置之也。《後漢書注》。諸侯及使者有傳信，乃得舍於傳也。《文選注》。今刺史行部，車號傳車，從事督郵。《後漢書注》。俗説：齊人有空車行，魯人有負釜者，便持釜置車中，行三百里，臨別取釜，各不相問爲誰，亦不謝。後車者繫獄當死，釜主徑往篡之，穿壁未達，曰："極哉！"車者怒，不肯出。

---

① "百"，原誤作"二"，據《太平御覽》卷一百五十七改。
② "系"，原誤作"玄"，據《水經注》卷二改。
③ "二十五"，《後漢書·百官志》作"五十"。
④ "田"，原誤作"曰"，據《後漢書·百官志》改。
⑤ "望"，原誤作"舍"，據清光緒六年章氏訓堂刻本《國語正義》卷二改。
⑥ "定"，原誤作"足"，據《太平御覽》卷一百九十四改。

釜主慚，欲與俱死。明日，主者以事白齊君，齊君義而原之。①《意林》。潁川有富室，兄弟同居，兩婦數月皆懷娠。長婦胎傷，因閉匿之。産期同至，至乳母舍。弟婦生男，夜因盜取之，爭訟三年，州郡不能決。丞相黃霸出坐殿前，令卒抱兒，取兩婦各十餘步，叱婦曰："自往取之。"長婦抱持甚急，兒大啼叫。弟婦恐傷害之，因放之而出，甚悽愴。長婦喜。霸曰："此弟婦子也。"責問大婦，乃伏。《北堂書鈔》。漢時，臨淮有一人，持一匹縑到市賣之，道遇雨，以縑覆被，後一人求庇蔭，因與一頭。雨霽當別，因共爭鬥，各云"我縑"，詣府自言，丞相薛宣劾實，兩人莫肯首服。宣曰："直數百錢耳，何足紛紛自致縣。"呼騎吏令斷，各與一半，使騎聽之。後人濫受，曰"君恩"，因前攝之。縑主稱冤。宣知其狀，然後呼責之，拷問具服也。《白帖》。巴郡宋遷母名靜，往阿奴家飲酒。遷母坐上失氣，奴謂遷曰："汝母在坐上，何無宜適？"遷曰："腸痛誤耳，人各有氣，豈止我母。"遷罵奴，奴乃木棍擊遷，遂死。《意林》。檟案：此下當有斷語，摭引刪截，無從補正。沛郡有富公趙某者，家貲二千餘萬。小婦子年才數歲，頃失其母，又無親近。其大婦女不賢，性偏愛財。翁病困，思念惡婿爭其財，兒必不全，因呼族人爲遺令：悉以財屬女，但遺一劍，云兒年十五以還付之。其後兒大，姊又不與劍，兒因詣郡自求劍。時太守大司空何武也，得其詞，因錄女及婿，省其手書，顧謂掾史曰："女性强梁，婿復貪鄙，其父畏賊害其兒，又計兒小得此財，不能全護，故且俾與女，而實寄之耳，不當以此劍與之乎？夫劍者，一作"度此劍所遺者"。所以決斷也。限年十五者，智力足以自居。度此女必不還其劍，當聞縣官，縣官或能證察，得以見伸展也。此翁何思慮宏遠

---

① "義"，原誤作"意"，據《太平御覽》卷四百二十一改。

如此!"乃悉奪取財以與子。強女惡婿温飽十五歲，亦以足矣。於是論者乃服，謂武原情度事得其理。《北堂書鈔》。據《太平御覽》補。陳留有一婦公，年九十無子，^①娶田家女爲妾，一交接便氣絶。後生得男。其女争財，誣女淫佚有兒，曰："我父老後無子，死時年尊，何一夕便有子？"數年不決。丞相邴吉上殿決獄，曰："吾聞老翁兒無影，復畏寒。"於時八月，取同歲小兒，俱解衣裸之，老翁兒獨叫寒。令並行日中，復無影。因以財與男。咸以爲處度得所也。《北堂書鈔》"丙吉決獄"注。《風俗通》無此。今據《意林》《太平御覽》所引增補。案《北堂書鈔》係明人續補，刊本所云《風俗通》無此者，蓋據刪後十卷之本。若唐宋時之本，並當有此，否則諸類書何從輾轉援引乎？平原君讞，胡奠譚娶周碧爲妻，陰陽不屬，令碧與李方、張少奸通，冀得其子。《藝文類聚》。此下亦當有斷。南郡讞，女子何侍爲許遠妻，侍父何陽素酗酒，從遠假求，不悉如意，陽數罵詈。遠謂侍曰："汝翁復罵者，吾必揣之。"侍曰："類作夫妻，奈何相辱。揣我翁者，搏若慈母矣。"其後陽復罵遠，遠遂揣之。侍因上堂搏姑耳再三。^②下司徒鮑宣決事曰："夫妻所以養姑者也，婿自辱其父，非姑所使。君子之於凡庸，不遷怒，況所尊重乎？當減死罪論。"《太平御覽》。宣帝之世，燕、岱之間，有三男共娶一婦，生四子。及長，將分妻子而不均，乃致争訟。廷尉范延年斷之曰："此非人類，當以禽獸從母不從父論也。請戮三男子尸諸市，以兒還母。"因詰責三老及州縣教化不道者，宣帝嗟嘆曰："事何必古。若此可謂當於理而厭人情也。"陳國有趙祐者，酒後人出外，争自相署，或稱亭長督郵，祐復於外騎馬將絳幡，云："我行雲使者也。"司徒鮑昱決獄云："騎馬將幡，起於戲耳，無它惡意。"同上。汝南張妙，酒

---

① "子"，原誤作"少婦"，據《太平御覽》卷三百八十八改。
② "堂"字原脱，據《太平御覽》卷六百四十補。

後相戲，逐縛林士，①捶二十下，又縣一足指，士遂至死。鮑昱決事云："原其本心意無賊心，宜減死。"《意林》。案："林士"引作"社主"，誤。汝南陳公思爲五官掾，王子祐爲兵曹，行會食下亭。子祐曾以縣官事考殺公思叔父斌，斌無子，公思欲爲斌報仇，不能得。卒見子祐，不勝憤，便格殺，還府歸死。時太守太傅胡伯，②始以爲招罪人也。陳公思追念叔父，仁勇憤發，自歸司敗，乃原遣之。《北堂書鈔》。案：招即子祐也。《太平御覽》引"五官掾"下有"手殺王招"句，文較明。靈帝光和中，雒陽男子夜龍從兄陽求臘錢，龍假取煩數，頗厭患之。陽與錢千，龍意不滿，欲破陽家，因持弓矢射玄武東闕，三發，吏士呵縛首服。因是遣中常侍、尚書、御史中丞、直事御史、謁者、衛尉、司隸、河南尹、③雒陽令，悉會發所。劭時爲太尉議曹掾，白公鄧盛曰："夫禮設闕觀，所以飾門，章王至尊，縣諸象魏，示民禮法也。故車過者下，步過者趨。今龍乃敢射闕，意慢事醜，況於大逆，宜遣主者參問變狀。"公曰："府不主盜賊，當與諸府相候。"劭曰："丞相丙吉以爲道路死傷，既往之事，京兆、長安職所窮逐，而住車問牛喘吐舌者，豈輕人而貴畜哉？誠念陰陽不和，必有所害。掾史乃爾悅服，《漢書》嘉其逢大體。今龍所犯，昭然中外奔波，丙吉防害尤豫，況於已然昭晰者哉？明公既處宰相大位，加掌兵戎之職。凡在荒省，謂之太平，何有近日下而致逆節之萌者哉？孔子攝魯司寇，非常卿也。折僭溢之端，消纖介之漸，從政三月，惡人走境，邑門不闔，外收強齊侵地，內虧三桓之威。區區小國，尚於趣舍，大漢之朝，焉可無乎？

---

① "縛"，原誤作"傳"，據《意林》卷四改。
② "胡伯"，《群書拾補初編·風俗通義》作"胡廣"。
③ "尹"，原誤作"令"，據《後漢書·五行志》改。

明公恬然謂非已。《詩》云：'儀刑文王，①萬邦作孚。'當爲人制法，何必取法於人。"於是公意大悟，遣令史謝，申以鈴下規應掾自行之，還具條奏。靈帝詔報，惡惡止其身，龍以重論之，陽不坐。謹案：龍者陽類，君之象也。夜者，不明之應。此其象也。《後漢書注》。秦政並吞六國，苞六合之弘敵。《文選注》。秦因愚弱之極運。同上。按秦昭王太后始臨朝也。《意林》。列侯尚公主，國人尚翁主，以妻制夫，陽屈於陰爾。《初學記》。《易》稱："帝乙歸妹，以祉元吉。"婦人謂嫁娶之禮曰歸，歸其妹於諸侯，享終吉也。同上。《易》云："利見大人。"大人與聖人，其義一也。《意林》。聖者，聲也，言其聞聲知情，通於天地，條暢萬物，故曰聖也。《藝文類聚》。據《廣韻注》補。《論語》：君子上達。臧孫紇曰："後有達者，將在孔某。"《意林》。儒者，區也，言其區別古今，居則玩聖哲之詞，動則行典籍之道，稽先王之制，立當時之事，綱紀國體，原本要化，②此"通儒"也。若能納而不能出，能言而不能行，講誦而已，無能往來，此"俗儒"也。《後漢書注》。章帝時，以賈逵爲通儒，時人語曰："問事不休賈長頭。"《意林》。士，《詩》云："殷士膚敏。"髦士俊秀，雅士博達。同上。處士者，隱居放言。烈士有不易之分。《文選注》。言人清高，如冰之潔。同上。穀梁子，名赤，亦子夏弟子。《意林》。鬼谷先生，六國時縱橫家。《史記注》。《禮》云："群居五人，長者必異席。"今呼權貴作長者，非也。《管子》云："先生施教，弟子則之。"非知古之道，③是師者之稱。諸生，弟子非一，故曰諸。先生者當如醒，學者譬如醉，言生俱醉，獨有醒者。祭酒，《禮》云："飲酒必祭，尊其先也。"孫卿在齊，最是老師，故三稱

---

① "刑"，原誤作"型"，據《毛詩注疏》卷十六改。
② "化"，原誤作"道"，據《後漢書·賈逵傳》改。
③ "非"字原脫，據《意林》卷四補。

祭酒。《易》曰："師貞，丈人吉。"非徒尊老，須德行先人也。《傳》云："杖德莫如信。"言其恩德可信杖也。《禮》云："十尺曰丈，成人之長也。"夫者，膚也，言其智膚敏宏教也，故曰丈夫。《論語》云："匹夫匹婦。"《傳》云："一晝一夜成一日，一男一女成一室。"按：古人男女作衣用二匹，今人單衣，故言匹夫。夫人當龍變雲起，①不繫鄉里；若止繫風俗，見善不徙，②故謂之俗人。《禮》言："簡不肖。"按：生子鄙陋，不似父母，曰不肖。今人謙辭，亦曰不肖。《方言》：人不事事而放蕩，謂之無賴。言不可恃賴也。猶高祖謂太上皇云："大人以臣無賴也。"同上。司徒河南吳雄，少時家貧，喪母，營人之所不封土者，擇葬其中。喪事趣辦，不問時日，醫巫皆言當滅族，而雄不顧。司隸校尉下邳趙興亦不恤諱忌，每入官舍，輒更修館宇，移穿改築，故犯妖禁，而家人爵祿，益用豐熾。汝南陳伯敬，行必舉足，坐必儼然，呵叱狗馬，終不言死，目有所見，不食其肉，行路聞凶，便解駕留止，還觸歸忌，則寄宿鄉亭。年老寖滯，不過舉孝廉。後坐婿亡吏，太守邵夔怒而殺之。時人罔忌禁者，③多談爲證焉。《太平御覽》。據《後漢書》補。袁湯時年八十六，有子十二人。《後漢書注》。司隸劉囂，以黨諸常侍，致位公輔。汝南周勃，辟太尉清詔，使荊州。光祿奉肸上就爲主事。同上。案：就，戴就也。潁川張欽孟孝，吳、楚反，與亞夫爲將，常爲前鋒，陷陣潰圍。旁人觀曰："壯哉此君！"欽聞自矜，遂死軍。《太平御覽》。東海王景興議曰：④"晏平仲以齊君奢，故浣其朝冠，⑤振其鹿裘。"同上。汝南主簿應劭議，宜爲舊君諱，論

---

① "當"，原誤作"言"，據《意林》卷四改。
② "徙"，原誤作"從"，據《意林》卷四改。
③ "罔"，原誤作"言"，據《後漢書·郭躬傳》改。
④ "興"，原誤作"典"，據《太平御覽》卷八百二十六改。
⑤ "浣"，原誤作"辭"，據《太平御覽》卷八百二十六改。

者當互有異同。《三國志注》。亦見《左傳疏》。彭城孝廉張子矯議云："若君臣不得相襲作名,周穆王諱滿,至定王時,有王孫滿,厲王諱胡,莊王之子名胡。"《意林》。子不以從令爲孝。後主固宜有是革,寢以爲俗,豈不謬哉!《文選注》。不舉寤生子。俗說:兒墮地未可開目,若初生便能視者,謂之寤生,則有妨父母,故惡之。《困學紀聞》。不舉併生三子。俗說:生子至於三,作六畜,言其妨父母,故不舉之也。謹按《春秋》《國語》:越王句踐令民生二子者,與之餼。生三子,與之乳母。三子力不能獨養,故與乳母。所以人民繁息,卒滅强吳,雪會稽之恥,行伯於中國也。古陸終氏娶於鬼方,謂之女嬇,是生六子,皆爲諸侯。今人生三子,悉成長,父母完安,豈有天所孕育而害其父母兄弟者哉?《太平御覽》。不舉生須髯子。俗說:人十四五乃當生須髯,今生而有之,妨害父母也。謹案《周書》:靈王生而有髭,王甚神聖,亦克修其職,諸侯服享,二世休和,安在其有害乎?同上。不舉父同日子。俗云妨父也。謹按《左氏傳》:桓公之子與父同日生,因名曰同。漢明帝亦與光武同日生。《意林》。不宜歸生。俗云令人衰。按婦人好以女易它男,故不許歸。汝南周霸,字翁仲,爲太尉掾。婦於乳舍生女,自毒無男,時屠婦比卧得男,因相與私貨易,①俾錢數萬,名男曰興福。後翁仲爲北海相,吏周光能見鬼,署爲主簿,使還致敬於本郡縣。因誡之曰:"事訖,臘日可與小男俱侍祠上冢,去家經十三年,不躬烝嘗。主簿微察,相先君寧息,會同飲食歡娛否?"往到冢上,郎君酹沃土,主簿伏地在後。光怪其故。還至,翁仲引主簿一人,問之,乞屏左右,起造於膝前。對曰:"但見屠人弊衣襤褸而踞神坐,持刀割肉,

---

① "相"字原脱,據《太平御覽》卷三百六十一補。

有五時衣帶青墨綬數人，彷徨陰堂東西廂，不敢前進，事狀如此，不知何故？"翁仲曰："主簿且勿言。"因持劍上堂，因妻何以養此子？嫗大怒曰："君常言氣質聲體喜學似我，公欲死，爲作狂語耶。"翁仲具告之，"祠祭如此，不具服，子母身立截。"嫗辭窮情竭，涕泣言：昔年長無子，不自安賓，以女易屠者之男，與錢十萬。此子年已十八，呼與辭決，曰："凡有子者，欲以承先祖，先祖不享血食，無可奈何。"乃以衣裘僮僕遣歸其家，自以車馬迎其女。女嫁爲賣餅者妻，改適隴西李文思，官至南陽太守。翁仲便養從弟子熙，爲高邑令。神不歆非類明矣，安得養他人子乎？《太平御覽》。據《意林》補。汝南王叔漢，父子方出游二十餘年不還。叔漢作尚書郎，有人告子方死於汝南，即遣兄伯山往迎喪，叔漢即發哀，詔書賻錢二十萬。既而子方從蒼梧還，叔漢詣闕先納賻錢，受虛妄罪。靈帝詔將相大夫會議之，博士任敏云："凡人中壽七十，視父同儕亡可製服也。子方在遠，人指其處，不可驗也，罪不可加焉。"詔書還錢復本官。《意林》。扶風蘇不韋父爲司農李暠所殺，不韋穿府北垣，徑上聽事，斫暠卧具，暠一夕數遷。河南平陰龐儉，本魏郡鄴人，遭倉卒之世，失其父。時儉三歲，弟才繈褓，儉隨母轉徙。《白帖》作"流宕"。客居廬里中，鑿井，得銅千餘萬，遂溫富。儉作府吏，躬親家事，行求得老蒼頭謹信可屬任者，年六十餘，直二萬錢，使主牛馬耕稼。有賓客大會，母在堂上，酒酣陳樂歌。奴在竈下助廚，竊言："堂上母，我婦也。"客罷，婢語次説："老奴無狀，爲妄語，所説不可道。"窮詰其由，母謂婢試問其形狀，奴曰："家居鄴時，在富樂里宛西，婦艾氏女，小字阿橫，《白帖》作"阿宏"。大兒字阿巍，小兒曰越子，時爲縣吏，爲人所略賣。阿橫左足下有黑子，右胲下赤痣如米櫛。"母曰："是汝父也。"因下堂啼泣。兒婦前，爲汝公拜。即沐浴身,著兒衣被,遂爲夫婦如初。儉子匪至二千石刺史,時人爲之語曰:"廬里諸龐,鑿井得銅,買奴得公。"子孫羞之,言:"我先人初居廬里者兄弟二人,家買奴得公爾。"《太平御覽》。蜀郡任嘉,年三四歲時,父騰爲諸生,於漢中就師。有盜賊,斷路道絕,蜀亦覆没,客轉長沙,爲州郡吏。後嘉爲長沙太守,騰爲奏曹掾,默知嘉實其子也。嘉母語次謂嘉曰:"奏曹任掾則汝父也,但差老耳。"嘉曰:"天下豈獨有一任,夫人何更以老生邪意?"母曰:"咄!我養汝數十年無嫌譏,豈以垂没更失計哉?顧實真父,不可棄捐。"後嘉問掾:"聲音何類太守,何州里耶?"掾曰:"本犍爲武陽人,糟亂流宕到此。"母察審諦,又識其左耳前贅,因出抱持,對之流涕。嘉自投於榻,欷歔哽咽。同上。楊範,字文端,齊人。齊、宋之亂,母在賊中,採椹藏於地,夜取之進母,如是非一。忽於地中得米十斛,上有字云:"米十斛,賜孝子楊範,以資給母。"《藝文類聚》。陳留太守泰山吴文章少孤,遭憂衰之世,與兄伯武相失。别二十年後,相會下邳市中,①争計共鬥。伯武毆文章,欲報擊之,心中惻愴,手不能舉,大自怪也,因投杖於地。觀者咸嗤笑之。還相問,乃真兄弟也,相持涕泣。觀者復曰:"兄校弟,不得報。言向者所笑,乃其義也。"陳留有張伯偕、仲偕一作"喈"。兄弟,形貌絕相類。仲偕妻新妝竟,欣欣笑,忽見伯偕,乃戲問曰:"我今日妝飾寧好否?"伯偕應之曰:"我伯偕也。"妻大慚愧,乃趨避之。其夕時,伯喈到更衣。一作"須臾又見伯偕"。猶以爲仲偕,婦復牽伯偕告曰:"今旦大錯誤,謂伯偕爲卿。"伯偕曰:"我故伯偕也。"蓋親密無過夫婦,然尚如此,況於初未相見而奚相識之乎?同上。濟北李登,爲從事吏,病得假歸

---

① "相"字原脱,據《太平御覽》卷五百十六補。

家,延期。後被召,登自嫌不甚羸瘦,謂雙生弟寧曰:"我兄弟相似,人不得別,汝差類病者,代我至府。"寧曰:"府君大嚴,得毋不可。"登曰:"我新吏耳,無能識者,我自行見主,必死。"寧遂詣府,主不辨。後爲人所言,事發覺,府君大怒曰:"濟北而乃欲相爲也。"遂殺登。《北堂書鈔》。兩袒。俗説:齊人有女,二人求之,東家子醜而富,西家子好而貧。父母疑不能決,使問其所欲適,"難指斥言者,袒偏,令我知之。"女便兩袒。問其故,云:"欲東家食,西家宿。"此爲兩袒也。《藝文類聚》。黄昌,字聖真,①初爲州書佐。其妻歸寧於家,遇賊被掠,遂流轉入蜀,爲人妻。後昌爲蜀郡太守,其子犯事,乃詣昌自訟。至於府中,昌以其不類蜀人,因問其所由。妻曰:"妾本會稽餘姚戴次公女,州書佐黄昌妻也,糟亂入蜀。"昌驚呼前謂曰:"何以識黄昌耶?"對曰:"昌左足心有黑子,嘗自言當爲二千石。"昌出足示之,相持悲泣,乃還爲夫妻。《北堂書鈔》。據《白帖》補。懷案:事無足取酷吏,固宜有此報。司農黄昌爲蜀郡太守,得所失婦,便爲正室,使後婦下之。《通典》。按里語:厚哉鮑、管,探腸案腹。不清,然尚不盟,何共財而生喜怒也。《太平御覽》。顏色厚所顧盼,若以親密也。《文選注》。積習而成,不能獨否。同上。古者役民如借,故曰耤田。《後漢書注》。南北曰阡,東西曰陌。《文選注》。里語:越阡度陌,更爲主客。河東以東西爲阡,南北爲陌。《史記正義》。牛乃農耕之本,百姓所仰,爲用最大,國家之所爲强弱也。建武之初,軍役亟動,牛亦損耗,農業休廢,米石萬錢,天愛斯民,扶助聖主,事有徵應,河南野穀彌望,野繭被山。《藝文類聚》。市,恃也,養贍老少,恃以不匱也。《周易·繫辭》曰:"神農氏日中爲市,致天下之民,聚天下之貨,交易

---

① "聖真"二字原誤倒,據《後漢書·黄昌傳》乙正。

而退，各得其所，蓋取諸噬嗑。"一曰祝融作市。俗說：市井者，言至市有所鬻賣，當於井上洗濯，其物香潔，及自嚴飾，乃至市也。謹按《春秋井田記》：人年三十，受田百畝，以活五口。五口爲一户，父母妻子也。公田十畝，廬舍五畝。成田一頃十五畝。八家而九頃二十畝，共爲一井。廬舍在内，重人也。公田次之，重公也。私田在外，賤私也。井田之義，一曰無洩地氣，二曰無費一家，三曰同風俗，四曰合巧拙，五曰通貨財。因井爲市，交易而退，故稱市井。然則本因井田之事，交易爲市，故國都之市，亦因名市。參用《詩正義》《後漢書注》《初學記》《一切衆經音義》。夜糴。俗說：市買者當清旦而行，日中交易所有，夕時便罷。今乃夜糴穀，明其癡駿不足也。凡靳不施惠者曰夜糴。井，法也，節也，言法制居人，令節其飲食，無窮竭也。《北堂書鈔》。城，盛也。郭或謂之郛，郛者亦大也。按《淮南子》"鯀作城郭"，《吴越春秋》"鯀築城以衛君，造郭以守民"，此城郭之始也。《太平御覽》。《孫子》云："金城湯池而無粟者，太公、墨翟不能守之。"《意林》。閈，城外郭内里門也。閈，捍也，言爲人藩屏以扞難也。《太平御覽》。衆志成城。俗說：衆人同心，可共築起一城；同心共飲，雒陽酒可盡也。《藝文類聚》。《孫子》有"金城湯池"之說，後人因此開地爲池，以養魚鱉。圓曰池，曲曰沼。《北堂書鈔》。城門失火，禍及池魚。舊說池仲魚，人姓字，居近城，城門失火，延及其家，仲魚燒死。一說宋城門失火，取池水沃之，池魚竭露，人以手抱之。喻惡之滋，並中傷良謹也。《天中記》。苑，蘊也，言薪蒸所蘊積也。《初學記》。囿者，畜魚鼈之所。囿，猶有也。園，援也，四皓園公，亦本園者。圃，補也。《太平御覽》。衢，攜也，離也。四出之路，攜離而別也。京師有長壽街、萬歲街、士馬街，若此非一街者。《廣韻注》。據《意林》補。魯昭公設兩觀於門，是謂之闕，從門欤聲。《水經注》。屏，卿大夫以帷，士以簾，皆有第，以自障蔽。《廣韻注》。示臣臨見自整屏氣處也。① 按：天子有外屏，令臣下屏氣息。②《意林》。《論語》：夫子宮牆數仞。《禮記》：季武子入宮不敢哭。由此言之，古宮室一也。漢以來，尊者以爲帝號，下乃避之，云室耳。《弟子職》曰："室中握手。"《論語》曰："譬如宮牆。"由此言之，宮其外，室其内也。③《藝文類聚》。今殿堂有天井。井者，東井之象也。刻作荷菱。荷菱，水物也，所以厭火。同上。屋，止也。《廣韻注》。宅不西益。俗説：西者爲上，④上益宅，妨家長也。原其所以西益者，《禮記》曰："南方北向，西方爲上。"《爾雅》曰："西南隅謂之奥。"長者之所處也。不西益者，難動摇也。審西益有害，增廣三面，豈能吉乎？《藝文類聚》。俗説：門户鋪首。《百家書》：公輸般見水上蠡，謂之曰："開汝匣，見汝形。"蠡適出頭，四字據《太平御覽》補。潛以足畫之。蠡因引閉其户，終不可開。因做之設於門户，云欲使閉藏，當如此周密也。同上。俗説：卧枕户砌者，鬼蹈其頭，令人病癲。《太平御覽》。鑰施懸魚，魚鬻伏淵源，欲令楗閉如此水。同上。武帝廣開獻書之路，立五經博士，開弟子員，設科射策，勸以官禄，訖於元始，百有餘年，書積如丘山，傳業浸衆，枝葉毓滋，經説百萬言，蓋利禄之路然也。《意林》。殺青者，繕寫。謹按劉向《别録》曰："殺青者宜用—作"殺"。青竹爲簡書之耳。新竹有汗，善朽蠹，凡作簡者，皆於火上炙乾之，陳、楚間謂之沐汗。汗者，去其汗也。吴、越曰殺青。殺，亦治

---

① "示臣見自整屏氣處也"，原誤作"見臣下臨見自整屏"，據《太平御覽》卷一百八十五改。
② "屏"字原脱，據《意林》卷四補。
③ "内"，原誤作"外"，據《太平御覽》卷一百七十四改。
④ "者"，原誤作"北"，據《藝文類聚》卷六十四改。

也。劉向爲孝成皇帝典校書籍，皆先書竹，爲易刊定，①可繕寫者以上素也。由是言之，殺青者竹，斯爲明矣。今東觀書，②竹素也。《太平御覽》。按劉向《別錄》：校讎，一人讀書，校其上下，得謬誤曰校；一人持本，一人讀書，若怨家相對曰讎。董卓蕩覆王室，天子西移，中外倉卒，所載書七十車，遇雨道難，分半投棄。即於處燔燒，糜爲灰蕩。所有餘者，或作囊帳，先王之道幾滅矣。笈，學士所負書箱也。同上。將作大匠陳國公孫志節，有蒼頭地餘，年十七，情性聰明，儀容端正，攻書疏。志節爲户曹吏，令地餘歸取資用，因持車馬以去，至丹陽，改姓王名斌，字文高，遂留爲諸曹吏。志節拜揚州刺史，郡選，正月衣冠子弟皆出斌下，乃用之。斌乞屏左右，叩頭涕洟，曰："斌即使君地餘也。"斌後爲蒼梧太守。《藝文類聚》。諸郭皆諱禿。《顏氏家訓》。愁眉者，細而曲折；啼妝者，薄拭目下，若啼處；墮馬髻者，側在一邊；折腰步者，足不任腰；齲齒笑者，若齒痛不忻忻。始自梁冀家所爲，京師翕然皆傚效之。《太平御覽》。趙王好大眉，人間半額；楚王好廣領，③國人没頸；齊王好細腰，後宫有餓死者。《意林》。聲所以五者，繫五行也；音所以八者，繫八風也。《文選注》。簧，笙中簧也。大笙謂之簧。同上。樓案：今本作"大笙謂之簧"，據《爾雅》，則《文選注》誤。④ 十月謂之應鍾何？應者，應也；鍾者，動也。言萬物應陽而動不藏也。十二月律謂之大呂何？大者，太也；呂者，⑤拒也。言陽氣欲出，陰不許也。吕之言拒也，依抑拒難之也。《意林》。百里

---

① "易"字原脱，據《文選》卷二十九補。
② "書"字原脱，據《文選》卷二十九補。
③ "領"，原誤作"頸"，據《意林》卷四改。
④ "文"字原脱，據上下文意補。
⑤ "吕"，原誤作"旅"，據《太平御覽》卷十六改。

奚爲秦相，堂上作樂，所賃浣婦自言知音。呼之，搏髀援琴撫弦而歌者三。其一曰："百里奚，五羊皮，憶別時，烹伏雞，炊扊扅，今日富貴忘我爲。"其二曰："百里奚，初娶我兮五羊皮，臨當別行烹乳雞，今適富貴忘我爲。"其三曰："百里奚，百里奚，①母已死，葬南谿，墳以瓦，覆以柴，春黃梁，搤伏雞，西入秦，五羖皮，今日富貴捐我爲。"問之，乃其妻也，故還爲夫婦。《史記正義》。據《北堂書鈔》《樂府解題》補。梧桐生於巖石之上，崢山之陽，采東南孫枝爲琴，極清麗。《桐譜》。清角，黃帝之琴。號鐘，齊桓公琴。繞梁，楚莊王琴。綠綺，司馬相公琴。焦尾，蔡邕琴。鳳皇，趙飛燕琴。《初學記》。空侯，一名坎侯。筝，秦聲也。同上。笛，元羌出。《文選注》。鈴柄施懸魚。魚者，欲君臣沉靜，如魚之入水，不可復得聞見也。《太平御覽》。張仲春，武帝時人也。善雅歌，與李延年同時。每奏新歌，莫不稱善。然不知休息，終至於亡。以喻人之進退，當有節奏。同上。涉始於足，足率長十寸，十寸則尺，一躍三尺，法天地人，再躍則涉。②《文選注》。十十謂之百，十百謂之千，十千謂之萬，十萬謂之億，十億謂之兆，十兆謂之經，十經謂之垓，《一切衆經音義》引"垓"作"姟"。十垓謂之補，十補謂之選，十選謂之載，十載謂之極。有物者有事者，紀於此矣。過此以往者，則其數可紀，其名未之或聞也。夫數，一爲特、侯、奇、隻，二爲再、兩、偶、雙，三爲參，四爲乘。《數術紀遺》。千生萬，萬生億，億生兆，兆生京，京生秭，秭生垓，垓生壤，壤生溝，溝生澗，澗生正，正生載。載，地不能載也。《廣韻注》。踦者，奇也，履舄之一也。《太平御覽》。斛者，角也。庾，三斛四斗。秉，二十四斛。同上。銖六則錘。③錘，暉

---

① "百里"二字原脱，據《四部叢刊》影明末汲古閣刻本《樂府詩集》卷六十補。
② "涉"，原誤作"步"，據《文選》卷五十一改。
③ "六"，原誤作"一"，據《一切經音義》卷二十改。

也。二錘則錙。錙,熾也。二錙則兩也。《一切衆經音義》。俗説:有功得賜金者,皆黃金也。謹案孫子《兵書》曰:"日費千金。"百萬錢也。陳平間楚千金,贈二疏金五十斤,並黃金也。或云:一金亦是一萬錢也。① 《意林》。錢刀。俗語害中有利,利旁有刀。言人治下率坐多得金錢者,必有刀劍之禍。《太平御覽》。衆口鑠金。俗説:有美金在此,衆人咸共詆訕,② 言其不純。賣金者欲其售,固取鍛燒以見真,此謂衆口鑠金。同上。俗説:帷帳不可作衣,令人病癘。《北堂書鈔》。靈帝好胡服、帳,京師皆競爲之。後董卓擁胡兵掠宮掖。《後漢書注》。參《太平御覽》。延熹中,京師長者皆著木屐,婦女始嫁,作漆畫屐,五采絲爲系。謹按:後黨事起,黃門北寺,臨時惶恐,不能信天任命,多有逃人不就拷者。婦女皆被桎梏,蓋木屐之應也。同上。孝靈帝建寧中,京師長者皆以葦辟方笥爲妝。具其時有識者言:"葦方笥,郡國讞篋也。今珍用之,天下皆當有罪讞於理官也。"後黨錮起,皆讞廷尉,人名悉入方葦笥中,斯爲驗矣。《北堂書鈔》。時京師賓昏嘉會,皆作魁欐,酒酣之後,續以挽歌,執紼相偶和之者。天戒若曰:"國家當急殄瘁,諸貴樂皆死亡也。③"自靈帝崩後,京師滅壞,户有兼尸,蟲而相食,"魁欐""挽歌",斯之致乎!《太平御覽》。靈帝好胡牀,董卓擁胡兵之應也。田間弓名。同上。武王伐紂,大風折蓋,遂爲曲柄。《北堂書鈔》。車,一兩謂兩,兩相與體也。原其所以稱"兩"者,箱裝及輪,兩兩而耦,故稱兩也。《詩正義》。馬稱匹者。俗説:相馬比君子,與人相匹,故稱匹。或説:馬夜行,目照前四丈,故云一匹。或説:

---

① "錢"字原脱,據《意林》卷四補。
② "詆訕"二字原誤倒,據《太平御覽》卷八百十一乙正。
③ "貴"字原脱,據《後漢書·五行志》補。

度馬縱横,適得一匹。或説:馬死賣得一匹帛。①《韓詩外傳》云:"孔子與顏回登太山望見一匹練,前有藍,視之果馬,光景一匹長也。或云《春秋左氏》説,諸侯相贈,乘馬束帛,帛爲匹,與馬之價相逐匹耳。同上。據《藝文類聚》補。俗説:鹿車,窄小才容一鹿。②《北堂書鈔》。或云樂車。乘牛車而能行者一人所致,到斬飲飼達曙,③今乘此雖云勞極,然入傳舍,偃卧而息,故曰樂車。無牛馬而能行者,獨一人所致耳。《太平御覽》。桑車榆轂,聲聞數里。俗説:凡人揉桑作車,又以榆爲轂,牢强朗徹,聲響乃聞數里。《北堂書鈔》。賣牛勿握角,令不售。按:恐觸人,人不敢取也。《意林》。丁壯小犢,跳梁弄角,飲水數石,生芻十束,當風露夜,④至死不曲。《太平御覽》。疲馬不能度繩。俗云馬羸不能度繩索,或云不能度種菜畦塍也。謹按:齊有澠水,裁廣三四步,言馬之疲乃不能度此水耳。又曰:蝦蟇一跳八尺,再跳丈六。從春至夏,裸袒相逐。它無所得,掉尾肅肅。原其所以,當言夏馬。蝦蟇、夏馬音相似。入夏,馬患蠅蚋,掉尾擊之,故肅肅也。同上。二世時,秦相趙高用事,乃先獻蒲爲脯,指鹿爲馬,以驗群臣,二世不覺。《北堂書鈔》。殺君馬者,路旁兒。言長吏食重禄,芻稾豐美,養馬肥而希出,路旁小兒觀之,却驚致死。謹按:長吏馬肥,觀者快之,乘者喜其言,馳驅不已,至於死也。《藝文類聚》。靈帝於宫中西園駕四驢,躬自操轡,馳驅周旋,以爲大樂。於是公卿貴戚轉相倣,至乘駢以爲騎從,價與馬齊。謹按:《易》曰:"時乘六龍以御天。"行天者莫如龍,行地者莫如馬。《詩》云:"四牡騤騤,載是常

---

① "帛"字原脱,據《太平御覽》卷八百九十七補。
② "一",原誤作"小",據《太平御覽》卷七百七十五改。
③ "斬",《太平御覽》卷七百七十五作"軒"。
④ "風",原誤作"同",據《太平御覽》卷八百九十九改。

服。""檀車煌煌,四牡彭彭。"夫驢,乃服重致遠,上下山谷,野人之所用,何有帝王君子而驂服之乎？天意若曰:"遲鈍之畜,而今貴之。國且大亂,賢患倒置。"《後漢書注》。凡人相罵曰"死驢",醜惡之稱也。董卓凌虐王室,執政皆如死驢。《太平御覽》。昭帝時,大官上食,羹中有髮,切中有土,令丞坐不謹,皆論死。同上。醬成於鹽而鹹於鹽,夫物之變,有時而重。雷不作醬,俗說:令人腹内雷聲。按:子路感雷精而生,尚剛好勇。死,衛人醢之,孔子覆醢,聞雷聲,心惻怛耳。《北堂書鈔》。鹹如炭。俗說:鹹亦可執正等,炭不可以入口,人食得大鹹,則乃吐之。謹按:東海朐人,曉知鹽法者,云:"攪鹽木多日,每黑如燋炭,非謂灶中火炭也。"酢如蔱。謹按《孝經》説:古太平蓂莢生,其味酸,王者取以調味,後以醯醢代之。《意林》。按《詩正義》尚有"澀如杜""苦如薏",皆漢時里語也。坐不移樽。俗說:凡宴飲者,移轉樽,令人鬥争。《太平御覽》。《堪輿書》:上朔會客,必鬥争。按:劉君揚爲南陽牧,嘗上朔設盛饌,了無鬥者。寧相六,不守孰。按:蒸飯更泥謂之餾,音與六相似也。俗說:大餓不在車飯。謂正得一車飯,不復活也。或曰:"輔車上飯,小小不足濟也。"按:吴郡名酒杯爲䑕,言大餓得䑕飯,無所益也。同上。今宴飲大會,皆先黍臛。《北堂書鈔》。俗說:飲如犢。言人飲酒無量,如犢之多也。俗說:駷馬啖賓客。宴食已闋,主意未盡,欲復飲酒,餘無施,便出脯鱐,菽薑鹽豉,言其速疾如駷馬之傳命。按:駷,音顛,今之戴星焉。同上。伯魚之生,適有饋孔子魚者,嘉以爲瑞,故名鯉,字伯魚。《太平御覽》。祝阿不食生魚。俗說:祝阿凡有賓婚吉凶大會,有異饌,止極蒸魚。陰生者,長安渭橋下乞小兒也。嘗於市匄,市中厭之,以糞灑之。復旋見黑灑,衣不汙如故。長吏知,試繫著桎梏,而續在市丐。試欲殺之,乃去。灑之者家,室屋自壞,殺十餘人。長安中謠言曰:"見乞兒與美酒,以免壞屋之咎。"同上。彭祖壽年八百,猶恨唾遠。《意林》。周公年九十九,召公百九十餘歲。同上。無恙。俗説疾也。凡人相見及書問者曰:"無疾耶?"按:上古之時,穴居路宿。恙,噬蟲也,食人心,凡相問者,曰無恙乎?非爲疾也。《北堂書鈔》。陳龜遷京兆尹,民有疾病,則給醫藥,常使戶曹巡行。同上。俗説《易》稱四海爲家,雖都二京,巡省方岳。又曰行在,所由以行爲辭。天命有終,往而不返,故曰大行。天子新崩,①太子已即位,梓宫在殯,存亡有別,不可但稱皇帝,未及定謚,故且稱大行皇帝。《通典》。梓宫者,天子斂以梓器。②宫者,存時所居,緣生事亡,因以爲名也。凡人呼棺,③亦稱宫也。《文選注》。據《通典》補。宫車晏駕。謹按《史記》:王稽謂范睢曰:"夫事有不可知者,有不可奈何者。一旦宫車晏駕,是事不可知也。君雖恨於臣,是不可奈何也。"謂秦昭王以天下終也。昔周康王一旦晏起,詩人以爲深刺。天子當夜寢早作,身省萬機,如今崩隕,則爲晏駕矣。葬之北郭,北首,求諸陰之道也。同上。禮,臣子無爵謚君父之義,故群臣厚累其功美,葬日,遣太尉於南郊告天而謚之。《後漢書注》。慎終悼亡。《文選注》。葬小兒必於道邊,傷其人道未成,故置於道側,使視成人之道也。《北堂書鈔》。俗説:亡人魂氣飛揚,故作魌頭以存之,言頭體魌魌盛大也。或謂魌頭爲觸壙,殊方語也。《太平御覽》。謹按:臣有大喪,三年不呼其門。墓上樹柏,路頭石虎。《周禮》:方相氏入墟驅魍象。魍象好食死人肝腦,人家不能當令方相立於墓側,以禁禦之。而驅魍象置虎與柏。一作"而魍象畏虎與柏"。魯閬里蔡伯公死,求

---

① "子",原誤作"下",據《通典》卷七十九改。
② "斂",原誤作"飲",據《文選》卷五十八改。
③ "呼",原誤作"重",據《文選》卷五十八改。

葬庭中，有二人行。頃還葬，二人復出，掘土得石槨，有銘曰："四體不勤孰爲作，生不遭遇長附訖，輙得二人發吾宅。"閭里祠之。同上。靈帝數以車騎將軍過拜孽臣，又贈亡人，顯號加於凶頑，印綬汙於腐尸。昔辛有披髮之祥，知其爲戎，今假號雲集，不亦尤乎！《後漢書注》。《漢舊注》：沛人語初發聲皆言其其者，楚言也。高祖始登帝位，教令言："其後以爲常。"《漢書注》。順帝之末，京師謠曰："直如弦，死道邊。曲如鉤，反封侯。"延熹中，中常侍單超、徐璜、具瑗、左悺、唐衡在帝左右，縱其奸慝。時人爲之語："左迴天，徐轉日，具獨坐，唐應聲。"言其信用甚於圜轉也。史佟，左官媚進者也。桓帝之末，京師童謠曰："茅田一頃中有井，四方纖纖不可整。嚼復嚼，今年尚可後年饒。"謹按：《易》曰："拔茅連茹，①以其彙征吉。"茅，喻賢者也。井，法也。於是中常侍管霸、蘇康憎疾海內英哲，與太常許永、尚書柳分、長樂少府劉囂、尋穆、史佟、司隸唐珍等，代作脣齒。河內牢修詣闕上書，告汝、潁、南陽，上采虛譽，專作威福；甘陵有南北二部，三輔尤甚。由是博考黃門北寺，始見廢閣。②"茅田一頃"者，言群賢衆多也。"中有井"者，言雖厄窮，不失其法度也。"四方纖纖不可整"者，言奸慝大熾，不可整理也。"嚼復嚼"者，京師飲酒相強之辭也。言食肉者鄙，不恤王政，徒眈飲宴歌乎而已。"今年尚可"者，言禁錮也。"後年饒"者，陳、竇被誅，天下大壞。桓帝初，京師謠曰："游平賣印自有評，不避豪強及大姓。"按：竇武，字游平，爲大將軍，印綬所加，咸得其人。賢豪大姓，皆絕望矣。"車斑斑，入河間"者，徵靈帝者，輪斑擁節入河間也。靈帝時，京師歌曰："承樂世董逃，帶金紫董逃。行謝恩董逃，整車

---

① "連"字原脱，據《文選》卷五補。
② "閣"字原脱，據《後漢書·五行志》補。

騎董逃，垂慾發董逃，與中辭董逃。出西門董逃，瞻宮殿董逃，望京師董逃。日夜絕董逃，心摧傷董逃。"卓以"董逃之歌"爲之發，大禁絕之，死者千數。按：卓改爲董安。獻帝時，謠曰："烏臘，烏臘。"董卓滔天虐民，關東欲共誅之，顧相觀望，莫敢先進，處處停兵數百萬，若烏臘蟲相隨，橫取之矣。《後漢書注》。靈帝光和二年，雒陽上西門外女子生兒，兩頭，異肩，四臂，共胸，前向。以爲不祥，棄去。朝廷瞀亂，上下無別，二頭之應也。《開元占經》。靈帝光和元年，司徒長史馮巡家馬生胡子，①問養馬胡蒼頭，乃奸此馬以生子。光和四年四月，南宮中黃門寺長壽家有一男子，長九尺，服白衣。中黃門解步《開元占經》"步"作"角"。呵問："汝何等人？白衣妄入宮掖。"曰："梁伯夏後，天使我爲天子。"步欲前收取，因忽不見。謹按《尚書》《春秋傳》曰：伯益佐禹治水，封於梁。颺叔安有裔子曰董父，實甚好龍，龍多歸之，帝舜嘉之，賜姓董氏。董氏之祖，與梁同焉。到光熹元年，②董卓自外入，因閒乘釁，廢帝殺后，百官總己，號令自出，殺戮決前，威重於上。梁本安定，而卓隴西人，俱涼州也。天戒若曰：卓不當專制矯奪，如白衣無宜蘭入宮也。白衣見黃門寺，及卓之末，中黃門誅滅之際，事戒如此，可謂無乎？案：劉昭《五行志注》有駁應氏語，以爲曹氏評代之應。熹平二年六月，雒陽民訛言虎賁東壁中有黃人，形容鬢眉良是，觀者數萬，省內悉出，道路斷絕。劭時爲郎，故走往視之，何在其有人也。乃屋漏汙處，膩赭流溮，壁有它剝數寸曲折耳。謹案：季夏土黃，中行用事，③又在壁中，壁者土也。以見於虎

---

① "馬生"二字原誤倒，據《後漢書·五行志》乙正。
② "元"，原誤作"四"，據《後漢書·五行志》改。
③ "行"字原脱，據《後漢書·五行志》補。

賁寺，虎賁國之秘兵，扞難禦侮。必示於東，東者動也，言當出師行，天下將搖動也。天之所以類告人，甚於影響也。靈帝之末，禮樂崩壞，刑賞僞服，以盪典型，遠近翕然，咸名後年放聲者爲時人。有識者竊言：舊名世人，次曰俗人，今更名時人，此天促其期也。其間無幾，天下大壞。《五行志》。俗云：亂如蘊者，糞除不潔，草芥集衆，火就燒之，謂之蘊。言其煙氣絪縕，取其希有淆亂。《太平御覽》。鎌刀刈葵，積芻堯之效。拓材爲弓，彈而放快。橙皮可以爲醬蘁。燒穰殺瓠。俗說：家人燒黍穰，則使田中瓠苦。一作"枯死"。菖蒲放花，人得食之，長年。謹案：《詩》：手如柔荑。荑者，茅始執中穰也，既白且滑。同上。蓬生麻中，不扶自植。《藝文類聚》。南陽酈縣有甘谷，谷水甘美，其山有大鞠，水從山流下，得其滋液。谷中有三十餘家，不復穿井，悉飲此水，上壽者百二三十；中者百餘歲；七八十者，名之曰夭。鞠花輕身益氣，令人堅強故也。司空王暢、太尉劉寬、太傅袁隗爲南陽太守，聞有此事，令酈縣月送水二十斛，用之飲食。諸公多患風眩，皆得瘳。同上。一作"用飲食、澡浴，終然無益"。熹平中，有兩樗，其株一宿暴長，長丈餘，大一圍，作胡人狀，頭目鬢湏宛然。《太平御覽》。靈帝光和七年，陳留、濟陽、濟陰、長垣諸邊，宛句、離狐縣界，及城皇陽武城郭，草生作人狀，操持矛戟，萬狀備具，非但彷彿，類良熟然也。後關東義兵誅董卓，先起於宋、衛之郊。東郡太守橋瑁，負衆怙亂迎助，謂爲離德，陵蔑同盟，忿嫉同類，以殞厥命。陳留、濟陰棄好即戎，吏民殲殘。草木之妖，豈不或信。《後漢書注》。獬食棟。《太平御覽》。呼虎爲李耳。俗說：虎本南郡廬李氏所化爲，呼李耳即喜，呼斑便怒。《方言》：陳、魏、宋、楚之間，或謂之李父；江、淮、南楚之間，謂之李耳；自關東西謂之伯都。

虎食物遇耳即止，觸諱故也。懸虎鼻門上宜官，子孫帶印綬懸虎鼻門中，周歲取作屑，與婦飲之，生貴子。勿令人知之，泄即不驗，①亦勿令婦見。同上。按《方言》：豚，豬子也。今人相罵曰"孤豚之子"是。《文選注》。熹平中，省內狗帶綬，以爲笑樂。突有一狗，走入司徒府，近狗妖也。司徒，古之丞相，一統國政。天戒若曰："宰相多非其人，尸祿素餐，莫能據正持重，阿意曲從；今在位者皆如狗也，故狗走入其門。《五行志》。俗說：高祖與項羽戰，敗於京、索間，遁叢薄中，羽追求之，時鳩正鳴其上，追者以爲鳥在無人，遂得脫。及即位，異此鳥，故作鳩杖以賜老人也。謹按：少皞五鳩。鳩者聚，聚民也。《周禮》：羅氏獻鳩養老。漢無羅氏，故作鳩杖以扶老。《水經注》。案《明帝起居注》曰："上東巡泰山，到滎陽，有烏飛鳴乘輿上，虎賁王吉射中之。上告曰：'烏鳴啞啞，引弓射，中左掖。陛下壽萬歲，臣爲二千石。'帝賜錢二百萬，令亭壁畫爲烏也。"《初學記》。中平中，懷陵上有雀萬餘，亂鬥殺，②頭懸著樹上。六年，靈帝崩。夫陵者，高大之象也。雀者，爵也。天戒若曰："懷爵祿而尊厚者，自遠相害，至滅亡也。"《太平御覽》。雞伏鴨卵，雛成入水。雞母隨岸呼之，雛出而不隨母。雞鴨異類，能相感也。俗說：雞本朱氏翁化爲之，故呼雞皆爲朱朱。謹案《說文》解㕶㕶，二口爲㕶，朱聲。讀若祝祝者，誘致禽鳥和順之意。"㕶"與"朱"相似耳。同上。

櫰按：《初學記》所引，尚有：猛風曰颲，③涼風曰瀏，微風曰

---

① "泄"字原脫，據《太平御覽》卷八百九十一補。
② "亂"字原脫，據《太平御覽》卷九百二十二補。
③ "颲"，原誤作"颲"，據《初學記》卷一改。

飈,小風曰颾,小風從孔來曰颱。① 積冰曰凌,壯冰曰凍,冰流曰澌,冰解曰泮。《廣韻注》所引,有"火斗曰熨"。按其文體似服虔《通俗文》,前人采輯,誤收入者,今並不錄。

問禮俗五卷　董勛撰

始學篇　項峻撰

右小學類。

---

① "來"字原脱,據《初學記》卷一補。

補後漢書藝文志卷之八

國史

永平十五年，明帝以所作《光武本紀》示東平王蒼，蒼因上《光武受命中興頌》。

明德馬皇后讀《光武紀》至"有獻千里馬、寶劍者，上以馬駕鼓車，劍賜騎士，手不持珠玉"，后未嘗不嘆息。

永平十七年詔曰："司馬遷著書，成一家之言。至以身陷刑之故，反微文諷刺，貶損當代，非誼士也。"

馬嚴與杜撫、班固等雜定《建武注記》。

馬皇后自撰《顯宗起居注》，削去兄防參醫藥事。曰："不欲令後世聞先帝數親後宮之家，故不著也。"

楊終受詔刪《太史公書》十餘萬言。

武帝時，司馬遷著《史記》，自太初以後，闕而不錄，後好事者或綴集時事，然多鄙俗，不足以繼蹤其事。班彪乃繼採前史，旁貫異聞，作後傳數十篇。彪卒，子固以彪所續前史未詳，乃潛精研思，① 欲就其業。既而有人上書顯宗，告固私作國史，有詔收固繫獄。弟超詣闕上書，具言固所以著述意。顯宗甚奇之，召詣校書，與睢陽令陳宗、長陵令尹敏、司隸從事孟冀，② 共成《世祖本紀》。固又撰功臣、平林、新市、公孫述事，作列傳、載記二十八篇。帝乃復令，終成前書，綜其行事，為《春秋》考、紀、表、志、傳，凡百篇。固自永平中始受詔，潛精覃思

---

① "研思"二字原脫，據《後漢書·班彪傳》補。
② "孟冀"，《後漢書·班彪傳》作"孟異"。

二十餘年,建初中乃成。當世甚重其書,學者無不諷誦焉。

曹世叔妻名昭,班彪女也。博學高才,兄固著《漢書》,其八表及《天文志》未及竟而卒。和帝詔就東觀藏書閣踵成之。後又詔馬續,繼昭成之。

《漢書》始出,多未能通,馬融就閣下,從班昭受讀。

袁宏《後漢紀》:續博覽古今,同郡班固著《漢書》百篇,其七表及《天文志》有錄而無書,續盡踵而成之。

永初中,謁者劉珍、校書郎劉騊駼等著作東觀,撰集《漢記》,因定漢家禮儀,上言請張衡參論其事,會病卒,而衡常嘆息,欲終成之。及爲侍中,上書請專事東觀,收檢遺文,畢力補綴。又條上司馬遷、班固所叙與典籍不合者十餘事。又以爲王莽本傳但應載篡事而已,至於編年月,紀災祥,宜爲元后本紀。又更始居位,人無異望,光武初爲其將,然後即真,宜以更始之號建於光武之初。書數上,竟不聽。及後之著述,多不詳典,時人追恨之。

元初五年,平望侯劉毅以鄧太后多德政,欲令早有注記,上書安帝曰:"皇太后正位内朝,化流四海。漢之舊典,世有記注。宜令史官著《長樂宫注》,作《聖德頌》,以敷宣景耀。"帝從之。

安帝時,李尤受詔與劉珍等共撰《漢記》。

永寧元年,鄧太后又詔珍與劉騊駼作《建武以來名臣傳》。

桓帝元嘉中,詔伏無忌與黄景、崔寔等共撰《漢紀》。又自采集古今,删著事要,曰《伏侯注》,上自黄帝,下迄漢質帝,爲八卷。

李法,字伯度,南鄭人。桓帝時爲光禄大夫,數表宦官太重,椒房過寵,史官紀事,無實録之本,虚相褒述,必爲後笑。

蔡邕前在東觀,與盧植、韓説等撰補《後漢紀》,遭事流離,不及得成,因上書自陳,奏其所著十志,分別首目,連置章左。帝嘉其才,宥還本郡。及誅董卓,司徒王允收邕付廷尉。邕陳辭,乞黥首刖足,繼成漢史。士大夫多矜救之,不得。太尉馬日磾馳往謂允曰:"伯喈曠代逸才,多識漢事,當續成漢史,爲一代大典。且忠孝素著,而所坐無名,誅之無乃失人望乎?"允曰:"昔武帝不殺司馬遷,使作謗書,流於後世。方今國祚中衰,神器不固,不可使佞執筆在幼主左右。既無益聖德,復使吾輩蒙其訕議。"日磾退而嘆曰:"王公其不長世乎?善人,國之紀也;制作,國之典也。廢紀滅典,其能久乎?"邕遂死獄中。允悔,欲止而不及。北海鄭玄聞而嘆曰:"漢世之事,誰與正之!"其撰集漢事,未見録以繼後史。適作《靈帝紀》及十志,又補諸列傳四十二篇,因李傕之亂,①湮沒多不存。

盧植與蔡邕、楊彪、韓説等並在東觀,補續《漢記》。

應奉著《漢書後序》,多所述載。奉又刪《史記》《漢書》及《漢事》,謂之《漢語》。

荀爽集漢事成敗可鑑戒者,謂之《漢語》。

獻帝好典籍,常以班固《漢書》文繁,乃令荀悦依《左氏傳》體,爲《漢紀》三十篇,詔尚書給筆札。辭約事詳,論辨多美。

《後主傳》:蜀無史職,故災祥靡聞。按黄龍見於秭歸,群鳥墜於江水,成都言有景星見,益州言無宰相者,若史官不置,此事安得而書之。蓋由父受髠辱,故加兹謗議也。

《志》稱:王崇補東觀,許慈掌禮儀,卻正爲秘書郎,廣求益部書籍,則典校無闕,屬辭有所矣。② 陳壽云:"蜀不置史官者,得非厚誣諸葛乎?"

金丹　續史記

見劉知幾《史通》。按:丹字昭卿,杜陵人。爲隗囂賓客,《班

---

① "因"字原脱,據《後漢書·蔡邕傳》補。
② "屬",原誤作"底",據明萬曆三十年刻本《史通》卷十一改。

彪集》有《與金昭卿書》。

晉馮　漢史

《史通》：馮嘗撰次《漢史》，以續《史記》。按：班固奏記東平王蒼曰："京兆祭酒晉馮，結髮修身，白首無違，好古樂道，玄默自守，古人之美行，時俗莫及。"

楊終　史記刪

本傳：終受詔刪《太史公書》爲十餘萬言。

段肅　續史記

《史通》：肅與京兆祭酒晉馮嘗撰史記，以續史遷之書。班固奏記東平王蒼曰："弘農功曹段肅，達學洽聞，才能絕倫，誦《詩》三百，奉使專對。"按范《書》作"殷肅"，《固集》作"段肅"。劉向《新序》不道王尊，馮商《續史記》爲尊作傳。班固《漢書目錄》：馮商，長安人，成帝時以能屬書待詔金馬，受詔續《太史公書》十餘篇。劉歆《七略》：商，陽陵人，治《易》，事五鹿充宗。能屬文，博通強記，與孟柳俱待詔，頗叙列傳。會病死。班彪《別錄》：商字子高。

班彪　史記後傳

《史通》：彪《史記後傳》六十五篇。本傳：彪才高而好述作，遂專心史籍之間。武帝時，司馬遷著《史記》，自太初以後，闕而不錄，後好事者頗或綴集時事，然多鄙俗，不足以踵繼其書。彪乃繼採前史遺事，旁貫異聞，作後傳數十篇。因斟酌前史，譏正得失。其略論曰："唐虞三代，《詩》《書》所及，世有史官，以司典籍，暨於諸侯，固自有史。故《孟子》曰：'楚之《檮杌》，晉之《乘》，魯之《春秋》也，其事一也。'定哀之間，魯君子左丘明論集其文，作《左氏傳》三十篇，又撰異同，號曰《國語》，二十篇。由是《檮杌》《乘》之事遂闇，而《左氏》《國語》獨章。又有記錄黃帝以來至春秋時帝王公侯卿大夫，號曰《世本》,一十五篇。春秋之後,七國並爭,秦并諸侯,則有《戰國策》三十三篇。漢興定天下,大中大夫陸賈時初作《楚漢春秋》九篇。孝武之世,太史令司馬遷採《左氏》《國語》,刪《世本》《戰國策》,據楚漢列國時事,上自黃帝,下迄獲麟,作本紀、世家、列傳、書、表,凡百三十篇,而十篇缺焉。遷之所紀,從漢元至武,則以紀其功也。至於采經摭傳,分散百家之言,甚多疏略,不如其本,務欲多聞廣載爲功,①論議淺而不篤。其論學術,則崇黃老而薄五經;敘貨殖,則輕仁義而羞貧窮;道游俠,則賤守節而貴俗功。此其大敝傷道,所以遇極刑之咎也。然善述敘事理,辨而不華,質而不野,文質相稱,蓋良史之才也。誠令遷依五經之法言,同聖人之是非,意亦庶幾矣。"夫百家之言,猶可法也。若《左氏》《國語》《世本》《戰國策》《楚漢春秋》《太史公書》,今之所以知古,後之所以觀前,聖人之耳目也。司馬遷序帝后則曰本紀,公侯傳則曰世家,卿士特起則曰列傳。又進項羽,而黜淮南、衡山,細意委曲,條例不經。② 若遷之著作,採獲古今,貫穿經傳,至廣博也。一人之精,文重事繁,故其書刊落不盡,尚有盈辭,多不齊一。若叙司馬相如,舉郡縣,著其字,至蕭、曹、陳平之屬,及董仲舒同時之人,不記其字,或縣而不郡。蓋不暇也。今此後篇,慎覈其事,整齊其文,不爲世家,惟紀、傳而已。
《論衡》:叔皮續《太史公書》百篇以上,記事詳悉,義淺理備,讀觀之者以爲甲,而太史公乙。又曰:"叔皮載鄉里人以爲惡戒,邪人枉道,繩墨所彈,安得避諱?"應劭曰:"《元》《成帝紀》皆班固父彪所作。"

---

① "聞",原誤作"開",據《後漢書·班彪傳》改。
② "經",原誤作"輕",據《後漢書·班彪傳》改。

服虔　史記音義一卷

見小司馬貞《史記索隱》序。

鄭氏史記注

名字爵里未詳。《史記》《前漢書》注所載鄭氏《音義》即此書，或以爲康成注，未敢信也。

龍山史記注

《龍城録》：沈休文有《龍山史記注》，即張昶著。昶，後漢末大儒，而世亦不稱譽。予少時，江南李育之來訪，余求進此書，後爲火所焚，更不復得。豈斯文天欲秘此耶？_{按：昶字文舒，張芝弟，官至黃門侍郎。}

班固　前漢書一百卷

謝承《後漢書》：固年十二，王充見之，拊其背，謂彪曰："此兒必能記漢事。"《東齋記事》：葛洪云："洪家世有劉子駿《漢書》百餘卷，歆欲撰《漢書》，編録漢事，未得締構而亡，故書無宗本，秖雜記而已。試以此考校班固所作，殆是全取劉書，小有異同耳，固所不取不過二萬許言。"

《四庫全書提要》：《漢書》一百二十卷，漢班固撰，其妹班昭續成之，始末具《後漢書》本傳。是書歷代寶傳，咸無異論。惟《南史·劉之遴》傳云：鄱陽嗣王範，得班固所撰《漢書》真本，獻東宮太子，令之遴與張纘、到溉、陸襄等參校異同，之遴録其異狀數十。以今考之，則語皆謬妄。據之遴云："古本《漢書》稱永平十年五月二十日己酉郎班固上，而今本無上書年月日子。"按固自永平受詔修《漢書》，建初中乃成。又《班昭傳》：八表及《天文志》未成而卒，和帝詔昭就東觀藏書閣踵成之。是此書之次第續成，事隔兩朝，撰非一手。之遴所見古本，既有紀、表、志、傳，乃云總於永平中表上，殆不考成書之年月也。之遴又云："古本《叙傳》號爲'中篇'，今本爲《叙傳》。"今本《叙傳》載班彪事行，①而古本云彪自有傳。夫古書叙皆載於卷末，固自述作書之意，故謂之叙。追溯祖父之事迹，故謂之傳。後代史家皆沿其例。而之遴謂原作"中篇"，文繫篇末，中字竟何義也？至云彪自有傳，語尤荒誕。彪在光武之世舉茂才，爲徐令，以病去官，後數應三公之命，實爲東漢人。惟附於《叙傳》，故可於況伯斿穉之後詳其生平。若自爲一傳，則斷限之謂何？奚不考《叙傳》所云起元高祖，終於孝平、王莽之誅乎？之遴云："今本紀及表、志、列傳不相合而次，而古本相合爲次，總成三十八卷。"按：固自言紀、表、志、傳凡百篇，篇即卷也，是不爲三十八卷之明證。又言述紀十二，述表八，②述志十，述列傳七十，是各爲次第之明證。且《隋志》作一百十五卷，今本作一百二十卷，皆以卷太重，故析爲子卷。若併爲三十八卷，則卷帙更重。古書著之竹帛，殆恐不可行也。之遴又云："今本《外戚》在《西域》後，古本次《帝紀》下。又今本高五子、文三王、景十三王、孝武六子、宣元六王雜在諸傳中，古本諸王悉次《外戚》下，在《陳項傳》上。"夫紀、表、志、傳之體，固自言之，如之遴所述，則傳次於紀，而表、志反在傳後。且諸王既以代相承，宜總題"諸王傳"，何以《叙傳》作《高五王傳》第八，《文三王傳》第十七，《景十三王傳》第二十三，《武五子傳》第三十三，③《宣元六王傳》第五十耶？且《漢書》始改《史記》之《項羽本紀》《陳勝世家》爲列傳，自應居列傳之首，豈得移在諸王之後。其述《外戚傳》第六十七，《元后傳》第六十八，《王莽傳》第六十九，明以王莽之勢成於元后，史家微意寓焉。若移《外戚傳》次於本

① "傳載"二字原脱，據《四庫全書總目》卷四十五補。
② "述"字原脱，據《四庫全書總目》卷四十五補。
③ "三十三"，原誤作"三十六"，據《四庫全書總目》卷四十五改。

紀，是惡知史法哉！之遴又引古本述云：".淮陽毅毅，仗劍周章，邦之傑子，實惟彭英，化爲侯王，雲起龍驤。"然今本"芮尹江湖"句有張晏注，是其所見者即是今本，況之遴所云獻太子者，謂昭明太子也。《文選》載《漢書》述贊云："信惟餓隸，布實黔徒，越亦狗盜，芮尹江湖，雲起龍驤，化爲侯王。"與今本同，是昭明亦知之遴所謂古今者不足信矣。自漢張霸始撰僞經，至梁人於《漢書》復有僞撰古本。然一經考證，紕繆顯然。顏師古冠以指例六條，歷述諸家，不及之遴所說，蓋當時已灼知其僞。李延壽不訊端末，遽載於史，亦可謂嗜奇愛博，茫無裁斷矣。固作是書，有受金之謗，劉知幾《史通》尚述之。然《文心雕龍·史傳》篇曰："徵賄鬻筆之愆，公理辨之究矣。"是無其事也。又有竊據父書之謗，然韋賢、翟方進、元后三傳，俱稱"司徒掾班彪"，顏師古於《韋賢傳》曰："《漢書》諸贊，皆固所爲，其有叔皮先論述者，固亦顯以示後人。而或者謂固竊盜父名，觀此可以免矣，是亦無其事也。"師古注條理精密，實爲獨到，然唐人多不用其說，故《猗覺寮雜記》稱，師古注魁梧音悟，票姚皆音去聲，杜甫用魁梧、票姚皆作平聲。楊巨源詩"請問漢家誰第一，麒麟閣上識鄭侯"，亦不用音贊之說，殆貴遠賤近，自古而然。然其疏通證明，究不愧班固功臣之目，固不以一二字之出入病其大體矣。

《史通》：太史公之創表也，於帝王則敘其子孫，於公侯則紀其年月，列行縈紆以相屬，編字戢習而相鮑。雖燕越萬里，而於徑寸之內犬牙相接；雖昭穆九代，而於方寸之中雁行有序。使讀者閱文便睹，舉目可詳，此其所以爲快也。如班固之《古今人表》，惟以品藻賢愚，激揚善惡爲務。然既非家國遞襲，祿位相承，而亦復界重行，狹書細字，比於它表，殆非其類。蓋人列古今，本殊表限，必吝而不去，則宜以志名篇。始自上上,終於下下,並當明爲標榜,顯列科條,以種類爲篇章,持優劣爲次第。

老泉《史論》:固贊漢自創業至麟趾之間,襲蹈遷論以足其書過半,且褒貶賢不肖,誠己意也,盡己意而已。今又剽取它人之言以足之。彼既言矣,申言之何益?及其傳遷、雄,皆取其《自叙》,然曲記其世系。固於它傳,豈若是哉?彼遷、雄自叙可也,固因之非也。此固之失也。

陳季雅《博議》:固之表八而王侯六,書其人也,必曰某土某王若侯某。或功臣外姓則加其姓,於首目之曰號諡姓名。此異姓列侯之例也。諸侯王其目止號諡,豈以其尊,故不名之耶?不曰名之,而實名之,豈以不名則不著?此同姓諸侯王之例也。王子侯爲目二,上則曰號諡名號諡之,而曰名之,殺一等矣。此同姓列侯之例也。及其下則曰號諡姓名。夫以同姓列侯而加之異姓之例,何哉?察其始,蓋元始之間,王莽僞褒宗室而封之者也。宗室,天子不能封,而使王莽封之,故從異姓之例,亦示天子不能有其同姓也。將使後之人君觀之則曰:"權歸於臣,雖同姓不能有,名器誠不可假人矣。"漢之文帝,號爲極盛,非有高識,誰能記撼。唐柳宗元謂風雅敷施天下,自天子至於公卿大夫庶人咸通焉。孟堅援其尤者,充於簡策,則二百三十年間,列辟之達道,名臣之大範,能之志業,黎庶之風美備焉。神器在握,火德猶存,而居攝建年,不編《平紀》之末;五子主祭,咸書《莽傳》之中。遂令漢餘數歲,湮沒無睹,求之正朔,豈不厚誣。又云:嚴延年精悍敏捷,雖冉有、子貢達於政事,不能過也。夫以編名《酷吏》,列號"屠伯",而比孔門達者,豈其倫哉?

《山堂考索》:《尚書》記周事,終秦繆;《春秋》述魯事,止哀公;《紀年》不逮於魏亡;《史記》惟編於漢始。知《漢書》者,究西都之首末，窮劉氏之廢興，包舉一代，撰成一家，言皆精煉，事甚該備。又按班書《古今人表》，仰包億載，旁貫百家，分之爲三科，定之以九等。其言甚高，其義甚愜。及至篇中所列，奚不類於大叙哉！若孔門達者，顏稱殆庶，至於它子，難爲等衰。今乃先伯牛而後曾參，進仲弓而退冉有，求諸折衷，厥理無聞。又楚王過鄧，三甥請殺之，鄧侯不許，卒亡鄧國。今鄧侯入下愚之上，夫寧人負我，爲善獲戾，特此效尤，將何勸善？如謂小不忍，亂大謀，失於中權，故加其罪。則三甥見幾而作，決在未萌，自宜高宜標格，置諸雲漢，何得止與鄧侯鄰伍，列在中庸下流而已哉？又其叙晉文之臣佐也，舟之僑爲上，陽處父次之，士會爲下；其述燕丹之賓客也，高漸離居首，荊卿亞之，秦舞陽居末。並是非瞀亂，善惡紛挐，或策駑駘而舍麒驥。以茲爲鑑，欲誰欺乎？

班昭　續漢書八表天文志

固著《漢書》，八表、《天文志》未及成而卒，和帝詔昭就東觀藏書閣踵而成之。後王紹、馬續繼昭撰成。

胡廣　漢書解詁

見本傳。

服虔　漢書注

服虔　漢書音訓一卷

《漢書序例》：《漢書》舊無注解，惟服虔、應劭各爲音義，自別施行。

應劭　漢書集解一百十五卷　漢書集解音義二十四卷

《隋書·經籍志》：《漢書集解》二十四卷，應劭撰。

蔡邕　漢書音義

見《太平御覽》。

文穎　漢書注一百三十卷

穎字叔良，南陽人。劉表時，官荊州從事。

延篤　漢書音義

《天文志》"流星下燕萬載宮極，東去"注："延篤謂之堂前闌楯也。"

諸葛亮　漢書音義二卷

附李奇　漢書注

奇，南阳人。

孟康　漢書音義

康字公休，孟子十八代孫。歷官至廣陵亭侯，著《漢書音義》。

韋昭　後漢書音義二十七卷

漢帝年紀

未詳撰人姓氏。高帝時，有信平侯臣陵、都武侯臣起。《高帝紀注》。以棘蒲侯陳武爲大將軍。《漢書》作"柴武"，臣瓚注引《漢帝年紀》作"陳武"。太初元年六月，禁踰侈。七月，閉城門大搜。征和元年，發三輔騎士大搜長安上林中，閉城門十五日，待詔北軍征官多餓死。①《武帝紀》注。

漢注

未詳撰人姓氏。項羽使衡山、臨江王殺之江中。《前漢書·高祖紀》師古注引。立孝惠後宮子强爲淮陽王。晋灼注引："《漢注》名長。"神並見，且白且黑，且大且小，鄉坐三拜。《武帝紀》注。報山脅石一枚，轉側起立，高九尺六寸，旁行一丈，廣四尺。《東平思王傳》晋灼注引。黃龍元年，此年二月黃龍見廣漢郡，故改年。《宣帝紀》師古注引。神爵大如鷃爵，黃喉，白頸，黑背，腹斑文。九真獻奇獸，

---

① "北"下原衍一"宮"字，據《漢書·武帝紀》删。

駒形,麟色,牛角,仁而愛人。並同上。貲五百萬得爲常侍。《張釋之傳》注引。卒史秩百石。《兒寬傳》注引。惠文冠,法冠也,一號柱後惠文,以纚裹鐵柱卷。秦執法服,今御史服之,謂之解薦,一角。今冠兩角,以解薦爲名。《張敞傳》注引。有衛屯司馬。《蓋饒寬傳》注引。邊郡置都尉及千人司馬,皆不治民也。同上。陵方中用地一頃,深十二丈。《張湯傳》注引。綠車衣皇孫車,太子有子乘以從。《金敞傳》注引。帝春秋益壯,以母衛太后故怨不悅。莽自知益疏,篡殺之謀由是生。因到獵日,上椒酒,置藥酒中。翟義移書云:"莽鴆弑孝平皇帝。"《平帝紀》注引。冠山,石名。《劉向傳》注引。

漢儀注

未詳撰人姓氏。按:以上三書《漢書·藝文志》不載。民年二十三爲正,一歲爲衛士,一歲爲材官騎士,習射御騎馳戰陣。又曰:年五十六衰老,乃得免爲庶民,就田里。《前漢書·高祖紀》注引。民年十五以上至五十六,出口賦錢,人百二十爲一算,爲治庫兵車馬。八月初爲算賦。臣民被其德,以爲饒倖也。高帝母兵起時死小黃北,後於小黃作陵廟。先媼已葬陳留小黃。並同上。省中有五尚,而内官婦人有諸尚也。《惠帝紀》注引。太僕牧師諸苑三十六所,分布北邊、西邊,以郎爲苑監官,奴婢三萬人,養馬三十萬匹。《景帝紀》注引。郊泰時,帝平旦出竹宮,東向揖日;其夕,西南向揖月。便用郊日,不用春秋也。《武帝紀》注引。諸侯王歲以户口酎黃金於漢廟,皇帝臨受獻金,金少不如斤兩,色惡,王削縣,侯免國。御史亦有屬。立秋,貙膢。並同上。徵事比六百石,皆故吏二千石不以臧罪免者爲徵事,絳衣奉朝賀正月。《昭帝紀》注引。丞相、太尉、大將軍史,秩四百石。武帝又置丞相少史,秩四百石。民年七歲至十四歲,出口賦錢,人二十三。二十錢以食天子;其三錢者,武帝加錢以補車騎馬。並同上。太宰令屬者七十二人，宰二百人。《宣帝紀》注引。長安中諸官獄三十六所。舊秩從官七百人。㩻飛具矰繳以射鳬雁，給祭祀。並同上。吏二千石以上視事滿三年，得任同產若子一人爲郎。《哀帝紀》注引。郎中令主郎中，左右車將主左右車郎，左右户將主左右户郎也。《百官公卿表》注引。若盧獄令，主治庫兵、將相大臣。有寺互①、都船獄令，治水官也。衛帥主門衛，秩二千石。諸史、給事日上朝謁，平尚書奏事，分爲左右。並同上。邊郡置部都尉、千人、司馬、侯也。《靳歙傳》注引。吏四百石大臣下自除國中。皇帝輦動，左右侍帷幄者稱警，出殿則傳蹕，止人清道也。《梁孝王傳》注引。祭地五時，皇帝不自行，祠還致福。《賈誼傳》注引。獄二十六所，槀官無獄。《張湯傳》注引。太史公，武帝置，位在丞相上。天下計書先上太史公，副上丞相，序事如古《春秋》。遷死後，宣帝以其官爲令，行太史公文書而已。《史遷傳》注引。女長御比侍中，皇后見姪娥以下，長御稱謝。《衛太子傳》注引。列侯爲丞相，稱君侯。《劉屈氂傳》注引。以玉爲襦，如鎧狀，連綴之，以黄金爲縷。腰以下玉爲札，長尺，廣二寸半，爲甲，下金足，亦綴以黄金縷。天子陵中，明中高丈二尺四寸，周二丈。内梓宫，次楩柏椁，黄腸題湊。《霍光傳》注引。宗廟一歲十二祠。五月嘗麥；六月、七月、三伏、立秋貙婁，又嘗粢。八月先夕饋殽，皆一太牢，酎祭用九太牢。十月嘗稻，又飲至二太牢。十二月臘，二太牢。又每月一太牢，加閏，加一祀。《韋玄成傳》注引。刺史得擇所部卒史與從事。《王尊傳》注引。御史大夫四十五人，皆六百石，其十五人給事殿中，其餘三十留守治百事，皆冠法冠。《蕭望之傳》注引。有天地大變、天下大過，皇帝使侍中持節，乘四白馬，賜上尊

---

① "互"，原誤作"在"，據《漢書·百官公卿表》改。

酒十斛、牛一頭,策告殃咎。使者去半道,丞相即上病。使者還,未白事,尚書以丞相不起病聞。《翟方進傳》注引。皇后、婕妤乘輦,餘者以茵,四人舉以行。《王莽傳》注引。御史大夫爲丞相,更春乃封,故先賜爵關內侯。《平當傳》注引。

應奉　漢書後序十二卷

華嶠《後漢書》:應奉著《後序》十餘篇。奉字世叔,汝南人。《隋書·經籍志》:梁有《後序》十三卷,漢司隸校尉應奉撰。

應奉　漢事十七卷

袁山松《後漢書》:奉删《史記》《漢書》及《漢記》三百六十事,自漢興至其時凡十七卷,名曰《漢事》。

應奉　漢語

《隋書·經籍志》:奉撰漢事成敗可爲鑑戒者謂之《漢語》。臨服者無跣。《史記·文帝紀》"臨服者無踐"晋灼注引"《漢語》作'無跣',跣,徒跣也。"丁外人,字少君。《昭帝紀》注引。光嫡妻東閭氏生安夫人,昭后之母也。《霍光傳》注引。東閭氏亡,顯以婢代立,素與馮殷通奸。同上。殷字子都。《宣帝紀》注引。

應劭　中漢輯序

司馬彪《續漢書》:應劭著《中漢輯序》,叙《漢官儀》及《禮儀故事》,凡十一種百三十六卷。朝廷制度,百家典式,所以不亡者,劭紀之也。

荀爽　漢語

見前國史總叙。

何英　漢春秋十五卷

《華陽國志》:英字叔俊,郫人。邯鄲之民不能捐父母,背城主。《通鑑考異》引《漢春秋》。帝時升廟立,群臣中庭北面,皆再拜。帝進爵而後坐。《明帝紀》"永平十五年二月庚子,東巡,還幸孔子宅"注引《漢春秋》。

世祖本紀　明帝撰

明帝詔班固與睢陽令陳宗、按《論衡》"陳平仲紀光武"，是宗字平仲。長陵令尹敏、司隸從事孟異，按："異"當作"冀"，茂陵人，見《馬援》《杜林傳》。共成《世祖本紀》。傅玄曰："孟堅《漢書》，實命世奇作。及與陳宗、尹敏、杜撫、馬嚴撰《中興紀傳》，其文曾不足觀。豈拘於時乎？不然，何不類之甚也！"

明帝本紀　肅宗撰

《北史》：蕭大圜曰："漢明帝爲《世祖本紀》，章帝爲《顯宗本紀》。"

靈帝本紀　蔡邕撰
獻帝本紀　楊彪續撰
馬防頌

章帝命史官撰。

平原懷王勝傳

鄧太后命史官作。

功臣平林新市公孫述列傳載記二十八篇　班固撰
建武以來名臣傳　劉珍撰
中興以下名臣列士傳　劉毅、劉騊駼、劉珍等共撰
諸王王子功臣恩澤侯表　單于西羌傳　地里志

元嘉中，桓帝使伏無忌、諫議大夫黃景、崔寔等共撰。

孝穆崇二皇　順烈皇后傳　百官表　順帝功臣等傳

元嘉元年，令太中大夫邊韶、大將軍營司馬崔寔、議郎朱穆、曹壽作孝穆、崇二皇及《順烈皇后傳》，又增《外戚傳》入安思等后，《儒林傳》入崔篆諸人。寔、壽又與議郎延篤雜作《百官表》，順帝功臣孫程、郭順、鄭衆、蔡倫等傳，凡百有四篇。

蔡邕　補列傳四十二篇
蔡邕　漢書十意

猶《前書》十志也。按：避桓帝諱，故作"意"。趙戒本字志伯，後改字意伯，見

《孔廟置守廟百石卒史碑》。①

《史通》云:"熹平中,邕與光禄大夫馬日磾、議郎韓説、楊彪、盧植著作東觀,續紀傳之未成者。邕有《朝會》《車服》二志,後坐事徙朔方,上書求還,續成十志。"

袁山松《後漢書》:劉洪與蔡邕共述《律曆紀》。

謝承《後漢書》:太傅胡廣博綜舊儀,立漢制度。蔡邕因以爲志,譙周後改定爲《禮儀志》。

謝沈《後漢書》:邕引中興以來所修者爲《祭祀志》,又撰建武以後星驗著明者,以續前志,譙周接續其下。

邕戍邊上章曰:"朔方髡鉗徒臣蔡邕稽首再拜上書皇帝陛下:臣邕被受陛下尤異大恩,初由宰府數備典城,臣叔父衛尉質時爲尚書,詔拜郎中,受詔詣東觀著作,遂與群儒共拜議郎。沐浴恩澤,承答聖問,前後六年。質奉機密,趨走目前,遂竟端右,出相外藩,還尹輦轂,旬日之中,登躡上列。父子一門並受恩寵,不能輸寫心力,以效絲髮之功,一旦被章,陷没辜戮。陛下天地之德,不忍刀鋸截臣首領,得就平罪,父子家屬徙充邊方,完全軀命,喘息相隨。非臣無狀所敢復望,非臣罪惡所當復蒙,非臣辭筆所能復陳。初決罪洛陽獄,生出牢户,顧念元初中故尚書郎張俊,②坐漏泄事,當伏重刑,已出穀門,復聽請鞫,詔書馳救,減罪一等,③輸作左校。俊上書謝恩,遂以轉徙。邕爲郡縣促遣,遍於吏手,不得頃息,含辭抱悲,無由上達。既到徙所,乘塞守烽,職在候望,憂怖焦灼,無由復能操筆成草,致章闕廷。誠知聖朝不責臣罪,但愚心有所未竟。臣自在布衣,嘗以爲《漢書》十志,下盡王莽,而世祖以

---

① "石"字原脱,據補編本、《金石萃編》卷八補。
② "郎"字原脱,據《後漢書·律曆志》補。
③ "減罪"二字原脱,據《全上古三代秦漢三國六朝文·後漢文》補。

來，惟有紀傳，無續志者。臣所師故太傅胡廣，知臣頗識其門户，略以所有舊事與臣，雖未備悉，粗見首尾，積累思惟，二十餘年。不在其位，非外吏庶人所得擅述。天誘其衷，得備著作郎，①建言十志皆當撰録，遂與議郎張華等分受之，所使元順難者皆以付臣。先治律曆，以籌算爲本，②天文爲驗，請太師舊注，考校連年，往往頗有差舛，當有增損，乃可施行，爲無窮法。道至深微，不敢獨議。郎中劉洪，密於用算，故臣表上洪，與共參圖牒。尋繹適有頭角，會臣被罪，遂放邊野。臣竊自痛，一爲不善，使史籍所缺，胡廣所授，二十年之思，中道放絶，不得究竟。懊懊之情，獨以結心，不能自達。臣初欲潰刑竟，乃因縣道，具以狀聞。今年七月九日，匈奴始攻鹽池縣，其時鮮卑連犯雲中、五原，一日之中，烽火不絶。四夷相與合謀，所圖廣遠，恐遂爲變，不知所濟。郡縣咸懼，不守朝旦。臣所在孤危，懸命鋒鏑，湮滅土灰，呼吸無期。誠恐所懷隨軀朽腐，抱恨黄泉，遂不施設，謹先顛躓。科條諸志，臣欲删定者一，所當接續者四，前志所無，臣欲著者五，及經典群書所宜捃摭，本奏詔書所當依據，分別首目，並書章左。臣被考，妻子遠竄，亡失文書，無所按請。加以惶怖愁恐，思念荒散，十分不得識一，所識者又恐謬誤。觸冒死罪，披瀝愚情，願下東觀，推求諸奏，参以璽書，以補缺遺，昭明國體。章聞之後，雖肝腦流離，白骨剖破，無所復恨。惟陛下省察。謹因臨戎長霍圉封上。臣頓首死罪稽首再拜以聞。"

《律曆意》第一，《禮意》第二，《樂意》第三，《郊祀意》第四，《天文意》第五，《車服意》第六。

權土炭，候鍾律。冬至陽氣應，黄鍾通，土炭輕而衡仰。夏至

---

① "郎"，原誤作"即"，據《後漢書·律曆志》改。
② "籌"，原誤作"壽"，據《後漢書·律曆志》改。

陰氣應，蕤賓通，土炭重而衡低。進退先後五日之中。《漢書》晉灼注引蔡邕《律曆紀》。凡曆所革，以變律呂，相生至六十也。《文選》陸佐公《刻漏》注引蔡邕《律曆》。凡陽生曰下，陰生曰上。《漢書·律曆志》注引蔡邕《律曆志》。玉衡長八尺，孔徑一寸，下端望之，以視星宿。並縣璣以象天，而以衡望之，轉璣窺衡，以知星宿。璣徑八尺，圓二尺五寸而強。《山堂考索》引蔡邕《律曆志》。漢承秦滅學，庶事草創，明堂辟雍闕而未舉。武帝封禪，始立明堂岱宗汶上，猶不於京師。元始中，王莽輔政，庶績復古，乃起明堂辟雍。《太平御覽·明堂》引蔡邕《禮樂志》。《藝文類聚》引作"武帝封岱宗，立明堂於太山上"。漢樂四品：一曰《大予樂》，典郊廟、上陵、殿諸食舉之樂。《文選·東都賦》注引蔡邕《禮樂志》。郊樂，《易》所謂"先王以作樂崇德，殷薦上帝"，《周官》"若樂六變，則天神皆降，可得而禮也"。宗廟樂，《虞書》所謂"琴瑟以咏，祖考來格"，《詩》云"肅雍和鳴，先祖是聽"。食舉樂，《王制》所謂"天子食舉以樂"，《周禮》"王大食則命奏鐘鼓"。《文選·長笛賦》注引蔡邕《禮樂志》作《天子中樂》，殿中食舉樂也。二曰《周雅頌樂》，典辟雍、射饗、六宗、社稷之樂。辟雍，饗射，《孝經》所謂"移風易俗，善莫於樂"①，《禮記》曰"揖讓而治天下，禮樂之謂也"。社稷，所謂"琴瑟擊鼓以御田祖"者也，《禮記》曰"夫樂施於金石，越於聲音，用於宗廟、社稷，繫乎山川、鬼神"，此之謂也。三曰《黃門鼓吹》，天子所以燕樂群臣，《詩》所謂"坎坎鼓我，蹲蹲舞我"者也。四曰《短簫鐃歌》，軍樂也。其傳曰"黃帝、岐伯所作，以建威揚德，風勸士"也，蓋《周官》所謂"王大獻則令凱樂，軍大獻則令凱歌"也。孝章皇帝親著歌詩四章，列在食舉。又制雲臺十二門詩，各以其月祀而奏之。熹平四年正月中，出雲臺十二門新詩，下大予樂官習誦，彼聲與舊詩並行者，皆當撰錄，

---

① "善莫"二字原誤倒，據補編本、《後漢書·禮儀志》乙正。

以成《樂志》。此條據《太平御覽》及輯本《東觀漢記·樂志》補入。《御覽》云"岐伯始作鼓吹",疑此屬黃門鼓吹下,然鐃鼓亦謂之鐃吹,姑仍其舊云。建寧五年正月,車駕上原陵,蔡邕爲司徒掾,從公行。到陵,見其儀,愴然謂同坐者曰:"聞古不墓祭。朝廷有上陵之禮,始爲可省。今見其儀,察其本意,乃知孝明皇帝至孝惻隱,不可易舊。"或曰:"本意云何?""昔京師在長安時,其禮不可盡得聞也。光武即世,始葬於此。明帝嗣位踰年,群臣朝正,感先帝不復聞見此禮,①乃帥公卿百寮,就園陵而朝焉。尚書陛西陛爲神坐,天子事亡如事存之意。先帝有瓜葛之屬,男女畢會,王、侯、大夫、郡國計吏,向神坐而言,庶幾先帝神魂聞之。今者日月久遠,後生非時,人但見其禮,②不知其哀。以明帝聖孝之心,親服三年,久在園陵,初興此儀,仰察几筵,下顧群臣,悲切之心,必不可堪。"邕見太傅胡廣曰:"國家禮有煩而不可省者,不知先王用心之至於此也。"廣曰:"然。子宜載之,以示學者。"邕退而記焉。司馬彪《續漢書·志》劉昭補注引。孝明立世廟,以明再受命祖有功之義。後嗣遵儉,不復改立,皆藏主其中。聖明所立,一王之法。自執事之吏,下至學士,莫能知其所以兩廟之意,宜具録本事。建武乙未、③元和丙寅詔書,下宗廟儀及齋令,宜入《郊祀志》,永爲典式。劉昭《祭祀志》注引蔡邕《表志》。宗廟迭毁議奏,國家大體,班固《漢書》乃置《韋賢傳》末。臣以問胡廣,廣以爲實宜在《郊祀志》中,去鬼神仙道之事,取賢傳宗廟事實其中,既合孝明旨,又使祀事以類相從。同上。蔡邕云:"見孝殤、孝沖、孝質皇帝以幼弱在位,未踰年,不列於廟。太尉、司徒分視二陵,皆宗廟典制也。"《通典》引。言

---

① "禮"字原脱,據補編本、《後漢書·禮儀志》補。
② "人"字原脱,據補編本、《後漢書·禮儀志》補。
③ "乙未",原誤作"之末",據補編本、《後漢書·祭祀志》改。

天體者有三家：一曰周髀，二曰宣夜，三曰渾天。宣夜之學絕無師法。周髀數術具存，考驗天狀，多所違失，故史官不用。惟渾天者近得其情，今史官所用候臺銅儀，則其法也。立八尺圓體之度，而具天地之象，以正黃道，以察發斂，以行日月，以步五緯。精微深妙，萬世不易之道也。官有其器而無本書，①前志亦闕而不論。臣求其舊文，連年不得。在東觀，以治律未竟，未及成，案略求索。竊不自量，欲寢伏儀下，思維精意，案度成數，扶以文義，潤以道術，著成篇章。罪惡無狀，投畀有北，灰滅雨絕，世路無由。宜博撰建武以來星變彗孛已驗著明者續其後。劉昭《天文志》注引蔡邕《表志》。時妖異數見，人相驚擾。其年七月，詔邕與光祿大夫楊賜、諫議大夫馬日磾、議郎張華、太史令單颺等，詣金商門，引入崇德殿，使中常侍曹節、王甫等就問災異及消災改變故所宜施行，邕悉心以對，事在《天文志》。《邕傳》注"其辭今亡"。永平中，詔書下車服制，中宮皇太子親服重繒厚練，浣已復御，率下以儉化起畿內。諸侯王以下至於士庶，嫁娶被服，各有秩品。可傳萬世，揚光聖德。臣以爲宜集舊事儀注本奏，②以成志也。《輿服志》注引蔡邕《表志》。華蓋，黃帝所作也。與蚩尤大戰於涿鹿之野，常有五色雲，金枝玉葉，因而作華蓋。《蔡邕傳》注引《輿服志》。五時副車曰五帝，鸞貔曰雞翹，金根曰三芝，其制非一。《太平御覽·車》引蔡邕《輿服志》。國家舊章，而幽僻藏蔽，莫之得見。司馬彪《續漢書·輿服志》"甘泉鹵簿"注引。俗人多失其名，故名冕曰平天冠，以文義不著之故。《御覽·冠》引蔡邕《輿服志》。孝明帝作蠙珠三佩以郊祀天地。《御覽·佩》引蔡邕《輿服志》。按：自《世祖本紀》以下至蔡邕補《漢書十意》，皆《東觀漢記》所著錄。

---

① "無"字原脱，據《後漢書·天文志》補。
② "注"字原脱，據補編本、《後漢書·輿服志》補。

東觀漢記

《隋書》：《東觀漢記》一百四十三卷。《新》《舊唐書·志》一百二十六卷。《玉海》：梁《中興書目》作八卷，今所存者止鄧禹、吳漢、賈復、景丹、耿弇、寇恂、馮異、祭遵、蓋延九傳。

漢以炎精布耀，①或幽而光。《文選·魯靈光殿賦》注引《東觀漢記》序佚句。

吳華覈曰："班固作《漢書》，文辭典雅。後劉珍、劉毅作《漢記》，遠不逮固，叙事尤劣。"

劉知幾曰："古之國史，皆出一手。惟後漢大集群儒，而著述無序，條章靡定。由是伯度議其不實，公理以爲可焚。張、蔡糾之於當代，傅、范嗤之於後葉。侯瑾案之爲《皇德傳》，應奉删之爲《漢事》，華嶠定爲《後漢書》，司馬彪修爲《續漢書》，范曄集爲諸紀、志、列傳。"

《四庫全書提要》：《東觀漢記》，《隋書·經籍志》：長水校尉劉珍等撰。今考之范《書》，珍未嘗爲長水校尉，且此書創始在明帝時，不可題珍等居首。按：范書《班固傳》云："明帝始詔班固與睢陽令陳宗、長陵令尹敏、司隸從事孟冀共成《世祖本紀》，並撰功臣、平林、新市、公孫述事，作列傳、載紀二十八篇。"②此《漢記》之初創也。劉知幾《史通·古今正史》篇云："安帝詔史官謁者僕射劉珍及諫議大夫李尤雜作紀，表，名臣、節士、儒林、外戚諸傳，起建武，迄永初。"范書《劉珍傳》亦稱太后詔珍與劉騊駼作建武以來名臣傳，此《漢記》之初續也。《史通》又云："劉珍等卒，復命伏無忌與諫議大夫黃景作《諸王》《王子》《功臣》《恩澤侯表》，與《單于》《西羌傳》，③《地

---

① "布"，原誤作"精"，據《文選》卷十一改。
② "載紀"，原誤作"戴記"，據《四庫全書總目》卷五十改。
③ "與"，原誤作"南"，據《四庫全書總目》卷五十改。

理志》。元嘉中，復命太中大夫邊韶、大軍營司馬崔寔、議郎朱穆、曹壽雜撰孝穆、崇二皇及順烈皇后傳，又增《外戚傳》入安思等后，《儒林傳》入崔寔諸人。又與議郎延篤雜撰《百官表》，順帝功臣孫程、郭願及鄭衆、①蔡倫等傳，凡百十有四篇，號曰《漢記》。"范書《伏湛傳》亦云："元嘉中，桓帝詔伏無忌與黃景、崔寔等共撰《漢記》。"《延篤傳》亦稱篤與朱穆、邊韶共著作東觀，此《漢記》之再續也。蓋至是而史體粗備，乃肇有《漢記》之名。②《史通》又云："熹平中，光禄大夫馬日磾、議郎蔡邕、楊彪著作東觀，接續《漢記》之可成者，而邕別有《朝會》《車服》二志。③後坐事徙朔方，上書求還，續成十志。董卓作亂，舊文散逸，及在許都，楊彪頗存注記。"案范書《蔡邕傳》：邕在東觀，與盧植、韓說等撰補《後漢記》，所作《靈紀》及十意，又補諸列傳四十二篇。李傕之亂，多不存。《盧植傳》亦稱熹平中與邕、說並在東觀，補續《漢記》。又劉昭補注司馬彪《書》引袁山松《書》云："劉洪與蔡邕共述《律曆紀》。"又引謝承《書》云："胡廣博綜舊儀，蔡邕因以爲志。"又引謝沈《書》云："邕引中興以來所修者爲《祭祀志》。"范《書》李賢注稱邕上書云："臣科條諸志，所欲刪定者一，所當接續者四，前志所無，臣欲著者五。"此《漢記》之三續也。其稱東觀者，范書《安帝紀》李賢注引《雒陽宫殿名》：南宫有東觀。《竇章傳》：永初中，學者稱東觀爲老氏藏室、道家蓬萊山。蓋東漢之初，著述在蘭臺，至章、和後，圖籍盛於東觀，修史皆在是焉。《隋志》稱書一百四十三卷，而《新》《舊唐志》則云一百二十六卷，又録一卷。蓋唐時已有缺佚。《隋志》又云是書起光武，迄靈

---

① "郭願"，原誤作"郭顯"，據《四庫全書總目》卷五十改。
② "肇"，原誤作"筆"，據《四庫全書總目》卷五十改。
③ "別"字原脱，據《四庫全書總目》卷五十補。

帝間,考列傳之文,間記及獻帝時事,蓋楊彪所補也。晉時以此書與《史記》《漢書》爲三史,人多習之,故六朝及初唐人隸事釋書,類多徵引。自唐章懷太子李賢集諸儒注范《書》,盛行於世,此書遂微。北宋時有殘本四十三卷,趙希弁《讀書附志》、邵博《聞見後録》並稱其書乃高麗所獻,蓋已罕得。南宋《中興書目》則止存鄧禹、吳漢、賈復、耿弇、寇恂、馮異、祭遵、景丹、蓋延九傳,共八卷。雖時有蜀本流傳,而錯誤不可讀。上蔡任溉始以秘閣本讐校,①羅願爲序行之,刻板於江夏郡。又陳振孫《書録解題》稱其所見本,卷第凡十二,而闕第七、第八二卷。卷數雖似稍多,而核其列傳之篇數,亦止九篇,則固無異於《書目》所載也。自元以來,此書久佚,《永樂大典》於鄧禹、吳、賈、耿諸韻内並無《漢記》一語,則所謂九篇者,②明初即已不存矣。本朝姚之駰撰《後漢補逸》,曾蒐輯遺文,析爲八卷。然所採衹據劉昭《續漢書》十志補注、范《書》李賢注、虞世南《北堂書鈔》、歐陽詢《藝文類聚》、徐堅《初學記》,又往往掇拾不盡,挂漏殊多。今謹據姚本舊文,以《永樂大典》各韻所載,參考諸書,補其缺逸,所增者幾十之六。其書久無刊本,傳寫多訛,姚本隨文抄録,③謬戾百出。且《漢記》目録雖佚,而紀、表、志、傳、載記諸體例,《史通》及各書所載,④梗概尚一一可尋。姚本不加考證,隨意標題,割裂顛倒,不可殫數。今悉加釐正,分爲帝紀三卷、年表一卷、志一卷、列傳十七卷、載記一卷。其篇第無可考者,别爲一卷,而以《漢記》與范《書》異同附録於末,雖殘珪斷璧,零落不完,而古

---

① "校"字原脱,據《四庫全書總目》卷五十補。
② "篇",原誤作"傳",據《四庫全書總目》卷五十改。
③ "本",原誤作"書",據《四庫全書總目》卷五十改。
④ "史通"二字原脱,據《四庫全書總目》卷五十補。

澤斑斕,罔非瑰寶。書中所載,如章帝之詔增修群祀,杜林之議郊祀,東平王蒼之議廟舞,並一朝大典,而范《書》均不詳載。其它如張順預起義之謀,王常贊昆陽之策,楊仁之嚴正,趙勤之清潔,亦復概從闕如,殊爲疏略,惟賴茲殘笈,讀史尚有所循,其有資考證,良非淺鮮,尤不可不亟爲表章矣。

荀悦　漢紀三十卷

《唐志》:荀悦《漢紀》三十卷,應劭等注,崔浩音義。凡《漢紀》其稱本紀、表、志、傳者,史家本語也;其稱論者,悦所論粗表其事以得失也。悦序曰:"夫立典有五志焉:一達道義,二章法式,①三通古今,四著功德,五美賢能。漢興四百有六載,撥亂反正,統武興文。聖上惟文之恤,命立國典。於是復序舊典,以述《漢紀》。中興以前,明主賢臣得失之軌,足以觀矣。"唐太宗賜李君亮《漢紀》詔曰:"悦此書叙致簡要,議論深博,極爲政之體,盡君臣之義。"《書苑》:唐太子率更令歐陽詢書荀氏《漢書》小楷,在潭州南楚門外胡世經處。

《四庫全書提要》:《漢紀》三十卷,漢荀悦撰。悦字仲豫,潁陰人。獻帝時官秘書監,侍中。《後漢書》附見其祖《荀淑傳》。稱獻帝好典籍,以班固《漢書》文繁難省,乃令悦依《左傳》體爲《漢紀》三十篇。文約事詳,論辨多美。張璠《漢記》稱其因事以名臧否,致有典要,大行於世。唐劉知幾《史通·六家》篇以悦書爲《左傳》家之首,其《二體》篇又稱其"歷代寶之,有逾本傳;班荀二體,角力争先"。其推之甚至。故唐人試士,以悦《紀》與《史》《漢》爲一科。《文獻通考》載宋李燾跋曰:"悦所爲此,固不出班書,亦時有所删潤。而諫議大夫王仁、侍中王閎疏議,班書皆無之。"又稱"司馬光《資治通鑑》,書太

---

① "式",原誤作"戒",據《玉海》卷四十七改。

上皇事及五鳳郊泰畤之月，①要皆舍班而從荀。蓋以悅修《紀》時，固書猶未舛訛"。又稱"其'君蘭''君簡''端''瑞''興''譽''寬''竟'等與《漢書》互異者，先儒皆兩存之"。王銍作《兩漢紀後序》，亦稱荀、袁二《紀》於朝廷綱紀、禮樂政刑，治亂成敗、忠邪是非之際，指陳論著，每致意。反復辨達，明白條暢，啓告當代，而垂訓無窮。是宋人亦甚重其書也。其中若壺關三老茂，《漢書》無姓，悅書姓令狐。朱雲上書請上方劍，《漢書》作"斬馬劍"，悅書乃作"斷馬"。證以唐張渭詩"願得上方斷馬劍，斬取朱門公子頭"，知《漢書》字誤。資考證者不一而足。近時顧炎武《日知錄》乃惟取其宣帝賜陳遵璽書一條，及元康三年封海昏侯詔一條，②能改正《漢書》三四字。餘則病其敘事索然無味，間或首尾不備。其小有不同，皆以班書爲長。未免抑揚過當。又曰紀王莽事自始建國元年以後，則云"其二年""其三年"，至"其十五年"，以別於正統，而盡沒其"天鳳""地皇"之號。其語不置可否。然不曰盡削而曰盡沒，似反病其疏略者。不知班書莽自爲傳，自宜盡載其僞號；荀書以漢系編年，豈可以莽紀元哉！是亦非確論，不足爲悅病也。是書考李燾所跋，③自天聖中已無善本。明黃姬水所刊亦間有舛訛，康熙中襄平蔣國祚與袁宏《後漢紀》合刻，後附《兩漢紀字句異同考》一卷，今用以參校，較舊本稍完善焉。④

劉艾　靈帝紀

艾靈帝時辟司徒掾，獻帝初平時官侍中，轉宗正。時巴郡巫

---

① "太"原誤作"有"，"郊"原誤作"郡"，皆據《四庫全書總目》卷四十七改。
② "昏"字原脱，據《四庫全書總目》卷四十七補。
③ "書"，原誤作"是"，據《四庫全書總目》卷四十七改。
④ "較"字原脱，據《四庫全書總目》卷四十七補。

人張修療病，愈者雇以米五斗，號爲五斗米師。中牟令落皓及主簿潘業臨陣不顧，皆被害。上西門外劉倉妻生男，兩頭共身。邊章，一名元。會稽妖賊許昌自稱陽明皇，以其父爲越王。以虎賁中郎將袁紹爲中軍校尉，屯騎校尉鮑鴻爲下軍校尉，議郎曹操爲典軍校尉，趙融、馮芳爲助軍校尉，夏牟、淳於瓊爲左右校尉。以上《靈帝本紀》注引。中平五年，徵董卓爲少府，敕以營吏士屬左將軍皇甫嵩，詣行在所。卓上言：「涼州擾亂，鯨鯢未滅，此臣奮發效命之秋也。吏士踴躍，戀恩報效，各遮臣車，辭聲懇惻，未得即發也。輒且行前將軍事，盡心慰恤，效力行陣。」六年，以卓爲并州牧，又敕以兵屬皇甫嵩。卓復上言：「臣掌戎十年，士卒大小，相狎彌久，戀臣畜養之恩，樂爲國家奮一旦之命，乞將之北州，①以效邊陲。」卓再違詔敕，後爲何進所召。《董卓傳》注引。

劉艾　獻帝紀

《舊唐書·經籍志》：劉艾《靈帝獻帝紀》六卷。

初平二年，無雲霹靂殺人。《開元占經》引。卓既爲太師，復欲稱尚父，以問蔡邕。邕曰：「武王受命，太公爲師，輔佐周室，以伐無道，是以天下尊之，稱爲尚父。今公之功德誠爲巍巍，宜須關東悉定，車駕東還，然後議之。」乃止。京師地震，卓入問邕。邕對曰：「地動陰盛，大臣踰制之所致也。公乘青蓋車，遠近以爲非宜。」卓從之，更乘金華皂蓋車。《董卓傳》注引。李肅、呂布同郡人也。牛輔帳下胡赤兒等，素待之過急，盡以家寶與之，自帶二十餘餠金，②大白珠瓔。胡謂輔曰：「城北已有馬，可去也。」以繩繫輔腰踰城縣下之，未及地丈許放之，輔傷腰不能行。諸胡共取其金，並斬輔首，詣長安。杜禀與賈詡

---

① 「北州」二字原脱，據《後漢書·董卓傳》補。
② 「十餘」二字原脱，據補編本、《後漢書·董卓傳》補。

有隙,脅扶風吏人爲騰守槐里,欲共攻傕。傕令樊稠及兄子利數萬人攻圍槐里。夜梯城,城陷,斬禀梟首。時傕見稠果勇而得衆心,疾害之,醉以酒,潛使外生騎都尉胡封於坐中拉殺稠。汜與傕將張苞、張龍謀誅傕,汜將兵夜攻傕門。候開門納汜兵,苞等燒屋,火不然。汜兵弓弩並發,矢及天子樓帷簾中。傕令門設反關,校尉守察。盛夏炎暑,不能得冷水,飢渴流離。上以前移宫人及侍臣,①不得以穀米自隨,入門有禁防,不得出市。困乏,使就傕索粳米五斛、牛骨五具,欲爲食,賜宫人左右。傕不與米,取久牛骨給,皆已臭蟲,不可啖食。郭汜、樊稠與傕互相違戾,欲鬥者數矣。詡輒以道理責之,汜頗受詡言。傕等與詡議,迎天子置其營中。詡曰:"脅天子,非義也。"傕不聽。張繡謂詡曰:"此中不可久處,君胡不去?"詡曰:"吾受國恩,義不可背。卿自行,我不能也。"傕時召羌、胡數千人,先以御物繒采與之,又許以宫人婦女,欲令攻郭汜。羌胡數來闚門省,曰:"天子在中耶!李將軍許我宫人美女,今安在?"帝患之,使賈詡爲之方計。詡乃密呼羌、胡大帥,許以封爵重賞,於是皆引去。傕由是衰弱。初,議者欲令天子浮河東下,太尉楊彪曰:"臣弘農人,從此以東,有三十六灘,非萬乘所當從也。"劉艾曰:"臣前爲陝令,知其危險,②有所猶有傾覆,況今無師,③太尉謀是也。"及當北渡,使李樂具船。天子步行趨河岸,岸高不得下,董承謀欲以馬羈相續以繫帝腰。時中宫僕伏德扶中宫,一手持十匹絹,乃取德絹連續爲輦。行軍司馬尚弘多力,令弘居前負帝,乃得下登船。其餘不得下甚衆。復遣船收諸不得渡者,皆爭攀船,船上人

① "前"下原衍"時前"二字,據補編本、《後漢書·董卓傳》刪。
② "知"字原脱,據補編本、《後漢書·董卓傳》補。
③ "師",原誤作"所",據補編本、《後漢書·董卓傳》改。

以刀斷其指，舟中之指可掬也。時尚書令士孫瑞亂兵所害。天子既東，而李傕來追，王師敗績。司徒趙溫、太常王偉、衛尉閻忠、司隸營部皆爲傕所嫉，欲殺之。詡謂傕曰："此皆天子大臣，卿奈何害之？"傕乃止。是時新遷都，宮人多亡衣服，帝欲發御府繒以與之。李傕弗欲，曰："宮中有衣，胡爲復作耶？"詔賣廄馬百餘匹，御府大司農出雜繒二萬匹，與所賣廄馬直，賜公卿以下及貧民不能自存者。李傕曰："我邸閣儲峙少。"乃悉載置其營。賈詡曰："此上意，不可拒。"傕不從。後以煨爲大鴻臚、光禄大夫。建安十四年以壽終。不領司隸校尉。時長安爲之謠曰："頭白皓然，食不充糧。裹衣褰裳，當還故鄉。"聖主愍念，悉用補郎舍，是布衣被服玄黄。以上並《後漢書·獻帝紀》《董卓傳》、《魏志·太祖紀》注引。

侯瑾　皇德傳三十篇

瑾字子瑜，敦煌人。按《漢記》撰中興以後行事爲《皇德傳》三十篇，起光武，至沖帝。《隋志》三十卷。《唐志》入正史類，卷數同。

《宋書》：太祖時，沮渠茂虔獻《皇德傳》三十五卷。

《玉海》：瑾書所載，寇、鄧高勛，耿、賈鴻烈。經術如桓榮、丁鴻、范升、賈逵，循吏如任延、杜詩，文章如班彪父子，刑法如郭躬，將帥如班超，諫諍如鍾離意、①申屠剛，寬厚如侯霸。世祖遣鄧禹西征，逆之道左，因獵於野。王見二老公即禽。世祖問曰："禽何向？"舉手西指，言："此山中多虎，臣即禽，虎亦即臣，願大王勿往也。"《太平御覽·虎》引。章帝詔使者奉太牢，致祠唐堯於成陽靈臺。《山堂考索》引。北鄉侯未即帝位，不成君，以王禮葬。《通典》引。史曰："白虹貫，下破軍，晋分也。"《五行志》注引。蓋留，敦煌人。天性皎潔，自小未嘗過人飯，貧爲官

---

① "意"字原脱，據《玉海》卷五十八補。

書,得錢足供而已,不求其餘。《太平御覽·廉》引。

諸葛亮　論前漢事一卷

附　薛瑩　後漢紀六十五卷

瑩字道言,薛綜子。見《舊唐書·經籍志》。

謝承　後漢書一百三十三卷

承字偉平。仕吳,官至長沙太守。按:謝承《書》明內閣猶有全本,後爲高拱携至家,遂匿不復見。然考朱彝尊《曝書亭集·跋》,語是國初間有刊本流傳,今遂成絶響矣。姚之駰《後漢書補逸》掇拾叢殘,輯爲六卷。然遺漏尚多,誠得宏達之士以姚本參校,葺而存之,其足資考證者甚多,誠紹統之先聲,亦蔚宗之羽翼也。

獻帝春秋　袁曄撰

曄,廣陵人。

右正史類。

補後漢書藝文志卷之九

建武注記

馬嚴奉詔與班固、杜撫雜定。嚴字威卿,援兄子。永平十五年,顯宗召見,詔留仁壽閣,與校書郎杜撫、班固《建武注記》。荀悅《申鑑》曰:"先帝故事有《起居注》,動靜之節必書焉。"《史通·史官》篇:古者人君,外朝則有國史,內朝則有女史,內之與外,其任皆同。驪姬夜泣,蔡姬請從,宴私而有事書之冊,蓋受命者即女史之流乎?至漢武時,有《禁中起居注》。凡斯著述,似出宮中,求其職司,未聞位號。

明帝起居注

馬皇后撰。削去馬防侍醫藥事。

《隋志》:漢武帝有《禁中起居注》,後漢明德撰《明帝起居注》。漢時起居,似在宮中,為女史之職。然皆零落,不可復知。今之存者,漢獻帝及晋代《起居注》,皆近侍臣之所錄。

長樂宮注記

元初五年,平望侯劉毅以太后多德政,欲令早有注記。上言:"宜令史官著《長樂注》《聖德頌》,以敷宣景耀,勒勛金石,垂之無窮,摅之罔極。"帝從之。

獻帝起居注

《隋志》:五卷。

策曰:"孝靈皇帝不究高宗眉壽之祚,早棄臣子。皇帝承紹,海內側望,而帝天性輕佻,威儀不慎,在喪慢惰,哀如故焉;凶德既彰,淫穢發聞,損辱神器,忝污宗廟。皇太后教無母儀,統政荒亂。永樂太后暴崩,衆論惑焉。三綱之道,天地之紀,而乃有闕，①罪之大者。陳留王協，聖德偉茂，規矩邈然，豐下兌上，有堯圖之表；居喪哀戚，言不及邪，岐嶷之性，有周成之懿。休聲美稱，天下所聞，宜承洪業，爲萬世統，可以承宗廟。廢皇帝爲弘農王，皇太后還政。"讀册畢，群臣莫有言。尚書丁宫曰："天禍漢室，喪亂弘多。昔祭仲廢忽立突，《春秋》大其權。今大臣量移爲社稷計，誠合天人，請稱萬歲。"卓以太后見廢，②故公卿以下不布服，會葬素衣而已。帝初即位，置侍中、給事黄門侍郎員各六人，出入禁中，近侍帷幄，省尚書事。改給事黄門侍郎爲侍中侍郎，去給事黄門之號，旋復故。故曰：侍中、黄門侍郎以在中宫者，不與近密交著。自誅黄門後，侍中、侍郎出入禁闥，機事頗露，由是王允乃奏比尚書，不得出入，不通賓客，自此始也。諸奄人悉以議郎、郎中爵秩如故，諸署令著兩梁冠，陛殿上，得召都官從事以下。卓冢户開，大風暴雨，水土流入，浮出之。棺向入，輒復風雨，水溢郭户。如此者三四。冢中水半所，稠等共下棺，天風雨益暴，遂閉之。户閉，大風復破其冢。催等各欲用其所舉，若一違之，便憤恚怒。主者患之，乃以次第用其所舉，先從催起，汜次之，稠次之，三公所舉，終不見用。初，天子出到宣平門，當渡橋，汜兵數百人遮橋，曰："是天子非耶？"車不得前。催兵數百人皆持大戟在乘輿前，侍中劉艾大呼曰："是天子也。"使侍中楊琦舉車帷。帝言諸兵："汝却！何敢迫近至尊耶！"汜等兵乃却。既渡橋，士衆咸稱萬歲。宋貴人名都，常山太守泓之女也。舊時宫殿悉壞，倉卒之際，拾撮故瓦材木，工匠無法度之制，所作無説也。初，汜謀迎天子幸其營，夜有亡告催者，催使其子逞將兵數千圍宫，以車三乘迎天子。楊彪曰：

---

① "有"，原誤作"奄"，據補編本、《三國志·魏志·董卓傳》改。
② "見廢"二字原脱，據補編本、《三國志·魏志·董卓傳》補。

"自古帝王無在人臣家者。舉事當合天下心。諸君作此,非是也。"暹曰:"將軍計定矣。"於是天子一乘,貴人伏氏一乘,賈詡、左靈一乘,其餘皆步從。是日,傕復移乘輿幸北塢,使校尉監門,外內隔絕。諸侍臣皆有飢色。時盛暑熱,人盡寒心。帝求米五斛、牛骨五具,以賜左右。傕曰:"朝餔上食,何用米爲?"乃與腐牛骨,皆臭不可食。帝大怒,欲詰責之。侍中楊琦諫曰:"傕,邊鄙之人,習於夷風。今又自知所犯背逆,常有怏怏之色,欲輔車駕幸黃白城,以紓其憤。臣願陛下忍之,未可顯其罪也。"帝納之。初,傕屯黃白城,故謀欲徙之。傕以司徒趙溫不與己同,乃內溫塢中。溫聞傕欲移乘輿,①與傕書曰:"公前爲董卓報仇,然實屠陷王城,②殺戮大臣,天下不可家見而户釋也。今爭睚眥之隙,以成千鈞之仇,民在塗炭,各不聊生,曾不改悟,遂成禍亂。朝廷仍下明詔,③欲令和解。詔命不行,恩澤日損,而復欲輔乘輿於黃白城,此誠老夫所不解也!於《易》,一過爲過,再過爲涉,三而弗改,滅其頂,凶。不如早共和解,引兵還屯,上安乘輿,下全民生,豈不幸甚!"傕大怒,欲遣人害溫。其從弟應,故溫掾也,諫之數日,乃止。帝聞溫與傕書,問侍中常洽曰:"傕弗知臧否,溫言太切,可爲寒心。"對曰:"李應已解之矣。"帝乃悦。傕性喜鬼怪左道之術,常有道人及女巫歌謳擊鼓下神,祠祭六丁,符效厭勝之具,無所不備。又於朝廷省門外爲董卓作神座,以牛羊祠之。迄,過省閤問起居,④求入見。傕帶三刀,手復與鞭合持一刀。侍中、侍郎見傕帶仗,皆惶恐,亦帶劍持刀,先入在

---

① "聞",原誤作"欲",據補編本、《三國志·魏志·董卓傳》改。
② "城",原誤作"臣",據補編本、《後漢書·趙典傳》改。
③ "下",原誤作"在",據補編本、《後漢書·趙典傳》改。
④ "閤",原誤作"闕",據補編本、《三國志·魏志·董卓傳》改。

帝側。傕對帝，或言"明陛下"，或言"明帝"，爲帝說郭汜無狀，帝亦隨其意答應之。傕喜，出言"明陛下誠賢聖主"，意遂自信，自謂良得天子歡心也。然猶不欲令近臣帶劍在帝邊，謂人言："此曹子將欲圖我耶？而皆持刀也。"侍中李貞，傕州里人，素與傕通，語傕"所以持刀者，軍中不得不爾，國家故事"。傕意乃解。天子以謁者僕射皇甫酈，涼州舊姓，有專對之才，遣令和傕、汜、酈先語汜，汜受詔命。詣傕，傕不肯，曰："我有呂布之功，輔政四年，三輔清净，天下所知也。郭多盗馬虜耳，何敢乃欲與吾等？必欲誅之。君爲涼州人，觀吾方略士衆，足辦多否？多又劫質公卿，所爲如是，而君欲苟利郭多，李傕有膽自知之。"酈答曰："昔有窮后羿恃其善射，不思患難，以至於斃。董公之强，明將軍目所見。内有王公以爲内主，外有董旻、承、①璜以爲鯁毒，呂布受恩而反圖之，②斯須之間，頭懸竿端，此有勇而無謀也。今將軍身爲大將，把鉞仗節，子孫握權，宗族荷寵，國家好爵而皆據之。今郭多劫質公卿，將軍脅至尊，誰爲輕重耶？張濟與郭多、楊定有謀，又爲冠軍所附。楊奉，白波帥耳，猶知將軍所爲非是，將軍雖拜寵之，猶不肯力也。"傕不納酈言，而呵之令出。酈出，詣省門，白傕不肯從詔，辭語不順。侍中胡邈爲傕所幸，呼傳詔旨令飾其辭。又謂酈曰："李將軍於卿不薄，又皇甫公爲太尉，李將軍力也。"酈曰："胡敬才，卿爲國家常伯，輔弼之臣也，語言如此，寧可用耶？"邈曰："念卿失李將軍意，恐不易耳！我與卿何事者？"酈言："我累世受恩，身又常在帷幄，君辱臣死，當坐國家，爲李將軍所殺，則天命也。"天子聞酈答語，恐傕聞之，使勑遣酈。酈裁出營門，傕遣虎賁王昌呼之。昌知酈忠

---

① "承"，原誤作"永"，據補編本、《三國志·魏志·董卓傳》改。
② "受"，原誤作"之"，據補編本、《三國志·魏志·董卓傳》改。

直,縱之去,還答傕言追之不及。天子使左中郎李固持節拜傕爲大司馬,在三公之右。傕自以爲鬼神之助,乃厚賜諸巫。傳李傕首到長安,有詔高懸之。帝在長安詔書,以三輔地不滿千里,而軍師用度非一,公卿以下不得奏除。其若公田以秩爲率賦,予令各自收其租税。時六璽不自隨,即還於閤下得之。中平四年,省扶風都尉,置漢安郡,鎮雍州、榆麋、杜陽、陳倉、汧五縣傅置。中平六年,令三府長史兩梁冠,五時衣袍,事位從千石、六百石。初平四年十二月,分漢陽上郡爲永陽,以鄉亭爲屬縣。建安五年,公上言"大將軍袁紹與韓馥立故大司馬劉虞,刻作金璽,遣故任長畢瑜詣虞,爲説録命之數。又紹與臣書云:'可都鄴城,當有所立。'擅鑄金銀印,孝廉計吏,皆往詣紹。從弟濟陰太守叙與紹書云:'今海内喪敗,天意實在我家。神應有徵,當在尊兄。臣欲使即位,南兄言,以年則北兄長,以位則北兄重,便欲送璽書,會曹操斷道。'紹宗族世受國恩,而凶逆無道,乃至於此。輒勒兵馬,與戰官渡,乘聖朝之威,得斬紹大將淳於瓊八人首,遂大破潰。紹與子譚輕身遁走。凡斬首七萬餘級,輜重財物巨億。"舊,市長執雁,建安八年始令執雉。建安八年,公卿迎氣北郊,始復用八佾。建安八年十二月,復置司直,不屬司徒,掌督中都官,不領諸州。建安八年,議郎徐林爲公車司馬令,位隨將、大夫。舊公車令與都官、長史位從將、大夫,自林始也。建安九年十二月,詔司直比司隸校尉,坐同席在上,假傳置,從事三人,書佐二人。十三年夏六月,以公爲丞相,使太常徐璆即授印綬。御史大夫不領中丞,置長史一人。建安十五年,丕爲司徒趙温所辟。太祖表:"温辟臣子弟,選舉故不以實。"使侍中守光禄勳郗慮,持節奉策免温官。① 董承與備謀未發,而

---

① "策",原誤作"免",據補編本,《三國志·魏志·文帝紀》改。

備出。承謂服曰：".郭多有數百兵，壞李傕數萬人，但足下與吾同不耳！昔吕不韋之門，須子楚而後大，今吾與子猶是也。"服惶懼不敢當，且兵又少。承曰："事訖，何慮無兵？成兵顧不足耶！"服曰："今京師豈有所任乎？"承曰："長水校尉种輯、議郎吴碩是吾腹心親事者。"遂定計。建安十八年正月壬子，濟北王加冠户外，以見父母。給事黄門侍郎劉瞻兼侍中，假貂蟬濟北王，給之。建安十八年，使使持節行太常大司農安陽亭侯王邑，齎璧、玉帛、玄纁、絹五萬匹之鄴納娉。① 介者五人，皆以議郎行大夫事。大司農安陽侯王邑與宗正劉艾，皆持節，介者五人，齎束帛駟馬，及給事黄門侍郎、掖庭丞、中常侍十人，迎二貴人於魏公國。二月癸亥，又於魏公宗廟授二貴人印綬。甲子，詣魏公延秋門，迎二貴人升車。魏遣郎中令、少府、博士、御府乘黄厩令、丞相掾屬侍送貴人。癸酉，二貴人至洧倉中，遣侍中丹將冗從虎賁前後，絡繹迎之。乙亥，二貴人入宫。御史大夫、中二千石將大夫、議郎會殿中，魏國二卿及侍中、②侍郎二人，與漢公卿並升殿宴。建安十八年，省州郡，復《禹貢》之舊九州。冀州得魏郡、安平、鉅鹿、河間、③清河、博陵、常山、趙國、渤海、甘陵、平原、太原、上黨、西河、定襄、雁門、雲中、五原、朔方、河東、河内、涿郡、漁陽、廣陽、右北平、上谷、代郡、遼東屬國、遼西、玄菟、樂浪，凡三十三郡。省司隸校尉，以司隸分屬豫州、冀州、雍州。省涼州刺史，以其郡屬并州雍州部，得弘農、京兆、左馮翊、右扶風、上郡、安定、隴西、漢陽、北地、武都、武威、金城、西平、西郡、張掖屬國、酒泉、敦煌、西海、漢興、永陽、東安、南安，凡二

---

① "絹"字原脱，據補編本、《三國志・魏志・武帝紀》補。
② "二"，原誤作"三"，據補編本、《三國志・魏志・武帝紀》改。
③ "間"，原誤作"門"，據補編本、《後漢書・百官志》改。

十二郡。省交州，以其地屬荆州。荆州得交州之蒼梧、南海、九真、交阯、日南，與其舊所部南陽、①章陵、南郡、江夏、武陵、長沙、零陵、桂陽，凡十三郡。益州本部郡有廣漢、漢中、巴郡、犍爲、蜀郡、牂柯、越巂、益州、永昌、犍爲屬國、蜀郡屬國、廣漢屬國，今并交州之鬱林、合浦，凡十四郡。豫州部有潁川、陳國、汝南、沛國、梁國、魯國，今并得河南、葉陽，凡八郡。徐州部得下邳、廣陵、彭城、東海、琅邪、利城、城陽、東莞，凡八郡。青州得齊國、北海、東萊、濟南、樂安，凡五郡。建安十八年七月，大水。上親避正殿。八月，以雨不止，且還殿。建安十九年夏四月，旱。建安二十二年二月壬申，詔書絕。立春寬緩，詔書不復行。以上並《後漢書》紀志注、裴松之《三國志注》引。

右記注類。

---

① "部"，原誤作"郊"，據補編本、《後漢書·百官志》改。

補後漢書藝文志卷之十

漢明帝畫讚五卷

《舊唐書·經籍志》。

列女圖畫屏風

《宋弘傳》：御坐新施屏風，圖畫列女，帝屢視之。弘曰："未見好德如好色者也。"按劉向《七略別傳》曰："臣向與黃門侍郎歆所校《列女傳》，此別一劉歆。種類相從爲七篇，以著禍福榮辱之校，是非得失之間，分畫之屏風四堵。"是漢時屏風皆圖畫列女也。

梁鴻　逸人記

見唐許南容策。按：此書它無所見，疑即本傳所稱《逸人頌》二十四篇也。

周長生　洞歷十卷

《舊唐書·志》作《洞歷》九卷。謝承《後漢書》：周長生，名樹，會稽人。

王充《論衡》：周長生，文士之雄也。作《洞歷》十卷，上自黃帝，下至漢朝。① 鋒芒毛髮之事，莫不紀載，與太史公表、記似類也。上通下達，故曰《洞歷》，非徒文人所謂鴻儒也。世有嚴夫子，後有吳君商，按："商"當作"高"。末有周長生。會稽文才，豈獨長生哉！所以未論列者，長生尤踰出也。觀伯奇之《玄思》，長生之《洞歷》，雖劉子政、揚子雲不能過也。

紂無道，比干極諫，知必死，乃作《秣馬之歌》。角先生，姓周，

---

① "至"，原誤作"自"，據補編本改。

名術,字元道,太伯之後。漢高帝時與東園公、綺里季、夏黃公俱出定太子,稱四皓。以上《北堂書鈔》及《史記正義》引。

衛颯　史要十卷

《隋志》:《史要十卷》。漢桂陽太守衛颯撰《約史記要言》,以類相從。颯字子產,河內修武人。

張遐　吳越春秋

《餘干縣志》:遐,餘干人,試五經,補博士,撰《吳越春秋》。

趙曄　吳越春秋

《隋志》雜史類:《吳越春秋》十二卷,趙曄撰。其後有楊方者,以曄書爲繁,又刊削爲五卷。唐皇甫遵始合二家之書而傳之。《中興書目》:《吳越春秋》十卷,內吳外越,以紀其事。吳起闔廬止夫差,越起無餘至句踐。

元徐天祐序曰:《吳越春秋》,趙曄撰著,《隋》《唐·經籍志》皆云十二卷,今存者十卷,殆非全書。二《志》又云楊方撰《吳越春秋削繁》五卷,皇甫遵撰《吳越春秋傳》十卷。此二書今人罕見,獨曄書行於世。《曄傳》在《儒林》中,觀其所作,不類漢文。按邯鄲李氏《圖書十志》,亦謂楊方刊削曄所爲書,至皇甫遵,遂合二家,考正爲之傳注。又按《史記注》有徐廣所引《吳越春秋》,而《索隱》以爲今無此語。它如《文選注》引季子見遺金事,《吳地記》載闔廬時夷亭事,及《水經》嘗載越事數條,類皆援據《吳越春秋》。今曄本咸無其文,亦無所謂傳注,豈楊方所以刊削,而皇甫未及考正與?曄書最先出東都,時去古未遠,曄又山陰人,故綜述視它書所記事爲詳,取節焉可也。其言上稽天時,下測物變,明微推遠,瞭若蓍蔡。至於盛衰成敗之迹,則彼已君臣上下其議論,種、蠡諸大夫之謀迭用則霸,子胥之諫一不聽則亡,皆鑿鑿然可以勸戒萬世,是獨爲是邦二千年之故實哉!

《四庫全書提要》:《吳越春秋》十卷,漢趙曄撰。曄,山陰人,見《後漢書‧儒林傳》。是書前有舊序稱:《隋》《唐‧經籍志》皆云十二卷,今存者止十卷,殆非全書。又云楊方撰《吳越春秋削繁》五卷,皇甫遵撰《吳越春秋傳》十卷。① 此二書今人罕見,獨曄書行於世。《史記注》有徐廣所引《吳越春秋》語,而《索隱》以爲今無此語。它如《文選注》引季札見遺金事,《吳地記》載闔廬時夷亭事,及《水經注》嘗載越事數條,類皆援引《吳越春秋》,今曄本咸無其文。云云。考證頗爲詳悉,然不載名姓。《漢魏叢書》所載合十卷爲六卷,而削去此序並注,亦不題撰人,彌失其初。此本爲元大德十年丙午所刊,後有題識云:"前有文林郎、國子監書庫官徐天祐善注。"然後知注中稱徐天祐者,即注者之自名,非援引它書之語。惟其後又列紹興路儒學學録留堅、學正陳昺伯、②教授梁相、正議大夫紹興路總管提舉校官劉克昌四人,不知序出誰手。且曄所述雖稍傷曼衍,而詞頗豐蔚,其中如伍尚占甲子之日時加"于巳";③范蠡占戊寅之日時加"日出有騰蛇青龍"之語;文種占陰畫六、④陽畫三,有元武、天空、天關、天梁、天一、神光諸神名,皆非三代卜筮之語,⑤未免多所附會。至於處女試劍、老人化猿、公孫聖三呼三應之類,尤近小說家言。然自漢晉間稗官雜記之體,徐天祐以爲不類漢文,⑥是以班、馬史法求之,非其倫矣。天祐注於事迹異同頗有考證,其中如季孫使越、子期私與吳爲市之類,雖猶有未及詳辨者,而原書失實之處,

---

① "十卷",原誤作"一卷",據《四庫全書總目》卷六十六改。
② "昺",原誤作"昌",據《四庫全書總目》卷六十六改。
③ "占",原誤作"言",據《四庫全書總目》卷六十六改。
④ "六"字原脱,據《四庫全書總目》卷六十六補。
⑤ "語",《四庫全書總目》卷六十六作"法"。
⑥ "文"字原脱,據《四庫全書總目》卷六十六補。

能糾正者爲多。其旁核衆説、不徇本書,猶有劉孝標注《世説新語》之遺意焉。

越絕書十五卷

《隋志》:《越絕記》十六卷,子貢撰。《唐志》同。《崇文總目》:《越絕書》有内紀八、外傳十七,文題舛誤,才二十篇。

《四庫全書提要》:不著撰人名氏。書中《吳地傳》稱句踐徙琅琊,到建武二十八年,凡五百六十七年,則後漢初人也。書末叙外傳記以廋詞,隱其姓名,其云"以去爲姓,得衣乃成",是"袁"字也;"厥名有米,覆之以庚",是"康"字也;"禹來東征,死葬其疆"①,是會稽人也。又云"文辭屬定,自於邦賢,以口爲姓,承之以天",是"吳"字也;"楚相屈原,與之同名",是"平"字也。然則此書爲會稽袁康所作,同郡吳平所定也。②王充《論衡·按書篇》曰:"東番鄒伯奇、臨淮袁太伯、袁文術、會稽吳君高、周長生之輩,位雖不至公卿,誠能知之囊橐,文雅之英雄也。觀伯奇之《玄思》、太伯之《易章句》、文術之《箴銘》、君高之《越紐錄》、長生之《洞歷》,劉子政、揚子雲不能過也。"所謂吳君高,殆即平字,所謂《越紐錄》,殆即此書與? 鄭明選《秕言》引《文選》"七命"注引《越絕書》"大翼一艘十丈,中翼九丈六尺,小翼九丈"。又稱:王鏊《震澤長語》引《越絕書》"風起震方"云云,謂今皆無此語,疑更有全書,惜未見。按《崇文總目》稱《越絕書》舊有内記八,外傳十七,今文題舛缺,才二十篇。是此書在北宋之初已佚五篇。《選注》所引蓋佚篇之文,王鏊所稱,亦它書所引佚篇之文,以爲此本之外更有全書,則明選誤矣。

---

① "疆",原誤作"鄉",據《四庫全書總目》卷六十六改。
② "所定也"三字原脱,據《四庫全書總目》卷六十六補。

伏侯注八卷

《隋志》雜家類：伏無忌《古今注》八卷。無忌撰集古今，刪著事要，號曰《伏侯注》。其書上自黄帝，下盡質帝，爲八卷。按：稱伏侯者，伏湛，建武中封陽都侯，子盛以下襲爵，傳至無忌也。

秀之字曰茂。莊之字曰嚴。① 炟之字曰著。肇之字曰始。隆之字曰盛。祐之字曰福。保之字曰守。炳之字曰明。纘之字曰繼。《本紀》注。赤眉立盆子於鄭北，在枯樅山下。《地理志》注。建武三年正月，於雒陽校宮立高廟。《本紀》注。建武八年立春，賜公束帛十五匹、卿十匹。《禮儀志》注。建武十四年九月，開平城門。《地里志》注。建武十八年七月，使中郎將耿遵治皇祖廟舊廬稻田。《祭祀志》注，《地里志》作"中郎將耿遵治章陵城"。建武二十一年乙酉，徙立社稷上東門內。元和三年初，爲郡國立稷及祠社靈星禮器也。同上。永平二年十一月，初作北宮朱爵南司馬門。《本紀》注。永平十年，作常山滹沱河蒲吾渠，以通漕船也。《地里志》注。永平十五年，更作太尉、司徒、司空府開陽城門內。② 《百官志》注。建武十一年十月，西上郡屬魏。《地里志》注。建武二十年七月，代郡屬幽州。同上。永平十年，置益州西部都尉，治巂唐，鎮尉哀牢人楪榆蠻。《西南夷傳》注。建光元年冬十一月甲子，初置漁陽營，兵千人。《本紀》注。成帝鴻嘉二年，令吏民得賣爵，級千錢。《百官志》注。建武六年三月，令郡太守、諸侯相病，丞、長史行事。八月，省都尉官。初，令關內侯食邑者俸月二十五斛。建武十四年，罷邊郡太守丞，長史領丞職。③ 建武二十年正月庚辰，大司徒戴涉下獄死，坐入故太倉

---

① "之"字原脱，據補編本、《後漢書・明帝紀》補。
② "門"字原脱，據補編本、《後漢書・百官志》補。
③ "丞"字原脱，據補編本、《後漢書・百官志》補。

令爰涉罪。二十六年四月戊戌，增吏奉。建初七年七月，爲大司空置丞一人，秩千石，別立帑藏。永元三年七月，增尚書令史員。① 功滿未嘗犯禁者，以補小縣，墨綬。刺史常以春分行部，郡國各遣一吏迎界上。永和三年初，與河南尹及雒陽員吏四百二十七人，月奉四十五斛。漢安二年七月，置承華廄令，秩六百石。並同上。武帝天漢四年，令諸侯王大國朱輪，特虎居前，左兕右麋；小國朱輪，畫特熊居前，寢麋居左右，卿車者也。建武十三年初，令令長皆小冠。《輿服志》注。永平三年六月乙卯，初令百官貙膢，白幕皆霜。《禮儀志》注。永初六年正月甲寅，皇太后謁宗廟。《祭祀志》注。范書《本紀》作"元年六月甲戌"，疑誤。永元十二年，封鈞弟番爲陽都鄉侯，千秋爲新平侯，參爲周亭侯，壽爲樂陽亭侯，馴爲博平侯，且爲高亭侯。《陳敬王羨傳》注。光武中元二年，户四百一十七萬九千六百三十四，口二千一百萬七千八百二十。明帝永平十八年，户五百八十六萬五百七十二，口二千四百一十二萬五千二十一。章帝章和二年，户七百四十五萬六千七百八十四，口四千三百三十五萬六千三百六十七。和帝永興元年，户九百二十三萬七千一百一十二，口五千三百二十五萬六千二百二十九，墾田七百三十萬二百七十頃八十畝百四十步。安帝延光四年，户九百六十四萬七千八百三十八，口四千八百六十九萬七百八十九，墾田六百九十四萬二千八百九十二頃一十三畝八十五步。順帝建康元年，户九百九十四萬六千九百二十九，口四千九百七十三萬五百五十，墾田六百八十九萬六千二百七十二頃五十六畝一百九十四步。沖帝永嘉元年，户九百九十三萬七千六百八十，口四千九百五十二萬四千一百八十三，墾田六

---

① "史"字原脱，據補編本、《後漢書・百官志》補。

百九十五萬七千六百七十六頃二十畝百八步。質帝本初元年，户九百三十四萬八千七百二十七，口四千七百五十六萬六千七十二，墾田六百九十三萬一百三十頃三十八畝。《地理志》注。中元二年二月戊戌，帝崩於南宫殿，年六十一，是歲在丁巳。《本紀》注引。光武原陵，山方三百二十三步，高六丈六尺，垣四出司馬門。寢殿、鐘簴皆在周垣内。提封田十二頃五十七畝八十五步。① 明帝顯節陵，山方三百步，高八丈。無周垣，爲行馬，四出司馬門。石殿行馬内。寢殿、園省在東，園寺吏舍在殿北。提封田七十四頃五畝。② 章帝敬陵，山方三百步，高六丈二尺。無周垣，爲行馬，四出司馬門。石殿、鐘簴在行馬内。寢、園省在東。園寺吏舍在殿北。提封田二十五頃五十五畝。和帝慎陵，山方三百八十步，高十丈。無周垣，爲行馬，四出司馬門。石殿、鐘簴在行馬内。寢殿、園省在東。園寺吏舍在殿北。提封田三十一頃二十畝二百步。殤帝康陵，山周三百八步，高五丈五尺。行馬四出司馬門。寢殿、鐘簴在行馬内。因寢殿爲廟。園吏寺在殿北。提封田十三頃十九畝二百五十步。安帝恭陵，山方二百六十步，高十丈五尺。無周垣，爲行馬，四出司馬門。石殿、鐘簴在行馬内。寢殿、園吏舍在殿北。提封田一十四頃五十六畝。順帝憲陵，山方三百步，高八丈四尺。無周垣，爲行馬，四出司馬門。石殿、鐘簴在司馬門内。寢殿、園省寺吏舍在殿北。提封田十八頃十九畝二十步。沖帝懷陵，山方八十三步，高四丈六尺。爲寢殿行馬，四出司馬門。園寺吏舍在殿北。提封田五頃八十畝。質帝静陵，山方三十六步，高五丈五尺。爲行馬，四出司馬門。寢殿、鐘簴在行馬中，園寺吏舍在殿北。

---

① "封"字原脱，據補編本、《後漢書·禮儀志》補。
② "七十"二字原脱，據補編本補。

提封田五十四步。因寢爲廟。《禮儀志》注。① 建武六年丙戌,月犯太微西藩。十一月己亥,月犯軒轅。七年九月庚子,土入鬼中。是歲太白經天。八年四月辛未,月犯房第二星,芒光不見。九年四月乙卯,金犯婁南星。甲子,月犯軒轅第三星。壬寅,犯心大星。七月戊辰,月並犯昴。十年正月壬戌,月犯心後星。閏月庚辰,火入輿鬼,過軫北。庚申,月在斗,赤如丹赭也。十二年正月,月乘軒轅大星。二月辛亥,月入氐,暈珥園角、亢、房。其年七月丁丑,月犯昴頭大星。八月辛酉,水見東方翼分。九月甲午,火犯輿鬼。十月丁卯,大星流,有光,發東井西行,聲隆隆。十三年乙卯,火犯輿鬼西北。② 十六年四月,土星逆行。十七年三月乙未,火逆行,從東門入太微,到執法星東,己酉,南出端門。十八年十二月壬戌,月犯木星。十九年閏月戊申,火逆行,從氐到亢。二十一年七月辛酉,月入畢。二十三年三月癸未,月食火星。三十一年七月戊申,月犯心後星。中元二年,是歲在丁巳。三月甲寅,月犯心後星。孝明帝永平元年閏九月辛未,火在太微左執法星所,光芒相及。十一月辛未,火逆行,乘東井北軒轅第二星。二年十二月戊辰,月食火星。三年六月丁卯,彗長三尺所,見三十五日乃去。四年三月庚戌,客星光二尺所,在太微左執法南端門外,凡見七十五日。八年十二月戊子,客星出東方。九年,客星歷斗、建、箕、房、過角、亢至翼,東指。十年七月甲寅,月犯歲星。十一年六月壬辰,火犯土星。十三年十一月,客星出軒轅四十八日。十二月戊午,月犯木星。孝章帝建初元年二月甲申,金入斗魁。五年二月戊辰,木、火具在參。三月戊寅,木在東井。六年七月丁酉,夜有流星起軒轅,大如

---

① "禮儀",原誤作"祭祀",據補編本、《後漢書·禮儀志》改。
② "輿鬼"二字原脱,據補編本、《後漢書·天文志》補。

拳,歷文昌,餘氣正白句曲,西如文昌,久之乃滅。孝和永元元年正月辛卯,有流星大如拳,起參東南。癸亥,鎮在參。①又流星大如桃,色赤,起太微東藩。三月戊子,土在參。丙辰,流星大如桃,起天津,東至斗,黃白頗有光。壬戌,有流星起,色黃,無光。十一月壬申,鎮星在東井。二年正月丙寅,水在奎,土在東井,金在婁,火在昴。三月甲子,火在亢南端門第一星南。乙亥,金在東井。四月丁丑,火在氐東南星東南。五年正月甲戌,月乘歲星。四月,木在輿鬼。六年六月丁亥,金在東井。閏月己丑,流星大如桃,起參北,②西至參肩南,③稍有光。八年九月辛丑,夜有流星,大如拳,起婁。十一年六月庚辰,月入畢中。十三年正月辛未,水乘輿鬼。十二月癸巳,月犯軒轅大星。十四年正月己卯,月犯軒轅,在太微中。二月十日丁酉,水入太微西門。十一月丁丑,有流星大如拳,起北斗魁中,北至閣道,稍有光,色赤黃,須臾西北有雷聲。④孝安永初二年四月乙亥,月入南斗魁中。八月己亥,熒惑出入太微端門。⑤三年三月壬寅,熒惑入輿鬼中。五月丙寅,太白入畢中。四年二月丙寅,月犯軒轅大星。延光元年四月丙午,太白晝見。四年四月甲辰,太白入輿鬼中。永建元年二月甲午,客星入太微。五月甲子,月入斗。二年二月丁巳,月犯心。七月丁酉,月犯昴。其年九月甲寅,有白氣,廣三尺,長十餘丈,從北落師門南至斗。三年二月癸未,月犯心後星。六月甲子,太白晝見。四年二月癸丑,月犯心後星。五年閏月庚子,太白晝見。六年,彗星出於斗、牽牛,滅於虛、

---

① "鎮",原誤作"領",據補編本、《後漢書·天文志》改。
② "參"下原衍一"西"字,據補編本、《後漢書·天文志》刪。
③ "西至"二字原脱,據補編本、《後漢書·天文志》補。
④ "北"字原脱,據補編本、《後漢書·天文志》補。
⑤ "端"字原脱,據補編本、《後漢書·天文志》補。

危、虛、危爲齊,牽牛吳越,故海賊浮於會稽,山賊捷於濟南。五月夏,熒惑守氐,諸侯有斬者,是冬班始腰斬馬市。陽嘉二年四月壬寅,太白晝見。五月癸巳,又晝見。十一月辛卯,又晝見。十二月壬寅,月犯太白。三年十二月辛未,太白晝見。四月乙卯,太白、熒惑入輿鬼。永和元年五月丁卯,太白犯牽牛大星。① 二年九月壬午,月入畢口中。三年八月己酉,熒惑入太微。十二月丁卯,月犯軒轅大星。六年五月庚寅,太白晝見。十一月甲午,太白晝見。漢安元年二月壬午,歲星在太微中。八月癸丑,月犯南斗,入魁中。② 二年丙辰,月入斗。建康元年九月己亥,太白晝見。孝質帝本初元年三月丁丑,月入南斗。並《天文志》注。建武六年九月,大雨連月,傷稼,禾苗更生,鼠巢樹上。《五行志》注,《白帖》引同。十七年,③雒陽暴雨,壞民廬舍,壓殺人,傷禾稼。同上。成帝建始二年,太原祁安縣民石臼中水出如流,狀積盂,至滿曰。民夜謠曰:"水大出,走上城。"後三年,女子陳持弓聞謠言,大水至,走入掖門,官吏大驚,上城。《開元占經》。武帝元封六年五月,旱。女及巫丈夫不入市也。《禮儀志》注。建武三年,雒陽大旱。帝至南郊求雨,即日雨。六年六月、九年春、十二年五月、二十一年六月、明帝永平元年五月、八年冬、十一年八月、十五年八月、十八年三月,並旱。章帝建初二年夏,雒陽旱。四年夏、元和元年春,並旱。永元元年,郡國十四旱。十五年,丹陽郡國二十二並旱,或傷稼。永初元年,郡國八旱,分遣議郎請雨。三年,郡國,四年、五年夏,並旱。建光元年,郡國四旱。延光元年,郡國五旱,傷稼。本初元年二月,京師旱。建武六年十二月,

---

① "大星"二字原脫,據補編本、《後漢書·天文志》補。
② "入"字原脫,據補編本、《後漢書·天文志》補。
③ "七"字原脫,據補編本、《後漢書·五行志》補。

雒陽市火。① 二十四年正月，雷雨霹靂，火災高廟北門。明帝永平二年六月己亥，桂陽市火，延燒城市。章帝建初元年十二月，北宮火，燒壽安殿，延及右掖門。元和三年六月丙午，火燒北宮朱爵西闕。② 永初元年十二月，河南郡縣火，燒殺百五人。③ 二年，④河南郡縣又失火，燒五百八十四人。永建三年，守宮失火，燒宮藏財物盡。四年，河南郡失火，燒人六畜。陽嘉元年六月，不雨，郡國火，燒廬舍殺人。永和六年十二月，雒陽酒市失火，燒肆殺人。漢安元年三月甲午，雒陽劉漢等百九十七家爲火所燒，火或從室廬間物中出，不知所從起，數月乃止。建武九年六郡八縣鼠食稼。⑤ 安年延平六年，河東水化爲血。《五行志》注、《開元占經》引同。元初二年，潁川襄城潛水化爲血，不流。光武建武十年十月戊辰，樂浪、上谷雨雹傷稼。十二年，⑥河南平陽雨雹，大如杯，壞敗吏民廬舍。十五年十二月乙卯，鉅鹿雨雹傷稼。永平三年八月，郡國十二雨雹傷稼。⑦ 十年，郡國十八或雨雹、蝗。元初四年，樂安雹大如桦，殺人。順帝永建三年，郡國十二雨雹。六年，郡國十二雨雹，傷稼。光武建武十年，遼東冬雷，草木實。章帝建初四年五月戊寅，石從天墮，大如鐵鑽，色黑，始下時聲如雷。成帝建始四年，無雷而風，天雷如擊連鼓者。四五刻，隆隆如車聲。明帝永平七年十月，越巂雷。順帝永和四年四月戊午，雷震高廟、世廟槐樹。建武二十一年三月，京師郡國十九蝗。

---

① "雒"，原誤作"桂"，據補編本、《後漢書·五行志》改。
② "西闕"二字原脱，據補編本、《後漢書·五行志》補。
③ "百五"二字原誤倒，據補編本、《後漢書·五行志》乙正。
④ "年"下原衍"二年"二字，據補編本、《後漢書·五行志》刪。
⑤ "九"，原誤作"元"，據《後漢書·五行志》改。
⑥ "十二"，原誤作"十一"，據補編本、《後漢書·五行志》改。
⑦ "國"字原脱，據補編本、《後漢書·五行志》補。

二十三年，京師郡國十八大蝗、旱，草木盡。二十八年三月，郡國十八蝗。二十九年四月，武威、酒泉、清河、京兆、①弘農、魏郡蝗。三十年六月，郡國十二大蝗。中元元年，郡十六大蝗。永平四年，酒泉大蝗，從塞外入。安帝永初六年三月，郡國四十八蝗。並《五行志》注。光武建武元年，山陽有小蟲類人形，甚衆。明日皆縣樹枝而死，乃大螘也。《太平御覽·螘》引。光武建武十三年，揚徐部大疾疫，會稽、江左尤甚。二十六年，郡國七大疫。永初二年時，州郡大饑，米石二千，人相食，老幼相棄道路。章帝建初五年，東海、魯國、東平、山陽、濟陰、陳留民訛言相驚有賊，捕至京師，民皆入城也。並《五行志》注。漢元帝永元中，日無光。其日長安無烏，或云日中之烏之去也。《天中記》引。建武元年正月庚午朔，日有食之。四年五月乙卯晦，日有食之。九年七月丁酉、十一年六月癸丑、十二月辛亥，並日有食之。二十六年二月戊午，日有食之，盡。明帝四年八月丙寅，時加未，日有食之。五年二月乙未朔，日有食之。京師候者不覺，河南尹郡國三十一上。六年六月庚寅，日有食之。時雒陽候者不見。八年十二月，日有食之。十三年閏八月，日有食之。元和元年九月乙未，日有食之。安帝永初三年三月，日有食之。元初六年十二月戊午朔，日有食之，幾盡，星晝見。建武七年四月丙寅，時日加卯，②西面東面日有抱，③須臾成暈，中有兩鉤，在南北面，有白虹貫暈，在西北面，有背在景，加巳乃解。章帝建初元年正月壬申，白虹貫日。五年七月甲寅夜，出乙丑地西北曲入。④ 七年丙寅，日加

---

① "兆"，原誤作"師"，據補編本、《後漢書·五行志》改。
② "日"字原脫，據補編本、《後漢書·五行志》補。
③ "西"下"面"字原脫，據補編本、《後漢書·五行志》補。
④ "曲"，原誤作"面西"，據補編本、《後漢書·五行志》改。

卯,西面有抱,須臾成暈,有白虹貫日。殤帝延平元年六月丁未,①日暈上有半暈,暈中外有僪,背兩珥。十二月丙寅,日再暈重,中皆有僪。順帝永建三年正月戊午,白虹貫日。三年正月丁酉,日有白虹貫交暈中。② 六年正月丁卯,日暈兩珥,白虹貫珥中。永和六年正月己卯,暈兩珥,中赤外青,白虹交貫暈中。光武建武八年三月庚子夜,月暈五重,紫微青黃,似虹,有黑氣如雲,月星不見,丙夜乃解。中元元年十一月甲辰,月中星齒,往往出入。③《五行志》注。漢元帝竟寧元年,大霧,樹皆白。《御覽‧霧》引。建始三年七月夜,有黃白氣,長十餘丈,明照地,或曰天劍。④《御覽‧氣》引。殤帝延平元年五月壬辰,河東垣山崩,⑤長七丈,廣四丈。《殤帝紀》注。光武建武二十年,甘露下日南朱梧,積四十五日。《御覽‧露》引。成帝建元四年,天雨粟。宣帝地節三年,長安雨黑粟。《天中記》引。宣帝元康四年,南陽雨豆。《御覽‧豆》引。元帝竟寧元年,南陽山陽郡縣雨粟,赤青黑,味苦,大者如豆,小者如麻子,赤黃味如麥。光建武二十年,清河、廬州雨粟,大如莧實,色黑。建初五年,九江、壽春雨粟。《天中記》引。永和元年,長安雨綿,皆白。《廣博物志》。元帝永元四年,東萊郡東牟山有野蠶為繭,⑥繭蛾生卵著石,人收得萬餘石,民以為蠶絮,廣五六丈。《御覽‧蠶》引。光武建武三年春,縑一匹易一斗豆。夏,野生旅豆,民收取之。明年,野蠶成繭。明帝永平十八年,下邳雨豆,似槐豆。《天中記》引。章帝建初七年,玉珪出弘農。同上。章帝元和元年,明珠

---

① "未",原誤作"辛",據補編本、《後漢書‧五行志》改。
② "交",原誤作"永",據補編本、《後漢書‧五行志》改。
③ "入"字原脱,據補編本、《後漢書‧五行志》補。
④ "曰",原誤作"白",據補編本、《太平御覽》卷二改。
⑤ "河"字原脱,據補編本、《後漢書‧殤帝紀》補。
⑥ "為",原誤作"如",據補編本、《太平御覽》卷八百十九改。

出館陶，大如李。三年，明珠出豫章，大如雞子，圍四寸八分。和帝永元五年，鬱林降人得大珠，圍五寸七分。《玉海·珠》引。章帝建初三年，丹陽宛陵民掘地得甲一。《御覽·甲》引。孝哀帝元嘉元年，芝生後庭木蘭。《御覽·木蘭》引。章帝元和二年，芝生沛，如人冠大，①坐狀。又生於章武，如人抱三子狀。建初五年，芝生潁川，常以六月中生一葉，五歲五重，九尺。春青，夏紫，冬黑。十月後，黃氣出上，尺五寸。《御覽·芝》引。零陵泉陵女子傅宰宅，生芝草五本，長者尺四五寸，短者七八寸，綠葉紫莖，蓋紫芝也。太守沈豐遣門下掾衍監奏獻，詔示天下。五年，泉陵卑子鴻周宅芝六本，狀如十二芝，並前凡十一本。《藝文類聚·芝》引。昭帝元鳳二年，馮翊獻桐，枝長六尺，九枝，枝三葉也。《御覽·桐》引。孝平帝元年，武陵縣生瓜，花如葱，紫色，實如小麥，墮地復生瓜蒂。《初學記·瓜》引。和帝永元元年，瓜枝生兩莖，一長尺五寸，分皆五枝，色皆青也。《五行志》注。和帝元興元年，黑黍穗一禾二實，或三四實，出任城，得粟三斗八升，以薦宗廟。三年，嘉禾生濟陰，一莖九穗。安帝延光九年，嘉禾生九真，百五十六本，七百六十八穗。《御覽·禾》引。建初二年，北海得一角獸，大如麕，有角，在其額間端有肉。元和二年，麒麟見陳，一角端如葱葉，色赤黃。《班固傳》注。和帝永元三年，白虎見彭城。《御覽·虎》引。明帝永平九年，三角白虎出江陵。建初七年，獲白鹿。孝和帝永元十二年，豫章餘干得白鹿，高丈九尺，兩角間有道家七星符及祖父名號、鄉里年月，何企由由遂斷射獵。《御覽·鹿》引。"何企"一作"劉篤"。章帝元和二年，白狐見信都。《藝文類聚·狐》引。成帝建平元年，山陽得白兔，目赤如朱。《類聚·兔》引。平帝元始三年，濟南鳩生白子。

---

① "大"，原誤作"犬"，據補編本、《後漢書·班固傳》改。

《類聚·鳩》引。孝哀帝初元三年,泰時殿中有雀,五色,頭冠長寸餘,大似雞,始到時,鳥環其旁。《類聚·雀》引。成帝河平四年,白烏集孝文廟殿下,黑烏從之。章帝元和三年,三足烏集沛國。三年,代郡高柳烏生子三,足大如雞,色赤,頭上有角,長寸餘。和帝元興元年,①白烏見廬江,足皆赤。所謂赤烏者,朱烏也,其所居高遠。日中三足烏降而生三足烏,何以三足? 陽數奇也,是以有虞至孝,三足烏集其庭。《類聚·烏》引。曾參鉏瓜,三足烏萃其冠。《御覽·烏》引。高祖五年,黄龍見華陽池十餘日。九年,又見長安。五鳳四年,黄龍出廣漢。甘露元年,黄龍見新豐。二年,龍見上郡,騰躍五色升天。丞相以下上壽。章帝建初三年,黄龍見汝南項氏田廬中,②長五丈,高二丈,光曜廬舍,及樹皆黄。永元十年,黄龍見潁川定陵民家井中,色黄,目如鏡。又見巴郡宕渠,草木皆黄。建初五年,有八黄龍見零陵泉陵湘水中,相與,其二大如馬,有角;六枚大如駒,無角。元和二年,黄龍見雒陽元延亭。《章帝紀》注。

按:是書久佚,今據劉昭《續漢書·天文志》《五行志》《禮儀志》注及李賢范《書》紀傳注、《藝文類聚》《初學記》③《北堂書鈔》《太平御覽》《開元占經》《玉海》諸書所引,略爲條次,以類相從。又是書多與崔豹《中華古今注》相混,如"知蠋人之忿則贈以青囊"④一條、"蒜卵蒜也"一條、"麋有牙而不能噬"一條、"鶴千歲則變蒼"一條,當是《中華古今注》之文,而《御覽》並題曰《伏侯注》,則輾轉援引,不加細考也,今並不錄。

---

① "年",原誤作"子",據補編本、《藝文類聚》卷九十九改。
② "項",原誤作"弭",據補編本、《藝文類聚》卷九十八改。
③ "學",原誤作"書",據補編本改。
④ "囊"字原脱,據《藝文類聚》卷八十九補。

應劭　狀人紀

初，劭父奉爲司隸時，并下郡國諸官府，各上前人象讚，①劭乃連綴其名，錄爲《狀人紀》。《漢官》曰："郡府廳事壁畫諸尹讚，肇自建武，訖於陽嘉，注其進退清濁，甚得述事之實。"

諸葛亮　貞潔記一卷

見焦竑《國史經籍志》。

漢末英雄記八卷

《四庫全書提要》：舊本題魏王粲撰。按：粲卒於建安中，其時黃星雖兆，玉步未更，不應書名以漢末，似後人所追題。然考粲《從軍詩》已稱曹操爲聖君，則儼然以魏爲新朝，此名不足怪矣。《隋志》著錄作八卷，注云"殘缺"。其本久佚，此本乃王世貞雜抄諸書成之。凡四十四人。大抵取於裴松之《三國志注》爲多。

附　皇覽一百三十卷　王象等撰

象字羲伯，少孤貧，爲人僕隸而私讀書。本郡楊俊嘉其才質，即贖之。建安初，與荀緯爲太子所禮。丕即位，遷散騎常侍，受詔撰《皇覽》八萬餘言，合四十餘部。

陳壽　三國志五十五卷

壽字承祚，巴西安漢人。② 師事同郡譙周，撰魏蜀吳《三國志》六十五篇。③

韋誕　魏書五十卷

誕字仲將，典作《魏書》，號《散騎書》，一號《大魏書》，凡五十篇。

王沈　魏書四十四卷

---

① "各上"，原誤作"名土"，據補編本、《後漢書·應劭傳》改。
② "巴西安漢"，原誤作"西安防"，據《晉書·陳壽傳》改。
③ "吳"字原脱，據補編本補。

魚豢　魏略三十八卷

魚豢　典略五十卷

韋昭　洞記九卷

　　自伏羲至建安。一作四卷。

吳書五十五卷　　華覈、韋昭、胡沖等撰

　　周昭，字仲遠，與韋昭、薛綜、華覈並著《吳書》。

胡沖　吳曆六卷

張勃　吳錄三十卷

楊羲季漢輔臣贊

徐整　三五曆記一卷　通曆二卷　雜曆五卷

　　以上並見《隋書》及《舊唐書·經籍志》。

右雜史霸史類。

二十五史藝文經籍志考補萃編續刊

第六卷（下）

王承略　劉心明　主編

補後漢書藝文志

［清］顧櫰三　纂輯
李兵　林相　整理

清華大學出版社
北京

補後漢書藝文志卷之十一

曹大家　列女傳注十五卷

《隋志》：《列女傳》十五卷，劉向撰，曹大家注。

曾鞏《目録》叙曰："《隋書》《崇文總目》皆稱十五卷，曹大家注。以《頌義》考之，蓋大家所注，離爲十四，與《頌義》凡十五篇，蓋陳嬰母及東漢以來梁鴻妻遺事，非向書本然也。"衿，交領也。《顏氏家訓》引。麿，深遠也。《文選·洞簫賦》注引。竹木曰林，山足曰麓。《文選》張景陽《七命》注引。少采，降之采也。以秋分祀夕月，以迎陰氣也。《初學記》引。群、衆、粲，皆多之名也。田獵得三獸，王不盡收，以其害除也。《史記正義》引。公，諸侯也。公之所與衆人共議也。同上。皋子，皋陶之子伯益也。《詩正義》引。《史記》注引同。衛釐侯，曹大家作"晉僖"。同上。玉環佩，佩玉有環。《後漢書·皇后紀》論注引。

馬融　列女傳注

見本傳所載著述目中。

延篤　戰國策注

《顏氏家訓》引作延篤《戰國策音義》。

尸，雞中主也。從，牛子也，從或爲後，非也。《文選》阮元瑜《爲曹公與孫權書》引延叔堅《戰國策注》。因是已，①因事已復有是也。茹溪，溪流所沃者美好。②《文選》阮籍《詠懷詩》注引延叔堅《戰國策論》。具帶黄金師比。③《史記·匈奴傳》引延篤《戰國策注》：具帶黄金師比，胡革帶鉤也。

---

① "因"，原誤作"目"，據補編本、《文選》卷二十三改。
② "溪"，原誤作"之"，據補編本、《文選》卷二十三改。
③ "具"，原誤作"見"，據補編本、《史記·匈奴傳》改。下"具"字同。

富比乎陶、衛》。① 《魯連傳》注引延篤《戰國策注》：陶，朱公。衛，公子荊也。

高誘　戰國策注三十三卷

《雅雨堂叢書》有校刊高誘注《戰國策》三十三卷。

《四庫全書提要》：《崇文總目》：後漢高誘注本二十卷，今缺第一、第五、第十一至二十，止存八卷。曾鞏校定序曰："此書有高誘注者二十一篇，或曰三十二篇。《崇文總目》存者八篇，今存者十篇。"毛晉汲古閣影宋鈔本，②雖三十三卷皆題曰"高誘注"，③而有誘注者僅二卷至四卷，六卷至十卷，④與《崇文總目》數合。最末三十二、⑤三十三兩卷合首八卷，與曾鞏序十篇數合。其餘二十三卷則但有考異而無注。其有注者多冠以"續"字，其偶遺"續"字者，如《趙策》郄疵注、洛陽注，皆引唐林寶《元和姓纂》；《趙策》甌越注，引魏孔衍《春秋後語》；《魏策》芒卯注，引《淮南子注》。衍與寶在誘後，而《淮南子注》即誘所自作，⑥其非誘注，可無庸置辨。蓋曾鞏校書之時，官本所少之十二篇，⑦誘注適有其十，惟缺第五、第三十一；誘書所缺，則官本悉有之，亦惟缺第五、第三十一。意必以誘書足官書，而又於它家撮二卷補之，此官書、誘書合而爲一之由。然鞏不言校誘注，則所取惟正文也。迨姚宏重校之時，乃併所存誘注入之，故其《自叙》稱"不題校人并又題續注者，皆予所益"，知爲先載誘注，故以續爲別也。

---

① "富"，原誤作"宵"，據補編本、《史記·魯仲連傳》改。
② "宋"，原誤作"本"，《四庫全書總目》卷五十一改。
③ "三十三"，原誤作"三十二"，據《四庫全書總目》卷五十一改。
④ "六卷"二字原脱，據《四庫全書總目》卷五十一補。
⑤ "三十二"，原誤作"二十二"，據《四庫全書總目》卷五十一改。
⑥ "注"字原脱，"作"原誤作"注"，皆據《四庫全書總目》卷五十一改。
⑦ "少"，原誤作"有"，據《四庫全書總目》卷五十一改。

附姚《序》：右《戰國策》，①《隋·經籍志》三十四卷，劉向錄；高誘注，止二十卷；漢京兆尹延篤論一卷。《唐·藝文志》，劉向錄已闕二卷，②高誘注乃增十一卷，③延篤論時尚存。今所傳三十三卷。《崇文總目》，高誘注八篇，印本存者有十篇。武安君事在《中山》卷末，不詳所謂。延篤論今亡矣。其未經曾南豐校定者，舛誤尤不可讀。浙、建小字刊行者，④皆南豐所校本也。括蒼耿氏所刊，⑤鹵莽尤甚。宣和間，得館中孫固、孫覺、錢藻、曾鞏、劉敞、蘇頌、集賢院共七本，晚得晁以道本，並校之，所得十二焉。如用"埊""𢗊"字，皆武后字，恐唐人相承如此。諸公校書，改用此字，殊不可解。竇苹作《唐書》，釋武后用"埊"字，云古字，見《戰國策》。不知何所據而云？"埊"乃古"地"字。又"埊"字，見《亢倉子》《鶡冠子》，⑥或有自來。至於"𢗊"字，幽州僧行均作《切韻訓詁》，以此二字云古文，⑦豈別有所見耶？太史公所采九十三事，內不同者五。《韓非子》十五事，《說苑》六事，《新序》九事，《吕氏春秋》一事，《韓詩外傳》一事，皇甫謐《高士傳》三事，《越絶書》記李園一事，⑧甚異。而正文遺逸引《戰國策》者，⑨司馬貞《索隱》五事，豫讓擊襄子之衣，衣盡血；吕不韋言周凡三十七王；白圭爲中山將，⑩亡六

---

① "右"，原誤作"古"，據清刻《士禮居叢書》本《戰國策注·札記》（以下《戰國策注》皆據此本）改。
② "闕"，原誤作"録"，據《戰國策注·札記》改。
③ "十一"，原誤作"十二"，據《戰國策注·札記》改。
④ "字"，原誤作"本"，據《戰國策注·札記》改。
⑤ "蒼"，原誤作"氏"，據《戰國策注·札記》改。
⑥ "鶡冠子"，原誤作"鶡冠字"，據《戰國策注·札記》改。
⑦ "二""云"二字原脱，據《戰國策注·札記》補。
⑧ "一"字原脱，據《戰國策注·札記》補。
⑨ "逸"，原誤作"引"，據《戰國策注·札記》改。
⑩ "爲"，原誤作"亡"，據《戰國策注·札記》改。

城，還拔六城；①馬犯謂周君；馬犯謂梁王逾，即"瘉"字。《廣韻》七事，晋有大夫芬質，音撫文切；羊于者著書顯名，②安陵丑，雍門周；③中大夫藍諸；晋有亥唐；趙有大夫庫賈，④音肇，訓凹也；⑤齊威王時有左執法公旗蕃。《姓纂》一事，引《風俗通》：晋有大夫芸賢。⑥《春秋後語》二事，趙武靈王游大陵，夢處女鼓瑟，平原君躄者，注：躄，攣跛之名。《後漢·地里志》一事，明地九門，⑦注云：碣石山在縣界。第八《贊》一事，⑧廉頗爲人勇鷙而好士。《藝文類聚》一事，蘇秦爲楚合從，元戎以鐵爲矢，⑨長八寸，一弩十矢俱發。《北堂書鈔》一事，楚人以弱弓微繳加歸雁之上者。徐廣注《史記》一事，韓兵入西周，令成君辯説秦求救。張守節《正義》一事，碣石九門，本有宫室所居。舊《戰國策》一事，⑩羅尚見秦王曰："秦四塞之險，利於守，不利於戰。"李善注《文選》一事，蘇秦説孟嘗君曰："秦四塞之國。"高誘曰："四面有關山之固，故曰四塞之國。"皆今本所無也。至如張儀説秦王，乃《韓非初見秦王》，厲人憐王引《詩》，乃《韓詩外傳》，既無書可以考證，第嘆息而已。聊以所聞見爲集注，補高誘之亡云。⑪上章執徐仲冬朔，會稽姚寬書。

宋忠　世本注四卷

《問經堂叢書》有《刊校世本注》一卷。

附　宋均　世本注七卷

---

① "六城"，《戰國策注·札記》作"中山"。
② "羊于"，《戰國策注·札記》作"芉千"。
③ "周"字原脱，據《戰國策注·札記》補。
④ "庫賈"，原誤作"庫質"，據《戰國策注·札記》改。
⑤ "凹"，《戰國策注·札記》作"門"。
⑥ "賢"，原誤作"質"，據《戰國策注·札記》改。
⑦ "明地"，《戰國策注·札記》作"東城"。
⑧ "贊"，原誤作"質"，據《戰國策注·札記》改。
⑨ "戎"，原誤作"戍"，據《戰國策注·札記》改。
⑩ "策"字原脱，據《戰國策注·札記》補。
⑪ "補"字原脱，據《戰國策注·札記》補。

譙周　蜀本紀

禹本汶山廣柔縣人也，生於石紐，其地名刳兒坪，見《世帝紀》。《蜀志》引譙周《蜀本紀》。蜀人髽髻左言。《文選》王元長《三月三日曲水詩序》注引。成都有人將其女獻之蜀王，女不安水土，欲歸。蜀王愛其女，留女，乃作《東平之歌》以悦之。秦王誅蜀侯惲，後迎葬咸陽。天雨三月，道不通，因葬成都。故蜀人求雨，祀蜀侯，必雨。並《史記正義》引。

譙周　古史考二十五卷

《平津館叢書》有輯本刊行。《晋書·司馬彪傳》：譙周以司馬遷《史記》書周秦以上，多采俗語百家之言，不專據經典，於是作《古史》二十五篇，皆憑舊典，以正遷之謬。晋太始中，司馬彪復以周爲未盡善，條《古史考》中凡百二十二事爲不當，多據《汲冢紀年》之義，亦行於世。《玉海》：《左傳正義》引譙周《古史考》，以炎帝與神農爲二人，小司馬《三皇本紀》亦據《古史考》。

附　陳壽　古國志六十五篇

右古史類。

補後漢書藝文志卷之十二

世廟登歌詩

東平王蒼撰。《東漢觀記》：永平三年八月，公卿奏議世祖廟登歌八佾舞名。東平王蒼議，以爲漢制舊典，宗廟各奏其樂，不皆相襲，以明功德。光武受命中興，撥亂反正，登封告成，修建三雍，肅穆典祀，功德巍巍。歌所以咏德，舞所以象功，世祖廟樂宜曰《大武》之舞。《詩傳》曰："頌言成也，一章成篇，宜列功德，故登歌《清廟》一章也。"《漢書》曰："百官頌所登御，一章十四句。"損益前後之宜，六十四節爲舞，曲副八佾之數。① 十月烝祭始御，用其《文始》《五行》之舞如故。進《武德舞歌詩》曰："於穆世祖，肅雍顯清。俊乂翼翼，秉文之成。越序上帝，駿奔永寧。建立三雍，封禪太山。章明圖讖，放唐之文。休矣惟德，罔射協同。本支百世，永保厥功。"詔曰："驃騎將軍議可。"《隋·樂志》：漢明帝時，樂有四品。又選百官詩頌以爲樂歌。十月吉辰，始用烝祭。章帝即位，十二月癸巳，有司奏明帝廟曰："顯宗禘祫於光武之堂，進《武德》之舞。"《東觀漢記》：章帝賜東平王蒼書曰："太尉趙熹奏，顯宗四時祫食於世祖廟，如孝文在高廟之禮，奏《武德》《文始》《五行》之舞。"蒼上言："昔者孝文廟曰《昭德》，孝武曰《盛德》，今皆祫食於高廟，時《盛德》之舞不進，與高廟同樂。今孝明主在世廟，當同樂，《盛德》之舞無所施，當進《武德》之舞。"詔："祫食世祖廟，皆如王議。以正月十八日始祠。"和帝即位，有

---

① "曲"字原脱，據補編本、《後漢書·祭祀志》補。

司奏肅宗共進《武德》之舞。

日重光樂歌四章

《古今注》：明帝爲太子，樂人作歌四章，以贊其德：一曰《日重光》，二曰《月重輪》，三曰《星重輝》，四曰《海重潤》。

長樂聲

明帝製琴曲。

大予樂

蔡邕《禮儀志》：漢樂四品：一曰《大予樂》，典郊廟、上陵殿諸食舉。明帝詔改舊樂爲《大予樂》。永平三年秋八月，改大樂爲《大予樂》。時曹充上言："漢再受命，仍有封禪之事，而禮樂傾缺，不可爲後世法。五帝不相沿樂，三王不相襲禮。大漢宜制樂以示百官。"帝問："制禮樂云何？"對曰："《河圖括地象》：'漢世禮樂文雅出。'《尚書璇璣鈐》曰：'有帝漢出，[①]德洽作樂，名予。'"帝善之，詔曰："今且改樂官曰大予，詩曲雅歌，以俟君子。"《百官志》：大予樂令一人，秩六百石。丞一人。掌伎樂、祭祀，掌請奏樂，及大饗用樂，掌其陳序。《漢官儀》：大予樂員吏二十五人，樂人、八佾舞三百八十人。

《禮儀志》：冬夏氣至，列大予樂，樂器列前殿。盧植《禮注》：大予樂令如大胥、小胥。漢大樂律：卑者之子不得舞宗廟之酎。取六百石五大夫以上適子三十一以下顔色和順身體修治者爲舞人。《周禮注》：管，如篪而小。今大予樂有焉。《詩疏》：柷敔，形狀蓋依漢之大予樂。《周官疏》：錞于如名出於漢之大予樂官，其形圜如碓頭，大上小下，樂作鳴之，與鼓相和。《周官注》：簫，編小竹管，如今賣飴所吹者。管，如篪而小，併兩而吹之，今大予樂官有焉。《國語注》：均者，均鍾木，

[①] "帝"字原脱，據《後漢書·明帝紀》補。

長七尺,有弦繫之以均鍾者,度鍾大小清濁也。漢大予樂官有之。《東都賦》:揚世廟正予樂。

五郊迎氣樂

光武帝初平隴蜀,增廣郊祀,高帝配食,樂奏《青陽》《朱明》《西皓》《玄冥》《雲翹》《育命》之舞,北郊及明堂並奏樂如南郊。永平二年,始迎氣於五郊。建初二年七月,太常樂丞鮑鄴上言:"王者有食舉之樂,官樂但有太簇,皆不應月律。可作十二月均,各應其月氣,乃能感天地,和氣宜應。明帝始令靈臺以六律候,而未設其樂。經曰:'十二月行之,所以宣氣豐物也。'月開斗建之月,而奏歌其律,誠宜施行,願與待詔嚴崇及能作樂器者,共作治,考工給所當。①"薛瑩《後漢書》。鄴上言:"天子食飲,必順四時五味,而有食舉之樂。今官樂獨有黃鍾,而食舉樂但有太簇,皆不應月律。可作十二月,各應其氣。公卿朝會,得聞月律,乃能感天,和氣宜應。"詔下太常令。太常上言,作樂器直百四十六萬,奏寢。今明詔復下,臣防可用歲首之嘉月,發太簇之律,奏雅頌之音,以迎和氣。其條貫甚具,遂獨施行,起於十月,為迎氣之樂。《東觀漢記》。待詔候鍾律殷肜上言:"請嚴宣補學官。"肜言:"官無曉六十律以準調音者,嚴崇具以準法教子宣,願詔宣補樂官。"上以太常樂丞鮑鄴上言樂事,下車騎將軍馬防議。防上奏曰:"聖人作樂,所以致和氣。可因歲首,發太簇之律,奏雅頌之音,以召和氣。②"時以作樂費多,獨行十月迎氣樂。建初五年冬,始行月令,迎氣樂。順帝陽嘉二年十月庚午,行禮辟雍,奏應鍾。始復黃鍾,作樂器,隨月律。③《東觀漢記》:陽嘉二年冬十月,以春秋為辟

---

① "當"下原衍一"上"字,據補編本、《後漢書·律曆志》刪。
② "召",補編本、《後漢書·章帝紀》皆作"迎"。
③ "律",原誤作"令",據補編本、《後漢書·順帝紀》改。

雍，肄太學，隨月律。十月作應鍾，三月作姑簇。元和以來，音戾不調，至是始修復黃鍾，作樂，如舊典。迎時氣五郊之樂，兆自永平。立春，於東郊祭青帝句芒。車旗服飾皆青，歌《青陽》，八佾舞《雲翹》之舞。立夏之日，迎夏於南郊，祭赤帝祝融。車旗服飾皆赤，歌《朱明》，舞《雲翹》之舞。先立秋八日，迎黃靈於中兆，祭黃帝后土。車旗服飾皆黃，歌《朱明》，八佾舞《雲翹》《育命》之舞。立秋，迎於西郊，祭白帝蓐收。車旗服飾皆白，歌《西顥》，八佾舞《育命》之舞。使謁者以一特牲祭先虞於壇，有事，天子入囿射牲，以祭宗廟，名曰貙劉。立冬，迎氣於北郊，祭黑帝玄冥。車旗服飾皆黑，歌《玄冥》，八佾舞《育命》之舞。《祭祀志》。迎氣四時樂，唱以角、徵、商、羽。春唱角，舞羽翟。夏唱徵，舞鼓鞞。秋唱商，舞干戚。冬唱羽，舞干戚。《皇覽》。郊黃帝，迎氣於黃郊，樂奏黃鍾之宮，歌《帝臨》，冕而執干戚，舞《雲翹》《育命》，所以養時訓也。《禮儀志》。爵弁，《雲翹》舞人服之。建華冠，《育命》舞人服之。《輿服志》。章帝時，零陵文學史奚景於泠道舜祠下得玉律，以爲尺，相傳謂之漢官尺。

食舉樂

章帝親著歌詩四章，列在食舉。蔡邕云："王者食舉以樂。"《宋志》：章帝元和二年，宗廟樂故事，食舉有《鹿鳴》《承元氣》，二曲三章，自作詩四篇：一曰《思齊皇姚》，二曰《六麒麟》，三曰《竭肅雍》，四曰《陟叱根》，一本曰《涉顯相》。合前六曲，爲宗廟食舉。加祭廟《重來》，上陵食舉。減宗廟《承元氣》一曲，加《惟天之命》《天之曆數》，爲殿中御飯食舉。漢大樂，食舉十三曲：一曰《鹿鳴》，二曰《重來》，三曰《初造》，四曰《俠安》，五曰《歸來》，六曰《遠期》，七曰《有所思》，八曰《明星》，①九曰《清涼》，十曰《涉大海》，十一曰《大置酒》，十二曰

---

① "明"，原誤作"淳"，據補編本、《宋書·樂志》改。

《承元氣》，十三曰《海淡淡》。
靈臺十二門詩
《山堂考索》引：詩，宣天地之氣也。漢孝章皇帝祇肅上下，朝夕不怠，若稽前代之制，守其所已成，增其所未備，深惟靈臺之作，實用以推測洪化，歌詩未作，月律猶闕，將何以贊元氣之運而導揚其和暖？以元和二年夏四月，摛宸藻，定樂章，下《大予樂》，官各隨其月吹竹律而奏之，以承嘉祀，是蓋東都之鉅典也。謹序其首曰：十二氣之運，推遷回復，不見其迹，必調之以律，然後可得而宣。十二律之次，①清濁高下，各隨其方，必歌之以詩，然後可得而諧也。傳曰："律以統氣類物，呂以旅陽宣氣。"是氣固待律而宣。《書》曰："詩言志，歌永言，聲依永，律和聲。"是律固待詩而諧。天地造化之妙，成於帝王輔贊之功，歌詩之作亦帝王所以輔贊者與？惟漢受命於天，益昭事而奉順之，立政布教，行賞用刑，罔不惟天時之若；故觀象眂祲，命官作樂，罔不惟天時之謹。命趙堯之徒分舉四時，則高皇之爲也。作郊祀之歌，而間歌四時，則武帝之爲也。經始靈臺，鬱其特起，則創制於光武。命駕時登，考正儀度，則禮盛於顯宗一代制度。聖斯作，明斯述，可謂詳矣，未可以爲盡也。當此之時，竹律之作，獨太簇之音惟諧，餘律雖設而聲未正也。至章帝躬身聖德，稽考經文，折衷群言，而制定其當。既作食舉，四時列在備樂，於是大常丞鮑鄴言聖人之樂必順陰陽，願敕攸司損捐月律，上應月氣。帝從，中下其議。三公九卿旅進在列，咸以謂宜如鄴言。帝猶謙抑未遑也。號登元和，宇内大寧，休祥紹至，聲音之道，固宜與詩俱，乃發睿思，窺見二儀之祖而寫之聲音。十二門之詩，名殊章

① "次"，原誤作"氣"，據補編本、明正德間刻本《山堂考索》（以下《山堂考索》皆據此本）前集卷四十九改。

列，匪豐匪簡，音官相與肄習，率以令月吉辰，祗薦祠事，闕斗建之門，考協時律，以聲其詩，位以方辨，氣以聲達，中和之化，宣暢流衍，無有愆伏。時令既正，措之事業者，動有據依，恩流而陽熙，威振而陰肅，萬物該成，各由其道。天地之功，至是而全矣。① 帝王之制，至是而備矣。

雅頌樂

蔡邕《禮儀志》：二則《周雅頌樂》，典辟雍、饗射、六宗、社稷。永平二年正月，宗祀明堂，樂和八音。十年閏四月甲午，南巡狩，幸南陽。日北，至祠舊宅。禮畢，②召校官弟子作雅樂，奏《鹿鳴》。帝親自御塤篪和之，以娛嘉賓。雅樂四曲，西京大亂，絕無金石之樂。自魏武平荊州，獲雅樂，即杜夔能識舊法。雅樂四曲：《鹿鳴》《騶虞》《伐檀》《文王》，皆古篇辭。《通典》：議者皆言漢代不知用宮縣。按：章和代，實用旋宮。漢樂歌云"高張四縣，神來燕饗，謂宮縣也"。

黃門鼓吹樂

孝章皇帝自製。蔡邕《禮儀志》：三曰《黃門鼓吹》，天子所以燕樂群臣。建武八年，幸祭遵營，勞士卒，作《黃門鼓吹樂》。順帝永和元年，夫餘王來朝，帝作《黃門鼓吹》以遣之。《漢官儀》：鼓吹四百十五人。《宋書·志》：漢樂四品，其三曰《黃門鼓吹》。③《建初錄》：《務成》《黃爵》④《玄雲》《遠期》，皆騎吹曲。列殿庭爲鼓吹，從行爲騎吹。《通典》：後漢有承華令，典《黃門鼓吹》。

---

① "至"，原誤作"自"，據補編本、《山堂考索》前集卷四十九改。
② "畢"，原誤作"宅"，據補編本、《後漢書·明帝紀》改。
③ "其"，原誤作"皆"，據補編本改。
④ "爵"，原誤作"冠"，據《宋書·樂志》改。

短簫鐃歌

蔡邕《禮儀志》:《短簫鐃歌》,軍樂也。黃帝、岐伯所作,以揚德建武、勸士諷敵也。《通典》:漢《短簫鐃歌》,其曲有《思悲翁》《朱鷺》《艾如張》《上之回》《擁離》《戰城南》《巫山高》《上陵》《將進酒》《君馬黃》《芳樹》《有所思》《雉子斑》《聖人出》《上邪》①《臨高臺》《遠如期》《石留》《務成》《玄雲》《黃雀》《釣竿》等曲,列於鼓吹,多叙戰陳之事。

闕里六代樂

元和三年春,肅宗東巡狩。還至魯,幸闕里,以太牢祀孔子及七十二弟子,作六代之樂。

九賓徹樂

《禮儀志》:上陵,漏上,大鴻臚設九賓,隨立殿前。蔡質《漢儀》:正月旦,天子幸德陽殿,臨軒,作《九賓徹樂》。舍利從南方來,戲於庭乃畢,入殿前激水,化作比目魚,跳躍漱水作霧,化成黃龍,②長八丈,游戲於庭,炫耀日光。以兩大繩繫兩柱頭中間,相去數丈,兩倡女對舞,行於繩上,對面道逢,切肩不傾。又躡局出身,藏形於斗中,鍾磬並作,樂畢,作魚龍曼衍。小黃門鼓吹三通。《周官注》:散樂野人,爲樂之善者,若今黃門倡矣。

八能樂

《後漢書・律曆志》:天子以日冬夏至御前殿,合八能之士,陳八音,聽鍾均。《禮儀志》:《樂叶圖徵》曰:"八能之士常以日冬至作陰樂以成天文,日夏至作陽樂以成地理。"《易通卦驗》:日冬至,人主致八能之士,或調黃鍾,或調六律,或調五聲,或調五行,或調律曆,或調陰陽,德政所行,八能以備。人

---

① "邪",原誤作"雅",據補編本改。
② "黃",原誤作"雲",據補編本、《後漢書・西域傳》改。

主乃縱八能之士，擊黃鍾之鐘，人敬稱善言以相之。乃權水輕重，稱黃鍾之重，擊黃鍾之磬。八卿大夫列士乃使八能之士，擊黃鍾之鼓。鼓用革，員徑八尺一寸。① 鼓黃鍾之琴，瑟用槐木，瑟長八尺。吹黃鍾之律，間用笙，長四尺二寸。黃鍾之音同蕤賓之律。夏日至，舞八能樂，黃鍾之音調則蕤賓之律應，聲磬則林鍾之律應，此謂冬日至成天文，夏日至成地理。鼓角黃牛皮，員徑五尺七寸，瑟用桑木，長五尺七寸，間音以簫，長尺四寸。

橫吹樂曲

《古今樂錄》：橫吹，胡樂也。張騫入西域傳其法，惟得《摩訶兜勒》一曲。李延年因之，更造新聲二十八解，乘輿以爲武樂。後漢邊軍將萬人將軍得之。《晉志》：橫吹有雙角，胡樂也。和帝時，萬人將軍得之。《中華古今注》：魏晉以來，②二十八解不復存世。③ 用者《黃鶴》④《隴頭》《出關》《入關》《出塞》《入塞》《折楊柳》⑤《黃覃子》《赤之楊》《望行人》一十四曲。

鞞舞辭

《晉志》：《鞞舞》，未詳所起，漢世已施於燕饗，傅毅、張衡所賦皆其事也。《隋志》：《鞞舞》，漢巴渝舞也。章帝造《鞞舞辭》，舊曲有五：一《關東有賢女》，二《章和二年中》，三《樂久長》，⑥四《四方皇》，五《殿前生桂木》，《碧雞漫志》"木"作"樹"。其辭並亡。曹植《鞞舞歌序》：漢靈帝西園鼓吹李堅者，能鞞舞，遭亂，西

---

① "尺一"二字原脱，據補編本、《玉海》卷一百四補。
② "魏"字原脱，據補編本、宋咸淳《百川學海》本《中華古今注》（以下《中華古今注》皆據此本）卷下補。
③ "八"字原脱，據補編本、《中華古今注》卷下補。
④ "鶴"，原誤作"雀"，據補編本、《中華古今注》卷下補。
⑤ "折"，原誤作"千"，據補編本、《中華古今注》卷下補。
⑥ "久"，原誤作"人"，據補編本、《晉書·樂志》改。

隨段煨。《明之君》，漢代鞞舞曲也。《鐸舞》，漢曲也。

藉田歌辭

《齊書·樂志》：《藉田歌辭》，章帝元和元年，玄武司馬班固奏用《商頌·載芟》祠先農，自東京散亂，絕無金石之樂，樂章已缺，不可復知。

大儺悵子歌

見《後漢書·禮儀志》。

靈臺十二門新詩

熹平四年正月中，出《靈臺十二門新詩》，下大予樂官，與舊詩並行。

弄參軍曲

《樂府雜錄》：弄參軍，始因後漢館陶令石躭有贓罪，和帝惜其才，免罪。每宴樂，①即令衣白夾衫，命優伶戲辱之。經年，復爲參軍。

魁礧子

《通典》：《窟礧子》，②亦曰《魁礧子》，作偶人以戲，善歌舞。本喪樂也，漢末始用之於燕會。③

樂經

陽城衡撰。桓譚《新論》：陽城子張，名衡，蜀人，與吾俱爲講樂祭酒。懷按：《論衡》作"陽城子長作《樂經》"，即陽城衡也。《華陽國志》作"陽城子元"。

揮國樂

《西南夷傳》：安帝永寧元年，揮國王雍由調復遣使朝賀，④獻

---

① "宴"字原脱，據補編本、清道光二十四年刻《守山閣叢書》本《樂府雜錄》補。
② "礧"，原誤作"砡"，據補編本、《通典》卷一百四十六改。
③ "燕"，補編本、《通典》卷一百四十六皆作"嘉"。
④ "王""調復"三字原脱，據《後漢書·西南夷傳》補。

樂及幻人,能變化,吐火,自支解,易牛馬頭。又善跳地數十。自言我海西人。海西,大秦也。明年元會,帝作樂於庭,與群臣共觀,大奇之。陳禪言:"帝王之庭,不宜設夷狄之技。"尚書陳忠曰:"古者合歡之樂舞於堂,四夷之樂歌於門,故《詩》曰'以《雅》以《南》,《韎》《任》《朱離》'。櫻按:所引《韓詩》也。今撣國越流沙,踰縣度,萬里貢獻,非鄭衛之音,遠人之比。"《後漢書‧陳禪傳》。

莋都夷慕德歌　樂德歌　懷德歌

《西南夷傳》:莋都夷者,武帝所開。永平中,益州刺史朱輔宣示漢德,威懷遠人。白狼、槃木、唐菆等百餘國,舉種朝貢。輔上疏曰:"白狼王唐菆等,慕化歸義,作詩三章。有犍爲郡掾田恭與之習狎,頗曉其言。臣令訊其風俗,譯其辭語。今遣從事史李陵與恭護送詣闕,並上其樂詩。在昔聖帝,舞四夷之樂。今之所上,庶備其一。"帝嘉之,下史官錄其歌焉。《蜀都賦》:陪臣白狼,夷歌成章。

樂元起一卷　桓譚撰
又　琴道一篇

《隋志》:《琴道》一篇未成,班固續成之。末有《發首》一篇。

大常典律

宋登奏定。

箏笛錄

《通典》:按摯虞有《筞賦》,云"李伯陽入西戎所造"。又有胡笳《漢箏笛錄》,①舊有其曲,不記所出本末。

武溪深

馬援南征所作也。援門生爰寄生善吹笛,援作歌以和之,名曰《武溪深》,其曲曰:"滔滔武溪一何深,鳥飛不度獸不能臨,

---

① "胡",原誤作"加",據補編本改。

嗟哉武溪多毒淫。①"

叙樂　蔡邕撰

《北堂書鈔》引"世祖追修前業,采讖之文曰《大予樂》"。

又　琴操二卷

近王氏《漢魏遺書》刊有輯本。

又　五弄

《琴書》:蔡邕熹平中初入青谿,訪鬼谷先生所居。山有五曲,山之東曲常有仙人游,故作《游仙弄》。南曲有澗,冬夏常淥,故作《淥水弄》。中曲即鬼谷子所居,深邃岑寂,故作《幽居弄》。北曲高巖,猿鳥所集,故作《坐愁弄》。西曲灌木吟秋,故作《秋思弄》。馬融、王子師輩甚異之。傅玄《琴賦序》:蔡邕有綠綺琴,天下名器也。《琴譜》有邕《石上流泉》曲,《琴曲》有《蔡邕五弄》。華嶠《後漢書》:初,邕在陳留,鄰人有以酒食召邕者,比往而酒已酣。客有彈琴於屏者,潛聽之,曰:"以樂召我而有殺心,何也?"遂反。將命者告主人以蔡君至門而去。邕素爲鄉邦所宗,主人遂自追問其故,邕具以告,莫不憮然。彈琴者曰:"我向見螳螂方向鳴蟬,蟬將去而未飛,螳螂爲之一前一却,吾心聳然,惟恐螳螂之失蟬也。此豈爲殺心而形於聲者乎?"邕笑曰:"此足以當之矣。"《搜神記》:蔡邕在吳,吳人有燒桐以爨者,邕聞火烈之聲,知其良材,因請而裁爲琴,果有美音。其尾焦,時人名曰焦尾琴。《賈子語林》:蠶最巧作繭,往往遇物成形。有寡女獨宿,倚枕不寐,私傍壁孔中視鄰家蠶離箔。明日,繭都類之。雖眉目不甚悉,而望去隱然作愁女。蔡邕見之,厚價市歸,繅絲製弦,彈之有憂愁哀怨之聲。問琰。琰曰:"此寡女絲也。"聞者莫不墮淚。

---

①　"哉",原誤作"我",據補編本、明刻本《文苑英華》卷二百一改。

《古今注》：漢蔡邕琴爲九弦，後世用七弦。《三禮圖》：《舊圖》曰："周文王加二弦，曰少宫、少商。蔡伯喈復增二弦，故有九弦。二弦大，次三弦小，次四弦尤小。"《琴書》：琴本五弦：宫、商、角、徵、羽也。加二弦，文、武也。後漢蔡邕加二弦，象九星。

三臺曲

《古今樂錄》：蔡邕自治書侍御史累遷尚書。三日之間，周歷三臺。樂府以邕曉音律，製此曲動邕心，希其厚遺。

胡笳調一卷　蔡琰撰

琰字文姬，邕之女也。博學有才辨，適河南衛仲道。夫亡無子，歸寧於家。興平中，天下喪亂，爲胡騎所獲，没於南單于左賢王，在胡中生一子。曹操痛邕無嗣，乃遣使者以金璧贖之，重嫁陳留董祀。《琴歷》：蔡琰能爲《離鸞別鶴》之操。《琴曲譜錄》：《大胡笳十八拍》《小胡笳十九拍》《别胡兒》《憶胡兒》並蔡琰製。檖按：《胡茄十八拍》，調句凡猥，後人僞託，非文姬作。

胡笳錄一卷
琴詩十二章　蓋勳撰

勳字元固，敦煌廣至人。舉孝廉，爲漢陽長史，拜漢陽太守，遷京兆尹越騎校尉。出爲潁川太守，徵還京師。初平二年，卒。中平五年，著《琴詩》十二章，奏之，帝善之，數加賜賞。

董逃歌

後漢游童所作也。後董卓作亂，卒以逃亡。後人習之爲歌章，樂府奏之，以爲規戒。

蜀明君　昭烈帝作
琴弦

《中興書目》：《琴弦》一卷，諸葛亮撰。述制琴之始及七弦之音、十三徽所象之意。
野鷹來曲　劉表作
《水經注》：表性好鷹，登臺，歌《野鷹來曲》，其聲韻似孟達《上堵吟》矣。
於忽操　龐德公撰
漢雅樂　杜夔作
夔字公良。河南人。以注音爲雅樂郎。中平五年，避亂荆州。劉表令與孟曜爲漢帝合雅樂。① 備，表欲庭觀之。夔曰："今將軍號爲天子合樂，而庭作之，無乃不可乎！"表內其言而止。
又　廣陵散琴曲
劉潛《琴議》：杜夔妙於《廣陵散》，從其子猛求得此聲。《通典》：魏武平荆州，獲杜夔，善八音，嘗爲漢雅樂郎，猶善樂事，於是使創定雅樂。又有散騎郎鄧静、尹商善調雅樂，歌師尹胡能歌宗廟郊祀之樂，舞師馮肅能曉知先代諸舞，夔悉領之，而柴玉、左延年之徒妙善鄭聲，惟夔好古存正。鑄銅工柴玉有巧思，形器之中，多所造作。夔令玉鑄鐘，其聲均清濁多不如法，數毀改作。玉甚厭之，謂夔清濁任意。更相訴白魏武，取所鑄鐘，錯雜更試，然後知夔爲精而玉之謬也。
右樂類。

---

① "孟"，原誤作"适"，據補編本、《三國志・魏志・杜夔傳》改。

補後漢書藝文志卷之十三

東平王蒼　與公卿議定南北郊冠冕車服制度禮儀

本傳：中興三十餘年，四方無事，蒼以天下和平，宜修禮樂，乃與公卿共議定南北郊冠冕車服制度。《晋書·志》：漢明帝時，天子車乘冠服從歐陽氏説，公卿以下從大、小夏侯氏説。董巴《輿服志》：顯宗初，服冕衣裳以祀天地，衣裳以玄上纁下，乘輿備文日月星辰十二章，諸侯用山龍九章，卿以下用華蟲七章，皆五服采。乘輿刺繡，公卿以下皆織成。陳留襄邑獻之。徐廣《車服志》：漢明帝按古禮備其服章，天子郊廟衣皂上絳下，前三幅，後四幅，衣畫而裳繡。《禮記疏》：今時朱衣朝服從後漢明帝所爲，鄭云今曲裾者，是今朝服之曲裾也。袁宏《漢紀》：漢初，文學既缺，輿服旗幟，一承秦制。永平二年正月，天子依《周官》《禮記》制度，冠冕、衣裳、佩玉、乘輿依古式矣。

曹充　七廟三雍大射養老諸禮儀

充建武中爲博士，從狩岱宗，定封禪禮。爰議立七郊、三雍、大射、養老諸禮儀。顯宗即位，上言："漢再受命，但有封禪之事，而禮樂廢缺，五帝不相沿樂，三王不相襲禮，大漢宜自制禮，以示萬世。"帝善之，用大予樂，拜充侍中。先是陳元數陳郊廟之禮，帝不能用。建武二年正月壬子，起高廟於雒陽。是月，大司徒鄧禹入長安，遣府掾奉十一帝神主納於高廟。《禮儀制度》曰："光武都雒陽，乃令高廟以下至平帝爲一廟，藏十一主於其中；元帝次，當第八；光武第九。故立元帝爲祖廟，後遵而不改。"《祭祀志》：建武二年，立高廟於雒陽，四時祀袷,高帝爲太祖,文帝爲太宗,武帝爲世宗,如舊。餘帝四時及臘,一歲五祀。二年正月,立親廟於雒陽,祀父南頓君以上至春陵節侯。是時,祀儀未設。至十九年,五官中郎將張純與太僕朱浮奏議:"禮,爲人子事大宗,①降其私親。當除今親廟。"以下博士、議郎。大司徒戴涉等議:"奉所代,立平、哀、成、元廟,代今親廟。"上可涉等議。詔曰:"以宗廟處所未定,且袷祭高廟。其成、哀、平且祠長安故高廟。其南陽春陵,且因故園廟祭祀。惟孝宣廟有功德,上尊號曰中宗。"於是雒陽高廟四時加祭孝宣、孝元,凡五帝。其西廟成、哀、平三帝主,四時祭於故高廟。東廟,京兆尹侍祠,衣冠車服如太常祠陵廟之禮。太僕朱浮上言:"陛下中興,宜恭承祭祀。今禘袷高廟,承序昭穆,而春陵四世,君臣並列,以卑廟尊,不合禮意,謂宜除今親廟。"詔下公卿,大司徒涉、大司空融請:"宣、元可親奉祠,成帝以下,有司行事,別爲南頓君立皇考廟。其祭上至春陵節侯,群臣奉祠,以明尊尊親親之恩。"從之。二十六年,詔張純曰:"禘、袷之祭,不行已久。宜據經典,詳爲其制。"純奏曰:"三年一袷,五年一禘。《春秋公羊傳》云:'大袷者何? 合祭也。'毀廟及未毀之主皆登,合食於太祖,五年而再殷祭。漢舊制,三年一袷,毀廟主合食高祖,存廟主未嘗合祭。元始五年再閏,天氣大備。三年一袷,五年一禘。禘之爲言諦,諦定昭穆尊卑之義也。禘祭以夏四月,陽氣在上,陰氣在下,故正尊卑之義。袷祭以十月,五穀成熟,物備禮成,合聚飲食。斯典之廢,於茲八年,謂可如禮施行,以時定議。"帝從之,自是禘、袷遂定。

杜林《郊祀疏》:漢基業特起,不因緣堯。堯遠於漢,民不曉

---

① "事",原誤作"祀",據補編本、《後漢書·祭祀志》改。

信，言提其耳，終不悅諭。后稷近於周，民戶知之，世據以興，基由其祚，本與漢異。郊祀高帝，誠從民望，得萬國之歡心，天下福應，莫大於此。民奉種祀，①其猶世主，不失先俗。群臣僉薦鯀，考績不成，九載乃殛。宗廟至重，衆心難違，不可卒改。《詩》云"不愆不忘，率由舊章"。明當遵用祖宗之故事。宜如舊制，以解天下之惑，合於《易》之所謂"先天而天不違，後天而奉天時"之義。方軍師在外，祭且如元年郊祭故事。明帝即位，以光武撥亂中興，更爲起廟，尊號曰世祖廟。以元帝於光武爲穆，雖非宗，不毀也。明帝遺詔，遵儉無起寢廟，藏主於世祖廟更衣室。孝章即位，不敢違，以更衣有小室，別上尊號曰顯宗廟，間祠於更衣，四時合祭於世祖廟。章帝遺詔如先帝故事。張純爲大司空，以聖王之建辟雍，所以尊崇禮儀，既富而教者也。乃案《古經讖記》《明堂圖》、河間《古辟雍記》、孝武太山明堂制度，考及平帝時議，欲具奏之。未及上，會博士桓榮請立辟雍、明堂，帝下三公、太常議，而純議同榮，帝乃許之。太尉趙熹上言：宜登封岱宗，正三雍之禮。中元二年初，起靈臺、明堂、辟雍，宣布圖讖於天下。永平二年三月，②上始率群臣躬養三老五更於辟雍，行大射之禮。先吉日，③司徒上太傅若講師故三公人名，用其德行高者一人爲三老，一人爲更，皆服都絳大袍單衣，④皁緣領袖中衣，冠進賢冠，扶玉杖。五更亦如之，不杖。皆齋於太學講堂。其日，乘輿先到禮辟雍殿，⑤御坐東廂，遣使者安車迎三老、五

---

① "祀"字原脱，據《後漢書·祭祀志》補。
② "二"，原誤作"三"，據補編本、《藝文類聚》卷三十八改。
③ "先"，原誤作"告"，據補編本、《後漢書·明帝紀》改。
④ "都絳"，《後漢書·明帝紀》作"絺紵"。
⑤ "先"，原誤作"出"，據補編本、《後漢書·禮儀志》改。

更。天子迎於門屏，交禮，①道自阼階，三老升自西階，天子揖如禮。三老升，②東面，三公設几席，九卿正履，天子親袒割牲，執醬而饋，執爵而酳，祝鯁在前，祝噎在後。五更南面，三公供禮，③亦如之。明日，詣闕謝恩，以見禮遇大尊顯也。永平二年三月，上始帥群臣躬養三老五更於辟雍，郡國通行鄉飲酒禮，學校皆禮先聖先師周公、孔子。冬十月壬子，幸辟雍。初行養老禮。詔曰："間者暮春吉月，初行大射；今月元日，復踐三雍。尊事三老，兄事五更，安車蒲輪，供綏執授。侯王設醬，公卿饌珍，朕親袒割，執爵而酳。④祝哽在前，祝噎在後。升歌《鹿鳴》，下管《新宮》，八佾具修，萬舞於庭。三老李躬，年耆學明。五更桓榮，授朕《尚書》。其賜榮爵關內侯，⑤賜天下三老酒一石、肉十斤。有司其存耆耋，恤幼孤，稱朕意焉。"八年冬十月丙子，臨辟雍，養三老五更。譙周《五經然否》曰："漢中興，始定禮儀，群臣欲令三老答拜。城門校尉董鈞議曰：'養三老，所以教事父之道也。若答拜，是使天下答子拜也。⑥'"詔從鈞議。虞喜《志林》：據漢儀，於門屏交禮，交禮即答拜也。中興從鈞議，後革之。《伏湛傳》：湛奏行鄉飲酒禮，時建武五年也。⑦《周澤傳》：永平中，拜侍中，後數爲三老。建初二年冬，肅宗行饗射禮，以伏恭爲三老。《馮魴傳》：建初三年爲五更，詔朝賀，就列侯位。⑧和帝時，以魯丕

---

① "交"，原誤作"夾"，據補編本、《後漢書・禮儀志》改。
② "老"，原誤作"公"，據補編本、《後漢書・禮儀志》改。
③ "三公"，原誤作"公卿"，據補編本、《後漢書・明帝紀》改。
④ "爵"，原誤作"醬"，據補編本、《後漢書・明帝紀》改。
⑤ "榮"字原脫，據補編本、《後漢書・明帝紀》補。
⑥ "天下"，原誤作"天子父"，據《後漢書・禮儀志》改。
⑦ "五"，原誤作"十"，據補編本、《玉海》卷七十三改。
⑧ "侯位"二字原脫，據補編本、《後漢書・馮魴傳》補。

爲三老。安帝時，以魯丕爲三老，李充爲五更。靈帝時，以袁逢爲三老。光和三年，行辟雍禮，楊賜以光禄大夫爲三老。

明堂辟雍郊祀封禪禮儀

梁松與諸儒上。

封禪舊儀太山石刻記

司空張純上。

明堂圖

《隋志》：《明堂圖》有二本：一是後漢建武三十年作《禮圖》，有本不詳撰人。

封禪儀

建武三十二年，車駕東巡狩。正月二十八日，發雒陽宮。二月九日，到魯，宿奉高。十五日，始齋。十九日，之山虞，國家居亭，百官布野。比日，山上雲氣成宮闕，百官並見之。二十一日夕牲時，白氣廣一丈，東南望致濃厚。時天清和無雲。《瑞命篇》"岱岳之瑞，以日爲應"，晨祭也。① 日高二丈燔燎，煙正北。百官各以次上。郡儲輂三百，爲貴臣、諸公、王、侯、卿、大夫、百官皆步上，少用輂。國家御時輂，人挽升山，至中觀，休。須臾，復上。須臾，群臣畢就位。國家臺上北面，虎賁陛戟臺下。驂騎二千餘人發壇上方石，以金爲繩，以石爲檢，東方、西方各三檢。檢中石泥及壇土，赤白黑各依如其方色。稱萬歲，音動山谷。有氣屬天，遥望不見山巔，山巔人在氣中，不知也。封畢有頃，詔百官以次下，國家隨後。數百人維持行相逢推，百官連延二十餘里。道多迫小，深谿高岸數百丈。步從匍匐邪上，②起近炬火，止亦絡繹。步從觸擊大

---

① "晨"，原誤作"君"，據補編本、《後漢書·祭祀志》改。
② "從"，原誤作"行"，據補編本、《後漢書·祭祀志》改。

石,石聲正讙,但讙石無相應和者。① 腸不能已,口不能止。夜半後到,百官明旦乃訖。② 其中老者氣劣,不能行,卧巖下。明日早,大醫令復遵問起居。國家云:"昨日上下山,欲行迫前,欲休則後人所蹈,道峻危險,恐不能度。國家不勞,百官以下露卧水飲,無一人蹉跌,無一人疾病,豈非天耶?"太山率多暴雨,如今上直下柴祭登封,清晏溫和。明日,上壽,賜百官省事。事畢發,暮宿奉高三十里。明日發,至梁甫九十里夕牲。功效如彼,天應如此,群臣上壽,國家不聽。

封禪記　馬第伯撰

爵里未詳,文載應劭《漢官儀》。車駕正月二十八日發雒陽宮,二月九日到魯,遣守謁者郭堅伯將徒五百人治太山道。十日,魯遣宗室諸劉及孔氏、瑕丘丁氏上壽受賜,皆詣孔氏宅,賜酒肉。十一日發,十二日宿奉高。是日遣虎賁郎將先上山,案行。還,益治道徒千人。③ 十五日,始齋。國家居太守府舍,諸王居府中,諸侯在縣庭中齋。諸卿、校尉、將軍、大夫、黃門郎、百官及宋公、衛公、褒成侯、東方諸侯、雒中小侯齋城外汶水上。太尉、太常齋山虞。④ 馬第伯自云:某等七十人先之山虞,觀祭山壇及故明堂宮郎官等郊肆處。入其幕,觀治石。石二枚,狀博平,圓九尺,⑤此壇上石也。其一石,武帝時石也。時用五車不能上也,因置山下爲屋,號五車石。四維距石長丈二,廣二尺,厚尺半所,四枚。檢石長三尺,廣六寸,狀如封篋。長檢十枚。一紀號石,高丈二尺,廣三尺,⑥

---

① "無",原誤作"見",據補編本、《後漢書·祭祀志》改。
② "旦",原誤作"日",據補編本、《後漢書·祭祀志》改。
③ "徒",原誤作"途",據補編本、《後漢書·祭祀志》改。
④ "山虞"二字原脱,據補編本、《後漢書·祭祀志》補。
⑤ "圓",原誤作"圍",據補編本、《後漢書·祭祀志》改。
⑥ "狀如……三尺"原脱,據補編本、《後漢書·祭祀志》補。

厚尺二寸，名曰立石。一枚，刻文字，紀功德。是朝上山騎行，往往道峻峭，不騎，步牽馬，乍步乍騎，且相半，至中觀留馬。去平地二十里，①南向極望無不睹。②仰望天關，如從谷底仰觀抗峰。其爲高也，如視浮雲。其峻也，石壁窅窱，如無道徑。遥望其人，端如行朽兀，或爲白石，③或雪，久之，白者移過樹，乃知是人也。殊不可上，四布僵卧石上，有頃復蘇。亦賴齎酒脯，處處有泉水，目輒爲之明。復勉强相將行，到天關，自以已至也，④聞道中人言尚十餘里。其道旁山脅，大者廣八九尺，狹者五六尺。仰視巖石松樹，鬱鬱蒼蒼，若在雲中。俛視谿谷，碌碌不可見丈尺。遂至天門之下。仰視天門，窔遼如從穴中視天。直上七里，賴其羊腸逶迤，名曰環道，往往有組索，⑤可得而登也。兩從者扶挾，前人相牽，後人見前人履底，前人見後人頂，如畫重累人矣，所謂磨胸捋石，捫天之難也。初上此道，行十餘步一休，稍疲，咽脣燋，五六步一休。牒牒據頓，地不避溼闇，前有燥地，目視而兩脚不隨。早食上，晡後到天門。郭使者得銅物，形如鐘，又方柄有孔，⑥莫能識，疑封禪具也。得之者汝南召陵人，⑦姓楊名通。東上一里餘，得木甲。木甲者，武帝時神也。東北百餘步，得封所，始皇立石及闕在南方，漢武在北。二十餘步得北垂圓臺，高九尺，方圓三丈所，有兩陛。人不得從，上從東陛上。臺上有壇，方一丈二尺所，上有方石，四維距石，四面有闕。

---

① "地"，原誤作"址"，據補編本、《後漢書·祭祀志》改。
② "不"字原脱，據補編本、《後漢書·祭祀志》補。
③ "石"，原誤作"玉"，據補編本、《後漢書·祭祀志》改。
④ "至"，原誤作"上"，據補編本、《後漢書·祭祀志》改。
⑤ "組"，原誤作"繩"，據補編本、《後漢書·祭祀志》改。
⑥ "方柄有孔"，原誤作"立柄"，據補編本、《後漢書·祭祀志》改。
⑦ "召陵"，原誤作"台陸"，據補編本、《後漢書·祭祀志》改。

鄉壇再拜謁，人多置錢物壇上，亦不掃除。國家上見之，則詔書所謂酢梨酸棗狼藉，散錢處數百，幣帛具，道是武帝封禪至太山下，未及上，百官先爲上跪拜，置梨棗錢於道以求福，即此也。東山名曰日觀。日觀者，雞一鳴時，見日始欲出，長三丈所，秦觀者望見長安，吳觀者望見會稽，周觀者望見齊。西北有石室。壇以南有玉槃，中有玉蟲。山南脅神泉，飲之極清美利人。日入下去，行數環。日暮時頗雨，不見其道，一人居其前，先知蹈有人，乃舉足隨之。比至天門下，夜人定矣。

封禪書　楊終撰

見《華陽國志》。

祭六宗儀

張純《六宗表》：臣竊以六宗凡有六統，而所據各異，考之禮經，大義不通。臣聞禋於六宗，視祖考所尊者。六宗，則三昭三穆也。安帝元初六年三月庚辰，始立六宗，祀於雒陽北郊戌亥之地，禮比大社。時以《尚書》歐陽氏説，謂六宗者在天地四方之中，①爲上下四方之祭。以元始中故事，謂六宗《易》六子之氣日、月、雷公、風伯、山、澤者爲非是。《李氏家書》：司空李郃侍祠南郊，不見六宗祠，奏曰："按《尚書》'肆類於上帝，禋於六宗'。六宗者，上不及天，下不及地，旁不及四方，在六合之中，助陰陽，化成萬物。漢初甘泉、汾陰祀天地亦禋六宗。②孝成之時，匡衡亦奏立南北郊祀，復祠六宗。及王莽謂六宗，③《易》六子也。建武都雒陽，制不道祭六宗，由是廢不血食。今宜復舊制度。"制曰："下三公議。"五官將行宏等

---

① "方"，原誤作"大"，據補編本、《後漢書·祭祀志》改。
② "祀"下原衍一"天"字，據補編本、《東觀漢記》卷五刪；"亦"，原誤作"以"，據《東觀漢記》卷五改。
③ "莽"，原誤作"者"，據補編本、《後漢書·祭祀志》改。

三十一人議可祭,大鴻臚龐雄等二十四人議不可祭。① 帝從公議,由是遂祭六宗。

樊儵與公卿雜定郊祠禮儀

尚書令劉光條奏順帝即位禮儀

桓帝梁獻懿皇后納聘儀②

檥按:今所傳《雜事秘辛》係楊升庵僞托。

宋皇后即位禮儀

見蔡質《漢儀》。

漢官舊儀　衛宏撰

《儒林傳》:宏好古學,光武以爲議郎,作《漢舊儀》四篇,以載西京雜事。《隋志》:《漢舊儀》四卷,衛敬仲撰。《唐志》同。梁有衛敬仲《漢中興儀》一卷,亡。《中興書目》:《漢舊儀》四卷,今存者三卷,非宏全書也。《提要》未録。檥按:陳氏因是書有"漢官"之名,疑非衛宏所作,又疑爲胡廣作。考《漢書注》中,頗有稱"胡廣曰"者,與宏《舊儀》互引,其文亦絕不相類,惟《廣傳》載廣詩、賦、銘、頌及解詁二十二篇,而史注所引別有《漢書解詁》之名,蓋即廣所作,而《舊儀》之出衛宏手,無疑也。其稱《漢官舊儀》者,或後人引所載漢官制而加耳。

婚禮謁文　鄭衆撰

《通典》引"《百官六禮辭》",大略同於周制,③而納采,女家答辭末云:'奉酒肉若干,再拜。'反命,④其所稱前人,⑤不云吾子,皆云君。六禮文皆封之,先以紙表,又加以皂囊,著篋中。又

---

① "龐雄",原誤作"龐宏",據《後漢書·祭祀志》改。
② "懿",原誤作"僖",據補編本改。
③ "同",原誤作"用",據《通典》卷五十八改。
④ "命",原誤作"拜",據《通典》卷五十八改。
⑤ "人"下原衍一"云"字,據《通典》卷五十八删。

以皁衣篋表訖，以大囊表。題檢文言：謁篋某君門下。其禮物，凡三十種。各内有謁文，①外有贊文各一首。封如禮文，篋表訖，蠟封題，用皁帔蓋於箱中，無囊表，便題檢文言：②謁篋某君門下。便書贊文，共在檢上。又禮物以玄纁、羊、雁、清酒、白酒、粳米、稷米、蒲、葦、卷柏、嘉禾、長命縷、膠、漆、五色絲、合歡鈴、九子墨、金錢、禄得香草、鳳皇、舍利獸、鴛鴦、受福獸、魚、鹿、烏、九子婦、陽燧，總言物之所象者衆。③玄象天，纁法地，羊者祥也，群而不黨，雁則隨陽，清酒降福，④白酒歡之由，粳米養食，⑤稷米粢盛，蒲衆多性柔，葦柔之久，卷柏屈卷附生，⑥嘉禾須禄，長命縷縫衣延壽，⑦膠能合異類，漆内外光好，五色絲章采屈伸不窮，合歡鈴意能和諧，⑧九子墨者樂子孫，⑨金錢和明不止，得禄香草爲吉祥，鳳皇雌雄伉合，舍利獸仁而謙，⑩鴛鴦飛止須匹，鳴則相和，魚處淵無射，鹿者禄也，鳥知反哺於父母，受福獸體恭心慈，九子婦有四德，陽燧成明安身。又有丹爲二十五色之宗，⑪青色，東方始"。《初學記》引"群而不黨，跪乳有義"，又"雁侯陰陽，待時乃舉，冬南夏北，貴有其所"。《北堂書鈔》引"贊秔米馥芬，婚禮之珍"。《太平御覽》引"鴛鴦之鳥，雌雄相類，飛止相匹"。《藝文類

---

① "有"字原脱，據《通典》卷五十八補。
② "題檢"二字原誤倒，據《通典》卷五十八乙正。
③ "燧總"二字原脱，據《通典》卷五十八補。
④ "福"，原誤作"神"，據《通典》卷五十八改。
⑤ "養"，原誤作"羞"，據《通典》卷五十八改。
⑥ "卷"，原誤作"伸"，據《通典》卷五十八改。
⑦ "延壽"二字原脱，據《通典》卷五十八補。
⑧ "意能"，《通典》卷五十八作"聲音"。
⑨ "者樂"，《通典》卷五十八作"長生"。
⑩ "仁"，《通典》卷五十八作"廉"。
⑪ "二十五色之宗"，《通典》卷五十八作"五色之榮"。

聚》引"納采,始相與言語,采擇可否之時也;問名,謂問女名,將歸上之也;納吉,謂歸卜吉,往告之也";①納徵,用束帛徵成也;請期,謂吉日將親迎,而成之也",又"稷爲大官"。又"女貞之樹,柯葉冬青。② 寒涼守節,險不能傾"。《天中記》引"嘉禾爲穀,班祿是宜,吐秀五七,③乃名曰嘉"。

婚禮結言　崔駰撰

《藝文類聚》引"乾坤其德,恒久不已;爰定天綱,夫婦作始。乃降英媛,有淑其儀,姬姜是侔,比則姚嫣,載納嘉贄,申結鞶褵""委禽奠雁,配以鹿皮""溫如蒲葦,固以膠漆"。

冠儀約制

何休撰。將冠子者具衣冠,冠者父兄若諸父宗族之尊者,一人爲主,主人告所素敬僚友一人爲冠賓,必自告其家,告曰:"某之子若弟某長矣,將加冠於首,願吾子教之。"賓既許,主人自定吉日,先冠一日,宿告賓:"請以明日行事。"賓曰:"敢不從命。"主人灑掃內外皆肅,執事者爲冠者設北嚮筵,又設賓東嚮筵,兩筵相接,授冠以篋器設於兩筵,又設罇爵於東方。冠者如常服,待命於房,夙興賓到,迎延揖讓如常。坐定,執事曰:請行事矣。跪告賓曰:"請勞吾子。"賓跪答曰:"敬諾。"賓起,立西序東面聽命。命禮賓,冠者興,西向拜賓,賓答拜,訖命就筵,賓主各還坐,冠者北向筵坐,復賓跪曰:"吾子之使,請將命。"主人跪答曰:"勞吾子。"賓起,就東嚮筵。執事者執爵跪向冠者祝曰:"令月吉日,始加玄服。棄爾幼志,順爾成德。壽考維祺,介爾景福。"冠者即坐。賓跪加

---

① "告",原誤作"共",據《藝文類聚》卷四十改。
② "青",《藝文類聚》卷八十九作"生"。
③ "吐",原誤作"以",據明萬曆刻本《天中記》(以下《天中記》皆據此本)卷四十五改。

冠訖,冠者執爵酬地,然後啐酒,訖賓興,復還本位,主人亦起,乃俱坐。冠者還房,自整飾出拜父,父爲起,若諸父群從及兄應,答拜如常。入拜母,母答拜。其餘兄弟姑姊妹皆相拜如常。主人命冠者出,更設酬爲勸,①乃罷。異日有祭事,白告祖考者,自如舊祭事之常儀。

漢禮百五十篇　曹褒撰

褒少篤志傳業,尤好禮事。常感朝廷制度未定,②慕叔孫通爲漢禮儀,晝夜研精,沈吟專思,寢則懷抱筆札,行則誦習文書。③拜博士。肅宗欲制定禮樂,元和二年,下詔曰:"《河圖》稱'赤九會昌,④十世以光,十一以興'。《尚書璇璣鈐》曰:'述堯理世,平制禮樂,放唐之文。'"褒知帝旨欲有興作,上疏曰:"聖人受命,制禮作樂,以著功德。今皇天降祉,嘉瑞並臻,作制之符,甚於言語。宜改文制,著成漢禮,丕顯祖宗盛德之美。"帝下太常,巢堪以爲一世大禮,非褒所定,不可許。章帝知群儒拘攣,難與圖始,朝廷禮憲,⑤宜時制立。⑥明年,復下詔曰:"朕以不德,感祖宗宏烈。乃者鸞鳳仍集,麒麟並臻,甘露宵降,嘉穀滋生,赤草之類,紀於史官。朕夙夜祇畏,上無以彰於先功,下無以克稱靈物。漢遭秦餘,禮壞樂崩,因循故事,未可觀省。知其說者,各盡其意。"褒省詔,嘆息,復上疏,具陳禮樂之本,制作之意。拜褒侍中。事下三公,未及奏,詔召玄武司馬班固,問改作禮樂之儀。固曰:"京師諸儒,多能說禮,宜廣招集,共議得失。"帝曰:"諺云'作舍道旁,三年不

---

① "勸"字原脱,據補編本、《通典》卷五十六補。
② "定",《後漢書·曹褒傳》作"備"。
③ "習",原誤作"息",據補編本、《後漢書·曹褒傳》改。
④ "昌",原誤作"光",據補編本、《後漢書·曹褒傳》改。
⑤ "憲"字原脱,據補編本、《後漢書·曹褒傳》補。
⑥ "制",補編本、《後漢書·曹褒傳》皆作"刊"。

成'。今議禮之家,名爲聚訟,互生異議,筆不得下。堯作《大章》,一夔足矣。"章和元年,①乃召襃詣嘉德門,令小黄門持班固所上叔孫通《漢儀》十二篇,敕襃曰:"此制散略,多不合經。今宜依禮條正,使可施行。於南宫、東觀盡心集作。"襃既受命,乃次序禮事,②依準舊典,雜以五經讖記之文,撰次天子至於庶人冠、婚、吉、凶、終始制度,③爲百五十篇,寫以二尺四寸簡。④其年十二月奏上。帝以衆論難一,故但納之,不復令有司平奏。會帝崩,和帝即位,襃乃作章句,帝遂以新禮二篇冠。《漢名臣奏》:詔襃先叙禮樂,以《帝新》一篇冠首。《開元禮義鑑》:漢順帝冠用曹襃新禮四加,初加緇布進賢,次爵弁,次通天,皆於高祖廟,以禮謁見世祖。太尉張酺、尚書張敏奏襃擅制漢禮,破亂聖術,宜加刑誅。帝雖寢其奏,然漢禮不行。

小學漢官篇　王隆撰

本傳:著《小學漢官篇》。

漢官解詁　胡廣撰

廣《漢官篇注》論曰:"前安帝時,越騎校尉劉千秋校書東觀,好事者樊長孫與書曰:'漢家禮儀,叔孫通所草創,皆隨律令在理官,藏於觀閣,無記録者,久令三代之業缺而不章。誠宜撰次,依儗《周禮》,定位分職,各有條序,令人無愚智,入朝不惑。君以公族元老,⑤正丁其任,焉可以已!'劉君甚然其言,⑥與邑子通人張平子參議未定,而劉君遷爲宗正、衛尉,平子爲

---

① "元",原誤作"六",據補編本、《後漢書·曹襃傳》改。
② "次",原誤作"叙",據《後漢書·曹襃傳》改。
③ "終始"二字原誤倒,據補編本、《後漢書·曹襃傳》乙正。
④ "二",原誤作"上",據補編本、《後漢書·曹襃傳》改。
⑤ "族",原誤作"孫",據補編本、《後漢書·百官志》改。
⑥ "言",原誤作"然",據補編本、《後漢書·百官志》改。

尚書郎、太史令，各務其職，未暇恤也。至順帝時，平子爲侍中典校書，方作《周官解説》，乃欲以次述漢事。會復遷河間相，遂莫能立也。述作之功，獨不易矣。既感斯言，顧見故新汲令王文山《小學漢官篇》，略道公卿内外之職，旁及四夷，博物條暢，多所發明，足以知舊制儀品。蓋法有成易，而道有因革，是以聊集所宜，作爲解詁，各隨其下，綴續後事，今世施行，庶明厥旨，廣前後憒盈之念憎，助來哲多聞之覽焉。"

"冀趙常山"。經曰"冀州既載"。趙國，今治常山。《太平御覽》。
"兗衛濟河"。經曰"濟河惟兗州"。衛國，①今治山陽。同上。
"青齊海岱"。經曰"海岱惟青州"。居齊國，今治焉。同上。
"徐魯淮沂"。經曰"海岱及淮惟徐州"。今治常山，其人居魯國，今居豫州而治東海。同上。
"揚吳彭蠡"。經曰"淮海惟揚州"，又曰"彭蠡既瀦"。居吳國，今治九江。同上。
"荆楚衡揚"。經曰"荆及衡揚惟荆州"。居楚國，今治武陵。同上。
"益庸岷梁"。經曰"華陽、黑水惟梁州"。漢改梁州爲益州，今治廣漢。同上。
"涼邠黑水"。經曰"黑水西河惟雍州"。漢改雍州爲邠州，右扶風栒邑縣屬司隸部，不復屬州，今治漢陽。同上。
"雍別朔方"。漢別雍州之地，置朔方刺史。同上。
"交阯南越"。漢平南越之地，置交阯刺史，列諸州，治蒼梧。同上。
"幽燕朝鮮"。經無幽州，而《周官》有焉，蓋冀之别也，居燕國，②今廣陽是。同上。

---

① "衛"，原誤作"濟"，據補編本、《太平御覽》卷一百五十七改。
② "燕國"，原誤作"幽國"，據補編本、《太平御覽》卷一百五十七改。下"燕國"同。

"并代晉霍"。經無并州,而《周官》有之,益州之別也。居燕國,今廣陽是。同上。

"是以古者清廟茅屋"。古之清廟蓋屋,所以示儉。明堂今以茅蓋之,一作"下藉茅"。存古制也,乃加瓦其上。《光武紀》注。

諸王在長安位次三公。《北堂書鈔》。桷,桷也,諸侯丹桷以丹色也。梲,梁上柱也,諸侯藻梲爲藻文也。《太平御覽》。列侯金印紫綬,以賞有功也。《通典》。功大者食縣邑,小者食鄉亭,功隨大小而侯也。得臣其所食吏民,大小隨邑縣鄉所食也。《北堂書鈔》。本爲徹侯,避武帝諱,曰通侯。舊時文書,或爵通侯是也。後更爲列侯。今俗人或都言諸侯,乃王爾,非此也。《藝文類聚》。

"太傅日就月將,琢磨玉質"。太傅每帝初即位總錄尚書事,《通典》。猶大冢宰總己之職也。《百官志》注。言太子之質琢磨以道也,位次太師。《北堂書鈔》。

"少傅琢磨玉質,永承無疆"。言太子比珪玉也。《北堂書鈔》。

光武封諸子皆四縣。建武中,鄧禹罷大司徒,奉朝請。檉按:原引大司徒下有"三輔職如郡守,獨奉朝請",文義不屬,當由與三輔條訛誤,今改正。成帝時,丞相張禹避位奉朝請,又以關内侯蕭望之奉朝請。奉朝請之職,則非爲官。

下理坤道,上和乾光,謂之司空。

前、後、左、右將軍,皆周末官,秦因之,位上卿,金印紫綬,皆掌兵及四夷,有長史,秩千石。前、後、左、右將軍,宣元以後,雖不出征,猶有其官,位在諸卿上也。

中壘、城門、北軍、左校,修爾車馬,以戒不虞。

"光禄大夫、諫議大夫,揖讓群卿,四方則之"。光禄大夫,本爲中大夫,武帝元封五年置諫大夫,以中大夫爲光禄大夫。《太平御覽》。世祖中興,以爲諫議大夫。又有太中、中散光禄大夫。此四等者於古禮爲天子之下大夫。《北堂書鈔》。視列國之上卿。《百官志》注。與博士俱以儒雅之選，異官通職，《周官》所謂"官聯"者也。溫故知新，與參國政，率由舊章，皆能明古今、辨章句、習舊聞者也。一作"分明古今，辨章舊聞"。《太平御覽》。

尚書出内詔命，齊衆喉舌。《初學記》。機事所總，號令攸發。《北堂書鈔》。士之權貴，不過尚書。《初學記》。唐虞曰納言，《周官》曰内史。《北堂書鈔》。

"其次諸吏"。諸吏光祿勛是也。《太平御覽》。勛猶闇也。《易》曰"爲閽寺宦寺"，主啓宫門户之職。《百官志》注。按《前漢書·百官公卿表》注引作"勛之言閽也，古主門官也。光祿主宫門"。

建武以來，省御史大夫官屬入侍蘭臺，有十五人，特置中丞一人以總之，此官得舉非法，其權次尚書。《太平御覽》。孝宣感路溫舒言，秋季後請讞。時帝幸宣室，齋居而決事，令侍御史二人治書。治書御史起此。後因別置，冠法冠，秩百石，有印綬，與符節奏事，罪當輕重，共上廷尉。《百官志》注。治書侍御史四人，皆法冠，一名柱後，一名獬豸。獬豸，獸名，知人曲直，觸邪佞。《初學記》。給事中常侍左右，無員，位次侍中常侍，或名儒，或國親。《藝文類聚》。劉向以諫議大夫爲給事中。《初學記》。

太常掌社稷郊祀。《北堂書鈔》"祀"作"時"。事重職尊，故在九卿之首。《初學記》。

官名祭酒，皆一位之元長者。古禮，賓客得主人饌，則老者一人舉酒以祭於地。舊説以爲示有先。《太平御覽》。故以祭酒爲名。《山堂考索》。

"博士稽合同異，講語五始"。博士爲儒雅之林。《文選注》。謹案：《公羊傳》五始者，元年、春、王、正月、公即位。元者歲之始也，春者四時之始，王者受命之始，正者月之始，公即位一國之始。《通典》。

"鴻臚贊通四門，撫柔遠賓"。鴻，聲也。臚，傳也。所以傳聲贊導大賓也。《初學記》。灌謁者,明、章二帝服勤園陵,謁者灌柏,後遂得茲名焉。《通典》。

"衛尉掌宮闕周廬殿掖、屯陳夾道、當兵交戟"。衛尉主宮闕之門内,衛士於周垣下爲區廬。廬者若今之仗宿屋矣,各有員部,①凡居宮中者,皆施籍於門,按其姓名。各有醫巫儌人當入者,②本官長吏爲封啓傳,審其印信,然後内之。人未定又有籍者,皆復有符。符用木,長尺二寸,鐵印以符之,以所屬當官兩字爲鐵印。印亦大卿有符。當出入者,按籍畢,復齒符,齊其物色,乃引而内之也。其有官位得出入者,令執御者官傳呼,傳呼前後以相通。分部行夜,有行者,輒前曰:"誰!誰!"若此不懈,終歲更始,所以重慎宿衛也。陳屯夾道,謂諸門郎周廬殿各陳屯士,夾其旁道設兵,以示威武,交節立戟,以遮呵妄出入者。《百官志》注。

"執金吾典執禁兵"。執金吾,吾者禦也,執金革以禦非常也。衛尉巡行宮中,則金吾徼於外,相爲表裡,以擒討奸猾也。《太平御覽》。

宗正歲一治諸王世譜差序秩第。《百官志》注。

太僕廄府皮軒鸞旗。《太平御覽》。豹尾過後,罷屯解圍,《北堂書鈔》。馬有廄,車有府,皮軒以虎皮爲軒,鸞旗以銅作鸞,鳥車衡在中。《太平御覽》。施於道路,豹尾之間爲省中,故須過後屯圍乃得解,所以備不虞也。《輿服志》注。

少府主供養,陂池、禁錢、服御、口實、掖庭、中宮。《通典》。調均報度,轉漕委輸。《百官志》注。邊郡諸官請調者,皆爲均調報給之也。以水通粟曰漕。委,積也。郡國所積聚金帛貨賄,隨時輸送諸司農,曰委輸,以供國用。同上。

---

① "員",原誤作"見",據補編本、《太平御覽》卷二百三十改。
② "醫巫",原誤作"留住",據補編本、《太平御覽》卷二百三十改。

小官嗇夫各擅其職。《周官疏》。樹：栗、椅、桐、梓。《百官志》注。古者列樹以表道，並以爲林囿。四者木名，治宮室並主之。同上。在邑曰倉，在野曰庾。《前漢書注》。

"廷尉讞當疑獄"。讞，質也。《北堂書鈔》。車駕出，有請室令在前先驅，此官有別獄也。《前漢書注》。

武帝太初元年，①左内史爲左馮翊，主爵都尉；右内史爲右扶風；京兆尹治京師，②以爲三輔，職皆郡守，主爵列侯，獨奉朝請，其職並鴻臚也。世祖都雒陽，改河南爲河南尹。《北堂書鈔》。假佐，取内郡善史書佐給諸府。《王尊傳》注。馮，輔；翊，蕃，故以爲名。同上。惠帝三年，相國奏遣侍御史監三輔，察辭治，凡九條。二歲更，常以中月奏事也。同上。

京畿十有三牧，分土食焉。馳行郡國，督察在位。一作"分部督察諸州，常以八月巡行所部郡國"。錄囚徒，考殿最，初歲盡詣京師奏事，中興但因計吏。《百官志》。"巡謂驛馬也。縣次傳送之，以走疾，猶言古附遽"。"縣邑囚徒，皆閱錄視，參考辭狀，實其真僞，有侵冤者，即時平理也"。"課第長吏不稱職者爲殿，奏免之。其有治能者爲最，察上尤異州，又上狀州中吏民茂才異等，歲舉一人"。"所察有條應繩異者輒覆問之，不茹柔吐剛也。歲盡齎所狀納京師，各奏事，差其遠近，各有常會"。"不復自詣京師，其所道者皆如舊典。秋冬歲盡，各計縣户口墾田、錢穀入出、盜賊多少，上其集簿。丞尉以下，歲詣郡，課校其功。功多尤爲著者，於廷尉勉勞之，以勸其後。負多尤爲殿者，於後曹別責，以糾怠慢也。諸對辭窮尤困，收主者，掾史關白太守，使取法，丞尉縛責，以明下轉相督敕，爲民除害

---

① "太初元年"，原誤作"大元二年"，據補編本、《北堂書鈔》卷七十六改。
② "治"字原脱，據補編本、《北堂書鈔》卷七十六補。

者也。明帝詔書不得戮辱黃綬,以別小人吏也"①。樓按:《百官志》引"諸州常以八月至,但因計吏",不言《小學漢官篇》文,然不列"胡廣曰"云云,與《漢官解詁》文體不相似,則上數句爲《小學漢官篇》文無疑。

太守專郡,信理庶績、勸農賑貧、決訟斷辟、興利除害、檢察群奸、舉善黜惡、誅殺暴殘。《太平御覽》。按《北堂書鈔》引作"誅討强暴",今從《太平御覽》,以"殘"與"奸"韻也。

"都尉將兵副佐太守,備盜賊也"。都尉一人,副佐太守,言與太守俱受銀印剖符之任,爲一郡副將。然俱主其武職,不預民事。舊時以八月都試講習其射力,以備不虞,皆絳衣戎服,揚威武,折衝厭難也。《北堂書鈔》。

"魏氏瑣連,孫吳之法"。兵書有黃氏瑣連之器,蓋弩射法也。《北堂書鈔》。

鹽官掊坑而得鹽,漢官二人,或有鑿井煮海水以得之者,鑄銅爲器,當鑄冶之時,扇熾其火,謂之鼓鑄。《百官志》注。後漢妾數無限制,乃制設正嫡曰妃,取小夫人不得過四十人。同上。轂下,在輦轂之下,京城之中。《文選注》。康居北可一千里有國名奄蔡,一名闔蘇。《後漢書補注》。服官主作文繡,以給袞龍之服。

漢制度　胡廣撰

謝沈《後漢書》:太傅胡廣博綜舊儀,立漢制度,蔡邕依以爲志,譙周後改爲《禮儀志》。人君之居,前有朝,後有寢。終則制廟以象朝,制寢以象寢。光武都雒陽,乃令高祖以下至平帝爲一廟,藏十一帝主於其中。元帝次當第八,光武第九,故立元帝爲祖廟,後遵而不改。《本紀》注。帝之下書有四:一曰策書,二曰制書,三曰詔書,四曰誡敕。策書者,編簡也,其制長二尺,短者半之,篆書,起年月日,稱皇帝,以命諸侯王。三公以罪免亦賜策,而以隸書,用尺一木,兩行,惟此爲異也。制

---

① "吏"字原脱,據補編本、《後漢書·百官志》補。

書者,帝者制度之命,①其文曰制詔三公,皆璽封,②尚書令印重封,露布州郡也。詔書者,詔,告也,其文曰告某官云,如故事。誡敕者,謂敕刺史、太守,其文曰有詔敕某官。餘皆放此。同上。功德優盛,朝廷所敬異者,賜特進,在三公下,不在車騎下。《百官志》注。朝侯、侍祠侯,公主子孫奉祠墓於京師者。是爲猥諸侯。同上。諸侯受封,皆受茅土,歸立社稷。本朝爲宮室,自有制度。至於以列侯歸國者,不受茅土,不立宮室,各隨貧富,裁制黎庶,以守其寵。同上。戎立車以征伐。《輿服志》注。

漢舊儀　胡廣撰

《南齊書》:東京太傅胡廣撰《舊儀》,蔡邕進《獨斷》,應劭、蔡質咸諳識時事,而司馬之書不取。漢丞相置長史一人,銅印黃綬,秩千石,職無不統。《北堂書鈔》。丞相吏員七人,分爲東西曹,秩六百石。漢末,公辟則輕,臺除則重。同上。武帝時,丞相設四科以辟之,德妙爲第一科,乃補南閣祭酒。同上。順帝時,學生二百人,乙科補文學。同上。高山冠,蓋齊王冠也。秦滅齊,以其冠賜近臣。今僕射謁者冠高山冠也。同上。趙武靈王效胡服,以金璫飾首,前插貂尾,爲貴職。秦滅趙,以其冠賜近臣。建武時,匈奴内屬,世祖賜南單于帶惠文冠,意謂北方多寒涼,胡人本以貂皮煖額。後人效之,附施於冠,因遂變成首飾。《藝文類聚》。一曰惠文冠,惠者,𢚩也,其冠文細如蟬翼,故名曰惠文。或曰齊人見千歲涸澤之神,名之曰慶忌,冠大冠,乘小車,好疾馳,因象其冠。《通典》。車駕巡狩幸其國者,諸侯衣玄端之衣,③冠九旒之冕,其盛法服以就位也。今列侯

---

① "者""之"二字原爲空格,據補編本、《後漢書·光武帝紀》改。
② "封"字原爲空格,據補編本、《後漢書·光武帝紀》改。
③ "端",原誤作"楊",據補編本、《後漢書·輿服志》改。

自不奉朝請侍祠祭者，不得服此，皆當三梁冠，皂單衣。其歸國流黄衣皂。《輿服志》注。《左氏傳》"南冠而縶者，則楚冠也"。秦滅楚，以其君服賜執法近臣御史服之。同上。

術氏　冠圖注
《輿服志》：官有其圖注。

建武百官簿
《百官志》引。

東漢百官表一卷
《中興書目》：《東漢百官表》一卷，不知作者，記建武至建安三公百官拜罷月日。

鄧氏官譜
《隋志》：晋已亡。又見《唐書·柳沖傳》。

漢官典儀　蔡質撰
《蔡邕傳》注：質字子文，著《漢儀》，邕之叔父。《隋志》職官類：蔡質《漢官典儀選用》二卷。《齊書》：《漢官典儀》一卷，衛尉蔡質撰，記漢官位叙職掌及上書謁拜儀。① 《唐志》作一卷。《書錄解題》：漢衛尉蔡質撰，雜記官制及上書謁見禮式。② 《隋志》有《漢官典職儀式》二卷，今存一卷，李埴亦補一卷，其續者皆出於史中采拾。

李斯治驪山山陵，上書曰："臣所將隸徒七十餘萬人治驪山者，已深已極，鑿之不入，燒之不爇，扣之空空，如下天之狀。"《太平御覽》。德陽殿周旋容萬人，畫屋朱梁，玉階金柱，③ 皆金刻鏤。作宮室之好，奇禽萬巧，廁以丹青，翡翠竟柱，搆以水精，一柱三帶，韜以赤緹。陛高二丈，皆文石作壇，激洛水於殿

---

① "掌"，原誤作"常"，據補編本、《玉海》卷六十八改。
② "式"，原誤作"儀"，據補編本、《直齋書錄解題》卷六改。
③ "階"，原誤作"淵"，據補編本、《後漢書·禮儀志》改。

下。同上。自偃師去宮四十五里，望朱雀、五闕、德陽，其上鬱律與天下連。《藝文類聚》。天子正旦節會朝百官於此。正月旦，天子幸德陽殿，臨軒。設九賓徹樂，公、卿、將、大夫、百官各陪朝賀。蠻、貊、胡、羌畢見屬郡計吏，皆觀，庭燎。宗室諸劉雜會，①萬人以上，立西面。位定，公納薦，大官賜食酒，②西入東出。既定，上壽。計吏中庭北面立，③大官上食，賜群臣酒食。畢，貢事御史四人執法殿下，虎賁、羽林弧弓撮矢，陛戟左右，戎頭偏脛啓前向後，左右中郎將住東西，虎賁、羽林將住東北，五官將住中央，悉坐就賜。舍利從西方來，戲於庭，乃畢入殿前，激水化作比目魚，跳躍漱水，作霧鄣日。畢，化成黃龍，長八丈，炫燿日光。以兩大絲繩繫兩柱頭中間，相去數十丈，兩倡女對舞，行於繩上，對面道逢，切肩不傾。又蹋局出身，藏形於斗中。鐘磬並作，魚龍曼衍。小黃門鼓吹三通，謁者引公卿群臣以次拜，微行出罷，④卑官在前，尊者在後。《禮儀志》注。朝見之儀，不視晚朝十月朔之故，以問廣。廣曰："舊儀，公卿以下每月常朝，先帝以其頻，故省，惟六月、十月朔朝。後以六月朔盛暑，省之。"《通典》。正月朔朝賀，光祿勳劉嘉、廷尉趙世各辭不能朝，高賜舉奏："皆以被病篤困，空文武之位，闕上卿之贊，既無忠信斷金之用，而爲敗禮傷俗之尤，不謹不敬！請廷尉治嘉罪，河南尹治世罪。"議以世掌廷尉，故轉屬他官。《百官志》注。尚書令臣嚻、僕射臣鼎、尚書臣旭、臣乘、臣滂、臣謨、臣詣稽首言："伏惟皇帝陛下履乾則坤，動合陰陽。群臣百官咸以長秋宮未定，遵依舊典，章表仍聞，

---

① "宗"，原誤作"宮"，據補編本、《後漢書·禮儀志》改。
② "酒"，原誤作"畢"，據補編本、《後漢書·禮儀志》改。
③ "計"字原脫，據補編本、《後漢書·禮儀志》補。
④ "罷"字原脫，據補編本、《後漢書·禮儀志》補。

歷時乃聽。令月吉日，以宋貴人爲皇后，應期正位，群生兆庶，莫不式舞。《易》稱'受茲介福'，《詩》云'干禄百福，子孫千億'，萬方幸甚。今吉日已定，臣請太傅、太尉、司徒、司空、太常條列禮儀正處上，群臣妾無得上壽，如故事。臣嚻、臣鼎、臣旭、臣乘、臣滂、臣謨、臣詣愚闇不達大義，誠惶誠恐，頓首死罪。稽首再拜以聞。"制曰："可。"維建寧四年七月乙未，制詔："皇后之尊，與帝齊體，供奉天地，祇承宗廟，母臨天下，故有莘興殷，姜任母周，二代之隆，蓋有内德。長秋宫闕，中宫曠位。① 宋貴人秉淑媛之懿，體山河之儀，姿容照耀，② 德冠後宫，群寮所咨，僉曰懿哉。卜之蓍龜，卦得承乾。有司奏議，宜稱紱組。今使太尉襲使持節奉璽綬，宗正祖爲副，立貴人爲皇后。其往踐爾位，敬宗禮典，肅慎中饋，無替朕命，永終天禄。"皇后初即位章德殿，太尉使持節奉璽綬，天子臨軒，百官陪位。皇后北面，太尉住蓋下，東向，宗正、大長秋西向。宗正讀策文，皇后拜，稱臣妾，畢，住位。太尉襲授璽綬，中常侍長樂、太僕高鄉侯覽長跪受璽綬，奏於殿前，③ 女史授婕妤，④ 婕妤長跪受，以授昭儀，昭儀長跪受，以帶皇后。皇后伏，起拜，稱臣妾。訖，黄門鼓吹三通。鳴鼓畢，群臣以次出。后即位，大赦天下。皇后秩比國王，即位威儀，赤紱玉璽。《禮儀志》注。雒陽故宫有飛兔門、含章門、西華門、却非門、九龍門、金商門、宜秋門。《廣博物志》。南北宫相去七里，中間作大屋，複道三行，天子按行中央，《本紀》注引作"天子行中道"。從臺官夾左右，十步一衞。《太平御覽》。宫北朱雀門邌止車門，内崇賢門，内

---

① "宫"，原誤作"官"，據補編本、《後漢書・禮儀志》改。
② "姿"，補編本、《後漢書・禮儀志》皆作"威"。
③ "奏"字原脱，據補編本、《後漢書・禮儀志》補。
④ "授"，原誤作"綬"，據補編本、《後漢書・禮儀志》改。

建禮門。同上。宮內苑聚土爲山，十里九坂，種奇樹，育麋鹿麞麂鳥獸百種。① 激上河水，銅龍吐水，銅仙人銜盃受水下注。天子乘輦游獵苑中。同上。太尉，孝文三年置，七年省。武帝建元元年置，五年復省，更爲大司馬。建武二十七年復置太尉，太尉府開闕。王莽初起大司馬，後盜竊神器，遂貶去其闕。《百官志》注。司徒本丞相官，哀帝改爲大司徒，衆馴五品。府與蒼龍闕對，壓於尊者，不敢稱府也。《太平御覽》。漢興，置大將軍、驃騎，位次丞相。車騎、衛將軍、左、右、前、後，皆金印紫綬，位次上卿。典京兵衛，四夷屯警。《北堂書鈔》。中郎將，②其府對太學。三署郎見光祿勳，執板拜；見五官左右將，執板不拜。於三公諸卿無敬。左中郎廨，③其府次五官。虎賁中郎將，主虎賁千五百人，無常員，多至千人，帶鶡冠，一作"皆帶毛鶡冠"。次右將府。羽林郎百二十八人，無常員，次虎賁府。同上。羽林有左監，主羽林左騎八百；右監主右騎九百人。《山堂考索》。六常侍從左右，無員，常侍中。《百官公卿表》。侍中常伯選舊儒高德、博學淵懿、仰占俯視、切問近對、喻旨公卿，上殿稱制，參乘佩璽秉劍，《北堂書鈔》。員本八人，舊在尚書令僕射下，④尚書上。今得出入禁中，更在尚書下。司隸校尉見侍中，執板揖，河南尹亦如之。侍中舊與中官俱止禁中。武帝時，侍中莽何羅挾刃謀逆，由是侍中出禁外，有事乃入，畢即出。王莽秉政，侍中復入，與中官共止。章帝元和中，侍中郭舉與後宮通，拔刀儗上，舉伏誅，由是侍中復出外。《百官志》注。尚書令主贊奏，總領紀綱，無所不統，與司隸校尉、御史中丞

---

① "鳥獸"二字原脫，據補編本、《太平御覽》卷一百九十六補。
② "將"，《後漢書·百官志》作"解"。
③ "中"，原誤作"史"，據補編本改。
④ "下"字原脫，據補編本、《後漢書·百官志》補。

朝會，皆專席絶坐，京師號曰"三獨坐"。《北堂書鈔》。尚書令故公爲之者，①朝會不陛奏事，增秩二千石，故自佩銅印墨綬。《百官志》注。尚書令僕射給赤管大筆兩枝。《北堂書鈔》。尚書令僕射、尚書郎月賜隃糜大墨一枚、②小墨一枚。《初學記》。僕射主封門，③掌授廩，假錢穀。④ 凡三公、列卿、將、大夫、五營校尉行複道中，遇尚書僕射、左右丞郎、御史中丞、侍御史，皆避車豫相迴避。衛士傅一作"侍"。不得迕一作"近"。臺官，過後乃得去。《百官志》注。僕射見尚書令，對揖無敬。謁者見，執板拜之。給事謁事，出府丞、長史、陵令，皆選儀容端正，任奉使者。宫中諸有劾奏皋，左都候執戟戲車縛送付詔獄，大小各付所屬。以馬被覆。見尚書令、僕射、尚書，皆執板拜，見丞郎皆揖。同上。尚書典天下歲盡集課事。三公尚書二人，典三公文書。吏曹尚書典選舉齋祀，⑤屬三公曹。尚書奏事明光殿，省中皆胡粉塗壁，紫青界之，畫古賢人烈士，重行書贊，三句據《廣韻注》增補。其邊有閣，下大屏，據《文選注》補。丹朱漆地，故稱曰"丹墀"。尚書郎含雞舌香握蘭，趨走丹墀，伏其下奏事《太平御覽》。答對，欲使氣息芬芳也。《通典》。奏事與黄門侍郎對揖，黄門侍郎跪受，稱已聞，乃出。《初學記》。天子五時賜衣服。若郎處曹三年遷二千石刺史。《通典》。常侍曹尚書，主常侍黄門御史事，世祖改曰吏曹。二千石曹尚書掌中郎官水火、盗賊、辭訟、罪宥。民曹尚書典繕治、功作、鹽池、苑囿、盗賊事。客曹尚書，天子出獵，駕，御府曹郎屬之。尚書左丞總典臺中紀綱，無所不統。右丞與僕射對掌廩假錢穀財用，與左丞無所不統。同

---

① "公"，原誤作"官"，據補編本、《後漢書·百官志》改。
② "隃"，原誤作"腧"，據補編本改。
③ "門"字原脱，據補編本、《後漢書·百官志》補。
④ "假"下原衍一"錢"字，據補編本、《後漢書·百官志》删。
⑤ "選舉"二字原脱，"祀"原誤作"事"，皆據補編本、《後漢書·百官志》改。

上。尚書郎初從三署詣臺試，初上臺稱守尚書郎，中歲滿稱尚書郎，三年稱侍郎。凡三十四人，選吏能者爲之。《初學記》。三署郎見光禄勛，執板拜；見五官中郎將，執板不拜；於三公諸卿無敬。《通典》。尚書郎給侍使女二人，皆選端正妖麗者。從至上東門，還奏事建禮門内，得神仙門；神仙門，得明光殿、神仙殿。女侍史潔衣服，執香鑪；燒薰從入臺中，給使護衣服。《太平御覽》。尚書郎夜直五日，於建禮門内入直臺中，官供青縑白綾被，①或錦被，一作"或以錦緤爲之"。晝夜更宿，帷帳畫，通中枕，卧氈褥，冬夏隨時改易。大官供食物，湯官供餅餌五熟果食，二句據《通典》補。五日一美食，下天子一等。《北堂書鈔》。客曹郎主治羌胡事，劇遷二千石，或刺史。其公遷爲縣令，秩滿，自占縣去，詔書賜錢三萬與三臺祖餞，餘官則否。治嚴一月，準謁公卿陵廟乃發。御史中丞、侍御史行複道中，遇尚書及丞、郎，避車執板住揖，丞、郎坐車中舉手禮之，車過遠乃去。尚書言左右丞，敢告知如詔書律令。郎見左右丞，對揖無敬，稱曰左右君。丞、郎見尚書，②執板對揖，稱曰明君。見令、僕射，執板拜，朝賀對揖。尚書令史皆選蘭臺、符節上稱簡精練有能者爲之。《百官志》注。御史大夫寺在大司馬門内，無塾。其門署用梓板，不腆色，題曰御史大夫寺。《通典》。御史中丞，故二千石爲之，或遷侍御史，執憲中司，朝會獨坐，内掌蘭臺，督諸州刺史，糾察百寮，罪當輕重，出爲二千石。治書侍御史，選御史高第者補之，其二人者更直。執法省中者，③糾察百官，督州郡。公府掾屬高第者補之。初稱守，滿歲稱真，出治劇爲刺史、二千石，平遷補令。見中丞，執板揖。《百官志》注。治

---

① "被"字原脱，據補編本、《宋書·百官志》補。
② "丞郎"二字原脱，據補編本、《後漢書·百官志》補。
③ "執"字原脱，據補編本、《後漢書·百官志》補。

書侍御史二人，治廷尉奏事，罪當輕重。《北堂書鈔》。侍御史，秦官，漢因之，掌郡國都邑之治，以贊冢宰。同上。惠帝改太常爲奉常，景帝復爲太常，蓋《周官》宗伯也。《太平御覽》。公儀休，魯博士也。爲魯相，無所變更，百官自正，使食禄者不得爭利。《山堂考索》。謁者，秦官，中興三十人，皆選儀容端正任奉使者。《通典》。少府符著出見都官從事，持板。都官從事入少府見符著，持板。《太平御覽》。將作大匠位次河南尹，光武中元二年省，謁者領之，章帝建初元年復置。同上。雒陽二十四街，街一亭；十二城門，門一亭。《廣韻注》。城門候見校尉，執板不拜。《通典》。五營司馬見校尉，執板不拜。同上。越騎校尉亦曰掌越騎，長水校尉主長水宣曲胡騎，射聲校尉掌待詔射聲事。《百官志》注。凡中宮漏夜盡，鼓鳴則起，鐘鳴則息。衛士甲乙徼相傳，甲夜畢，傳乙夜，相傳盡五更。衛士傳言五更，未明三刻後，雞鳴，衛士踵丞郎起嚴上臺。不畜宫中雞，汝南出鳴雞，衛士候朱雀門外，專傳雞鳴於宮中。《初學記》。司隸校尉職在典京師外部諸郡，無所不糾。封侯、外戚、三公以下，無尊卑，開中道，稱使者。每會，後到先去。司隸詣臺廷議九卿上，朝賀處公卿下陪卿上。初除，詣大將軍、三公，通謁持板揖。公議、朝賀無敬。召入宮對。見尚書，持板揖，朝賀揖。同上。延熹中，京師游俠有盜發順陵者，賣御物於市，市長追捕不得。周景以尺一詔書詔司隸校尉左雄詣臺，期三日擒賊。《藝文類聚》。都官主雒陽，①百官朝會，與三府掾同。②《百官志》注。京兆秩二千石，見尚書令僕射，執板揖之。《通典》。詔書舊典，刺史班宣行郡國，省察治狀，《光武紀》注引作"省察政教"。黜陟能否，斷理冤獄，以六條問事，非條所問，即不省。一條：强宗豪右，田

---

① "主"，原誤作"武"，據補編本、《後漢書・百官志》補。
② "府"，原誤作"公"，據補編本、《後漢書・百官志》補。

宅踰制，以强凌弱，以衆暴寡。二條：二千石不奉詔書，遵承典制，倍公向私，旁治守利，侵漁百姓，聚斂爲奸。三條：二千石不恤疑獄，風厲殺人，怒則任刑，喜則任賞，煩擾苛暴，剖戮黎元，爲百姓所疾，山崩石裂，妖祥訛言。四條：二千石選署不平，苟阿所愛，蔽賢寵頑。五條：二千石子弟怙勢榮利，請託所監。六條：二千石違公下比，阿附豪强，通行貨賂，割損政令。諸州刺史初除比試，持板揖，不拜。河南尹掾丞考案與從事同。《前漢書・公卿表》注、《後漢書・百官志》注。十二陵令見河南尹無敬也。《禮儀志》注。

漢祀令　服虔撰

高帝除秦社稷，立漢社稷，禮所謂大社也。時又立官社，配以夏禹，所謂王社也。《郊社志》注。天子行有所之，出河沈白馬珪璧各一，衣以繒緹五尺，祠用脯二、①束酒六升、鹽一升，涉渭、灞、涇、雒、潩沱各水如此者，沈璧各一，律在所給祠具及從沈。祠他川，先驅投石，少府給珪璧，不滿百里者不沈。《祭祀志》。

獨斷　蔡邕撰

《書錄解題》：漢議郎陳留蔡邕伯喈撰。記漢世制度、禮文、車服及諸帝世次，而兼及前代禮樂。舒、台二郡皆有刻本。向在莆田，嘗錄李氏本，大略與二本同，而上下卷前後錯互，因並存之。《提要》未錄，近王氏《漢魏叢書》、盧氏《抱經堂叢書》並有刊本。

又　禮樂志

見國史類。

又　輿服志

亦見國史類。

---

① "用"，原誤作"廟"，據補編本、《後漢書・祭祀志》補。

又　講學圖

《書畫品》：《講學圖》一卷，蔡邕畫。

漢儀　應劭撰

建安元年奏上。《書録解題》題"後漢軍謀校尉汝南應劭仲遠撰"。按《唐志》有《漢官》五卷，《漢官儀》十卷，今惟存一卷，載三公官名及名姓州里而已，其全書亡矣。李垣季允嘗續補一卷。

又　漢官儀禮儀故事一百三十卷　應劭撰

《續漢書》：劭所序漢官及禮儀故事凡十一種，朝廷制度百官儀式所以不亡者，由劭記之。《遂初堂書目》有應仲遠《漢官儀》《漢官制》《漢官典秩》。《中興書目》：今存一卷，載光武以來三公百官名式。時遷都於許，舊章湮没，書記罕存，劭慨然嘆息，著《漢官禮儀故事》。

甘泉鹵簿

《輿服志》：官有其書，名曰《甘泉鹵簿》。乘輿大駕，屬車八十一乘，備千乘萬騎，西都行祠天郊，甘泉備之。《地里志》：甘泉在雲陽，黄帝接萬靈之明庭，自古祭天圜丘處，本秦林光宫。自文帝郊五畤，三歲一郊，車駕必幸雍甘泉，故有《甘泉鹵簿》。《西京雜記》：漢朝輿駕祀甘泉、汾陰，備千乘萬騎，太僕執轡，大將軍陪乘，名爲大駕。車有司馬、①辟惡、記道、靖室、象車、武剛、九游、②雲䍐、皮軒、闟戟、鸞旗、建華、相風烏、金根之名儀，衛有騎隊、鼓吹、黄麾騎、畢䍐、節、御馬、華蓋、棡鼓之制，或分八校，或分十六校，式道有候，③護駕有官。④

---

① "馬"字原脱，據補編本、《玉海》卷八十補。
② "九"，原誤作"七"，據補編本、《玉海》卷八十改。
③ "道"，原誤作"遏"，據補編本、《玉海》卷八十改。
④ "官"字原脱，據《玉海》卷八十補。

胡廣《漢制度》曰："天子出車駕次第謂之鹵簿，長安時出祠甘泉，天子用之，名曰《甘泉鹵》。"

漢鹵簿圖　應劭撰

騎執筑，即筴。《宣和鹵簿記》。乘輿大駕，則御鳳凰車，以金根爲副。《輿服志》注。

禮儀志　譙周撰

天子之廟，始祖及高祖、祖、考，皆每月朔加薦新，以象平生朔食也，謂之月祭。二祧之廟時祭無月祭。唐太常博士彭景直疏。四時祭，各於其廟中神位奧西牆下，①東向。諸侯廟，木主在尸之南，爲在尸上也。東向，以南爲上。《通典》。

附　輿服志　董巴撰

問禮俗　董勛撰

漢儀　丁孚撰

謚議二卷　魏明帝撰

魏官儀　荀攸撰

官職訓掌　韋昭撰

太子見賓儀　闞澤撰

封禪儀　高堂隆撰

魏官儀　魏覬撰

覬字傳儒，河東安樂人，著《魏官儀》，凡所撰述數十篇。

右儀注類。

---

① "奧"，原誤作"奠"，據補編本、《通典》卷四十八改。

補後漢書藝文志卷之十四

建武故事

《唐志》：《建武故事》三卷，又《建武律令故事》三卷。《唐六典》：建武有《律令故事》上中下三卷，皆刑法制度。

建武元年即位，告天地，采用元始中告祭故事。侯霸建武四年拜尚書令。時無故事，朝廷又少舊臣。霸習故事，收錄遺文，條奏前世善政法度有益於時者，皆施行之。每春下寬大之詔，奉四方之令，皆霸所建也。建武十三年詔曰："漢家舊制，丞拜日封爲列侯。"張純在朝，明習故事。建武時，舊章多闕，每有疑議，輒以訪純。自郊廟冠昏喪紀禮儀，多所正定。郭賀建武中爲尚書令，任職六年，曉習故事。明帝遵奉建武制度，無敢違者。後宮之家，不得封侯與政。杜林《郊記議》曰："祖宗故事，所宜因循。"伏湛拜尚書，使典舊制。班固《南單于求和議》曰："建武之世，修復舊典，宜依故事，復遣使臣。"陳忠建武中爲尚書令，奏事言光武告寧之典，宜復建武故事。

章和六年，計貢吏合集於樂堂，有野鹿走至堂前，左右逐之於池中而獲之。①《藝文類聚》。章和七年，左右啓以米飼熊。上曰："此無益而費於穀，且是惡獸，所不宜畜。"便遣打殺，以肉賜左右直人。同上。檗按：書題《建武故事》，而《藝文類聚》所引二條皆係章帝時事，疑章、和後纂是書。又晉亦有《建武故事》，《太平御覽》所引"平西將軍史亮送橘，十二實皆同一蒂，

---

① "獲"字原爲空格，據補編本、《太平御覽》卷九百七改。

爲瑞異,群臣畢賀",此則晋《建武故事》也。
馬將軍故事
援爲伏波將軍,所過輒爲郡縣治城郭,穿渠以利民,條奏越律與漢律駁者十餘事,與越人申明舊制以約束之,自後駱越行馬將軍故事。
永平故事二卷
《唐志》:二卷。章帝元和二年五月戊申詔,神爵、甘露屢臻。祖宗舊事,或班恩施。其賜爵。《濟北王壽傳》:①和帝遵永平故事,兄弟皆留京師,恩禮篤密。永元四年,帝將誅竇憲,欲得《外戚傳》,令清河王慶求之,又令慶求索故事。李法上疏和帝,以朝政苛碎,違永平、建初故事。順帝永建四年二月戊戌詔,以民入山鑿石,發泄藏氣,敕有司檢察所當斷禁,如建武、永平故事。建光二年,尚書孟布奏"宜復如建武、永平故事,斷刺史二千石告寧及父母喪服",從事之。袁安上封事曰:"漢故事,供給南單于費直歲一億九千餘萬,②西域歲七千四百八十萬。"何廠説宋由曰:"二府以爲故事,三公不與盜賊。"桓帝永興二年二月癸卯詔,輿服申明法令,如永平故事。襄楷疏:永平舊典,③先請後刑。李固對策曰:"梁氏子弟榮顯兼加,永平、建初故事,殆不如此。"④朱穆奏:按漢故事,中常侍參選士人。《胡廣傳》:舊章憲式,無所不覽。楊秉言:舊典,中臣子弟,不得居位。楊秉上疏:尚書召對秉掾屬曰:"公府外職,而奏劾近官,⑤經典漢制有故事乎?⑥秉使對曰:

---

① "傳"字原脱,據補編本補。
② "歲",原誤作"錢",據《通典》卷一百九十五改。
③ "典",原誤作"事",據補編本、《後漢書·郎襄傳》改。
④ "殆"字原脱,據補編本、《後漢書·李固傳》改。
⑤ "奏劾",原誤作"劾奏",據《後漢書·楊震傳》改。
⑥ "制",原誤作"世",據《後漢書·楊震傳》改。

"漢世故事,三公之職無所不統。尚書不能诘。"陳忠疏:漢典故事,①丞相之請,②靡有不聽。《王允傳》:集漢朝舊事當施行者,奏之。《曆志》:孝章詔,曆度審正,宜如甲寅詔書故事。班勇上議,宜復置護西域校尉,如永元故事。

三輔舊事三卷　　韋彪撰
京兆舊事

孫晨家貧,爲郡功曹,十日一炊,無被,有藁一束,暮卧其中,旦則收之。《太平御覽》。杜陵蕭彪,字伯文,爲巴郡太守,③以父老,歸供養。父有客,常在屏風後,自應使命。父嗜餅,立車下自進之。《北堂書鈔》。清河太守韋文高三子,皆以學行知名,時人號"韋氏三君"。平輿令韋順,字叔明,歷位樂平相,去官,以琴書自娛,不應三公之命。後爲平輿令,吏民立祠社中。順弟武陽令豹,字季明。友人羅陵犍爲縣丞,卒官,喪柩流離。豹棄官,致喪歸。比辟公府,輒棄去。司徒劉愷尤敬之。豹弟廣都長義,字季節,少好學,不求榮利。四十乃仕,三爲令長,皆有惠化,以兄喪去官。比辟公府,不就,廣都爲立生祠焉。《群輔錄》。

南中故事　　鄭宏撰

宏字巨君,④會稽人,官至太尉。宏建初中爲尚書令,前後所陳有益王政者,著之南宮,以爲故事。謝承《書》:明帝條李壽前後所上便宜以爲《南宮故事》。陳忠爲尚書令,前後所奏條於南宮閣,上以爲故事。楊賜去位,帝徙南宮,閱錄故事,得賜所上奏及侍講注籍。黃瓊隨父在臺閣,習見故事。及爲尚

---

① "故",《後漢書·陳忠傳》作"舊"。
② "之",《後漢書·陳忠傳》作"所"。
③ "巴",原誤作"蜀",據補編本、《北堂書鈔》卷一百三十二改。
④ "君",原誤作"卿",據補編本改。

書僕射，練達官曹。左雄掌納言，每有章表，奏議臺閣，以爲故事。雄言：按尚書故事，無阿母封邑之制。楊球補尚書，閑達故事，章奏處議，爲臺閣所崇信。謝承曰：「高祖及光武之後，將相名臣策文通訓條在南宮，祕於省閣，惟臺郎升複道取急，因得開覽。武帝按大行無遺詔，左雄按尚書故事無乳母封爵邑之制，靈帝徙南宮閱錄故事。」

漢名臣奏事

《隋志》：《漢名臣奏》三十卷。《唐志》：二十九卷。《世善堂書目》：三十卷。《中興書目》：二卷。一卷孔光元壽二年八月奏，篇凡三；一卷唐林在新莽時奏，篇凡十。《書錄解題》：《隋志》刑法類有《漢名奏事》三十卷，《唐志》已亡。其一《中興書目》僅存其二，一爲孔光，一爲唐林，今惟唐林而已。所言皆莽朝事迹，無足論者，姑以存古云爾。檾按：《漢名臣奏事》斷自新莽，其後《漢名臣奏》則陳壽編輯者也，諸書所引止稱《漢名臣奏》，不復分別。

漢得陰山，匈奴長者過之，未嘗不哭。《藝文類聚》。陳鳳對曰：「民如六畜，在上所牧養者耳。」《文選注》。武帝時，北部都尉主兵馬，備寇賊，而年七十，拜起據地，不勝任，請免。《通典》。丞相薛宣對曰：「陛下八月酎祠，嘉氣上昇，皇天報應，茂陵寢廟上食日，玄鳥來集，吐所含大豆，紫黑色，翱翔殿上，食物之象也。陛下永與天無極，天下幸甚。」《藝文類聚》。丞相薛宣奏：「漢以來，深考古義，推萬變之備，於是制宣室出入之儀，正輕重之罰。故司馬殿省閣至五六重，周衛擊刁斗禁門。自近臣侍側尚不得著劍鉤帶入，防未然也。陛下聖德純備，海內晏然。此國之明制，必前後備虎賁。」《太平御覽》。天將雨之，人病爲之先動，是陰氣相應而動也。天將陰雨，又使睡臥者，陰氣也。《北堂書鈔》。翟方進奏：「敕渤海都尉當典盜賊，三年，盜賊浸多，不能統理，請免。"《通典》。杜業奏曰："河間獻王經書通明，積德累行，①天下推重，諸儒皆歸之。孝武皇帝時，獻王朝，武帝色難之，謂獻王曰：'湯七十里，文王百里，王其勉之。'王知其意，即縱酒聽樂，因以終也。"《太平御覽》。張禹奏事曰："臣聞'天有三光，以成其化'，方今三公之官不備，丞相獨綱領天下，萬事最衆多，明不盡獨見，誠非一人之所作也。"《通典》。張禹奏曰："按今丞相奏事，司直持按，長史將簿。中二千石事奏，皆與其丞合緣。以臣下各得盡心竭誠，而事公明。"《太平御覽》。唐林請省吏，公卿大夫至都官稗官，各減什三。《漢書注》。王莽斥出王閎，太后憐之。閎伏泣失聲，太后親以手巾拭閎泣。《太平御覽》。大司空朱浮奏曰："車府丞玄黄綬，作乘輿，綬五采，何黄多也，可更用赤絲爲地。"《北堂書鈔》。曹褒上疏曰："王者莫不制作禮樂。"詔褒即差叙禮樂，擢褒羽林左監。同上。黄瓊上言："先王典籍曰有式，司徒咸戒，司空除壇。先時五日，有協風至，齋宫、饗薦、耒耕，誠重之也。先推三行，所宜躬親，以迎春和，以致時氣。"《太平御覽》。伏聞東平國無鹽縣山中有大石，無故一夕自起立。臣思以爲石者陰類，殆有微人當紹起者。漢興以來，與今再見。其一正以昭帝無統嗣，今又以陛下無繼嗣復見。"《通典》。郎中張文上疏，其略曰："《春秋》義曰：'蝗者貪擾之氣所生，天意若曰：貪狼之人，蠶食百姓，若蝗食禾稼而擾萬民。獸噬人者，象暴政若獸而噬人。'京房《易傳》曰：'小人不義而反尊榮，則虎食人。辟歷殺人，亦象暴政，妄有喜怒。'政以賄成，刑放於寵，推類叙意，探指求原，皆象群下貪狼，威教妄施，或若蝗蟲。宜敕正衆邦，清審選舉，退屏貪暴。魯僖公小國諸侯，敕政修己，斥

---

① "行"，補編本作"仁"。

退邪臣,尚獲其報,六月甚雨之應。況萬乘之主,修善求賢,宜舉敦樸,以輔善政。陛下體堯舜之聖,秉獨見之明,恢太平之業,敦經好學,流布遠近,可少留須臾神慮,則可致太平,招休徵矣。"制曰:"下太尉、司徒、司空。夫瑞不虛至,蓄必有緣。朕以不德,兼統未明,以招祅偽,將何以昭顯憲法哉?三司任政者也,所當夙夜,而各拱默,訖未有聞,將何以奉答天意,敉寧我人?其各悉心思所以崇政,務消復之術,稱朕意焉。"同上。太尉屬應劭、司徒屬孫嵩、司空掾孔伷議:"以鮮卑隔去漠北,犬羊為群,無君長之帥,廬落之居,又其天性貪而無信,故自漢興以至於茲,數犯障塞,吏民創楚,不與交關。唯有胡市,反成糜服。非畏威懷德,玩中國珍異之故耳。"《太平御覽》。

漢雜事

不著撰人名氏。尤延之《遂初堂書目》有《漢雜事》。

古者天子稱皇,其次稱王,秦承百王之末,為漢驅除,自以德兼三皇五帝,故并為號。《北堂書鈔》。漢有天下,號曰皇帝,自稱曰朕,人稱之曰陛下,命令曰制、詔,衣冠、車馬、器械、百物曰乘輿,所在曰行在,所至曰幸,所居曰禁中,所進曰御。《天中記》。古者諸侯二車九乘,秦滅六國,兼其車服,故大駕屬車八十一乘。《文選注》。御史乘最後一車,懸豹尾於前,①皆似省中。《北堂書鈔》。秦初之制,改書為奏。奏事上書皆為兩通,一詣后,一詣帝。凡群臣之書通於天子者,一曰章,二曰奏,三曰表,四曰駁議。故事,上書為二封,其一曰副封,領為尚書先發,有不善者,屏去不奏。魏相為御史大夫,奏去副封,以防壅蔽。正月朝賀,三公奉璧。同上。上殿,御車北面,太常使贊曰"皇帝為君興",三公伏,皇帝坐,乃前進璧。《藝文類聚》。冬至

---

① "尾",原誤作"車",據補編本、《北堂書鈔》卷一百三十改。

陽氣起，君道長，故賀。夏至陰氣起，君道衰，故不賀。天子大社，以五色土爲壇。封諸侯者取其土，苴以白茅，各所以封方之色以立社於其國，故謂之受茅土。漢興，惟皇子封爲王者得茅土，其他臣以戶賦租入爲節，不受茅土，不立社。同上。鼓以動衆，夜漏鼓鳴則起，漏壺乾，鐘鳴乃息。《北堂書鈔》。高祖時，群臣議天子所服衣服，大謁者臣章受詔長樂宮，令群臣議天子所衣服，以安天下。謁者趙堯舉春，李舜舉夏，貢禹舉秋，倪湯舉冬。四人各職一時，制曰"可"。舉者以各舉一時之事白之，四時衣服采蓋始於此。趙堯以刀筆稍遷至侍御史。同上。倪寬爲人卑禮下士，務在得人心，擇用仁孝，推誠待士，不求名譽。《藝文類聚》。張蒼，高祖時有罪當斬，身體長大，肥白如玉，帝一見而美之，與衣服甚鮮，遂赦之。《北堂書鈔》。漢廷尉扶嘉，朐人也。初，嘉母於湯溪水側遇龍，后生嘉。長，占吉凶，巧發奇中。高祖初爲漢王，與嘉相遇，勸定三秦。高祖以嘉志在扶翼，賜姓扶氏，爲廷尉，食邑朐䏰。嘉臨終有言："三牛對馬嶺，不出貴人出鹽井。"《通典》。石慶爲太僕卿，出，上問車中幾馬。慶以策數馬，舉手指曰："六馬。"慶在兄弟中最爲簡，而猶如此。《初學記》。於定國謙遜下士。士雖貧，徒步過從，皆與均禮。《北堂書鈔》。鄭當時景帝時爲太子舍人，每五日休洗，常置驛馬長安，請諸賓客，夜以繼日，常恐不及。景帝時，吳楚七國反，齊孝王狐疑，膠西、濟北二國圍齊。齊使路中大夫告於天子，還報曰"堅守"。比至二國圍齊數重，無從入。二國與路中大夫盟曰："若反，言漢已破。"大夫許之。至城下，望見齊王，曰："漢已發兵百萬，使太尉周亞夫擊破吳、楚，方引兵救齊，齊必堅守。"二國誅路中大夫。同上。公孫弘爲丞相，起舍館，開閣延賢人，與參謀議，身自食脫粟飯一器，盡以俸祿與故人賓客。《藝文類聚》。韋玄成讓侯，詔書引拜之也。田蚡爲丞相，中二千石拜謁，蚡不爲禮。汲黯爲主爵都尉，見蚡未嘗拜，揖之而已。同上。蔣滿爲上黨太守，其長子萬爲北地都尉，次子輔爲安定太守，同詔徵見。滿與萬俱知名，並見徵。時徵爲二千石者十三人，俱引見。萬却退，不敢與父併。詔遣問謁者何以不齊，左右曰"此乃父子也"。宣帝太息曰："父子剖符邪？"即先詔曰："上黨太守經行篤著，信行山東，其以滿爲淮南王相，①教誨東藩。弘農股肱，其以萬爲弘農太守。"父子同日拜於前，上嘉之。《北堂書鈔》。元帝時，匡衡、貢禹以經義毁先帝親盡之廟：高帝爲太祖，孝文爲太宗，孝武爲世宗，孝宣爲中宗，祖宗廟皆世世奉祀，其餘惠、景以下皆毁，五年而再殷祭，猶古之禘祫。辛慶忌爲酒泉太守，明略威重。大將軍王鳳薦慶忌："正直仁勇，通於兵事，任國柱石。臣鳳不賢，久處其右。"上乃復徵爲光禄大夫、執金吾。金敞爲元帝侍中，帝崩，故事，近臣皆隨陵爲園。敞世名忠孝，太后使侍成帝。谷永爲尚書奏："薛宣才茂行潔，達於從政。有退食自公之節，寡樹黨游説之助。臣恐陛下忽於《羔羊》之詩，捨實功之臣，任虚華之譽，是以越職陳宣行能，惟留神考察。"上然之，遂以宣爲御史大夫。傅喜爲大將軍，傅太后與事，喜數諫之，太后不説。喜上印綬，病在家。司空何武、尚書唐林上書曰："魯以季友治亂，楚以子玉輕重，魏以無忌折衝，項以范增存亡。故楚跨有南土，帶甲百萬，鄰國不以爲難，子玉爲將，文公仄席而坐，及其死也，君臣相慶。百萬之衆，不及一賢。"於是上拜喜爲大司馬，封高武侯。同上。哀帝時，司隸校尉解光奏："曲陽侯王根，三世據權，五將秉政。根性貪邪，及根兄子成都侯况不思報國，聘娶掖庭貴人

---

① "以"字原脱，據補編本補。

以爲妾。"上遣根就國，免況爲庶人。《通典》。陳萬年爲太僕，執正廉平，內行修潔。《北堂書鈔》。上自擊鄧奉，①破之長安，奉降。上以奉舊功臣不誅。弇曰："奉背恩反叛，曝師連年。上既至，奉親在陳，兵敗乃降，不誅無以懲惡。"於是誅之。秦豐與田戎連兵，據黎丘拒漢。上遣朱祐討豐。議者以爲豐見連年，勢敗困，上自往，豐必降。上往，豐出惡言。後數日降，祐檻車傳豐及母妻送雒陽。大司馬吳漢劾奏祐知豐狡猾，圍守連年，上親至城下而遂悖逆，天下所聞，當伏夷滅之誅。不時斬戮而聽受降，失將帥任，大不敬。上乃誅豐召祐。馬援與梁統友善，子虎賁中郎將松往候。援小疾，②松拜牀下。③援於牀上坐視，不爲禮。左右曰："松貴，不當禮耶？"曰："我松父友，雖貴，奈何失禮！"《太平御覽》。中元二年，光武崩。王莽之亂，國無制，皇太子、諸王同席坐，尊卑無別，是時上下莫之正。太尉趙熹乃正色，橫劍殿階，扶下諸王以明尊卑。④光武棄天下，以再受命復漢祚，更起廟，稱世祖。孝明臨崩，遺詔遵儉，無起寢廟，藏主於世祖廟。孝章不敢違。是後遵奉，藏主世祖廟，如孝明之禮，而園陵皆自起寢廟。孝明廟曰顯宗，孝章曰肅宗，是後踵前，孝和曰穆宗，孝安曰敬宗，孝順曰恭宗，孝桓曰威宗。令雒陽諸陵皆晦、望、二十四氣、伏、社、臘及四時上飯，大官送御物，園令食監典，省其親陵一所。宮人隨鼓漏理被枕，具盥水，陳嚴具。天子以正月五日供畢，後上原陵，以次周遍，公卿百官皆從，四姓小侯諸家婦，凡與先君有瓜葛者，及諸侯、大夫、郡國、匈奴朝者、西國侍子，皆會尚

---

① "奉"，原誤作"訓"，據補編本、《太平御覽》卷六百四十五改。
② "援"，原誤作"候"，據補編本、《太平御覽》卷五百四十二改。
③ "松"，原誤作"誠"，據補編本、《太平御覽》卷五百四十二改。
④ "王"，原誤作"臣"，據補編本、《後漢書·趙憙傳》改。

書官，屬西除下，在先帝神坐後。大夫計吏皆當前軒下，占其郡國穀價四方改異，①欲先帝魂神具聞之也，遂於親陵各賜計吏而遣之。同上。董重爲驃騎將軍，位在公上。《北堂書鈔》。章帝以城門校尉馬防爲車騎將軍，位在九卿上，絕坐也。奉車都尉竇固征匈奴，騎都尉秦彭別屯，擅斬軍司馬。固奏彭不由督帥，專賊殺人。公卿議，皆以爲固議是。公府掾郭躬以爲彭得斬人。有詔躬上殿，令尚書令與公卿雜難躬曰："軍政校尉一統督將，何以得專殺？督將受斧鉞稱令，故得擅行法，都尉別將行軍法，何以明之？"躬曰："一統將者，謂在部曲也。軍政校尉別將兵，假斧鉞，即得事軍法。今彭別將軍，事至急，勢不得關督。"難者曰："今不假，故不得擅殺。"躬曰："漢制，假榮戟以爲斧鉞。"議者皆屈，上從之。同上。陳寵爲司徒掾，天下之訟皆平皆伏。陳寵爲司徒掾，先是公府掾多不親事，②但以交接爲務，寵常獨親事。尚書黃香爲東郡太守，乞留宿衛，拜爲尚書。《太平御覽》。蕭儲爲陳留太守，入爲鴻臚，不任賓客，還官。同上。陳蕃請徐稺爲功曹及師友祭酒，時設東面之坐，重席牀几以候之，稺辭疾不到。《北堂書鈔》一作"徐稚忽榮祿，陳蕃欽其高行，以禮召請，署爲功曹"。陳寔字仲弓。漢末，太史家瞻星，言有德星見，當有英才賢德同游者。詔書下諸郡縣，潁川郡上事：其日有陳太丘父子三人俱共會社，小兒季方御，大兒元方從，幼孫子長文，此是也。高彪字義方，吳郡人。志尚甚高，游太學，博覽經史，善屬文。常詣大儒馬融，辭不見。彪復刺其書曰："伏聞高問，爲日久矣。冀一見寵光，叙腹心之願。以啓其蔽，不圖辭之以疾。昔周公父文王兄武王，九命作相，以尹華夏，猶握髮吐食以接白屋之士，天下歸德，歷載

---

① "占"，原誤作"與"，據補編本、《後漢書·明帝紀》改。
② "多"，原誤作"皆"，據補編本、《北堂書鈔》卷六十八改。

邈矣。① 今君不能相見，宜哉？"融省書，大愧，遣人辭謝追請，徑去不肯還。同上。太常宏按禮儀，以黃金二萬斤、馬十二匹、玄纁、穀璧，以章典禮。建和元年八月乙未，立爲皇后。《後漢書補注》。潁川戲志才，籌畫之士，太祖甚重之，早卒。太祖與荀彧書曰："自志才亡後，莫可與計事。汝、潁固多奇士，誰可以繼之？"彧薦郭嘉。召見，與論天下事，太祖曰："使孤成大業者，必此人也。"《北堂書鈔》。詔賜陳留蔡邕金龜紫綬，邕表云："邕退省金龜紫綬之飾，非臣庸體之所能當也。"諸侯功德優盛朝廷所敬異者，賜位特進，在三公上，無秩。以怒增刑博士，申威也。

法比都目　鮑昱撰

昱字文泉，大司徒永之子，歷官司隸校尉、大司徒、太尉。《東觀漢記》：鮑昱奏定《辭訟比》七卷、《決事都目》八卷，以齊同法令、息遏辭訟也。《晉志》：漢司徒鮑昱撰嫁娶辭訟決，爲《法比都目》，凡九百六卷。

昱爲汝陽長，汝陽人趙堅殺人繫獄。其父母詣昱，自言年七十餘，唯有一子，適新娶，今繫獄當死，長無種類，涕泣求哀。昱憐其言，令將妻入獄，解械止宿，遂任身有子。《東觀漢記》。南郡讞女何侍爲許遠妻，侍父何陽素酗酒，從遠假求，不悉如意。陽數罵詈，遠謂侍曰："汝翁復罵，吾必揣之。"侍曰："類作夫妻，奈何相辱。揣我翁者，搏慈母矣。"其後陽復罵，遠遂揣之。侍因上搏姑耳，再三。下司徒鮑昱決曰："夫妻所以養姑者也，今婿自辱其父，非姑所使。君子之於凡庸，況所尊重乎？當減死罪論。"陳國有趙祐者，酒後自相署，或稱亭長、督郵。祐復於外騎馬將絳幡，曰："我行雲使者也。"司徒鮑昱決

---

① "載邈"，原誤作"數載"，據《太平御覽》卷六百六、《藝文類聚》卷三十一改。

獄云："騎馬將幡，起於戲耳，無他惡意。"汝南張妙酒後相戲，遂縛杜士，捶二十下，又縣足指，遂至死。鮑昱決事曰："原其本意，無賊心，宜減死。"

又　奏定辭訟比七卷

《陳寵傳》：寵辟大司徒鮑昱府。昱高其能，轉爲辭曹，掌天下獄訟，其所平決，無不厭服衆心。時司徒辭訟久者數十年，事類溷雜，易爲輕重，不良吏得生因緣。寵爲昱撰《辭訟比》七卷，決事科條，皆以事類相從。昱奏上之，其後公府奉以爲法。欓按：寵祖父咸，王莽時藏律令文書壁中，故寵世明法律。

鉤校律令　陳寵撰

寵至昭公，官至大司徒。肅宗時，寵爲尚書令。是時承永平故事，吏尚嚴切，尚書決事，率近於重。寵以帝新即位，宜改前世苛俗，帝納寵言，每事務於寬恕，遂詔有司絕鉆鑽慘酷之科，解妖惡之禁，除文致之情五十餘事，定著於令。

元和新定報囚律

三年七月定。

定事法律　郭躬撰

《郭躬傳》：永平中，以明法律入議。元和三年爲廷尉，多所矜恕，乃條奏諸重文可從輕者四十一事奏之。事皆施行，著於令。欓按：躬父宏習《小杜律》，躬少傳父業，門徒數百人。郭氏自後數世傳律。

決事比　陳忠撰

《陳忠傳》：忠父寵在廷尉，嘗上漢法溢於《甫刑》者，未及施行，寵免，後遂寢。而苛法稍繁，人不堪之。忠依寵奏上三十三條，爲《決事比》，以省請讞之弊。安帝時，忠上除蠶室刑，解臧吏三世禁錮，狂易殺人得減重論，母子相代，聽赦所代，事皆施行。《晉志》：章帝時，陳寵上疏曰："唐堯著曰'流宥五刑，眚災肆赦'。舜命咎繇以'五宅五居，惟明克允'。文王重《易》六爻，而列叢棘之聽。周公作《立政》，戒成王勿誤庶獄。宜蕩滌煩苛，輕薄箠楚，以濟羣生。"永元六年，代郭躬爲廷尉，復校律令刑法溢於《甫刑》者，奏除之。子忠依寵意，奏上三十三條，爲《決事比》。《周禮‧大司寇》"庶民獄訟，以邦成弊之"，鄭注："若今《決事比》也。""士師八成"注："若《決事比》。"疏："決事依前比類決。"

廷尉決事二十卷

見《唐志》。廷尉上事張柱私賣餅，爲蘭臺令史所見。《太平御覽》。河內太守上民張太有狂病，發，殺母弟，應梟首。遇赦，謂不當除之，梟首如故。同上。光武時，有疑獄，見廷尉，曹吏張禹所問輒當，處當甚詳理，於是册免廷尉，以禹代之。雖越次而授，亦足以勵臣節。《漢官儀》。傅賢爲廷尉，每冬至斷獄，遲回流涕。謝承《書》。盛吉爲廷尉，每冬至節，罪囚當斷，坐省狀，其妻執燭。吉持丹筆，夫妻相向垂淚。同上。楊賜爲廷尉，乃嘆曰："昔三后成功，惟殷於民，而咎繇不與焉。"遂以世非決官固辭。《續漢書》。順帝時，吳雄明法律，斷獄平。子訢、孫恭三世廷尉，爲法名家。

廷尉駁事十一卷

廷尉雜詔書二十六卷

見《唐志》。

南臺奏事二十二卷

見《唐志》。

五曹詔板箋

《風俗通》：光武中興以來，五曹詔題鄉亭壁，歲補正，多有補闕謬。永建中，兗州刺史過翔箋撰卷別，改著板上，一勞而永逸。

律本章句　叔孫宣撰

律本章句　郭令卿撰

律本章句　馬融撰

律本章句　鄭康成撰

《通典》：舊律其文起自魏文侯師李悝。次諸國法著經，以爲王者之政，莫急於盜賊，頃刻追捕，故曰《捕》二篇。其輕狡、越城、博戲、借假不廉、淫侈、踰制，以爲《雜律》一篇。又以具其加減。是故所著六篇而已，然皆罪名之制也。商君傳習，以爲秦相。漢承其制，蕭何定律，除參夷連坐之罪，增部主見知之條，益事律《擅興》《厩》《户》三篇，合為九篇。叔孫通益律所不及，《旁章》十八篇，張湯《越宮律》二十七篇，趙禹《朝律》六篇，合六十篇。又漢時決事為《令甲》以下三百餘篇。又司徒鮑昱撰嫁娶詞訟比为《決事都目》，凡九百六卷。① 代有損益，輕重舛異，而通體連句，上下相蒙，雖大體異篇，實相採入。《盜律》有賊傷之例，《賊律》有盜章之文，②《興律》有上獄之法，《厩律》有追捕之事，若此之比，錯糅無常。後人生意，各爲章句。叔孫宣、郭令卿、馬融、鄭玄，諸儒章句十有餘家，數千萬言。凡斷罪所當由用者，合三萬六千二百七十二條，七百七十三萬二千二百餘言。言數益煩，覽者益難。於是詔但用鄭氏章句，不得雜用餘家。

如淳《漢書注》：令有先後，故有令甲、令乙、令丙。

文穎《漢書注》：天子詔所增損不在律上者爲令。令甲者，前帝第一令也。

高祖初入咸陽，約法三章，曰："殺人者死，傷人及盜者抵罪。"

---

① "卷"，原誤作"篇"，據補編本、《通典》卷一百六十三改。

② "章"，原誤作"傷"，據補編本、《通典》卷一百六十三改。

蠲削秦法，兆人大悦。然大辟尚有三族之誅，先黥、劓，斬左右趾，笞殺，梟其首，菹其骨肉於市。其誹謗詈詛，又先斷舌，謂之具五刑。韓信、彭越之屬皆受此戮。又制曰："有耐罪以上，請之。"後以三章之法不足禦奸，遂令蕭何攈摭秦法，取其宜於時者，作律九章。又制獄疑者，各讞所屬官長，皆移廷尉。廷尉不能決，具爲奏，附所當比律令以聞。高皇帝七年，制詔御史：獄之疑者，吏或不敢決，有罪者久而不論，無罪者久繫不決。自今以來，縣道官獄疑者，各讞所屬二千石，二千石官以其罪各當報之。所不能決者，皆移廷尉，廷尉亦當報之。廷尉所不能決，具爲奏，傅所當比律令以聞。文帝二年制曰："今法有誹謗妖言之罪，是使衆臣不得盡情，而上無由聞過失也。其除之。"又制：上造以上及内外公孫、耳孫有罪當刑及當城旦舂者，耐爲鬼薪、白粲。人年七十以上若不滿十歲當刑者，①完之。除挾書律。吕太后初，②除三族罪。櫟按：後新垣平爲逆，復行三族之誅。文帝制：人有犯法已論，其父母妻子同産坐之及收孥，律令宜除之。罪疑者與人。於是刑獄大省，斷獄四百。櫟按：文帝九年盡除收孥相坐律令。又感齊女緹縈之言，除肉刑。定律曰："諸當髡者，完爲城旦舂；當黥者，髡鉗爲城旦舂；當劓者，笞三百；當斬左趾者，笞五百；當斬右趾者，及殺人先自告，及吏受賕枉法，守縣官財物而即盗之，已論命復有笞罪者，皆棄市。罪人獄已決，完爲城旦舂，滿三歲爲鬼薪、白粲。鬼薪、白粲一歲，爲隸臣妾。隸臣妾一歲，免爲庶人。鬼薪、白粲滿二歲，爲隸臣妾。隸臣妾滿二歲，爲司寇。司寇一歲，及作如司寇二歲，皆免爲庶人。其亡逃及有罪耐以上，不用此令。是時外有輕刑之名，内實殺傷。斬右趾者又當刑，斬左趾者笞五百，當劓者笞三百，率多死。崔浩《漢律序

---

① "七十"，原誤作"八十"，據補編本、《通典》卷一百六十三改。
② "后"字原脱，據補編本、《通典》卷一百六十三補。

文》"帝除肉刑,而宮不易"張裴注:"以淫亂人族類,故不易。"景帝制改定律令:笞五百曰三百,笞三百曰二百,猶尚不全。當時律條,吏受所監臨賂遺飲食,即坐免官爵。元年秋七月詔曰:"吏受所監臨以飲食免,重受財物賤買貴賣論輕,廷尉與丞相更議著令。"廷尉信謹與丞相議曰:①自今吏及諸有秩,②皆受其官屬所監、所理、所行、所將,其與飲食計償費,③勿論。他物,若買故賤、賣故貴,皆坐贓爲盜,没入贓縣官。吏遷徙免罷,受其故官屬所將監治送財物,奪爵爲士伍,免之。無爵,罰金二斤,没入所受。有能捕告者,畀其所受贓。其後,罷磔曰棄市。復下詔曰:"長老,人所尊敬也;鰥寡,人所哀憐也。其著令年八十以上、八歲以下、孕者未乳、師、侏儒,當鞠繫者,頌繫之。罪死欲腐者,許之。六年,定鑄錢僞黄金棄市律。又以笞者或至死未畢,復減笞三百曰二百,笞二百曰百。其定箠令,笞臀,畢一罪乃得更人。自是笞者得全。然死刑即重,而生刑又輕,人多犯之。景帝元年詔曰:"加笞與重罪無異,幸而不死,不可爲人。其定律:笞五百曰三百,笞三百曰二百。"六年又減笞三百曰二百,笞二百曰一百。定箠令:箠長五尺,其本大一寸,其竹也,末薄半寸,皆平其節。當笞者笞臀,毋更人,畢一人乃更人。按:景帝時,晁錯所更令三十章。後元年正月詔曰:"獄,重事也。人有智愚,官有上下。獄疑者讞有司,有司所不能決,移廷尉。有令讞而後不當,讞者不爲失。欲令治獄者務先寬。"④孝武徵發數煩,人窮犯法,遂令張湯、趙禹定律令,作見知故縱、監臨部主之法,緩深故之罪,急縱法之誅。律之初制,無免坐之文。張湯、趙禹始作監臨部主、見知故縱之例,其見知而故不舉劾者與同罪,失不舉劾各以贖,論其不見不知不坐也。張湯立見知法,吏見知不

① "信"字原脱,據《漢書·景帝紀》補。
② "吏及"二字原誤倒,"秩"原誤作"職",皆據補編本、《漢書·景帝紀》改。
③ "與",原誤作"餘",據補編本、《漢書·景帝紀》改。
④ 按:"元年正月……務先寬"爲天頭批注,據補編本移至於此。

舉劾爲故縱。廢沮格：衆有所作，廢格沮敗誹謗，則窮治之。沈命法：群盜起不發覺，發覺而勿捕滿品者，二千石以下至小吏皆死。告緡令法：使天下公得顧租鑄銅錫爲錢，敢雜以鉛鐵者爲他巧，其罪黥。人有告者，以所没入畀之。元鼎三年冬，令民告緡者以其半與之。"武帝時有淮南、衡山之謀，作左官之律、附益之法"鄭章句："人道尚右，言捨天子仕諸侯王爲左官。左，僻也。封諸侯過限曰附益，或曰阿媚，附益王侯有重法。元狩元年，廣平侯薛穰坐受淮南賂稱臣。"律令凡三百五十九章，大辟四百九條，千八百八十二事，死罪決事比萬三千四百七十二事。① 文書既煩，主者不能盡睹，或罪同而論異。孝昭制：子首匿父母、妻匿夫、孫匿大父母，皆勿坐。其父母匿子、夫匿妻、大父母匿孫，罪殊死，皆上請。宣帝患刑法不一，②署廷平四人平之。始元五年三月，省刑罰七十餘事，除光禄大夫以下至郎中保父母同産之令。地節六年九月詔曰："令甲，死者不可生，刑者不可息。今繫者或以掠辜若飢寒瘐死獄中，何用心逆人道也。其令郡國歲上繫囚以掠笞若瘐死者所坐名縣爵里。"③元康四年詔："自今已來，諸年八十非誣告殺傷人他皆勿坐。"元帝著令，令太子得絶馳道。成帝元嘉初定令："年未滿七歲賊鬥殺人及犯殊死者，上請廷尉以聞，得减死。"合於三赦幼弱、老眊之人。皆法令近古而便人者。哀帝綏和二年，除誹謗詆欺法。《哀紀》注：除任子令及誹謗詆欺法。平帝即位詔：諸有臧及惡未發而薦舉者，皆勿驗。自今以來，有司無得陳赦前事置表上。有不如詔書爲虧恩，論定著令。④平帝元始中制曰："前詔有司復貞婦，歸女徒，誠欲以防邪辟，⑤全貞信。及悼眊之人刑罰所不加，聖王之所制也。惟苛暴吏多拘繫犯法者親屬，婦人老弱。其明勑百僚，婦女非身犯法，及男子之年八十以上七歲以下，非坐不道，詔所名捕，他皆無得繫。其當驗者，即驗問，定著令。

---

① "罪"原誤作"事"，"比"字原脱，皆據《漢書·刑法志》改。
② "法"，原誤作"罰"，據補編本、《通典》卷一百六十三改。
③ "笞"字原爲空格，"瘐"原誤作"瘦"，皆據補編本、《漢書·宣帝紀》改。
④ 按，"平帝即位……論定著令"爲天頭批注，據補編本移至於此。
⑤ "誠"，原誤作"减"，據補編本、《漢書·平帝紀》改。

後漢光武留心庶獄，然自王莽篡位之後，舊章不存，法網弛縱，無以懲肅。梁統上疏曰："臣竊見元帝初元五年，輕殊死刑三十四事；哀帝建平元年，輕殊死刑八十一事，其四十二事手殺人者減一等。自後人輕犯法，吏易殺人。臣愚以爲刑罰不苟務輕，務其中也。是以五帝有流、殛、放、殺之誅，三王有大辟、刻肌之刑，所以爲除殘去亂也。高帝定法，傳之後代。文帝遭代康平，因時施恩，省去肉刑、相坐之法，天下幾平。武帝值中國全盛，征伐天下，百姓罷敝，豪傑犯禁，奸吏弄法，故重逋匿之科，著知縱之律。宣帝履道要以御海内，臣下奉憲，不失繩墨，天下稱安。孝元、孝哀即位日淺，丞相王嘉等便以數年之間，①虧除先帝舊約，定令斷律，凡百餘事。臣取其尤妨政者條奏。伏請擇其善者而從之。②定不易之典。"時廷尉以爲崇刑峻法，非明主急務，遂罷之。章帝時，郭躬條請重文可從者四十一事，著於令。陳寵又代躬爲廷尉，帝納寵言，除鉆鑽諸慘酷之科，解妖惡之禁，又除文致詰讞五十餘事。寵復鉤較律令溢於《甫刑》者，奏除之。曰："今律令，犯死刑者六百一十，耐罪千六百九十八，贖罪以下二千六百八十一，溢於《甫刑》者千九百八十九，其四百一十大辟，千五百七耐罪，七十九贖罪。請令三公、廷尉集平律令，可施行者，大辟二百，耐罪、贖罪二千八百，合爲三千。其餘千九百八十九事，悉可詳除。"會寵得罪，遂罷。安帝永初中，法稍苛繁，人不堪之。陳寵子忠復爲尚書，略依寵法，奏上三十三條，爲《決事比》，以省讞獄之弊。又上除蠶室、解臧吏三代禁錮、狂易殺人得減死、其重論母子兄弟相代死聽赦所代者。③獻帝

---

① "間"字原脱，據補編本、《通典》卷一百六十三補。
② "從"，原誤作"行"，據補編本、《通典》卷一百六十三改。
③ "聽""所"二字原脱，據補編本、《晉書·刑法志》補。

初，應劭又刪定律令，撰具《律本章句》《尚書舊事》《廷尉板令》《決事比例》《司徒都目》《五曹詔書》及《春秋決獄》，凡二百五十篇。又集《駁議》三十篇，以類相從，凡八十二事。於是舊事存焉。曹公秉政，欲復肉刑，陳群深陳其便，鍾繇亦贊成之，孔融、王修不同其議，遂止。乃定甲子科，記鈗左右趾者，易於木械。是時乏鐵，故易以木焉。又以漢律太重，故令依律論者聽得科半使半減也。

《續漢書》：建武二年詔曰："與中二千石諸大夫、博士、議郎，省刑罰。"

桓譚上言：法令決事，輕重不齊，或一罪殊罰，同罪異論，奸吏因緣爲市，欲活則出生議，所欲陷則與死比，①是爲刑開二門也。今可令通義理明習法律者，校定科比。

《連叢子》：梁人娶後妻，後妻殺夫，其子又殺之。梁相讞"此子當以大逆論"。季彥曰："昔文姜與弑魯桓，《春秋》去其姜氏，絕不爲親，禮也。且手殺重於知情，是子宜以非司寇而擅殺當之。"

檿按：漢名臣論刑法者，梁統《廷尉議》，魯恭《諫盛夏斷獄疏》《冬至前斷獄議》，杜詩《上格殺將軍放縱兵士縱掠民間狀》，郭躬《水旱不宜改律奏》《請犯在赦前繫在赦後可皆笞以全人命事奏》②《彭擅斬人議》《孫章誤宣斬人議》，賈宗《上斷獄不盡三冬奏》，張敏《輕侮議》，樊儵《請誅廣陵王荊對》，寒朗《楚獄對》，鍾離意《王望擅廩百姓議》，劉愷《居延都尉復犯臧罪議》，黃香《削臨邑侯萇爵邑議》，陳寵《上減刑疏》《鉤校律令疏》，虞詡《駁尚書劾寧陵主簿詣闕訴縣令枉狀罪當大逆議》，朱酺《議馮緄無罪不合致科奏》，陳忠《刑獄疏》《罪疑惟輕

---

① "陷"，原誤作"上"，據補編本、《後漢書·桓譚傳》改。
② "奏"，原誤作"秦"，據補編本改。

議》,楊秉《乞檻車徵單匡對》,史弼《平原無黨人對》,橋玄《上章乞天下凡有劫質皆并殺之不得贖以財寶張開奸路》,玄幼子十歲爲賊所殺故也。申屠蟠《奏記陳留縣令梁配論女侯玉爲父報仇事》,郭林宗《蘇不韋復仇論》,應劭《駁陳忠罪疑輕惟輕議》,王符《論赦篇》,孔融《肉刑議》,荀祈《肉刑論》《有司奏劉琰罪議》,曹操《嚴敗軍令》《慎刑令》《禁絕火令》《臨菑侯犯禁令》。其劾奏及飛章誣陷者,朱浮《密表彭寵反狀》,大司馬吳漢劾奏朱祜,范升奏毀周黨,謁者李譚奏耿恭怨望,楊倫奏任光在職貪污,胡齊奏改黜,杜撫馬嚴劾曹褒軟弱,張酺劾奏曹褒漢禮不可行,晏稱劾張酺怨望,竇憲奏免李恂,樂恢奏免御史中丞周紆、河南尹王調、雒陽令李阜、司徒蔡衍,韋彪奏周紆在任過酷不宜典司京輦彭城,國相趙牧奏彭城王恭,國相奏樂成王黨,國相奏憨王寵,竇篤奏止奸亭長拔劍儗篤肆口恣詈也,有司奏誅廣陵王荆,鄭弘《劾尚書張林阿附竇憲》《奏請誅竇憲》《奏上雒陽楊光在位貪污不宜處位》,周任《劾竇憲竇瓌疏》,袁安《劾竇景奏》《劾司隸校尉鄭據、河南尹蔡嵩阿附貴戚奏》。又舉奏二千石免官者五十餘人,陳忠《劾陳禪奏》《劾司農朱寵奏》《劾來歷祝諷奏》,司隸楊淮劾執金吾梁忠不朝正,奏汝南太守孫訓、南陽太守曹庥、潁川太守曹騰罪,李固奏河南太守高賜贓罪,與廷尉吳雄上疏言八使所糾急宜誅,胡廣上疏陳鄭騭罪惡,陳龜《梁冀罪狀疏》,張陵《劾奏梁冀帶劍入省》,張綱《劾奏梁冀》,張淇劾奏梁冀十五事,陳翔《劾奏梁冀恃貴戚不敬請收按罪》,延篤《發梁冀客詣京兆求牛黃私書奏》,种暠奏蜀郡太守劉憲等罪惡。又奏舉四府辟舉近臣父兄及親知爲二千石尤貪殘者,①發永昌太守

---

① "奏舉",補編本作"奏誅"。

鑄黃金蛇獻梁冀，馬融爲梁冀誣奏太尉李固，梁冀諷有司劾奏杜喬，朱穆劾虎賁奏，周景奏諸奸猾自將軍以下免者五十餘人，郎中審忠劾朱瑀罪惡，沈景劾河間王師傅無訓導之義，張鈞《請斬十常侍疏》，張敞《劾奏馮緄》，第五種劾單匡及中常侍單超，司隷韓縯劾中常侍左悺罪惡及其兄南鄉侯稱請託州郡奏、劾具瑗兄弟罪狀奏，徐璆奏張忠贓一萬億，又奏五郡太守及屬縣貪污，周舉劾左雄奏，虞延追奏陳忠罪過，有司奏侯覽專恣，楊秉劾奏中常侍侯覽弟參，因奏侯覽及中常侍具瑗，杜喬奏具瑗贓罪，張儉《劾奏侯覽》《上籍侯覽貲財狀》《奏侯覽母生時交通賓客狀》，侯覽詐奏史弼，陳蕃《請誅宦官疏》，楊球劾封胥中黃門劉毅、小黃門龐訓、齊克等奏，《請誅中常侍王甫曹節表》，蔡衍《劾曹鼎罪》，朱寓劾奏河東太守單安、河內太守徐盛，范滂奏刺史二千石權豪之黨二十餘人，皇甫規劾涼州刺史郭閎、①平陽太守趙喜、②安定太守孫俊倚恃貴戚皆不任職奏，尚書劾奏蔡邕以仇怨奏公議害大臣，中常侍程璜使人飛章告蔡邕、蔡質以私書干劉郃，李燮奏廢甄邵，張角弟子唐周上書告張角，③張成弟子上書誣告李膺養太學游士，張儉鄉人朱並上書告儉與鄉里二十四人別相署號共爲鉤黨，④劉寬《上張角逆謀策》，劉陶《張角疏》，⑤橋玄奏廷尉郭貞私書、奏南陽太守蓋升臧罪、⑥表張升貪放請禁錮終身没入財賂、奏黃琬、⑦奏罷太尉樊陵、司徒許相、劾奏下軍校尉鮑陽

---

① "閎"，原誤作"章"，據補編本改。
② "喜"，原誤作"守"，據補編本改。
③ "周"，原誤作"固"，據補編本改。
④ "並"，原誤作"異"，據補編本、《後漢書‧黨錮傳》改。
⑤ "疏"，原誤作"流"，據補編本改。
⑥ "升"字原脱，據補編本補。
⑦ "黃"，原誤作"樊"，據補編本改。

奸罪，尚書梁碩劾奏吳碩，孔融奏馬賢不恤軍事，郗慮奏孔融，路粹枉奏孔融，王允《請密誅董卓表》，公孫瓚《表袁紹罪狀》，諸葛亮《廢李平表》《廢廖立表》，費禕《奏楊儀密表》。其謝罪、自訟、自陳、自劾、自請坐者，隗囂《謝罪疏》，盧芳《謝罪疏》，楊終《獄中上書》，孔僖上書自訟，彭城王恭上書自訟，虞詡上書自訟，樊調妻樊嫕上書自訟，寇榮自訟書、亡命上書，崔瑗上書自訟，馮緄懼爲宦官所訟上書，張俊假名上書，馬融遭兄子喪乞自劾疏，皇甫規上書自訟、自請坐黨禁，蔡邕《徙朔方上書》《尚書詰問自陳狀》，段熲日食自劾。其爲人訟冤申理請救者，陳元上書追訟歐陽歙、追訟宋宏，平原禮震上書求代歐陽歙死，班固與諸儒表請楊終，馬嚴爲援上書訟冤，朱勃上書爲馬援訟冤，吏民上書訟第五倫，彭城相趙牧爲樂恢上書陳冤，鄭弘爲焦貺訟罪章，袁安理楚獄分別具奏，何敞《理鄧壽疏》《上書訟張酺公忠》，梁商奏原宋光，段恭上書理龐參，杜真上書訟翟酺，朱寵追訟鄧騭疏，馬融上書訟梁懂，楊震救河內男子趙騰疏，楊震門生虞放、陳翼詣闕上書追訟楊震，虞伸追訟楊震冤，皇甫規訟楊秉公忠不宜久抑，①劉茂訟李膺抵罪、太守成瑨、太守劉瓆下獄當死書，陳蕃《救李雲疏》《救李膺疏》，應奉《理李膺疏》《理馮緄書》，竇武《救李膺疏》，李固《請白王龔罪疏》《救种暠疏》，李固門生王調上書陳固之枉，郭諒上書乞收葬固尸，杜衆上書願與李雲同死，杜喬故掾楊匡上書乞收李杜二公骸骨，平原吏民上書爲史弼訟冤，竇武上書諫考逮黨事，永昌太守曹鸞上書訟黨人，上禄長和海上言黨禁，②尹勳上書請解釋范滂、李膺，孫程上書請免虞詡，太學生張鳳上書訟皇甫規，呂強追訟段熲，盧植上書請

---

① "訟"字原脫，據補編本補。
② "禄"，原誤作"海"，據補編本改。

蔡邕徙朔方，橋玄上涼州廩擅書，劉岱理陸康書，董卓追理陳蕃、①竇武，臧旻上書訟第五種，若曹操之理出楊彪，則迫於孔融之公義也。

《山堂考索》：廷尉本掌獄，而中都官又有二十六所。考之灌夫繫居室，復繫都司空，是居室、都司空皆獄也。謁者詔王商詣若盧獄，張湯詔他囚導官，是若盧、導官皆獄也。典客有別火獄，水衡有上林詔獄，中尉有互都船獄，至若北軍尉則主上書者獄，他若蠶室、暴室皆獄也。辛慶忌救劉輔徙供文，則供文亦獄。絳侯囚於請室，則請室亦獄也。

黨錮事起，詔書下州郡逮捕，送黃門北寺獄拷訊，海內名賢皆三木囊頭鋃鐺鐵鎖。

《續漢書》：范滂繫黃門北寺，北寺獄吏謂曰：“凡坐繫皆祭皋繇。”滂曰：“皋繇者，古之直臣，如滂無罪，將理之帝；如其有罪，祭之何益？”衆人由此止也。

《盜律》有劫掠、恐喝、和賣買人，科有持質。《盜律》有受所監臨受賕枉法。《盜律》有置賊畀主。《盜律》有教唇強賊。陳羣《新律序》。樸按：前二年詔曰“敢拘執如律”，所謂律者即賣人法也。律曰：“敢盜乘輿服御物。”《獨斷》。樸按：下當有“者棄市”三字，文不具耳。漢律：敢盜郊祀宗廟之物，無多少，皆死。《書》注。按：文帝時，人有盜高廟座前玉環，得下廷尉，治按盜宗廟服御物者爲奏，當棄市。盜律：略人、略賣人、和賣人爲奴婢者死。陳羣《新律序》。按：蒲侯蘇夷吾，鴻嘉三年，坐婢自贖爲民後略以爲婢免。陳平五世孫何，元光五年坐略人妻棄市。② 律：主守而盜直十金棄市。《陳萬年傳》注。按：建武二十年，大司徒戴涉下獄死，坐所舉人盜金。律：爲人請求于吏以枉法，而事已行官爲聽行者，皆爲司寇。《恩澤侯表》注。漢律：有《持卦在盜》篇。陳羣《新律序》。貢

---

① “卓”，原誤作“承”，據補編本改。
② “元”，原誤作“文”，據補編本、《漢書·高惠高后文功臣表》改。

禹除販賣租銖律。《食貨志》注。律條：臧至十金便重罪。《薛宣傳》注。① 斟酌盜取國家密事，若今時探刺之事。《周禮注》。賊律：有欺謾、詐偽、踰封、矯制。《賊律》有賊伐樹木、殺傷人畜及諸亡印。《賊律》有儲峙不辦。陳群《新律序》。律：詛咒上者要斬。同上。賊律：以言語及犯宗廟園陵謂之大逆無道，要斬。同上。賊律：敢蠱人及教令者棄市。《周禮注》。大逆無道、父母妻子同產無少長皆棄市。《景帝紀》注。律：殺不辜一家三人爲不道。《前漢書音義》。擅議宗廟者棄市。《韋玄成傳》：初，高后時，妄非先帝寢廟園官，故定著令，敢有擅議者棄市。元帝改制，蠲除此令。成帝又復之。漢律"矯詔，大害要斬"，鄭氏《章句》"矯詔，有害有不害也"。賊律：無故入人室宅廬舍、上人車船、牽人欲犯法者，其時格殺之無罪。《周禮注》。按《竇嬰傳》"嬰矯先帝詔害，罪當棄市"。賊律：有異子科，有投書棄市科。陳群《新律序》。律曰：以刃傷人者完爲城旦春，其賊加罪一等，與謀者同罪。傳曰：遇人不以禮而見疻者與疻人罪鈞。《前漢書》廷尉駁議。《囚律》：囚以飢寒而死曰瘐。陳群《新律序》。《囚律》有繫囚、鞫獄之法。《囚律》有詐偽生死，有告劾傳覆。告，爲人所告也。劾，爲人所劾也。傳，傳稱覆按也。《書》疏：漢世問罪謂之鞫，斷獄謂之劾。律主守不覺失囚減囚罪二等，其拒捍走者又減二等，皆限百日追捕，限外他人捕得，若囚已死及自首除其罪。又云：徒流囚徒限内亡者，一日笞四十，三日加一等。主守不覺，減囚三等，故脫與囚同罪也。同上。律：諸徒解脫桎梏鉗赭，加罪人一等；爲人解脫，與同罪。縱鞠相賂餉者二百人爲解死，②盡殺也。《酷吏傳》注。令丙：箠長短有數掠者，惟得搒笞。章帝詔。律：十二月立春不報囚。章帝元和二年詔曰："其定律無以十一月、十二月報囚。"令：郡國歲上繫囚以掠笞，若

---

① "薛"，原誤作"鮑"，據補編本、《漢書·薛宣傳》改。
② "賂"，原誤作"瞻"，據補編本、《漢書·酷吏傳》改。

瘐死者所坐名縣爵里。《通典》。囹圄，所以禁守繫者，若今别獄。桎梏，今械也。《禮記》注。《金布律》有毁傷亡失縣官財物，有罰贖入責以呈黄金爲償，科有平庸坐贓。陳群《新律序》。金布令甲曰：邊郡數被兵，離飢寒，絶夭天年，父子相失，令下供給其費。《蕭望之傳》注。金布令：不幸死，死所爲櫝，傳歸所居縣，賜以衣棺。《漢書·高帝紀》注一作"不幸死，死所爲具之"。若今一室二尸，官與之棺。《禮記注》。漢律：三人以上無故群飲，罰金四兩。《孝文紀》注。盜鑄者棄市，雜錢罪黥。文帝時令，武帝復定律：鑄錢棄市。律：鑄僞黄金棄市。《劉德傳》注。令：吏發民若取庸采黄金珠玉者，[①]坐贓爲盜，二千石聽者與同罪。景帝三年令。律説：平賈一月，得二千。《河渠志》注。若今時得遺物及放失六畜，持詣鄉亭縣廷，大物没入，小物自畀也。《周禮注》。若今時加貴取息坐贓。同上。令：諸侯十月獻酎金，不如法者國除，其縣邑皆别屬他郡。《孝文帝紀》。《酎金律》，文帝所加，以正月朝作酒，八月成，名曰酎酒，因令諸侯獻助祭黄金。金布令：諸侯列侯各以人口數率，千口奉金四兩有奇，不滿千口至五百以下四兩，皆令酎，少府受。九真、交阯、日南用犀角長二尺八寸以上若玳瑁甲一，鬱林用象牙皆長三尺以上若翠羽各二十，準以當金。丁孚《漢儀》。律：稻米一斗得酒一斗爲上尊，稷米一斗得酒一斗爲中尊，粟米一斗得酒一斗爲下尊。《平當傳》注。漢律：會稽獻藙一斗。《説文解字》。按鄭《禮記注》作"會稽獻煎茱萸"。漢律：會稽獻鮚醬三斗。[②] 漢律：綺絲數謂之絩，[③]布謂之總緵，組謂之首。同上。《事興律》有上獄之事科，有考事報讞。《吕刑》"輸而孚"注謂"上其鞫劾之辭"，"訝士有造於朝者"注"如今郡國亦時遣主者吏詣廷尉議者"。有

① "吏"上原衍一"民"字，據補編本、《漢書·景帝紀》删。

② "稽"字原脱，據補編本補。

③ "絩"，原誤作"絖"，據補編本、《説文解字》卷十三改。

擅興、徭役,其律有出賣呈科,有擅作修舍事。《興律》有乏
徭、稽留。陳群《新律序》。按:韓延年坐爲太常行大行令事,留外國書一月,①乏
興,入穀贖,完爲城旦。又:軑侯黎朱扶,②元封元年,坐爲東海太守行過擅發卒爲
衛,③當斬,會赦免。律:司空主水及罪人。《公卿表》。律:都水治渠
堤水門。藏兵器。品令:若盧郎中三十人,主弩射。同上。律
名:船方長爲舳艫。《説文解字》。樂浪挈令織。臣鉉曰:"挈令,蓋律
令之書。"漢律:及其門首洒潜。漢律:箅,小筐也。漢令,麋。
同上。《厩律》有告反、受逮,科有登聞道辭。《厩律》有乏軍興。
孔《書注》"汝則有乏軍興之死刑",鄭《周禮注》"縣官徵聚物曰興",疏"軍興而有乏少
謂之乏軍興"。及舊典有奉詔不謹、不承用詔書,及不如令,輒劾
以不用詔書之罪,要斬。秦代舊有厩置、乘傳、副車、食廚。
漢初承秦不改,後以費廣稍省,故後漢但設騎置。律:四馬高
足爲置傳,四馬中足爲馳傳,四馬下足爲乘傳,一馬、二馬爲
軺傳,急者乘一乘傳。如淳《漢書注》。按成帝陽朔三年,潁川鐵官申屠聖等
百十人,殺長吏,盜庫兵,自稱將軍,遣丞相長史、御史中丞逐捕,以軍興從事。尉史
禹故劾蘇賢爲騎士屯霸上,不詣屯所,乏軍興。又黃霸守京兆尹,坐發騎士詣北軍,
馬不適士,劾乏軍興。律:諸當乘傳及發駕置傳,皆持尺五寸木傳
信,封以御史大夫印章,其乘傳參封之。參,三也。有期會
累,封兩端,端各兩封,凡四封。乘置、馳傳五封,兩端各二,
中央一也。軺傳兩馬再封之,一馬一封也。《平帝紀》注。漢法,
上言變事及驚事告急者,皆乘傳詣雒陽。見《厩篇》。匿馬者有
罪,有以列侯而要斬者。漢馬高五尺六寸,齒未平,不出關。
《武帝紀》注。按:黎頃侯召瀆坐元封六年不出持馬要斬。④ 令乙:騎乘車馬
行馳道中已論者沒入車馬被具。《漢書音義》。按:令:諸使有制得行馳

---

① "書",原誤作"盡",據補編本改。
② "軑",原誤作"軼",據補編本、《漢書·高惠高后文功臣表》改。
③ "海",原誤作"陶",據補編本、《漢書·高惠高后文功臣表》改。
④ "出",原誤作"忠",據補編本、《漢書·高惠高后文功臣表》改。

道中者，行旁道，無得行中央三丈也。和御藥不如本方治、御幸舟船誤不牢固者皆死，乏軍興者斬。《書》疏。詔書無以詆欺成罪，《廷尉律論》。尉律：學僮十七以上始試，諷籀書九千字乃得爲吏，以署試之移太史，又以六體試之並課最者以爲尚書御史，書或不正，輒舉劾之。今雖有尉律，不課，廷尉以至字斷。《説文解字》。令郡國官有好文學敬長肅政教者，二千石奏上，與計偕詣太學，受業如弟子也。《蕭望之傳》。律説：卒更、踐更，更者居縣中五月乃更也。後從尉律，卒踐更一月，依十一月也。《游俠傳》注。更有三品，有卒更，有踐更，有過更。古者正卒無常人，當迭爲之，一月一更，是爲卒更也。貧者欲得雇更錢者，次直者出錢雇之，月二千，是爲踐更。天下人皆直戍邊三日，亦名爲更，律所謂繇戍更也。雖丞相子亦在戍邊之調。不可人人自行三日戍，①又行者當自戍三日，不可往便還，因便住一歲一更。諸不行者，皆出錢三百入官，官以給戍者，是爲過更也。《昭帝紀》注。律説：戍邊一歲當罷，若有急，當留守六月。《前書音義》。捕律：能捕虎一，購錢三千。其狗半之。捕豻一，購錢百。《禮記注》。《説文解字》引作"豻貙"，《捕律》在《漢律》九篇中。律：諸侯春曰朝，秋曰請。《魏其傳》注。按：此當是《朝律篇》文。漢律：列侯墳高四丈。關内侯以下至庶人各有差。《後漢書補注》。書律：非始封，十減二。《宣帝紀》注。漢律：祠宗廟丹書告。漢律：見姅不得侍祠。漢律：祠祀司命。漢律：賜衣者縿表白裏。《説文解字》。漢祠令：陰安侯，高帝嫂也。《文帝紀》注。漢朝上計律：陳屬車於庭。《周禮注》。漢律：丞相、大司馬、大將軍奉錢月六萬。御史大夫奉月四萬。《成帝紀》。按：成帝綏和元年，益大司馬、大司空奉如丞相。漢律：真二千石奉月二萬，二千石月萬六千，《汲鄭傳》注。《前漢書注》引作"律：真二千石月得百五十斛，歲得千八百石。其二千石月

---

① "戍"字原脱，據補編本、《漢書·昭帝紀》補。

得百二十斛，歲凡得一千四百四十石耳"。百石以上奉月六石。《百官志》注。宣帝神爵三年，益吏百石以上奉十五。三公出城，郡督郵盜賊道也。《周禮注》。漢律：吏二千石有予告、賜告。予告者，在官課計最，法所當得者也。賜告者，天子優賜復其告，使得帶印綬、將官屬歸家治疾也。《前漢書·高祖本紀》注。按：汲黯病滿三月，當免。上嘗賜告者數焉。又馮野王守琅邪，病滿三月，賜告。至成帝時，郡國二千石不賜告不得歸家。和帝時，予、賜皆絕。《通典》。令曰：吏兩千石告，過長安，謁不分別予賜。三最予告，令也。二千石賜告，得有故事，得去郡。杜欽薦馮野王奏記王鳳。律：二千石以上告歸歸寧，不過在所者，便道之官無問。一作"無辭"。未至行在，令便道之官者優之也。《後漢書補注》。律：太守、都尉、諸侯內史史各二人，卒史、書佐各十人。《汲鄭傳》注。律：有文無害都吏。《蕭世家》注。律說：都吏，今之督郵也。閑惠曉事即文無害。如淳《注》。漢律：有斗食佐史。《孝惠紀》注。漢律：近塞郡皆置尉，百里一人，士史、尉史各二人，巡行徼塞。《匈奴傳》注。律：都軍官長史一人。①《衞青傳》注。漢律：不爲親行三年服，不得察舉。《揚雄傳》注。按陳忠疏"大臣有寧告之科"，寧謂居家持喪服也。漢律：吏五日得一休沐，言休息以洗沐也。《史記正義》。按：石建爲郎中令，每五日洗沐歸。鄭當時爲太子舍人，每五日洗沐，嘗置驛馬長安諸郊，請謝賓客。《薛宣傳》"日至休免"。《東方朔傳》"伏日當早歸"。故事：令郎出錢市財，用終文書乃得出，名曰山郎。移病盡一日，輒償一沐，或歲餘不得沐。②律：有失官爵稱士伍。《淮南厲王傳》注。漢律：蠻夷長有罪，當殊之。《說文解字》。《風俗通》引多"戎狄"二字。按師古曰："殊，絕，異也，言其身首離絕也。"韋昭曰："殊死，斬刑也。"漢令有挈長，漢令卒有穎。同上。律有不衞宮條。《晉書·刑法志》：賈充就《漢律》九章，依其族

---

① "人"，原誤作"丁"，據補編本、《漢書·衞青傳》改。
② "沐"，原誤作"休"，據補編本、《漢書·楊惲傳》改。

類，爲《衛宮》《遺制》也。宮衛令：諸出入殿門、公車司馬門者皆下，不如令，罰金四兩。令：蹕先至而犯者，罰金四兩。《張釋之傳》注。折竹以繩連綿禁禦，使人不得往來，律名爲籞。《哀帝紀》注。令宮府有符籍，官府無故入城門，有離載下帷之禁。《周禮注》。漢制有尺籍伍符。《李衛公兵法》。軍法：行而逗留畏撓者要斬。撓，一作"㤪"。《史記索隱》。孟康《漢書注》"逗留不進，律語也"。按：公孫敖、張騫並以擊匈奴畏㤪當斬，贖罪免。律謂勒兵而守曰屯。《傅寬傳》注。律：營軍司空、軍中司空，各二人。《杜延年傳》。律：營軍司馬中。《趙充國傳》。律：增首不以實者斬。《功臣侯表》。律：降敵者，誅其身，没其家。《漢書音義》。律：邊部兵所贓直百錢，故當坐棄市。董仲舒《春秋決獄》。漢法：阿附反虜與同罪。《袁安傳》。漢軍法：吏卒斬首，以尺籍書下縣移郡，令人故行，不行奪勞二載。如淳《注》。漢律：趫張百人。《說文解字》。《申屠嘉傳》注引作"律有蹶張士"。按《漢書注》"趫張以足踏强弩也"。七科：吏有罪一，亡命二，命者名也，謂脱名籍而逃匿則削除名籍。贅婿三，賈人四，故①有市籍五，父母有市籍六，大父母有市籍七。《武帝紀》注。子弄父兵，罪當笞。《車千秋傳》。②軍有譁囂夜行之禁。《周禮注》。漢發兵用銅虎符。杜林《疏》。今時徵郡守，以竹使符。《周禮注》。律：胡市吏民不得持兵器入關。《汲鄭傳》注。漢律：人出一算，算百二十錢，惟賈人與奴婢倍算。《史記正義》。按：杜佑《理道要訣》：漢高帝每歲人常賦百二十錢，至孝文時省儉至四十。武帝事邊費廣，人産子，③三歲則出口錢。光武令：人有産子者復，勿算三歲。④按：武帝建元六年，初算商車。元狩元年冬，初算緡錢。茂陵書：諸賈人末作貰貸，居邑儲積諸物，及商以取利者，雖⑤無市籍，各以其物自

---

① "故"字原脱，據補編本、《漢書·武帝紀》補。
② "秋"字原爲空格，據《漢書·車千秋傳》改。
③ "子"，原誤作"之"，據清嘉慶十年刻《學津討原》本《漢制考》卷一改。
④ "復勿"二字原誤倒，據《後漢書·章帝紀》乙正。
⑤ "雖"，原誤作"惟"，據《漢書·武帝紀》改。

占,①率緡錢二千而一算。(李斐曰:"一貫千錢,出算二十也。")武帝時,民產子,三歲則出口錢。民重困,生子輒殺。貢禹上書請令,後七歲乃出口錢,年二十乃算。漢制,常以八月算民,《風俗通義》。人十六出錢,十五至五十五賦錢。②《漢儀注》。按:惠帝六年冬十月,令女子年十五以上至三十不嫁五算。律:年二十三傳之疇官,各從其父疇内學之。高不高六尺三寸以下爲罷癃。如淳《注》。漢律:繇人百二十爲一算。《史記》注。律:民不繇,貸錢二十二。《一切衆經音義》引作"民不繇貸"。漢律:以貲爲郎。同上。漢制:貲五百萬爲常侍郎。景帝詔曰:"今貲算十以上乃得宦,③廉士算不必衆。有市籍不得宦,無貲又不得官,令出貲算四得官。"《景帝紀》。漢法:民年九十以上有受鬻法。鬻,淖糜也。高誘《吕覽注》:今之八月比户賜高年鳩杖粉粢是也。《周禮注》:今時八月按比。《儀禮注》:仲秋之月縣道皆按比。按:武帝建元元年,令民八十復二算,九十復甲卒。五時令。④《通典》:後漢制,太史每歲上其年曆,先立春、立夏、大暑、立秋、立冬讀五時令,又立春日下寬大詔。律有諸郡得自擇伏日。陳群《新律序》。論決滿三月,不得乞鞫。《周禮注》。若今望後利日。《周禮》"士師"注,"協和利合支幹"疏。漢時受二千石禄廩之數,受在下以成之獄。利日,謂合刑殺之日。⑤ 按明帝令郡吏之任不避反支。野有田律。《周禮注》。田令曰:疁田莍草。漢令:解衣耕謂之襄。《說文解字》。田令曰:商者不農。《黃香傳》。漢家斂民以田爲率。何休《公羊解詁》。按:漢興,田租十五稅一,景帝時三十稅一,光武中興三十稅一。又有半租令,又屢詔民無出今年租賦,及無出所過田租芻藁。律:當占租者家長身各以其物占,占不以實,家長不身自書,皆罰金二斤,沒入所占物及賈錢縣官。《昭帝紀》注。按:《王子侯年表》"旁光侯殷坐貸子

---

① "各",原誤作"名",據《漢書·武帝紀》改。
② "至"下"五"字原脱,據補編本補。
③ "官"字原爲空格,據《漢書·景帝紀》改。
④ "時",原誤作"首",據補編本、《通典》卷七十改。下"五時令"同。
⑤ "日",原誤作"月",據補編本改。

錢不占租,取息過律免",師古曰:"以子錢出貸人,律合收租,匿不占,取利息又過也,又陵鄉侯以貸穀息過律免。"又"信武侯靳亭,文帝後元年,坐事國人過律免。"師古曰:"事,謂役使之也。"令甲:諸侯在國名田他縣者,①罰金二兩。《哀帝紀》注。按:哀帝即位,②有司條奏:諸王、列侯得名田國中,列侯在長安及公主名田縣道、③關内侯、④吏民名田,皆無得過三十頃。諸侯王奴婢二百人,列侯公主百人,關内侯、吏民三十人,年六十以上、十歲以下,不在數中。賈人不得名田。爲吏犯者以律論。諸名田畜奴婢過品,⑤皆没入縣官。⑥ 十傷二三,實除減半。《周禮注》。賈《疏》:漢時十分之内傷二分、三分,餘有七分、八分在。實除減半者,謂就七分、八分爲實在,乃減去不税,於半内税之,以爲荒所優饒民法也。犯田罰,誓曰:"無於車,無自後射。"《周禮注》。《雜律》有假借不廉。《雜律》有博戲。《令甲》有所呵人受錢,科有使者驗賂。陳群《新律序》。律文:立子奸母,見乃得殺之。《公羊解詁》。律無妻母之文。聖人所不忍言,此經所謂造獄也。王尊行美陽縣令事,後母告假子不孝,曰:"兒嘗以我爲妻,妬笞我。"尊聞之,遣吏收捕驗問,辭服。尊取不孝子磔著樹間,使騎吏五人張弓射殺之。歐陽尚書有造獄事。《王尊傳》注。漢律:淫季父之妻曰報。《左傳注》。漢律:齊人予妻婢奸曰姘。漢律:婦告威姑。《説文解字》。律:先自告,除其罪。《淮南王傳》。光武時,遣使者下郡國,聽群盜自相糾擿,五人共殺一人者除其罪。⑦ 漢律:與罪人交關三日皆應知情。《孔融傳》。律:一人有二罪,以重者論之。《公羊解詁》。律:罪人妻子没入爲奴婢,黥面。高誘《吕覽注》"律坐,父兄没入爲奴",亦據漢。律説:出罪爲故縱,入罪爲故不直。《孝武功臣年表》

---

① "名",原誤作"占",據《漢書·哀帝紀》改。
② "即",原誤作"及",據補編本改。
③ "公",原誤作"妃",據補編本、《漢書·哀帝紀》改。
④ "侯"字原脱,據《漢書·哀帝紀》補。下"關内侯"同。
⑤ "畜"字原脱,"品"原誤作"者",皆據《漢書·哀帝紀》改。
⑥ "縣"字原爲空格,據補編本、《漢書·哀帝紀》改。
⑦ "殺",補編本、《後漢書·光武帝紀》皆作"斬"。

注。律：有故乞鞫。《夏侯嬰傳》注。令甲：死者不可生，刑者不可息。《漢書注》。議親，若今時宗室有罪先請是也。議賢，若今時廉吏有罪先請是也。議貴，若今時墨綬有罪先請是也。《周禮注》。律：過失殺人，不坐死。《周禮注》。識，審也。不審，若今仇讎出殺甲，見乙，誠以爲甲而殺之者。過失，若今舉刃欲斫伐而軼中者。遺忘，若今帷薄忘有在焉者而以兵刃投射之。同上。律：年未滿八歲、八十以上，非手殺人，皆不坐。同上。景帝詔多"誣告"二字。今二千石以令解仇怨，復相報，移從之，蓋舊有是令。同上。禁，若今絕蒙大巾持兵杖之屬。同上。治刑罰者處其所當否，如今律上所署法矣。同上。令甲：女子犯罪，作如徒六月，免歸家，出錢雇人於山伐木，曰雇山。《漢書音義》。漢令：完而不髡曰耐。如淳注："耐，猶任也。"應劭曰："輕罪不至於髡，完其耏鬢，①故曰耏。""耏"，古'耐'字。杜林始改'耏'爲'耐'。"右趾謂刖其右足，次刖左足，次劓，次黥，次髡鉗爲城旦舂。城旦者，晝日伺寇虜，夜暮築長城。舂者，婦人不任軍旅之事，但令舂以食徒者。城旦舂，四歲刑也。次鬼薪、白粲。鬼薪者，漢令役人取薪給宗廟，三歲刑。白粲者，漢令坐擇粲，三歲刑。次作司寇。二歲刑以上爲耐，②一歲刑爲罰作。二歲刑有家人乞鞫制。樓參《史記》《漢書》。前令之刑城旦舂而非禁錮者，完爲城旦舂歲數以免。《漢書注》。復作謂弛刑徒也，有赦令詔書去其鉗釱赭衣，③謂之弛刑。更犯事，不從徒加，與民爲例，故當復爲官作，滿其坐罪年月日，律名爲復作。《哀帝紀》注。復作者，女徒也。④輕罪，男子守邊一歲，女子軟弱不任守，⑤復令作於官，亦一

---

① "鬢"字原脱，據《漢書·高帝紀》補。
② "二歲刑"三字原脱，據補編本、《後漢書·光武帝紀》補。
③ "釱"，原誤作"鈗"，據補編本、《漢書·宣帝紀》改。
④ "徒"，原誤作"刑"，據補編本、《漢書·宣帝紀》改。
⑤ "軟"，原誤作"輕"，據補編本、《漢書·宣帝紀》改。

歲,故謂之復作。

蒲亭科令　仇覽撰

覽字季智,爲蒲亭長,爲民條設科令。

漢駁議三十卷　應劭撰

本傳:爲《駁議》三十篇,又删定律令爲《漢儀》,《晋書》"儀"作"議"。建安元年乃奏之。曰:"夫國之大事,莫尚載籍。① 載籍也者,決嫌疑,明是非,賞罰之宜,允執厥中,俾後之人永爲監焉。故膠東相董仲舒老疾致仕,朝廷每有政議,數遣張湯至陋巷,問其得失。於是作《春秋決獄》二百三十一事,動以經對,言之詳矣。逆臣董卓,蕩覆王室,典章焚燎,靡有孑遺。今大駕東邁,巡省許都,拔出艱難,其命維新。臣屢世受恩,榮祚豐衍,竊不自揆,輒撰具《律本章句》《尚書舊事》②《廷尉板令》《決事比例》《司徒都目》《五曹詔書》及《春秋斷獄》,凡二百五十篇。蠲去重複,爲之節文。集《駁議》三十篇,以類相從,凡八十二事。其見《漢書》二十五、《漢記》四,皆删叙潤色,以全本體。其二十六篇,博采古今瓌偉之事,文章炳焕,德義可觀。其二十七,臣所自造。庶幾觀察,增闡聖聽。惟因萬幾之餘暇,留意省覽焉。"

又　律略論五卷

《隋志》:梁有應劭《律略論》五卷。

武侯十六條一卷

《中興書目》雜家:《武侯十六條》一卷。初,先主三訪亮於草廬。既見,亮上便宜事,列之文武。二篇,凡十六條。《遂初堂書目》入兵家類。

---

① "尚",原誤作"若",據補編本、《後漢書·應劭傳》改。
② "舊",原誤作"故",據補編本、《後漢書·應劭傳》改。

諸葛故事

成都作匕首五百枚，以給騎士。《太平御覽》。

蜀科

伊籍，字機伯，與諸葛亮、法正、劉巴、李嚴共造《蜀科》。

魏王奏事

今邊有警，輒露徵插羽檄。《漢書·高帝紀》注引。

魏武故事

劉岱，字公山，①沛國人。以司空長史從征伐，有功，封列侯。

按：《魏志》裴松之注引《魏武故事》有《述志令》《辟王必爲長史令》，《任峻傳》引《封棗祗子令》，皆見《操集》，不錄。

右科令類。

------

① "公山"二字原誤倒，據補編本、《後漢書·董卓傳》乙正。

補後漢書藝文志卷之十五

三統曆　鄭興校
太初曆法　桓譚撰
四分曆

本古曆法。東漢以《太初》疏闊，章帝元和間用之。東漢既用《四分》，安帝延光中，謁者宣誦言當用《甲寅元曆》。順帝漢安中，邊韶言當用《太初曆》。靈帝熹平中，馮先、陳晃復議四分、五元之非，欲用《甲寅元曆》，互有異論，輒集衆議，議郎蔡邕斷四分之是，於是終東漢一代，《四分》不易。章帝元和二年二月，制曰："史書用太初鄧平術，冬至之日，日在斗二十二度，而曆以爲牽牛中星。先立春二日，①則四分數之立春也。而以折獄斷刑，於氣已迕，今改《四分曆》。"徐幹《中論》：章帝更用四分法，元起庚申。原本作"庚辰"，《山堂考索》作"元以庚申"，當以"庚申"爲是。先主在蜀，仍用《四分曆》。

四分曆三卷　李梵撰

梵，清河人，章帝時官治曆。蔡邕議：孝章皇帝用清河李梵之言，改從《四分曆》。《隋志》：梁有《四分曆》三卷，漢修曆人李梵撰。

七曜術　劉洪撰

熹平二年，常山長史劉洪上《七曜術》，詔屬太常課效。袁山松《後漢書》：洪字元卓，泰山蒙陰人，魯王之宗室也。延熹中，以校尉應太史徵，拜郎中，遷常山長史，以父憂去官。後

---

① "先"字原脱，據補編本、《後漢書·律曆志》補。

爲上計掾，拜郎中，檢東觀著作。遷謁者，穀城門候，會稽東部都尉。徵還，未至，領丹陽太守，卒官。洪善算，當世無偶，作《七曜術》。及在東觀，與蔡邕共述《律曆紀》，考驗天官。及造《乾象術》，十餘年，考驗日月，與象相應，皆傳於世。《博物記》：洪篤信好學，觀乎六藝群書意，以爲天文數術，探賾索隱，鉤深致遠，遂專心銳思。爲曲城侯相，政教清約，吏民畏而愛之，爲州郡之所禮異。

律曆紀　蔡邕、劉洪同撰

光和元年，蔡邕、劉洪補《曆志》。邕能著文，清濁鐘律；洪爲能算，叙述之。

乾象曆五卷　劉洪撰

徐幹《中論》：靈帝時，《四分曆》猶復後天半日於時。都尉劉洪更造《乾象曆》，以追日月星辰之行，考之天文，於今爲密。會宮車晏駕，京師大亂，事不施行，惜哉！靈帝時，劉洪悟四分疏闊，皆斗分太多故也，作《乾象曆》。《晉志》：靈帝光和中，洪考古今曆法，案其進退之行，知《四分曆》疏闊，更以五百八十九爲紀法，一百四十五分爲斗分，而造《乾象曆》。冬至日在斗二十二度，以術追日、月、五星之行，依《易》立數，名爲《乾象曆》。又制日行黃道赤道之度，法轉精密。獻帝建安中，鄭玄受其法，又加注辭。自黃初後改曆者，皆斟酌《乾象》，洪術遂爲後代推步之表。黃初中，高堂隆議曆數改革，韓翊以爲《乾象》減斗分太過，後當先天，造《黃初曆》，以四千八百八十三爲統法，千二百五爲斗分。其後陳群云："翊首建，恐不審，故以《乾象》互相參校，更無是非。"徐岳議："劉洪以曆後天，加《太初》元十二紀，減十斗下分，元起己丑，實精密，可長行。今翊所造，皆用洪法，小益斗下分，所錯無幾。岳課日月食五事，《乾象》四遠，《黃初》一近，翊術自疏。"又楊偉言韓翊據劉洪之術，知貴其術而棄其言。《吳中書》：闞澤受劉洪《乾象法》於東萊徐岳，故吳用《乾象曆》。王蕃《渾天說》：漢靈之末，《四分曆》與天違錯，時會稽東部都尉太山劉洪善於推候，乃考術官及史自古至今曆法，原其進退之行，察其出入之驗，視其往來，度其終始，課效其法，不能四分之一，減爲五百八十九分之一百四十五，更造《乾象曆》，以追日月五星之行，比於諸家，最爲精密。今史官所用，則其曆也。故所鑄渾象，諸分度、節次及昏明、中星，皆更以乾象法作之。周天一百七萬一千里，以乾象法分之，得二千九百三十二里八十步三尺九寸五分弱，①斗下分爲七百二十三里二百五十九步四尺五寸二分弱。乾象全度張古曆零度九步一尺二寸一分弱，斗下分減古曆斗下分十一里五十八步六寸六分弱，其大數俱一百七萬一千里，斗下分減則全度純，數使其然也。《東漢志述》：蔡邕、劉洪之法曰三蔀爲紀，三紀爲元，正與太初元同。《乾象元法》：後元七年，三百七十八年。《晋志》：乾象周天三十一萬五千有奇。

《詩正義》引《乾象曆》"冬至則晝四十五刻，夜五十五刻；夏至則晝六十五，夜三十五；春、秋分則晝五十五，夜四十四刻半。從春分至於夏至，晝漸長，增九刻半；從夏至至於秋分，所減亦如之；從秋分至於冬至，晝漸短，減十刻半；從冬至至於春分；所加亦如之。"

《潛研齋文集》問："《乾象術》推卦用事日，'因冬至大餘，倍其小餘，《坎》用事日也。加小餘千七十五滿，乾象法從大餘，《中孚》用事日也。求《坎》卦，各加大餘六，②小餘百三。其四正各因其中日，而倍其小餘'。此條恐有訛舛，其算例亦可推

---

① "九寸五分"，原誤作"五寸九分"，據補編本改。
② "各"原誤作"名"，"六"原誤作"方"，皆據《潛研堂文集》卷十四改。

否？"曰："此即漢六日七分之法。《易稽覽圖》，甲子卦氣始《中孚》，①每六日七分而易一卦。《坎》《離》《震》《兑》爲監司之卦，獨用事於分、至之日，得八十分之七十三。冬至《坎》卦始用事，又加《中孚》六日七分而《復》卦用事，合於《易》'七日來復'之數。其説始於京房，六十卦以《中孚》《復》《屯》《謙》《睽》《升》《臨》《小過》《蒙》《益》《漸》《泰》《需》《隨》《晋》《解》《大壯》《豫》《訟》《蠱》《革》《夬》《旅》《師》《比》《小畜》《乾》《大有》《家人》《井》《咸》《姤》《鼎》《豐》《涣》《履》《遯》《恒》《節》《同人》《損》《否》《巽》《萃》《大畜》《賁》《觀》《歸妹》《無妄》②《明夷》《困》《剥》《艮》《既濟》《噬》《嗑》《坤》《未濟》《蹇》《頤》爲次，每卦皆六日七分日之七，惟《頤》《晋》《升》《大畜》皆五日八十分之十四，較他卦少七十三分，此所少之數，即四正卦用事之分數也。《乾象術》推卦用事，以乾法千一百七十八當一日，千一百七十八分日之千七十五，即八十分之七十三强也；千一百七十八分日之三百，即八十分之七弱也。必倍其小餘者，《乾象》推冬至術，以紀法五百八十九爲日法，今以乾法千一百七十八爲日法，則倍紀法之數，故必倍其小餘以入算也。求'坎'卦當作'次'卦，字之訛。③問："五歲再閏與十九年七閏之率，孰爲合？"曰："五歲再閏，聖人不過言其大略，如《堯典》'朞，三百有六旬有六日'，其實祇有三百六十五日四分之一弱，若以十九年七閏之率計之，須五年又五個月而得再閏也。然十九年一章，亦是秦漢以前粗率，驗之天行，尚非密合，蓋古法皆用《四分》，章、蔀、紀、元之率，④皆《四分》術

---

① "始"，原誤作"起"，據補編本、《潛研堂文集》卷十四改。
② "妄"，原誤作"咎"，據補編本、《潛研堂文集》卷十四改。
③ "卦字"，原誤作"坎卦"，據《潛研堂文集》卷十四改。
④ "率"，原誤作"術"，據補編本、《潛研堂文集》卷十四改。

也。自劉洪作《乾象》，減歲實以驗天行，而章閏猶因舊法。"問："《乾象》推月行術，①十三日之下注云：'限餘三千九百一十三，微分千七百五十二，此爲後限。'限餘之義何解？有後限而無前限，又何故也？"曰："《乾象》月行十三日七千八百七十四分日之五千二百有三而一入交，朔入交則日食，望入交則月食，入交前後一日有奇，皆爲可食之限，過此則不食矣。後世所謂食限者，蓋本於此。限餘謂日小餘以此爲限也。有後限則必有前限，故下文曰'入曆在前限餘前、後限餘後者，月行中道'。《元嘉》月行法本依洪術，其於入曆二日之下，有前限餘及微分之數，可證《乾象》元有前限，當二日之下，而傳寫脱之耳。然則前限之數亦可考乎？曰：前限者，交後之限也。後限者，交前之限也。凡交前、交後之限，宜相等。今之後限餘減月周，餘三千九百六十一，併周日分五千二百三，共得九千一百六十四，滿七千八百七十四分收爲一日，餘一千二百九十分，又借一分作二千二百九，減後微分，尚餘微分四百五十七，是距交一日一千二百九十分以内爲食限矣。然則前限餘尚在第二日，日餘千二百九十弱也。宜於'二日'之後補注十九字，云'限餘千二百八十九，微分四百五十七，此爲前限'，則前後之文相應矣。"

月行遲疾曆　劉洪撰

《山堂考索》：《乾象》始造月行遲疾法。東漢用《四分》，後以劉洪月行術參之。魏太史令許攸曰："劉洪月行術用以來且四十餘年，以後覺失一辰有奇。"宋治曆何承天曰："曆數之術，若所不達，雖復通人前識，無救其弊。是以多歷年歲，猶未能有定。四分於天，出三百年而盈一日，積世不悟，徒云建

---

① "月行"，原誤作"日"，據《潛研堂文集》卷十四改。

曆之本先立元，假托讖緯，遂開治亂。此之爲弊，亦已甚矣！劉歆《三統》尤復疏闊，方於《四分》，六千餘年又益一日。揚雄心惑其説，采爲《太玄》；班固謂之最密，著於《漢志》。司馬彪謂：'自太初元年始用《三統曆》，施行百有餘年。'曾不憶劉歆之生不逮太初，二三君子幾於爲曆，不知而妄言者與？光和中穀城門候劉洪始悟《四分》於天疏闊，更以五百八十九紀法，百四十五分爲斗分，而造《乾象曆》法，又制《遲疾曆》以步月行，方於《太初》《四分》，轉精密矣。"

月食注　公乘王漢撰

光和三年，萬年公乘王漢上《月食注》。自章和元年到今年，凡九十三歲，合百九十六食，與官曆河平元年錯，以己巳爲元。事下太史令修，上言"漢所作注不與見食相應者二事，以同爲異者二十九事"。尚書召穀城門候劉洪詣修，與漢相參，推元課分，考校月食。審己巳元密近，有師法，洪便從漢受；不能，絶句。對。洪上言："推元漢己巳元，則《考靈曜》旄蒙之歲乙卯元也，與光、晃甲寅元相經緯。於以追天作曆，校三光之步，今爲疏闊。孔子緯一事見二端者，明曆興廢，隨天爲節。《甲寅曆》於孔子時效；己巳《顓頊》，秦所施用，漢興草創，因而不易。至元封中，迂闊不審，更用《太初》，應期三百改憲之節。甲寅、己巳讖雖有文，略其率數，是學人各傳所聞，至於課效，罔得厥正。夫甲寅元天正二月甲子朔冬至，七曜之起，始於牛初。乙卯之元人正己巳朔旦立春，三光聚天廟五度。課兩元端，閏餘差自五十分二之三，朔三百四，中節之餘二十九。以效信難聚，漢不解説，但言先人有書而已。以漢成注參官施行，術不同二十九事，不中見食二事。按漢習書，見己巳元，謂朝不聞，不知聖人獨有廢興之義，史官有附天密術。甲寅、己巳，前已施行，效後格而已不用。河平疏闊，史官已廢之，而漢以去事分争，殆非其意。雖有師法，與無同。課又不近密。其説蔀數，術家所共知，①無所采取。"遣漢歸鄉里。

月食術

熹平三年，太史部郎中劉固作《月食術》。固術與劉洪《七曜術》同。

八元術　馮恂撰

熹平三年，常山長史劉洪上所作《七曜術》。甲辰，詔屬太史部郎中劉固、舍人馮恂課效，恂復作《八元術》。

九道術　馮恂撰

熹平中，故治曆宋整上《九道術》，詔書下太常，以參舊術，相應。敕太子舍人馮恂課效，恂亦復作《九道術》，增損其分，與整術並校，差爲近。太史令單颺以恂術參弦、望，加時猶復先後天，遠則十餘度。延光二年，亶誦言當用《甲寅元》，梁豐言當用《太初》，張衡、周興參按儀注，考往校今，以爲《九道法》最密，詔下公卿議。漢安二年，邊韶言："劉歆驗之《春秋》，參之《易》道，以《河圖帝覽嬉》《雒書乾鑿度》推廣九道，七十一歲進退六十三分，百四十四歲一超次。"永元中，復令史官以《九道法》候弦望，驗有無差跌。賈逵論曰："永平中，太史待詔張隆以《四分法》署弦、②望、月食加時，所署多失。梵、統以史注考校，月行所疾處三度，九歲九道，凡九章，百七十歲，復十一月合朔冬至，合春秋、三統九道終類，可知以合朔、弦、望、月食加時。以其法術上考建武以來月食，凡三十八事，差密近。"按史官舊有《九道術》，廢而不修，今宜課試。賈逵《曆數論》曰："今史官推合朔、望、月食加時，率多不中，在於不知

---

① "數術"二字原誤倒，據補編本、《後漢書·律曆志》乙正。
② "署"，原誤作"書"，據補編本、《後漢書·律曆志》改。下一"署"字同。

月行遲疾。治曆李梵、鉅鹿公乘蘇統,以史候注考校,月行當有遲疾,不必在牽牛、東井、婁、角之間,又非朓、側匿,乃由月所行道有遠近出入所生。據官注天度爲率,以其術陳上考建武以來月食三十八事,差密近,有益,宜課試。於是修《九道術》。"

九道術　宋整撰

光和九年,宋整上書言:"去年三月不食,當以四月。"詔書下太常:"共詳按注記,平議術之要。"太常就耽上選侍中韓説、博士蔡較、縠城門候劉洪、郎中陳調於太常府,覆按注記,平議難問。

渾天儀一卷　張衡撰

《衡傳》:徵拜議郎,再遷太史令,遂乃研覈陰陽,妙盡璇璣之正,作渾天儀,立八尺員體,以具天地之象,以正黄道,以察發斂,以行日月,以步五緯,①著《靈憲》《算罔》諸論,言甚詳明。《晋志》:張衡渾天象,其内外規,南北極,黄赤道。列二十四氣,二十八宿,中外星辰及日、月、五緯。以漏水轉之於殿上室内。星中、出、没與天相應。因其關挾,又轉瑞蓂於階下,隨月盈虚,依曆開落。《隋志》:永元五年,詔左中郎將賈逵始造太史黄道銅儀。桓帝延熹七年,太史令張衡更以銅製渾天儀,以四分爲一度,周天一丈四尺六寸一分。於密室中以漏水轉之,令伺之者閉户而唱之,以告靈臺之觀天文者。璇璣所加,其星始見,其星已中,其星合没,皆如合符。《初學記》:張衡《漏水轉渾天儀制》曰:"以銅爲器,實以清水,下各開孔,以玉虬吐漏水入兩壺。右爲夜,左爲晝。蓋中又鑄金銅仙人居左壺,爲金胥徒居右壺,皆以左手抱箭,一作"左手、右手抱銅箭"。

---

① "步",原誤作"著",據補編本、《漢書·律曆志》改。

右手指刻，以別天時早晚。"衡復造候地動儀，以精銅鑄成。員徑八尺，合蓋隆起，①形似酒樽，飾以篆文山龜鳥獸之形。中有都柱，旁行形八道，施關發機。外有八龍，首銜銅丸，下有蟾蜍，張口承之。其牙機巧製，皆隱在樽中，覆蓋周密無際。如有地動，樽振，則龍發機，吐丸，而蟾蜍銜之，振聲激揚，②伺者因此覺之。雖一龍發機，而七首不動，尋其方面，乃知震之所在。驗之以事，合契若神。自典記以來未之有也。嘗一龍發機而地不動，京師學者咸怪其無徵。後數日，驛至，果地震隴西，於是咸服其妙。自此以後，乃令史官記地震所從方起。《晉起居注》：相國表曰："近於長安獲張衡所作渾儀、玉圭，歷代寶器。謹奉陛下，歸之天府。"

《藝文類聚》引"天如雞子大小，天表裏有水，地各乘氣而立，載水而浮。天轉如車轂之運"。赤道橫帶渾天之腹，去極九十一度十分之五。黃道斜帶其腹，出赤道表裏各二十四度。故夏至去極六十七度而強，③冬至去極百一十五度亦強也。然則黃道斜截赤道者，則春分、秋分之去極也。今此春分去極九十少，秋分去極九十一少者，就夏曆景去極之法以爲率也。上頭橫行第一行者，黃道進退之數也。本當以銅儀日月度之，則日晷可知也。"日晷"二字據《北堂書鈔》補。以儀一歲乃竟，而中間又有陰雨，卒難成也。是以作小渾，盡赤道黃道，乃各調賦三百六十五度四分之一，從冬至所在始起，令之相當值也。取北極及衡各誠梀之以爲軸，取薄竹篾，穿其兩端，令兩穿中間與渾半等，以貫之，令察之與渾相切摩也。④乃從減半

---

① "合"字原脱，據補編本、《後漢書·張衡傳》補。
② "激"，原誤作"拂"，據補編本、《後漢書·張衡傳》改。
③ "至"，原誤作"冬"，據補編本、《後漢書·律曆志》改。
④ "與渾相切"，原誤作"相渾"，據補編本、《後漢書·律曆志》改。

起，以爲八十二度八分之五，盡衡減之半焉。又中分其箋，拗去其半，令其半之際正直，與兩端減半相値。令箋半之際從冬至起，一度一移之，視箋之半際夕多，黃赤道幾也。其所多少，則進退之數也。從北極數之，則元極之度也。各分赤道、黃道爲二十四氣，一氣相去十五度十六分之七，每一氣者，黃道進退一度焉。所以然者，黃道直時去南北極近，其處地小，而橫行與赤道且等，故以蔑度之，於赤道多也。設二氣令十六日，皆常率四日差少半也。令一氣十五日，不能半耳，故使中道三日之中若少半也。三氣一節，故四十六日而差今三度也。至於差三之時，而五日同率者一。其實節之間，不能四十六日也。今殘日居其策，故五日同率也。其率雖同，先之皆強，後之皆弱，而不可勝計。取至於三而復有進退者，黃道稍斜，於橫行不得度故也。春分、秋分所以退者，黃道始起更斜矣，於橫行不得度故也。亦每一氣一度焉，三氣一節，亦差三度。至三氣之後，稍遠而直，故橫行得度而稍進也。立春、立秋橫行稍退矣，而度猶云進者，以其所退減其所進，猶有盈餘，未盡故也。立夏、立冬橫行稍進矣，而度猶云退者，以其所進增其所退，猶有不足，未畢故也。以此論之，日行非有進退，而亦赤道重廣黃道使之然也。本二十八宿相去度數，以赤道爲強耳，故於黃道亦進退也。冬至在斗二十一度少半，最遠者也。而此歷斗二十度，俱百十五強矣，冬至宜與之同率焉。夏至在井二十一度半強，最近時也。[1] 而此曆井二十三度，俱六十七度強矣，夏至宜與之同率焉。

靈憲一卷　張衡撰

《山堂考索》：張衡爲太史令，鑄渾天儀，總序星經，謂之《靈憲》。

---

[1]　"時"，原誤作"者"，據《後漢書·律曆志》改。

《開元占經》引：昔在先王，將步天路，用定靈軌，尋緒本元。先準之於渾體，是爲正儀立度，而皇極有迺建也，樞運有迺稽也。乃建乃稽，斯經天常。聖人無心，因茲以生心，故《靈憲》作興。曰：“太素之前，幽清玄静，寂寞冥默，不可爲象，厥中惟虚，厥外惟無。如是者永久，斯謂溟涬，蓋乃道之根也。道根既建，自無生有。太素始萌，萌而未兆，并氣同色，渾沌不分。故道志之言云：‘有物渾成，先天地生。’其氣體固未得而形，其遲速固未可得而紀也。如是者又永久焉，斯謂龐洪，蓋乃道之幹也。道幹既育，育物成體。於是元氣剖判，剛柔始分，清濁異位。天成於外，地定於内。天體於陽，故圓以動；地體於陰，故平以静。動以形施，静以合化，埏鬱搆精，時育萬物，斯謂天元，蓋乃道之實也。在天成象，在地成形。天有九位，地有九域；天有三辰，地有三形；有象可考，有形可度。情性萬殊，旁通感薄，自然相生，莫之能紀。於是人之精者作聖。實始紀綱而經緯之。八極之維，徑二億三萬二千三百里，南北則短減千里，東西則廣增千里。自地至天，① 一億一萬六千一百五十里，此句按《太平御覽》補。半於八極，則地之深亦如之。則是渾已。將覆其數，用重差句股，懸天之景，薄地之儀，皆移千里而差一寸得之。② 過此以往，未之或知也。未之知者，宇宙之謂也。宇之大無極，宙之端無窮。天有兩儀，以儷道中。其可睹，極星是也，謂之北極。在南者不著，故聖人弗之名焉。其世之遂，句未詳。九分而減二。陽道左回，故天運左行。有驗於物，則人氣左贏，形左繚也。天以陽迴，地以陰淳。《天中記》引作“天以陽而迴轉，地以陰而停輪”。是故天致其動，稟氣舒光；地致其静，承施候明。天以順動，不失其中，則四時

---

① “地至”二字原脱，據補編本、《大唐開元占經》卷三補。
② “一寸”下原衍“一分”二字，據補編本、《大唐開元占經》卷一删。

順至，寒暑不忒，死生有節，故品物用生。地以靈靜，作合承天，清化致養，四時而後育物，故品物用成。凡至大莫如天，至厚莫如地，地至質者曰地而已。句未詳。至多莫如水，水精上爲天漢。漢周於天而無列焉，思次質也。句未詳。至空莫若土，至華莫若木，至實莫若金，至無莫若火。據《天中記》補。地有山岳，以宣其氣，精種於天。星也者，體生於地，精成於天。《隋志》引"成"作"發"。列居錯峙，各有逌屬。紫宮爲皇極之居，大微爲五帝之廷。《隋志》"皇極"作"帝皇"，"廷"作"坐"。明堂之房，大角有席，天市有坐。蒼龍連蜷於左，白虎蹲踞於右，朱雀奮翼於前，靈龜圈首於後。圈，一作"匿"。黃帝軒轅於中。則軒轅一星，與蒼龍、白虎、朱雀、玄武四獸爲五矣。三句據《山堂考索》補，按軒轅大角麒麟之精。六畜既擾，而狼蚖魚鼈罔有不具。在野象物，在朝象官，在人象事，於是備矣。懸象著明，莫大乎日月。其徑當天周七百三十六分之一，地廣二百四十二分之一。日者，陽精之宗，積而成烏，象烏而有三趾。陽之類，其數奇。月者，陰精之宗，積而成獸，象兔。陰之類，其數偶。其後有馮焉者。羿請無死之藥於西王母，恒娥竊之以奔月。將往，枚筮之於有黃，占之曰："吉。翩翩歸妹，獨將西行，逢天晦芒，無驚無恐，後且大昌。"恒娥遂托身於月，是爲蟾蜍。夫日譬猶火，月譬猶水，火則外光，水則含景。故宣明於晝，納明於夜，如有瑕，必露其匿。人君者，仰則焉。夫月端其形而潔其質，向日禀光。二句據《北堂書鈔》補。月光生於日之所照，魄生於日之所蔽，當日則光盈，就日則光盡也。眾星被燿，因水轉光。當日之衝，光常不合者，蔽於地也。是謂闇虛。在星星微，月過則食。日之薄地，暗其明也。舊脫"暗"字，今據《隋書·天文志》補。鯀暗視明，明無所屈，是以望之若火，方於中天，天地同明。①

---

① "天地同明"，原誤作"之地同"，據補編本、《大唐開元占經》卷一改。

繇明瞻暗，①暗還自奪，故望之若小火。當夜而揚光，在晝則不明也。月之於夜，與日同而差微。星則不然，强弱之分也。衆星列布，其以神著者，有五列焉。歲星木精，熒惑火精，鎮星土精，太白金精，辰星水精也。五句據《山堂考索》補。是爲三十五名。一居中央，謂之北斗。動變挺占，②《隋志》引作"動係於占"。實司王命。四布於方，爲二十八宿。日月運行，歷示吉凶。五緯經次，用告禍福，則天心於是見矣。三公在天爲三台，九卿爲北斗，故三公象五岳，九卿法河海，二十七大夫法丘陵，八十一元士法阜谷，合爲帝佐，以匡綱紀。三公以下據《山堂考索》補。中外之官，常明者百有二十四，《續漢書》有此四字，《隋志》占繇但作"常明者百"，疑有脱。可名者三百二十，爲星二千五百，而海人之占不與焉。微星之數，蓋萬一千五百二十。庶物蠢蠢，咸得繫命。不然，何以總而理諸！夫三光同形，有似珠玉，神守精存，麗其質而宣其明。及其衰亂，神歇精斁，③於是乎有隕星。然則奔星之所墜，至地則石。文曜麗乎天，其動者七，日月五星是也。周旋右回。天道者，貴順也。近天則遲，遠天則速，行則屈，屈則留回，留回則逆，逆則遲，迫於天也。行遲者覿於東，覿於東屬陽；行速者覿於西，覿於西屬陰。日與月共配合也。攝提、熒惑、填星候見晨，附於日也。太白、辰星候見昏，附於月也。二陰三陽，參天兩地，故男女取則焉。方星巡鎮，必因常度，苟或盈縮，不踰於次。故有列司作使，曰老子四星，周伯、王逢、芮各一，錯於五緯之間，其見無期，其行無度，實妖經星之所。審而察之，然則吉凶宣問，其詳可盡。又"冬至日成天文，夏至日成地理"。《山堂考索》引"人統月建

---

① "暗"，原誤作"明"，據補編本、《大唐開元占經》卷一改。下一"暗"字同。
② "占"字原脱，據補編本、《後漢書·天文志》補。
③ "歇"，原誤作"竭"，據補編本、《大唐開元占經》卷一改。

寅,物生之端,謂之人統,夏以爲正"。《藝文類聚》引"昆侖東南有赤縣之州,風雨有時,寒暑有節。苟非此土,南則多暑,北則多寒,東則多陰,故聖王不處焉"。

算罔論　張衡撰

《後漢書注》:言網絡天地而算之,無不包括也。附張衡《應間》:渾天初基,靈軌未紀,吉凶分錯,人用瞳朦。黃帝爲斯深慘。有風后者,是焉亮之,①察三辰於上,迹禍福於下,經緯曆數,然後天步有常,則風后之爲也。當少皞青陽之末,九黎亂德,重黎又相顓頊而申理之,日月即次,則重黎之爲也。人各有能,用藝受任,鳥師別名,四叔三正,官無二業,②事不並濟。

曆數論　賈逵撰

臣前上傅安等用黃道度日弦望多近。③ 史官一以赤道度之,不與日月同,於今曆弦望至差一日。願請太史官日月宿簿及星度課,與待詔星象考校。奏可。按《五紀論》"日月循黃道,南至牽牛,北至東井,率日日行一度,月行十三度十九分度七"也。今史官一以赤道爲度,不與日月同行,其斗、牽牛、輿鬼,赤道得十五,而黃道得十三度半;行東壁、奎、婁、軫、角、亢,赤道十度,黃道八度;或月行多而日月相去反少,謂之日却。按黃道值牽牛,出赤道南二十五度,其直東井、輿鬼,出赤道北五度。赤道者爲中天,去極俱九十度,非日月道,而以遙準度日月,失其實行故也。以今太史官候注考元和二年已來月行牽牛、東井四十九事,無行十一度者;婁、角三十七事,無行十五六度者,④如安言。問典星待詔姚崇、井畢等十二

---

① "亮",原誤作"諒",據補編本、《後漢書·張衡傳》改。
② "正官"二字原誤倒,據補編本、《後漢書·張衡傳》乙正。
③ "上",原誤作"以",據補編本、《後漢書·律曆志》改。
④ "六"字原脱,據補編本、《後漢書·律曆志》補。

人，皆曰"星圖有規法，日月實從黃道起，官無其器，不知施行"。按甘露二年大司農耿壽昌奏，以圖儀度日月行，考驗天運狀，日月行至牽牛、東井，日過度，日行十五度，至婁、角，日行一度，月行十三度，赤道使然，此前世所共知也。如言黃道有驗，合天，日無前却，弦望不差一日，比用赤道密近，宜施用。又今史官推合朔、弦、望、月食加時，率多不中，在於不知月行遲疾意。永平中，詔書令故太史待詔張隆以四分法署弦、望、月食加時。隆言能用《易》九、六、七、八爻知月行多少。今按隆所署多失。臣使隆逆推前手所署，不應，或異日，不中天乃益遠，至十餘度。梵、統以史官候注考校，月行當有遲疾，不必在牽牛、東井、婁、角之間，又非所謂朓、側匿，乃由月所行道有遠近出入所生，率一月移故所疾處三度，九歲九道一復，凡九章，百七十一歲，復十一月合朔旦冬至，合《春秋》《三統》九道終數，可以知合朔、弦、望、月食加時。據官注天度爲分率，以其術法上考建武以來月食凡三十八事，差密近，有益，宜課試上。《太初曆》冬至日在牽牛初者，牽牛中星也。古黃帝、夏、商、周、魯冬至日在建星，建星即今斗星也。《太初曆》斗二十六度三百八十五分，牽牛八度。按行事史官注，冬、夏至日常不及《太初曆》五度，冬至日在斗二十一度四分度之一。石氏《星經》曰："黃道規牽牛初直斗二十度，去極二十五度。"於赤道，斗二十一度也。①《四分法》與行事候注天度相應。《尚書考靈曜》"斗二十二度，無餘分，冬至在牽牛所起"。又編訢等據今日所在牽牛中星五度，於斗二十一度四分一，與《考靈曜》相近，即以明事。以《大初曆》考漢元盡太初元年日朔二十三事，其十七得朔，四得晦，二得二日；新

---

① "斗"字原脱，"二十一"原誤作"二十二"，皆據《後漢書·律曆志》改。

曆七得朔，十四得晦，二得三日。以《太初曆》考太初元年盡更始二年二十四事，①十得晦；以新曆十六得朔，七得二日，一得晦。以《太初曆》考建武元年盡永元元年二十三事，五得朔，十八得晦；以新曆十七得朔，三得晦，三得二日。又以新曆上考《春秋》中有日朔者二十四事，失不中者二十三事。天道參差不齊，必有餘，餘又有長短，不言以等齊。治曆者方以七十六歲斷之，則餘分稍長，稍得一日。故《易》金火相革之卦《象》曰：「君子以治曆明時。」又曰：「湯、武革命，順乎天應乎人。」言聖人必改曆象日月星辰，明數不可貫數千萬歲，其間必改更，先矩求度數，取合日月星辰所在而已。故求度數，取合日月星辰，有異世之術。《太初曆》不能下通於今，新曆不能上得漢元。一家曆法必在三百年之間。故讖文曰「三百半斗曆改憲」。漢興，當用《太初》而不改，至太初元年百二歲乃改。故其前有先晦一日合朔，下至成、哀，②以二日爲朔，故合朔多在晦，此其明驗也。

刻漏經一卷　霍融撰

《經籍志》：梁有霍融等《刻漏經》三卷。建武中，朱浮、許淑請更曆法。天下初定，顧猶未遑。而《令甲》第六《漏品》所載日分百刻，率以九日爲刻，增損視夏曆爲疏。永平中，詔張盛景防以四分法課校，③頗施行。元和中，李梵推廣其術，曆用四分，而宮漏之制一仍其舊。或時至差二刻以上，不與天相應。永元十四年，太史待詔霍融上言：「官漏刻九日增減一刻，不與天相應。或時至差二刻半，不如夏曆密。」詔書下太常，令史官與融以儀校天，課度遠近。太史令舒、承、梵篤對：「按官

---

① 「更始二」下原衍一「十」字，據補編本、《後漢書·律曆志》刪。
② 「哀」，原誤作「帝」，據補編本、《後漢書·律曆志》改。
③ 「防」，原誤作「昉」，據《後漢書·律曆志》改。

所施漏法《令甲》第六《常符漏品》,孝宣皇帝三年十二月乙酉下,建武十年二月壬午詔書施行。漏刻以日長短爲數,率日南北二度四分而增減一刻。一氣俱十五日,日去極各有多少。率九日移一刻,不隨日進退。① 夏曆漏隨日南北長短,密近於官漏,分明可施行。"其年十一月甲寅,詔曰:"告司徒、司空:漏所以節時分,定昏明。長短起於日去極遠近,日道周圜,不可以計率分,當據儀度,②下參晷景。今官漏以計率分昏明,九日增減一刻,違失其實,至爲疏數以耦法。霍融上言,不與天相應。太常史官運儀下水,官漏失天者於三刻。夏曆以晷景爲刻,少所違失,密近有驗。今下晷景漏刻四十八箭,立成官府當用,計吏到,班子四十八箭。"取二十四氣日所在,并黄道去極、晷景、漏刻、昏明中星列於下。《書正義》:漢初率九日增減一刻,霍融始請改之。鄭注《考靈曜》仍云"九日增一刻",尚未覺誤也。《周禮》疏:漢法以器盛四十八箭,箭各百刻,蓋取倍二十四氣也。《律曆志》:孔壺爲漏,浮箭爲刻。百漏數刻,以考中星,昏明生焉。漏刻之生,以去極遠近差乘所節氣之差。衛宏《漢舊儀》:夜漏起,宮中宮城門傳伍伯官直符,行衛士,周廬擊木柝,傳呼備火。邯鄲淳《五經析疑》:漢制,以先冬至三日晝。後冬至三日,晝漏四十五刻,夜五十五刻。先夏至三日晝,後三日,晝漏六十五刻,夜三十五刻。長孫無忌曰:"光武之初,亦以百刻九日加減法,編於《令甲》,爲《常符漏品》。"

七曜論　劉陶撰

---

① "日"下原衍一"月"字,據《後漢書·律曆志》刪。
② "當",原誤作"常",據補編本、《後漢書·律曆志》改。

乾象曆注　鄭玄撰

《晋書·志》：靈帝時，會稽東部都尉劉洪作《乾象曆》。獻帝建安元年，鄭玄受其法，以爲窮極幽微，又加注釋焉。

天文七政注　鄭玄撰

日月交會圖一卷　鄭玄撰

清臺課試六律

《山堂考索》：清臺所課試曆集即黃帝、顓頊、夏、商、周、魯六曆是也。其後加以太初《三統》爲漢曆，則七曆矣。漢末，宋仲子集七曆以考《春秋》，按夏、周三曆術數，與《漢·藝文》所紀者不同，故更曰《真夏曆》《真周曆》。

曆元議　蔡邕撰

靈帝熹平四年，五官郎中馮光、上計掾陳晃言："曆元不正，故妖民叛寇益州，盜賊相續。爲曆不用甲寅爲元而用庚申，圖讖無以庚申爲元者。近秦所用代周之元。太史治曆郭香、劉固意造妄説，乞與本庚申元經緯有明，受虛欺重誅。"乙卯，詔書下三府，與儒林明道者詳議，務得道真。以群臣會司徒府議。《蔡邕集》：三月九日，百官會府公殿下，東面，校尉南面，侍中、郎將、大夫、千石、六百石重行北面，議郎、博士西面。户曹令史當坐中而讀詔書，①公議。② 蔡邕前坐侍中西北，近公卿，與光、晃相難問是非焉。議郎蔡邕議，以爲："曆數精微，去聖久遠，得失更迭，術術無常。是以承秦，曆用《顓頊》，元用乙卯。"蔡邕《明堂月令論》；《顓頊曆術》曰："天元正月己巳朔旦立春，③以日月起於天廟營室五度。"今《月令》"孟春之月，日在營室"。按：原注作"《命論》"，今改正。百有二歲，孝武皇帝始改正朔，曆用《太初》，元用丁丑，行之百八十九歲。孝章皇帝改從《四分》，元用庚申。

---

① "而"，原誤作"面"，據補編本、《後漢書·律曆志》改。
② "議"字原脱，據補編本、《後漢書·律曆志》補。
③ "天"，原誤作"大"，據補編本、《後漢書·律曆志》改。

今光、晃各以庚申爲非，甲寅爲是。按曆法，黃帝、顓頊、夏、殷、周、魯，凡六家，各自有元。光、晃所據，則殷曆元也。他元雖不明於圖讖，各家術皆當有效於其當時。黃帝始用《太初》丁丑之元，①有六家紛錯，爭訟是非。太史令張壽王挾甲寅元以非漢曆，雜候清臺，課在下第，卒以疏闊，連見劾奏，②《太初》效驗，無所漏失。是則難非圖讖之元，而有效於前者也。及用《四分》以來，考之行度，密於《太初》，是則新元效於今者也。延光中，謁者亶誦亦非《四分》庚申，上言當用《命曆序》甲寅元。公卿百寮參議正處，竟不施行。且三光之行，遲速進退，不必若一。術家以算追而求之，取合於當時而已。故有古今之術。今之不能上通於古，亦猶古術之不能下通之今也。《元命苞》《乾鑿度》皆以爲開闢至獲麟二百七十六萬歲；及《命曆序》積獲麟至漢，起庚子蔀之二十三歲，竟己酉、戊子及丁卯蔀六十九歲，合爲二百七十五歲。漢元年歲在乙未，上至獲麟則歲在庚申。推此以上，上極開闢，則不在庚申。讖雖無文，其數現存。而光、晃以爲開闢至獲麟二百七十五萬九千八百八十六歲，獲麟至漢百六十三歲，轉差少一百一十四歲。云當滿足，則上違《乾鑿度》《元命苞》，中使獲麟不得在哀公十四年，下不及《命曆序》獲麟漢相去四蔀年數，與奏記譜注不相應。當今曆正月癸亥朔，光、晃以爲乙丑朔。乙丑之與癸亥，無題勒款識可與眾共別者，須以弦望晦朔光魄虧滿可得而見者，考其符驗。而光、晃曆以《考靈曜》二十八宿度數及冬至日所在，③與今史官甘、石舊文錯異，不

---

① "用"字原脱，據補編本《後漢書·律曆志》補。
② "劾"，原誤作"效"，據補編本《後漢書·律曆志》改。
③ "數"字原脱，據補編本《後漢書·律曆志》補。

可考校；以今渾天圖儀檢天文，①亦不合於《考靈曜》。光、晃誠能自依其術，更造望儀，以追天度，遠有驗於圖書，近有效於三光，可以易奪甘、石，窮服諸術者，②實宜用之。難問光、晃，但言圖讖，所言不服。元和二年二月甲寅制書曰：'朕聞古先聖王，先天而天不違，後天而奉天時。史官用太初鄧平術，冬至之日，日在斗二十二度，而曆以爲牽牛中星，先立春一日，則四分數之立春也，而以折獄斷大刑，於氣已迕，用望平和，蓋亦遠矣。今改行《四分》，以遵於堯，以順孔子奉天之文。'是始用《四分曆》庚申元之詔也。③ 深引《河》《洛》圖讖以爲符驗，非史官私意獨所興構。而光、晃以爲固意造妄說，④違反經文，謬之甚者。昔堯命羲和曆象日月星辰，舜叶時月正日，湯、武革命，治曆明時，可謂正矣，且猶遇水遭旱，⑤戒以'蠻夷猾夏，寇賊奸宄'⑥。而光、晃以爲陰陽不和，奸臣盜賊，皆元之咎，誠非其理。元和二年乃用庚申，至今九十二歲，而光、晃言秦所用代周之元，不知從秦來，漢三易元，不常庚申。光、晃區區信用所學，亦妄虛無造欺語之愆。至於改朔易元，往者壽王之術已課不效，亶誦之議不用，元和詔書文備義著，非群臣議者所能變也。"《南史》：陶弘景尤明陰陽五行、風角星算、帝代年曆，以算推知漢熹平三年丁丑冬至，加時在日中，而實以乙亥冬至，加時在夜半，凡差三十八刻，是漢曆後天二日十二刻也。

渾天圖説一卷　　陸績撰

渾天象説一卷　　王蕃撰

---

① "儀"字原脱，據補編本、《後漢書·律曆志》補。
② "服"字原脱，據補編本、《後漢書·律曆志》補。
③ "始"字原脱，據補編本、《後漢書·律曆志》補。
④ "造妄"二字原誤倒，據補編本、《後漢書·律曆志》乙正。
⑤ "且"字原脱，據補編本、《後漢書·律曆志》補。
⑥ "宄"，原誤作"冗"，據補編本、《後漢書·律曆志》改。

昕天論一卷　姚信撰

魏景初曆三卷

素書兩卷　趙達撰

達,河南人。少從漢侍中單甫受學,治九宮一算之術,究其微旨,有《素書》二卷,終不以示人。

乾象曆注　闞澤撰

渾輿經

劉惇書百餘篇

惇字正仁,三原人。避亂,客游廬陵,師事孫輔。尤精太乙,能演其妙。著書百餘篇,名儒刁玄稱以爲奇。

右曆象類。

補後漢書藝文志卷之十六

月令章句　景鸞撰
今月令
　　當時所頒月令之書也，鄭注《禮記》引。
四民月令
　　《隋志》：《四民月令》一卷，漢大尚書崔寔撰。《唐志》同。按：《唐志》"民"作"人"，避太宗諱。《養新録》：予初讀《隋書·經籍志》"《四人月令》一卷，漢大尚書崔寔撰"，疑其有誤。後讀洪氏《隸續》載《劉寬碑陰》有"大尚書河南張祗字子戒"，《祝睦碑》亦云"拜大尚書"。考東京官制，惟鴻臚、司農、長秋有"大"字，尚書六人分爲六曹，初無大尚書，及觀《祝睦後碑》，①但云"拜尚書、尚書僕射"，乃知大尚書者，以其長於諸曹，故加"大"以別之，蓋當時官曹有此稱，未著於令甲也。《困學紀聞》：崔寔《四民月令》，朱文公謂其見當時風俗及其治家整齊，即以嚴致敦本之意。《經義考》謂此書雖佚，而《齊民要術》《太平御覽》所引特多，尚可掇拾成書。
　　《齊民要術》引"正月，地氣上騰，土長冒橛，陳根可拔，可急菑强土黑壚之田。二月，陰凍畢澤，可菑美田。三月杏花盛，一作"勝"。可菑白沙輕土之田。"菑"，一作"播"。諺曰：'杏子開花，可耕白沙。'據《古今諺》補。五月、六月，可菑麥田""三月，昏參夕，杏花盛，桑椹赤，可種大豆，謂之上時。四月，時雨降，可種大小豆。種稻，美田欲稀，薄田欲稠""凡種大小麥，得白露

---
① 按，"亦云……祝睦後碑"原脱，據補編本、《十駕齋養新録》卷十補。

節可種。薄田秋分種，中田後十日種，美田惟穢，早晚無時。正月可蔺蕎麥，盡二月止”“家政法：正月可葅芋，二月可種芋。家政法：正月可種葵，中伏之後可種冬葵，八月可種乾葵，九月作葵葅、乾葵。正月可種瓜瓠，六月可蔺瓠，八月可斷瓠作蔺瓠。正月可種蓼、芥、虉、大小葱、蒜。七月、八月可種苜蓿，及雜蒜亦種，此三物不如秋。三月別小葱，六月別大葱，七月可種大小葱。布穀鳴，收小蒜。六月、七月可種小蒜，八月可種大蒜。正月掃除韭畦中枯葉，七月藏韭菁，八月收韭菁，作擣虀。六月大暑中可收芥子，七月、八月可種芥。六月可種冬藍。冬藍，木藍也。八月可染。榆莢落時，可種藍。五月可種藍。三月，清明節後十日，封生薑，至四月立夏，蠶大食，牙生，可種之。九月，藏茈薑、蘘荷。其歲若溫，皆待十月”“正月可作酢，五月五日亦可作酢。七月七日作麴”。

《太平御覽》引“正月，研凍釋，令童幼入學學篇章”“五月，距立秋，無食煮餅及水溲餅”“囊蟲並興，以灰藏氈裘”“八月清風戒寒，趣絹縑帛”“八月制韋履”“十月研凍，命童幼讀《孝經》《論語》”“十月，作白屐，不借。“不借”，據《藝文類聚》補。”“十月，洗冰凍，作煮錫，煮暴飴”“京師立秋，滿街賣楸葉，兒童皆剪花樣戴之，形製不一”“二月，可種胡麻，謂之上時也”“三月，可種苴麻。二月，可穮麻子”“正月，可種豍豆。二月，可種大豆”“柘，染黃色。黃、赤，人君所尊，黃者中尊，赤者南方，人君之所向也”“二月，榆莢成者收乾以爲旨蓄，色變白，將落，收以爲醬，謂之醬酟。據《白帖》補。早晚隨時，一作“隨節早晏”。勿失其適”“二月盡三月可采土瓜根”“三月三日及上除採柳絮，柳絮愈瘡。三月可采烏頭”“九月九日收枳實。十月收柏實。十二月東門磔白雞可以和藥”。

《本草注》引“屠蘇酒，元旦飲之，避疫癘一切不正之氣。造法：①用赤木桂七錢五分，防風一兩，拔葜五分，蜀椒、桔梗、大黃五錢七分，②烏頭二錢五分，赤小豆十四枚，以三角絳囊盛之，除夜縣井底，元旦取出置酒中，煎沸。舉家東向，從少至長，次第飲之。藥絳囊還投井中，飲此水，一世無病"。《文選注》引"四月，可糶穬"。

《初學記注》引"正月之朔，朔，亦作"旦"，亦作"日"。是謂正日。躬率妻孥，潔祀祖禰。及祀日，進酒降神畢，乃至室家尊卑，無大小，以次列於先祖之前，子婦曾孫各上椒酒於家長，稱觴舉壽，欣欣如也。椒是玉衡星，服之令人身輕能走。③ 柏是神仙之藥。進酒次第當從小起，以年少者起先""二月祠大社之日，薦韭卵於祖禰""初伏，薦麥瓜於祖禰""十月，上辛命典饋清麴，釀冬酒，④以供臘祀""三月，可種秔稻""十月農事畢。五月穀既登，家家儲蓄，乃順時令也""三月可采艾耳"。

《北堂書鈔》引"立春日食生菜不過多，取迎新之意而已。及進漿粥，以導和氣""四月，可作棗脯以待賓佐""冬至之日，薦黍餻。先薦玄冥及祖禰，並進酒肴及謁君師、耆老如正日"⑤"冬至先後五日，買白犬養之，以供祖禰""臘明日更新，謂之小歲，進酒尊長，修賀君師"。《種樹書》引"衛果法：正月盡二月，可剥樹枝。二月盡三月，可掩樹枝。自正月以終季夏，不可伐木，必生蝨蟲。或曰，以上旬伐之，雖春夏不蝨也，猶有剖析間解之害，又犯時令，非急不伐。十一月，斬竹伐木不

---

① "造"字原脱，據補編本、明萬曆三十一年刻本《本草綱目》（以下《本草綱目》皆據此本）卷二十五補。
② "五"，原誤作"一"，據補編本、《本草綱目》卷二十五改。
③ "能走"，原誤作"難老"，據《初學記》卷四改。
④ "釀"字原脱，據《初學記》卷四補。
⑤ 按，檢《北堂書鈔》未見此條，應爲《初學記》卷四所引。又"正日"原誤作"正月"，據《初學記》卷四改。

蛀。斫松：在下弦後，上弦前，永無白螲。他樹亦然"。《通典》引"孫叔敖作期思陂"。《白帖》引"七月七日合藍丸及蜀漆"。《天中記》引"五月五日取蠅虎，杵碎，拌豆，豆自踴躍，可以擊蠅，出淮南王《畢萬術》"。

《藝文類聚》引"七月七日，暴經書及衣冠裳，不蠹"據《白帖》補。"設酒脯"據《北堂書鈔》補。"時果，散香粉於筵上，祈請於河鼓織女，言此二星神當會，守夜者咸懷私願，或云見天漢中有奕奕白氣，如地河之波輝也，有光曜五采，以此爲徵應，見者便拜乞，三年乃得"《藝文類聚》引作《四民月令》，《初學記》引作《風土記》。案"烏鵲填河"已見《淮南子》，而《桂陽先賢讚》成武丁亦言"織女渡河，暫詣牽牛"，古樂府有"黃姑織女時相見"語，是牛女渡河東漢人習聞其説，此條或本出《四民月令》，《孝侯風土記》轉相援引，《初學記》故引屬《風土記》也。"二月可采朮""五月五日，取蟾蜍可合藥治惡疽瘡，取東行螻蛄治婦難產"。

《農政輯要》引"三月清明節，蠶妾理蠶室，除陳穴，具槌持籠，一槌可安十箔"。《女儀》引"近古女人常以冬至日獻履襪於舅姑，長至之義也"。《月令廣義》引"齊人呼寒食爲冷節。寒食以麵爲蒸餅，團棗謂之棗糕"。《古今諺》引"日沒臙脂紅，無雨也有風""東鱟晴，西鱟雨。雅浴風，鵲浴雨。贏牛劣馬寒食下。春寒四十五，貧兒市上舞。貧兒且莫誇，待過刺桐花。上火不落，下火滴沰。五月及澤，父子不相借。黃梅雨未過，冬青花未破。冬青花已開，黃梅雨又來。舶䑲風雲起，旱魃深歡喜。未雨先雷，船行步歸。夏至後不沒狗，但雨多濕欓馳。朝立秋，冷颼颼。夜立秋，熱到頭。河射角，堪夜作。犁星沒，水生骨""子欲富，黃金覆""麻黃種麥，麥黃種麻""貸我東蘠，償我白粱"。《農政全書》引"四月，蠶入簇，時雨降，可種黍，謂之上時。此句據《太平御覽》補。未夏至先後各二日，可種黍。蟲食李，黍貴也""正月、三月、四月、五月，時雨降，可種麻""正月，糞疇。疇，麻田也。案：蔡邕《月令章句》亦曰"麻田曰疇"。夏至先後五日，可種牡麻。牡麻青白無實，兩頭鋭而輕浮""四月，收蕪菁及芥，葶藶、冬葵子。六月中伏後，七日可種蕪菁，十月可收也"。《一切衆經音義》引"祖道神，黄帝之子，好遠游，死道路，故祀以爲道神，以求道路之福"。

月令章句　服虔撰

月令章句　蔡邕撰

《隋志》：十二卷十三篇。《中興書目》：今存一卷。近吴縣蔡耕雲刊有輯本。

明堂月令論　蔡邕撰

明堂者，天子太廟，所以禮其祖先以配上帝者也。夏后氏曰世室，殷人曰重屋，周人曰明堂。東曰青陽，南曰明堂，西曰總章，北曰玄堂，①中央曰太室。《易》曰："離也者，明也，南方之卦也。"聖人南面而聽天下，嚮明而治。人君之位，莫正於此焉。故雖有五名，而主以明堂。其正中皆曰太廟，謹承天順時之令，昭令德宗祀之禮，②明前功百辟之勞，起養老敬長之義，顯教幼誨穉之學。朝諸侯選造士於其中，以明制度。生者乘其能而至，③死者論其功而祭，故爲大教之宫，而四學具焉，官司備焉。譬如北辰，居其所而衆星共之，萬象翼翼。政教之所由生，變化之所由來，明一統也。故言明堂，事之大，義之深也。論其宗祀之貌，則曰清廟；取其正室之貌，則曰太廟；取其尊崇，則曰太室；取其向明，則曰明堂；取其四門之學，則曰太學；取其四面周水圓如璧，則曰辟雍：異名而同事，其實一也。《春秋》因魯取宋之奸賂，則顯之太廟，以明

---

① "堂"，原誤作"室"，據補編本、清光緒十四年刻《南菁書院叢書》本《明堂月令論》（以下《明堂月令論》皆據此本）改。
② "昭"，原誤作"招"，據補編本、《明堂月令論》改。
③ "而"下原衍一"死"字，據補編本、《明堂月令論》删。

聖王建清廟明堂之義。① 經曰：“取郜大鼎於宋，戊申，納於太廟。”傳曰：“非禮也。君人者，將昭德塞違，故昭令德以示子孫。是以清廟茅屋，昭其儉也。夫德儉而有度，升降有數。文物以紀之，聲明以發之，以臨照百官。於是乎戒懼而不敢易紀律”，所以明大教也。以周清廟論之，魯太廟皆明堂也。魯禘祀周公於太廟明堂，猶周宗祀文王於清廟明堂也。《禮記‧檀弓》曰：“王齋禘於清廟明堂也。”《孝經》曰：“宗祀文王於明堂。”《禮記‧明堂位》：“太廟，天子曰明堂。②”又曰：“成王幼，周公踐天子位以治天下。朝諸侯於明堂，制禮作樂，頒度量，而天下大服。成王以周公有大勳勞於天下，故魯公世世禘祀周公於太廟，以天子之禮，升歌清廟，下管象武，所以異魯於天下也。”取周清廟之歌歌於魯太廟，魯之太廟猶周之清廟也，皆所以昭文王、周公之德以示子孫也。《易傳‧太初》篇：天子旦入東學，晝入南學，暮入西學。太學在中央，天子之所自學也。《禮記‧保傅》篇：帝入東學，上親而貴仁；入西學，上賢而貴德；入南學，上齒而貴信；入北學，上貴而尊爵；入太學，承師而問道。與《易傳》同。魏文侯《孝經傳》：太學者，中學明堂之位也。《禮記‧古大明堂之禮》曰：“膳夫是相，禮日中出南闈，見九侯及問於相日側出西闈，視五國之事；日入出北闈，視帝節猷。”《爾雅》：“宮中之門謂之闈。③”王居明堂之禮，④又別陰陽門，東南稱門，西北稱闈，故《周官》有門闈之學。師氏教以三德守王門，保氏教以六藝守王闈。然則師氏居東門、南門，保氏居西門、北門也。知掌教國子，

---

① “王建”，原誤作“人”，據《明堂月令論》改。
② “曰”字原脫，據補編本、《明堂月令論》補。
③ “宮中之”三字原脫，據補編本、《明堂月令論》補。
④ “禮”，原誤作“位”，據補編本、《明堂月令論》補。

與《易》《保傅》、王居明堂之禮參相法明，爲四學焉。①《文王世子篇》："凡大合樂，則遂養老。天子至，乃命有司行事，興秩節，祭先聖、先師焉。始之養也，適東序，釋奠於先老，遂設三老五更之席位焉。教學始之於養老，由東方歲始也。又春夏學干戈，秋冬學羽籥，皆習於東序。凡祭與養老、乞言、合語之禮，皆小學正詔之東序。"又曰："大司成論説在東序。"然則詔學皆在東序。東序，東之堂也，學者詔焉，②故稱太學。③仲夏之月，令祀百辟卿士之有德於民者。《禮記太學志》曰："禮，士大夫學於聖人、善人，祭於明堂，④其無位者祭於太學，禮也。"《昭穆篇》"祀先賢於西學，所以教諸侯之德也"，即所以顯國禮之處也。太學，明堂之東序也，皆在明堂辟雍之内。《月令記》：明堂者，所以明天氣，統萬物。明堂上通於天，象日辰，故下十二宫象日辰也。水環四周，言王者動作法天地，德廣及四海，方此水也。《禮記・盛德》曰："明堂九室，以茅蓋屋，上圓下方，此水名曰辟雍。"《王制》曰："天子出征，反釋奠於學，以訊馘告。⑤"《樂記》："武王伐殷，薦俘馘於京太室。"《詩・魯頌》："矯矯虎臣，在泮獻馘。"京，鎬京也。太室，辟雍之中明堂太室。與諸臣泮宫俱獻馘焉，即《王制》所謂"以訊馘告"也。《禮記》曰："祀乎明堂，所以教諸侯之孝也。"《孝經》曰："孝弟之至，通乎神明，光於四海，無所不通。《詩》曰：'自西自東，自南自北，無思不服。'"言行孝者則曰明堂，言行弟者則曰太學，故《孝經》合爲一義，而稱鎬京之詩以明之。

---

① "四學"二字原誤倒，據補編本、《明堂月令論》乙正。
② "詔"，原誤作"聚"，據補編本、《明堂月令論》改。
③ "稱"下原衍一"詔"字，據補編本、《明堂月令論》删。
④ "祭"，原誤作"學"，據補編本、《明堂月令論》改。
⑤ "以"，原誤作"宫"，據補編本、《明堂月令論》改。

凡此皆明堂、太室、辟雍、太學事通文合之義也。其制度數各有所法。堂方百四十四尺,坤之策也。屋圜屋徑二百丈一十六尺,乾之策也。太廟明堂方三十六丈,①通天屋徑九丈,陰陽九六之變也。圜蓋方載,六九之道也。八闥以象八卦,九室以象九州,十二宮以應辰。三十六户七十二牖,以四户九牖乘九室之數也。② 户皆外設而不閉,示天下不藏也。通天屋高八十一尺,③黄鍾九九之實也。二十八柱列於四方,亦七宿之象也。堂高三丈,以應三統。四鄉五色者,象其五行。外廣二十四丈,應一歲二十四氣也。四周以水,象四海。王者之大禮也。《月令篇》曰:"因天時,制人事,天子發號施令,祀神受職,每月異禮,故謂之'月令'。"所以順陰陽、奉四時、效氣物、行王政也。成法具備,各從時日。藏之明堂,所以示承祖考神明,明不敢泄瀆之義。故以明堂冠月令。自天地定位,有其象。聖帝明君,世有紹襲,蓋以裁成大業,非一代之事也。《易》正月之卦曰"泰",其經曰:"王用享於帝,吉。"《孟春令》曰:"乃擇元日,祈穀於上帝。"《顓頊曆術》曰:"天元正月己巳朔日立春,日月俱起於泰,建宫室制度。"《月令》孟春之月,日在營室。《堯典》曰:"乃命羲和,欽若昊天,曆象日月星辰,敬授人時"。《月令》曰:"乃命太史,守典奉法,④司天日月星辰之行。"《易》曰:"不利爲寇,利禦寇。"《月令》曰:"兵戎不起,不可從我始。"《書》曰:"歲二月,同律度量衡。"《中春令》:"日夜分,則同度量鈞衡石"。凡此合於太曆唐政,其類不可盡稱。《戴記·夏小正傳》曰:"陰陽生物之後,王事之

---

① "六"字原脱,據補編本、《明堂月令論》補。
② "乘",原誤作"象",據補編本、《明堂月令論》改。
③ "一"字原脱,據補編本、《明堂月令論》補。
④ "守典"二字原誤倒,據補編本、《明堂月令論》乙正。

次,則夏之月令也。"殷人無文,及周而備。文義所説,傳衍深遠,宜周公之所著也。官號職司,與《周官》合。《周書》七十二篇,而《月令》第五十三。古者諸侯朝正於天子,受《月令》以歸,而藏諸廟中,天子藏之於明堂,每月告朔朝廟,出而行之。周室既衰,諸侯朝怠於禮。魯文公不告朔而朝,仲尼譏之。經曰:"閏月不告朔,猶朝於廟。"舍太廟而朝小儀也。自是告朔遂缺,而徒用其羊。子貢非廢其令而請去之,仲尼曰:"賜也,爾愛其羊,我愛其禮。"庶明王復興,君人者昭而明之,稽而用之。耳無逆聽,令無逆政,所以臻於大順,陰陽和,年穀豐,太平洽,符瑞由是而至矣。秦相吕不韋取月令爲紀號,淮南王安亦取以爲第四篇,改名"時則",故偏見之徒或云《月令》不韋作,或云淮南,皆非也。

月令問答　蔡邕撰

問者曰:"子何爲著《月令説》也?"曰:"幼讀《記》,以爲《月令》體大經同,不宜與《記》書雜録並行。而《記》家記之,又略及前儒特爲章句者,皆用其意傳,非其本旨。又不知《月令》徵驗,布在諸經。《周官》《左傳》實與《禮記》通,他議横生,紛紛久矣。光和三年,余被謗章,罹重罪,徙朔方。內有獵狁敵衝之釁,外有寇虜鋒鏑之艱,危險凜凜,死亡無日。過被學者聞,家就而考之,亦自有所覺悟,庶幾頗得事情,而迄未有注記著於文字也。懼顛蹶隕墜,無以示後,同於朽腐。竊誠思之,《書》有陰陽升降,天文曆數,事物制度,可假以爲本,敦辭託説,審求曆數,其要者莫大乎《月令》。故遂於憂怖之中,晝夜密勿,昧死成之。旁貫五經,參互群書,及國家律令制度,遂定曆數,盡天地三光之情。辭繁多而曼衍,非所謂理約而達也。道長日短,危殆兢業,取其心盡而已,故不能復加删省,蓋所以探賾辨物,庶幾多識前言往行之流。苟便學者以爲可覽,①則余死而不朽也。"問曰:"子説《月令》多類《周官》《左傳》,假無《周官》《左傳》,《月令》爲無説乎?"曰:"夫根柢植則枝葉必相從也。《月令》與《周官》並爲時王政令之記,異文而同體。官各有職,皆《周官》解,《月令》甲子,沈子所謂似《春秋》也。若夫太皥、蓐收、句芒、祝融之屬,《左傳》造義立説,生名者同,是以用之。"問者曰:"既用古文於曆數,乃不用《三統》用《四分》,何也?"曰:"《月令》所用,參諸曆象,非一家之事。傳之於世,不曉學者,宜以當時所施行夫密近者。《三統》已疏闊廢弛,故不用也。"問曰:"既不用《三統》,以驚蟄爲孟春之中,雨水爲二月節,皆《三統》法也,獨用之何?"故曰:"《孟春月令》曰'蟄蟲始振',在正月也。中春'始雨水',則雨水二月節也。以其應時,故用之。"問曰:"曆云'小暑,季夏節也',而今文見於五月,何也?"曰:"今不以曆節言,據時始暑而記也。② 曆於大雪、小雪、大寒、小寒皆去十五日,然則小暑當去十五日,③不得及四十五日。④ 不以節言,據時暑也。"問者曰:"《中春令》不用犧牲,以圭璧更皮幣。不用犧牲,何也?"曰:"是月獻羔,以太牢祀高禖。宗廟之祭以中月,安得用犧牲?祈者何求之祭也?著《令》豫設水旱疫癘當禱祈,用犧牲者,是用之助生養,《傳》祈以幣代犧,《章句》因於高禖之事,⑤乃造説曰:'更者刻木代牲,如廟有祧更。'此説自欺極矣!經典傳記無刻木代牲之説,蓋書有轉誤,'三豕渡河'之類也。"問者曰:"《中冬》'閽尹申宮令,謹門閭',今曰'門闌',

---

① "便"字原脱,據補編本、清光緒十四年刻《南菁書院叢書》本《月令問答》(以下《月令問答》皆據此本)補。
② "記",原誤作"作",據補編本、《月令問答》改。
③ "然則小暑當去十五日"九字原脱,據補編本、《月令問答》補。
④ "四十"二字原誤倒,據補編本、《月令問答》乙正。
⑤ "禖",原誤作"媒",據補編本、《月令問答》改。

何也?"曰:"閽尹者,内官也,主宫室,出入宫中。宫中之闌,閽尹之職也。閭里門非閽尹所掌,知當作'闌'也。"問者曰:"令曰'七騶咸駕',今曰'六騶',何也?"曰:"本官職者,莫正於《周官》,《周官》天子'馬六種',種別有騶,故知六騶。《左氏傳》'晉程鄭爲乘馬御,六騶屬焉',無言七者,知當爲'六'也。"問者曰:"今以中秋築城郭,於經傳爲非其時。《詩》曰:"定之方中,作於楚宫。"定,營室也。九月、十月之交,西南方中。故傳曰"水昏正而栽"。水即營室也。① 昏正者,昏中也。② 栽,築者栽木而始築也。今文在前月,不合於經傳也。"問者曰:"子説三儺,③俱以日行爲本。《古論》《周官》《禮記》説以爲但逐惡而已。獨安所取之?"曰:"取之於《月令》而已。四時通等而夏無儺文,由日行也。春行少陰,秋行少陽,冬行太陰,陰陽背使不於其類。故冬春儺以助陽,秋儺以達陰,至夏節太陽行太陰,自得其類,無所扶助,獨不儺取之於是也。"問者曰:"令每一時轉三旬,以應三月政。春行夏令則雨水不時,謂孟夏也;草木蚤枯,中夏也;國乃有恐,季夏也。今總合爲一事,不分别施之於三月,何也?"曰:"説者見其三旬,不得傳注而爲之説,有所滯礙,不得通矣。孟秋反令行冬令,則草蚤枯,後乃大水,敗其城郭,即分爲三節。後乃大水,在誰後也? 城郭爲獨自壞,非水所爲也? 季冬曰行春令,則胎夭多傷,民多蠱疾,命之曰逆。即分爲三事。行季冬,爲不感災異,命之曰逆,知不得斷絶,每應一月也。④ 今之所述,略舉其尤者也。"問:"春食麥羊、夏食菽雞、秋食麻犬、冬食黍豕之

---

① "水",原誤作"築",據《月令問答》改。
② "昏正者昏中也"六字原脱,據補編本、《月令問答》補。
③ "三",原誤作"二",據《月令問答》改。
④ "每應一月",原誤作"分曆一日",據《月令問答》改。

屬，但以爲時味之宜，不合於五行。《月令》服食器用之制，皆順五行者。説所食獨不用五行，不已略乎？"曰："蓋亦思之矣。凡十二辰之屬，五時所食者，必家人所畜，丑牛、未羊、戌犬、酉雞、亥豕而已，其餘龍虎以下非食也。春木王，木勝土，土王四季。四季之禽，牛屬季夏，犬屬季秋，故未羊可以爲春食也。夏火王，火勝金，故酉雞可以爲夏食也。季夏土王，土勝水，故食豕而食牛。土，五行之尊者；牛，五畜之大者。四時之牲，無足以配土德者，故以牛爲季夏食也。秋金王，金勝木，寅虎非可食，犬豕而無角，故以犬爲秋食也。冬水王，水勝火，當食馬。而禮不以馬爲牲，故以其類而食豕也。然則麥爲木，菽爲金，麻爲火，黍爲水，各配其精以食也。雖有此説，而米鹽精碎，不合於《易》卦所爲之禽，及《洪範傳》五事之畜，似近卜筮之術，故予略之，不以爲章句。聊以應問，見有此説而已。"問者曰："'三老五更'，子獨曰'五叟'；《周禮》曰'八十一御妻'，今曰'御妾'，何也？"曰："字誤也。叟，長老之稱，其字與'更'相似，書者轉誤，遂以爲'更'。'嫂'字'女'旁，'瘦'字從'叟'，今皆以爲'更'矣。立字法不以形聲，何得爲字？以'嫂''瘦'推之，知是'更'爲'叟'也。妻也者，齊也。惟一適人稱妻，其餘皆妾。位最下，是不得言妻也。"

四時食制　曹操撰

《初學記》引"鱣魚大如五斗奩，長丈，口在頷下，常以三月中從河上，常於孟津捕之，黃肥，惟以作鮓，淮水亦有"。《本草注》引"郫縣子魚，黃鱗赤尾，出稻田，可以爲醬""鱤，一名黃魚，大數百斤，骨軟可食，出江陽犍爲""東海有大魚如山，長五六里，謂之鯨鯢。次有如屋者。時死岸上，膏流九頃。其髮一丈，廣三尺，厚六寸，瞳子如三升盌，大骨可爲方臼""海中魚，皮生毛，可以飾物，出揚州""望魚側如刀，可以刈草，出豫章明都澤，一名淦澤"。《北户録》引"蕭折魚，海之乾魚也""鰐，肺魚，黑色，大如百斤豬，黃肥不可食。數枚相隨，一浮一沈。一名敷，常見首。出淮及五湖""蕃蹫魚，如鼇，大如箕，其甲上有髯，無頭，口在腹下，尾長數尺，有節，有毒，螫人""髮魚，帶髮如婦人，白肥無鱗，出滇池"。《太平御覽》引"蒲魚，其鱗如粥，出郫縣""疏齒魚，味如豬肉，出東海""斑魚，頭中有石如珠，出北海"。《廣博物志》引作"魏武食品"。"蠹薺子如彈丸"。

右時令類。

補後漢書藝文志卷之十七

南陽風俗傳

《隋志》：光武始詔南陽作《風俗傳》，故沛、魯國有耆舊節士之序，廬江有名德先賢之傳。郡國之書由是而作。

輿地圖

隗囂據隴右，馬援說其將楊廣曰："前披《輿地圖》，見天下郡國百有六所。"光武至廣阿舍城樓，披《輿地》，指示鄧禹。吳漢上書請封皇子，竇融、鄧禹議上大司空《輿地圖》。《東觀漢記・明帝紀》：皇子之封皆減舊制，嘗按《輿地圖》，指謂皇后曰："我子之封，豈宜與先帝等？"肅宗建初中，按《輿地》，令諸國户口皆等租入。《續漢書》：辛臣爲田戎作地圖，圖彭寵、張步、董憲、公孫述所分郡國，云雒陽所得如掌耳。《周官・大司徒》注：土地之圖，若今司空郡國輿地圖。《疏》按：蕭何收秦圖籍，以知天下阨塞廣遠，至後漢，乃有司空郡國輿地圖。輿者，車輿，其形平曲，地形不可正方，故云《輿地圖》也。《史記正義》：天爲蓋，地爲輿，故云《輿地圖》。

《史記・文帝紀》注引"《長安圖》細柳倉在渭北"。《漢書・武帝紀》注引"浮沮，井名，在匈奴中，去九原二千里"。《後漢書・郡國志》注引《關中圖》"縣南有新豐縣"。潘岳《關中記》引《長安圖》"漢七里渠有飲馬橋"。《後漢書・東夷傳》注引《外國圖》，《南蠻夷傳》注引《荊州圖副》。《文選・西征賦》注引《雍州圖》，《思玄賦》注引《四海圖》。《文選・游仙詩》注引《外國圖》。

匈奴地圖

建武二十一年,左奧鞬日逐王,比密遣漢人郭衡奉匈奴地圖,詣河西太守求內附。

哀牢傳　楊終撰

《論衡》:終字子山,爲郡掾上計吏,見三府掾史爲《哀牢傳》不能成,歸作上,孝明奇之,名在蘭臺。九隆代代相傳,名號不可得而數,至於禁高,乃可知。禁高死,子吸代;吸死,子建非代;建非死,子哀牢代;哀牢死,子桑藕代;桑藕死,子柳承代;柳承死,子柳發代;柳發死,子扈粟代。

三品條式簿　秦彭撰

彭字伯平,扶風茂陵人。官至潁川太守。彭分土地肥瘠,差爲三品,各立文簿。上言宜令天下齊同其制。詔以所立條式頒三府,並下州縣。

幽州山川屯田聚落百餘卷①　李恂撰

恂字叔英,官至武威太守。

西域記　班勇撰

勇,超次子。《後漢書·西域傳》:諸國風土人俗皆已詳備前書,今撰建武以後其事異於前者,以爲《西域傳》,皆安帝末班勇所記也。

漢宮殿簿三卷
雒陽宮殿簿三卷

焦竑《經籍志》不著撰人名氏。

陳留耆舊傳　袁湯撰

湯字仲河。袁宏《紀》:湯初爲陳留太守,襃善叙惡,以勵風俗。嘗曰:"不值仲尼,夷、齊西山餓夫,柳下東國黜臣,致聲

---

① "川"字原脱,據補編本補。

名不泯者,篇籍浸然也。"乃使户曹追録舊聞,以爲《耆舊傳》。

陳留耆舊傳　圈稱撰

《隋志》:漢議郎圈稱《陳留耆舊傳》二卷。按:稱字幼舉,陳留人。見《廣韻注》。《史記注》引"酈食其,圈高陽鄉人"。《後漢書·吳祐傳》注引"祐長子鳳,字君雅。鳳子馮,字子高。太守冷宏召補文學,宏見異之,擢舉孝廉"。《初學記》引"范丹學通三經,常自賃灌園"。《北堂書鈔》引"雒陽令董宣死,詔使視之,有敝輿一乘,白馬一匹。帝曰:'董宣之死,清乃知之。'""戴斌爲郡主簿,送故將喪歸鄉里蠱吾,里人拒之,孝子臣吏脱絰叩頭,終不見聽。斌乃投絰放縗,操手劍,瞋目厲聲,距踊而前曰:'哭不哀者,郎君也。喪車不前者,戴斌也。'里人服其義,乃納之""李充在鄧將軍坐,鄧設炙肉,充挾以箸以噉,炙冷,復温之,及温而後食""劉昆爲江陵令,民有火災,向火叩頭,即沛然下雨,反風滅火。詔問:'反風滅火,虎北渡河,何以致此?'昆曰:'偶然耳。'帝曰:'長者之言。'""虞延爲雒陽令,治皇后外戚家。虞先爲令,每一年伏臘,輒遣囚歸,應期而還。高眘,一作"慎"。字孝甫,父不仕,王莽世,爲淮陽太守所害,以節烈垂名。眘敦厚,少文華,有深沈之量。撫育兄孤子五人,恩義甚篤。瑯邪相何英嘉其行履,以女妻之。英即車騎將軍熙之父也。眘口不能劇談,而好深沈之謀,爲從事號曰'卧虎',故人謂之'嶷然不語,名高孝甫'。眘歷二縣令、東萊太守。老病歸,草屋蓬户,甕瓨無儲。其妻謂之曰:'君素經宰守,積有歲年,何能不少爲儲畜以遺子孫乎?'眘曰:'我以勤身清名爲之基,以二千石遺之,不亦可乎?'子式至孝,盡力供養。永初中,蝗螟爲害,獨不食式麥。圉令周强以表州郡。太守王舜舉式孝子,讓不行。後舉孝廉爲郎。式子昌、次子紹、紹弟賜,並爲刺史、郡守。式子宏,孝廉。宏生靖""褚禧爲兼督郵書史,與太守以下皆稱史"。《太平御覽》引"圉人魏尚,高帝時爲太史,有罪繫詔獄。有萬頭雀集棘樹上,拊翼而鳴,占曰:'夫棘樹者,中心赤,外有刺,象我有理有赤,心之至誠。雀,爵命之祥,其鳴即復也,我其復故官也。'有頃,詔還故官""董宣爲北海太守,大姓公孫舟造起大宅。卜工占之云:'宅成,當出一喪。'使子取行人殺之,以塞咎。宣收舟,考殺之""楊仁,字文義。明帝引見,問當代政治之事。仁對,上大奇之,拜侍御史。明帝崩,是時諸馬貴戚,各爭入宮,仁披甲持戟遮敕宮門不得令入。章帝既立,諸馬貴戚更譖仁刻峻,於是上善之""梁桓牧爲郡功曹,與郎君共歸鄉里,爲赤眉賊所得。賊將啖之,牧求先死,賊長義而釋之,送蘩露實一斛"—引作"送薯豆一斛"。"爰珍,字伯仁。年十歲,叔父蘭部濟陰從事,與御卒俱獵縣。送酒肉,珍不肯嘗。問其故,答曰:'聞之於諸侯,不臨其事,不食其食。'蘭然其言,還而不受。貞潔之行,由是以彰也。爰珍除六令,吏人訟息,教誨其子弟,歌之曰:'我有田疇,爰父殖置。我有子弟,爰父教誨。'""吳祐爲膠東相嗇夫,孫性盜富民錢五百,爲父市單衣。父恐,以單衣詣門自謝,以單衣遣其父""祐處同僚,無私書之問,上司無餞檄之敬,在膠東,書不入京師也""安丘男子毋丘長,其母到市,遇醉客罵母。長怒,殺之,爲吏所得,繫獄。祐問知無子,令妻入,遂有娠。臨刑,嚙指斷,吞之。謂妻曰:'若生男,名曰吳生,云我臨死吞子爲誓,屬子報吳君。'""王業,字子香,爲荆州刺史,有德政。卒於枝江,《北堂書鈔》引作"湘江"。有三白虎宿衛其側。及喪去,踰州境忽然不見。民爲立碑,號曰'枝江白虎'""仇覽年四十爲蒲亭長。有陳元者,母告子不孝。覽爲陳慈孝之道,卒成孝子,時考城令河內王渙政尚嚴猛,聞覽以德化人,署爲主簿。謂覽曰:'聞陳元之過,不罪而化之,得毋少鷹鸇之志耶!"《藝文類聚》引"李充喪父,冢側夜有盜斫充柏樹者,充手刃之"。

陳留風俗傳　　圈稱撰

《史記》注引"酈食其,高陽鄉人"。《漢書·地理志》注引"襄邑,縣西三十里有承筐城""高陽亭在雍丘西南"。《後漢書·虞延傳》注引"因作園陵、寢殿、司馬門、鐘簴、衛守者。小黄有祭器籩豆鼎俎之屬十四種,廟基尚存焉",《郡國志》注引"襄邑,宋地,本承筐襄陵鄉也。宋襄公所葬,故曰襄陵。秦始皇以承筐卑溼,故徙縣於襄陵,謂之襄邑""陳留外黄縣有莘昌亭,本梁地莘氏邑也""平丘,衛靈公邑""菑縣有斜亭""圉,舊陳地,苦楚之難,修干戈於境,以虞其患,故曰'圉'"。《文選·王仲宣誄》注引"浚儀,魏之都也"。《水經注》引"小黄縣南有渠水,於春秋爲宋之曲棘里,故宋之別都矣""浚儀縣北有浚水,象而儀之,故曰'浚儀'""浚儀,周時梁伯所居國都。多池沼,池中時出神鉤,到今其民象而作之,號曰'大梁氏鉤'焉""浚儀縣有倉頡廟、師曠城,上有列仙之吹臺,北有牧澤,中出蘭蒲,土多俊髦,今帶牧澤,方一十五里,俗謂之'蒲蘭澤'""外黄縣有大齊亭、科槀亭、利望亭,故成安也""尉氏縣,鄭國之東鄙弊獄官名也,鄭大夫尉氏之邑,故欒盈曰'盈歸死於尉氏'也。尉氏縣有少世亭,俗謂之少城也""昔天子建國名都,或以姓名,或以山林,故豫章以樹氏都,酸棗以棘名都。尉氏章樹鄉生酸棗,此句據《太平御覽》補。故曰'酸棗'也""陳留尉氏安平鄉,故富平縣也""己吾縣,故宋也,雜以陳楚之地,故梁國寧陵之徙種龍鄉,今其都印文以種龍。此句據《初學記》補。成哀之世,户至八九千,冠帶之徒求爲縣矣。永元十一年,陳王削地,以大棘鄉自隱隸之,命以嘉名,曰'己吾',猶有陳楚之俗焉。出鳴雞"末句據《文選·宋孝武宣貴妃誄》注補。"考城縣，秦之穀縣也。後遭漢兵起，邑多菑年，故改曰'菑縣'。王莽更名'嘉穀'。漢章帝東巡過縣，詔曰：'陳留菑縣，其名不善。高祖鄗柏人之邑，世宗聞喜而顯獲嘉應，享元符，嘉皇靈之顧，賜越有光烈考武王，其改菑縣爲考城縣。'""陳留縣裘氏鄉有澹臺子羽冢，又有子羽祠，祈禱焉""陳留縣有餠鄉亭""陸樹鄉，故平陸縣也""扶溝縣小扶亭有洧水之溝，因以名縣。有帛鄉帛亭，名在七鄉十二亭中""大棘鄉，故安平縣也。土人敦悫，易以統御""濟陽縣，故宋地也""長垣縣，故衛地。縣有防垣，故縣氏之。長垣縣有羅亭，故長羅縣也。又西北有砦樓，有蘧鄉，一名新鄉，有蘧亭伯玉祠、伯玉冢"。《北堂書鈔》引"雍丘縣有五陵之丘，因以氏縣"。《廣韻注》引"張、王、李、趙，黃帝賜姓也""虔氏祖於黃帝""資氏，黃帝之後""浚儀有寇氏，黃帝之後""舜陶甄河濱，其後爲氏，出中山、河南二望""秦之先曰伯翳，佐舜馴擾鳥獸，錫姓曰嬴氏。其後分封，以國爲姓，有徐氏、郯氏、黃氏、江氏""侯氏，侯爵。周微，官失其守，故以侯爵爲氏""暢氏出齊""楊氏出齊""邊氏祖於宋平公""畢公封於新垣，後因氏焉。魏將新垣衍改爲梁垣氏""酈氏居於高陽。沛公攻陳留縣，酈食其有功，封高陽侯。有酈峻，字子山，官至公府掾。有大將軍商，有功食邑於涿""圈氏本氏於其國，陳留太守琅邪徐焉改圈姓卷，字異音同"。《太平御覽》引"宋之地猶有先王遺風，重厚多仁，好稼穡，惡衣食，以致蓄藏""周成王戲其弟桐葉之封，周公曰：'君無戲言。'遂封之於唐，常慎其德。《詩》曰'媚茲一人，唐侯慎德'是也"案：所據當是《三家詩》。"高祖與項氏戰於延鄉，有翟氏母者免其難，故以延鄉爲封丘縣，以封翟母焉""小黃縣者，宋地，故陽武東黃鄉也，因黃水以名縣。沛公起兵野戰，喪皇妣於黃鄉。天下平定，乃使使者梓棺招魂幽野。於是丹蛇在水,①自灑濯,入梓棺。其浴處有遺髮,故謚曰'昭靈夫人'"此下當接《後漢書‧虞延傳》注引。"昭帝時,蒙人焦貢爲小黃令,休囚於家,路不拾遺,囹圄空虛。詔還賢良,百姓揮涕守闕,求復還。天子聽,增貢之秩千石。貢之風化猶存,其民好學多貧,此其風也""襄邑縣南有渙水,北有睢水,傳曰'睢渙之間出文章',故有黼黻藻錦。日月華蟲,以奉天子御服焉""東昏縣者,縣故地故陽武之户牖鄉也,漢相陳平家焉,今民祀其社""桓烈,字惠伯,爲侍御史。王莽之初,遁入山林。世祖即位,就其家,食以二千石禄,以旌其德"②"八月雨爲豆花雨"。《藝文類聚》引"雍丘縣有祠,名夏公祠,神井能致雲霧,一作"雹"。古來享祀"。《職官要録》引"圈公宣明爲秦博士,與角里先生、綺里季、夏黃公辟地於終南山,漢祖徵之,不至,就惠太子。太子即位,以圈公爲司徒。至稱十一世"。末句據《五總志》補。

廣陵圖經　王逸撰

《文選‧蕪城賦》注引"郡城吳王濞所築"。

漢中耆舊傳　祝龜撰

《華陽國志》:龜字元靈,漢中人。

巴蜀耆舊傳　陳術撰

《華陽國志》:術字申伯,失其行事。

巴蜀耆舊傳　鄭廑撰

《華陽國志》:廑字伯邑,蜀郡人。

巴蜀耆舊傳　趙峻撰

《華陽國志》:峻字彦信,蜀郡人。

---

① "丹",原誤作"井",據《太平御覽》卷一百五十八改。
② 按,此條旁有朱筆批注:"此條該入《耆舊傳》"。

巴蜀耆舊傳　王文表撰

《華陽國志》：王商，字文表，廣漢人。以上皆以博學洽聞，作《巴蜀耆舊傳》。

蜀郡鄉俗記　趙寧撰

《華陽國志》：太守高朕亦播文教，太尉趙公初爲九卿，適子寧還鄉，朕命爲文學，撰《鄉俗記》。

關輔古語　楊震撰

《三輔黃圖》：甘泉谷北岸有槐樹，今謂玉樹，根幹槃峙，三二百年木也。引《關輔古語》"耆老相傳，咸謂此樹即揚雄《甘泉賦》所謂'玉樹青葱者'也。"《天中記》引"長安民俗謂鳳凰闕爲貞女樓"。

兗州山陽先賢傳一卷　仲長統撰

統字公理，山陽人。

冀州風土記　盧植撰

《太平御覽》引"冀州，天地之泉藪，帝王之舊邑"。

三輔決錄　趙岐撰

《隋志》：《決錄》七卷。趙岐撰，摯虞注。案：《隋志》雜傳始於決錄。《唐志》雜傳記類作"十卷"。嚴象，字文則，京兆人。少聰博，有膽術，以督軍御史中丞討袁術。會袁病卒，因以爲揚州刺史。建安五年，爲孫策將廬江太守李術所殺，時年二十八。象同郡趙岐作《三輔決錄》，恐時人不能盡其意，故隱其書，惟以示象。

《序》：三輔本雍州地，世世徙公卿吏二千石及高貲者以陪諸陵。五方雜會，非一國之風，但係於《詩·秦》《豳》也。其爲士好高尚義，貴於名行，其俗失則趨勢進權，惟利是視。予生於西土，嘗以玄冬黃髮之士，姓玄名明，字子真，與予寤言，言必有中。善惡之間，無所依違，命操筆者書之。近從建武，暨於斯，今其人既亡，行乃可書，玉石朱紫，由此定矣。京，大也。天子曰兆民。馮，大也。翊，明也。扶風，化也。《後漢書注》。鄗在鄠水東，鄠在鎬水西，相去二十五里。同上。辟雍，水四周於外，象四海也。《藝文類聚》。長安城面三門，四面十二門，皆通達九逵經緯，衢路平正，可並列車軌。十二門相向，三途洞闢，隱以金椎，周以林木，左右出入，爲往來之徑，行者升降，有上下之別。《天中記》。竇后父名倚，遭秦亂，隱居釣魚，墜淵而卒。后登尊號，遣使者填父所墜淵，築起大墳於縣城南，民號曰"竇氏青山"。《北堂書鈔》引。末句據《後漢書注》補。原注：竇建，字長君。《後漢書世家》注引。① 武帝時，後宮八區，有昭陽、飛翔、增成、合歡、蘭林、披香、鳳皇、鴛鴦等殿，後有增修安處、常寧、蒞香、椒風、發越、蕙草等殿。《廣博物志》。昆明池中有神池，通白鹿泉。人釣得魚，絕綸而去，通夢於漢武帝，求去鉤。明日戲於池，見大魚銜索，帝曰："豈夢所見也？"取而放之。後三日，池邊得明珠一雙，帝曰："豈魚之報耶？"《藝文類聚》。汝南何比干，字少卿，爲汝陰縣吏決曹掾，平活數千人。後爲丹陽都尉，獄無冤囚，淮汝號曰"何公"。案漢武帝丞相公孫弘舉爲廷尉平。征和三年三月辛亥，天大陰雨。比干在家，日中夢貴客車騎滿門，覺以語妻。語未已，而門有老嫗可八十餘，頭白，求寄避雨，雨甚而衣履不沾漬。雨止，送出門，乃謂比干曰："公有陰德，今天錫君策，以廣公之子孫。"因出懷中符策，狀如簡，長九寸，凡百九十九枚，以授比干，曰："子孫佩印綬者，當隨此算。"嫗東行，忽不見。自比干以下，與張氏俱授靈瑞，累世爲名族，三輔舊語曰"何氏策，張氏鉤"也。《廣博物志》引。原注：張氏得鉤，何氏得算，故三輔舊語"何氏算，張氏鉤。何氏肥，張氏瘦"，言何氏有肥人輒貴，瘦人輒賤；張氏瘦者輒貴，肥者輒賤，故二族以鉤算知吉

---

① 按，"原注……注引"爲朱筆批注。

凶，以肥瘦爲貴賤。《後漢書注》引。張氏先爲京兆都功曹，晨時早起，忽有鳩從天飛下。張氏謂曰："鳩來，爲我禍耶止承塵，爲我福耶入我懷。"鳩乃投入張氏懷中，探之，得一銅鉤，官至趙郡太守。後失鉤，官亦絕矣。《白帖》。金日磾，字翁叔，封秺侯，有忠勤之節，七葉侍中。《水經注》。淮陽憲王，宣帝愛子，器異其才，欲以爲嗣王。恃寵自驕，天子乃用韋玄成爲中尉，以輔導之。受詔與蕭望之等論五經於石渠閣。《藝文類聚》。卓茂，字元康，元帝時游學長安，以儒行爲給事黃門郎。《太平御覽》。嚴君平，名尊。《漢書音義》。蔣翊，字元卿，爲兗州刺史，以廉直爲名。王莽居攝，以病免官，歸鄉里。舍中三徑，蓬蒿不剪，荊棘塞門，惟羊仲、裘仲從之游。二人不知何許人，皆治車爲業，挫廉逃名，時人謂之二仲。《藝文類聚》。王邑爲弟奇求蔣翊女，盛服送之，翊辭不受。但衣青布，曰："受父命不敢違。"邑乃嘆曰："所以與賢者婚，欲爲此也。"同上。馬援《誡兄子書》："龐伯高敦篤周慎，口無擇言。吾愛之重之，願汝曹效之。"世祖見援書，即擢爲零陵太守。在郡四年，甚有治化。《太平御覽》。丁邯，字叔春，京兆陽陵人也。有高節，正直不撓，舉孝廉爲郎。以令史久缺，次補之。世祖改用孝廉爲郎，選邯補。邯稱疾不就職。詔問："實病乎？羞爲郎乎？"對曰："臣實不病，恥以孝廉爲令史職。"世祖怒，使虎賁滅頭杖之數十。問："欲爲郎否？"邯曰："能殺臣者，陛下也。不能爲郎者，臣也。"詔出，不用爲郎。《北堂書鈔》。拜汾陰令，治有名迹，遷漢中太守，妻弟爲公孫述將，收妻送南鄭獄，免官徒跣自陳。詔曰："漢中太守妻乃繫南鄭獄，誰當搔其背垢者？縣牛頭，賣馬脯。盜跖行，孔子語。以邯服罪。且邯一妻，冠履勿謝。"治有異，卒於官。《續漢書注》。平陵之王惠孟，鏘二激昂，囂、述困於東平。《後漢書注》。辛繕，字公文，少治《春秋》《詩》《易》。隱居弘農，弟子受業者六百餘人。所居旁有白鹿，甚馴，不畏人。《藝文類聚》引。原注：辛繕隱居華陰，光武徵，不至。有大鳥高五尺，雞頭、燕領、蛇頸、魚尾，五色備舉而多青，栖繕槐樹，旬時不去。弘農太守以聞，詔問百僚，咸以爲鳳。太史令蔡衡對曰："凡象鳳者有五：多赤者鳳，①多青者鸞，多黃者鵷鶵，多紫者鸑鷟，多白者鵠，今此鳥多青，乃鸞非鳳也。"上善其言，王公聞之，咸遜位避席不遑。張仲蔚，平陵人，與同郡魏景卿俱隱身不仕。明天官博學，好爲詩賦。所居蓬蒿没人，惟開三徑，閉門養性，不治榮名。時人莫識，惟劉龔知之。《北堂書鈔》。按：龔向曾孫。井丹，字大春，少通五經，善談論，京師爲之語曰："五經紛論井大春。"同上。井丹舉室疾疫，梁松自將醫藥治丹。同上。馮豹，字仲文，母爲父所出，後母遇之甚酷，豹事之甚謹，時人爲之語曰："道德彬彬馮仲文。"同上。長安劉氏，惟有孟公，論可觀者。一作"談者取則"。班叔皮與京兆丞郭季通書："劉孟公藏器於身，用心固篤，實瑚璉之器、宗廟之寶也。"班固亦言："孟公，篤論士也。"《後漢書注》。周季貞，班固姊之子也，善屬文。喪婦，作《問神》，其姨曹大家難之。《太平御覽》。齊相子穀，頗隨時俗。《文選音義》。馬后志在克己輔上，不以私家干朝廷。兄爲虎賁中郎將，弟爲黃門郎，迄永平世不遷。《太平御覽》。茂陵郭伋爲潁川太守，化如時雨。《文選·齊故安陸昭王碑》注。韋彪與上黨太守公孫伯達、河陽長魏仲達同時齊名，世號三達。《群輔錄》引。案：右扶風平陵孟達，名彪，丞相賢五世孫，明帝時人，見《後漢書》。梁鴻東出關，過京師，作《五噫之歌》，曰："陟彼北芒兮，噫！顧瞻帝京兮，噫！宮闕崔巍兮，噫！遼遼未央兮，噫！民之劬勞兮，噫！"肅宗聞而悲之，"悲"一作"非"。求鴻不得。《北堂書鈔》。賈逵建初元年受詔，列《春秋》公羊、穀梁不如《左氏》四十事，名《春秋左氏長義》。帝大善之，賜布五百匹。同上。何敞，字文高，爲汝南太守。章

---

① "多赤"二字原誤倒，據補編本乙正。

帝南巡過郡，郡有刻鏤屛風，帝命侍中黃香銘之曰："古典務農，雕鏤傷民。惠在竭節，義在修身。"同上。平陵范氏，西河舊語"前隊大夫有范翁，鹽豉蒜果共一筒"，言其廉儉也。《太平御覽》。安陵清者有項仲山，飲馬渭水，日與三錢以償之。同上。孫晨，字允公，家貧不仕，居城社中織箕爲業。明《詩》《書》，爲郡功曹。冬月無被，有薪一束，"薪"一作"藁"。暮臥其中，旦燒之。同上。孫晨爲郡功曹，將軍馬防聞名，餽錢四百萬。晨不敢拒，受而埋之閣內。《北堂書鈔》。第五頡，字子陵，倫少子。以清正爲郡功曹，至州從事。辟公府高第，侍御史，南頓令，桂陽、廬江、南陽三郡太守，皆稱病，免爲諫議大夫。雒陽無主人，鄉里無田宅，寄止靈臺中，或十日不炊。同上。司隸校尉南陽左雄、太史令張衡、尚書朱建、孟興皆與頡故舊，各致禮餉，頡終不受。《後漢書·第五倫傳》注。蘇章爲冀州刺史，召崔瑗爲別駕。《太平御覽》。行部有故人爲清河太守，好貨，按得其實，乃請太守飲酒，接以溫顏。太守喜曰："人各有一天，我獨有二天！"章曰："今日蘇孺文與故人飲酒者，私恩也；明日冀州白奏事，公法也。"遂舉正其罪，州界肅清。《藝文類聚》引。末句據《北堂書鈔》補。曹衆，字伯師，與諸生蘇孺文、竇伯向、馬季長並游宦，惟衆不遇，終於家。《後漢書注》。趙牧，字仲師，長安人。少知名，以公正稱。修《春秋》，事樂恢。恢以直諫死，牧爲陳冤得申。高第爲侍御史、會稽太守，皆有治績。及誣奏恭王，安帝疑其侵，乃使御史母丘歆覆其事，下牧廷尉，會赦不誅，終於家。同上。樂己，字伯文。爲郎，非其好也，去官。同上。龐知伯，名勃，爲郡小吏。① 東平衛農爲書生，窮乏，乃客鍛於勃家。知伯知其賢，尤加禮待，賃值過償。及去，送至十里。過

---

① "吏"，原誤作"郡"，據補編本、《太平御覽》卷四百四十四改。

舅家，復貸錢贈之。農不肯受，勃曰："不受，令勃不安。"農乃受，曰："爲馮翊，乃相報。"別七年，果爲馮翊太守。勃爲門下書佐，忘之矣，農召問，乃寤，舉孝廉，爲尚書郎、左丞、魏郡太守、河內太守。《北堂書鈔》引。自"忘之矣"以下據《藝文類聚》補。郭詳爲太尉長史，起大宅，在高陵城西，世稱長史宅。《太平御覽》。韋約，字季明，司徒劉愷甚重之，謂曰："君以輕去就，大位不躋，今歲垂盡，選御史實欲煩君。"約曰："犬馬齒盡，既無膂力，又無考課，所以躊躇戀慕者，明公禮遇隆崇，未能自割。"因稱素有風疾，眩冒不堪久遂，徒跣走出，公追不及。同上。吉閎幼有美名，九歲明《尚書》。舅何邈死，家貧子幼，自造墳塋殯葬之。同上。摯恂，字季直，好學善屬文，隱於南山之陰。《後漢書注》。摯茂，字子華，以茂才爲郡功曹，治財大富，悉散以分家人。以貧始，以壽終。《太平御覽》。王調，字叔和，爲河南尹。永和二年，坐買雒陽令同郡任稜竹田及上罷城東漕渠免官。《後漢書·樂恢傳》注。鮑恢，父爲縣吏，有罪，令欲殺之。恢年十五，常伏門外，晝夜號泣，令感而赦之。《北堂書鈔》。陳重與其友雷義俱拜尚書郎。義以左黜，重見義去官，亦以病免。《通典》。法真，字高卿，少明五經，兼通讖緯，學無常師。嘗幅巾見扶風守，守曰："哀公雖不材，猶臣仲尼，柳下惠不去父母之邦，欲相屈爲功曹，何如？"真曰："明府見待有禮，故四時朝覲。若欲吏使之，真將在北山之北南山之南矣。"扶風守遂不敢以爲吏。初，真年未弱冠，父在南郡，步往候父。已欲去，父留待正旦，使觀朝吏會。會者數百人，真於牖中闚其父與語。畢，問真"孰賢"？真曰："曹掾胡廣有公卿之量。"廣果歷九卿三公之位，世以服真之知人。前後徵辟，皆不就。友人郭正美之，號曰玄德先生。年八十九，中平五年卒。《三國志·法正傳》注引。《後漢書注》引原注：真年未弱冠，知廣有公卿之量。竇叔高，名玄，爲上郡吏。朝會數百人，玄儀狀絕異，天子異之。詔以公主妻之，《北堂書鈔》。同輩調笑。時叔高已自有妻，不敢以聞。方欲迎婦與訣，未發，而詔召叔高就第成婚。《太平御覽》。妻悲怨，寄書及歌與玄別曰：「棄妻去女，敬白竇生：卑賤鄙陋，不如貴人。悲哉竇生！衣不厭新，人不如故。悲不可忍，怨不自去。彼獨何人，而居我處？」歌曰：「煢煢白兔，東走西顧。衣不如新，人不如故。」時人憐之。《古樂府》叙録。平陵士孫奮，字景卿，少爲郡五官掾，起宅得財，至億七千萬，富聞京師，而性悋吝。容作雇錢甚少，主人曰：「君士大夫惜錢如此，欲作孫景卿耶？」不知實是景卿。從子瑞，梁冀掾奮送絹五匹，食以乾魚。冀問奮何以相送，瑞以實對。冀素聞奮富且悋，以鏤衢鞍遺奮，從貸錢五千萬。奮知冀貪，畏之，以三千萬與冀。冀大怒，乃告郡，詐認奮母爲守藏婢，云盜白珠十斛，紫磨金千萬，收考奮兄弟，死獄中，財貨盡没。《太平御覽》。長陵田鳳，字季宗，爲尚書郎，儀貌端立。入奏事，靈帝目送之，因題殿柱曰：「堂堂乎張，京兆田郎」。同上。《顏氏家訓》：京兆田鳳也。有一才士，①乃言：「張京兆及田郎二人皆堂堂爾。」聞吾此言，初大驚駭，其後乃愧悔也。王諶，字子嗣，博學有力。雒陽种景伯、武原吳季高尚未知名，諶薦二人於朱伯厚，有宰輔之器。退語二人曰：「卿必爲公。」後景伯至司徒，季高至司空。世以此服諶之知人也。同上。五門子孫，凡民之伍。馬氏兄弟五人共居穀、澗二水之交，作五門舍，客因以爲名。養豬賣豚，故民爲之語曰：「苑中三公，鉅下二卿。五門嘍嘍，但聞豚聲。」今在河南西十里。同上。《後漢書注》引原注：鉅下，地名也。馬日磾，字翁叔，馬融之族子。少傳融學，以才學進，與楊彪、盧植、蔡邕等典校中書，歷位九卿，遂

---

① 「士」，原誤作「子」，據《顏氏家訓》卷上改。

登臺輔。《後漢書注》。平陵孟佗，字伯郎，涼州人，名不令休。三字據《三國志注》補。靈帝時，中常侍張讓專朝，讓監奴典任家計。佗彈家財賂監奴，共結親厚。積年，衆奴心慚，問所欲。佗曰："欲得汝曹拜耳。"衆奴皆許諾。時賓客求見讓者，門車常數百乘，或累日不得進。佗最後往，衆奴以其至，皆迎而拜之，徑將佗車騎入。衆人大驚，謂佗與讓善，爭以珍物遺佗。佗得盡以賂讓，讓大喜。後以蒲萄酒一斛遺讓，即拜涼州刺史。《太平御覽》。朱宇，穆之第二子。以父功當封，自言兩目失明。天子信之，乃封弟恭。其小弟好戲無度，放散家財。宇悉以所得千萬與之。天子聞而嘉之，知其讓封，徵爲議郎同上。杜陵韋伯考，鬻書力養親。既登常伯，貂璫煌煌，奉事尤謹。《北堂書鈔》。韋權，字孔衡。權弟瓚，字孔玉。瓚弟矩，字孔規。太尉掾韋子才之三子，皆修仁義，兄弟孝友，逢盜賊不能去。兄弟相慕，兵至俱死。時人稱之，號韋三義。《群輔錄》。鄭邈，字文信，累辟不就。大將軍何進表爲從事，邈志越其儔。《藝文類聚》。游殷，字幼齊，與司隸校尉胡軫有隙。軫誣搆殺之。初，殷爲郡功曹，有童子張既，字德容，世寒素。爲兒童時，未知名，殷察異之。殷先歸，敕家設密饌。及既至，殷妻笑曰："君甚悖乎？張德容童昏小兒，何異於客哉？"殷曰："卿勿怪，方伯之器也。"與論霸王之略，饗訖，以子楚託之。同上。既謙不受，殷固託之。既以殷邦之宿望，①難違其旨，乃許之。子楚字仲允，爲蒲阪令。魏王定關中，《三國志·張既傳》注。以楚爲雍州。時漢興郡闕，王以問既，既稱楚文武兼才，遂以爲漢興太守。《藝文類聚》。軫害殷月餘得病，目脫，但言："伏罪，游功曹將鬼來。"遂死。諺曰："生有知人之明，死有靈魂之驗。"《太

---

① "邦"字原脱，據補編本、《三國志·魏志·張既傳》補。

平御覽》。游殷爲胡軫所害,同郡吉伯房、郭公休與殷同歲,爲服緦麻三月。同上。游楚表乞宿衛,拜駙馬都尉。楚不學問,惟好邀游,喜音樂及畜歌者。琵琶箏笛,每行將以自隨。同上。賈彪兄弟三人並有高名,彪最優,故天下稱曰:"賈家三虎,偉節最怒。"《北堂書鈔》。孝廉杜陵金敞,字文休,上計掾。長陵第五巡,字文休,上計掾。杜陵韋端,字甫休。同郡齊名,時人號之"京兆三休"。《群輔録》:敞位至兗州刺史。巡,興先之子,興先名種,司空伯魚之孫,名士也。不詳巡位所至,時辟太尉掾。端位至涼州牧。並以光和元年察舉。光和,原刻作"光武"。樓案:種爲第五倫孫,則巡乃倫曾孫也,去光武元年甚遠,"光武"當是"光和",今改正。韋康,字元將,京兆人。年十五,辟爲主簿。楊彪稱曰:"韋主簿年雖少,有老成之風,昂昂千里之駒也。"《太平御覽》。孔融與康父端書曰:"前日元將來,淵才亮茂,雅度弘毅,偉世之器也。昨日仲將又來,懿性真寔,文敏篤誠,保家之主也。不意雙珠竟出老蚌。"端從涼州牧徵爲太僕,康代爲涼州刺史。父出止傳舍,康入官寺,時人榮之。三句據《太平御覽》補。後爲馬超所圍,堅守歷年,救軍不至,遂爲超所殺。《三國志·荀彧傳》注。韋誕,字仲將,除武都太守。以書不得之官,轉侍中,典作《魏書》,號《散騎書》,一名《大魏書》,凡五十篇。雒陽、鄴、許三都宮觀始就,命誕題,以爲永制。以御筆墨皆不任用,因奏曰:"蔡邕自矜能兼斯、喜之法,非流紈素帛,不妄下筆。三句據《藝文類聚》補。夫工欲善其事,必先利其器。用張芝筆、左伯紙及臣墨,兼此三者,又得臣手,然後可以逞徑寸之勢,方寸千言。"《太平御覽》。趙襲,字元嗣,爲敦煌太守。先是,杜伯度、崔子玉以上草書稱於前世,襲與羅暉亦以能草頗自矜夸。故張伯英與襲同郡太僕朱賜書:"上比崔、杜不足,下方羅、趙有餘也。"《藝文類聚》。弭生,字仲叔,其父賤,故張伯英與李幼才書曰:"弭仲叔高德美名,命世之才也。非弭氏小族所當有,新豐瘠土所當出也。"《廣博物志》。士孫瑞,字君榮，扶風人。博達無不通，仕歷顯位。卓既誅，遷大司農，爲國三老。每三公缺，嘗在選。太尉周忠、皇甫嵩，司徒淳於嘉、趙温，司空楊彪、張喜等爲公，皆讓位於瑞。天子都許，追論瑞功，封子萌爲澹津亭侯。《後漢書注》。金旋，字元機，京兆人，歷位黃門郎、漢陽太守，徵拜議郎，遷中郎將，領武陵太守，爲備所攻劫死。子禕。《三國志注》。金禕爲郡上計，留在許都。時魏武使長史王必將兵衛天子於許，禕與必善。見禕有胡婢善射，必常從請之。《藝文類聚》。射援，字文雄，扶風人也。其先本姓謝，與北地諸謝同族。始祖謝服，爲將軍出征。天子以謝服非令名，改爲射。子孫氏焉。兄堅，字文固，少有美名，辟公府，爲黃門侍郎。獻帝之初，三輔饑亂，堅去官，與弟援南入蜀，依劉璋。璋以堅爲長史。劉備代璋，以堅爲廣漢、蜀郡太守。援亦少有令名，太尉皇甫嵩賢其行，以女妻之。丞相諸葛亮以援爲祭酒，遷從事中郎，卒官。《蜀志》注。杜恕拜黃門侍郎，每宣省閣，威儀矜嚴。《北堂書鈔》。耿援，字伯緒。耿寶，字君達。《後漢書·耿弇傳》注。大鴻臚周奐，字文明，茂陵人也。《後漢書·獻帝紀》注。丘訢傲俗，自謂無伍。《太平御覽》。杜陵有玉氏。《廣韻注》。希海，字文江。同上。扶風太守渦尚。同上。侵恭。同上。夃，三隅矛。同上。邠卿自叙：趙岐，初名嘉。年三十餘，有重疾，臥蓐七年。自慮奄忽，乃爲遺令，敕其兄子，可令立一圓石於吾墓前，刻之曰：“漢有逸民，姓趙名嘉。有志無時，命也奈何！”其後疾瘳。《藝文類聚》。岐娶馬敦女宗姜爲妻。敦兄子融，嘗至岐家，多從賓與從妹宴飲作樂乃出。過問趙處士所在。岐亦厲節，不以妹婿之故屈志於融也。與其友書曰：“馬季長雖有名當世，而不持士節，三輔高士未嘗以衣裾敝其門也。”岐曾讀《周官》二義不通，一往造之，賤融如此也。《後漢書·岐傳》注。岐爲皮氏長，抑强討奸，大興學校。岐長兄磐州都官從事，早亡。次兄無忌，字世卿，部河東從事，爲唐玹所殺。同上。岐避難於四方，江海岱霍無所不到。自匿姓名，布衣敝絮，賣餅於北海市。一作"於北海市販胡餅"。安丘孫嵩年二十，乘犢車游市，見趙，微察，知非常人。駐車問曰："自有餅耶？"曰："販之。"嵩曰："買幾錢？賣幾錢？"岐曰："買三十，賣亦三十。"嵩曰："視處士之狀，非賣餅者。我北海孫賓碩，終不相負。"岐聞嵩名，即以實告，呼與共載，遂與俱歸。嵩先入，白母曰："今日出，得死友在外。"岐即藏嵩家，積年乃出。後詣劉表。時嵩流離，在劉表末座，不爲表所識。岐遙識之，向表説嵩，表甚奇重之，共表嵩爲青州刺史。《北堂書鈔》引。《岐傳》注引原注：時綱維不攝，閹豎專權，岐仿前代連珠之書四十章上之，留中不出。岐還至陳倉，復遇亂，俾身得免，在草中十二日不食。《文選音義》引《決録注》：曹成，壽子也，司徒掾察孝廉，爲長垣長。母爲太后師，徵拜中散大夫。《馬融傳》注引《決録注》：馬融爲南郡太守，二府以融在郡貪濁，受主記掾岐肅錢四十萬，融子强又受吏白向錢六十萬，布三百匹，以肅爲孝廉，向爲主簿。《三國志注》引《決録注》：時有京兆金褘，字德偉，自以世爲漢臣，日日碑討莽何羅，忠誠顯著，名節累葉。睹漢祚將移，謂可季興，乃喟然發憤，遂與耿紀、韋晃、吉本、本子邈、邈弟穆等結謀。紀字季行，少有美名，爲丞相掾，王甚敬異之，遷侍中、少府。逸字文然，穆字思然，以褘慷慨有日磾之風，又與王必善，因以聞之，若殺必，欲挾天子以攻魏，南援劉備。時關羽强盛，而王在鄴，留必典兵督許中事。文然率雜人及家僮千餘人夜燒門攻必，褘遣人爲内應，射必中肩。必不知攻者爲誰，以素與褘善，走投褘，夜喚德偉，褘家人不知是必，謂爲文然等，錯應曰："王長史已死乎？卿曹事立矣！"必更從他路奔。王必欲投褘，帳下督謂必曰："今日事竟知誰門而投入乎？"扶必奔南城。會天明，必猶在，文然衆散，故敗，夷三族。後十餘日，必竟以創死。《後漢書注》引《決録注》：張掖都尉史苞，字叔文，茂陵人也。宋鄞，字伯遇。樸按：陶九成《説郛》所載，寥寥數條，今采擇各書，按時次條例如左，以箸全書體例，俾嗜古者有所考焉。

地理風俗記　應劭撰

《水經注》引"河内，殷國也，周名之爲南陽，晋始啓南陽，今南陽城是也""城南，大河之陽也""陳留有外黄，故加'内'""平恩縣，故館陶之别鄉也”“甘陵郡東南十七里有清河故城，[①]謂之雊城”“甘陵縣西北十七里有信鄉，[②]故縣也”“甘陵，故清河，清河在南一十七里”“東武城西北三十里有復陽亭，[③]故縣也”“東武城西北五十里有棗强城，故縣也”“東武城西南七十里有陵鄉，故縣也”“廣川西南六十里有辟陽亭，故縣也”《後漢書志》注引同。“廣川縣西北三十里有歷城亭，故縣也”“南皮城北五十里有北皮城”《後漢書志》注引同。“高成縣東北五十里有柳亭，故縣也”《後漢書志》注引同。“列人縣西南六十里有即裴城，故縣”“即裴城西北二十里有邯溝城，故縣也”“鄚北有梁期城，故縣也”按《史記》作“梁淇”，《八王故事》作“梁湛”。“平恩縣北四十里有南曲亭，[④]故縣”“鄡縣北有鄡阜，蓋縣氏之”“扶柳縣西北五十里有西梁城，故縣也”“修縣西北二十里有修市城。又六十里蒲領鄉，故縣也”《後漢書志》注引作“修市城在修縣西北二十里”。“又六十里有蒲領城，故縣也”，“城”字疑“鄉”字之訛。“修縣東四十里有安陵縣，[⑤]故縣也”“徽縣西北二十里有修鄉北城，故縣也”“東平舒縣西南五十里有参后亭，故縣也”《後漢書志》注引“五十里”下多“参合鄉”三字，疑“后”亦“合”字之誤。“涿縣東五十里有陽鄉亭，故縣也”《後漢書志》注引同。“北新城縣東二十里有東樊輿亭，故縣也”《後漢書志》注引同。“唐縣西四十里有中人亭”“蠡吾縣，故饒陽之下鄉也，[⑥]自河間分屬博陵。安帝永初七年，封河間王開子翼爲都鄉侯。順帝永建五年，更爲侯國”“博陵縣，[⑦]《史記》蠡吾故縣

① “南”，原誤作“北”，據補編本、《水經注》卷五改。
② “七”字原脱，“鄉”原誤作“淵”，皆據補編本、《水經注》卷九改。
③ “北”字原脱，據補編本、《水經注》卷九補。
④ “四”字原脱，據補編本、《水經注》卷十補。
⑤ “縣”，原誤作“城”，據補編本、《水經注》卷五改。
⑥ “饒”，原誤作“侯”，據補編本、《水經注》卷十一改。
⑦ “縣”，原誤作“郡”，據補編本、《水經注》卷十一改。

矣""方城南十里有臨鄉城,故縣也""方城縣東八十里有益昌城,故縣也"《後漢書志》注引作"臨鄉十里有臨鄉城,東十里有蓋昌城,故縣也"。"道人縣,初築此城,有仙人游其地,故因以爲城名""道人縣北五十里有參合鄉,故縣也""東安陽縣,五原有西安陽,故此加'東'也""無鄉縣,城燕語呼'亡'爲'無',今改宜鄉也""當城西北四十里有且如城,故縣也""當城西北有延陵鄉,故縣也""陽樂縣,故燕也"《後漢書志》注同。"遼西郡治,秦始皇二十二年置""圖陰縣四五十里有鴻門亭"[①]"天封苑火井廟,[②]火從地中出""河南平陰縣,故晋陰地,[③]陰戎之所居,在平城之南,故曰平陰""侯安縣東南三十里有定鄉城,故縣也""重合縣西南八十里有重平鄉,故縣也""平原漯陰縣,今巨漯亭是也""南陽有朝陽縣,故加'東'""漯水東北至千乘入海,河盛則通津委海,水耗則微涓絶流""原,博平也,故曰平原縣,故平原郡治矣""千乘縣西北五十里有大河,河北有漯沃城,故縣也""臨濟縣有樂安太守治""博昌縣東北八十里有琅邪鄉,故縣""濟陰乘氏縣,故宋乘丘邑也""富平縣,[④]故名厭次""朱虛縣四十里有峿亭,故縣也""平昌縣東南四十里有石泉亭,故縣""丹水在西南,丹水所出,東入海""淳于縣東北六十里有平城亭,又四十里有密鄉亭,故縣也""淳于縣東南五十里有膠陽亭,故縣也""縣爲一都之會,故曰江都""華陽黑水爲梁州,漢武帝元朔二年,改梁曰益州,以新置犍爲、牂柯、越巂益之,州之疆壤益廣,故曰益云。夷中最仁,有信義,設官統之,[⑤]《史記》所謂僰僮之官也。高后六年城之。漢武帝感相如之言,

① "圖",原誤作"圈",據補編本、《水經注》卷三改。
② "苑",原誤作"宛",據補編本改。
③ "地",原誤作"也",據補編本、《水經注》卷四改。
④ "平",原誤作"民",據補編本、《水經注》卷五改。
⑤ "設",原誤作"統",據補編本改。

使縣令通巴蜀道，費功無成。唐蒙南入斬之，①乃鑿石開關，以通南中，迄於建寧二千餘里，山道廣丈餘，深三四丈，②其鑿之迹狀猶存，王莽更爲棘治也”“漢武帝元朔三年，改雍曰涼州，以其金行土地寒涼故也”“敦煌酒泉，其水味若酒故也”“張掖，言張國臂掖以威羌狄”“日南，故秦象郡，漢武帝元鼎六年開日南郡，治西捲縣”“冠石山，武水出焉”“鬱林，《周禮》'鬱人，掌祼器'，祭祀賓客之祼事，和鬱鬯以實樽酒，鬱，芳草也。百草之華，煮以合鬯釀黑黍，以降神者也。或説今鬱金香是也。③ 一曰鬱人所貢，因氏郡矣”。《後漢書志》注引“質帝本初元年，繼孝沖爲帝，追尊父翼陵爲博陵，因以爲縣。又置安平，漢末罷安平”“堂陽縣北三十里有昌城，故縣也”。

十三州記　應劭撰

《後漢書志》注引“光武封劉般爲杅秋侯，明帝以屬沛”。《水經注》引“太山萊蕪縣，魯之萊柞也”“齊所以爲齊者，即天齊淵名也，其水北流，沃於淄水”“淄水入濡”“江別入沱，爲夏水源”“平舒東九十里有廣平城，④廣平城東北五十里有潘縣”。

哀牢國譜　諸葛亮撰

南夷國譜　諸葛亮撰

先畫天地、日月、君長、城府；次畫神龍，龍生夷及牛馬羊；後畫部主吏，乘馬幡蓋巡行；又畫牽羊負酒、齎金寶詣之之象，夷甚重之。

---

① “南”字原脱，據《水經注》卷三十三補。
② “丈”，原誤作“尺”，據補編本、《水經注》卷三十三改。
③ “金”，原誤作“香”，據補編本、《水經注》卷三十六改。
④ “舒”，原誤作“鋒”，據補編本、《水經注》卷十三改。

南中夷經

《華陽國志》：夷中有桀黠能言議屈服種人者，謂之耆老。好議論譬物，謂之《夷經》。今南中人言論，雖學者半引《夷經》。

巴郡圖經

《華陽國志》：永興二年，巴郡太守但望上疏曰："謹按《巴郡圖經》，境界南北四千，東西五千，周萬餘里，屬縣十四，鹽鐵五官各有丞史，户四十六萬四千七百八十，口百八十七萬五千五百三十五。"

岳瀆經第八卷

永和元年，李佐汎洞庭，登包山，入靈洞，得古文《岳瀆經》第八卷，奇字蠹毁，不能解。譙周《允南解》曰："禹治淮水，三至桐柏山，驚風迅雷，石號木鳴，土伯擁川，天老肅兵，功不能興。禹怒，召集百靈，授命夔龍，桐柏千君長稽首請命，禹因囚鴻蒙氏、彰商氏、兜氏、盧氏、黎婁氏，乃獲淮渦水神無支祈。善應對言語，形若猿猱，縮鼻高額，青軀白首，金目雪牙，頸伸百尺，力逾九象，搏擊騰踔，疾利儵忽，視不可久。禹授之童律，童律不能制；①授之烏木田，烏木田不能制；授之庚辰，庚辰能制。鴟脾柏胡木魅，水靈山妖石怪，奔號叢繞者以千數。庚辰持戟逐去。頸鏁大械，鼻穿金鈴，徙之淮陰龜山之足，俾淮水永安。"

益州志　譙周撰

《文選·蜀都賦》注引"成都織錦既成，濯於江水，其文分明，勝於初成。他水濯之，不如江水也"。

巴郡地志　譙周撰

《太平御覽》引"後漢獻帝初平六年，臨江縣屬永寧郡。建安

---

① "律"，原誤作"制"，據補編本改。

中，改永寧爲巴東郡，臨江仍隸焉"。

三巴志一卷　　譙周撰

《續漢書志》注引"初平六年，趙韙分巴爲二郡，欲得巴舊名，故郡以墊江爲治，安漢以下爲永寧郡。建安六年，劉焉分永寧爲巴東郡，墊江爲巴西郡""靈帝分涪陵，置永寧縣。初平四年，復分爲南充國縣""和帝分平都爲枳縣""漢昌，永元中分宕渠之北而置"。《太平御覽》引"閬中有渝水，賓民銳氣喜舞，高祖樂其猛銳，數觀其舞，使樂人習之，故樂府中有巴渝舞"。

巴蜀異物志　　譙周撰

《文選·蜀都賦》注引"滇池在建寧界，有大澤水周三百餘里，水乍深廣乍淺狹，有如倒池，^①故俗云滇池""涪陵多大龜，其甲可以卜，其緣又作瑇瑁，俗名曰靈"。《本草注》引"文章作酒，能成其味。以金買草，不言其貴"。《通典》引"外域人隨舟大小，或作四帆，或三帆，前後沓旋以取風氣，而無危高之慮，故行不避迅風急波，安而能疾。有一山在海内，小而高，以繫船筏也。俗人謂之越王牂舸。遠望甚小，而高不似山；近望之，以爲一株柏樹在山間也"。《天中記》引"鵩小如雞，體有文采，行不出域，不能遠飛。據《史記·賈誼傳》注補。若有疆服者，故土俗因形名之曰鵩"。《周勃傳》注引"謂頭上巾爲冒絮"。

荊州文學記　官志　王粲撰

有漢荊州牧曰劉君，稱曰：於先王爲世也，則象天地，軌儀憲極，設教導化，叙經志業，用建雍泮焉。立師保，爲作禮樂，以作其性；表陳義籍，以持其德。上知所以臨下，下知所以事

---

① "池"，原誤作"地"，據補編本、《文選》卷四改。

上,官不失守,民德無悖,然後太平焉。夫文學也者,人倫之首,大教之本也。乃命五業從事宋衷作文學,延明徒焉,宣德音以贊之,降嘉禮以勸之,五載之間,道化大行。耆德故老綦毋闓等,負書荷器,自遠而至者,三百有餘人。於是童幼猛進,武人革面,總角佩觿,委介免胄,比肩繼踵,川逝泉湧,亹亹如也。遂訓六經,講禮物,諧八音,協律呂,修紀曆,理刑法,六路咸秩,①百氏備矣。天降純嘏,有所底受。臻於我君,受命既茂。南牧是建,荊衡作守。時邁淳德,②宣其丕繇。厥繇維何,四國交阻。乃赫斯威,爰整其旅。虔夷不若,屢戡寇武。誕啓洪範,敦崇聖緒。典墳既章,禮樂咸舉。濟濟搢紳,盛茲階宇。祁祁俊髦,亦集爰處。和化普暢,休徵時叙。品物宣育,百穀繁蕪。勛格皇穹,聲被四寓。

蜀志一卷

《隋志》:後漢韋寬撰。

交州異物志一卷　楊孚撰

孚字孝元,爵里見《董卓別傳》。

交阯夏稻名戶熟稻,一歲再種。芭蕉葉如芋,取鑊煮之,如絲,可紡績,以爲絺綌。甘蕉如飴甚美,食之四五枚可飽,而餘滋味猶在齒牙間。交阯草,滋大者數寸,並三棱,如冰碾,如博棋,③謂之石蜜。益智,類苡薏,長寸許,如枳椇子,味辛辣,飲酒食之佳。《本草注》。甘藷似芋,亦有巨魁,剝去,肌肉正白如脂肪。南人專食,以爲米穀。荳蔻生交阯,其實似薑而大,從根中生,形似益智,皮殼小厚,核如石榴子,辛且香。有竹曰篃,其大數圍,節間相去侷促,其中實滿,堅強。以爲屋

---

① "秩",原誤作"則",據補編本、《藝文類聚》卷三十八改。
② "淳",原誤作"純",據《藝文類聚》卷三十八改。
③ "棋",原誤作"暴",據《太平御覽》卷九百七十四改。

榛，斷截便可爲棟梁，不復加斧斤也。橘，白葉而赤實，皮頗馨香，實亦有美味。交阯有橘官長一人，秩三百石，主歲貢異鄉橘。① 檳榔，樹若筍竹生竿，近上未五六尺間，②洪瘇起如瘣木焉，因坼裂出，若黍秀也。無花而爲實，大如桃李。天生棘重累其下，③所以禦衛其實也。剖其上皮，煮其膚而實之，堅如乾棗。以扶留、古賁灰食，則滑美下氣，及宿食消穀。椰樹，高六七丈，無枝葉。葉如束蒲，在上。其實如瓠，擊之顛實，外皮如葫蘆。中有汁升餘，清如水，味美於蜜，食其膚則不飢，④食其汁則增渴。又有如兩眼處，⑤俗人謂之越王頭。木棉，吉貝木所生。熟時，狀如鵝毳，細過絲綿；中有核如珠珣，用之，則治出其核。時用輾軸，今用軟車尤便。但紡不織，在意外抽牽，無有斷絕，其爲布，曰斑布。繁縟多巧者曰城，次粗者曰文縟，又次粗者曰烏驎。斯調國有火州，在南海中。其上有野火，春夏自生，秋冬自死。有木生於其中而不消也，枝皮更活，秋冬火死則皆枯瘁。其俗嘗冬采其皮以爲布，色小青黑；若塵污垢之，便投火中，則更鮮明也。孔雀，自背及尾皆作圓文，五色，頭戴三毛，長數寸，以爲冠。足有距也，日則相和鳴。錦鳥，文章如丹地錦，而藻繢華文。俗人見其端正似錦，謂之錦鳥。南中云養鸚鵡者，切忌以手捫摸其背，犯者即不飲不食而死。鷓鴣，形似雌雞，⑥其志懷南而不北，其鳴曰"但南不北"。鴝鵒巢於高樹巔，生子在窟中，未能飛，皆銜其母翼，下地飲食。鸕鷀能没於深水取魚而食之。

---

① "異鄉"二字原誤倒，據補編本乙正。
② "上"，原誤作"土"，據《藝文類聚》卷八十七改。
③ "累"，原誤作"裹"，據《藝文類聚》卷八十七改。
④ "食"，原誤作"實"，據補編本、《太平御覽》卷九百七十二改。
⑤ "眼"，原誤作"頭"，據補編本、《太平御覽》卷九百七十二改。
⑥ "雌"，原誤作"雄"，據補編本改。

不生卵，而孕雛於池澤間。既胎而又吐生，多者八九，少者五六，相連而出，若系緒焉。水鳥而巢高樹之上。翡，色赤而大於翠。《賈山傳》注。東北荒中有獸名獬豸，一角，性忠，見人鬥則觸不直者；聞人論，則咋不正者。楚執法者所服也。今冠兩角，非豸也。《輿服志》注。犀體兼五種肉，舌有棘，嘗食草木棘刺，不食棘葉也。犀角中特有光耀，白理如綫，自本達末，則爲通天犀。《章帝紀》注。俗傳象牙歲脫，愛惜之，掘地而藏。人欲取當作假牙，潛往易之，覺則不藏。靈狸一體，自爲夫婦，故能惑人。《法苑珠林》。日南多駛牛，日行數百里。麢羊狀似鹿，"羊"，一作"狼"。而角觸前向，入林則挂，故恒在平淺草中，逐入林則得。皮可作履襪，角正四據，南人因以作踞牀。《北堂書鈔》。大秦國以野繭絲織成翅䋌，以群獸五色毛雜之，爲鳥獸人物草木雲氣，千奇萬變，惟意所作。上有鸚鵡，遠望軒軒若飛。同上。蚺蛇，食灰喬鹿，出鹿骨與巴蛇。《一切衆經音義》。鮫皮可以飾刀，其子驚則入母腹中。《集韻注》。鮫之爲魚，其子既育，驚必歸母，還入其腹。小則爲之，大亦不復。蟒蜩子如蠶子，著草葉上，得其子，母自飛來就之。《廣韻注》。擁劍，狀如蟹，但一螯偏大，俗謂之越王鈴下。《顏氏家訓》。鰕實四足，而有魚名，頭尾類鯢，跂跂而行。長津小澗，出入沈浮，是爲孀婦，怨恚自投。儋耳，南方夷，生則鏤其頰，連耳匡分爲數處，狀如雞腸，纍纍垂至肩。

附　海内先賢傳　曹叡撰
海内士品傳　曹叡撰
《舊唐書·志》：二卷。
甄別表狀　曹叡撰
陳留耆舊傳　蘇林撰
《舊唐書·志》：三卷。

豫章舊志八卷　徐整撰

會稽先賢傳　謝承撰

　《隋志》：七卷。《唐志》：五卷。

益部耆舊傳十卷　陳壽撰

九州人士論一卷　盧毓撰

海潮論一卷　嚴畯撰

漢末名士錄　杜恕撰

吳興錄　韋昭撰

吳興掌故　韋昭撰

吳郡記　陸道瞻撰

吳漢上名賢傳　陸凱撰

右輿地類。

補後漢書藝文志卷之十八

張純別傳

《北堂書鈔》引"純字伯仁,郊廟、冠昏、喪紀禮儀多所正定,上甚重之,以純兼虎賁中郎將,一日數見"。

邵氏家傳

邵訓,字伯春,爲陳留太守。以君性多宏恕,追詔勉厲之,曰:"陳留太守講授省中,六年於茲。經術明篤,有匡生解頤之風。賜錢三十萬,及刀劍衣服居家之具。"虞建,武都尉,妻邵夫人,字文姬,鴻臚之第三女也。少而寡,虞氏及夫人之宗,哀夫人辛苦,欲更爲圖婚,然重夫人宿操,慮不可非禮逼;亦知夫人潛儲刀誓,故不敢生意。夫人自以虞氏凶短,繼世無子,常獨處一室,絶書學,非祭祀墳墓不出,紡績輒貨,以供祭祀,稱其多寡,不求豐厚。檠按:此書及《荀氏家傳》疑皆晉時所述,以其載邵馴及鴻臚女邵夫人事,故第錄此二則。

鍾離意別傳

《北堂書鈔·功曹》引"意爲功曹,常以周樹白事誕欺,朝廷皆知意心限。中部平永缺,意牒曰:'賊曹吏周樹,結髮佐吏,服勤有法,果於從政,行如玉白,百折而不撓,請宜部職也。'"周樹即周長生也。又《掾》引"西部都尉南陽任延以優文召縣,曰:'都尉德薄,思賢汲汲,處士鍾離意正色鄉黨,百行優備,應令補吏,檄到,史掾以禮發遣者。'"又《從事》引"揚州刺史夏君三辟意署九江郡從事,三府側席,夏君見意曰:'刺史得京師書,聞從事有令譽,刺史何惜王家之爵不貴賢者。'乃表上尚書"。又《孝廉》引"舉孝廉，有詔試，離意爲天下第一"①。又《縣令》引"意遷東平瑕丘令。男子兒直勇悍有力，②三日一飯十斤肉、五斗粟飯。便弓弩，飛射走獸，百不脫一，桀悖好犯長吏。意到官，召署捕盜掾，敕謂之曰：'令嘗破三軍之衆，不用尺兵；嘗縛暴虎，不用尺繩。但以良謀爲之耳。爾掾之氣勢安若？宜慎之。'因復召直子涉署門下，將游徼私出入寺門，無所關白。收涉鞭之，直走之寺門，吐氣大言，言無上下。意敕直，能爲子屈者，自縛謝令，否則鞭殺其子。直果自縛。意告曰：'令前告汝曹，縛暴虎不用尺繩，汝自視何如虎自縛邪？'敕獄械直父子，連結其頭，對榜之欲死。掾吏陳諫，乃貸之，由是相率爲善，所謂上德之政，鷹化爲鳩，暴虎成貍，此之謂也"。又《諸曹尚書》引"堂邑令鍾離意至德仁和，孝明皇帝徵詣闕，拜尚書"。又《僕射》引"意爲尚書僕射，其年匈奴、羌胡歸義，詔賜縑三百匹。③ 尚書侍郎廣陵暨鄭受詔，誤以爲三千匹。帝大怒，鞭鄭欲死。意獨排省閣，入見帝，諫帝曰：'陛下德被四夷，恩及夷狄，是以左袒之徒稽首來服。愚聞刑疑從輕，賞疑從重。今陛下以鄭賞誤，發雷霆之威，海内遐邇謂陛下貴微財而賤人命。臣愚所不安。'明帝以意諫，且鄭錯合大意，恚損怒消，賁鄭，敕大官賜酒藥。詔謂意曰：'非鍾離尚書，朕幾降威於此郎。'"又《璧》引"意爲魯相，有孔子車乘皆毁敗。意自耀俸出私錢萬三千文，付户曹孔訢，雇膠漆之直，修孔子車。入廟，拭几席劍履。④ 男子張伯，劉草階下，土中得玉璧七枚，藏其一，以六示意。意令主簿安置。孔子教堂

---

① "離意"，原誤作"歌"，據《北堂書鈔》卷七十九改。
② "直"，《北堂書鈔》卷七十八作"姪"。
③ "縑"，原誤作"賺"，據補編本、《北堂書鈔》卷五十九改。
④ "拭几"，原誤作"拂機"，據補編本改。

下牀首有甕,意召守廟孔訢問曰:'此何等甕?'訢曰:'夫子甕,背皆有書,故自夫子亡後,無敢發者。'意曰:'夫子聖人,所以遺甕者,欲以縣示後賢。'因發之,得素書,曰:'後世修吾書,董仲舒。護吾車,拭吾履,發吾笥,會稽鍾離意。璧有七,張伯懷其一。'意召問張伯,叩頭出之"。

《太平御覽·功曹》引"意字子阿,會稽山陰人也。太守竇翔召意署功曹,意爲府立條式,威儀嚴肅,莫不靖共。後日竇君與意相見,曰:'功曹頃設嚴科,太守觀察朝晡,吏無大小,莫不畏威。'"又《藥》引"汝南黃讜拜會稽太守,署意北部督郵。時郡中大疫,黃君轉意中部督郵。意乃露車不冠,身循行病者門,入家,賜與醫藥,詣神廟爲民禱祭,召錄醫師百人,合和神草藥。恐醫小子或不良毒藥,賊害民命,先自吞嘗,然後施行,遂得差其所臨,存獲濟四千餘人。後日府君出行,災害百姓攀車轅號泣曰:'明府君不須出,但得鍾離督郵,民皆活也。'"此條參《藝文類聚·督郵》引叙次。又《徒》引"司徒侯霸辟署議曹掾,以詔書送徒三百餘人到河北連陰。遇隆冬道寒,徒衣被單,手足皆貫連械,不復能行。到弘農縣,使令出見錢爲徒作襦袴,各有升數。令對曰:'不被詔書,不敢妄出錢。'意曰:'使者奉詔命,寧私行耶?出錢便當上書,使者亦當上之。'光武皇帝得狀,謂司徒霸曰:'所使掾何乃仁恕,爲國用心,誠良吏也。'襦袴既具悉到,前縣給賜糜粥。後謂徒曰:'使者不忍善人嬰刑,饑寒感惻,今已得衣,又欲悉解善人械梏,得逃去耶?'皆曰:'明使君哀徒,恩過慈父,身成灰土,不敢逃亡。'意復曰:'徒中無欲歸候親者耶?'其有節義名者五六十人,悉解械出之,與期日會所,徒皆先期至"。又《幡》引"意爲瑕丘令,立春遣户曹桓建,齎青幘幡白督郵,督郵不受,建留於家,還白意言受。他日,意見督郵,而督郵謝意,言所以不受青幘幡者,已自有也。意還,召建問狀,建惶怖叩頭。意曰:'勿叩頭使外聞也。'出因轉主計吏假,遣無期。建歸家,父問之曰:'朝廷大事衆賢能者多,子何功才既獲顯榮,假乃無期,寵厚將何謂也?得毋有不信於賢主邪?'建長跪,以青幡意語父。父默然,有頃,令婦設酒殺雞,與建相樂,謂建曰:'吾聞有道之君以禮義殺人,無道之君以血刃殺人。長假無期,唯死不還,將何以自裁乎?'酒畢進藥,建遂物故"。又《諫》引"明帝作北宮,意諫曰:'昔湯遭旱,以六事自責,曰:政不節耶?使民疾耶?宮室勞耶?女謁盛耶?讒夫昌耶?苞苴行耶?夫宮室廣大,所以驚目極觀,非所以崇德致平,宣化海內。'意復諫曰:'頃天旱不雨,陛下躬自劾責,避正殿之榮。今日雨而不濡,豈政有所改耶?是天威未消也。愚以爲可令將作大匠止功作諸室,減省不急,以助時氣。'有詔曰:'朕之不德,敢不如教。'即日,沛然大雨"。又《珠》引"意爲尚書,交阯太守張惶居官貪亂,贓逾千金。珠璣寶玩乃有不數。收贓簿入司農,詔悉以珠賜尚書。尚書皆拜受,意獨委珠璣於地,不拜而受。明帝問:'委珠何也?'對曰:'愚聞孔子忍渴,不飲盜泉之水;曾參回車,不入勝母之門:惡其名也。今陛下以贓珠賜忠臣,故臣不拜受耳。'"又《桃》引"《周書》言秦史趙凱以私恨告園民吳旦生盜食宗廟御桃,旦生對曰:'民不敢食也!'王曰:'剖其腹,出其桃!'史記惡而書之曰:'食桃當有遺核,王不知而剖人腹以求桃,非禮也。'"

《藝文類聚・督郵》引"意爲會稽督郵,亭長受民酒禮,府下記案考之,意封記,還府不考。太守黃君大怒,驛馬召。意到,對曰:'督郵受任中部,當奉繩千里爲視聽,立政當舉大綱且闊細微。'"又《寒》引"嚴遵與光武俱爲諸生,游涉他縣,同門精學,晨夜宿息,二人寒不寢臥。更相謂曰:'富貴憶此勿相忘!'後數年,光武有天下,徵不至"。

附《會稽典錄》二則。意爲北部督郵,烏程孫常、常弟烈分居,各得田半頃。烈死,歲饑,常稍以半粟給烈妻子,輒追計直作券,設取其田。烈兒長大,訟掾吏。議皆曰:"烈男兒遭饑,常賴升合長大成人,而更爭訟,非順理也。"意獨曰:"常身爲伯父,當撫孤弱,是人道正義。稍以升合券取其田,懷奸挾私,貪利忘義。烈妻子雖以田與常,困迫之至,非公義也。請以常田給烈妻子。"於是衆議無以奪意之理。意爲堂邑令,縣民房廣爲父執仇繫獄,其母病死,廣痛之,號泣於獄。意爲之悽惻,出廣見之,曰:"今欲出若歸家殯斂,有義則還,無義則亡。"丞掾諫以爲不可,意曰:"不還之罪,令自當之。"廣歸殯斂,即自詣獄,以狀表上,詔減死一等。

殷氏世傳

《太平御覽·虎》引"殷亮,字子華,少學《公羊春秋》,年十四傳祖父業,舉孝廉。到陽城,遇虎爭一羊,亮乃按劍瞋目①,斬羊腹,虎乃各以其半羊去"。又《縣令》引"殷褒爲洛陽令,先多淫雨,百姓饑饉。君乃穿渠入河三十餘里,疏導原隰,用致豐年,百姓賴其利,號殷爲'神君',講而頌之"。

《藝文類聚·博士》引"建武中,徵拜博士,遷講學大夫。諸儒論勝者賜席,亮席重至八九。帝嘉之,曰:'學不當如是耶!'"

崔氏家傳

《北堂書鈔·孝廉》引"崔瑗上疏曰:'臣聞孝廉皆限年三十乃得察舉,恐失賢才之士也。②'"

《太平御覽·歌》引"崔瑗爲汲令,乃爲開溝造稻田,薄鹵之地更爲沃壤,民賴其利。長老歌之曰:'天降神明君,錫我慈仁

---

① "瞋",原誤作"瞑",據補編本、《太平御覽》卷八百九十二改。
② "士",原誤作"道",據補編本、《北堂書鈔》卷七十九改。

父。臨民布大德,恩惠施以序。穿田廣灌溉,決渠作甘雨。'"又《太守》引"崔寔爲五原太守,郡處邊陲,不知耕桑之業,民多饑寒之患,於是乃勸人農種,教其織紝,以賑貧窮,民用獲濟,號曰'神惠'"。

李郃別傳

《北堂書鈔·奉使》引"郃居漢中,和帝即位,分遣使者循行州郡,觀風俗,皆單車微行。使者二人到益州,投公舍宿,公察其人異焉。時日暮露坐,爲出酒與啖,公仰觀星,問曰:'君發京師時,寧知二使者何日發耶?'二人驚,相視曰:'不聞。'問公何以知之,郃指星曰:'有二使星來向益部。'二人知其深明天文,遂共談,甚嘉異焉"。末三句據《太平御覽》增補。又《孝廉》引"太守常豐欲遣吏通厚竇憲,郃苦諫之。及竇氏敗,盡收交通者,豐於是奇郃能絕榮,舉孝廉"。又《京尹》引"鄧騭弟豹爲將作大匠。河南尹缺,豹欲得之。上及騭亦欲用豹,難便召拜,下詔令公卿舉,騭以旨遣人諷公卿悉舉豹。李郃曰:'司隸河南尹當整頓京師,檢御貴戚,今反使親家爲之,必不可爲後法。'令舉司隸羊浸,自是公卿皆不舉豹。豹竟不得尹,恨公卿不舉,對士大夫曰:'李公寧能不舉我,①故不得尹耶!'"《初學記·博士》引"郃上書太后,數陳忠諫,其辭雖不能盡用,輒有策詔褒贊焉。博士著兩梁冠,朝會隨將大夫例。時賤經學,博士乃在市長下,公奏非所以敬儒德明國體也。上善公言,正月大朝,引博士列公卿長史前"。又《貧》引"公居貧而不好產業,有稻田三十畝,第宅一區"。

《太平御覽·形體》引"郃字孟節,漢中人。長七尺八寸,多須髯,八眉,左耳有奇表,頂枕如頣鼎彭足,手握三公之字"。又

---

① "能"下原衍"不舉"二字,據補編本、《太平御覽》卷二百五十二刪。

《度》引"公至京學問,常以賃書自給,爲人深沈,宏雅有大度"。又《苑令》引"邰以郎謁者爲上林苑令"。又《六宗》引"邰侍嗣南郊,不見六宗詞,奏曰:'按《尚書》肆類於上帝,禋於六宗。漢興,於甘泉、汾陰祭天地,亦祭六宗。至孝武時,匡衡奏立北郊,復祠六宗。至建武都雒陽,制郊祀,不道祭六宗,由是廢不血食。今宜復舊。'上從公議,由是遂祭六宗"。

李固別傳

《北堂書鈔·孝廉》引"固隱狼澤山,以三經教授。漢中太守遣五官丞舉孝廉,不就"。

《太平御覽·從事》引"益州及司隸辟,皆不就。門徒或稱從事掾,固曰:'未嘗受其位,不能竊其號。'"又《尸》引"梁冀誅,露尸於四衢,命有敢親臨者加以罪。弟子汝南郭亮始成童,游學雒陽,乃左提章鉞右秉鈇鑕,詣闕上書,乞收固尸,不許,因往臨哭,陳辭於前,遂守尸喪不去。太后聞而許之"。

李固外傳

《太平御覽·餅》引"質帝暴得疾,云食煮餅,腹中悶,遂崩"。又《諺》引"梁冀欲立清河王蒜,常侍曹騰聞議定,往見冀曰:'清河爲人嚴明,若遂即位,將軍受禍不久矣。'冀更會議立蠡吾侯,①惟固與杜喬執本議。桓帝忿固與杜喬,②以本立蒜下獄。太后詔出固,冀復令黃門常侍作飛章虛辭奏,收固等繫獄。京師諺曰:'直如弦,死道邊。曲如鉤,反封侯。'"

德行一篇

謝承《後漢書》:李固既死,所授弟子潁川杜訪、汝南鄭遵、河內謝承共論固行迹,爲《德行》一篇。

---

① "立蠡吾侯"四字原脱,據補編本、《太平御覽》卷四百二十八補。
② "忿",原誤作"立",據補編本改。

李燮別傳

《太平御覽·傭》引"燮字德公,常逃亡,匿臨淄,爲酒家傭。靈帝即位,時月經陰道暈五車,史官曰:'有流星昇漢西北,陽芒通昴,熒惑入角,犯帝座。占當有大臣被誅冤死者。故太尉李固,西土人,占應固。今月經陰道,圍五車,宜有赦令,以除此異。'上感此變,大赦天下,詔求公子孫,酒家具車乘厚送之"。又《歌》引"燮拜京兆尹,吏民愛敬,乃作歌曰:'我府君,道教舉。恩如春,威如虎。愛如母,訓如父。'"

梁冀別傳

《後漢書·百官志》注引"元嘉二年,又加冀禮儀。大將軍朝,端門若龍門,謁者引。增掾屬、舍人、令史、官騎、鼓吹各十名"。又《天文志》注引"常侍徐璜白言:'見道術家常言,漢死在戌亥。今太歲在丙戌,五月甲戌,日食柳宿。朱雀,漢家之貴國,宿分周地,今之京師是也。史官上占,去重見輕。'璜召太史陳瑗詰問,乃以實對。冀怒瑗不爲隱諱,使人陰求其短,發摘上聞以亡失候儀不肅,有司奏收殺獄中"。又《五行志》注引"冀之專政,天爲見異,衆畜並湊,蝗蟲滋生,河水逆流,五星失次,太白經天,民人疾疫,出入六年,羌戎叛戾,盜賊略地,皆冀所致"。

《北堂書鈔·德感》引"子產治鄭,蒺藜不生,鴟梟不至"。樓按:此當是朱穆奏記中語。

《太平御覽·肩》引"冀鳶肩"。又《伎術》引"冀好彈棋、意錢、蹴鞠"。又《河南尹》引"冀爲河南尹,居職恣暴,多爲非法。遼東太守侯猛初謁不拜,託以他事,乃腰斬之。郎中汝南袁著年十九,見冀凶縱,不勝其憤,乃詣闕上書。冀聞而密遣掩捕得,殺之"。又《太倉令》引"冀愛監奴秦宮,官至太倉令。宮得出入冀妻壽所。語言飲食,獨往獨來,屏去御者,託以言事,因通焉,內外兼寵。刺史二千石皆謁拜之。宮,冀蒼頭。

壽姊夫宗炘不知書，因壽氣力起家，拜太倉令"。又《侈》引"冀奢僭，四方調發，歲時貢獻，皆先輸上第於冀，乘輿乃其次焉。又廣開園囿，采土築山，十里九阪，以象二崤，深林邃洞，有若自然，奇禽怪獸，飛走其間。妻共冀乘輦，張羽蓋，飾以金銀，游第内"。又《單衣》引"冀作狐尾單衣，上短下長"。又《髮》引"冀未誅時，婦人作不聊生髻"。

《藝文類聚·河南尹》引"冀子嗣爲河南尹，一名胡狗。時年十六，容貌甚陋，不勝冠帶，道路見者莫不嗤笑焉"。又《珠》引"扶風人士孫奮居富，冀從貸錢五千萬，奮以三千萬與之。冀大怒，乃告郡縣，認奮母爲守藏婢，云盜白珠十斛、紫磨金千斤以叛，①遂收考奮兄弟，死於獄中，悉没貨財"。

《天中記》引"暑夏之月，露首袒體，惟在樗蒲彈棋，不離綺紈帬襦之側"。

馬融別傳

融爲大儒，教養諸生常有千數，善鼓琴，好吹笛，達生任性，不拘儒者之節。居宇器服，多存侈飾。常坐高堂，施絳紗帳，前授生徒，後列女樂，弟子以次傳授，罕有入其室者。

樊英別傳

《北堂書鈔·光禄大夫》引"詔書告南陽太守曰：'五官中郎將樊英，委榮辭禄，不降其節，志不可奪。四字據《太平御覽》增。今以英爲光禄大夫，賜歸所在縣給穀千斛，常八月致牛一頭、酒三斛。'"

《太平御覽·禮賢》引"順帝策書備禮玄纁徵英，切詔州郡駕載上道。英不得已，到京師，稱疾不肯赴。乃强輿入殿，猶不以禮屈。帝怒曰：'朕能生君，能殺君；能貴君，能賤君；能富

---

① "千"，原誤作"十"，據《太平御覽》卷五百改。

君,能貧君。君何慢朕?'英曰:'臣受命於天,盡其命天也,不得其命亦天也,陛下焉能殺臣?臣見暴君如見仇讎,立朝猶不肯,可得貴乎?雖在布衣之列,環堵之中,晏然自得,不易萬乘之尊,又可得而賤乎?陛下安能賤臣?臣非禮之禄,萬鍾不受;小申其志,雖簞食不厭。陛下焉能富臣?焉能貧臣?'帝不能屈,而敬其名,使出就太醫養疾,①日置羊、酒"。又《火》引"英陳事畢,西南向唾,天子問其故,曰:'成都今日火。'後蜀郡太守上火災,言時雲雨從西北來,故火不爲害"。又《拜》引"英嘗臥疾便室中,妻遣婢拜問疾,英下牀答拜。陳寔問英何答婢拜,英曰:'妻者齊也,共奉祭祀,禮無往而不反。'"

《藝文類聚·火》引"英隱於壺山,常有暴風從西方起。英謂學者曰:'成都市火甚。'因含水西向噀之,乃令記其日。後有從蜀來者,云是日大火,黑雲卒從東起,須臾大雨,火遂得滅"。又《髮》引"英披髮忽拔刀斫舍中。妻問故,曰:'郤生道遇鈔。'郤還,言道遇賊,賴披髮老人相救得全。郤生名巡,字仲信,陳郡夏陽人,能傳英業"。

三君八俊錄

見陶潛《群輔錄》。

郭林宗別傳

《北堂書鈔·巾》引"林宗嘗行陳梁間,遇雨,故其巾一角霑而折。二國學士著巾莫不折其角,作林宗其見儀如此"。又《藏書》引"林宗家有書五千餘卷"。檼案:此下當有"所言皆天文圖讖之學"。又《刺》引"太名顯,士爭歸之,載刺盈車"。又《仕》引"同郡宋子浚素服其名,以爲自漢元以來,未見其匹,嘗勸之仕"。

---

① "養疾"二字原脱,據《太平御覽》卷四百二十八補。

《太平御覽·貧》引"林宗家貧，初欲游學，無資，就姊夫貸五千錢。乃遠至成皋，從師受業。並日而食，衣不蔽形。常以蓋幅自鄣，入則護前，出則護後"。又《聲》引"林宗儀貌魁岸，身長八尺，聲音如鐘，當時以爲準的"。又《粥》引"林宗嘗止陳國，文學見童子魏德公求近其房，供給灑掃。林宗嘗不佳，夜中命作粥。一啜，怒而呼之，曰：'爲長者作粥，使沙不可食！'以杯擲地。德公更爲進之。三呵，德公無變容"。又《行旅》引"林宗每行宿逆旅，輒躬灑埽。及明去，人至見之，曰：'此必郭有道宿處也。'"又《覽識》引"林宗入潁川則友李元禮，至陳留則結符偉明，之外黃則親韓子助，至蒲亭則師仇季智，止學舍則收魏德公，觀耕者則拔茅季容，皆爲名士。至汝南見袁奉高，不宿而去，從黃憲三日乃去。薛勤問之曰：①'足下見袁奉高不宿而去，見黃叔度乃彌日，何也？'太曰：'奉高之流，雖清而易挹也。叔度汪汪若千頃之陂，澄之不清，搖之不濁，難測量也。'"《後漢書·黃憲傳》注引作"薛恭祖問"。又《人部》引"茅容，字季偉，陳留人。陶弘景《真靈位業圖》"客"作"固"。年四十餘，耕於野。時與弟輩避雨樹下，衆皆夷踞相對，偉獨危坐愈恭。林宗見而奇之，與言，因請寓宿。旦日殺雞爲饌，林爲己設，既而以供其母，自以菜蔬與客同飯。林宗起拜之曰：'卿賢乎哉！'因勸令學，卒以成德"。又《甑》引"鉅鹿孟敏居太原，墜甑不顧。林宗見而問之，對曰：'甑已破矣，視之何益！'林宗賞其介決，因以知其德性必爲美士，勸使學，果爲美士"。又《弔》引"賈淑字子厚，林宗鄉人，雖世有冠冕，而性險害，邑里患之。林宗遭母喪，淑來弔之。而鉅鹿孫咸直亦至，咸直以林宗賢而受惡人弔，心怪之，不進而去。林宗遽追而謝曰：

---

① "薛"，原誤作"蔡"，據補編本、《太平御覽》四百四十四改。

'賈子厚誠凶德也，然洗心向善。仲尼不逆互鄉，故許其進。'淑聞之，改過自厲，終成善士。又林宗有母喪，徐稚往弔，置生芻一束於廬前而去。林宗曰：'此必南州徐孺子也。《詩》不云乎生芻一束，其人如玉，吾無德以堪之！'"又《疾》引"太以有道君子徵，同邑宋子浚勸使仕，太遂辭以疾，闔門教授"。又《車》引"時仲玉爲部從事，嘗乘柴車駕牛編荊爲當"。又《色》引"林宗秀立高峙，澹然淵渟。蔡伯喈告盧子幹、馬日磾曰：'爲天下作碑銘多矣，未嘗不有慚色。惟郭有道碑頌無愧色耳。'"

《藝文類聚·舟》引"林宗游雒陽，始見河南尹李膺，膺大奇之，遂相友善，於是名震京師。後歸鄉曲，諸儒送至河上，車數千輛。林宗惟與李膺同舟而濟。衆客望之，以爲神仙焉"。《廣博物志》引"郭太品題海内之士，或在幼童，或在里肆，後皆成英彥六十餘人，自著書一卷，論取士之本末，行遭亂遺失。又林宗與徐孺子游學，同稚還家。林宗庭有一樹，欲伐去之。稚乃問其故，林宗曰：'爲宅之法，方正如口，口中有木困字，不祥也，是以去之。'稚難林宗曰：'爲宅之法，方正如口，口有人囚字，豈可居之？'林宗默然無對"。《天中記》引"衛兹弱冠，與同郡周文生俱稱盛德。郭林宗與二人共至市，子許買物隨價讎直，文生訾訶減價乃取。林宗曰：'子許少欲，文生多情，非徒兄弟乃父子也。'文生以穢貨見捐，兹以節烈垂名"。

李膺家錄

《廣博物志》引"李元禮一世龍門，時同縣聶季寶小家子不敢見元禮。杜周甫知季寶賢，不能定名，以語元禮。元禮呼見，坐置砌下牛衣上，一與言，即決曰：'此人當作國士。'後卒如元禮言"。又"李膺恒以疾不送迎賓客，惟陳仲弓來，輒乘輿出門迎之"。

《天中記》引"膺居陽城時,門生在門下者恒有四五百人。膺每作一文出手,門下共爭之,不得墜地"。又"陳仲弓初與大兒元方來見,膺與言語訖,遣廚中具食。元方喜,以爲合意,當復得見焉。膺爲侍御史,按青州凡六郡,惟陳仲弓爲樂安視事,其餘皆稱病,七十縣並棄官而去,其威風如此"。又"膺岳峙淵渟,清峻貌貴重,華夏稱曰:'潁川李府君,頵頵如玉山。汝南陳仲舉,軒軒如千里駒馬。南陽朱公叔,飂飂如行松柏之下。'"又"郭林宗來游京師,當還鄉里,送車千許乘,膺亦在焉。衆人皆詣大槐客舍,獨膺與林宗共載,乘薄笨車上大槐坂。觀者數百人,引領望之,若喬松之在霄漢"。

《太平御覽·元旦》引"膺坐黨事與杜密、荀翊同繫新汲獄。時歲旦,翊引杯曰:'正朝從小起。'膺謂翊曰:'死者人情所惡,今子無丞色者何?'①翊曰:'求仁得仁,又誰恨也?'膺乃嘆曰:'漢其亡矣!善人天地之紀而多害之,何以存國!'"

陳寔別傳

《北堂書鈔·功曹》引"寔爲郡功曹,時中常侍侯覽託太守高倫用吏,倫教署文學掾。寔知其非人,乃懷檄請見,②乞從外署,倫從之。於是鄉論怪其非舉。倫後徵爲尚書,郡中士大夫送至傳舍,倫語衆人曰:'吾前爲中常侍用吏,此名爲故人畏憚强禦,③陳君可謂善則稱君,惡則稱己者也!'聞者莫不嘆息"。

《太平御覽·絹》引"寔字仲弓,潁川許人也。自爲兒童,不爲戲弄,等類所歸。寔在鄉閭,平心率物,其所爭訟者,輒求判

---

① "丞色",原誤作"郗",據補編本、《太平御覽》卷二十九改。
② "檄",原誤作"徵",據補編本、《後漢書·陳寔傳》改。
③ "名爲",補編本、《後漢書·陳寔傳》皆作"咎由"。

正，曉譬曲直，所平反無怨者。乃嘆曰：'寧爲刑罰所加，不爲陳君所斷。'歲時民儉，有盜夜入其室，伏於梁上。寔陰見之，乃起自整拂。呼命子孫，訓之曰：'夫人不可不自勉，不善之人未必本惡，習與性成遂至於此，如梁上君子是矣！'盜大驚，自投於地，稽首歸罪。寔徐譬之曰：'視子狀，貌不似惡人，宜深克己反善，然此當由困貧。今遺絹二匹。'自此縣無復盜"。

鄭玄別傳

康成以永建二年七月戊寅生，年八九歲能下算乘除。①
《玄本傳》注引"玄去吏，師故兗州刺史第五元先"②。又"玄病，戒子益恩曰：'吾家舊貧，爲郡父母所容，去斯役之吏，游周、秦之都，往來幽、并、兗、豫之地，候觀通人大儒，得意者咸從捧手，③有所受焉，遂博稽六藝，究覽傳記。今我告爾以事，④將閑居以養性，覃思以終業。自此拜國君之命，問親族之憂，展孝墳墓，觀省野物，曷嘗扶杖出門乎？家事大小，汝一承之。爾煢煢一夫，曾無同生相依。其勖求君子之道，鑽研勿替；恭慎威儀，以近有德，顯譽成於僚友，德行立於己志。若致聲稱，亦有榮於所生耳。'"
《三國志·國淵傳》注引"國淵始未知名，玄稱之曰：'國子尼美才也，吾觀其人必爲國器。'"
《世說·文學》注引"玄少好學，年十三誦五經，好天文占候風角隱術"。又"年二十一，博極群書，精術數緯圖之言，兼精算術"。又"季長后戚，嫚於侍士，玄不得見。自起精廬，既因介紹得通。時涿郡盧子幹爲門人冠首，季長又不解剖裂七事，

---

① 按，此句原爲天頭批注，據補編本移至於此。
② "先"字原脱，據補編本補。
③ "咸"，原誤作"得"，據補編本、《後漢書·鄭玄傳》改。
④ "事"，補編本、《後漢書·鄭玄傳》皆作"老"。

玄思得五，子幹得三，季長謂子幹曰：'吾與汝皆弗如也。'季長臨別執玄手曰：'大道東矣。'"

《北堂書鈔・巾》引"大將軍何進禮待甚優，玄不受朝服，惟服幅巾，一宿而去"。又《拜揖》引"建安元年，玄自徐州還高密，道遇黃巾賊數萬人，見玄皆下拜"。又《酒》引"袁紹遣使邀玄大會賓客，玄最後至，秀眉明目，容儀溫偉。八字原在"飲至三百杯"句下，今以文義次此，移置於此。紹一見玄，嘆曰：'吾本謂鄭君東州名儒，今乃是天下長者。夫以布衣雄世，斯豈徒然也！'及去，餞之城東，"一見玄"以下六句據《御覽》補。紹必欲玄醉。時會者三百人，酒酣之後，人人皆離席奉觴進爵，自旦至暮，八字據《御覽》補。玄飲至三百杯，而溫克之容，終日無怠"。二句據《御覽》補。又《死》引"玄卒，遺令薄葬，自郡守以下嘗受業者衰絰，赴者千餘人"。

《太平御覽・歲時》引"玄年十二，隨母還家，正臘，宴會同列十人皆美服盛飾。玄獨漠然如不及。父母私督教之，曰：'此非我志，不在所願。'"又《瓜》引"玄年十六，號曰神童，民有嘉瓜者，異本同實，縣欲表府，文辭鄙略，君爲改作。又著《頌》二篇，侯相高其才，爲修冠禮"。又《咎徵》引"年十七，在家見大風起，詣縣曰：'某時當有火災，宜祭禳，廣設禁備。'時火果起而不爲害"。又《經典》引"任城何休好《公羊》學，作《公羊傳注》，得《公羊》本意，遂著《公羊墨守》《左氏膏肓》《穀梁廢疾》，玄乃《發墨守》《箴膏肓》《起廢疾》。何休見而嘆曰：'康成入吾室，操吾戈，以伐我乎？'"又《鄉》引"國相孔文舉教高密令曰：'公者人德之正號，不必三事大夫也，今鄭君鄉宜曰鄭公鄉。'"又《遺腹》引"玄惟一子名益恩。年二十，七國相孔府君舉孝廉。府君以多寇屯都昌，爲賊管亥所圍，乃令以家將兵奔救，則賊見害。妻有遺體生男，玄以太歲在丁卯生，此男以丁卯日生，又手文與玄相似，故名曰小同"。又《婚》引"故尚書左丞同縣張逸年十三，爲縣小吏，君謂之曰：'爾有贊道之質，玉雖美須雕琢而成器，能爲書生以成爾志否？'對曰：'願之。'乃遂拔於其輩，妻以弟女"。

《廣博物志》引"玄在徐州，孔文舉時爲北海相，欲其反郡，敦請懇惻，使人繼踵。又教曰：'鄭公久游南夏，今艱難稍平，何有歸來之思，無寓人於室，致傷其藩垣林木，必繕治牆宇以俟還。'及歸，融告僚屬曰：'昔周人尊師，謂之尚父。今可咸曰鄭君，不得稱名也。'"又《酒譜》引"馬季長以英儒著名，玄往從參考同異。時與盧子幹相善在門下，以母老歸養"。按此條可補《世說》注之缺，蓋類書所引多割裂字句，文義往往不相連屬。

盧植別傳

《北堂書鈔·死》引"植，初平三年卒，臨終敕其子儉葬於山足，①不用棺槨，附體單布而已"。

蔡邕別傳

《北堂書鈔·讀書》引"邕與李則游學時在弱冠，始共讀《左氏傳》，性通敏兼人，舉一反三"。又《籥》引"邕嘗游橋亭。一作"高亭"，一作"柯亭"。見屋椽竹可以爲籥，因取用之，果有異聲，知音類如此也"。

《太平御覽·史》引"邕時作《漢記十意》，未及奏，遭事流離，因上書自陳曰：'臣既到徙所，乘塞守烽，職在候望，憂怖焦灼，無心復能操筆成草，②致章闕廷。誠知聖朝不責臣謝，但懷愚心有所不竟。臣自在布衣，嘗以爲《漢書》十志下盡王莽而止，③光武以來惟記紀傳，無作志者。臣所師事故太傅胡

---

① "卒臨"二字原誤倒，據補編本、《後漢書·盧植傳》乙正。
② "筆成"二字原脱，據補編本、《太平御覽》卷三百三十五補。
③ "下"，原誤作"不"，據補編本、《後漢書·蔡邕傳》改。

廣，知臣頗識其門户，略以所有舊事與臣。雖未備悉，粗見首尾，積累思維，二十餘年。不在其位，非外吏庶人所得擅述。天誘其衷，得備著作郎，①建言十志皆當撰録。會臣被罪，逐放邊野，恐所懷隨軀朽腐，抱恨黄泉，遂不設施，謹先顛踣，科條諸志。臣欲刪定者一，所當接續者四，前志所無臣欲著者五，及經典群書宜捃摭，本奏詔書所當依據，分别首目，並書章左，惟陛下留神省察。臣謹因臨戎長霍圉封上。有《律曆意》第一、《禮意》第二、《樂意》第三、《郊祀意》第四、《天文意》第五、《車服意》第六。'"

《廣博物志》引"東國宗敬蔡中郎，咸稱蔡君，不言名。兗州、陳留並圖畫形象爲目之曰：'文同三閭，孝齊曾、騫。'"又"初司徒王允與邕會議，允詞常屈，由是銜邕。及允誅卓，並收邕，衆人争之不能得。太尉馬日磾謂允曰：'伯喈忠直，素有孝行，且曠世逸才，多識漢事，嘗定十志，子今殺之，海内失望矣。''無蔡邕獨當，無十志何損？'遂殺之"。

蔡琰别傳

《北堂書鈔·賜書》引"曹操問琰曰：'聞夫人家先多墳籍，猶能憶識之否？'文姬曰：'昔亡父賜書四千餘卷，流離塗炭，罔有存者。今所誦憶，裁四百餘卷耳。'"

《太平御覽·琴》引"琰字文姬，陳留人，左中郎將邕之女，聰慧秀異。年六歲，邕鼓琴，弦絶。琰曰：'第一弦。'邕故斷一弦問之，琰曰：'第二弦。'邕又故斷一弦，琰曰：'第四弦。'邕曰：'偶得之耳。'琰曰：'吴札觀化，知興亡之國；師曠吹律，識南風之不競。由此觀之，何足不知！'"又《笳》引"琰先適河東衛仲道，夫亡無子，歸寧於家。漢末大亂，爲胡騎所獲，在

---

① "郎"，原誤作"即"，據補編本、《後漢書·蔡邕傳》改。

左賢王部伍中。春日登胡殿,感胡笳之音,①懷《凱風》之思,作詩言志,曰:'胡笳動兮邊馬鳴,孤雁歸兮聲嚶嚶。'"又《啼》引"琰在胡中十三年,有二男,捨之而歸,作詩曰:'家既迎兮當歸寧,兒呼母兮啼失聲,我掩耳兮不忍聽。'"

孔融別傳

《北堂書鈔·粥》引"漢末荒亂,融每旦以饘一盛魚一首以祭"。《太平御覽·幼童》引"孔文舉年四歲,每與諸兄共食梨,引小者。人問其故,曰:'我小兒,法當取小。'由此宗族異之。融十歲,隨父詣京師。聞漢中李公清節直亮,欲往觀其爲人,遂造公門,謂門者曰:'我是公通家子孫也。'門者白之,公曰:'高明祖父常與孤游乎?'跪而應曰:'先君孔子與明君先李老君,同德比義,而相師友,則融與公累世通家也。'坐衆數十人,莫不歎息,咸曰:'異童也。'大中大夫陳瑋後至,曰:'人小了了,大或未能佳。'②尋聲答曰:'君子之幼也,豈其慧乎?'李公撫抃大笑,曰:'高明長大必爲偉器。'"又《樽》引"融嘗歎曰:'坐上客常滿,樽中酒不空,吾無憂矣!'"又《黍》引"客言於何進曰:'孔文舉於時英雄特傑,譬諸物類,猶衆星之有北辰,百穀之有黍稷,天下莫不屬目焉。'"又《貌》引"融爲大中大夫,虎賁士貌似蔡邕,每酒酣,輒引與同坐,曰:'雖無老成人,尚有典型。'"又《太尉》引"袁術僭號,操託楊彪與術婚姻,誣以欲圖廢置,奏收下獄,劾以大逆。融聞之,不及朝服,往見操曰:'楊公四世清德,海內所瞻。《周書》父子兄弟罪不相及,況以袁氏歸罪?《易》稱積善餘慶,徒虛語耳?'操曰:'此國家之意。'融曰:'假如成王殺召公,周公何得言不知耶?纓綾搢紳所以瞻仰明公者,以公聰明仁知,輔相漢朝,舉直錯

---

① "胡"字原脱,據補編本、《北堂書鈔》卷一百十一補。
② "佳"字原脱,據補編本、《太平御覽》卷三百八十五補。

枉,致之雍熙。今横殺無辜,則海內瞻視,[1]莫不解體。孔融魯國男子,便當拂衣而去。'操不得已,復理出彪"。

邊讓別傳

《太平御覽·被》引"讓才辨逸俊,孔融薦讓於曹操,曰:'邊讓爲九州之被則不足,爲單衣襜褕則有餘。'"

楊彪別傳

《太平御覽·單衣》引"魏文帝令彪著布單衣,待以賓客之禮"。

禰衡別傳

《北堂書鈔·刺》引"衡字正平,少有才辨,而氣尚剛傲,好矯時慢物。興平中,避難荊州。建安初,游許下,始達潁川,乃陰懷一刺,既而無所之適,至於刺字漫滅。許都建賢士大夫四方來集,或問衡曰:'盍從陳長文、司馬伯達乎?'對曰:'吾焉從屠沽兒游耶?'又問:'荀文若、趙稚長云何?'衡曰:'文若可借面弔喪,稚長可使監廚請客。'惟善魯國孔融及弘農楊修,嘗稱曰:'大兒孔文舉,小兒楊德祖,餘子碌碌不足數也。'"又《狂》引"署爲鼓吏,裸辱曹操。孔融復見操,説衡狂疾,令求自謝"。又《馬》引"衡著官布單衣,以杖捶地,數責罵操及其先祖,無所不至。操乃勅外廄具騎馬三匹,並騎二人。須臾外給啓馬辦,曹公謂孔文舉曰:'禰衡小人,無狀乃爾。孤今殺之,無異鼠雀耳。顧此子有異才,遠近聞之,將謂孤不能容物。劉景升天性險急,不能容受此子,必當殺之。'[2]乃以衡置馬上,[3]兩騎挾送至南陽也"。又《飯》引"劉表作上事,極以爲快。衡見之,便滅敗投地,曰:'作此筆者爲食飯否?'"又《弔文》引"南陽寇柏松常待劉景升,景升當暫小出,屬守長胡

---

[1] "瞻視",《太平御覽》卷四百二十八作"觀聽"。
[2] "當",原誤作"將",據補編本、《太平御覽》卷三百改。
[3] "上",原誤作"下",據補編本、《太平御覽》卷三百改。

政令給視之。柏松父子宿與政不佳。景升不在,胡政因而殺之。景升還,慚悼無已,①即治殺胡政,爲作二牲以祭。正平爲作板書弔之,駐馬援筆,倚柱而作焉"。

《太平御覽·碑》引"黃祖子射爲章陵太守,與衡俱有所之,見蔡伯喈所作石碑,正平過視而嘆之言好。後日各歸章陵,自恨不令寫之。正平曰:'吾雖一過,尚識其所言。然其中央第四行石理磨滅,兩字不分明,當是某字,恐不諦耳。'因援筆書之,初無遺失,惟兩字不著耳。章陵雖知其才明敏,猶嫌有所遺失,故遣往寫之,還以校正平所書,皆無脫誤,所遺兩字如正平所遺字也,於是章陵嘆服"。又《賦》引"黃射大會賓客,人有獻鸚鵡者,射舉酒於衡曰:'願先生賦之,以娛嘉賓。'衡投筆而作,文不加點,辭采甚麗"。又《黍》引"十月朔,黃祖在艨衝舟上,賓客皆會,作黍臛。既至先到,衡得便飽食,初不顧左右,復指搏弄以戲。時江夏有張伯雲亦在座,調之曰:'禮教云何而食此?'正平不答,弄黍如故。祖曰:'處士不當答也?'衡謂祖曰:'君子寧聞車前馬糞?'祖呵之,衡熟視祖,罵曰:'死鍛錫公。'祖大怒,令伍伯將出,欲杖之,而罵不止,遂令絞殺之。黃射來救,無所復及,悽愴流涕曰:'此有異才。曹操及劉景升不殺,大人奈何殺之?'祖曰:'人罵汝父作鍛錫公,奈何不殺?'"

何容別傳

《太平御覽·醫》引見子部技術。

趙岐別傳

《太平御覽·沙》引"岐字臺卿,年九十餘,建安六年卒。先自

---

① "慚"字原脱,據補編本、《太平御覽》卷五百九十六補。

爲壽藏圖季札、子產、晏嬰、叔向四象，又自圖其象居主位，皆爲讚頌。敕其子曰：'我死之日，墓中取沙爲牀，布簟白衣，散髮其上，覆以單被。即日便下，下便掩。'"

董卓別傳

楊孚撰。孚字孝先，官議郎。本傳注引"卓父君雅爲潁川輪氏尉，生卓及弟旻。卓字仲潁，旻字叔潁"。《帝紀》注引"卓冶鑄候望璇璣儀"。《五行志》注引"卓孫七歲，愛之以爲己子，爲作小兜鎧胄，使騎駃騠馬，與玉甲一具，俱出入，以爲麟駒鳳鶵，至殺人之子，如蚤蝨耳。① 卓改董逃爲董安"。《太平御覽·縑》引"張奐將師北伐，表卓爲軍司馬。卓手斬購募羌酋，拜五官中郎將，賜縑九千匹，② 卓曰：'爲者則已，有者則士。'悉以縑分與將兵吏"。又《頭》引"卓知所爲不得遠近，意欲以力服之，遣行洛陽城。時遇二月，③ 社民在社下飲食，悉就斷頭，駕其車馬，載其婦女財物，以斷頭繫車轅軸上，還雒，云攻賊大獲，稱萬歲。入關雒陽城門，焚燒其頭。悉埋青城門外東都門内，而加書焉。又恐有盜取者，以尸送郿塢藏之"。"悉埋青城門外"五句據郝經《續漢書》增。又《目》引"卓會公卿，召諸降賊敗，行責降者曰：'何不鑿眼？'應聲，眼皆落地"。又《車》引"卓諷朝廷使光禄宣璠持節拜卓爲太師，位諸侯上。引還長安，百官迎路拜。卓遂僭儗車服，金華青蓋，畫兩輪車，時人號爲'竿摩車'，言服飾近天子也"。又《内》引"吕布殺卓，百姓相對歡喜忭舞，賣家珠環、衣服、牀榻，以買酒食，自相慶賀。④ 長安酒肉爲之踊貴"。

---

① 按，"卓孫……蝨耳"原爲天頭批注，今據補編本移置於此。
② "千"，原誤作"十"，據補編本、《後漢書·董卓傳》改。
③ "二"，原誤作"三"，據補編本、《太平御覽》卷三百六十四改。
④ "自相慶賀"四字原脱，據補編本、《太平御覽》卷八百二十八補。

呂布本末一卷
王允別傳

《北堂書鈔·別駕》引"本郡民有路仁"仁"亦作"拂"。者，少無名行。太守王珠召補吏，允犯顏直諫，珠怒收允，欲殺之。刺史鄧盛聞而馳傳，補爲別駕從事，允由是知名，路仁以之廢棄焉"。

許劭別傳

本傳注引"劭幼時見子微，便云'此賢當持汝南管鑰'"。

荀彧別傳

本傳注引"太祖表曰：'臣聞慮爲功首，謀爲賞本，野績不逾廟堂，戰多不踰國勛。是故曲阜之賜不後營丘，蕭何之賞先於平陽。珍策重計，古今所尚。侍中守尚書令彧，積德累行，少長無悔，遭世紛優，懷忠念治。臣自始事義兵，周游征伐，與彧戮力同心，左右王略，發言授策，無施不效。彧之功業，臣由以濟，用披浮雲，顯光日月。陛下幸許，彧左右機近，忠恪祗順，如履薄冰，研精極銳，① 以撫庶事。天下之定，彧之功也。宜享高爵，以彰元勛。'彧固辭無野戰之勞，不通太祖表。太祖與彧書曰：'與君共事以來，立朝廷，② 君之相爲匡弼，君之相爲舉人，君之相爲建計，君之相爲密謀，亦已多矣。夫功未必皆野戰也，③ 願君勿讓。'彧乃受"。又"太祖又表曰：'昔袁紹侵入郊甸，戰於官渡。時兵少糧盡，圖欲還許，書與彧議，彧不聽臣。建宜住之便，恢進討之規，更起臣心，易其愚慮，遂摧大逆，復取其衆。此彧覩勝敗之機，④ 略不世出也。及紹破敗，臣糧亦盡，以爲河北未易圖也，欲南討劉表。彧復

---

① "銳"，原誤作"悦"，據補編本、《三國志·魏志·荀彧傳》改。
② "廷"字原脱，據補編本、《三國志·魏志·荀彧傳》補。
③ "功"，原誤作"君"，據補編本、《三國志·魏志·荀彧傳》改。
④ "勝"，原誤作"盛"，據補編本、《三國志·魏志·荀彧傳》改。

止臣，陳其得失，臣用反斾，遂吞凶族，克平四州。向使臣退讓於官渡，紹必鼓行而前，有傾覆之形，無克捷之勢。後若南征，委棄兗豫，利既難要，將失本據。彧之二策，以亡爲存，以禍致福，謀殊功異，臣所不及也。是以先帝貴指蹤之功，薄搏獲之賞。古人尚帷幄之規，下攻拔之捷。前所賞錄，未副彧巍巍之勛，乞重采議，疇其戶邑。'彧深辭讓，太祖報之曰：'君之策勛，非但所表二事。前後謙沖，欲慕魯連先生乎？此聖人達節者所不貴也。昔介子推有言竊人之財猶謂之盜，況君密謀安衆，光顯於孤者以百數乎！以二事相還而復辭之，何取謙亮之多邪！'太祖欲表彧爲三公，彧使荀攸深讓，至於十數，太祖乃止"。又"自爲尚書令，常以書陳事，臨薨，皆焚毀之，故奇策異謀不得盡聞。是時征役草創，制度多所興復。彧常言於太祖曰：'昔舜分命禹、稷、契、皋繇以揆庶績，教化征伐，並時而用。及高祖之初，金革方殷，猶舉民能善教訓者，叔孫通習禮儀於戎旅之間。世祖有投戈講藝、息馬論道之事。君子無終食之間違仁。今公外定武功，內興文學，使干戈輯睦，大道施行，國難方弭，六禮俱治，此姬旦宰周之所以速平也。既立德、立功，而又兼立言，誠仲尼作述之意。顯制於當時，揚名於後世，豈不盛哉！若須武事畢而復制作，以稽治化，於事未敏。宜集天下大才通儒，考論六經，刊定傳記，存古今之學，除其繁重，以一聖真，並隆禮學，漸敦教化，則王道兩濟矣。'彧從容與太祖論治道，如此之類甚衆，太祖常嘉納之。彧德行周備，非正道不用心，名重天下，莫不以爲儀表，海內英雄咸宗焉。司馬宣王常稱：'書傳遠事，吾自耳目所從聞見，逮百數十年間，①賢才未有及荀令君者也。'前後

---

① "間"，原誤作"來"，據補編本、《三國志・魏志・荀彧傳》改。

所舉者，命世大才，邦邑則荀攸、鍾繇、陳群，海內則司馬宣王，及引致當世知名郄慮、華歆、荀悅、杜襲、辛毗、趙儼之儔，終爲卿相，以十數人。取士不以一揆，戲志才、郭嘉等有負俗之譏，杜畿簡傲少文，皆以智策舉之，終成顯名。荀攸後爲尚書令，亦推賢薦士。太祖曰：'二荀令之論人，久而益信，吾没世不忘。'鍾繇以爲顔子既没，能備九德，不貳其過，其惟荀或①爲然。或問繇曰：'君雅重荀君，比之顔子，自以不及，可得聞乎？'曰：'夫明君師臣，其次友之。以太祖之聰明，每有大事，常先諮之，荀君是則古師友之義也。吾等受命而行，猶或不盡，①相去顧不遠邪？②'"

司馬徽別傳

《太平御覽·鑑識》引"徽有人倫鑑識。③ 時人有以人物問徽者，初不辨其高下，每輒言佳。其婦諫曰：'人質所疑，君宜辨論。而一皆言佳，豈人所以諮君之意乎？'徽曰：'如君言，亦復佳。'"又《面》引"劉琮欲候，先使左右問其存亡。徽鉏園，左右問司馬君所在，徽頭面醜陋，曰：'我是也。'問者罵之曰：'即欲求司馬公，何等田奴妄稱也？④'徽更刷頭飾面而出，左右叩頭而謝之。徽乃謂曰：'卿真不可，吾甚羞之，此自鉏園，惟卿知之耳。'"又《旗》引"與劉恭嗣書：黃旗紫蓋恒見東南，終成天下者，揚州之君乎？"

諸葛亮別傳

《太平御覽·戰》引"魏明帝自征蜀，幸長安，遣宣帝督張郃諸軍，領卒三十萬，潛軍密向劍州。亮有戰士十萬，十二更下，

---

① "或"，原誤作"恐"，據補編本、《三國志·魏志·荀或傳》改。
② "相去"二字原脱，據補編本、《三國志·魏志·荀或傳》補。
③ "識"字原脱，據補編本、《天中記》卷二十六補。
④ "等"字原脱，據補編本、《太平御覽》卷三百八十二補。

住者八萬。時魏兵始陳,番兵適交,亮參佐咸以敵衆強多,非力所制,宜權停下兵,以并聲勢。亮曰:'吾聞用武行師,以大信爲本,得原失信,古人所惜。去者束裝以待期,妻子鶴望以計日。'皆敕速遣。於是去者感悅,願留一戰;住者憤勇,咸思致命。臨戰之時,莫不拔刃爭先,以一當十,殺張郃,却宣帝,一戰大克,此之由也"。

費褘别傳

本傳注引"褘代蔣琬爲尚書令。於時軍國多事,公務煩猥,褘識悟過人,每省讀書記,舉目暫視,已究其意旨,其速數倍於人,終亦不忘。常以朝晡聽事,其間納接賓客,飲食嬉戲,加之博弈,每盡人之歡,事亦不廢。董允代褘爲尚書令,欲效褘之所行,旬日之中,事多愆滯。①允乃嘆曰:'人才力相縣若此甚遠,此非吾之所及也。聽事終日,猶有不暇爾。'"又"少子恭爲尚書郎,顯名當世,早卒"。

《北堂書鈔·奉使》引"孫權每别酌好酒以飲褘,視其已醉,然後問以國事,並論當世之務。褘輒辭以醉,退而次所問,事事條答,無所遺失。權乃以手中嘗執寶刀贈之。褘答曰:'臣不才,何以堪明命?然刀所以討不庭、禁暴亂者也,但願大王勉建功業,同獎王室,臣雖闇弱,終不負東顧。'"又《尚書令》引"褘推性謙素,家不積財,兒子皆令布衣素食,出入不從車騎,無異凡人"。

《太平御覽·鬥爭》引"魏延、楊儀並坐爭論,延或舉刀擬儀,儀涕泣橫集。褘常入處其間,諫諭分别。

趙雲别傳

本傳注引"雲字子龍,姿顔雄偉,身長八尺,爲本郡所舉,將義

---

① 按,"褘代蔣琬……事亦"原寫於板框外左側空白處,據補編本移置於此。"不廢……事多愆滯"原脱,據補編本、《三國志·蜀志·費褘傳》補。

從兵詣公孫瓚。時袁紹稱冀州牧，瓚深憂州人之從紹也，善雲來附，嘲雲曰：'聞貴州人皆願袁氏，君何獨回心，迷而能返乎？'雲曰：'天下訩訩，未知孰是，民有倒懸之阨，鄙州論議，從仁政所在，不爲忽袁公私明將軍也。①'遂與瓚征討。時先主亦依託瓚，每接納雲，雲得深自結託。雲以兄喪辭瓚歸，先主知其不反，握手而別。雲辭曰：'終不背德也。'先主就袁紹，雲見於鄴。先主與雲同牀眠臥，密遣雲召募得數百人，稱劉左將軍部曲。② 紹不能用，遂隨先主至荊州"。又"初，先主之敗，有人言雲已北走者，先主以手戟摘之曰：'子龍不棄我先走也。'頃之，雲至。從平江南，以爲偏將軍，領桂陽太守，代趙範。範寡嫂曰樊氏，有國色，範欲以配雲。雲辭曰：'相與同姓，卿兄猶我兄。'固辭不許。時有人勸雲納之，雲曰：'範迫降耳，心未可測，天下女不少。'遂不取。範果逃走，雲無纖介。③ 先是，與夏侯惇戰於博望，生獲夏侯蘭。蘭是雲鄉里人，少小相知。雲白先主活之，薦蘭明於法律，以爲軍正。雲不用自近，其慎慮類如此"。又"先主入益州，雲領留營司馬。此時先主孫夫人以權妹驕豪，多將吳吏兵，縱橫不法。先主以雲嚴重，必能整齊，特任掌內事。權聞備西征，大遣舟船迎妹，而夫人內欲將後主還吳，雲與張飛勒兵截江，乃得後主還。益州既定，時議欲以成都中屋舍及城外園地桑田分賜諸將。雲駁之曰：'霍去病以匈奴未滅何用家爲，今國賊非但匈奴，④未可求安也。須天下都定，各反桑梓，歸耕本土，乃其宜耳。益州人民，初罹兵革，田宅皆可歸還，令安居復業，然

---

① "私"，原誤作"思"，據補編本、《三國志·蜀志·趙雲傳》改。
② "左"字原脱，據補編本、《三國志·蜀志·趙雲傳》補。
③ "介"，原誤作"芥"，據補編本、《三國志·蜀志·趙雲傳》改。
④ "賊"，原誤作"家"，據補編本、《三國志·蜀志·趙雲傳》改。

後可調役,得其歡心。'先主即從之"。又"孫權襲荊州,先主大怒,欲討權。雲諫曰:'國賊是曹操,非孫權也。且先滅魏,則吳自服。操身雖斃,子丕盜篡,當因衆心,早圖關中,居河、渭上流以討凶逆,關東義士必裹糧策馬以迎王師。不應置魏,先與吳戰;兵勢一交,不得卒解也。'先主不聽,遂東征,留雲督江州。先主失利於秭歸,雲進兵至永安,吳軍已退"。又"亮曰:'街亭軍退,兵將不復相錄;箕谷軍退,兵將初不相失,何故?'答曰:'雲身自斷後,軍資什物,略無所棄,兵將無緣相失。'雲有軍資餘絹,亮使分賜將士,雲曰:'軍事無利,何爲有賜?其物請悉入赤岸府庫,須十月爲冬賜。'亮善之"。又"後主詔曰:'雲昔從先帝,功績既著。朕以幼沖,涉塗艱難,賴恃忠勤,濟於危險。夫諡所以序元勳也,外議雲宜諡。'大將軍姜維等以爲,雲昔從先帝,勞績既著,經營天下,遵履法度,功效可書。當陽之役,義貫金石。忠以衛上,君念其賞;禮以厚下,臣忘其死。死者有知,足以不朽;生者感恩,足以殞身。謹按諡法,柔賢慈惠曰順,執事有班曰平,克定禍亂曰平,應諡雲順平侯"。

《北堂書鈔·謀策》引"夏侯淵敗,曹公爭漢中地,運米北山下,數千萬囊。黃忠以爲可取,雲兵隨忠取米。過期不還,雲將數十騎輕行出圍,迎視忠等。值曹公揚兵大出,雲爲公前鋒所擊,方戰,其大衆至,勢偪,遂前突其陣,且鬥且却。公軍散,已復合。雲陷敵,還趣圍。將張著被創,雲復馳馬還陣迎著。公軍追至圍,此時沔陽長張翼在雲圍內,欲閉門拒守,而雲入營,更大開門,偃旗息鼓。公軍疑有伏兵,雲雷鼓振天,惟以戎弩於後射公軍。公軍驚駭,自相蹂踐,墮漢水中死者甚多。先主明旦自來,至雲營圍視昨戰處,曰:'子龍一身都是膽也。'作樂飲宴至暝。軍中號雲爲'虎威將軍'"。

蒲元別傳

《北堂書鈔·匕首》引"君性多奇思，得之天然。鼻類之事，①出奇入神，不嘗見鍛功。忽於斜谷爲諸葛亮鑄刀三千口。鎔金造器，特異常法。刀成，言漢水鈍弱，不任淬厲；蜀江爽烈，是謂大金之元精，天分其野，乃命人於成都取之。有一人前取水，既至，君以淬刀，言：'雜涪水，不可用。'取水者猶悍言不雜，君以刀畫水云：'雜八升，何故言不雜？'取水者叩頭首服，曰：'實於涪津渡大浪覆水，懼怖，以涪水八升益之。'於是咸共驚服，稱爲神妙。刀成，以竹筒密内鐵珠滿其中，②舉刀斷之，應手零落，③若薙生芻，故稱絶當世，因曰神刀。今之屈耳環者，是其遺範"。又《糧》引"元爲丞相諸葛亮西曹掾。亮欲伐魏，患糧難致。元牒與亮曰：'元等輒推意作一木牛，連仰雙轅，人行六尺，牛行四尺，人載一歲之糧也。'"

曹操別傳

《太平御覽·帷》引"操爲典軍都尉，還譙、沛，士卒共叛，襲之。操得脱身亡走，竄於河亭長舍，稱曹濟南處士。卧養足創八九日，謂亭長者曰：'曹濟南雖敗，存亡未可知。公能以車牛相送，往還四五日，吾厚報公。'亭長乃以車牛送操，未至譙數十里，騎求操者多，操開帷叱之，皆大喜，始寤是操"。又《別駕》引"操爲兗州，以畢諶爲別駕。兗州亂，張孟卓劫諶母弟，操見諶曰：'孤撫綏失和，卿母、弟爲張邈所得，人情不相遠，卿可去。孤自遣卿，不爲相棄。'諶泣涕曰：'當以死效。'操亦垂涕答之。諶明日便走，城破還邸，得諶，還以爲掾"。又《金》引"操兵入碭，發梁孝王冢，破棺收金寶數萬斤。天子

---

① "類"，原誤作"穎"，據補編本、《太平御覽》卷三百四十五改。
② "滿"字原脱，據補編本、《太平御覽》卷三百四十五補。
③ "手"，原誤作"刀"，據補編本、《太平御覽》卷三百四十五改。

聞之哀泣"。

曹氏家傳三卷　曹毗撰

《三國志·魏紀》注引"自云曹叔振鐸之後,周武王封母弟振鐸於曹,後以國爲氏"。

曹瞞傳　吳人撰

《袁紹傳》注引"嵩,夏侯氏子,惇之叔父也。魏太祖于惇爲從兄弟"。《三國志注》引"自京師遭董卓之亂,人民流移,多出徐彭城間。遇太祖至,坑殺男女數萬口於泗水,水爲之不流。陶謙帥其衆軍武原,太祖不得進。引軍從泗南攻取慮、睢陵、夏丘諸縣,屠之。雞犬亦盡,墟邑無復行人"。又"公聞許攸來,跣出迎之,曰:'子卿遠來,吾事濟矣!'既入座,謂公曰:'袁氏軍盛,何以待之？今有幾糧乎？'公曰:'尚可支一歲。'攸曰:'無是,更言之。'又曰:'可支半載。'攸曰:'足下不欲破袁氏耶？何言之不實也？'公曰:'向言戲之耳,其實可一月,爲之奈何？'攸曰:'公孤軍獨守,外無救援,而糧穀已盡,此危急之日也。今袁氏輜重有萬餘乘,在故市烏巢,屯軍無嚴備。今以輕兵襲之,不意而至。焚其積聚,不過三日,①袁氏自敗也。'公大喜,乃選精銳步騎,皆用袁軍旗幟,銜枚,縛馬口,夜從間道出,人抱束薪。所歷道有問者,語之曰:'袁公恐曹操鈔略後軍,遣兵以益備。'聞者信以爲然,皆自若。既至圍屯,大放火,營中驚亂,大破之,盡燒其糧穀寶貨。斬督將眭元、進騎督韓莒子、②呂威璜、③趙叡等首,割得將軍淳于仲簡鼻未死,殺士卒千餘人,皆取鼻,牛馬割脣舌,以示紹軍,將士皆怛懼。一作"惶懼"。時有夜得仲簡以詣麾下,公謂曰:

---

① "日",原誤作"月",據補編本、《三國志·魏志·武帝紀》改。
② "騎"字原脫,"韓"原誤作"將",皆據補編本、《三國志·魏志·武帝紀》改。
③ "呂",原誤作"成",據補編本、《三國志·魏志·武帝紀》改。

'何爲如是？'仲簡曰：'勝負自天，何用爲問乎？'公意不欲殺之，攸曰：'明旦鑑於鏡，此益不忘。'乃殺之。袁買，尚兄子"。又"遣候者數部參之，皆曰：'定從西道，已在邯鄲。①'公大喜，會諸將曰：'吾已得冀州，諸君知之乎？'皆曰：'不知。'公曰：'諸君方見不久也。'時寒且旱，二百里無復水，軍又乏食，殺馬數千匹以爲糧，鑿地入三十餘丈得水。既還，科問前諫者，衆莫知其故，人人皆懼。公皆厚賞之，曰：'孤前行，乘危以徼倖，難得之功，天所佐也，故不可以爲常。諸君之諫，萬安之計，②是以相賞，後勿難言之。'"又"公將渡河，前隊適渡，馬超等掩至，公患，猶坐胡牀不起。張郃等見事急，共引公入船。河水急，北渡，流四五里，超等騎追射之，矢下如雨。諸將見軍敗，不知公所在，皆惶懼。至見，乃流涕，或悲喜。公大笑曰：'今日幾爲小賊所困乎？'"又"時公軍每渡渭，輒爲超騎所衝突，營不得立，地又多沙，③不可築壘。婁子伯說公曰：'今天寒，可起沙爲城，以水灌之。可一夜而成。'公乃多作縑囊以運水，夜渡兵作城。比明城立，由是公軍盡得渡渭。超數挑戰不利，操縱虎騎夾擊超，遂走涼州。公征張魯，魯使弟衛據陽平關，橫山築城十餘里，攻之不拔，乃引兵還。賊見大兵退，其守備懈，公乃密選騎將乘險夜襲，大破之"。又"廬江太守劉勳理明城，恃兵強士衆，橫於江淮之間，無出其右者。孫策惡之。時已有江左，自領會稽太守，使人卑辭厚幣而說之曰：'海昏上繚家人，數欺下國，患之有年矣。擊之路由不便，幸因將軍之神武而臨之。且上繚國富廩實，吳娃、越姬充於後庭，明珠、大貝被於聚藏，取之可以資軍糧。蜀郡成都金碧

---

① "在"，原誤作"得"，據補編本、《三國志·魏志·武帝紀》改。
② "萬安之計"四字原脫，據補編本、《三國志·魏志·武帝紀》補。
③ "沙"，原誤作"河"，據補編本、《三國志·魏志·武帝紀》改。

之府，未能過也。策願舉敵道士卒以爲外援。'勛然之，劉曄諫曰：'上繚雖小，而城堅池深。守之則易，攻之則難，不可旬日而拔也。且兵疲於外而國虛於内。孫策多謀而善用兵，乘虛襲我，將何以禦之？將軍進疲於敵，退無所歸。羝羊觸藩，不能退，不能遂，其在斯乎？'勛不從，遂大興師伐上繚，其廬江果爲孫策所襲。勛窮蹙，遂奔曹公"。又"公遣華歆勒兵入宫收后，后閉户匿壁中。歆壞户發壁，牽后出。帝與御史大夫郄慮坐，后披髮徒跣過，執帝手曰：'不能復相活耶？'帝曰：'我亦不知命在何時也？'帝謂慮曰：'郄公，天下寧有是耶？'遂將后殺之，完及宗族死者數百人"。又"爲尚書右丞司馬建公所舉。及公爲王，召建公到鄴，與歡飲，謂建公曰：'孤今日可復作尉否？'建公曰：'昔舉大王時，適可作尉。'王大笑"。又"是時南陽間苦繇役，宛守將侯音於是執太守東里褒，《廣韻注》引作"東里昆"。與吏民共反，①與關羽連和。南陽功曹宗子卿往説音曰：'足下順民心，舉大事，遠近莫不望風，然執郡將，逆而無益，何不遣之？吾與子戮力，比曹公兵來，關羽兵亦至矣。'音釋遣太守，子卿夜踰城亡走，遂與太守收餘民圍音，②會曹仁兵至，③共滅之"。又"王更修治北部都尉廨舍，過於舊。桓階勸王正位，夏侯惇以爲宜先滅蜀，蜀亡則吳服，二方既定，然後遵舜、禹之軌，王從之。及至王薨，惇追恨前言，發病卒"④。又"太祖爲人佻易無威重，好音樂，倡優在側，嘗以日達夕。被服陋儉，身自佩小鞶囊，以盛手巾細物。時或冠帢帽以見賓客。每與談論，戲弄言誦，⑤盡無所隱，及歡悦大

---

① "共"，原誤作"相"，據補編本、《三國志・魏志・武帝紀》改。
② "圍"，原誤作"圖"，據補編本、《三國志・魏志・武帝紀》改。
③ "仁"，原誤作"公"，據補編本、《三國志・魏志・武帝紀》改。
④ 按，"桓階……發病卒"原爲天頭批注，據補編本移置於此。
⑤ "誦"，原誤作"確"，據補編本、《三國志・魏志・武帝紀》改。

笑,至以頭没盃桉中,肴膳皆沾污巾幘,其輕易如此。然持法峻刻,諸將有計畫勝出已者,隨以法誅之。及故人舊怨,亦皆無餘。其所刑殺,輒對之垂涕,嗟痛之,終無所活。初,袁忠爲沛相,嘗欲以法治太祖,沛國桓邵亦輕之。及在兗州,陳留邊讓頗侵太祖,太祖殺讓,族其家。忠、邵俱避難交州,太祖遣使就太守士燮,盡族之。桓邵得出首,拜謝於庭中,太祖謂曰:'跪可解死耶?'遂殺之。嘗出軍行經麥中,令'士卒無敗麥,犯者死'。騎士皆下馬拊麥,以手相持。於是太祖馬騰入麥中,敕主簿議罪,對:'以《春秋》之義,不加於尊。'太祖曰:'制法而自犯之,何以帥下?然孤爲軍帥,不可自殺,請自刑。'因拔劍割髪以置地。又有幸姬嘗以晝寢,枕之卧,告之曰:'須臾覺我。'姬見太祖卧安,未即寤,及自覺,棒殺之。常討賊,廩穀不足,私謂主者曰:'如何?'主者曰:'可用小斛以足之。'太祖曰:'善。'後軍中言太祖欺衆,太祖謂主者曰:'特當借君死以厭衆,不然事不解。'乃斬之,取首題之曰:'行小斛,盜官穀,縣之軍門。'其酷虐變詐,皆此之類也"。

《太平御覽・口》引"太祖一名吉利,字阿瞞。少好飛鷹走狗。游蕩無度,其叔父數言之於嵩。太祖患之,後逢叔父於路,乃佯敗面喎口。叔父怪而問其故,太祖曰:'卒中惡風。'叔父以告嵩。嵩驚愕,呼太祖,太祖口貌如故。嵩驚問曰:'叔父言汝中風,爲已差乎?'太祖曰:'初不中風,但失愛於叔父,故見誣耳。'嵩乃疑焉。自後叔父有所告,嵩終不復信,於是益得肆志矣"。又《棓》引"太祖爲雒陽北部都尉,入縣廨,繕治四門。造五色棒,縣門左右各十餘枚,有犯禁者,不避豪強,皆棒殺之。後數月,靈帝愛幸小黄門蹇碩叔父夜行,即殺之。京師斂迹,莫敢犯者。近習寵臣咸疾之,然不能傷,於是共推薦之,遷爲頓丘令"。又《馬》引"吕布驍勇,且有駿馬,常騎乘之。時人爲之語曰：'人中有呂布，馬中有赤兔。'"又《梨》引"王自漢中至洛，修起正始殿，使工蘇越徙美梨，根傷盡血出。越白狀，王躬自視而惡之，以爲不祥，還遂寢疾"。

華佗别傳

本傳注引"人有在青龍中見山陽太守廣陵劉景宗，[①]景宗説中平時見華佗，其療病平脈之候，其驗若神。琅邪劉勛爲河内太守，有女年幾二十，左脚膝裹上有瘡，癢而不痛，愈數十日復發，如此七八年。迎佗使視，佗曰：'是易治之。當得稻糠黄色犬一頭、好馬二匹。'以繩繫犬頸，使走馬牽犬，馬極輒易馬，計馬走三十餘里，犬不能行，當用步人拖曳，計四五十里。乃以藥飲女，女即安卧不知人。因取大刀斷犬腹近後脚之前，以所斷之處向瘡口，令去二三寸。停之須臾，有若蛇者從瘡中而出，便以鐵錐橫貫蛇頭。蛇在皮中搖動良久，須臾不動，乃牽出，長三尺許。純是蛇，但有眼處而無瞳子，又逆鱗耳。以膏散著瘡中，七日而愈"。又"有人苦頭眩，頭不能舉，目不能視，積年。佗使悉解衣倒縣，令頭去地三寸，濡布拭身體，[②]令周帀，候視諸脈，盡出五色。佗令諸弟子數人以鈹刀決脈，五色血盡，視赤血，乃下。以膏摩之，被覆，汗自出周帀，飲亭歷犬血散，立愈。《太平御覽》引作"佗見嚴昕，語之曰：'君有急風見於面，勿多飲酒。'其年歸，昕於道中卒，得頭眩墜車輿，著車上歸家，一宿而死。佗使解衣倒縣"云云，與此不同，疑誤併爲一條也。又有婦人長病經年，世謂寒熱注病者。冬十一月，佗令坐石槽中，平旦用寒水汲灌，云當滿百。始七八灌，會戰欲死。灌者懼，欲止。佗令滿數。至八十灌，熱氣乃蒸出，囂囂高二三尺。滿百，佗乃使火温牀，厚覆，良久汗出，著粉，汗燥便愈。又有人病腹中半切痛，

[①] "宗"，原誤作"家"，據補編本、《後漢書·華佗傳》改。下"景宗"同。
[②] "拭"，原誤作"濕"，據補編本、《後漢書·華佗傳》改。

十餘日中，①鬚眉墜落。佗曰：'是脾半腐，可剖腹養治也。'使飲藥令臥，破腹就視，脾果半腐壞。以刀斷之，刮去惡肉，以膏傅瘡，飲之以藥，百日平復"。又"有人病脚躄不能行，佗切脈，便使解衣，點背十餘處，相去寸，或五寸，從邪不相當。言灸此各七壯，灸創愈即行。後愈灸處夾脊一寸，上下行端直均調，如引繩也"。又"甘陵相夫人有胎六月，腹痛十餘日，大，亟請佗視脈。佗曰："有兩胎，一已死。"便手摹其胎，在左男也，在右女也，右死。即爲湯下之，便愈"。又"有一人腹內痛，晝夜不眠，敕其子曰："吾氣絶後，可剖視之。"死後，其子果剖之，得一銅鎗。華佗聞之，便往，出巾箱中藥投之，鎗即化爲清酒"。亦見任昉《述異記》。又"吳普從佗學，微得力。魏明帝呼之，使爲禽戲，普以年老，手足不能相及，粗以其法語諸醫。普今年將九十，耳不聾，目不冥，牙齒完堅，飲食無損"。又"青黏者，一名地節，一名黃芝。大理五藏，益精氣。本出於迷入山者，②見仙人服之，③以告佗。佗以爲佳，輒與阿，阿又秘之。近者人見阿之壽，而氣力强盛，怪之，遂責阿所服，因醉亂誤道之。法一施，人多服者，皆有大驗"。
《北堂書鈔・袠》引"佗以綫爲書袠，袠中有秘要之方也"。
《天中記》引"城陽郄儉少時行獵，墮空冢中。饑餓，見冢中央有大龜，數數回轉，所向無常，張口吞氣，或俯或仰。儉亦素聞龜能導引，乃試隨龜所爲，遂不復饑。百餘日，頗苦後人有窺冢中，見儉而出之，遂竟能咽氣斷穀。魏王召置土室中閉試之，一年不食，顔色悦澤，氣力自若"。懷按《宋書》：景王嬰孩時有

---

① "十"字原脱，據補編本、《後漢書・華佗傳》補。
② "者"字原脱，據補編本、《後漢書・華佗傳》補。
③ "見"字原脱，據補編本、《後漢書・華佗傳》補。

目病，宣王令華佗治，當出眼瞳割去疾而内之傅藥。此條《後漢書》《魏志·佗傳》皆未載，附識於此。

邴原別傳

本傳注引①"原十一而喪父，家貧，早孤。鄰有書舍，原過其旁而泣。師問曰：'童子何悲？'原曰：'孤者易傷，貧者易感。來書舍者，必皆具有父兄者，一則羨其不孤，一則羨其能學，心中惻然而爲涕零。'師亦哀原之言而爲之泣曰：'欲書可耳。'答曰：'無錢。'師曰：'童子苟有志，我能相教，不求資也。'於是遂就書。一冬之間，誦《孝經》《論語》。自在童齔之中，嶷然有異。及長，金玉其行。欲遠游，詣安丘孫崧。崧辭曰：'君鄉里鄭君，君知之乎？'原答曰：'然。'崧曰：'鄭君學覽古今，博聞强識，鉤深致遠，誠學者之師模也。君乃舍之，躡屣千里，所謂以鄭爲東家丘也。君似不知而曰然者，何？'原曰：'先生之説，誠可謂苦藥良箴矣，然猶未達僕之微趣也。人各有志，所規不同，故有登山而采玉者，有入海而采珠者，豈可謂登山者不知海之深，入海者不知山之高哉？君謂僕以鄭爲東家丘，君以僕爲西家愚夫邪？'崧辭謝焉。又曰：'兖、豫之士，吾多所識，未有若君者，當以書相分。'原重其意，難辭之，持書而別。原心以爲求師啓學，志高者通，非若交游待分而成也。書何爲哉？乃藏書於家而行。原舊能飲酒，自行之後，八九年間，酒不向口。單步負笈，苦身持力，至陳留則師韓子助，潁川則宗陳仲弓，汝南則交范孟博，涿郡則親盧子幹。臨别，師友以原不飲酒，會米肉送原。原曰：'本能飲酒，但以荒思廢業，故斷之耳。今當遠别，因見貺餞，可一燕飲。'於是共坐，終日飲酒，不醉。歸以書還孫崧，解不致書之意。

---

① "本傳注"三字原爲空格，據本書體例及上下文意補。

後爲郡所召,署功曹。時魯國孔融在郡,教選計當任公卿之才,乃以鄭玄爲計掾,彭璆爲計吏,原爲計佐。融有所愛一人,①嘗盛嗟嘆之。後恚望,欲殺之。朝吏皆請。時其人亦在坐,叩頭流血,而融意不解。原獨不爲請。融謂原曰:'衆皆請,而君何獨不?'原曰:'明府於某,本不薄也。常言歲終當舉之,所謂吾一子也。如是,朝吏受恩未有在某前者矣,而今乃欲殺之。明府愛之,則引而方之於子;憎之,則推之欲危其身。原愚,不知明府何以愛之,何以惡之?'融曰:'某生於微門,吾成就其兄弟,拔擢而用之。某今孤負恩施。夫善則進之,惡則誅之,固君道也。往者應仲遠爲泰山太守,舉一孝廉,旬日之間而殺之。夫君人者,厚薄何常之有!'原曰:'仲遠舉孝廉,殺之,其義焉在？夫孝廉,國之俊選也,②舉之若是,則殺之非也；若殺之是,則舉之非也。《詩》云：彼其之子,不遂其媾。蓋譏之也。語云：愛之欲其生,惡之欲其死。既欲其生,又欲其死,是惑也。仲遠之惑甚矣。明府奚取焉？'融乃大笑曰:'吾乃戲耳。'原又曰:'君子於其言,出乎身,加乎民。言行,君子之樞機也。安有欲殺人而可以爲戲者哉？'融無以答。是時漢朝陵遲,政以賄成,原乃將家人入鬱洲山中。郡舉有道,融書喻原曰:'修性保真,清虛守高,危邦不入,久潛樂土。王室多難,西遷鎬京。聖朝勞謙,疇咨俊乂。我徂求定,策命懇惻。國之將隕,嫠不恤緯。家之將亡,緹縈跋涉。彼匹夫也,猶執此義。實望根矩,仁爲己任,援手拯溺,振民於難。乃或宴宴居息,莫我肯顧,謂之君子,固如是乎？根矩,根矩,可以來矣!'原以喪亂方熾,遂到遼東。遼

① "一"字原脱,據補編本、《三國志‧魏志‧邴原傳》補。
② "選",原誤作"秀",據補編本、《三國志‧魏志‧邴原傳》改。

東多虎，原之邑落獨無虎患。原嘗行而得遺錢，以繫樹枝，此錢既不見取，而繫錢者愈多。問其故，答者謂之神樹。原惡其由己而成淫祀，乃辨之，於是里中遂斂其錢以爲社供。① 里老爲之誦曰：'邴君行仁，邑落無虎。邴君行廉，路樹成社。'"又"時同郡劉攀亦俱在焉，遼東人圖奉攀太守。公孫度覺之，捕其家，而攀得免。度曰：'有藏劉攀者同誅。'攀窘迫歸原曰：'窮鳥入懷。'原曰：'焉知斯懷之可入？'遂匿之月餘。東萊太史子義，素有節義，原欲以攀付之。攀臨去，以其手所仗劍金二餅與原，原受金辭劍，還謂度曰：'將軍平日與劉攀無郤，而欲殺之，但恐其蠱蠹也。今攀已去，而尚拘困其家，以情推之，其今爲蠱蠹，必更甚矣！'度從之，即出其家，原以金還之"。又"原後欲歸鄉里，止於三山。孔融與書曰：'隨會在秦，賈季在狄，諮仰靡所，歎息增懷。頃知來至，近在三山。《詩》不云乎來歸自鎬，我行永久！故遣五官掾，奉問榜人舟楫之勞，禍福動靜告慰。時亂階未已，阻兵之雄，若棋弈爭梟。'②原於是復返還。積十餘年，乃遁還。南行已數日，而度甫覺。度知原之不可復追也，因曰：'邴君所謂雲中白鶴，③非鶉鷃之網所能羅矣。又吾自遣之，勿復求也。'遂免危難。自反國土，於是講述禮樂，吟咏詩書，門徒數百，服道數十。時鄭玄以博學洽聞，注解典籍，故儒雅之士集焉。原亦以高遠清白，頤志澹泊，口無擇言，身無擇行，故英偉之士向焉。是時海內清議云"青州有邴、鄭之學"。魏太祖爲司空，辟原署東閣祭酒。太祖北伐三郡單于，還住昌國，燕士大夫。酒酣，太祖曰：'孤返，鄴守諸君必將來迎，今日明旦，度皆至矣。其

---

① "錢以爲"三字原脫，據補編本、《三國志·魏志·邴原傳》補。
② "弈"，原誤作"奕"，據補編本、《三國志·魏志·邴原傳》改。
③ "所"，原誤作"可"，據補編本、《三國志·魏志·邴原傳》改。

不來者，獨有郤祭酒耳。'言訖未久，而原先至。門下通謁太祖，太祖驚喜，掣履出迎原曰：'賢者誠難測度！孤謂君將不能來，而遠自屈，誠副飢虛之心。'謁訖而出，軍中士大夫詣原者數百人。太祖怪而問之，時荀文若在坐，對曰：'獨可省問邴原耳。'太祖曰：'此君名重，乃亦傾士大夫心。'文若曰：'此一世異人，士之精藻，乃宜重禮以待之。'太祖曰：'固孤之宿心也。'自是之後，見敬益重。雖在軍歷署，常以病疾，高枕里巷，①終不當事，又希會見。河南張範，名公之子也，其志行有與原符，甚相親敬。②令曰：'邴原名高德大，清規邈世，魁然而峙，不爲孤用。聞張子頗欲學，吾恐造之者富，隨之者貧也。'魏太子爲五官中郎將，天下向慕，賓客如雲，而原獨守道持常，非公事不妄舉動。太祖微使人問之，原曰：'吾聞國危不事冢宰，君老不奉世子，此典制也。'於是乃轉五官長史，令曰：'子弱不才，懼其難正。貪欲相屈，以匡勵之。③雖云利賢，能不惡惡。'太子宴會，賓客百數十人，太子建議曰：'君父各有篤疾，有藥一丸，可救一人，當救君耶父耶？'衆人紛紜，或父或君。原時在坐，不與此論。太子諮之於原，原勃然對曰：'父也。'太子亦不復難之"。

管輅別傳

桓範別傳

母丘儉傳

桓階別傳

虞翻別傳

右家傳類。

---

① "里巷"二字原脱，據補編本、《三國志·魏志·邴原傳》補。

② "敬"，原誤作"近"，據補編本、《三國志·魏志·邴原傳》改。

③ "之"字原脱，據補編本、《三國志·魏志·邴原傳》補。

補後漢書藝文志卷之十九

圭頭碑

在柏鄉縣千秋亭。《水經注》：亭有石壇，壇有《圭頭碑》，其陰云"常山相隴西狄道馮龍所造"。壇廟之東，枕道有兩翁仲，南北相對。

按《光武本紀》：命有司設壇場於鄗南千秋亭五城陌，改鄗爲高邑。

戚伯著碑

建武三年。伯著，渤海君玄孫，季景長子也。大歲丁亥，聘妻米氏。旬期，著橫遇躬度，不蒙禱卜，奄遂賁没。碑叙其先云："調官沛土，安揩東山，子孫孝弟。"蓋戚姬遭吕后之禍，其族有官於沛者，宅兆所卜，子孫因家焉。王氏《談録》載："石舍人揚休典宿州，蘄澤岸旁得古碑，刻云'有周渤海君玄孫伯著之碑'，問公曰：'所謂周者，得非宇文氏乎？'公曰：'然。'"秋碧按：碑明書建武三年，且歷叙族姓遷徙之由，而漫應曰"宇文氏"。甚矣！宋人之不學也。

北宫衛令邯君千秋宅磚

篆書"建武二十八年"。

封禪大山石刻文

建武三十年，群臣上言封禪大山，詔曰："即位三十年，百姓怨氣滿腹，何事汙七十二君之編録？"不許。三十二年正月，上齋，夜讀《河圖會昌符》，曰："赤劉之九，會命岱宗。不謹克用，何益於承。誠善用之，奸偽不萌。"感此文，乃詔中郎將梁松等復案索《河》《雒》讖文言九世封禪事者。松列奏，乃許焉。

張純奏上宜封禪，曰："自古受命而帝，治世之隆，必有封禪，以告成功焉。《書》曰：'歲二月，東巡狩，至於岱宗，柴。'則封禪之義也。陛下受中興之命，平海內之亂，黎元安寧，夷狄慕義，今攝提之歲，蒼龍甲寅年，德在東宮，宜及嘉時，以二月東巡守，封於岱宗。"中元二年，帝乃東巡岱宗，以巡視御史大夫從，并上元封舊儀及石刻文。《東觀漢記》：有司奏《河圖》《雒記》三十六事與博士充等等，議請親定刻石紀號文。太常奏議，乃求元封時封禪故事，議所施用。有司奏尚方石再累置壇中，皆方五尺，厚一尺，用玉牒書藏方石。牒厚五寸，長尺三寸，廣五寸，有玉檢。又用石檢十枚，列於石旁。東西各三，南北各二，皆長一尺，厚七寸。檢中刻三處，深四寸，方五寸，有蓋。檢用金鏤五周，以水銀和金以爲泥。玉璽一方寸二分，一枚方五寸。方石四角又有距石，皆在粂。長一尺，厚一尺，廣二尺，皆在圓壇上。其下用距石十八枚，皆高三尺，厚一尺，廣三尺，如小碑，環壇立之，去壇三步。距石下皆有石跗，入地。又用石碑，高九尺，廣三尺五寸，厚尺二寸，立壇丙地，去壇三丈，以刻書。上以用石功難，又欲及二月封，故詔松欲用故封空檢，更封而已。松上疏爭之，以爲"登封之禮，告功皇天，垂後無窮，以爲萬民也。承天之欽，尤宜章明。奉圖書之瑞，尤宜顯著。今因舊封，寄竄玉牒故石下，恐非受命之義。受命中興，宜當特異，以明天意"。遂使大山郡及魯趣石工，宜取全清石，無必五色。以印工不能刻玉牒，故用丹漆書；會求得能刻玉者，遂書。秘刻方石，中容玉牒。二月，上至奉高，遣侍御史與蘭臺令史，將工先上山刻石。文曰："惟建武三十有二年，皇帝東巡守，至於岱宗，柴，望秩於山川，班於群神，遂覲群后。從臣太尉熹、行司徒特進高密侯禹等。漢賓二王之後在位。孔子之後褒成侯，①序在東后，蕃王

---

① "侯"字原脫，據《後漢著·祭祀志》補。

十二,咸來助祭。《河圖赤伏符》曰:'劉秀發兵捕不道,四夷雲集龍鬥野,四七之際火爲主。'《河圖會昌符》曰:'赤帝九世,巡省得中,治平則封,成合帝道孔矩,則天文靈出,地祇瑞興。帝劉之九,會命岱宗,誠善用之,奸僞不萌。赤漢得興,九世會昌,巡岱皆尊。'①天地扶九,崇經之常。漢大興之,道在九世之王。封於太山,刻石著紀,禪於梁父,退省考五。'《河圖合古篇》:②'帝劉之秀,九名之世,帝行德,封刻政。'《河圖提劉子》曰:'九世帝,方明聖,持衡矩,九州平,天下予。'③《雒書曜甄度》曰:'赤三德,④昌九世,會修符,⑤合帝際,勉封刻。'《孝經鉤命決》曰:'予淮行,赤劉用帝,帝建孝,九會修,專美行謁封岱、清。'《河》《雒》命后,經讖所傳。昔在帝堯,聰明密微,遜與帝庶,後裔握璣。王莽以元舅之家,三司鼎足冢宰之權勢,依託周公、霍光輔幼歸政之義,遂以篡叛,僭號自立。宗廟隳壞,社稷喪亡,不得血食,十有八年。揚、徐、青三州首亂,兵革橫行,延及荆州,豪傑並兼,百里屯聚,往往僭號。北夷作寇,千里無烟,無雞鳴犬吠之聲。皇天睠顧皇帝,以匹庶受命中興,年二十八載興兵,起是以中次誅討,十有餘年,罪人斯得。黎庶得居爾田,安爾宅。書同文,車同軌,人同倫。舟輿所通,轍迹所至,靡不貢職。建明堂,立辟雍,起靈臺,設庠序。同律、度、量、衡。修五禮,行五玉,三帛,二牲,一死,贄。吏各修職,復於舊典。在位三十有二年,年六十二。乾乾日昃,不敢荒寧,涉危歷險,親巡黎元,恭肅神示,惠恤耆老,理度遵古,聰允明恕。皇帝惟謹按《河圖》正文,是

---

① "尊",《後漢書·祭祀志》作"當"。
② "古",原誤作"誠",據《後漢書·祭祀志》改。
③ "予"字原脱,據《後漢書·祭祀志》補。
④ "三",原誤作"之",據《後漢書·祭祀志》改。
⑤ "會",原誤作"今",據《後漢書·祭祀志》改。

月辛卯，柴，登封太山。甲午，禪於梁父。以承靈瑞，以爲兆民，永茲一宇，垂於後昆。百寮從臣，郡守師尹，咸蒙福祉，永永無極。"二十二日辛卯晨，燎祭天於大山下南方，群神皆從，用樂如南郊。諸王、王者後二公、孔子後褒成君，皆助祭事。畢，將升封。或曰："大山雖已從食於柴祭，今親升告，即宜有禮祭。"於是使謁者以一特牲於常祠大山處，告祠大山，如親耕、貙劉、先祠、先農、先虞故事。至食時，御輦上山，日後到山上更衣，早餔時即位於壇，北面。群臣以次陳後，西上，畢位升壇。尚書令奉玉牒，皇帝以寸二寸璽親封之，訖，太常命人發壇上石。檢事畢，皇帝再拜，群臣稱萬歲。乃復道下。二十五日甲午，禪於梁父，以高后配山川群神，如元始中北郊故事。四月己卯，大赦天下，以建武三十二年爲中元元年，復博、奉高、嬴勿出元年租、芻。以吉日刻玉牒書函藏金匱，璽印封之。乙酉，使太尉行事，以特牲告至高廟。乃奉匱，藏於廟室西壁石室高主竇之下。

何君尊楗閣碑

建武中元元年，蜀郡太守平陵何君遣掾臨邛舒鮪將徒治道，造尊楗閣，袤五十丈，用功千一百九十八日。《蜀碑記》：在滎經縣西三十里景谷縣崖側。

樊重碑

《水經注》：湖陽東城中有二碑，似是《樊重碑》，悉載故吏人名。

樊萌碑

湖陽城東南有《若令樊萌碑》。

大司徒朱鮪墓石刻

濟州金鄉縣發一古冢，乃漢大司徒朱鮪墓，石壁皆刻人物、祭器、樂案之類。

梓潼扈君墓磚

《周平原集》：予得光武時《梓潼扈君墓磚》，先叙所歷之官，末云"千秋之缺。",摸脱隷書而非鐫也。

蘇嶺山石鹿

《襄陽記》：鹿門山舊名蘇嶺山。建武中，襄陽侯習郁立神祠於山，刻二石鹿夾神道口，俗因謂之鹿門廟，遂以廟名山。

泰伯墓碑

《梅里志》：漢明帝永平二年，詔修泰伯墓廟。吳郡太守糜豹撰文立碑。按：是碑金石諸書不見採録，惟蘇州府舊志有之，《梅里志》蓋引之耳，録之備考。

開通褒斜道石刻

永平六年，漢中郡以詔受廣漢、蜀鄭、巴郡徒二千六百九十人，①開通褒余道，②太守鉅鹿鄐君、部掾治級王宏、史荀茂、張宇、韓岑弟典功作，太守丞廣漢楊顯將相用。始作橋格六百卅三所，大橋五，爲道二百五十八里。郵亭、驛置、司空、褒中縣官寺并六十四所。凡用功七十六萬六千八百餘人，瓦卅六萬九千八百器，用百四十萬九千四百餘斛粟。九年四月成就，益州東至京師，去就安隱。

永平磚文

永平八年七月廿日作。

詔賜功臣家五字

永平八年，"詔賜功臣家"五大字，今在蜀中。

會稽吏部尉路君闕

永平八年四月十四日庚申造。

故豫州刺史、溫令、元城令、公車司馬令、開陽令、謁者、議郎、徵試博士路君闕

永平八年。右豫州刺史路君二闕，字畫兼用篆體。前闕人物之後小字一行，却是隷文。豫州前後各一人，執杖負劍，嚮字

---

① "巴郡徒"，原誤作"郡走"，據《兩漢金石記》卷十三改。
② "余道"，原誤作"斜"，據《兩漢金石記》卷十三改。

立。東部之前亦一人執杖負劍。又一人正面立,腰下垂佩,兩手各有所執,末一人亦執杖負劍向其前。又一人側面嚮字立,手中亦有所執,蓋是墓前雙闕,如王稚子、高貫方之類。

王立碑

《水經注》:安喜縣有漢明帝時孝子王立碑。《天下碑目錄》:在安喜縣東三十里。

顯陵策文

晋時有人嵩高山下得竹簡一枚,上有兩行科斗書,之臺中相傳以相示,莫有知者。司空張華以問博士束晳,晳曰:"此明帝顯節陵中策也。"檢校,果然。

修道碑

在忠州,字亦漫滅,有"建初二年"等十八字。

張氏穿中記

維兮!本造此窅者張公賓妻,子瑋伯、伯妻、孫陵,在此右方曲內中。

維兮!張瑋伯子長仲,建初二年六月十二日,與少子叔元俱下世,長子元益爲之祖、父窅中造内栖柱,作崖棺葬父及弟叔元。

《字原》:在眉州碧雞巖。姜夔《保磚跋》:武陽城東彭亡山之巔石窟中,有漢章帝建初二年張氏題識三所。洪氏《隸續》云:"此亦埋銘之椎輪矣。"

汝伯寧磚文

建初三年八月七日,汝伯□萬歲舍大利善。

《隸續》:曹叔文《汝伯寧磚》皆有"萬歲舍"之文,恐壽藏之物,或是卜築所用。邯君篆磚亦謂之"萬秋宅"。[1] 漢人無忌諱如此。

萬歲冢瓦當銘

俞太學於鳳翔得此瓦文,曰"萬歲冢當"。

---

[1] "之"下原衍一"元"字,據《隸釋續》卷十四删。

氏冢舍瓦當，此爲錢別駕得之馬嵬，隸書四字曰"氏冢舍"。

《瓦當文字記》：古無姓，殆魏字湝文。《武梁祠畫象》有"魏昌"者，可取而證也。

淳于恭宅石表

恭字孟孫，北海淳于人，除議郎，遷侍中騎都尉。建初五年，卒官。詔書褒美，賜穀千斛，刻石表。

曹叔文磚文

建初七年八月十三日，曹叔文作"萬歲署舍命史後子孫貴昌口口未央大吉"。

王景石刻銘

建初八年，爲廬江太守，修起勺陂稻田，教民用耕犂，銘石刻誓，使知常禁。又訓令蠶織，爲作法制，皆著於鄉亭廬江，傳其文辭。

東平憲王冢碑

《水經注》：在無鹽縣東北五里阜山下。元和三年，章帝幸東平，祠以太牢，親拜祠座，賜御劍於陵前。

谢君墓磚文

元和三年五月甲戌歲朔，謝君口造此墓。《周平園集》：謝君磚銘以四字爲句，以此知東漢銘墓初猶用磚，久方刻石。

南武陽功曹墓闕銘

元和三年。《金石錄》：南武陽功曹鄉嗇夫，又云"以爲鄉三老"，又云"章和元年"。其它族系、名字皆磨滅不可考。墓今在沂州，有兩闕，其一銘。

《山東省志》：在沂洲府城內，章帝章和二年立。

廣陵太守馬稜頌

稜字伯威，援之族孫也。章和元年遷廣陵太守，時穀貴民飢，奏罷鹽官以利百姓。賑貧贏，薄賦歛。興復陂湖，溉田二萬餘頃,吏民刻石頌之。

章和石刻記

章和三年。

磨崖十六字

永元六年攻此石,省三處閣,直錢萬二千。

《字原》:在永康軍。蔡迨《刻記》云:"在范功平磨崖之西五十餘步,去地數寸,迨得磨崖後十日,其子武仲始見此十六字而摹之。"

南安長王君平鄉道碑

永安八年。《隸釋》:嘉州夾江縣磨崖四百餘字,平鄉明亭大道四面危險,南安長王君遣掾何童修,故書崖以頌之。

汝南太守何敞頌

敞字文高,扶風平陵人,永元中遷汝南太守,修理鮦陽渠,百姓賴其利,墾田增之萬餘頃,吏人共刻石頌敞功德。

王稚子闕

元興元年。《字原》:在成都府。《輿地碑目》:在新都縣。

闕有二。其一云"漢故先靈侍御史河內縣令王君稚子闕",其一云"漢故兗州刺史洛陽王君稚子之闕"。按《後漢書·循吏傳》:王渙字稚子,嘗爲溫令。而刻石爲河內令,蓋史之誤。渙以元興元年卒,然則闕銘蓋和帝時所立也。《潛研齋·跋》:《王稚子闕》二,在今成都府之新都縣,即漢郪縣也。今失其下半,較洪文惠所錄少十餘字。稚子嘗爲溫令,溫屬河內郡,此刻稱"河內縣令",不云溫令,趙氏以爲史誤;文惠駁之,謂河內是郡名,無令,碑云"河內縣令"者,以郡爲尊也,謂河內郡之縣令耳,即溫也。然予嘗疑之,漢時令長結銜皆無"縣"字,猶太守不稱郡也,《廣漢綿竹令王君闕》,趙氏亦讀爲"廣漢縣令",文惠始證其誤,此"河內"下一字漫漶難辨,其釋爲"縣"者,亦沿趙之讀,謂"系"反居左爾。考《禮·玉藻》"一命縕韨幽衡","縕"讀如"溫",而"縕藉"字亦有作"溫"者,是溫、縕二文古人固通用矣。竊疑"河內"下一字本是"縕"字,"縕令"即"溫令",猶"曲紅長"即"曲江長"也。"縕"字隸作"緼",而趙誤讀爲"縣",亦如讀綿竹之爲縣也,若稱溫令爲河內"縣"令,恐無此例。

永初磚文

永初元年。其一云"萬歲舍大利善",其一云"千萬歲晨子孫貴昌未央大吉"。

羊竇道碑

永初三年立。《墨寶》云:"在廢嚴道縣東三十里。"《隸釋》:青衣縣尉趙君字孟麟,穿崖易道,行人去危即安,故刊石以志其事。

景師磚文

磚有二,其一直書一行云"永初七年景師造",其一云"大吉羊宜侯王"。《隸續》:近歲出蜀中。

官墼文

永初七年作官墼,凡七字。《字原》:眉州人掘武陽故城得之。

延年椁字

其文云:"永初七年四月卅造焉,是萬歲延年益壽椁。"凡十八字。《隸釋》:在蜀中。

永初殘石方

在河南彰德府學宮。碑非一碑,時非一時,因《子游碑》中有"永初"二字,①故以"永初"統之。據《攀雲閣帖》以爲《西門豹祠殘碑》五種。而字句前後每割裂成文,並非原句。

謁者任城景君墓表

碑:元初元年,故謁者任城景君卒。

《字原》:在濟州。

景君碑陰

其前題云"諸生服義者",又云"北海劇張敏字公輔,弟子濟北茌平寧尊凡十五人"。

---

① "初"下原衍一"字"字,據清道光元年刻《金石索》删。

郊令景君闕銘

碑"元初四年三月丙戌，郊令景君卒"，又云"君治《歐陽尚書傳》，祖父河南尹，父步兵校尉，業門生上録三千餘人"，又云"三司聘請，流化下邳"，又云"司空、太常博士並舉高經，君爲其元，假除郊城，奸邪革心"，又云"被病喪身，歸於幽冥，門人服義，百有餘人"。

《隸釋》：在濟州任城縣。

益州從事楊竦石銘

元初五年，卷夷大牛種封離等反叛，殺遂令。益州刺史張喬遣從事楊竦將兵至葉榆擊之，斬首三萬餘級。封離等惶怖乞降，竦厚加慰納，其餘三十六種皆來降附。論功未及上，會竦病創卒，張喬深痛惜之，乃刻石勒銘，圖畫其象。

嵩山太室神道石闕銘

元初五年。今在登封縣中岳廟南百餘步。

賜豫州刺史馮煥詔

元初六年。《字原》：在渠州。

嵩山少室神道石闕

延光二年。在登封縣西十里邢家鋪西南三里田間。

少室東闕題名

《金石圖》：東闕畫象下有一石，高闊六寸，刻二十四字，可見者十九字。江孟、李陽、桓仲、潘除、鄭孟、桓盛、潘陽缺。文，令常紓缺二字。重令容。

開母廟石闕銘

延光二年。即啓母廟，今惟闕存。在登封縣北十里，崇福觀東二十步。陽城縣開母廟興治神道，時太守杜陵朱寵、丞零陵泉陵薛政、五官掾陰林、戶曹史夏效、監掾陳修長西河圜陽馮寶、丞漢陽冀秘俊、廷掾趙穆、戶曹史張詩、將作掾嚴壽佐左福、

永寧磚銘

"永寧元年"四字隸書。

孝子董蒲闕

永寧二年立。

馮煥神道

永寧二年立,在渠州。其文曰"故尚書侍郎、河南京令、豫州刺州刺史馮君神道"十九字。

《馮緄傳》:父煥,時爲幽州刺史,建光元年卒。《碑錄》及《金石錄》作"馮使君墓闕銘"。

馮煥殘碑

碑"君諱煥,字平侯,永寧二年立",在渠州。《隸釋》:建光之元即永寧二年,是歲七月改元,煥以四月終,故碑尚用舊年。

馮煥殘碑陰

麒麟鳳皇碑

永建元年立在濟州。《隸續》:右鳳而左麟,其下各刻一贊。又刻銘辭,皆小篆,旁有隸字。其篆云:"永建元年季秋七日饗,時山陽太守河内孫君見碑不合禮,掾夔新刻,瑞像麟鳳。一作重造記初瑞。"其銘辭曰:"漢盛一作"威"。德中興,即政二年辛酉元蔀首歷六十《畫史》作"四十"。麟,青龍起蟬嫣。三月季春,爰易立碑石。順禮典文,九二度數,萬世常存。"《爾雅》注:"單闕,一音丹遏,一音蟬嫣。"永建二年,歲在丁卯,故此碑用"蟬嫣"字。按《畫史》云:"《麟鳳圖》半篆半隸,以九字九行爲率。天有奇鳥名曰鳳凰,時下有德,民富國昌,黃龍嘉禾皆不隱藏,漢德巍巍,永布宣揚;天有奇獸名曰麒麟,時平有德,安國富民,忠臣竭節義,以終身聞愈來善明明我君。麒麟,狀一角直上,高如足魁,如惡乌鳳冠,高尾長,甚可怪也。"

孝女先絡碑

永建二年立,符縣長。趙祉遣吏先尼和,以永建元年十一月詣巴郡,没死成濡灘,子賢求屍喪不得。女絡一作"叔先雄"。年二十五歲，有二子，五歲以還，至二年二月十五日，尚不得喪，絡乃乘小船至父没處，哀哭自沈，見夢告賢曰："至二十一日，與父俱出。"至日，父女果浮出江上。郡縣上言，爲之立碑，以旌孝誠也。

《華陽國志》：太守蕭登高之上，尚書遣，户曹掾爲之立碑。人爲語："符有先絡燹道張帛。"《後漢書》：孝女叔先雄，姓名俱誤。按《華陽國志》稱先尼和，和之女絡，符人。又曰，淑媛則有吴幾、先絡等。《水經注》引《益部耆舊傳》蜀中諺符有"先絡燹道張帛"，蓋此女姓"先"名"絡"也。何義門謂女而名"雄"，無義理。蓋"絡"與"雒"相似，"雄"乃"雒"之訛也。范史稱"叔先雄"，沿干寶《搜神記》之誤。按《搜神記》稱犍爲叔先泥和，其女雄，以"叔先"爲複姓。《廣韻》遂謂"叔先"複姓。皆沿誤耳。又按符縣即今合江縣，常氏以趙、魏、先、周爲江陽著姓。四川合江有先氏岩，爲唐時神童先池讀書處。蜀中未有"叔先"複姓之人。《困學紀聞》以"叔先雄"爲"先終"，亦係"先絡"之訛。

張子陽碑

永建四年立。《字原》：幽州刺史、牂牁太守張子陽碑，在唐化鎮沿江五里許。

陳君德政碑

永建五年立。《字原》：在資州内江縣。碑云："漢安長蜀道青衣陳君，省去根閣，令就土著，郵亭掾尹厚勒此石。"《隸續》：漢安舊屬犍爲，"根"字未見所出，所謂"根閣"者，猶李翕酈閣、何君尊楗閣之比。

榮瀆石門銘

陽嘉二年二月丁丑，河堤謁者疏達河渠，刊石紀功。使河堤謁者山陽東緡司馬登字伯志、代吏萊曲城王誨字孟堅、河内太守宋城向豹字伯尹丞、汝南鄧方字德方、懷令劉丞字季意、河堤掾匠等造，陳留浚儀邊韶字孝先作頌。

雒陽石柱銘

《水經注》：雒陽建春門右橋建兩石柱，橋之上柱銘曰："陽嘉四年乙酉壬申，使中謁者魏郡清淵馬憲監作石橋梁柱。"

修造太學碑

陽嘉八年立,碑云:"建武二十七年造大學,年積毀壞。永建六年九月,詔書修大學,刻石紀年,用工作徒十二萬二千人,陽嘉九年八月作畢。"

《水經注》:碑南刻頌,表裏鏤字,猶存不壞。

《典略》:光和五年十二月,帝幸大學,自就碑作賦。

《述征記》:大學在國學東二百步,學堂裏有《大學贊碑記》曰:"建武二十七年立大學堂。"永建六年制下府繕治,并立諸生房舍千餘間。陽嘉元年畢,刊於碑。有太尉龐參、司徒劉琦、太常孔扶、將作大匠胡廣答記制。

翟酺碑

酺永建六年,上疏請修繕太學。酺免後,遂起大學,更開拓房屋,諸生爲酺立碑銘於學。

窆石銘 宋元祐二年,永城下得石如豐碑,其上刻銘,蓋窆石也。

沛國臨睢時窆石室。永建六年五月十五日,太歲在未,所造大吉利窆石室,候來歸我有缺。

漢安仙集題字

漢安元年四月十八日會仙友。

翁覃溪先生《金石記》:"漢安元年四月十八日會仙友"十二字,隸帶篆勢,其兩旁正書"東漢仙集留題洞天"八字。孫退谷《銷夏記》定爲漢人手筆,系此刻惟見於來潛《關中金石備考》:在四川简州逍遥山石窟。而王象之《輿地碑目》於蜀碑最詳,未之及也。漢安爲順帝改元壬午之歲,所謂"會仙友"者,乃道流之詞。

北海相景君碑

《集古錄》:碑額題"漢故益州太守、北海相景君碑銘",邑里、官閥皆不可考,可見者惟"漢安二年,北海相任城府君卒"。

《金石史》：此石建於漢順帝漢安二年，青龍在敦牂。王元美謂益州部當言刺史，不當言太守。額曰"銘"，辭曰"誄"，亦屬未安。東京作者，往往如是。額字小篆，去秦幾日，便相絕千里。予得漢朔方守太第三銅虎符，銀鋑小篆，又絕類秦碑，何也？

景君碑陰

朱彝尊《跋》：濟寧儒學孔子廟門漢碑五，其制各殊，《北海相景君碑》其一也。碑陰題名有督郵、盜賊、議吏、書佐、騎吏、行義、修行、午、小史監。其云"午"者，不載於《續漢·百官志》，即趙氏亦不知也。《廣韻》詮"丘"字，稱漢複姓凡四十有四，引何承天《姓苑》"漢有司隸校尉水丘岑"，而此碑有修行水丘邰，營陵人，又有修行都昌台丘遷，故午都昌台丘遷，則在四十四姓之外，亦足資異聞矣。

華山石闕銘

永和元年五月癸丑朔六日戊午，弘農太守張勛為西岳華山作石闕，高二丈二尺，其後為韻語，辭頗怪。按《天下碑銘》有《石闕銘》，永和元年常山太守造，在華州華陰祠後苑中。

敦煌太守裴岑紀功碑

今在巴里坤關帝廟。惟漢永和二年八月，敦煌太守雲中裴岑將郡兵三千，誅呼衍王等，斬馘部眾，克敵全師，除西域之災，蠲四郡之害，邊軍乂安，振威到此，立德祠以表萬世。《兩漢金石記》：四郡即所謂河西四郡，武帝所置。此碑前陽嘉四年，呼衍王侵車師後部，漢發兵救之，掩擊於勒山不利者，即敦煌太守。其後元嘉元年，漢吏士四千餘人出塞，至蒲類海，呼衍王聞而引去，漢將無功而還者，亦敦煌太守。惟此雲中裴岑斬馘部眾，前後罕見之績，而史顧闕焉，何也？

閣道碑

在夾江縣西蜀郡青衣越巂界，中有永和七年、八年等字。

魯相復顏氏繇發碑

永嘉三年立。

司馬遷碑

《水經注》：在夏陽。永嘉四年，漢陽太守殷濟瞻卬遺文及其功德，遂建石室，立碑樹垣。《太史公自叙》曰"遷生於龍門"，是其墳墟所也。

本初磚銘

一面"本初元年，歲在丙戌"，一面"可作則"。按：本初，質帝年號，時年八歲，爲梁冀所鳩，在位祇一年。

武君闕銘

建和元年三月庚戌朔四日癸丑，孝子武始公，弟綏宗、景興、開明，使石工孟季、季弟卯造此闕，直錢十五萬；孫宗作師子，直四萬。在濟州，無姓字官稱。

敦煌長史武班碑

班字宣張，開明子，仕濟陰。年二十五，曹府君察舉孝廉，除敦煌長史，被疾云没，士女痛傷。建和元年，大歲在丁亥二月辛亥朔廿叁日癸卯，金鄉長河間高陽史恢等刊石，嚴祺書碑。《字原》：在濟州任城縣。

吳郡丞武開明碑

建和二年立碑，云"君字開明"，而其名已殘闕；又云"永和二年舉孝廉，除郎謁者。漢安二年遷大長秋丞、長樂大僕丞。永嘉元年母喪去官，復拜郎中，除吳郡府丞。壽五十七，建和二年十一月十六日遘疾卒"。

廣漢長王君治石路碑

在漢中。王君攻治，崖路危險，去民隆害。① 建和二年，弟子楊子欽爲造此碑。

司隸校尉楊君石門頌

永平中，詔開余谷，中間四羌亂，道絕不通，復由子午險阻爲

---

① "去"，《隸释》卷四引作"爲"。

患。司隷校尉楊渙孟文爲武陽太守，請廢子午道，復由余谷。建和二年，漢中太守王升稚紀爲之刻石頌德。

孔子廟碑

陳相魯國孔疇建和三年立。

秋碧按：《孔氏譜》：疇字元矩，桓帝立老子廟於苦縣之賴鄉，畫孔子像於壁。疇爲陳相，立孔子碑。

鉅鹿太守張導碑

《水經注》：在館陶縣。碑述河内修武縣張導，字景明，以建和三年爲鉅鹿太守。漳津泛濫，土不稼穡，導披按地圖，與丞彭參、掾馬道嵩等，原其逆順，揆其表裏，修防排通，以正水路，功績有成，民用嘉賴。題云"漳河神壇碑"。而俗老耆儒，猶謂斯廟爲"銅馬劉神寺"①。是碑頃因震裂，不可復識矣。

沇州刺史東太山成人班孟堅碑

《水經注》：在高邑縣。建和十年，以尚書右丞拜沇州刺史從事秦闓等，刊石頌德政。

楊信碑

和平元年立。《字原》：在忠州。牌首行云"故縣三老楊信，字伯和"。

祝長嚴訢碑

和平元年立。碑云"伊嘆嚴訢諱"。訢字少通，治《嚴氏春秋》馮君章句，年六十九，政和下邳縣民耕地得之。

張氏神碑

《集古目録》：在黎陽。

《隷釋》：朝歌長鄭郴爲張公建廟作碑，監黎陽營謁者李君好鄭之文，又作歌九章，刻之石，和平元年立。

---

① "寺"，原誤作"碑"，據《水經注》卷十改。

馮君閣道碑
和平元年,未詳所在。

廣漢屬國都尉丁魴碑
元嘉元年立,在巴州。君諱魴,字叔河,治《易》《韓詩》,垂意《春秋》,兼究秘緯。初爲蜀郡屬國都尉,三載功成,遷於廣漢。立碑者六十餘人,嚴子修爲之首。

從事武梁碑
元嘉元年立,在濟州任城縣。梁字綏宗,治《韓詩》,闕情傳講,兼通《河》《雒》、諸子傳記。年七十四,元嘉元年季夏三月,遭疾隕靈。

武梁祠堂畫像
在濟州。刻古帝王、忠臣、孝子、賢婦人,各以小字識其旁,或有爲之贊者,凡一百六十有二人。《養新錄》:《日知錄》:成化中,或言嘉祥之南武山有曾子墓,有漁者陷入其穴,得石碣而封志之。疑周世未有石碣,科斗古文亦非今人所識。予謂嘉祥漢任城縣地,南武山當因武氏所居得名。漁者所見,殆即漢武氏石室也。

武氏石室祥瑞圖
在嘉祥縣武宅山。

曹娥碑
元嘉元年立。曹娥者,上虞曹盱之女也。盱能撫節按歌,婆娑樂神。以漢安二年五月,時迎伍君,逆濤而上,爲水所淹,不得其屍。娥年十四,號慕思盱,哀吟澤畔,旬有七日,遂投江死。經五日,抱父屍出。以漢安迄於元嘉,青龍在辛卯,莫之有表。度尚設祭誄之辭,邯鄲淳撰,蔡邕題其碑云:"黃絹幼婦,外孫齏臼。"

曹操與楊修讀《曹娥碑》,碑陰有八字曰:"黃絹幼婦,外孫齏臼。"修解得了了。操行三十里乃悟,云:"黃絹,色絲也;色絲,絕字也。幼婦,少女也;少女,妙字也。外孫,女子也;女子,好字也。齏曰,受辛也；受辛,辭字也。絶妙好辭。"與修合。操曰："有智無智,去三十里。"《會稽典録》：上虞長度尚弟子邯鄲子禮,①時甫弱冠,而有異才。尚先使魏朗作《曹娥碑》,文成未出,會朗見尚,尚與之飲宴,而子禮方督酒。尚問碑文成未？朗辭不才,因試使子禮爲之,操筆而成,無所點定。朗嗟嘆不暇,遂毁其章。其後蔡邕又題八字曰："黄絹幼婦,外孫齏臼。"

彭山廟碑

《水經注》：彭山廟前有《彭山碑》,漢桓帝元嘉三年杜仲長立。

魯相乙瑛史晨置孔子廟百石卒史碑

永興元年立,在兖州。張稚圭嘉祐中題云"鍾繇書"。《隸釋》：考繇之卒去永興七十八年,《圖經》非也。《漢書·儒林傳》：郡國置五經百石卒史。臣瓚以爲卒史秩百石者,杜佑《通典》誤爲百户史卒,今卒史碑誤爲百户碑。《金石史》：此魯相乙瑛上書司徒吴雄、司空趙戒府,請置孔廟百石卒史一人,掌主禮器廟祀。元嘉三年三月廿七日壬寅,雄、戒奏可雒陽宫,如瑛言。又詔選能宏先聖之禮,爲宗所歸者。當桓帝時,雄、戒諸人猶知崇聖如此。初,戒博學明經,劾奏貴戚,不避貴戚,後與子堅定策,不能終執本議,卒致傾覆,是非真能崇聖者。按史,元嘉止二年,碑三年三月者,蓋是五月始改元永興耳。章懷謂戒字志伯,碑作意伯,趙明誠疑避桓諱,似矣。

李母冢碑

《水經注》：在老子廟北,廟前有李母冢,冢東有碑,是永興元年譙國令王阜所立。碑云："老子生於曲渦。"

平都侯相蔣君碑

永興元年,在道州。文字殘闕,名字官閥皆不可考,惟額"漢故平都侯蔣君之碑",而碑云"年六十有五,元嘉元年三月甲午卒"爾,文有云"禮畢祥除,瞻望墳塋",則此碑乃永興元年所立。

孔謙碣

永興二年立,在兖州。《集古》《金石録》作"孔德讓碣,孔子二十世孫"。按碑文"永興四年,卒年二十四"。右孔謙,其名已

---

① "弟子"二字原脱,據《四明叢書》本《會稽典録》補。

磨滅，洪丞相考《孔氏譜》，不知其名。謙蓋宙之子，而襃與融之兄弟行也。因其早卒，名位不立，故無可書。據此，則"二年"當作"四年"。

宛令李益初神祠碑
永興二年六月立。

元文先生李休碑　　蔡邕撰
先生名休，字子材，南陽宛人也，永興二年夏五月乙酉卒。《藝文類聚·人部·隱逸》引碑云："休少好學，游心典謨，既綜七經，又精群緯，鉤深極奧，窮覽聖旨，居則玩其辭，動則玩其變，雲物不顯，必考其占，故能獨見前識，以先神意。若古人常難，疑義錯謬，前人所希論，後覺所不覺，休盡剖判，處約不戚，聞寵不欣，榮不能華，威不能震，有惠之載，惟邦之珍。"按《典著論》號曰"玄文"。

瑯邪王傅蔡公碑
蔡邕撰文。君諱朗，字仲明，元和元年徵拜博士，遷河間中尉、瑯邪王傅。年五十八，永興六年季夏卒。

益州太守碑
永壽元年。《隸釋》：碑首曰："益州太守某君卒。"其姓獨剋滅，或有謂之"馮君"者。
《碑圖》云："故吏門生題名九行，行六人。"

益州太守碑陰
《碑圖》：碑陰所刻者，五玉而三獸，鼎列其中。其一則九尾狐也，下有一牛首，其右則題名三人。

孔君碣
永壽元年，在孔子墓林中。其額題"孔君之墓"，文已殘闕，其前云"元年乙未"，而"元年"上闕二字。按東漢自建武以後，惟桓帝永壽元年歲次乙未，其他有三乙未，皆非元年。然則此碣所闕二字當爲"永壽"也。

東海相桓君壽東海廟碑

永壽元年，東海相南陽桓君崇飾殿宇，起三樓，作兩傳，其掾何俊立、左榮欲爲鐫石，南陽君止之。厥後山陽滿君爲朐令，嘉嘆勛繡，爲作碑頌。

秦始皇碑

《天下碑錄》：東海相任恭修理，題於碑背，刻在朐山。

永壽石門殘刻

在襃城石門摩崖。

右扶丞犍爲武陽李君，諱雷，字季世，以永壽元年中始解大臺，葰由其卑下平缺。貴民懽喜，行人蒙福，君故文缺二字。從事甫舉孝廉，尚書缺三字。巴郡朐忍令拗、漢中固缺三字。宜禾都尉。石殘刻存六行零三字，餘不可曉，每行字數不等，剝落殊甚，故雖同在襃谷，而歐趙洪婁諸字俱未采錄。鵬味其語意，解大臺由卑下，貴民懽喜，行人蒙福，蓋亦去險就夷，以便於民，故爲之刻石紀功，如《開通襃斜路》及《石門頌》之類不可没也。李君字季士，諱雷，雷不不可識，必有闕誤。有以爲"禹"字者，殊不相似，未敢定也。"葰"字、"拗"字亦不可辨，姑存之。宜禾都尉之名，他處亦未見。秋碧按：宜禾都尉，漢明帝置。

中常侍長樂吉成侯州輔碑

《通志》：永壽二年立。

《水經注》：雠縣故城漅水南。冢前碑基，西枕岡城，開四門，門有兩石獸，墳傾墓毀，碑獸淪移。人有掘出一獸，猶全不破，甚是高壯，去地減一丈許，作甚工。左髆上刻作"辟邪"字，門表塾上起石橋，歷時皆毁。碑云"六帝四后，是諮是諏"，蓋仕自安帝，没於桓帝。於時閹監擅權，五侯累世，剝落公私，以奉生死。夫封者志有德，碑者頌有功，自非此徒，何用許爲？石至千春,不若速朽；苞墓萬古,衹增羞辱。嗚呼！愚亦甚矣。

《字原》：在汝州。《水經》以"輔"爲"苞",誤矣。

州輔碑陰

京兆尹延篤叔堅而下題名凡四十餘人。

魯相韓勑造孔廟禮器碑

永壽二年立,在兖州。勑字叔節,河南偃師人。《養新錄》：碑云"顔育空桑"。洪氏《隸釋》引"伊尹生空桑",以爲不經之甚。予謂空桑者窮桑也。①《左氏》昭二十九年傳"遂濟窮桑"。注"窮桑,少暤之號也。窮桑地在魯北"。定四年"封於少暤之墟"。注"少暤虛,曲阜也,在魯城內"。顔母生於曲阜,即少暤之虛,故稱空桑。"空""窮"古書通。洪譏其不經,殆未考《左傳》耳。《金石史》：歐陽永叔謂書傳無以"勑"命名者。秦制,天子之命稱"勑",漢用秦法,當時臣下豈敢以"勑"自名者,是以"勑"爲"敕"也。詳《廣川書跋》,第意有未明,予更著之。韓明府自名勑,從力來聲,②音賚,勞也,亦作倈。倈,來也。答勤日勞,撫至曰勑,示有節也,故字叔節。以勑爲敕,訛也。敕從攴束聲,誡也。攴,小擊也,③又有束縛之義,故爲敕命之敕。又攴旁加束,音莢,馬箠也。束讀若刺,又𢾕從攴束聲,④音其,⑤木別生也。支,持也,⑥與攴異。《山東通志》：聖林享殿前列翁仲二,石麟、石虎二。皆永壽元年韓勑所造。

韓勑碑陰

右《韓勑碑陰》六十有二人,不稱字者一人,不稱名者二十一人。《孔僖傳》：永元四年,徙封孔損爲褒亭侯。損卒,子曜嗣；曜卒,子完嗣。此碑有孔曜仲雅,則永壽時曜尚未襲封,所謂褒亭侯建壽,當是孔損之字。題名中孔族凡十四人,有譜可考者,曜及郎中宙、御史翊、侍郎彪,皆孔子十九世孫也。曲成侯王䓁一人不稱字,豈爵雖襲而年尚稺者乎？

---

① "者",原誤作"有",據《十駕齋養新錄》卷十五改。
② "從",原誤作"以",據《金石萃編》卷九改。
③ "小",原誤作"水",據《金石萃編》卷九改。
④ "聲",原誤作"部",據《金石萃編》卷九改。
⑤ "音"字原脫,據《金石萃編》卷九補。
⑥ "支",原誤作"攴",據《金石萃編》卷九改。

張普、朱熊五人書體不同,蓋後來所增者。

韓勑修孔廟後碑

永壽三年。碑云"修飭舊宅,改畫聖象,立禮樂器,車輿薦席,牆室壇井",皆修廟事。其云"謁廟拜墓",謂孔墓也。

韓勑孔廟後碑陰

碑陰五列,所題士大夫可辨者七十人,不名者八人。其後四行直書冢下,復民姓名,皆群小也。末一行云"永壽三年,孔從事所立"。

韓勑碑兩側題名

《闕里志》作"永壽二年立"。

刻於碑兩旁,共三十二人。又一人以小字附其下,字體與碑陰張普、朱熊五人書體相同,亦後來所增者。濟國廣張建平二百下,識曰:"其人處士。"①碑陰,河南成皋蘇漢明二百下,②亦有"其人處士",蓋當時有此書法。

韓勑後碑兩側題名

《碑式》云:"碑側兩題名,各四列。"《字原》作《韓勑孔林別碑兩側題名》。

孔子墓壇碑

永壽三年婺州從事孔君德立。

按:君德名樹,見《韓勑碑》。

孟郁修堯廟碑

永康元年立,在濮州。

郁字敬德,治《尚書經》,博覽衆文,官濟陰太守。

《後漢書補注·孟光傳》注引《續漢書》:郁,中常侍孟賁之弟。

棟按:"郁"當作"戫",字敬達,河南偃師人。

---

① "人",原誤作"下",據《隸辨》卷七改。
② "下"字原脱,據《隸辨》卷七補。

孟郁堯廟碑陰

碑云：“刊碑勒諜。”此碑皆載仲氏父祖、兄弟、子孫所歷所終之官，獨一董永爲異姓。

荊州刺史度尚碑

永康元年立，在徐州。《水經注》：湖陵城東有《度尚碑》。

碑云：“永康元年，歲在鶉尾，龍集丁未。”

蔡邕撰。顏延年《祭屈原文》注引蔡邕《度尚碑》"明潔白圭"。

車騎將軍馮緄碑

在水睦縣西八十里。其父煥亦有兩碑，斷裂不全，《寶刻叢編》：篆額馮公名緄，巴郡宕渠人。碑云"字皇卿"，而本傳作"鴻卿"，碑云"一腰金紫十二銀艾"，緄終於廷尉而以"將軍"題碑首者，以金紫之貴也。緄以永康元年十二月卒。《水經注》：宕渠縣有車騎將軍馮緄、桂陽太守李溫冢，二子之靈以三月還鄉，水暴長，郡縣吏民莫不於水上祭之，今所云"馮李"也。

馮緄墓雙排六玉碑

《寶刻叢編》：其上有烏三足，狐九尾，其上則驢，有一人跨其右，最下一牛，蜀人謂之《雙排六玉碑》。

單排六玉碑

《寶刻叢編》：又一碑與《六玉碑》同在緄墓道中，蜀人謂之《六物碑》，其上朱雀而下玄武，其中没字，非漫滅也。蜀人謂前碑爲雙排，謂此碑爲單排。

車騎崖石刻

《寰宇記》：在流溪縣。《郡國志》：後漢車騎將軍冯緄於此鐫崖刻石十有餘處。

馮緄江陵刻石紀功碑

本傳：監軍使者張敞承宦官旨，奏緄輒於江陵刻石紀功。

郎中鄭固碑

延熹元年立，在濟州任城縣。固字伯堅，延熹元年四月廿四日卒。

嚴孝子碑

在忠州城西十二里。碑字漫滅，有"延熹二年"等八十字。

汝南周巨勝碑

蔡邕撰。君諱勰，字巨勝，陳留太守之孫，光祿勛之子，延熹二年十二月卒，享年五十。遐邇痛悼，建碑勒銘。秋碧按：陳留太守，周防也；光祿勛，周舉也。《後漢書·勰傳》：時梁冀貴盛，被命者莫敢不應，惟勰前後三辟，竟不能屈。後舉賢良方正，不應。又公車徵，玄纁備禮，固辭廢疾。常隱居竄身，慕老聃清淨，杜絕人事，巷生荊棘，十有餘歲。至延熹二年，乃開門延賓，游談宴樂，及秋而梁冀誅，年終而勰卒，時年五十。蔡邕以爲知命。

議郎元賓碑

延熹二年，在亳州。碑無額，不知其姓。石多缺，復不知其名。元賓，蓋字也。

《金石》云："字元賓，魯相之孫，舉孝廉，除蒼龍司馬，衛尉察尤異，遷吳令，州辟從事，公車徵拜議郎。年四十八，延熹二年二月卒。"

四縣邸碑

陳城內。文字剝落，不可復識，其略曰"惟茲陳國，故曰雒陽郡云。國相王君，清惠著聞，爲百姓畏愛，求賢養士千有餘人，賜與田宅吏舍，自損俸助之成邸。五官掾西華陳騏等二百五人，以延熹二年"云云，故其頌曰"修德立功，四縣向附"。時人不復尋其碑證，云孔子廟學，非也。

張休涯涘銘

延熹二年三月刻。末有張休姓名，姑以名其碑。其文謂："此山高儗太山，險比劍閣，眂彼蒼蒼，相去能幾，行人過此，鮮不垂涕。"

田君碑

延熹二年。《集古録》：在今沂州，名字皆已磨滅，惟云"其先出帝舜之苗裔，自完適齋，因以爲氏"，乃知其姓田爾。又云："周秦之際，家于東平陽，君總角修《韓詩》《京氏易》，究洞神變，窮奧極微，爲五官掾、功曹、州從事，辟太尉。延熹二年辛亥詔書：太山、琅邪盜賊未息，州郡吏有仁惠公清、撥煩整化者試守，滿歲爲真。州言名，時牧劉君知君宿操，①表上試守費。"自此以下，殘闕不可次第，而隱隱可見，蓋無年壽、卒葬月日，而有故吏薛咸等立石勒銘之語，乃費縣令長德政去思碑爾。

楚相孫叔敖碑

邯鄲淳撰文。固始令段君夢見孫君，則存其後，就其故祠爲架廟屋，②立石銘碑。段君諱光，字世安，魏郡鄴人。延熹三年五月二十八日。

《水經注》：期思縣北有楚相孫叔敖廟，廟前有碑。

《集古録》：碑云"名饒，字叔敖"，《史記》不著其名，微斯碑，後世遂不復知其名"饒"也。

邯鄲淳作《孫叔敖碑》，以兩頭蛇爲枝首蛇，優孟一歌，較《史記》似勝。

孫叔敖碑陰

碑陰重言段光立碑之事甚詳，後歷叙叔敖之子孫名氏。

江原君石闕

在忠州西十五里，有"延熹三年"七十字。《隸釋》：似闕非闕，似碑非碑。《輿地碑目》作《江原君闕》。

---

① "時"字原脱，據《隸釋》卷二十一補。
② "廟"字原脱，據清文淵閣《四庫全書》本《六藝之一録》（以下《六藝之一録》皆據此本）卷三十九補。

江源長進德闕

延熹三年，在忠州。《隸釋》：在蜀州江原縣，諱就，字進德。《復齋碑目》作《進德闕》。

故中常侍騎都尉樊君碑

《集古錄》：在唐州湖陽縣。碑云："君諱安，字子仲，①南陽湖陽人。年五十六，②以永壽四年二月甲辰卒，以延熹三年冬十月烝祭，嗣子遷乃尋推烈考恭修之懿，勒之碑石。"《字原》：碑後又刻"安贈車騎都尉誥"。

曹騰墓碑

題名"故中常侍長樂太僕特進費亭侯曹君之碑"，碑陰又刊詔策二道，延熹三年立。朱仲瑋《水經注牋》：司馬彪《續漢書》，③曹節四子，長伯興，次仲興，次叔興，次季興。舊本《水經》作騰兄冢，則伯、仲與叔也。騰更無弟，又騰少除黃門從官，自小黃門遷至中常侍、大常秋。在省闥三十餘年，亦未嘗爲潁川太守也。秋碧按：《華陽國志》：王淮爲尚書令，劾南陽曹麻、④潁川太守曹騰。是騰嘗爲潁川太守，然舊本《水經注》作"騰兄冢"，云騰君冢，東有碑題云"漢故潁川太守曹君墓延熹九年卒"，而不言刊碑歲月，然則潁川太守乃騰兄也。《華陽國志》騰字亦誤，《水經》分載三碑甚明，鄭樵《通志·金石略》作《中常侍曹騰碑》，云建和元年，未知何據。

封丘令王元賓碑

延熹四年立。《集古》《金石》并作"元賓"。《隸釋》：元賓字畫分明，非是測度。

---

① "仲"，原誤作"祐"，據《隸釋》卷六改。
② "五十六"，原誤作"五十一"，據《隸釋》卷六改。
③ "司"，原誤作"同"，據明萬曆四十三年李長庚刻本《水經注箋》卷二十三改。
④ "麻"，原誤作"麻"，據《華陽國志》卷十改。

王元賓碑陰

《集古》云:"碑有錢各五百字,似是修廟人所記。其可見者,濟陰定陶蔡顥子盛、山陰金鄉張諺季德、河南宛陵趙堂世萇、南陽南鄉鄧升升遠、濟陰成武周鳳季節。又有故吏字,不知爲何人祠。按此碑既有故吏,又有'門徒雨集,盛于洙泗'及'奔喪斬杖三年'之文,謂之修廟人題名,非也。"

冀州刺史王純碑

延熹四年立,在鄆州中都縣。《水經注》作"王紛碑,中平四年立"。按《地里書》"須朐"即今中都,此碑在中都,又其官與姓氏皆合,疑其是也。然以"純"爲"紛",以"延熹"爲"中平",則疑《水經》之誤。

王純碑陰

列門生百九十三人,姓名不具者六。按漢人書名必具名、字,此碑自"馮定伯"而下悉字而不名,與《太尉楊震》《高陽令楊著》《玄儒先生婁壽碑》同,亦門生之變例也。

朔方太守碑

延熹四年九月乙酉,詔書遷衙令,五年正月到官。

河東地界石記

延熹四年。見《金石錄》。

河南太守胡著碑

《水經注》:湖陽有《漢日南太守胡著碑》。子珍,騎都尉,尚湖陽長公主,①即光武帝之伯姊也。廟堂皆以青石爲階陛,廟北有石堂,珍之玄孫桂陽太守瑒,②以延熹四年遭母憂,於墓次立石祠,勒銘於梁。石祠傾頽,而梁字無毀。

---

① "長"字原脱,據《水經注》卷二十九補。
② "瑒",原誤作"陽",據《水經注》卷二十九改。

蒼頡廟碑

延熹五年立。文字殘缺，其略可辨者有云："蒼頡天生德於大聖，四目靈光，爲百王作憲。"而其銘曰"穆穆聖蒼"，知爲《蒼頡廟碑》也。

蒼頡廟碑陰

蒼頡廟碑兩側題名

《集古》：此碑有"蓮勺陂左鄉有秩，池陽左鄉有秩，池陽集水有秩"，皆不知是何名號。又有夏陽侯長、祋翊侯長，則是縣吏之名。《金石錄》：按《後漢書·百官志》：鄉置有秩、三老、游徼。注：有秩，郡所署，秩百石，鄉一人。《漢官儀》：鄉户五千，則置有秩。

任伯嗣碑

《金石錄》：首已殘闕，其可見者云："字伯嗣，南郡編人，其先蓋任座之苗裔。"又云："筑陽侯相，延熹五年遷來臨縣。"其後歷叙政績，又云"遷君桂陽"，最後云"都邑謡咏，甄勒勛績，永昭於後"，碑在今氾水縣。《後漢書·桓帝紀》延熹八年有桂陽太守任胤，以此碑校之，歲月相符，又名與字協，知其名胤也。

任伯嗣碑陰

《金石錄》：有碑陰，洪氏未見。

真道冢地碑

延熹五年。《字原》：在萬州。《隸續》：真道以錢八千市真敖兄弟此地，刻其文，戒約子孫。字札紊碎，不能盡通。

廣野君廟碑

《水經注》：在高陽縣侯留鄉。延熹六年十二月，雍丘令董生仰餘徽於千載，遵茂美於絶代，命縣人殷莀照爲文，用彰不朽之德。其略曰："輟洗分餐，咨謀帝猷，陳鄭有涿鹿之功，海岱無拇野之戰。大康華夏,綏静黎物,生民以來,功盛莫比。今故宇無聞,而單碑介立矣。"《陳留風俗傳》:酈氏居於高陽,沛公攻陳留,食其有功,封高陽侯。酈峻字文山,官至公府大將軍。商有功,封於涿。

酈食其廟前石人胸前銘

偃師山西,題云"門亭表"。

淮源桐柏廟碑

延熹六年正月八日乙酉,南陽太守中山盧奴口君躬祠淮廟作頌。《水經》云:"廟前有碑,是南陽郭苞立。又二碑,是延熹中守令所造。"此則其一也。

秋碧按:《王延壽集》有《桐柏廟碑文》。

平輿令薛君碑

延熹六年。無名字,碑云:"惟延熹六年春二月,平輿令薛君卒,烏乎哀哉!吏民其資,資君之德,乃建碑石於墓之側。"其後有銘詩三百餘言。

廣漢屬國辛通達李仲曾造橋碑

延熹七年立,在雅州。《碑圖》云:"有二人坐於上,若賓主之容,蓋辛、李二君也。中有一器,其後各有使令者一人。"

封龍山碑

延熹七年。《天下碑錄》:在獲鹿縣南四十五里山上。

山陽太守祝睦碑

延熹七年立,在雅州。君諱睦,字元德,濟陰已氏人。延熹七年八月丁巳卒。

大山都尉孔宙碑

延熹七年,在兗州。《集古》云:"孔子十九世孫。"《金石》云:"孔北海父也。宙字季將,延熹七年正月乙未故吏門生勒銘。"《石墨鐫華》:宙卒以延熹六年,碑造於七年,而趙明誠、歐陽永叔、王元美皆作四年。宙字季將，隸書易辨，而永叔《集古》作季特，不知何據。鄭漁仲《金石略》又載兩《孔宙碑》，尤謬。

朱彝尊《跋裴松之注魏志》引司馬彪《續漢書》亦作"宙"。又《韓勑碑陰》"出私錢數列，郎中魯孔宙季將，千"，當以碑爲據。而《後漢書·融傳》作"伷"。考宙卒於延熹六年，而伷於獻帝初平元年拜豫州刺史，籍本陳留，字公緒，別是一人。《金石史》：趙明誠、歐陽永叔、王元美皆謂卒以延熹四年。元美謂："又四年，都尉廢。廢三年，①長子襃坐融匿張儉抵罪。②時融年十六，宙卒時僅九歲。"按：建寧二年儉舉奏，候覽誣儉鉤黨，刊章討捕，時融年十七，非十六也。又按碑，宙以延熹六年正月乙未卒甚明，三公皆史家，張杜謂四年何也？又按融建安十三年卒，③年五十六，則是永興元年癸巳生，至延熹六年癸卯，融正十一歲，非九歲也。文舉望繫漢鼎，遭賊瞞荼毒，海内痛盡，其卒年史不應浪書。至云融年十三喪父，史亦矛盾，當以卒年及碑爲證。

孔宙碑陰

額篆"門生故吏名"五大字，漢碑陰無額，獨此爾。《石墨鐫華》：碑陰門生故吏名有捕巡，字升臺。捕姓，《姓苑》不載，而其稱謂有門生、門童、弟子、故吏、故民之不同。洪丞相謂親受業曰弟子，相傳授曰門生，未冠曰門童，掾屬曰故吏，占籍曰故民。《金石史》：楊用修《金石古文》謂四十二人，而余收自張雲至王政反六十二人，何也？弇州謂今皆失之，當由偶未收得碑陰，寔未嘗失也。

都鄉孝子嚴舉碑④

延熹七年立，《字原》：在梁山軍。碑有文有頌，又有"亂曰"十六句。碑云："爲父行喪，服制踰禮。"《隸續》：蜀人謂之"浮瀾灘碑"，不知何義。舉父名馴，字子順，仕至郡守。三女，無

---

① "廢"，原誤作"二"，據《金石萃編》卷十一改。
② "坐"，原誤作"弟"，據《金石萃編》卷十一改。
③ "十"字原脫，據《金石萃編》卷十一補。
④ "孝"，原誤作"玄"，據《隸釋續》卷十一改。

男，以舉爲後。舉能和顏奉親，送終盡孝，母氏年老，事繼若真，德行州里，官表門閭，弟子共爲立碑。

嚴舉碑陰

碑有主吏、督郵八，先書其姓於主吏、督郵之上，而繼之諱某字某，它碑所未有。

華山廟碑

延熹八年四月九日甲子就，郭香察書。

袁逢，字周陽，汝南汝陽人，司徒安之曾孫，太尉湯之次子。延熹四年，典弘農郡，以華岳舊碑文字磨滅，遂按經傳載原本，勒斯石以垂後。會遷京尹，乃勑都水掾杜遷市石，遣書佐郭香察書。碑成於後四年，蓋孫璆典郡時也。

朱彝尊《跋》：考司馬彪《續漢書·律曆志》有靈帝熹平四年太史治曆郎中郭香，殆即察書之人與？徐浩《古迹記》以碑爲蔡中郎書。都穆《金薤琳瑯》：浩深於字學，且生唐盛時，殆非鑿空而言者。

仙人王子喬碑　蔡邕撰

《水經注》：蒙城縣有王子喬冢，冢側有碑曰："王子喬者，蓋上世之仙人，聞其仙，不知其興於何代也。傳聞道家或云潁川，①或言產蒙，初建此城，則有斯丘，傳承先民，曰王氏墓。暨於永和之元年冬十二月，當臘之時，夜有哭聲，其音甚哀，附居者王伯怪之，明則登而察焉。時天鴻雪，下無人徑，有大鳥迹在祭祀處，左右咸以爲神。其後有人著大冠，絳單衣，杖竹立冢前，呼采薪孺子伊永昌曰：'我王子喬也，勿得取我墳上樹。'忽然不見。時令太山萬喜，稽故老之言，感精瑞之應，乃造靈廟，以休厥神，於是好道之儔自遠方集，或弦琴以歌太

---

① "傳聞"，《水經注》卷二十三作"博問"。

一,或覃思以歷丹田,知至德之宅兆,實真人之祖先。延熹八年,皇帝遣使者奉犧牲,致禮祠,①濯之,②敬肅如也。國相東萊王璋字伯義,以爲神聖所興,必有銘表,乃與長史邊乾樹之玄石,紀頌遺烈。"秋碧按:《汲冢書》云:"王子晉謂師曠曰:'吾後三年上賓於帝所。'師曠歸,未及三年,告死者至。"此後世緱山笙鶴之所由托始也。而裴充《冀州記》:緱氏仙人廟者,昔王僑爲柏人令,於此登仙。又《後漢書·王喬傳》:喬,河東人,顯宗時爲葉令。并載《尚書》飛鳬舄及天降玉棺事,應劭《風俗通》已辨其妄。是王子晉、王僑、王喬時代各殊,名籍亦異,并與蒙城之王子喬無涉。後人附會,以周太子晉爲王喬,又以王僑爲王子喬耳。

太尉楊公碑

蔡邕撰。公諱秉,字叔節,弘農華陰人。延熹八年薨,門人學徒相與刊石樹碑。

《初學記》:《楊太尉碑銘》:天誕元輔,代作三事,勛在王府,乃及尹公克光前矩,悉心畢力,繩其祖武,化洽群生,澤浹區宇。

《北堂書鈔·太尉》引"於戲公,維岳靈。天挺德,翼赤精。神壹氤,仁哲生。應台任,作邦楨。帝欽亮,訪典刑。道不忒,迄有成。光遐邇,穆其清"。

老子廟銘

《水經注》:在苦縣故城,漢桓帝遣官管霸祠老子,命陳相邊韶撰文。《天下碑錄》:在衛真縣太清宫,延熹八年桓帝夢見老子而祀之,時陳相邊韶演而爲銘。《金石》云:"舊傳蔡邕文並書,蓋杜甫苦縣光和之詩,啓之《書苑》,遂以爲韶撰,而邕書初無所據。"

《孔氏譜》:桓帝立老子廟於苦縣之瀨鄉。孔疇爲陳相,立孔子碑於老子畫象旁。

---

① "祠",原誤作"祇",據《水經注》卷二十三改。
② "濯",原誤作"懼",據《水經注》卷二十三改。

祝睦後碑

延熹九年立,在虞城縣。《集古錄》:故吏王堂等聞下有述上之功,臣有叙君之德,乃共刊碑立石。

潁川太守曹君碑

《水經注》:曹騰冢東有碑題云"漢故潁川曹君墓,延熹九年卒"。

高祖感應碑

《水經注》:泗水亭有高廟,廟前有碑,延熹十年立。《天下碑錄》:在豐縣北,豐令劉疊立。

溫令許續碑

《水經注》:安平縣渦水之北,有漢《溫令許續碑》。續字嗣公,陳國人也,舉賢良,拜議郎,遷溫令。延熹中立。

司徒盛允碑

《水經注》:虞城縣有漢《司徒公盛允碑》。允字伯世,梁國虞人也,察孝廉,除郎中,累遷司空、司徒。延熹中立。

秋碧按:《風俗通義》:允字子翩。

司空孔扶碑

《祖庭記》:孔林有《司空孔扶碑》,建寧元年立。《金石》作"魯相謁孔子文"。《通志》作"司農孔峽碑",則字之誤也。碑云:"孔子十九世孫。"《順帝紀》:陽嘉二年六月,太常孔扶爲司空,次年十一月免。此碑之辭,乃司空當國時,辟史晨之父爲士曹,屬東閤祭酒。後三十有三年,當靈帝建寧元年,晨自越騎校尉拜魯相,以三月丙申受命,四月戊子到官,既謁先聖冢,遂爲司空公刻此碑。

秋碧按:《魯國先賢傳》:扶字仲淵,爲司空,以地震免。

太尉楊震碑

《隸釋》:在陝州閿鄉。額題云"漢故太尉楊公神道碑銘"。震以延光三年卒，此碑乃其孫沛相統之門人汝南陳熾等所立。碑中載楊秉陪陵，則延熹八年事也。沛相以建寧元年卒，此碑蓋立於是時，去震卒已四十餘年。沛相死而門人爲其禰廟立碑，漢人風義，後世不可跂及。

楊震碑陰

《集古錄》：《楊震碑陰》題名者百九十人，其餘磨滅不完者又十餘人，此碑所書簡略，直云"河間賈伯锜、博陵劉顯祖"之類，疑皆是字。蓋後漢時人見史傳者未嘗有名兩字者也。《隸釋》：百九十餘人皆其孫之門生，歲月相距又遠，故不名。

沛相楊統碑

建寧元年立，在陝府閿鄉縣震墓側。《集古》云："失其名字，以《楊震碑》考之，知其爲統。"《通志》作"三年"，誤。

楊統碑陰

《集古錄》：僅存者十五人，又滅其一，其在者懷陵圉令相蔣禧字武仲以下十四人。

高陽令楊著碑

在陝府，不載名字。按《震碑》，次子讓，讓子著，高陽令，則知其爲著也。碑又無年號，所卒之年亦缺，惟存年字，下云"十月廿八日壬寅卒"。按：碑"遭從兄沛相憂去官"，即繼以"上天不惠，不我憗遺"之語，蓋與沛相先後而卒，以長歷考之，沛相建寧元年三月卒，著之卒在建寧元年十月也。

楊著碑陰

其間有沛君門生者，沛相統也；後公門生者，太尉秉也。沛君者，著之從兄；後公者，著之季父。後公之喪，其猶子繁陽君委榮而投紱；高陽君以沛相之喪，亦棄官而歸。一門孝義如此，宜其門生事之如一。伐石立碑，無彼此之別也，皆非著之門生，故不名。

邠州刺史趙融碑

《水經注》：都夷縣有漢《邠州刺史趙融碑》，靈帝建寧元年立。

陳留太守胡碩碑　　蔡邕撰

君諱碩，字季叡，交阯都尉之孫，太傅安鄉侯少子也，建寧元年七月二十一日卒。

太守胡公碑　　蔡邕撰

陳留主簿蔡軫等二十四人樹碑作銘。

竹邑侯相張君碑

建寧元年立，在單州。碑云："君諱壽，字仲吾，晋大夫張老之後。舉孝廉，除郎中、給事謁者，遷竹邑侯相。建寧元年五月辛酉卒。"

衛尉衡方碑

建寧元年立，在鄆州。碑云："君諱方，字缺。興，其先伊尹稱阿衡，因而爲氏。年六十二，建寧元年二月五日癸丑卒，門生故吏采石樹碑。"

《山東通志》：《衡方碑》在汶上縣西南平原村墓側。

冀州從事張表碑

建寧元年立。《隸釋》：在冀州。

表字元異。秋碧按：《孔宙碑陰》門生姓名有"東郡東武縣張表，字公方"，別是一人。

廣漢綿竹令王君神道

建寧元年立，在涪州。《金石》誤以"綿"字爲"縣"字，又以"竹"字合"令"字爲"笭"字，又合劉讓閣道題字爲一碑。

劉讓閣道題字

建寧元年立，在涪州。《隸釋》：相傳在蜀中閣道。

堵陽長謁者劉子山斷碑

建寧元年立。子山字，其名疑是"松"字。修《春秋經》，歷主部、督郵、五官掾、功曹，拜郎中，年卅有一。

秋碧按：劉寬子名松，未知是否。

武榮碑

額題云："漢故執金吾丞武君之碑。"碑無年月，其文有"遭孝桓大憂，戚哀悲痛，遭疾殞靈"。武君之卒，必在靈帝初年也。

處士圈叔則碑　蔡邕撰

典字叔則，年七十有五，建寧二年六月卒。臨没顧命曰："知我者其蔡邕。"乃爲銘。

文載邕集。

魯相史晨祠孔子廟碑

《字原》：建寧二年立，在兗州。《金石》云"晨有兩碑在廟。其一云蒙恩受符守"，即此碑也。碑云："建寧二年三月癸卯朔七日己酉，魯相晨、長史謙頓首死罪上尚書。"晨字伯時，河南人。《金石史》：觀此碑與《置卒史碑》略同，知漢制郡守相奏章，雖不得徑達天子，猶得上書尚書，今一切格忌不行，所以古今不相及也。魯相史晨當漢末季，猶上書享祀孔子，至空府竭寺，咸來觀禮，合九百七人，亦盛矣哉。

史晨孔廟後碑

在兗州。《闕里記》不錄此碑，而有碑陰，考字意疑是前碑之陰。《金石錄》作建寧元年，當是二年。

《石墨鐫華》：又一碑紀晨姓字，載當時廟饗觀禮者九百七人，復置井及守墓人，可謂盛事。

童幼胡根碑　蔡邕撰

故陳留太守胡君子曰根，字仲原，建寧二年遭疾夭逝，權宜就二祖墓側。親屬李陶，相與追慕先君，悲悼遺嗣，樹碑刊辭，以慰哀思。

金鄉守長侯成碑

在單州。碑云："字伯盛，山陽防東人。年八十有一，建寧二年歲在己酉四月二日癸酉疾卒。儒林衆儁，樹石立銘。"

孝廉柳敏碑

在忠州。《隸釋》云："君諱敏，字愚卿，其先蓋五行星仲二十八舍柳宿之精也。歷五官功曹、宕渠令，本初元年，再爲郡守所舉，不幸而死。後二十三年，縣令趙壹念其墓無碑識，故爲立石，時靈帝建寧二年也。柳敏哀詞用韻者八，兼有今、冬、江、陽、庚、青，蓋本《史記·龜筴傳》之例。後人謂江、陽必不可通者，誤也。"

交阯都尉胡公夫人黃氏神誥　蔡邕撰

夫人江陵黃氏之季女，字曰列嬴。初，都尉娶于故豫州刺史，即黃君之姊，生太傅廣及卷令康而卒。繼室以夫人，生童紀，未冠而夭。夫人年九十一，建寧二年二月薨於太傅府中。十月既望，葬於商原洛陽東界關亭之阿。於時故吏、舊民、中常侍等三十三人推本議銘，著斯碑石。

秋碧按：《襄陽耆舊傳》：廣父名寵，寵妻生廣，早卒。寵更娶江陵黃氏，生康，字仲始。與此不同，當以碑爲正。

青坡廟碑

《水經注》：新息縣側坡南有青坡廟，前有阪。靈帝建寧三年，蔡長河南緱氏李言上請修復青坡，司徒臣訓、尚書臣襲奏可，於洛陽宮青坡東塘南樹碑，碑稱青坡在縣坤地，源起桐柏淮川，別流於潺溪，逕新息牆坡，衍入舊壇界，灌溉五百餘頃。

淳于長夏承碑

建寧三年立，在洺州。碑云："君諱承，字仲兗，治《詩》《尚書》，兼覽群藝，歷主簿、督郵、五官掾、功曹、上計掾、守令、冀州從事。太傅胡公歆其德，旌招俯就，四府歸高，除淳于長。年五十有六，建寧三年六月癸巳淹疾卒官。"《石墨鐫華》：元王文定公憚定爲蔡邕書，謂其"氣凌百代，筆陣堂堂"。《隸釋》謂其"字體奇怪"，鄭僑《書衡》謂其"兼篆體、八分"。合數説，疑碑非真迹。又云江陰徐擴有舊刻，缺四十有五，此獨完好，則其僞可知。而楊用修亦謂石刻僅存者。王元美亦云"其隸法時時有篆籀筆，骨氣洞達，精采飛動，非中郎不能"，豈所見別一本耶？《金石史》：碑在永年縣漳州書院，院門外凡有三本：趙明誠《金石錄》"元祐間治河得於土中"者，一本也；《金薤琳琅》云"江陰徐公擴得舊刻，雙鉤其字以惠余，舊刻缺四十五字，而此獨完好，以勤約二字爲紹字"者，二本也；嘉靖間郡守唐曜取摹本臨石，置亭中，又一本也。《金石文字記》"《夏承碑》舊在廣平府永年縣漳州書院"者，即唐曜所刻也。

郎中馬君碑

建寧三年立。《隸釋》：君諱江，字元海，濟陰乘氏人。《金石錄》：文字殘闕，可見者"字元海"而已，又云"以和平元缺。舉孝廉，除郎中"，又云"年卅，元嘉三年正月卒"，又云"夫人宛句曹氏，年五十五，建寧三年十二月卒"。又載其弟文緒年三十二，早世。當是因夫人卜兆，以馬君共塋，又同時改歷其弟，故作碑併言之。

太傅胡公夫人靈表　蔡邕撰

夫人編縣舊族章氏之女，字曰顯華。永初二年，年十有五，爰初來嫁。建寧三年薨，其閏月附于太夫人窀穸。元女金盈，追慕永思，遂及斯表，鐫勒貞珉。

陳君碑

《金石》存漢《陳君碑》，但存上截，凡十五行，行五字。君諱德，字伯口，下一字缺，賴其額存，是以知其姓陳耳。前有建寧元年，後有建寧四年，前似其出仕歲，後則勒碑歲月也。

真令劉修碑

建寧四年立。《天下碑錄》：在穀熟縣門外夫子廟。

博陵太守孔彪碑

建寧四年立，在兗州。《集古錄》：孔子十九代孫。《金石錄》：君諱彪，字元上。

孔彪碑陰

建寧四年七月辛未，故吏王沛、崔烈等共刊石。

河東太守孔雄碑

建寧四年立，在兗州。按《集古錄》：孔君碑名字磨滅不可見，而世次、官閥粗可考,云:孔子十九代從孫,潁川君之元子也。舉孝廉,除郎中、博昌長。遭太守君憂,服竟,拜尚書侍郎、治書御史、博陵太守、下邳相、河東太守,建寧四年十月卒。《通志》作"河東太守孔雄",《集古》所載官閥、世次皆同,疑即此碑。

秋碧按:《天下碑錄》有尚書郎、河東太守《孔宏碑》,在仙源縣,建寧元年立。其所終之官同,而立碑之年月不同,疑宏即雄。附識於此,以俟博古者考焉。

中山夫人廟碑

《水經注》:堯妃也。建寧四年五月,成陽令管遵立。

有道徵士郭林宗碑　蔡邕撰

碑云:"將蹈洪厓之遐迹,紹巢、由之逸軌,翔區外以舒翼,超天衢以高峙。稟命不融,享年四十有二,建寧四年正月丁亥卒。四方同好之人,永懷哀痛,乃樹碑表墓,昭銘景行。陳留蔡伯喈、范陽盧子幹、扶風馬日磾等遠來奔喪。朋友服心喪者,如韓子助、宋子浚等二十四人,其餘門人著緦衰者千數。"蔡伯喈謂盧子幹、馬日磾曰:"吾爲天下碑文多矣,皆有慚容,惟郭有道無愧於色矣。"

《石墨鐫華》:晋人爲予言舊石曾在,一秀才極愛之,每往碑下婆娑累石,一夕盜碑去,縣令無奈,重刻一碑以應求者。後又磨泐,縣令於正己再刻之,秀才所盜之石竟不得出。

秋碧按:謝承《後漢書》:泰以建寧二年正月卒。碑作建寧四年正月,當以碑爲正。又按《天下碑錄》:《郭有道碑》在太原府平晋縣,蔡邕文在龍泉側,《郭林宗碑》在汾州介休縣墓側。是當時有兩碑也。

宋子浚碑

在介休縣。秋碧按:宋沖,字子浚,以有道司徒徵。

石門銘

《水經注》：滎陽有浚儀渠，建寧四年，於敖城西北壘石爲門，以遏渠口，謂之石門，西去河三里。石銘云"建寧四年十一月黃場石也"，而主吏姓名磨滅，不可復識。

沇州刺史茂陵楊叔恭碑

《水經注》：在薛棠碑西，從事孫光以建寧四年立。《金石索》：嘉慶二十一年，馬邦玉廣文得之鉅野縣之昌邑聚，審爲建寧四年《沇州刺史楊叔恭碑》。《跋》云："考昌邑聚即漢昌邑國，王莽之鉅野郡也。城東北有金城，城内有《沇州刺史范陽楊叔恭碑》，以建寧四年立，見《水經注》。茲石末書'七月六日甲子造'。按武都太守李翕《西狹頌》末'建寧四年六月廿三日壬寅造'，後歷一小建，則七月六日正得甲子，是即從事孫光等爲沇州刺史立者也。"

楊叔恭碑陰

《金石索》：字漫漶殊甚，祇存"書佐元盛叔舉"十餘字。

碑側題名

存"缺。佐陳留圉范緒迪祖、書佐濟北茌平夏訥、缺。洋公雅"等字。

李翕黽池五瑞碑

建寧四年，在成州。題云："君昔在黽池，修崤嶔之道，德治精通，致黃龍、白鹿之瑞。故圖畫其象於頌前。"五瑞者，黃龍、白鹿、木連理、嘉禾、甘露降。

翕字伯都，漢陽阿陽人，官武都太守。曾南豐《跋》：皆圖畫其象，刻石在側，蓋建寧四年也。近世士大夫喜藏畫，自晋以來，名畫有存於尺帛幅紙者皆寶之，而漢畫則未有得之者。及得此圖，然後始見漢畫也。

武都太守李翕西狹頌

郡西狹中道，危難阻峻，緣崖被閣，兩山壁立，下有不測之溪，阨笮迫促，才容車騎，數有顛覆霣墜之患。君敕衡官有秩李瑾、掾仇審，因常由道鐫燒破析，刻臽崔嵬，減高就埤，柙致土石，堅固廣大，可以夜涉，行人懽踊，民歌德惠，乃刊斯石。建寧四年六月十三日壬寅造。按《後漢書·皇甫規傳》稱屬國都尉李翕多殺降羌,倚恃權貴,規到官,條奏其罪,而武都《西狹頌》稱其治化精通,致黃龍、白鹿之瑞。使非此碑,則翕功又没矣。

李翕西狹頌第二碑

曾南豐《跋》云:"翕與功曹史李旻定策,敕衡官掾仇審治東坂,有秩李瑾治西坂,鐫燒火石,人得夷塗。其文有二,其一刻於四年六月十三日壬寅,其一是年六月三十日刻。"今集古之家惟有壬寅一碑,李旻定策,碑中不見,《天井》吏屬却有李旻姓名,始知南豐非輕信異聞者,必是西狹第二碑。

丹水丞陳宣碑

明成化間,內鄉縣高岸山崩,土人得石碑一,乃漢《丹水丞陳宣紀功碑》。文稱"宣字彥威,汝南新陽人,丞相曲逆侯裔胄,①去戶牖,遷淮漢間。宣傳《歐陽尚書》,仕郡,歷主簿、督郵,除項都鄉,補臨縣。永壽三年七月,洪水盛多,田畝荒蕪,民失其利。卿單騎經營,修復古迹,旬初成。長流移注,溉田二千餘頃。於是嘹民胡訪等,欲報靡由,登山伐石,建立全碑,甄記洪惠",後附銘二章,建寧四年五月。是碑儲藏家鮮有著錄,惟邑人李襲載於《丹浦嶽言》。

郭仲奇碑   此條見下卷。當黜此存彼,以此碑無年月可考也。

《集古錄目》云:"在河陽,額題云'漢故北軍中侯郭君碑',名字已磨滅。"《隸釋》:字仲奇,河內汲人。

武都太守李翕天井碑

建寧五年立,在成州。李翕為郡二年之間,鑿崖治西狹路,架析里橋,又治西坂山天井道,凡三碑,俱存。

析里橋郙閣頌

建寧五年立。惟斯析里,處漢之右,溪源漂疾,橫注於道。涉秋霖瀧,稽滯商旅。斯溪既然,郙閣尤甚。臨深長淵,②三百

① 胄,原誤作"宙",據《四庫全書》本《六藝之一錄續編》卷二改。
② "淵",原誤作"闊",據《隸釋》卷二十二改。

餘丈,接木相連,號爲萬柱。遭遇隤納,人物俱墮。太守河陽李翕,以建寧三年二月辛巳到官,乃俾府掾仇審,① 改解危殆,② 即便求隱。析里大橋,於爾乃造。又醳楸溪之潮漛,徙朝陽之平燆,減西高閣,就安寧之石道。③ 乃刊石作頌。《養新錄》:洪氏、婁氏俱言碑在興州,即今漢中府之略陽縣也。漢之略陽屬天水郡,今縣則南宋開禧三年改順置,相去幾及千里,名雖同而地則異矣。歐陽棐《集古錄目》以爲仇紼書。④ 紼字子長,墨丁人。《石墨鐫華》謂是邕書,特以字體與《夏承碑》相似妄意之。⑤ 然《夏承碑》之出中郎,亦無所據。《廣川書跋》:《郙閣頌》"醳楸關之嶼漛,徙朝陽之平燆⑥。"漛"當作"淫","燆"當作"燥","醳"當作"易"。楊用修因"淫燥"之説,更以"嶼"爲"潮",以"醳"爲"釋"。顧氏《金石文字記》謂楊説以"醳"之爲"釋",以《司隸楊孟文頌》及《繁陽令楊君碑》證之,固可信矣。洪氏《隸釋》載此碑,本作"嶄漛",無"嶼"字。今略陽縣有此碑,雖是重刊之本,而此二語點畫分明,是"嶄"非"嶼"。⑦ 惟歐陽《集古錄》誤讀爲"嶼"。用修未見石本,故承其誤耳。"嶄"與"平"對,"漛"與"燥"對,於義無可疑。

太傅文恭侯胡公碑　　蔡邕撰

公諱廣,字伯始,交阯都尉之元子也。建寧五年三月壬戌薨於位,四月丁酉葬於洛陽塋。故吏濟陰池喜樹石作頌。

太傅胡公碑　　蔡邕撰

太原王允、雁門畢整、扶風曹宙、潁川殷歷指舉功勳,刊之於碑。

胡公碑　　蔡邕撰

故吏司徒許栩等論集行迹,銘諸琬琰。

胡太傅祠前銘　　蔡邕撰

以上文並載《邕集》。

---

① "府掾仇",原誤作"仇掾",據《隸釋》卷二十二改。
② "解"字原脱,據《隸釋》卷二十二補。
③ "石",原誤作"右",據《隸釋》卷二十二改。
④ "目"字原脱,據《十駕齋養新錄》卷十五補。
⑤ "碑"字原脱,據《十駕齋養新錄》卷十五補。
⑥ "朝",原誤作"平",據《十駕齋養新錄》卷十五改。
⑦ "非",原誤作"作",據國圖本、《十駕齋養新錄》卷十五改。

司徒從事郭君碑

建寧五年，在孟州。

仲君碑

《金石略》：建寧五年立。

成陽靈臺碑

建寧五年，廷尉仲定奏請興治，郡守審晃、縣令管遵各遣大掾助成之。在濮州雷澤，堯母慶都感赤龍而生堯，後葬名靈臺，臺上立黃屋。《集古》作"堯母神祠碑"。

樂成令大尉掾許嬰碑

《水經注》：嬰字虞卿，司隸校尉之子，建寧六年立。餘碑文字破碎，當是司隸諸碑。

桂陽太守趙越墓碑

《水經注》：獲嘉縣城西。越字彥善，縣人也。累遷桂陽太守、五官中郎將、尚書僕射，遭憂服闋，守河南尹，建寧中卒。碑東又有一碑，碑北有石柱、石牛、羊、虎，俱碎，淪毀莫紀。

《河南省志》：桂陽太守趙越墓在獲嘉城西。

熹平殘碑

《水經注》：淮陵山桑城東有一碑，文悉破無驗，惟碑背故吏姓名尚存。熹平元年，義北門生沛國蕭縣劉定興立。

荊州刺史李剛墓碑

在方與縣。剛字叔毅，山陽高平人。熹平元年卒。

荊州刺史李剛石室畫象

熹平元年作。《水經注》：鉅野有荊州刺史李剛墓，南祠堂石室四壁隱起君臣、龜龍、官屬、麟鳳之文。

故民吳仲山碑

熹平元年立，在東京。碑額作"故民吳公"，不著名，仲山字也。穆延年於宣和間得之。

廷尉仲定碑

熹平元年立，在濮州雷澤。其略云："君諱定，聖漢龍興，家於成陽。父張掖廣漢太守，以父勛拜琅邪太守，歷官至大中大夫，遷廷尉，托病乞歸，修堯靈臺、黃屋。熹平元年孟秋上旬，遘疾不瘳，於是門生、養徒、故吏、鄉黨刊石勒銘，樹碑表道。"定，漢史無傳，惟《風俗通》《元和姓纂》載名姓官爵云。

司隸校尉魯峻碑

在濟州州學。《水經注》作"魯恭"，誤。《天下碑錄》：蔡邕書。《金石史》：峻字仲嚴，山陽昌邑人，治《魯詩》《嚴氏春秋》。舉孝廉，除郎中、謁者、河內太守丞，辟司徒、司空府，舉高第、御史、頓丘令、九江太守，拜議郎、太尉長史、御史中丞、司隸校尉。遭母憂，自乞移議，服免。還拜屯騎校尉，以病遜位。熹平元年八月癸酉卒，門生于商等二百三十人謚曰忠惠父，明年四月庚子刊石。

魯峻碑陰

《隸續》：有《忠惠父魯峻斷碑》，九十有一人書姓字而不名，惟徐、袁二人有郡，乃其下之四橫，橫二十有四人，計其上當有十橫，正可容三百二十人之數。

魯峻祠堂石刻畫象

《水經注》：峻穿山得白蛇、白兔而不葬，更鑿山南而得金，故曰金鄉。山形峻峭，冢前有石祠、石廟，四壁皆青石隱起，自書契以來，忠臣、孝子、貞婦及孔子弟子七十二人形象，象邊皆刻石紀之，文字分明。又有石牀，廣八尺，磨瑩鮮明，叩之聲聞遠近。時太尉從事中郎傅珍之、咨議參軍周安穆折敗石牀，各取半去，爲魯氏之後所告，免官。

頓丘令昌邑魯峻碑

《通志》：大名府開州。

廣漢屬國都尉李翊碑

熹平二年立，在渠州。

李翊夫人碑

碑云："嗚呼！夫人臧氏苗焉。"蓋夫人臧氏也。

繁陽令楊君碑銘

篆額。楊君者，太尉震之孫，富波侯相牧之子，太尉秉之猶子，沛相統之親昆弟，高陽令著之從昆弟也。《金石萃編》：楊君缺其名字，予考《唐書·宰相世系表》，富波侯二子，長統，少馥，則沛相之弟乃馥也。碑云"年五十一，熹平二年三月己丑卒，故吏臣隸追述鐫石"。

繁陽令碑陰

凡一百二十有四人，不書郡邑，皆繁陽之人也。

司隸校尉楊淮碑

碑云："故司隸校尉楊君厥，諱淮，字伯邳，大司隸孟文之元孫也。黃門同郡卞玉，字子珪，以熹平二年二月廿三日謁歸過此，追述勒銘。"《隸釋》：紹興中，此碑方出，歐、趙皆未之見。碑云"君厥，諱淮，字伯邳"，蓋以厥爲語助之辭。大司隸有《石門碑》，亦云"楊君厥，字孟文"。今古皆以厥爲孟文之名，得此始知其非。

秋碧按：淮，楊煥孫。李固薦淮累世忠直，拜尚書。陳蕃表爲河東守，遷尚書令，奏汝南孫訓、南陽曹麻、①潁川曹騰三郡守罪。訓，梁冀婦家子。淮爲司隸，劾冀叔執金吾忠不朝正，人尊憚之。見《華陽國志》。風節若此，無忝大司隸之孫矣。

張道陵碑

在洪雅縣易俗鄉。上有"熹平二年三月一日"等字。《養新錄》："天師"之稱，始見於《莊子》；特一時尊敬之詞，非以爲號也。後漢張陵始以"五斗米道"誑惑漢、沔間。其孫魯據有漢中，魏武授以侯爵。後來習其教者，②妄稱陵爲天

---

① "麻"，原誤作"庶"，據《華陽國志》卷十改。
② "者"字原脫，據《十駕齋養新錄》卷十九補。

師。《水經注‧沔水》篇：瀘水又南逕張魯治東，水西山有張天師堂，於今民事之。又《江水》篇：平都縣有天師治。皆謂陵也。

玄儒先生婁壽碑　蔡邕撰

先生名壽，字元考，南陽隆人。熹平二年正月甲子不祿，國人論德處謚，刻石作銘。《潛研齋跋尾》：《周公謚法》未有玄儒之目，漢人私謚，各出新意，不必求合於古。如陳大丘之文範，亦非古謚也。自叟有此謚，繼之者，法真、郭荷之玄德，索襲之玄居，宋纖之玄虛，悉數之不能盡矣。

婁壽碑陰

可見五十四人，漫滅者四人，其稱南郡、汝南者二人，餘蓋南陽人也。

彭城姜伯淮碑　蔡邕撰

先生諱肱，字伯淮，彭城廣陵人也。熹平二年四月辛巳卒。從游弟子陳留申屠蟠等建碑。

姜肱頌

肱弟子劉_缺。追慕肱德，共刊石頌之。

司空宗俱碑

熹平二年立，在鄧州。《金石》云："《後漢書》：宋均族子意，意孫俱，靈帝時爲司空。嘗得宗資墓獸刻字。知均以下皆當作'宗'，《列傳》轉寫爲'宋'，誤也。"碑云："公諱俱，字伯儷，南陽安衆人也。祖父，司隸校尉。父，長沙太守。公察孝廉，爲城門侯，歷郎中、議郎、五官中郎將、越騎校尉、汝南太守、少府令，遷太常，遂拜司空。"
《姓苑》載南陽安衆宗氏云："後漢五官中郎將伯，伯子司隸校尉、河內太守均，均族兄遼東太守京，京子司隸校尉意，意孫俱，俱司空。"

宗俱碑陰

列門生姓名六十三人，有郡邑名字，略無官稱，當是門生未筮仕者。

米巫祭酒張普題字

熹平二年立,在嘉州。《復齋碑目》作"張普施天師道法記"。

文曰:"熹平二年三月一日,天表鬼兵胡九缺二字。仙歷道成,①玄施延命,道正一元,②布忴伯氣,定召祭酒張普、萌生、趙廣、王盛、黃長、楊奉等,詣受微經十二卷。③祭酒約:施天師道法,无極才。④"

武都太守耿勛碑

熹平三年立,在成州同谷縣界,字與《郙閣頌》相類。

君諱勛,字伯瑋。熹平三年,浮雨害稼,耿君乃開倉振澹,冒熱行縣,經營扶活千有餘人。出奉錢以給衣賜,發荒田以賦寡獨,又稱其鑄錢以修狹道之績,蓋德政碑也。立碑之人即《李翕天井碑》中西部道橋掾李禋。

桂陽太守周府君碑

碑云:"君諱憬,字君光,徐州下邳人。熹平三年,歲在攝提格仲冬之月,曲紅長零陵重安區祉與邑子故吏龔臺、郭蒼、龔雒命工擊石,建碑於瀧上。"《字原》:在韶州樂昌廟內。《圖經》但云"周使君",《後書》無傳,及得碑陰,方知名憬,題云神漢,獨此碑爾。

秋碧按:《通志》列《桂陽太守周府君勛德碑》,熹平三年,在桂陽監,即此碑也。

周憬碑陰

有宰曲紅者一人,貫曲紅者十六人。《水經》云:"瀧水逕曲江縣東,縣昔號曲紅,山名也。漢史皆作'曲江'。"《猗覺寮雜記》:⑤

---

① "成",原誤作"或",據清同治洪氏晦木齋刻本《隸釋續》(以下《隸釋續》皆據此本)卷三改。
② "元"字原脱,據《隸釋續》卷三補。
③ "經"字原脱,據《隸釋續》卷三補。
④ "无",原誤作"天",據《隸釋續》卷三改。
⑤ "覺",原誤作"覽",據國圖本改。

碑陰載門生皆云曲紅，古字簡，多借用，故以紅爲江，道元不曉其義，乃云"曲江縣昔號曲紅，山名"。以地勢考之，武溪自北來，西入海，古郡城在其上，際江水正曲，何名爲山也？

沇州刺史河東薛棠碑

《水經注》：昌邑縣大城東北金城城內。棠以郎中拜剡令，甘露降園。熹平四年遷沇州。明年，甘露復降園殿前樹，從事馮巡、主簿華操相與褒樹，表勒棠政。

《隸釋》載《水經注》作"薛季像"。

太尉汝南李公碑　蔡邕撰

公諱咸，字元卓，汝南西平人。熹平四年薨，故吏穎川太守等刊石立碑。《文選》陸士衡《漢高祖功臣頌》注引蔡邕《李咸碑》"明略兼洞，與神合契"。《北堂書鈔·大尉》引"天垂三台，地應五岳。降生我公，應鼎之足。奕世載德，名昭圖籙。既文且武，桓桓紹續。外則折衝，內則大麓"。

鄭子真宅舍殘碑

熹平四年立，《字原》云："在雲安軍。"

秋碧按：《三輔決錄》：子真名樸。《漢書》：谷口有鄭子真，蜀有嚴君平，皆修身保性。

帝堯碑

熹平四年十二月癸卯立，在濮州。碑陰：故濟陰太守劉郃，字季承，漁陽泉州人，自以體別枝庡，堯之裔胄，下車出奉，修治舊祠。後太守河內張寵到官，出錢二千，致敬禮祠，臨立壇碑。郭緣之《述征記》：成陽縣東有堯冢，亦曰堯陵，有碑。

帝堯碑陰

右《帝堯殘碑陰》，只存其下一列，有故吏、處士九人題名。後四行紀事，無上文可讀，傳者以爲《堯廟碑陰》。考其中一行有云"成陽令鄭真"。案《堯廟碑陰》，成陽令乃河南呂亮，《帝堯碑》則是成陽陳國鄭真，知此乃《帝堯碑陰》也。

聞喜長韓仁銘

碑在河南開封府滎陽縣，止存上截，額題"漢循吏故聞喜長韓仁銘"。

熹平四年十一月甲子朔廿二日乙酉，監石成表言如律令。仁前在聞喜，經國以禮，刑政得中，有子產君子之風。司隸校尉表上，遷槐里令。除書未到，不幸短命。書到，遣吏以少牢祠。《金石圖》：碑在縣東角門東側。漢興以來，循吏之途爲盛，當時天子每降璽書以勗屬之。是碑則司隸校尉寵褒韓仁，傷其良吏不壽，刻石旌之，此其移下河南尹之令也。趙秉文《跋》：此碑出京、①索間，滎陽令李侯輔之行縣得之，字畫宛然，類《劉寬碑》。韓仁，漢循吏，早卒，不見於史而見於此，非不幸也。

北平縣界石揭

《水經注》：熹平四年，幽、冀二州争境，詔書遣冀州從吏王球、幽州從吏張眼分境立石，標界具揭。

棠谿典嵩高山石闕銘

熹平四年立。中郎將棠谿典伯并來請雨嵩高廟。按《後漢書·靈帝紀》：熹平五年，復崇高山名爲嵩高山。章懷太子注引《前漢書》"武帝祀中岳，改嵩高爲崇高"，《東觀漢記》"使中郎將棠谿典請雨，因上言改之，復爲嵩高"，今此文乃四年，可以正漢史之誤。又《先賢行狀》：典字子度。而《延篤傳》又作"季度"，今此碑乃云字伯并，亦當以碑爲正。

梧臺石柱碑

臨淄縣城南門北《梧臺西石柱碑》。熹平五年。題云"梧臺里"。

伯夷叔齊廟碑　蔡邕撰

熹平五年，天下大旱，禱請名山，求獲答應。時處士平陽蘇騰，字元成，夢陟首陽山，有神馬之使在道。明覺而思之，以

---

① "此"，原誤作"凡"，據國圖本改。

其夢陳狀上聞。天子問三府請雨使者與郡縣户曹吏登山升祠，手書要曰："君況我聖王以洪澤之福。"天尋興雲，即降甘雨，因樹碑爲銘。

廣漢太守沈子琚綿竹江堰碑
熹平五年。《字原》：在漢州。《天下碑録》"子琚"作"子璩"。

太傅掾橋載墓碑
《水經注》：在睢陽城三里。載字元賓，梁國睢陽人也，睢陽公子。熹平五年立。

曹熾冢碑
《水經注》：題云："漢故長水校尉曹君之碑。"歷大中大夫、司徒長史，引侍中，遷長水校尉，年三十九卒。熹平六年造。

曹允冢碑
《水經注》：熾弟。題云："熹平六年立。"

庠彰長田君斷碑
熹平六年十月九日辛酉造，在華州華陰縣。"庠彰"，東、西漢史皆作"斥章"①。

豫州從事尹宙碑
熹平六年立，今在鄢陵縣。宙字周南，潁川人。仕歷郡主簿、②督郵、五官掾、功曹，守昆陽令，州辟從事。

棠邑令費鳳碑
熹平六年立，在湖州。碑云："惟熹平六年，歲格於大荒無射之月，棠邑令費君寢疾卒，於是夫人元弟故缺三字。守胤追而誄之。"

---

① "章"，國圖本作"彰"。
② "歷郡"二字原誤倒，據國圖本乙正。

棠邑令費鳳別碑

君諱鳳，字伯簫。君舅家平陵石勛，字子才。載馳載驅，來奔於喪庭。肝摧意悲，感切傷心。瞻彼碑誄，懷之好音。司馬慕藺相，南容復白圭。仰之以彌高，鑽之以彌堅。不堪哀且思，叙詩之一篇。庶幾昔子夏，起夫子之所言。

淮源廟二碑

《水經注》：又二碑，是漢熹平中守令所造。

俠伯成墓碑

熹平中立，在單州。

襄國鄉浮圖石碑

《水經注》：夏侯塢二十里，東一里即襄國鄉浮圖也，熹平缺季缺。君所造。死因葬之，弟刻石樹碑，以旌厥德。

金廣延母徐氏紀產碑

光和元年立。《輿地碑目》：在雲安軍。

《隸釋》：其辭云："光和元年五月中旬，金廣延母自傷紀考妣元初產。永壽元年，出門托軀金掾季本。"自此之後，其名半滅。

西岳華山廟碑

光和元年，歲在戊子，名曰咸池。季冬己巳，弘農太守河南樊君毅恭祀西岳，楸齋華亭，齋堂逼窄，於是與巴郡朐忍先讜公謀議繕。故二年正月己卯，興就既成，刻兹碑號。

中郎王政碑

在濟州。《金石錄》：光和元年立。《隸續》：王君名政，字季醻，歷州從事、防東長，察孝廉，除郎中。壽五十，以桓帝元嘉三年正月戊寅卒，門徒士夫相與立此石。

尚書議郎桓彬碑

彬字彥林，焉之兄孫也。彬少與蔡邕齊名，初舉孝廉，拜尚書郎。光和元年卒於家，年四十六。所著《七説》及《書》三篇，蔡邕等共論序其志。僉以爲彬有過人者四：夙智早成，歧嶷也；學優文麗，至通也；仕不苟禄，斷高也；辭隆從窊，累操也。乃共樹碑而頌焉。

金城太守殷君碑　衞覬撰

君諱華，字叔時，上郡乏陽人。以光和元年九月乙酉卒官，故吏邊竺、江英、韓遂等刊石勒勛。

太尉橋玄墓前三碑

睢陽縣城北冢列數碑，一是漢朝群儒，英才哲士，感公德行之美，乃共刊石立碑，以示後世。蔡邕撰文。一碑是故吏司徒博陵崔烈、廷尉河南吳襲等，以爲至德在己，揚之由人，苟不瀫述，夫何考焉。乃共勒嘉石，以昭明芳烈。蔡邕撰文。秋碧按：《中郎集》"吳襲"作"吳整"，是刊本傳寫之誤。一碑是隴西枹罕北次陌碭守長隃，①爲左尉漢陽獂道趙馮孝高，以橋公嘗爲涼州牧，感三綱之義，慕將順之節，以爲公之勛美，宜宣舊邦，乃樹碑以昭令德。光和元年，主記掾李友字仲僚作碑。②

秋碧按：《水經注》：睢陽東百步有鴻臚橋仁祠堂。石室題字：仁，玄七世祖也。附記於此。《文選》沈休文《齊安陸昭王碑文》注引蔡邕《玄碑》："牧一州，典五郡。"《北堂書鈔·太尉》引"歧嶷而超等，總角而逸群，至矣乎初紳，高明卓異，爲衆傑之雄。其性莊，疾華尚樸，百折而不撓，拔賢如逝流，討惡如霆擊"。

丹陽太守郭旻碑

光和二年立。旻字巨公，易翟人。治小杜律，幼仕州郡，察孝廉，除郎中、謁者，遷敬園令、廷尉左平、治書侍御史。父憂去官，還拜郎中，遷冀州刺史，徵拜尚書。是時淮陽蠢動，策書

---

① "陌"字原脱，據《水經注》卷二十四補。
② "主"，原誤作"立"，據《隸釋》卷二十改。

俾守丹陽，爲政四年，以公事去官。年過耳順，延熹元年十月戊戌卒，乃群相與刊石立銘。

太尉郭禧碑

光和二年立。

秋碧按：禧字君房，郭躬從孫也。少習家業，兼好儒學。① 延熹中爲廷尉，建寧二年代劉寵爲太尉。

趙明誠曰：“郭氏世爲陽翟人，自躬以下皆葬陽翟，其墓尚存。今《太尉郭禧碑》缺處猶有‘陳留扶溝’字，疑禧嘗寓居是邑，其卒也，返葬故鄉。”洪适曰：“案《禧碑》既云‘扶溝輦門’，《漢官儀》又云‘孝靈太尉扶溝郭禧’，《郭旻碑》云‘禧之子，五原守鴻奉柩歸葬舊鄉’，則史注初不誤也。”

郭禧碑陰

列故吏密張立度成、匽師張協子道、雒陽李蒼于考、故民河南陰德紀信以下百餘人。

郭禧後碑

額題“漢故太尉郭公神道碑”，殘闕尤甚，可辨者惟“光和二年夏五月甲寅，故太尉郭公薨”，又云“公之允子，故五原太守”，餘不復成文。《後漢書》列傳既不載禧所終，而《靈帝紀》但云“建寧三年夏四月，太尉郭禧罷”，亦不言罷爲何官。以碑考之，乃知其罷爲大中大夫，而卒於光和二年也。五原太守名鴻，後爲司隸校尉，封成鄉侯。

郭禧後碑陰

《金石錄》：無跋尾。

陳球碑　蔡邕撰

《文選》潘岳《金谷園詩》注引《陳球碑》“遠鎮南裔”。

---

① “兼”，國圖本作“專”。

太尉陳球碑

光和二年立。《水經注》：下邳陳球墓前有三碑，弟子管寧、華歆造。公名球，字伯真，下邳淮浦人。三剖郡符，五入卿寺，再爲三公。靈帝光和二年，與司徒劉郃謀誅宦官，事泄，下獄死。

陳球碑陰

列故吏、故民凡四十人，各有出錢之數。《水經》云："下邳陳球墓前有三碑，是弟子管寧、華歆造，此碑所見列皆故吏、故民，而無管、華姓名，豈與《劉寬碑》相類，其一則弟子所立乎？"《述征記》：下相城西北漢太尉陳球墓有三碑，近墓一碑，弟子盧植、鄭玄、管寧、華歆等六十人；其餘二碑，陳登文，並蔡邕所作。

陳球後碑

公既不得其死，門人或畏憚凶燄，必不敢立石雙表也。兩碑之前，幾二百字可讀，其末則凋落如晨星，豈其間有憤懣哀切之語，後來益有所懼而剔之乎？

蒼頡廟碑

光和二年立，又一碑三年立。

劉尋禹廟碑

光和二年十二月丙子朔十九日甲午，皮氏長南陽章陵劉尋孝嗣、丞安定烏氏樊璋，其後叙禹平水土之功，最後有銘，在龍門禹廟。

樊毅復華下民租碑

光和二年立，在華州。碑久湮沒，唐興元二年，華陰令盧仿求復之，爲之記。

樊毅修華岳廟碑

光和二年。碑云："有漢元舅，五侯之冑，謝陽之孫，曰樊府君，諱毅，字仲德。命守是邦，齋祀西岳。以傳舍窄狹不足處，令先黨以漸補治。於是功曹郭敏、主簿魏襲、戶曹許禮等遂刊元石，銘勒鴻勛。邯鄲子禮撰文。"

右侍無名人墓闕
光和三年立。

舜子巷義井碑
在隨州，石皆皴剥，有"光和三年"字。

舜井碑陰
列稱分子六十餘人。

冀州從事郭君碑
光和三年。碑殘闕，不見名字，略曰："歷郡諸曹掾史、主簿、督郵、五官掾、功曹。"又云："光和三年終，光和十月葬。"

安平相孫根碑
光和四年，在密州。君諱根，字元石，殷比干之後。嘗爲諫大夫、議郎、謁者，出宰四邑，刺荊州，相安平。靈帝光和四年十二月乙巳卒，年七十有一。故吏、門生、邦人共立石碑。按：今在諸城縣。

孫根碑陰
《隸釋》：碑陰可辨者凡二百四十四人，異姓才十之一耳。

溧陽長潘乾祐校官碑
字元章，陳國長平人。光和四年己丑朔廿一日造。宋紹興十年，溧水尉喻仲遠得於固城湖濱之官舍，今在孔廟之大門右。

童子逢盛碑　蔡邕撰
光和四年立。童子名盛，字伯彌，年十二，歲在協洽，五月乙巳卒。其年十二月，安措父門生東武孫理等共刊石，在濰縣治。

逢盛碑陰
有縣中士大夫，又有家門生。

無極山碑

光和四年立,在真定府。此山與三公山、封龍山、靈山、白石山皆在元氏。男子蓋高、范遷,援三公、龍、靈,請於太常,乞官給圭璧,四時祠具,詔從之。吏民更遷廟宇,而立此碑。秋碧按:《明帝紀》:沛國范遷,字子廬,以永平五年十月由河南尹爲大司空。別一范遷。

三公山碑

光和四年,左尉樊子毅立在真定府。頌未有樊君徼福之句,而讚美舉將馮巡幾二百言。馮君乃常山相也。

北岳廟碑

《集古錄目》:在定州,文字磨滅,多不可考。其中有稱"光和四年,元氏左尉上郡瑋"①,其意若瑋被選舉而立此銘,②以報神貺。

殽阮神祠碑

光和四年,鄭縣令河東裴立字君先立。魏晉以來謂之五部神廟,在華州。

殽阮碑陰

列郡吏名三百四十二人,其前四十餘人,稱之曰郡吏,其間四十人皆繫以"阿"字,有阿奉、阿買、阿興等名,必編户民,未嘗表德,書石者欲其整齊而強加之,猶今間巷之婦以"阿"挈其姓也。

揚州刺史敬使君碑

在正平縣二十里墓側,光和四年閏月庚申立。《集古》云:"名字皆不可見,惟'敬仲'二字尚可識。其間有云'拜治書侍御史',又曰'光和四年卒'。"

---

① "元氏"二字原脱,據清光緒江陰繆氏刻《雲自在龕叢書》本《集古錄目》(以下《集古錄目》皆據此本)卷二補。

② "銘",原誤作"舉",據《集古錄目》卷二改。

秋碧按：《風俗通》：敬歆，漢末爲揚州刺史。《元和姓纂》亦云"歆，平陽人"，而《後周書·敬光傳》《唐書·宰相世系表》"歆"皆作"韶"，乃知《姓苑》《姓纂》之誤。

槀長蔡湛頌

光和四年立，在真定府。湛字子德，河内修武人。熹平四年六月乙卯，詔書除槀長，有惠政。治槀三載，遷高邑，吏民思之，故吏栗尹等共刊斯石頌。

蔡湛碑陰

有故吏、賤民、議民、故三老、故處士、義民、議民、賤民獨見此碑，莫詳其義。

梁相孔耽神祠碑

光和五年，立在亳州永城縣。孔君自作歸藏之地，而其子銘之。《金石錄》：耽字伯仁。

涼州刺史魏元丕碑

光和四年立，在維州。碑損其名，有字曰元丕，在朝爲郎中、尚書侍郎、左右丞，出刺涼州。光和四年卒，故吏雲中守門生曹穆共立此碑。

太守張景題字

光和六年四月，太守張景中有追念先祖早失覆缺。孤煢自悲，刊紀先象之句在高眹石室梁上。

白石神君碑

光和六年。《金石》：存，在無極縣。白石，山名。新得法食於太常，故拓廟建碑以頌其德。碑云："縣界有六名山，三公、封龍、靈山先得法食。"光和四年，三公守民蓋高等始爲無極山請太常求法食，至是常山相馮巡、元氏令王翊復以白石神君道德灼然，乃具載本末，上尚書求法食，依無極爲比，即見聽許，采石勒碑。

白石神君碑陰

朱彝尊《跋》：碑陰有務成神、李女神、磚石神、壁神君名號。碑建於光和六年，是歲妖人張角起矣。

成陽令唐扶碑

光和六年立，在豫州雷澤。君諱扶，字正南，潁川鄾人也。詔書換昌陽令，從事伸宇、處士董額等共刊石，頌君之美。

唐扶碑陰

載出錢造碑，有故從事、督郵、故吏、處士、門生、門童等姓名。按《唐君扶碑》云"處士閻丘班等刻石樹頌"，而碑陰又有故吏閻葵巴、處士閻葵楚。閻葵姓不載於前史，而《姓苑》《姓纂》亦皆不載。

司徒袁公夫人馬氏靈表

光和七年，司徒袁公夫人馬氏薨，春秋六十有三，十一月葬。哀子懿達、仁達，銜恤哀痛，靡所寓懷，乃撰錄母氏之德，示公之門人，采石於南山，假貞石以書。蔡邕撰文。

秋碧按：司徒公袁隗也，夫人南郡太守馬融女。《文選》顏延年《文元皇后哀策文》引蔡邕《袁公夫人碑》：義方之訓，如川之流。

种氏石虎刻字

光和七年四月五日己丑，孝子种頤元博所造。

楊種令許叔臺碑

柘縣城南里許，光和中立。

上谷太守議郎張平仲碑

《水經注》：廬奴南光和中立。

文穆冢碑

《水經注》：三世二千石。穆，郡戶曹，徵博士、太常，以明氣候，擢拜侍中、右中郎將，遷九江、彭城、陳留四部。光和中卒，故吏涿郡太守彭城呂虔立。

秋碧按：《竇固傳》：明帝十五年，有烏桓校尉文穆。以時考之，別是一人。
大學贊碑
《水經注》：在講堂西，下列石龜，載蔡邕、韓説、棠谿典等名，光和中立。
太學弟子贊碑
在外門中，光和中立。
楊彦楊禪二碑
鄢水次有單父令楊彦、尚書楊禪字文節兄弟二碑，光和中立。
八都神廟碑
《天下碑録》：在鎮州元氏縣西北二十里廟壇下，光和中立。
司隸從事郭究碑
中平元年立。《天下碑録》：在濟源。《集古》云：君諱究，字長全，汲人也。元城君之孫，雒陽令之弟，春秋二十八而卒。據《北軍中侯碑》，郭君爲元城君子，而弟爲雒陽令。考其世次，皆同前世。碑碣但書子孫而不及兄弟，此碑獨載兄弟甚詳。
都鄉正街彈碑
中平元年立，在汝州。《水經注》：平氏縣有《南陽都鄉正衛彈碑》。《舊録》作"衛彈"，《金録》作"街彈"，《隸釋》①以《金石》作"街彈"爲誤。按趙明誠《金石録》：街彈若今之申明亭也。鄭司農《周禮注》：鋤里宰治處，若今街彈之室。
幽州刺史朱龜碑
中平二年立，在亳州。《水經注》：龜字伯靈，廣陵人，光和六年卒官。故吏別駕從事史右北平無終牟化造。

---

① "隸"字原脱，據國圖本補。

朱龜碑陰

列故吏姓名，悉涿薊及上谷北平等人。

貞節先生范史雲碑　　蔡邕撰

先生諱丹，字史雲，陳留外黃人。年七十有四，中平二年四月卒。太尉張公、兗州劉君、陳留太守淳于君、外黃令劉君，使諸儒參按典禮作誄，著謚曰貞節先生，作銘勒碑。

王君殘碑

中平二年勒碑。

郃陽令曹全碑

君諱全，字景完，敦煌效穀人。中平二年十月丙辰造。《金石史》：此碑曹景完全爲郃陽令，①門下掾王敞諸人於中平二年刊石紀功所立也。據史，建寧元年，疏勒王於獵中爲其季父和德所殺，自立爲王。三年，涼州刺史孟佗遣從事任涉將敦煌兵，與戊己校尉曹寬、西域長史張晏將焉耆、龜茲、車帥前後部合三萬餘人討疏勒，攻楨中城，四十日不下，引去。碑稱"疏勒王弑父篡位"，又稱"全以伐部司馬討疏勒，攻城野戰，謀若涌泉，威牟諸賁，和德面縛歸死"，皆與史異。然和德既弑父篡位，不當稱王，史謂曹寬，當以碑爲正。史止光和六年，碑稱光和七年，蓋其年十一月始改元中平，紀年以光，紀事以月，無足異也。碑萬曆間始出於郃陽，只一因字半闕，其餘鋒芒銛利，不損毫髮。《養新錄》：碑有"收養季祖母"之語，或云："季祖母即庶祖母"。竊謂古人稱父之少弟曰季父，則祖之少弟亦可稱季祖矣。季祖母，猶今人稱叔祖母歟？《漢書·地理志》：巴郡有朐忍縣。師古音"朐爲劬"，而《廣韻》謂"漢朐䏰，縣名，在巴東郡。地下溼，多朐䏰蟲，音蠢閏"。徐氏校《說文》，亦取其說於《肉部》附"朐䏰"二文。此碑出於後漢，云"高祖父，朐忍令"，字畫分明。"朐䏰蟲"亦不出於《爾雅》，則知無稽之談，不足信矣。

外黃令高彪碑

中平二年立。紹興十四年，平江守王晚取土郭外，得此碑，移置郡曹。《隸釋》：即《文苑傳》高彪也。《野客叢書》：紹興中，有於古冢得《故外黃令高彪碑》。《後漢書》云：高彪字義方，無錫人。遷內黃令，帝敕同寮臨送，祖於上東門，彪到官，

---

①　"景"字原脱，據《六藝之一錄》卷四十八補。

有德政，上書薦申屠蟠等。卒於官。史以"外黃"爲"内黃"，當以墓碑爲正。

太尉劉寬神道

其一曰"漢太尉劉公諱寬字文饒"，其一曰"漢太尉車騎將軍特進昭烈侯劉公神道"。各有一螭，蟠屈其上，而下作獸面，如彝鼎間饕餮之象。

太尉劉寬碑

在河南府城北一十里北邙山。

中平二年二月薨，四月葬，故吏李謙等立碑。《藝文類聚》：亘麟撰文。秋碧按："亘麟"當作"桓驎"，避宋諱也。《東觀餘論》：在上東門官道，蔡邕書。《文選》曹子建《王仲宣誄》注引蔡邕《劉寬碑》"統文三事，以清王塗"。《北堂書鈔·太尉》引"公誕純和之氣，體有樂道寧儉之性，疾雕飾，尚樸素，輕榮利，重謙讓。幼與同好竭精於茅廬，是以根經緯，綜精微，誨童冠而不倦。遷南陽太守，推貞以示下，顯衆善以厲否，惻隱之誠，通於神人。故去鞭扑，如獲其性，弗用刑，如弭其奸"。

劉寬碑陰

《集古》：寬以漢中平二年卒，至唐咸亨元年，裔孫湖城公爽以碑歲久皆仆於野，爲再立之。

劉寬故吏名

中平二年立於雒陽道，在故吏所立之碑陰。其別列於後者，在寬子松之碑陰也。

劉寬後碑

在西京，門生商苞作。

劉寬後碑陰

《隸續》：《太尉劉寬碑陰》：自王曜至於孝廉守相臺郎令長九十七人，三河九十一人，其後八郡皆無爵秩者，三輔六十五人，漫滅之字什五六，五郡國百餘人，可辨者財什二三。劉公兩碑皆有陰，此則門生所刻之陰也。

蕩陰令張君碑

君諱遷,字公方,陳留己吾人。中平三年歲在攝題二月紀日上旬,故吏韋萌、賃師孫興刊石。

《山東通志》作"穀城長",今在東平州。

陳太丘碑　蔡邕撰

中平三年八月丙子疾終,刊石作銘。

《魏志》:鄧艾至潁川,讀《陳寔碑文》,言"文爲世範,行爲士則",艾遂自改名爲範,字士則。後以族有同者,故改焉。《文選》陸機《辨亡論》注引蔡邕《陳太丘碑》"紆佩金紫,光國華勛"。劉孝標《辨命論》注引元方、季方"命世挺生,膺期特授"。

陳太丘廟碑　蔡邕撰

大將軍賜謚,群后建碑,國人立廟。中平五年三月癸未,豫州刺史典樹碑鐫石。

文範先生陳仲弓碑　蔡邕撰

額題云:"漢文範先生陳仲弓之碑。"碑云:"中平三年八月丙子卒,大將軍三公使御屬往弔祠,會葬作誄,謚曰'文範先生'。刺史太守樹碑頌德,許令以下至於國人立廟,四時烝嘗,敬哀承祀。"《文選·夏侯常侍誄》引蔡邕《陳仲弓碑》"巖藪知名,失聲揮涕"。

太丘長陳寔碑

在亳州永城縣,即古之太丘。《金石》云:"非蔡邕書,而字亦奇偉。"

秋碧按:《永城縣舊志》載《太丘長陳君殘碑》。

南陽太守秦頡碑

中平三年立。《天下碑錄》:有二碑,一在宜城,一在南陽界。《水經注》:秦頡,郡人也,爲南陽太守,過宜城,見一家,駐視之,曰:"可作冢。"頡卒,喪還至此,車不進,故吏爲市此宅葬之。

秋碧按：習鑿齒《襄陽耆舊傳》：頡字初起。

又按《羊續傳》：中平三年，江夏兵趙慈反叛，殺南陽太守秦頡，攻没六縣。以立碑年考之，適合。

冀州刺史王紛碑

無極縣界，中平四年立。《水經注》：在朐城安民山。

按："紛"疑作"芬"。《九州春秋》曰："陳蕃子逸與術士平原襄楷會於冀州刺史王芬坐，楷曰：'天文不利宦者，黄門、常侍真族滅矣。'逸喜，芬曰：'若然，芬願驅除。'於是與許攸等結謀。"

陳度碑

中平四年立。君名度，字妙高，為陳國柘人。中平二年卒，又二年立碑，所存僅三百字，少成句讀。

安邑長尹儉碑

在魯陽縣，中平四年立。《水經注》：彭水西北有漢安邑長尹儉墓，西有石廟，廟前有兩巨闕，闕東有碑，廟南有二師子相對，南有石碣二枚，石柱西有兩石羊。

趙相劉衡碑

中平四年，在濟州。《歷城縣碑》云："君諱衡，字元宰，濟南東平人，以特選為郎中令，以兄琅邪相憂，即日輕舉。州察茂才，除修令，遷張掖屬國都尉，以病徵拜議郎，拜趙相。在位三歲，年五十三，中平四年二月戊午卒，四月己酉葬。"

小黄門譙敏碑

中平四年立。《集古錄》：君諱敏，字漢達，年五十七，中平二年卒。《東觀餘論》：何籀以為蔡中郎書。在棗强縣北十七里。

議郎胡公夫人哀讚　蔡邕撰

夫人趙氏，字曰永姜，春秋五十八，中平四年薨於京師。孤子顥迎棺舊土,同穴此城,爰作哀讚,著之於碑。

秋碧按:議郎即陳留太守胡碩也。《顏氏家訓》:蔡邕爲胡顥作其父銘曰"葬我考議郎府君"。

巴郡太守張訥功德叙

中平五年立。碑云:"張得姓,應天文二十八舍張宿。"與《柳敏碑》所云"柳宿之精"同一不典。《輿地碑目》:在重慶府。額題云"巴郡太守張府君鄉亭侯功德叙"。《隸釋》:張君諱訥,字子朗,渤海南皮人也。察考,除郎中、尚書侍郎,遷甘陵相、寃朐令,親病去官,辟司空、司徒府,復辟太尉,舉高第,拜侍御史。揚州寇賊梁作難,五府表君中丞督捕。丙子,璽書封都亭侯,掾屬李元等爲之立碑。

張訥碑陰

《隸釋》:碑陰各書曹掾之職而不稱故吏,則是張君在郡之時所立。

中平磚

一面"中平五年七月",一面"萬歲富貴"四字,中有一花文間之。

隱士通明碑

在新城縣大石嶺。隱士通明以靈帝中平六年五月戊子於山堂立碑,文字淺鄙,殆不可尋。

執金吾武榮碑

在濟州,不見年月。碑云:"君諱榮,字含和,治《魯詩》韋君章句、《孝經》《論語》《漢書》《史記》《左氏》《國語》,爲州書佐、郡曹吏、主督郵、五官掾、功曹。年三十六,遭靈帝大憂,哀隕而亡。"當在靈帝時也。

圉令趙君碑

在鄧州南陽縣。名、字俱缺,其卒以靈帝中平五年,又二年,獻帝初平元年十二月廿八日立。《潛研堂・天一閣碑目叙》。①予嘗讀《弇州續槀》中《答范司馬小簡》,有書籍互相借鈔之約,今檢《圁令趙君碑》背面有侍郎手書"鳳洲送"三字,風流好事,令人嘆慕不置。

高朕周公禮殿記

初平五年立,在成都。《集古錄目》云:"文翁爲蜀守,始立學校。安帝永初中,以火災被焚。獻帝時,太守高朕重修立之。"

秋碧按:文翁姓文名黨,字仲翁,見張守文《歷代小志》。

高朕石室畫像

王逸《少帖》云:"成都學有文翁高朕石室及漢太守張收畫三皇、五帝、三代君臣與仲尼七十二弟子畫,皆精妙可觀。"

《全蜀藝文志》:文翁、高朕二人皆有石象,石室中有孔子坐象,斂肘而後屈胯當前,七十二弟子侍於兩旁。

學師宋恩等題名

成都府周公禮殿門之西序。《字原》云:"碑凡二,一列經師、經掾,一列文學師、諸曹掾史。"

石室壁間題字

在高君石室中。公乘伯喬題名,即高朕石室六題名之一。

掾杜峻孟珍等題字

在高君石室。

邠州刺史趙融碑

平城縣北,建安元年立。

無極山碑

《天下碑錄》:在元氏縣西北二十里無極山下,建安四年立。

鴻臚陳君碑　邯鄲淳撰

君諱紀,字元方,太丘君之元子也。年七十有一,建安四年六

---

① "堂"原誤作"齋","一"原誤作"下",皆據國圖本,《潛研堂文集》卷二十五改。

月卒。有子曰群，追維蓼莪，①罔極之恩，②乃與邦彥、碩老，計功稱伐，銘贊刻石。按：碑以何進薦拜中郎將，而《後漢書》本傳以爲董卓入洛，就家拜此官。當以碑爲正。

江州夷道長盧豐碑

建安七年立。在重慶府巴縣，蜀人謂之漢夜郎碑。

故檢校巴郡太守樊府君碑

建安十年三月上旬造。君字升達，年八十有四，歲在協汁洽，紀奄曶藏形，臣子刻石勒銘。

高頤碑

建安十四年立，在雅州。額題云"漢故益州太守高君之碑"。

高頤闕

闕有二。其一云"漢故益州太守、武陰令、上計吏，舉孝廉，諸郡從事，字貫方"。其一云"漢故益州太守、陰平都尉、武陽令、北府丞，舉孝廉，字貫"，下闕一字。《隸釋》：此兩闕皆有高君名，一不稱名而字缺其一。予所見六十年前石刻，"貫"字之旁刻云"缺一字"，近世乃有以"光"字補之者。此一闕雖無頤之名，而陰平、北府皆見之碑，則兩者皆高頤之碑也。《輿地碑目》以高府君爲高君實，"貫"下有"光"字，云高君兄弟皆舉孝廉，非是。

綏民校尉熊君碑

建安二十年立，在道州，名、字俱不存。碑後載茶陵長文眚、重安侯相杜暉二人官壽行事各數十言，似是同郡盛德之士作文者。惜其無所紀錄，故附之。

---

① "莪"，原誤作"義"，據國圖本、清道光二十四年刻《守山閣叢書》本《古文苑》（以下《古文苑》皆據此本）卷十九改。

② "恩"，原誤作"思"，據《古文苑》卷十九改。

熊君碑陰

黃龍甘露碑

《華陽國志》：建安二十四年，黃龍見武陽赤水九日，①乃立廟作碑。

黃龍甘露後碑

《隸續》：首行有"建安廿六年"數字可辨。建安廿五年，漢祚已終，次年四月，先主方稱帝改元，則辛丑之旹，蜀人猶奉正朔，故有"二十六年"之文。

秋碧按：《隸續》列兩《黃龍甘露碑》。據《華陽國志》，建安二十四年，黃龍見武陽赤水九日，②乃立廟作碑。此建安二十四年所立之碑，在眉州武陽也。又一碑。《輿地碑目》云："在隆州籍江縣口。"此即《隸續》所云"首行有'建安二十六年'數字"之碑也。尺寸行列，亦頗不同，是分明有二碑。乃墨寶於前碑，既云"眉州彭山縣即漢武陽縣"，於後碑又云"在眉州彭山縣"。本朝人云時以甲辰歲治平元年二月二十七日轉移此碑，蓋從隆州移置眉州者，則又似一碑，抑或兩碑併置一處，存以俟考。

黃龍甘露碑陰

可辨者，侍中、議郎、從事史、中郎將十人。碑側題"太守李嚴並丞令二人"。

司徒掾梁休碑

《天下碑錄》：在襄州穀城縣，建安二十七年立。休字元堅，為郡五官掾，歷郎中、光禄主闕。辟司徒府，拜新都令。有大葬月日，而闕其所終。太守趙君相與謚為貞文子。銘詩以三言為文。梁君終於邑宰，而以公府掾書額，重內也。

---

① "日"，原誤作"月"，據《華陽國志·蜀志》改。
② "日"，原誤作"月"，據《華陽國志·蜀志》改。

西岳華山堂闕碑

鎮遠將軍領北地太守閿鄉侯段君,諱煨,字惠明,修飾享殿,壇場之位,荒而復辟。又造祠堂,表以參闕。乃建碑刊石,垂示後裔。

秋碧按:《水經注》作《華山文帝廟碑》,建安中立,鎮遠將軍段煨更修祠堂。碑文漢給事黃門侍郎張昶造,昶自書之。

吹角壩古磨崖石刻

南川縣吹角壩古摩厓,風雨朘剝,苔蘚侵蝕,惟識"建安"二字,餘不可辨。

獻帝南巡碑

《水經注》:安平縣城南。

銅雀磚銅雀瓦

上有"銅雀宮造"及"建安十五年造"等字。

補後漢書藝文志卷之二十

平陵雲敞碑
敞在吳章門下，往往好斥人過，人皆以爲輕薄。後章爲王莽所殺，無人敢收葬者，弟子皆變易姓名以從他師。敞時爲司徒掾，獨稱章弟子，收斂其屍。平陵人爲敞立碑吳章墓側。

源山吕保藏古篆
《蜀碑記》：源山有保藏，在絶厓半腹。漢赤眉之亂，吕保藏家貲巨萬，舉家終焉。紹興十四年，有樵夫得一券於厓側，非銅非鐵，其聲鏘然，上有古篆云："西漢之末，赤眉薜茗。黄金千兩，埋坑而走。羔羊十祭，其財自阜。"

三王故城碑
《水經注》：新沛縣，前漢末王匡、王鳳、王常所屯，謂之三王城。文字缺略，不可復識。

決曹掾周燕碑
《汝南先賢傳》：周燕字少卿，爲決曹掾，平囚罪不當死，太守劉虔欲殺之。燕犯顏諫，至於九復，①虔怒，竟殺之。後其家人有書稱寃，使覆考。虔見燕曰：②"太守相負。"③燕一日引私隱陷人之罪，④傅詣長安，⑤當下蠶室。燕乃慷慨絶命，於是葬王城之隱，⑥樹碑以旌其葬。

---

① "復"字原脱，據《初學記》卷十四補。
② "虔見"二字原脱，據《初學記》卷十四補。
③ "守"，原誤作"平"，據《初學記》卷十四改。
④ "一日"，原誤作"自"，據《初學記》卷十四改。
⑤ "傅詣長安"四字原脱，據《初學記》卷十四補。
⑥ "於"字原脱，據《初學記》卷十四補。

《後漢書·周嘉傳》：高祖父燕，宣帝時爲郡決曹掾。太守欲枉殺人，燕諫不聽，遂殺囚而黜燕。因家守闕稱冤，詔遣覆考。燕見太守曰："願謹定文書皆署燕，太守但言時病而已。"①出謂掾史曰："諸君見問，悉當以事推燕。如有一言及於府君，燕手劍相刃。"使收燕繫獄。屢被掠楚，辭無屈撓。當下蠶室，乃嘆曰："我平王之後，正公玄孫，豈可以刀鋸之餘下見先君？"遂不食而死。

謝承《書》：燕字少卿，其先出自周平王之後。漢興，嗣封爲正公，食采於汝墳也。

檿按：周燕五子，子輿、子羽、子仲、子明、子良，號曰五龍。見《汝南先賢傳》。

僕射劉昌墓碑

墓在無錫縣西南五十里白石山，即胥山，亦名僕射。舊有斷碑，向湖有廟，即其墓。

孔林古碑

在曲阜孔林子思墓前有石壇，上鐫"居攝元年三月造"，有曰"上谷府君"，有曰"祝其卿"。字迹甚古。

丁昭儀冢中二碑

《夷堅志》：王莽秉政，發丁太后槨户，火出炎四五丈，吏卒以水潑滅，乃得入，焚燒槨中器物。公卿子弟及諸生、四夷十餘萬人，操持作具，②助將作掘平傅太后墳及丁姬冢，又因棘其處以爲世戒。有群燕銜土投於丁姬竃中，今其墳冢巍然，列郭數周，面開重門，③南門内夾道有二僕碑，世謂之丁昭儀，又

---

① "太守"，《後漢書·周嘉傳》作"府君"。
② "具"，原誤作"共"，據民國九年上海涵芬樓鉛印本《新校輯補夷堅志》（以下《夷堅志》皆據此本）改。
③ "面開"，原誤作"四面門"，據《新校輯補夷堅志》改。

謂之長隧陵。

丞相司直虞俊墓表

《無錫金匱縣志》：墓在朱山。王莽逼爲司徒，不從，死之，葬此。光武即位，以朱旛表其墓，故名朱山。

龔勝宅石表

《水經注》：勝居彭城廉里，後世刻石表其里門。見司馬彪《續漢書》。

龔勝墓碣

在彭城縣。

鐘山古篆銘

天寶中，商雒隱者任昇之自言五世祖仕梁爲太常，大同四年於鐘山下獲古銘，有小篆文曰："龜言土，蓍言水，甸服黃鐘啓靈址。瘞在三上庚，①墮遇七中巳。六千三百浹辰交，②二九重三四百圮。"録示史官姚皆並諸學官，詳議數月，無能知者。因緘其銘，誡諸子曰："我代代子孫以此銘訪於通人，儻有知者，吾無所恨。"昇之雅聞鄭欽悅之名，即告以先祖之意。欽悅曰："子當録以示我，我試思之。"昇之書遺其銘。欽悅適奉朝使，方授駕於長樂驛，得銘而繹之，行及滋水，凡三十里，則釋然悟後書曰："屬得途路，據鞍運思，頗有所得。發緘者未知誰氏之子，卜宅者實爲絶代之賢，藏往知來。隗炤之預識龔使，無以過也，惟稽諸曆數，測會微旨。當梁武帝大同四年，歲次戊午，言甸服者五百也，黃鐘者十一也，五百一十一年而圮。從大同四年上求五百一十一年，得漢光武四年戊子歲也。三上庚，三月上旬之庚也。其年三月辛巳朔，十日得庚寅，是三月葬於鐘山。七中巳，乃七月戊午朔，十二日得己

---

① "上"原誤在"瘞"下，據《新唐書·鄭欽說傳》移正。
② "辰"，原誤作"旬"，據《新唐書·鄭欽說傳》改。下"浹辰"同。

巳,是初圮壖之日,是日已巳可知矣。浃辰,十二也,從建武四年三月至大同四年七月,總六千三百一十二月,每月一交,故云'六千三百浃辰交'也。二九爲十八,重三爲六,末言四百,則六爲千、十八爲萬可知。從建武四年三月十日庚寅初葬,至大同四年七月十二己巳初圮,計一十八萬六千四百日,故云'二九重三四百圮'也。其所言者,但説年月日數耳。據年,則五百一十一,會於甸服黄鐘;言月,則六千三百一十二,會於六千三百浃辰交;論日,則一十八萬六千四百,會於二九重三圮。從上三庚至於七中巳,據曆計之,無所差也。所言年月日,但差一數,則不相照會矣。"李吉甫問其事於李巽臣,質於欽悦子克鈞,自云亡其書。吉甫甚惜之。後吉甫貶明州刺史,得此書於隱者玄陽,怃逾獲寳,爲著論曰:"夫一邱之土,無情也。遇雨而圮,偶然也。窮象數者,①已縣定於一十八萬六千四百日前。矧於理亂之運,窮達之命,聖覺不逢,君臣偶合。則姜牙得璜而尚父,仲尼無鳳而旅人,傅説夢逹於巖野,子房神授於圮上,亦必定之符也。然而孔不暇煖其席,墨不俟黔其突,何經營如彼?孟子去齊而接淅,賈傅投湘而弔,又眷戀如此,豈大聖賢猶惑於性命之理與?將浼身存道,示人道之不可廢與?"櫾按:《新唐書》任昉得此銘,昉卒於天監六年,至大同四年已三十九年矣。此釋殆唐人選事者爲之,姑識於此以博異聞。

伏波將軍征蠻碑

《林邑記》:鬼門關在北流縣南三十里,兩石相對,其門闊三十步,俗號爲"鬼門關"。漢伏波將軍馬援征林邑蠻路由於此立碑,石龜尚存。

馬援廟碑

見《天下碑録》。

---

① "數"字原脱,據明嘉靖四十五年刻本《太平廣記》卷三百九十一補。

博士孔志碑

兗州仙源縣孔子墓東。

檉按：《孔僖傳》：建武十三年，本紀作十四年。世祖封孔志爲褒成侯。據《古今志》，志時爲密令。志卒，子損嗣。永平四年，徙封褒亭侯。損卒，子曜嗣。曜卒，子完嗣。世世相傳，至獻帝初，國絶。

河堤謁者陳宣碑

檉按：此非丹水丞字彥威之陳宣也。謝承《後漢書》：沛國陳宣字子興，建武十年，洛水出過天津橋，或欲築塞之。宣諫曰："昔王尊人臣立身金堤水退，況聖主天所挺授耶？"言未絶而水去。陳君官河堤謁者，當在此時。

陰長生石刻金丹訣

《百川學海》：治平末，東坡舟泊仙都觀下，道士持《陰長生石刻金丹訣》質真贗。

東平憲王蒼碑

在東平州。

班固燕然山銘

竇憲征匈奴，固時爲憲司馬，撰銘。

高祖泗水亭碑

在今徐州沛縣東泗水亭中，高祖爲亭長之所也。嗇夫主廟事。亭有高祖碑，班固爲文，見《固集》。《史記索隱·高祖本紀》：母劉媼，近有人云"母溫氏"。貞時打得班固泗水亭長古碑，其字分明作"溫"字，云"母溫氏"。貞與賈膺福、徐彥伯、魏奉古執對反覆沈嘆。

班超西域紀功碑

出伊州百里，距柳谷，有《班超紀功碑》。①

---

① "功"字原脱，據國圖本補。

桂陽太守許荆碑

荆字少張，會稽陽羨人。和帝時遷桂陽太守，卒官，桂陽人爲立廟樹碑。

昌化長董翊碑

翊字漢文，瑯邪姑幕人，名高於恢，除昌化長，有惠政。吏人生爲立碑。

不其令董君石闕

《天下碑録》：濟州有《董君墓石闕碑》。

《隸續》：所畫者子孫展墓之狀，有僕馬休於松楸之下。恢字漢宗，瑯邪姑幕人。① 辟公府，除不其令，舉尤異。遷丹陽太守，暴疾卒。

《山東省志》：不其山在即墨縣南二十里，一名馴虎山，漢不其令董恢馴虎處。

荆州刺史王子杳廟石銘

《水經注》：在枝江縣。王子杳於漢和帝時出爲荆州刺史，有惠政。天子徵之，道卒枝江亭中，常有三白虎出入人間，送喪踰境。百姓追美甘棠，立廟設祠，刻石銘德，號曰"枝江白虎王"。

竇貴人碑

竇章女，年十二能屬文，以才貌選入掖庭，有寵。與梁皇后並爲貴人。早卒，帝追思之，詔史官樹碑頌德，帝自爲之辭。

張平子碑

《水經注》：《河間相張平子碑》，悉是古文，篆額是崔瑗之辭。盛宏之、郭仲産並云：夏侯湛爲郡，薄其文，復刊碑陰爲銘。然碑陰二銘，乃是崔子玉及陳翕，而非孝若名。悉是隸字，二首並存，嘗無毁壞。又言墓前有二碑，今惟見一碑。檖按：陳

---

① "瑯"，原誤作"瑘"，據國圖本改。

翕文無考,至瑗、湛二文並載。本集以文論之,孝若文筆散漫,不及子玉之簡古腴澤多矣。文人相輕,千古同嘆。

大司空李郃碑　崔瑗撰
胡公碑
《文選·赭白馬賦》注引崔瑗此碑"惟我末臣,①頑蔽無聞"。

太公廟碑
崔瑗爲汲令時立,在汲縣東北。碑云:"太公望者,河内汲人也。縣民故會稽太守杜宣白令崔瑗曰:'太公甫生於汲,舊居猶存。君與高、國同宗太公,載在經傳,今臨此國,宜正其位,以明尊祖之義。'於是國老王喜、廷掾鄭篤、功曹劭勤等咸曰宜之。"

汲令崔瑗墓碑
本傳:瑗卒,子寔剽賣田宅,起冢,立碑頌。

崔瑗祠壇碑
《白帖》:崔瑗爲汲令,遷濟北相,卒官。汲縣故吏男女號泣,共累石作壇,立碑頌德而祠之。

司徒袁安碑
《水經注》:彭城城内有漢《司徒袁安碑》。《碑錄》:在於城門外百步。

交阯太守胡寵墓碑
《水經注》:太傅廣身陪陵,此墓側有廣碑,世言廣冢,非也。其文言是蔡伯喈之辭。檾按:《廣傳》:父貢,交阯都尉。當以碑爲正。

胡億碑
《文選注》引蔡邕此碑"祁祁我君,習習冠蓋"。

---

① "我",原誤作"哉",據《文選》卷十四改。

司徒劉奇碑

《通志》：在華州。本紀：永建四年十二月，宗正劉崎爲司徒。陽嘉三年十一月免。《劉寬傳》：順帝時爲司徒，是也。《劉寬前碑》云："公之考乃作司徒，輔毗安、順，勳載二業。"懷按：崎字叔峻。

黄尚石闕

《水經注》：印縣南有黄公冢，冢前有雙石闕，雕刻甚工，俗謂之"黄公石闕"。黄公名尚，爲漢司徒。《楚國先賢傳》：黄尚爲司隸校尉，奸慝自弭。懷按：尚字河伯，南郡人。陽嘉三年十一月以大司農代劉崎爲司徒。《周舉傳》"河南郡人"、本紀注"字伯河"並誤。

段翳故宅舊碑

《蜀碑記》：在金堂縣。後漢隱士段翳故宅，即今天慶觀，有段隱君、李真人二象。

劉班碑

魏文帝爲兗州刺史，封爲白馬侯。在澶州縣三十里墓下。懷按：班見《周舉傳》：太尉長史劉班並守光禄大夫，分行天下。

侍中王逸碑

《通志》：襄州宜城縣南三里。

尚書虞詡碑

《水經注》：武平縣故城西南七里。題曰："虞君之碑。諱詡，字定安，虞仲後也，爲朝歌令、武都太守。"文字多缺，不可復識。按《後漢書》：詡字升卿，陳國武平人也。祖爲縣獄吏，治存寬恕，嘗曰："于公爲里門，子爲丞相。吾雖不及于公，亦不必不爲九卿。"故字詡爲升卿。安定，蓋其幼字也。

袁良碑

《集古錄》：在開封扶溝。《天下碑錄》：在太康縣圍城鎮西南三十里扶樂城石牛廟。額題云"漢故國三老袁君碑"八篆字。袁君以順帝永建六年卒,其孫衛尉滂立此石。滂以光和年作相,其爲卿當在靈帝之初。因無立碑年月,姑以所卒之年附載於此。《水經注》:扶溝城北有《袁梁碑》,《金石略》有《三老袁貢碑》。其名皆誤。袁裦《楓窗小牘》:先三老碑,①在扶溝石牛廟,②後徙墓下,碑橫裂爲二,③復破泐如圭,然光瑩可鑑。少嘗從祖父詣碑,拜讀至"斬賊公先勇,食邑遺卿六百户",考之東漢先人列傳,了不可得。後從駕南渡,得歐公《集古錄》,第釋叙世次,缺文而已。最後得趙明誠《金石錄》,始知"公先勇"爲"公孫勇",又不知出自何書。今耄矣,目不能觀書,徒悒悒,此事未了,忽從宇文學博得鄱陽洪景伯碑跋,方知此事在范書《田廣明傳》,云:"故城父令公孫勇謀反,衣綉衣,乘馹馬至圉,圉小吏侍之,知其非是,守尉魏不害等共掩捕之。上封四人爲侯,小吏竊言,上問之,對曰:'爲侯者得東歸否?'上曰:'汝鄉名爲何?'對曰:'名遺鄉。'上曰:'用遺汝矣。'於是賜小吏爵關内侯,食邑遺鄉六百户。"不覺快躍而起。家世讀書,碑碣尚在,至千年不知碑石上事,媿已!媿已!

蜀郡太守袁騰碑

良中子也。《太康縣袁良碑》:官尚書郎。

司徒袁滂碑

滂字公熙,④梁相良之孫。良字厚卿,扶樂人。少子璋,謁者,生滂。《袁宏紀》:滂純素寡欲,終不言人之短。當權寵之盛,或以同異致禍,滂獨中立於朝,故愛憎不及焉。

---

① "先",原誤作"家",據明萬曆刻《寶顏堂秘笈》本《楓窗小牘》(以下《楓窗小牘》皆據此本)卷上改。
② "溝",原誤作"桑",據《楓窗小牘》卷上改。
③ "二",原誤作"三",據《楓窗小牘》卷上改。
④ "字",原誤作"至",據國圖本改。

司空袁逢碑　蔡邕撰

逢，太尉湯長子，字周陽。《藝文類聚·司空》引"凡所臨君，明而先覺，故能教不肅而化成，政不嚴而事治。其惠下也晏晏然，其博大也洋洋焉。信所謂兼三才而該明柔，無射於人斯矣。銘曰：'天鑑有漢，賜姓世輔。顯允厥德，昭允休序。峨峨雍宮，禮樂備舉。穆穆天子，孝敬允叙。降拜展禮，奉饋西序。威儀聿修，化溢區宇。乃尹京邑，總齊禁旅。'"

博陵令袁光碑

光，逢長子。

袁滿來墓碑　蔡邕撰

太尉公之孫，司徒公之子，年十有四，五月壬寅，遘疾而卒。《水經注》：以上悉諸袁墓，碑在扶溝大扶城東。碑字低傾，羊虎碎折，所存惟此，自餘殆不可尋。櫰按：司徒公，袁隗也，隗字次陽。

袁喬碑　蔡邕撰
袁成碑　蔡邕撰

《文選·潘安仁楊荊州誄》注引"呱呱孤嗣，含哀長慟"。《英雄記》：成字文開，壯健有部分，貴戚權要自大將軍梁冀以下皆與結好，言無不從。故京師爲語曰："事不諧，問文開。"櫰按：成，湯長子，舉中郎，早卒。

司空文烈侯楊公碑　蔡邕撰

公諱賜，字伯獻，弘農華陰人。

漢太尉楊公碑　蔡邕撰

《藝文類聚·司空》引"天鑑有漢，挺生元輔。世作三事，勛在王府。及乃伊公，克光前矩。悉心畢力，允其祖武。化洽群生，澤沾區宇"。

文烈侯楊公碑　　蔡邕撰

《北堂書鈔》引"文學之徒，擁書抱籍，自遠而至。禀采豐華，斟酌洪流者，雍雍焉，誾誾焉"。

司空房楨碑　　蔡邕撰

《藝文類聚·司空》引"公言非法度不出於口，行非至公不萌於心。治身則伯夷之潔也，盡忠則史魚之直也，位嗇則季文之約也，剛平則山甫之勵也。懿兹四德，式是百辟，夙夜匪懈，以事一人。枉絲發，樹私恩，不爲也；討蕪亂，當強禦，弗避也。是以功隆名顯，在世孤立，不獲豈弟寬厚之譽。享年垂老，至於積世，門無立車，嘗無宴器，衣不變裁，食不兼味，雖《易》之貞厲，《詩》之羔羊，無以加也。銘曰：'明明在公，實爲房后。誕應正德，式作漢輔。邪慝是仇，正直是與。剛則不茹，柔亦不吐。媚兹天子，以清王宇。'"

樸按："楨"當作"植"。植字伯武，清河人。

荊州刺史庾侯碑　　蔡邕撰

《文選·袁彥伯三國名臣贊》注引"朗鑑出於自然，英風發於天骨"。

郡掾史張玄祠堂碑　　蔡邕撰

玄字伯雅，河南匽師人。掾孫翻，獲執戟出宰邑，遷太守，於是立祠堂，假立碑銘，式昭明德。

九疑山碑　　蔡邕撰

陳留索昏庫上里社碑　　蔡邕撰

《北堂書鈔》引"惟斯庫上里，曰東昏者衞，[①]古陽武之户牖鄉也。秦時有池子華爲丞相。[②]漢興，陳平由此爲社中宰，隨高

[①] 據《北堂書鈔》卷八十七，"曰東昏者衞"五字疑衍。
[②] "華"字原脱，據《北堂書鈔》卷八十七補。

祖剋定天下，①爲右丞相。孝安之世，②虞延爲太尉。延熹中，曾孫放爲尚書令。宰相繼踵，咸出斯里。延雖積德修身之致，亦斯社所相。乃樹碑作頌"。

熹平中，虞延弟曾孫放字子卿，爲尚書令。外戚梁冀乘寵作亂，定策討之，王室以績封公都亭侯、太僕、太常、司空。於是司監爰暨僉以爲宰相繼踵，咸出斯里，相與樹碑作頌。

蔡攜碑

攜，蔡邕祖父，見本傳注。碑云："攜字叔業，有周之胄。昔蔡叔沒，成王命其子仲使踐諸侯之位，以國氏姓，君其後也。君曾祖父勛，哀帝時以孝廉爲長安邰長。及君之身，增修厥德，順帝時以司空高第遷新蔡，年七十九卒。"

真定直父碑

樓按：此即蔡邕父棱也。《蔡攜碑》：長子棱，字伯直，處俗孤黨，不協於時，垂翼華髮，人爵不升，年五十三卒。《中郎集》僅載辭數句，無年月可考。

少傅何君碑

《通志》：在任城縣墓下。樓按："少傅"當作"少府"。何休父豹爲少府，見休本傳。

何休碑　蔡邕撰

《文選》王仲寶《褚淵碑文》注引"孝友盡於閨庭"，③又"辭述川流，文章雲浮"。

京兆尹樊陵碑　蔡邕撰

《邕集》作"京兆樊德雲銘"。

酸棗令劉熊碑　蔡邕書

在東京酸棗縣。碑云："字孟光，廣陵海西人，光武皇帝之玄

---

① "高"，原誤作"其"，據國圖本、《北堂書鈔》卷八十七改。
② "安"，《北堂書鈔》卷八十七作"平"。
③ "王仲寶"原誤作"王仲宏"，"庭"原誤作"門"，皆據《文選》卷五十八改。

孫,廣陵王之孫,俞鄉侯之季子。"後摭謠言刊詩三章,歐公不知在酸棗,以爲《俞鄉侯季子碑》,誤。唐王建題此碑:蒼苔滿字土埋龜,風雨消磨絕妙辭;不見圖中尋舊見,無人知是蔡邕碑。

劉熊碑陰

見《金石錄》。

光武濟陽宮碑　蔡邕撰

碑云:"河南尹鞏瑋,先祖銀艾封侯,歷世卿尹,受漢厚德,小臣瑋以商箕餘烈,①郡舉孝廉,爲大官丞,來在濟陽,顧見神宮,追維桑梓褒述之情,用敢作頌。"《通典》:漢濟南故城在今冤句縣西南,後漢光武生於此。

趙曆碑　蔡邕撰

《文選》潘安仁《馬汧督誄》引"加以思謀深長,達於從政"。檖按:《華陽國志》:李固表薦長沙、桂陽太守趙曆。

邊韶碑

《通志》:蔡邕書。在開封府。

袁陽碑　蔡邕撰

《文選注》引。

法高卿碑　胡廣撰

碑云:"言滿天下,發成篇章,行充宇宙,動爲儀表。四海英儒,履義君子,企望來臻者,不可勝紀也。翻然鳳舉,匿曜遠遁,名不可得而聞,②身難可得而覿。③爲堯、舜所知,不飲洗耳之水,超越青雲之上,④德踰巢、由之右。所謂逃名而名我

---

① "烈"字原脱,據清光緒五年彭懋謙信述堂刻本《漢魏六朝百三家集》(以下《漢魏六朝百三家集》皆據此本)補。
② "不"字原脱,據《藝文類聚》卷三十七補。
③ "可"字原脱,據《藝文類聚》卷三十七補。
④ "越",原誤作"超",據《藝文類聚》卷三十七改。

隨,避聲而聲我追者也。揆君分量,輕寵傲俗,乃百世之師也。其辭曰:'邈玄德,膺懿資,弘聖典,研道機。彪童蒙,作世師,辭皇命,確不移。亞洪厓,超由、夷,垂英聲,揚景暉。'"

玄德先生法高卿頌

《高士傳》:法真字高卿,性恬靜寡欲,不涉人事,凡辟公府賢良皆不就。同郡田羽薦之,順帝虛心欲致,前後四徵,真曰:"吾既不能遠世,豈欲飲洗耳之水哉?"遂深自隱絕,終不降屈。友人郭正稱之曰:"名可得而聞,身難得而見,逃名而名我隨,避名而名我追,可謂百世之師。"乃共刊石頌之,號曰"玄德先生"。

李南碑　劉梁撰

《文選》謝希逸《宋孝武宣貴妃誄》注引"樓景曜於衡門"。

劉梁碑

《北堂書鈔》引"詔遷桂陽太守,班序以正,以仁爲首"。

聘士任安碑

門人仰慕,爲之立銘。①

嬴長韓韶銘②

本傳:韶字仲黃,潁川舞陽人也。時太山賊公孫舉僞號歷年,守令不能破散。尚書選三府掾能理劇者,乃以韶爲嬴長。賊聞其賢,相戒不入嬴境。以病卒官。同郡李膺、陳寔、杜密、荀淑等爲立碑頌焉。

龔遂墓銘

延篤爲平原侯相,表龔遂之墓,立銘祭祠。

孔褒碑

君諱褒,字文禮,孔子二十世孫,太山都尉之元子。

---

① "銘",國圖本作"碑"。
② "嬴",原誤作"贏",據《後漢書‧韓韶傳》改。下"嬴長"同。

柏人令徐整碑

《顔氏家訓》：柏人城東有一孤山，古書無載者，惟闞駰《十三州志》以爲舜納於大麓，①即謂此山，其上今猶有堯祠焉。世俗或呼爲宣務山，或呼爲虛無山，莫知所出。予嘗爲趙州佐，共太原王劭讀柏人城西門內碑，碑是漢桓帝時柏人縣民爲縣令徐整所立，上有巏務，王喬所仙，方知此巏務山也。巏字遠無所出，務字依諸字書，即厹邱之厹也。厹字，《字林》一音仄付反，今依附俗名，當曰"權務碑"。又云："洈流東指衆不識。"吾按《説文》，此古鬼字。洈，淺水貌。此水漢來本無名，直以淺貌目之，或當以洈爲名乎？

張仲景墓碑

桑芸《張仲景祠墓記》：《金匱玉函》稱先生爲涅陽人，靈帝時舉孝廉，爲長沙太守。涅陽者隸宛，故先生爲南陽人。郡東高阜處，父老相傳爲先生墓，古宅在焉。洪武中，有指揮郭雲仆其墓，碑遂没。越二百六十年，爲崇正戊辰，有蘭陽諸生馮應鼇者，感寒疾幾殆，恍惚有神人黃衣金冠，以手撫之，倏爾通話，問撫者誰，曰："我漢長沙太守南陽張仲景也，茲有千古憾事，盡爲我釋之。南城東四里許有祠，祠西北四十七步有墓，歲久平蕪，今將鑿井其上，封之惟子。"忽不見。病良愈，非夢也。是秋九月，應鼇走千里，訪先生祠墓，不可得，悵惘間，謁三皇廟，旁列古名醫，中有衣冠須眉與病中所見吻合者，吹塵索壁間字，果仲景象也。因步廟後，求先生墓，爲祝縣丞蔬圃矣。且道此中有古賢墓，並述病中奇異，丞益怪之。應鼇紀古廟中而去。後兵寇交訌，園丁掘井圃中丈餘，得石碣，題曰："漢長沙太守醫聖張仲景墓。"碣下有石洞幽窈，聞

---

① "州"字原脱，據《顔氏家訓》卷下補。

風雷震撼聲，懼而封之。癸酉，南陽諸生應省試，與應鼇遇，言之甚詳。又數年，應鼇謁選，得昆陽司訓，入境過先生墓。墓雖封，尚未式廓兆域，以酬夙志。宛府丞張君三異聞其事，以本支淵源仕於宛，爲地主，表墓修祠職，捐貲糾義，建祠三楹於墓後，門廡階垣悉備，與城西諸葛廬相望，遂爲宛中佳話。則馮廣文其介紹，而張府丞其後起哉？

陳公碑　孔融撰

見《文心雕龍》。陳公，未詳何人，以時考之，當是太尉陳球也。

衛尉張儉碑　孔融撰

《文選》王仲寶《褚淵碑文》注引"惜乎不登大階以尹天下，致皇代於隆遐"。又沈休文《齊故安陸昭王碑文》注引"聖主貞亮，命作喉唇"。《藝文類聚》引"其先張仲，實以孝友左右周室。晉主夏盟，而張老延君譽於四方。君秉乾綱之正性，蹈高世之殊軌，冰潔淵清，介然特立，雖史魚之勵操、叔向之正色未足比焉。中常侍侯覽，專權王命，豺狼肆虐，威震天下。君以西部督郵，上覽禍亂凶國之罪，鞫沒賊奸，以巨萬計。俄而制書按驗部黨，君爲覽所陷，亦章明捕逐。當世英雄，受命隕身，以籍濟君厄者，蓋數十人。故克免斯難，旋宅舊宇。衆庶懷其德，王公慕其聲，州宰爭辟命大將軍幕府，公車特就家拜少府，皆不就也。復以衛尉徵，明詔嚴切敕州郡，乃不得已而就之。銘曰：'桓桓我君，應天淑靈。皓素其質，允迪忠貞。肆志直道，進不爲榮。赴戟驕臣，發如雷霆。凌剛摧堅，視危如寧。'"

許由廟碑

陽城縣闕尚存。漢潁川太守朱寵立。

夷齊廟前二碑

《水經注》：在首陽山。後漢河南尹廣陵陳遵、雒陽令徐循、處士蘇循、南陽何進立。

議郎巴肅銘

肅字恭祖，渤海高城人。初察孝廉，歷慎令、貝丘長，以郡守非其人，辭病去。辟公府，稍遷議郎。與竇武、陳蕃謀誅閹宦，竇武等遇害，肅亦坐黨禁錮。中常侍曹節聞其謀，收之，肅自載詣縣，遂被害。刺史賈琮刊石表銘以紀之。

白馬令李雲墓表

雲字行祖，甘陵人。好學，善陰陽。舉孝廉，遷白馬令。中常侍單超等立腋庭女亳氏爲后，后家封者四人。雲上書移副三府，云："孔子云：'帝者，諦也。'今尺一拜用，不逕御者，是帝欲不諦乎？"帝怒，下獄殺之。《水經注》：冀州刺史賈琮使行部，過雲墓，刻石表之。今石柱猶存，俗謂之李氏石柱。

新息長賈彪碑

《水經注》：新息縣化城北門內有賈彪廟，廟前有碑。

龐娥碑

《列女傳》：龐涓母者，趙氏女，字娥，父爲同縣人所殺，而娥兄弟三人俱同時病物故，仇乃喜，以爲莫己報。娥乃潛備刀兵以候仇家十餘年，遇於都亭，刺殺之。因詣縣自首曰："父仇已報，請就刑。"州郡高其義烈，表上尚書，刻石表其門。槤按：太守安定梁寬有《龐娥傳》。

馬融墓碣

《天下碑錄》：在什邡縣。字有磨滅，今亡。樂史曰："融冢在齊州臨縣一里一百七十步。融爲郡太守，卒葬於此。"晏殊曰："融墓在漢州什邡縣西二十里。"

御史孔翊碑

在兗州。《魯國先賢傳》：孔翊爲雒陽令，置水庭前，得屬託書，皆投水中，一無所發。《孔氏譜》：翊字元世。

太尉許馘碑

在宜興。應劭《漢官儀》三公：孝靈時，吳郡陽羨許馘，字子軼。光和四年，馘以衛尉代劉寬爲太尉。今許氏兩墓在宜興，而此碑猶在夫人冢旁。欒按：許劭《太尉碑》言馘自司農遷衛尉，袁宏《紀》作許郁，諫議大夫荊之孫也。荊在《循吏傳》。

許馘碑陰

《青箱雜記》：宜興有許馘廟，其碑許劭所作，唐開元中諸孫重立。碑陰有八字：談馬礪畢王田數七。徐延休讀之曰："談馬即言午，言午'許'字；①礪畢即石卑，石卑'碑'字；②王田乃千里，千里'重'字；數七是六一，③六一'立'字。"隱"許碑重立"四字也。碑殘缺，其間載許君自司農遷衛尉。《夫人碑》稱劉氏爲"司農夫人"，則銘墓時許猶未爲衛尉也，其碑在光和之前無疑。欒按：徐延休，徐鉉父也，觀此可知鼎臣楚金小學之所自來矣。

大司農劉夫人碑

漢太尉許馘之妻也。石已刓剝，所存數十字，惟次行獨全。故其姓劉氏，山陰人。餘數句可讀。如云體性純淑，非禮不行，及孫息盈房而已。其云德配古列任似者，以姒爲似也。《泛舟錄》：度周橋，訪後漢許太尉夫人墓。道中有石翁仲龜趺，披榛莽至其下，漸爲邑人剗掘。有碑側立，字多磨滅，惟其前數百字粗可讀，大略云："夫人，會稽山陰人，劉氏，蓋太尉之婦也。"

---

① "言午許"三字原脱，據明萬曆間刻清康熙間重編補刻《稗海》本《青箱雜記》（以下《青箱雜記》皆據此本）卷七補。

② "石卑碑"三字原脱，據《青箱雜記》卷七補。

③ "是"字原脱，據《青箱雜記》卷七補。

長陵田鳳碑

鳳字李宗,爲尚書郎,儀狀端正。入奏事,靈帝目送之,因題殿柱曰:"堂堂乎張,京兆田郎。"

曹嵩碑

《水經注》:譙城南有曹嵩冢,冢北有碑,碑北有廟堂,餘墓尚存,柱礎仍在。廟北有二石闕雙峙,高一丈六尺,榱櫨及柱皆鏤雕雲矩,上復思已碎。

劉歆呂梁碑

《路史》:嘗見劉歆所書《呂梁碑》,字爲小篆,而訛泐者過半。中叙虞舜之世,舜祖幕,幕生窮蟬,窮蟬生敬康,敬康生喬牛,喬牛生瞽瞍,瞽瞍生舜。質之史記蓋同,而不言其出自黃帝。此可以洗二女同姓尊卑之疑矣。

檉按:劉歆名見《史晨孔廟後碑》。

梁相費汎碑

在無湖陰,無年月。《金石錄》:額題"漢梁相費汎之碑"。碑云:"君諱汎,字仲慮,此邦之人也。"其中云:"鳳由宰府至棠邑令、九江太守,適孫珣感奚斯之義,刊銘立石。"《隸釋》:費君名汎,棠邑令、九江太守鳳之父也。鳳以桓帝熹平中卒,碑載二子所終之官,此蓋其孫珣所立,故有穆穆顯相之句。《鳳碑》云:"孝孫字元宰,生不識考,追維厥祖,蓬首斬衰杖。"則鳳之子已蚤卒,此所謂珣乃九江太守之子,得鳳畝一金之産者。

殷比干墓題字

《水經注》:朝歌縣牧野比干冢前石銘,隸書云:"殷大夫比干之墓。"《隸續》云:"字畫清勁,乃東都桓、靈時人所書。"

孫嵩碑

《水經注》:朱虛縣汶水東北,漢青州刺史孫賓碩墓西有碑碣。

孫賓碩兄弟墓碑

《水經注》：安丘縣牟山西南。

大司農鄭康成冢碑

弟子趙商撰。《高士傳》：玄載病至元城，病篤卒，葬於劇東。後以墓壞，終葬礪阜。在高密城西北五十里。《水經注》：在高密縣雁阜上。

日南太守虞歆碑

《會稽典錄》：歆字文肅，歷郡守，節操高勵。曹植爲東阿王，東阿先有三十碑，銘多非實，植皆毀除之，以歆碑不虛，獨全焉。懷按：歆，虞翻父，見翻上《易》注奏。

吳季札兒冢銘

《從征記》：嬴縣西六十里有季札兒冢，冢圓，其高可隱也。前有石銘一所，漢末奉高令所立。

范蠡祠碑

《水經注》：宛城有范蠡祠，即故宅也。後漢末，有范曾，字子閔，爲大將軍司馬，討黃巾至此，爲蠡立碑。附《陶朱公墓碑》。盛宏之《荊州記》：江陵縣西有陶朱公冢，其碑云"是越之范蠡而遷於陶"。

冠蓋里廟碑

《水經注》：宜城縣有太山，山下有廟。漢末多士，其中刺史、二千石、卿、長數十人，①朱軒華蓋，會於廟下。荊州刺史行部見之，雅嘆其盛，號爲冠蓋里，而刻石銘之。辭曰："峨峨南岳，烈烈離明。實敷俊乂，君子以生。惟此君子，作漢之英。德爲龍光，聲作鶴鳴。"

林慮山頌

鍾皓隱林慮山，諸儒刊石頌之曰："林慮懿德，非禮不處。説

---

① "人"，原誤作"年"，據《水經注》卷二十八改。

此詩書，弦琴樂古。五就州招，九應台輔。逡巡王命，卒歲容與。"

趙岐壽藏畫象頌
岐自營壽藏，繪子產、季札並己象，系之以頌。

首陽山華亭碑　張昶書
和順縣南四十里，陝中華亭也。

夫子廟碑　禰衡撰

顏子廟碑　禰衡撰

靈帝河間舊廬碑　張超撰

耿球碑
衛恒《四體書勢》：師宜官爲表、衕將。今鉅鹿長子有《耿球碑》，其書甚工，是其書也。

邊讓碑
《通志》：在東京。《碑錄》：在開封縣。

黃陵廟碑
《水經注》：舜之陟方也，二妃從征，溺於洛水，神游洞庭之淵，出入瀟湘之浦，民爲之立祠。荊州牧劉表刊石立碑，樹之於廟。

征南劉將軍神道
見《字原》。樸按：即荊州牧劉表也。

劉鎮南碑
陳留刊《蔡中郎集》，載《劉鎮南碑》，以時考之，非邕撰。

尚書令荀彧碑　潘勗撰
《文選·齊故安陸昭王碑文》注引"男女老幼里號巷哭"。樸按：《碑錄》載《僕射荀公碑》在長社縣東四十里墓前，即此碑也。

御史大夫郄慮碑
《通志》：在濟州墓前，鍾繇書。慮字鴻豫，山陽人，獻帝時官御史大夫。

丘儁碑[①]　繁欽撰

故右扶風都尉主簿有丘儁者，從都尉討叛胡，官兵敗績，卒伍奔散，都尉臨陣墜馬，儁於是下馬授甲，以身禦寇，遂死戰場，都尉乘儁馬得免。

處士國文甫碑　劉楨撰

郭奉孝碑

陽翟縣。

李固碑

《碑錄》：在懷州山陽城內。櫰按：獻帝時有郎中李固，即《水經注》所載《與弟圖書》者也，[②]非太尉李固，張受先《東漢文選》辨之甚詳。

魯閫里石槨銘

《風俗通》：魯閫里蔡伯公死，求葬，庭中有二人行。頃還葬，二人復出，掘土得石槨，有銘：四體不勤孰爲作，生不遭遇長附訖，輓得二人發吾宅。閭里祠之。

司馬季主碑　諸葛亮撰

櫰按：司馬季主，楚人，賣卜於長安。宋忠與賈誼游市中，謁司馬季主請卜。

南中紀功碑　諸葛亮撰

武侯廟碑

《水經注》：寶山瀘峰有《武侯廟碑》，每歲蠻人貢馬，相率拜於廟前。

武侯征蠻故道磨崖

《武侯志》：漢陽山在慶符縣北八十里，漢武帝通西南夷，自此

[①]　"儁"，原誤作"僑"，據國圖本改。

[②]　"圖"，原誤作"固"，據《水經注》卷三十三改。

之西皆漢地。諸葛武侯征蠻過此，壁上鐫"武侯征蠻故道"六字，猶存。

武侯讖記碑

知吾心事者，惟有宋曹彬。

張桓侯題名石

在流江縣。明張于環詩：江上祠堂橫劍佩，人間刁斗重銀鉤。

漢壽亭侯關長生祖考生卒磚志

康熙十七年，常平士子昌肄業塔廟，即帝之祖居也。有濬井者，得巨磚，頗斷裂。昌合而讀之，即帝考奉祀厥考之志，中紀生卒甲子並兩世家諱大略。因奔告郡守王朱旦，朱旦撰碑記誌之。祖諱審，字問之，號石磐公，生漢和帝永元二年庚寅，居解梁常平村，以《易傳》《春秋》世其家。父諱毅，字道遠，以漢桓帝三年庚子六月廿四日生帝於常平村，有烏龍繞室。帝生而英奇雄駿，既受《春秋》《易》，旁通淹貫，以古今身任。長，娶胡氏，以靈帝光和五年戊午十三日生子平。

張翼碣

《碑錄》：在綿州東四十步。

姜維碑

在吹角埧穴內。

嚴顏碑

《東坡詩注》：在忠州。欓按：忠州，漢巴郡，唐貞觀八年改忠州。此碑二蘇俱有詩。

涪陵太守龐肱闕

在涪州。肱即龐士元之子，後主時嘗爲涪陵太守。淳熙中，任子宜舟過涪陵，於小民家見漢隸隱然，遂載以歸。

譙周宅碑

在南充北五里。

嚴君平李宏祠銘

蜀郡太守王商立。

故孝廉禽堅碑

《華陽國志》：堅字孟由，成都人也。父信，爲越巂夷所得，傳賣歷十一種。去時方姙，六月生，母更嫁。堅壯，乃知父湮没，鬻力傭賃，求碧珠以贖父。一至漢中，三至徼外，周旋萬里，徑六年四月，歷瘴毒狼虎，乃至夷中，得見父。相見悲感交集，夷徼哀之，即將父歸，迎母致養。州郡嘉其孝，召功曹，辟從事，列上東觀。太守王商追贈孝廉，令李苾爲立碑銘。

趙憲妻何氏石表

《華陽國志》：何玹，郫何氏女，成都趙憲妻也。憲早亡，無子，父母欲嫁之。何恚自幽不食而死，郡縣立表。

牂牁太守劉寵銘

《華陽國志》：寵字世信，綿竹人，遷牂牁太守，乘一馬之官，布衣蔬食。居郡九年，乘之而還，吏人爲立銘。

張惟妻程貞珠石表

《華陽國志》：貞珠字瓊玉，牛鞞程氏女，張惟妻也。十九適惟，未朞，惟亡，無子，養兄子悦，供養舅姑，夙夜不怠。資中王沖欲娶珠奉羔雁，命太守聘之，珠乃自投水，救援不死。後太守蘇高爲立表，章陵劉威又爲作頌。

景君石梛銘

《集古録》：予既得前《景君碑》，又得此銘，皆在任城，不知一景君乎？將任城景氏之族多耶？

陳囂宅石表

《會稽典録》：陳囂，字君期，與民紀伯爲鄰。伯夜竊囂藩以自益，囂見之，伺伯去，密撤其藩一丈，以地益伯，伯覺之慚惶，既還所侵，又却一丈。太守周府君高囂德義，刻石旌表其廬，號曰"義里"。
漢故北軍中侯郭君碑
《集古錄》：在河陽，名字磨滅。《隸釋》：字仲奇，河內汲人。
鉅鹿太守金君闕
《字原》：在雲安軍。
金恭闕
《碑圖》曰："上刻一禽，三足，次橫金君姓名，次刻一人執扇乘馬，似是金君也。旁有龍虎銜環，其下斷裂。"
金恭碑
《隸釋》：恭字子肅，金掾季本即其父也。子恭早卒，立廣延爲後。廣延母徐氏有《紀產碑》。
劉熙碑
在徐州蕭縣二十五里。
劉熙碑陰
青州刺史劉馬碑
《通志》：衡州來陽縣十五里墓下。
梁嚴碑
《水經注》：成國渠左有安定梁嚴冢，碑碣尚存。
老子母碑
《文選·陸公佐刻漏銘》注引《瀨鄉紀》：《老子母碑》：老子把持仙籙，玉簡金字，編以白銀，記善綴惡。
劉黨碑
在華陰墓下，文字磨滅。
慎令劉伯麟碑銘
《集古錄》：在南京下邑，其名已磨滅，其字伯麟。少罹艱苦，身服田畝，舉孝廉，除郎，辟從事司徒掾，遷慎令，卒年六十有二。

光禄勳劉曜碑

在鄆州。曜字季尼，東平無鹽人，漢之公族也。歷官郎中、謁者、太官令、朱爵司馬、居延都尉、議郎、河内太守、長水校尉、①宗正、衛尉、光禄勳，年七十三而卒，故吏門生立此碑，不見其卒葬年月。

劉曜碑陰

故臨朐長仲君碑

《金石録》：文字磨滅，其粗可考者，君諱雄。又曰："歷郡五官掾功曹史，辟從事，舉孝廉，除郎中，遷臨朐令。"

丁房雙闕

《水經注》：在寧江縣巴王廟。二闕封峙，高二丈，上爲層觀，飛檐袤衺，四旁多列人物，皆極巧妙。

二楊墓闕

《蜀碑記》：在夾江縣東二十里。墓前兩闕，左隸書"漢故益州太守楊府君諱缺。字仲德墓道"，右隸書"漢故中書令楊府君字仲普墓道"。

趙相雍勸石闕

《蜀碑記》：在梓潼縣北三里，前有石闕、石麟，其文題"漢趙國相雍府君之墓"。

沛國范皮石闕磚銘

《蜀碑記》：在梓潼縣六里。《天下碑録》作"沛相劍門范皮墓闕"，闕旁磚堅厚如石，②重十斤，有小篆韻，每磚十行，行三句，③其文曰："嗟痛明府，仲治無年，結僮摯摯，履踐聖門，知辨賜張缺。惟孔言，寬博缺。約，惟能淵泉，帶徒千人，禮無過

---

① "水"字原脱，據《隸釋》卷十一補。
② "如"，原誤作"爲"，據《隸釋續》卷十三改。
③ "行"字原脱，據國圖本補。

您。"其一磚云："德積未報,曷尤乾巛,茂而不實,顏子暴顛,非獨范子,古今皆然,想貌暗形,刊書請先,謂往有知,豈能恨焉。"乃知范君名皮,字仲治,後人誤作范伯友墓石闕,又誤相爲國,誤皮爲友。

魯王墓石人胸前題字

一題"府門之卒"四字,一題"故漢樂安太守麃君亭長"十篆字。考姓氏書無"麃"字,惟《韓敕碑》有麃次公、麃季公,碑側題有"麃恢字元世"。此碑額在曲阜野中,是魯地故有麃氏,而姓氏書失載也。楊奐《東游記》：魯諸陵大冢四十餘所,石獸四,石人三,胸臆前篆刻不能盡識,有曰"樂安太守麃君碑"者,有曰"府君之墓"者。

薛劉二君斷碑

額題云："漢故益州刺史中山相薛、巴郡太守宗正卿成平劉君碑。"《隸續》：其間有祭者及薛、劉征討字,殆是紀述平寇之事。趙君誤以爲墓刻,故云。古無兩人共一碑者。

浮蘭碑

《碑目》：在梁山軍。《隸續》：一石三橫,首行云"長蜀郡繁張君,諱禪,字仲聞",其次題掾曹十人及三民姓名。次橫之首云"夷淺缺。例趙陵,字進德",次夷侯九人,邑長三人。第三橫邑君三人,夷民六人,後云凡世八户造。有四行高出兩字,題白虎夷王及丞尉名字。最後兩行及其下一行字畫差小,似是紀事之辭。

城壩碑

《蜀碑記》：在渠州。《隸釋》：碑末有方三百里,圍二尺字,及用人、用石數,似記版築事。按：碑有云："詔拜君益州太守缺。功後世。"蓋益州太守築壩城以衛民,故立此碑以頌其功德也。"壩"音"埧"。《集韻》：蜀人謂村落曰"壩"。俗作

"垻",非。

是邦雄桀碑
《字原》云:"在渠州。"《隸釋》云:碑首云"是邦峻生雄桀"①。"峻"之上下各缺一字,蓋言其山川孕秀也。

是邦碑陰

交阯交尉沈君神道
《碑目》云:"在大竹縣一里,雙石闕。其一鐫'漢謁者北屯司馬左屯都侯沈府君神道',其一鐫'漢新豐令交阯都尉沈君神道'。"《隸釋》云:"二神道蓋是一人,猶《王稚子闕》盡書其所歷之官也。"

高直闕
在雅川。題云:"漢故高君諱直,字文玉。"漢人題墓有云神道,有云墓道,有云闕,惟高頤及此碑第書姓名字。

刺史李頊碣
在綿州。見《天下碑錄》。

上庸長神闕文
題云:"故上庸長司馬孟臺神道。"在德陽縣靈龕鎮。

繹幕令魯匡碑
《水經注》:蒙縣北有《繹幕令魯匡碑》。匡字公輔,魯府君之子也。碑字碎落,不知所歷歲月。秋碧按:王莽時有羲和魯匡,別是一人。

柘令許君清德頌
《水經注》:柘縣故城內,石碎字紊,惟見此碑。

弘農太守張伯雅墓碑
《水經注》:河南密縣。墓塋四周,疊石爲垣,隅阿相降,列於

---

① "峻"字原脱,據《隸釋》卷十八補。

綏水之陰。庚門表二石闕，夾對石獸於冢下。冢前有石廟，列植三碑，碑云："德字伯雅，河内密人也。"碑側樹兩石人，有數石柱及石獸。舊引綏水南入塋城而爲池沼，在丑地，皆蟾諸吐水，石隍承溜。池之南，又建石樓、石廟，又翼列諸獸。物謝時淪，彫毀殆盡。富而非義，比之浮雲，況復此乎？王孫、士安，斯爲達矣。

平陽侯相蔡昭墓碑

《水經注》：在固始縣蔡岡上。昭字叔明，周后稷之冑。冢有石廟，廟前有二碑。

九山祠碑

《水經注》：在陽翟縣。叢柏猶茂，北枕川流。

張明府廟碑

《水經注》：在平輿縣南，世謂之張明府祠，水旱不節則禱之。廟前有石碑，碑前有小石函。按《桂陽先賢畫讚》：臨武張熹，字季智，爲平輿令。時天下大旱，熹躬雩，未獲嘉應，乃積柴自焚。主簿崇、小吏張必從熹焚焉。火既燎，天靈感應，即澍雨。此熹自焚處也。

洛陽北界碑

《水經注》：洛縣河水之南岸有一碑，北面題云："洛陽北界。"上舊有河平侯祠，祠前有碑，今不知所在。

河南界石碣

《水經注》：洛陽南界，石碣碑柱相對。

文母廟

《水經注》：郃陽縣城故有莘邑，爲太姒之國。

介子推廟碑

《水經注》：晉陽城南祠前有碑。秋碧按：周舉移書太原弔介子推即其處。

平陽堯廟碑

《水經注》：平陽城東十里。汾水東原上有小臺,①臺上有堯廟神屋石碑。

孔子廟碑

《水經注》：在野王縣。

黎陽山碑

晉灼曰："黎山在其南,河水在其東。其山上碑云：'縣取山之名,取水之陽以爲名。'"

冀州從事安平趙徵碑

《水經注》：安平縣城。

高氏山石銘

《水經注》：靈丘縣冀北界,世謂之石門陘。

郎山廟碑

《水經注》：在唐昌。庚太子以巫蠱出奔遠遁斯山,故世有郎山之名。

太白山碑

《水經注》：即郎山君之元子也。

周山三王陵石碑

《水經注》：錄赧王以下世王名號。

太公廟碑

《水經注》：在長安西。

京兆尹司馬文預碑

《水經注》：在明湖故渠東。

舜廟碑

《水經注》：九疑山南有舜廟,前有石碑,字缺略不可復識。山

---

① "汾"字原爲空格,"小"原誤作"冰",皆據《水經注》卷六改。

之東北泠道縣界又有舜廟碑,①零陵太守尹儉立。秋碧按:零陵太守奚景,章帝時於泠道縣舜祠得玉簫,即其處也。

屈原廟碑

《水經注》:屈潭即羅淵也,淵北有原廟,廟前有碑。《通典》:湘陰縣北有汨水,即屈原懷沙自沈之處,俗謂之羅江。又有屈原冢,有石碑曰"楚放臣屈大夫之碑",其餘字滅。

漢南太守程堅碑

《水經注》:寄屈原廟中。

南昌龍沙故冢磚刻

《水經注》題云:"西去江七里半,龜言其吉,卜言其凶。"

有道兒君碑

《水經注》:高門一里餘道西《有道兒君碑》,是魯相陳君所立。秋碧按:《山東通志》:在魯城高門外一里,兒君即兒寬也。

曲紅瀧中碑

《水經注》:瀧水又南逕曲江縣東,縣昔號曲紅,山名也,有碑。

豫州刺史皇毓碑

《水經注》:臨朐縣西二里。君殞身州牧,陰君之罪,時年二十五。臨朐長平輿令李君,二千石丞輪氏夏文明,高其行而痛其隕,州國咨嗟,旌廬表墓,銘叙功德,以示後人。

臨朐長左馮翊王君碑

《水經注》:臨朐城內。君有治功,累遷廣漢屬國都尉,吏民懷德。縣人公府掾陳盛孫、郎中兒定興、②劉伯郎等共立石表,以刊遠績。

堯陵廟碑

《水經注》:成陽有堯冢靈臺。今成陽西二里有堯陵,陵南一

---

① "泠",原誤作"冷",據國圖本改。下"泠"字同。
② "兒"字原脱,據《水經注》卷二十四補。

里有堯母慶都陵，稱曰"靈都"，鄉曰"崇仁"，邑號"修義"，皆立廟，並列數碑。郭緣生《述征記》：成陽縣東南有堯母慶都墓，上有祠廟。①堯母陵，俗名靈臺大母。

高祖廟前三碑

《水經注》：沛縣故城東有漢高廟，廟前有三碑。後漢立廟基，以青石爲之，階陛尚存。

大風歌碑

在彭城雲龍山。相傳爲曹喜書，字長徑尺，魄力甚大。雖剥蝕糜爛，而古勁之氣逼人。

禹廟塗君祠碑銘

《水經注》：江州北岸有塗山，常璩、庾仲雍並言禹娶於此。

蜀郡太守王子雅墓樓銘

《水經注》：西鄂縣水南道側有二石樓，相去六丈，雙闕齊峙，可丈七八，柱圍圓二丈有餘，石質青緑，光可以鑑。其上欒櫨承拱，雕簷四柱，窮極綺刻，妙絶人工。題言：蜀郡太守王，字子雅，南陽西鄂人，有三女，無子男，而家絫千金。父没當葬，女自相謂曰："先君生我姊妹而無男兄弟，今當安神玄宅，翳靈后土，冥冥絶後，何以彰吾君之德？"各出錢五百萬，一女築墓，二女建樓，以表孝思，名曰墓樓。

漢陽侯焦立碑

《水經注》：魯陽城東。

左伯桃碑

《水經注》：涅陽縣南有二碑。《字原》：二碑在安肅軍安肅縣四十五里，墓前亦作左伯豪。《河南通志》：《左雄碑》在鄧州東六十里，俗呼"赤眉碑"。

太尉長史張敏碑

《水經注》：敏，冠軍縣人。

---

① "上"，原誤作"大"，據《後漢書·章帝紀》注引郭緣生《述征記》改。

闕林山碑銘

《水經注》：在筑陽縣。文曰："君國者不躋高湮下。先時或斷山岡以通平道，民多病者，守長張仲踰乃與邦人築斷山故道於此，作銘。"

蘇武功碑

在京兆府武功縣墓下。

董襲碑

在成都縣東北墓前。襲字子緒，①潁川是陵人。

吳天發神讖碑

槐陰碑

在長山縣南二十里董永廟前。相傳織女下嫁處。

郭先生碑

《水經注》：先生名輔，字甫成，有孝友悅學之美，其女爲立碑於此。《字原》：在襄陽穀成縣。碑云："先生有四男三女，高賢姣孋，富貴顯榮。② 其季女文明，潁川之夫人也。"

華君銘

《水經注》：武當縣故城內有一碑，文字磨滅，不可復識，俗相傳是《華君銘》。

顏斐碑

斐字文林，濟北人，爲京兆太守，令屬整仟陌，樹桑果，制車買牛，民以爲煩。三年，家有車牛，人民豐富。又起文學，聽吏民欲讀書者復其小徭，吏民愛之。遷平原太守，吏民遮道不得前，稽留十餘日乃出界，因立碑稱頌。

任昭先碑

嘏字昭先，樂安人。《水經注》：在東平縣故城東門外。

---

① "字"，原誤作"宗"，據國圖本改。
② "榮"字原脫，據《隸釋》卷十二補。

蒯徹墓碑

在武陽城東北一十八里蒯村，舊有碑銘。

尚塾墓碑

《水經注》：宜城縣前有二碑。

金城縣古碑

《水經注》：在金城縣南門。

縣書崖石刻

《水經注》：旬陽縣北山有縣書崖，高五十丈，刻石作字，人不能上。

仙人唐公房碑

《水經注》：城固縣平智川有唐公祠。唐君字公房，城固人也。學道得仙，入雲臺山，①合丹服之，白日升天，雞鳴天上，犬吠雲中，惟以鼠惡留之。鼠乃感激，以月晦日吐腸胃更生，時人謂之唐鼠也。公房升仙之日，婿行未還，不獲同階雲路，約以此川爲居，言無繁霜蛟虎之害，俗因號爲婿鄉。②百姓爲之立廟，刊石樹碑，表述靈異也。《字原》：在興元府。太守郭芝修廟，爲立此碑。《梁州記》：仙人唐公房祠有碑一所，北有大坑，碑云："是其田宅。公房舉宅登仙，故爲坑也。"旁有穴，通洞庭。李八百，蜀人也。知漢中唐公昉有志，不遇名師，欲教授之，乃先往試之，爲作客賃者。八百驅使用意，異於他客，公昉愛之。八百乃偽作病困欲死，公昉即爲迎醫合藥，費數十萬錢，不以爲損，憂念之形，形於顏色。八百又轉作惡瘡，周遍身體，膿血臭惡，不可忍近。公昉爲之流涕曰："卿爲吾家使者，勤苦歷年，今得篤疾，吾取醫欲令卿愈，無所吝惜，而猶不愈，當如卿何？"八百曰："吾疾不愈，須人舐之當可。"公昉乃使三婢爲舐之。八百又曰："婢舐不愈，若得君舐之當愈耳。"公昉即舐之。復言無益，欲公昉婦舐之最佳。又復令婦舐之。八百又告曰："吾瘡欲差，當三十斛美酒浴身當愈。"公昉即具酒著大器中，八百即起入酒中浴，瘡即愈，體如凝脂，亦無餘瘡。乃告公昉曰："吾仙人也，子有志，

---

① "入"，原誤作"人"，據《水經注》卷二十七改。
② "婿"，原誤作"蚤"，據國圖本、《隸釋》卷三改。

故此相試也，子真可教也。今當授子度世之法。"乃使公昉夫妻並飲浴酒，三婢以其浴酒自浴，即皆更少，顏色美悅。以丹經一卷授公昉，公昉入雲臺山作藥，成，服之仙去。

唐公房碑陰

《水經注》：在彭城之留子房廟中。東漢時所立。《金石錄》：碑已斷裂磨滅，不可叙次，獨其額尚完，題故張侯之碑。

周生烈斷碑

《毘陵志》：周山在洮湖，舊傳博士周生烈葬此。嘗獲斷碑，乃烈所作。

無終山陽雍伯天祚玉田碑

《水經注》：玉田山西北有陽公壇社，即陽公之故居也。陽公名雍伯，雒陽人，周景王之孫，食采陽樊。春秋之末，爰宅無終，至性篤孝。父母終，葬之於無終山，高八十里，而上無水。雍伯置飲焉，有人就飲，與石一斗，令種之，玉生其田。北平徐氏有女，雍伯求之，要以白璧一雙。媒氏致命，雍伯至玉田，求得五雙，徐氏妻之，遂嫁焉。

秦君碑

朱彝尊《跋》：兗州滕縣東四十里馬山古城址有秦君碑，出自土中，無歲月可考。滕君亦無名字。銘詞四言，音韻參錯。其云系出翆，翆與嶧通，知爲滕人。云"爲政三年，崇博有成"，蓋出而仕者。《滕縣志》：堌城有漢無名氏隸書《秦君碑》，銘有"於穆秦君，命世優邁"，蓋頌德之辭。

丁儀碑

在虞城縣墓前。

兗州從事丁仲禮碑

在楚邱北三里。

荊州從事苑鎭碑

《字原》：在襄州。君諱鎭，字仲弓，南陽筑陽人。碑無所終年月。

督郵班碑

在徐州，無額。諱班，字子翁，不知其姓。

浚儀令衡立碑

在鄆州。碑云："君名立，字元節，其先出伊尹。"與《衡方碑》同。歐陽公以爲《元節碑》，疑其姓伊而爲從事。趙氏曰："碑有額，題曰：'浚儀令衡君之碑。'在汶上縣衡石墓側。"

相府小史夏堪碑

在亳州。無卒葬年月。堪字叔德，帝禹之精苗，零陵太守之根嗣也。

益州太守楊宗墓道

在嘉州。十六大字云："漢故益州太守楊府君諱宗字仲德墓闕。"

清河相弘農太守張君墓道

一碑甚大，其中但存此數字。

韋氏神道

在均州。《隸釋》：石文中斷，似若韋字爾。

四老神位神祚機

《金石》作《四皓神位神祚机刻石》四，在惠帝陵旁，東漢時書。秋碧按：圈稱《陳留耆舊傳》，圈公惠帝時爲大司徒，惠帝時有丞相無大司徒，此不足信。予家藏《四老神祚机》榻本，字雖有刓缺處，然"園公"正作"圈公"，則圈稱不誤。

四皓碑

《五總志》：《商山四皓碑》隸字以"園公"爲"圈公"。

五君梧桴文

《宣和殿藏碑錄》：爲漢碑，名曰真人君石樽刻石。五君者，太老君、西海君、東海君、真人君、仙人君。

中部碑

在均州。額三字曰:"中部碑。"碑云"諸曹掾史、功曹、嗇夫、主簿"者,蓋縣吏。謂之"中部",未曉。"

富春丞張君碑

在亳州。《隸釋》云:張君之名仿佛如濆字,土人以爲張湛,非也。其間云:"三年癸亥,景命不融。"東漢三癸亥皆非三年,疑是西漢。《復齋碑目》謂順帝分會稽置吳郡,富春屬焉,今碑除吳郡下闕,當在順帝之後,爲富春丞三年而卒爾。

郎中郭君碑

無名字可考。

魯相謁孔廟殘碑

在亳州,無名,姓石氏,題爲駐驛亭前斷碑。《金石目》有魯相謁孔子碑,疑即此。

魯郡太守張府君碑

在孔林內。

平原東郡門生蘇衡等題名

在兖州孔里駐驛亭。

故吏應酬等題名

在成都府。列吏姓名三十人。《墨寶》云:"郭氏得之北門魚橋之下。"

防東尉司馬季德碑

碑上殘缺,下云"故山陽卒史防東守尉司馬德字季德"。有所終之月日,而其上則磨滅。

司空殘碑

政和乙未年,西洛天津橋下得之,片石纔五行,四十五字,字徑二寸,其間有云"命爾司空"。趙氏謂之《司空殘碑》。末云:"予惟哀憤,用著斯詩。"知其爲邱隴之文。

司空殘碑陰

有皮氏段升子榮題名百餘人。

處士嚴發殘碑

碑刓缺，無年而有日月。《隸續》：大略載桓譚陳章所言：處士嚴發有曾、閔之行，栖遲衡門，誠於朋友，引《春秋》褒儀甫之事。後有"聽表門閭復"之文。蓋邑官稱嚴之行，遂表其門閭，復其租緜，而碑之所由立也。末有丞汝南番君及戶曹掾題名。

舉吏張玄殘碑

可見者，故吏河內一人，門生東郡三人，門生濟南二人，門生平原、任城各一人。薛令有其官而無其姓，惟虞升一人郡邑名字及所出錢無一字缺者。《三公山碑》稱馮君爲"舉將"，《高彪碑》稱文君爲"舉主"，至此碑，則自稱"舉吏"，漢碑僅此三者。

黃香碑

梅里鎮有蘇忠翊直卜葬，得大冢，乃《黃香碑》，刻皆隸字。首兩句八字，中二字莫可識，乃會稽東部都尉張紘文。又有薛綜修祠日月題刻，可辨者八字。按香卒於家，不應遠葬於吳，或後漢有與香同名姓者耳。樂史《太平寰宇記》謂香墓在房陵縣東者是也。按：碑文云"陽慈父葬於嬴博，孟光貞婦夫於吳"云云，此叙遠葬於吳之由。又可辨者八字，云"子瓊、孫琰位登三事"，則爲文強無疑也。《河南通志》：禹州城東北五十里孝山有黃香墓，故山以孝名。

漢陽太守銘

敦方足以正衆邪，肅清足以濟殊俗。不吐剛而諂上，不茹柔而黜下。見梅鼎祚《東漢文紀》。

博陵劉伯言碑
北海苑孟興碑
《水經注》：臨清縣東南十五里有漢貝邱故城，有漢貝邱長博陵劉伯言《北海苑孟興碑》。
龍門禹廟宗李方題名
列宗李方等四十一人姓名。複姓有四陵一人，亦姓氏書所無者。
禹廟殘碑陰
自侯長汾陰趙遺子宣而下，凡數十人，姓名、官爵具存。又有故督郵、①曹史、縣功曹、鄉部吏柏昱等人名。最後有龍門復民卅五户人名。② 今在《龍門禹廟殘碑》之陰。
堯廟左側題字
汝陽上蔡令神道
在閬州城外，蜀人謂之汝南令闕。視其文，"南"之下一"上"字甚分明，蓋汝南之上蔡令也。
貞女羅鳳墓闕
右漢《貞女羅鳳墓闕》。闕筆勢甚清逸，頗類景謁者。墓表字之上以朱爵為額，蓋墓闕也。
楊君殘碑
碑云："當錙項之際，有楊武者家於茲邦，奕世戴德，扶而復興。"碑多殘缺，名字不存，獨有"元年"字，上缺。
酒泉題名
碑九列，每列三十人。
王史威長銘
銘曰："明明吉士，知存知亡；是崇隴原，非寧非康；不封不

---

① "郵"字原脱，據《隸釋》卷二十六補。
② "門"，原誤作"民"，據《隸釋》卷二十六改。

樹，作靈重光；厥銘何依，王史威長。"按：梅鼎祚編入《西漢文紀》，未知所據。王史，複姓，見《風俗通》。

伏羲贊碑
《隸格》：在資州。文曰："伏羲蒼精，初造工業。畫卦結繩，以理海內。"

宗資墓前石獸膊前刻字
鄧州南陽縣北《宗資碑》前兩獸，其膊一曰天禄，一曰辟邪，字似篆似隸。其獸有角鬣，鱗大如掌。《河南通志》作"宋均墓"，在南陽府城東北古城內。墓前有二石獸蹲踞，左刻"天禄"，右刻"辟邪"。四字古文最奇，左刻爲雷所轟。

武都丞呂國以下題名
右武都丞呂國十二人題名，在成州天井碑摩崖之後，仇靖書文。靖字漢德。《郙閣頌》題名"從史位字漢德爲此頌"，中間姓名刓闕，得此乃知前碑亦仇所作。

膠東令王君廟門二斷碑
在濟州。《隸續》云："中有魏后寔天所授之語。豈膠東是其祖廟没於漢代，①故題以漢云？"

仲秋下旬碑
在綿州。《復齊碑目》作《楊元君仲秋下旬碑》。《墨寶》云："俗以爲文處茂。"

公乘校官掾王幽題字
《字原》云："淳熙二年，邛州蒲江縣寺僧治地得之。"《隸續》：校官者，東都之吏，屬公乘者漢爵第八級。而云"永熹元年二月"，則無此年號。東都紀年有延熹、光熹，亦有書"光熹"爲"光喜"者。漢人作隸好假借，或是借"熹"作"喜"，又作"熙"，

---

① "廟"，原誤作"父"，據《隸釋續》卷十一改。

"光"字恐史筆之誤。但弘農王四月即位改元,是年二月猶是中平。西晉惠帝雖有永熙,而改元亦是四月。此碑非光熙、永熙明矣。俟博古者剖判之。史繩祖《學齋佔畢》:淳熙二年,邛州蒲江縣上乘院僧築殿,闢地得石甃,其封石作兩闕狀,有文二十九字,云:"永熹元年二月十二日,蜀郡臨邛漢安鄉安定里公乘校官掾王幽字珍儒。"繩祖之大父勤齋先生子堅《跋》云:"永熹之號,不見於史。按沖帝即位,改元永嘉,'熹'之與'嘉',文字易貿亂,一年而改,見於他文者幾希,非此刻出於今日,孰知永嘉之爲永熹也。"

交阯剌史石羊字
在郴州。止五字刻於墓道石羊髆上。

成安君碑
《燕魏雜記》:真定府南三十里旁有《趙王廟碑》,乃成安君陳餘,非趙王歇也。

征西大將軍楊瑾殘碑
《碑錄》:在尉氏縣三亭鄉路村。

董孝子墓表
聖登山有漢益州刺史、廣平郡侯董孝子墓碑。

陳留太守程封碑
《通志》:在開封府封丘縣東二里墓下。

執金吾高褒碑
《通志》:東京雍丘縣南五十里善鄉墓下。

太尉高峻碑
《通志》:東京雍丘縣。

西平令楊期碑
《通志》:在東京。《碑錄》:在尉氏縣西南四十里三亭鄉楊方村墓前二十步,文字磨滅,惟見首尾。

上谷太守張衸碑
《通志》:定州聞喜縣東六里。

賈敏碑

《通志》：冀州棗强縣東北三十里。

敏勗碑

《通志》：在冀州。

立教院君神祠碑

《通志》：在華州。

彭府君碑

《通志》：在中都縣。

御史大夫鄭君碑

《通志》：在雍丘縣墓下。

博士逢汾墳前石柱碑

《通志》：在濰縣。

太守樊演碑

《通志》：在河中府臨晉縣内墓前。

熊敏碑

《通志》：在棗强縣。

尊士倪壽碑

《通志》：在仙源縣南七十步魯城内。

任城府君頌

《通志》：在濟州。

故司馬城鐵碑

《通志》：在濟州金鄉東南四十里，云"漢浮陽侯司馬耀所封邑"。《郡國志》：城内有鐵碑云"漢浮陽司馬耀所築"。

築陽侯守相景豹碑

《通志》：在襄州穀城西一里。

封觀碑

《通志》：在項城墓前。

學生題名碑

　　《通志》：在襄州。

羅訓碑

　　《通志》：衡州來陽縣北。

南昌太守谷君墓碑

　　《通志》：衡州來陽縣。

鍾君碑

　　見《通志》。

潁陽令宋君殘碑

　　見《通志》。

山陽卒史司馬留碑

　　見《通志》。

首山復民碑

首山復户姓名

　　見《通志》。

琅邪王相王君墓闕銘

　　篆書，見《通志》。

陽都長徐君冢銘

　　見《通志》。

蜀郡太守任君神道

　　篆書，見《通志》。

蜀郡屬國都尉王君神道

　　篆書，見《通志》。

河南尹蘇君碑額

　　見《通志》《金石録》。篆書。

小黄令闕

　　見趙氏《金石録》。

永樂少府賈君闕

見趙氏《金石録》。

司空掾陳君碑額

見趙氏《金石録》。

逢府君石柱文

見趙氏《金石録》。

竹葉碑

因兩面泐文成竹葉形,故呼爲"竹葉碑",今藏曲阜顔氏樂圃。

朱長君題字

在濟寧州學宫。"朱長君"三字刻碑右,想亦墟墓中物。

陽羨長袁圮石壇

《風土記》:東漢袁圮爲陽羨長,逆知水旱,每言没當爲神,後無疾而終。一夕風雨晦冥,亡其棺,邑人夜聞此山有數千人聲,旦亟往視之,棺在焉。走白縣,吏民群至,則棺已瘞藏,惟見石冢石壇旁,有石板如馬鬣,摇拂壇冢,遂神之,爲立祠,俗號銅棺山。或傳圮之亡,天降銅棺,與葉令事相類。

羊續碑

在泰安郡城東南。《地勝志》:在梁父縣。

問津亭碑

桀溺里在魚臺縣北三十里,相傳爲子路問津處。其地乃濟水經沉之地,有《問津亭碑》,載夫子適陳、蔡事。

漢高密太守錢咸墓柱題字

題"漢故旗門將軍高密太守錢府君之神道",在徹蓋山。碑載咸彭祖四十二代孫。

漢中郎將磨崖殘碑

在禹州西北六十里白沙鎮北。

嘉祥縣劉村洪福院漢畫象石

《金石索》有摹本。

嘉祥焦城村漢畫象四石

《金石索》有摹本二。

曲阜元聖廟周公負扆圖石刻

在曲阜縣城北周公廟殿嵌置壁上。石破碎不全，題字極古。君臣侍御凡九，在其後者一馬。

周王齊王畫象題字

在鄒縣白楊樹村關帝廟左壁上。畫象高二尺，其人左手執斧，右腋旁題四隸字曰：食齋祠園。

禹陵窆石題字

朱彝尊有跋。

孝山堂石室畫象

在肥城西北六十里。《水經注》：平陰東北巫山有石室，世謂之孝子堂，未指言何人之冢。北齊隴東王感孝頌始指爲郭巨墓石室。劉向《孝子圖》：郭巨，河内溫人。《搜神記》：郭巨於野鑿地欲埋兒，得石室，蓋下有黃金一釜，有丹書曰："孝子郭巨，黃金一釜，以用賜汝。"感孝頌云："前漢逸士，河内貞人，分財雙季，獨養一親，喪舍凶弭，埋兒福臻。當時撰碑，必有故籍流傳，得此可見郭孝子之佚事。"《肥城縣志》則云："漢郭巨，孝德鄉人。家貧養母，妻生子三歲，母常減食食之。巨謂妻曰：'貧不能供親，其埋汝子。子可再有，母不可再得。'妻不違抗，遂掘坑三尺，忽見黃金一釜，上云：'天賜孝子郭巨，官不得奪，民不得取。'"與《搜神記》不同，不知《志》何所據也。《山東通志》所載與《肥城縣志》同。

孝山堂題字

泰山高令明，永康元年十月廿一日故來觀記之。平原濕陰邵善君，以永建四年四月廿四來過此堂，叩頭謝賢明。似邑人故吏感頌之詞。

功曹史殘畫象

第一行凡五車，而坐者一人，御者亦一人。自第二車復有一人踵其後，右執杖，左執一物，如扇之狀。最後別有一人，石闕不能盡見。第二行行道者二人，左執管而吹之，其右則石闕。凡三車，車後不復有人。最後又一車，才見其馬之半。第三行導者四人，右持鐃，左執管，凡兩車。最後又一車，則見其人之半面。第四行一人乘馬在前。次二車，其前車亦有一人隨其後。最後又一車，亦見其馬之半。車各一馬，有蓋。左方通下三行爲一可見者二大車，後有二馬，奴隸凡六人。

雍丘令殘畫象

朱希真云："齊魯間漢公卿墓中物，所存者八車十三馬，末有一車不全見。車上之人十有六，馬上之人四，而奔走於公卿車馬之前者四人。"

孔子見老子畫象

本在武梁祠，今在沛寧。人物七，車二，馬三，標榜四。孔子面右贄雁，老子面左曳曲竹杖。中間復有一雁，一人俛首在雁下，一物拄地，如扇之狀。侍孔子者一人，其後雙馬駕車，車上一人，馬首外向。老子之後一馬駕車，車上亦一人，車後一人回首向外。《史記》魯昭公予孔子一乘車，兩馬，一豎子，同南宮敬叔適周，問禮於老子。此畫聖與兩驂，似據此。

王稚子闕畫象

闕之兩角有鬥，上鐫耐童兒。[①] 又作重屋，四壁刻神象、人物、車馬之類。先置二字在石闕南面，稚子在北面，子家在東面。

---

① "童"，原誤作"重"，據國圖本、《隸釋續》卷十三改。

洛陽二字在左闕坐蓮上。象左右各一小兒，其象頂冠，若祠剎中所謂天王者。師象之闕，其僧四，乘馬者四人，引車者二，乘車者五，以繩曳獸者一，中獸而立者亦一人，耐童兒二七人。神體不具有三：龍一、象一、師子八，其六在五角，獸面四，半體者五。車馬模糊，①辨不能盡。

鄧君闕畫象
魏君闕畫象
《隸續》：鄧魏二闕，皆石上橫刻車馬人物，無一字可考。

伏尉公墓中畫象
在資州。蜀人謂之燕王墓人物，未知何據。《隸釋》：漢碑書大尉、大守，"大"字皆無點，字書有"伏"字，與"大"字同音。注云："海中地名。"從人從犬者，則是倚伏之伏。此碑所云伏尉，即大尉公也。

無名氏墓闕畫象
《隸續》：畫象三段，三車六人，皆駕一馬，乘馬於車前者一人，橫旗於車後者二人。

漢萬物咸成瓦
漢后宮長秋殿瓦也。《後漢書·馬后紀》注：長，久也，秋為萬物成熟之初，故以名焉。

大萬樂瓦當銘
《金石索》：桂勉之以為神祠瓦，桂未谷以為太子樂瓦鵰。按《漢志》有少府，屬官有樂府，此當是樂府之瓦。《未谷札璞》又云："大萬乃漢人習語，樂讀為長樂未央之樂。"亦通。

附　魏大饗碑
篆額。在亳州譙縣。魏文帝延康元年，大饗父老，立壇故宅。壇前樹碑，題云"大饗之碑"。相傳為梁鵠書。《魏公

---

① "模"，原誤作"糊"，據國圖本、《隸釋續》卷十三改。

卿上尊號奏》，在穎昌，相傳爲鍾繇書。《魏受禪表》，在穎昌，黃初元年十月，鍾繇書。魏修《孔子廟碑》，一作《宗聖侯奉冢碑》。黃初元年，詔以孔羨爲宗聖侯，奉孔子祀，令魯郡修起舊廟，置卒史守衛。陳思王曹植撰文，梁鵠書。按：羨字子侯，孔子廿一世孫。

魏橫海將軍呂君碑
黃初二年立。

廬江太守范式碑
在濟州任城。魏明帝青龍三年，縣長薛君、鄉人翟循等所立。

賈逵碑
逵字梁道，黃初中爲豫州刺史。外修軍旅，內治民事。造新艫，又斷山溯長溪水，造小弋陽艫。又通運渠二百餘里，所謂賈侯渠也。吏民追思，爲立祠刻石。

劉熹碑

鄭渾頌
渾字文公，①開封人，爲沛郡太守，於蕭、相二縣興陂堰，民賴其利，刻石頌之，號曰鄭陂。

黃權墓前四碑
預山南魏車騎將軍黃權夫妻二冢，地道潛通。其冢前有四碑，其二魏明帝立，其二是其子及臣吏所樹。

魏隱士程仲碑
在封丘縣。程隱君墳在縣西南四里，碑當在墓下。

魏酸棗令母丘悅碑
在本縣。三任酸棗令，②民爲立碑。

---

① "文"字原爲空格，據《三國志·魏志·鄭渾傳》改。
② "令"，原誤作"縣"，據《隸釋》卷二十七改。

魏征虜將軍南州刺史王賢思碑①

按《圖經》，賢思名亮，碑在雍丘縣北十里義縣鄉墓下。

御史大夫袁涣碑②

太康縣。

鍾繇碑

《中牟圖經》云："鍾祠在尉氏西北三十里，有鍾繇大碑，斷折，文字磨滅。"《河南通志》：鍾繇墓在偃師城東。

何伯申碑

在陳留縣東三十九里。

魏徐州刺史韓陵碑

在東明縣南二十里。

魏中山太守常通碑

在州城西北三里。

魏張之簡碑

在湯陰縣西二百步。

魏劉盆碑

正始二年立，墓在祁州梁澤縣。

魏馮勛碑

在潞州上黨縣南墓下。

魏陸嚴碑

在上黨縣西墓下。

魏並州刺史王桓碑

在絳州絳縣東南二里墓旁。

魏車騎將軍穆祚碑

在介休縣南墓下。

---

① "賢思"二字原誤倒，據《隸釋》卷二十七乙正。下"賢思"同。
② "涣"，原誤作"換"，據《隸釋》卷二十七改。

魏樂安長劉世碑

在彭城縣北。

魏羊續碑

在兗州。

魏太尉滿寵碑

在金鄉縣墓前。

魏金鄉令徐公碑

景明三年立,在任城縣。

管寧碑

在安丘縣西南五十里。《水經注》：榮皇墓前有魏獨行君子管寧二碑。

魏邴原碑

在安丘縣西南四十里墓前。《水經注》：渠丘城外榮皇山東有徵士邴原冢,碑志存焉。

魏孫炎碑並妻碑

甘露五年立,在長山縣西南三十里長白山東。

魏章陵太守吕志碑

在南陽。

魏下豫州修老子廟詔碑①

黃初元年十月十五日囗譙所勒。此碑凡十三行,行八字。

魏甄皇后識坐板函

右"文昭皇后識坐板函"八字。紹聖丙子,耕民劚地得一綠石匣,廣八寸有半,長倍之,厚三之一,鹿頂笏頭蓋其上有此八字,魏文帝甄皇后神坐前之物也。故嘉興守林衡之父時爲相之臨澤令,模得之,其字乃魏隸之大者。

---

① "下""詔"二字原爲空格,據《六藝之一録》卷二百二十三改。

魏征南將軍張澹冢碑①

碑背刊云："白楸之棺，易朽之裳；銅鐵不入，凡器不藏；嗟矣後人，幸勿我傷。"

葉公廟碑

葉縣有《公子高諸梁碑》，②令長汝南陳晞以魏正始元年立。③

魏兗州刺史李伯茂碑

在曹州。

孝子王襃碑

在濰縣南四十里。

魏賈使君碑

在兗州府治內。碑陰云："唐褚遂良書法實師此碑。"

刺史趙寵墓碑

在平昌城西北，碑稱趙寵爲平原君勝之後，官濟、恒二州刺史。

李左車墓前殘石

在通許縣城西南有石二尺，文字漫滅，可辨者"某君李左車□□斜臨濟水，④壯惓庚山"。

徐母墓碑

在許州城東三十五里。

右碑碣類。

秋碧按：焦竑《國史·經籍志》有《張平子碑》八卷，今不傳，未知爲衡所撰與？抑同時諸人所撰，若崔瑗河間相《張平子碑》

---

① "澹"字原爲空格，"冢"原誤作"皇"，皆據《太平寰宇記》卷一百四十二改。
② "碑"，原在"高"下，據《隸釋》卷二十調正。
③ "晞以"二字原爲空格，據《隸釋》卷二十改。
④ "□□"，清光緒二十八年補刻本《(雍正)河南通志》卷四十九作"尾曰"。

之類與？又桓驎、葛龔、皇甫規、盧植、張升、楊修本傳所載，撰作目録，俱各有碑，已佚，無從采掇。今起建武，迄建安，附以季漢，其見於金石諸書有年月可考者，條次列於前。其雖無年月，其人有年代可稽者，列於中。其無年月及姓名缺者，綴於後。《水經注》載東漢碑最多，有足補紀傳之缺者，故備録原文。其詮釋考證，則有金石諸書具在，不備録。

建武銅尺

後漢建武銅尺。晉前尺並同。

建初銅尺銘

慮俿銅尺，建初六年八月十五日造。《居易録》：章帝時，泠道舜祠下得玉律，以爲尺，與周尺同。因鑄爲銅尺，頒郡國，謂之漢尺。此或其造與？檖按：今藏曲阜孔氏。

建武大官鐘

大官銅鐘，容一斛，建武十年選工伍興造。考工令史㽦丞、或令通主太僕監掾蒼省。①《博古圖》：器高一尺五寸五分，深一尺三寸，口徑五寸八分，腹徑一尺一寸，容二斗九升五合，重二十一斤二兩。建武二十年，歲在甲辰，乃東夷率衆内附，正極治之時。

永建鐘

永建元年四月廿五日△工張文高△△作△鐘。②《西清古鑑》：高一尺一寸四分，深八寸六分，口徑四寸四分，腹圍二尺四寸六分，重一百二十七兩，兩耳有環。永建元年，順帝紀元也。

孔文父鐘

建安三年，孔文父作銘，八字在鉦間。建安三年，漢獻帝之十年。孔文父，無可考。

---

① "史㽦丞"，原誤作"击"，據《玉海》卷九十一改。
② 按，此"△"據底本，下同。

永平鈴
宜子孫。永平二年。
永平小鈴
大吉利土日。按："土日"二字未審，疑是丑日所造，取宜牛之意。
銅鼓銘
《虞喜志林》：建武二十四年，南郡男子獻銅鼓，有銘。
伏波銅鼓
深三尺許，面徑三尺五寸，旁圍漸縮如腰形，復微展而稍弇其口。綿文精古，翡翠煥發。鼓面環繞作黿鼉十數，昂首欲跳。中受擊處，平厚如鏡。東粵縣於海神廟，雌雄互應，夷俗賽神宴客，時時擊之，重貲求購，多至千牛，制度同而過小者，諸葛鼓也。馬援於交阯得越駱銅鼓，乃鑄為馬式。
伏波銅船
《赤雅》：蒼梧郡有伏波銅船，沈於灘，天霽水澂，隱隱見之。
伏波銅柱銘
銘曰："銅柱折，交趾滅。"《赤雅》：伏波銅柱，一在憑祥州思恩府，一在欽州分茆嶺。又於林邑北岸立三銅柱為海界，林邑南立五銅柱為山界。
中平銅人
中平三年二月，鑄銅人四，黃鍾四，及天祿、蝦蟇。安帝見銅人，以問侍中張陵，對曰："昔秦始皇有大人有二，身長五丈，腰六尺，皆夷狄之服，見於臨洮，此天亡秦之徵，而始皇誤以為瑞，乃鑄銅人以為象。"上曰："何以知之？"對曰："臣見傳載，亦其人胸前有銘。"
建武鼎
光武建武元年鑄一鼎，其名定萬天，萬物伏。小篆書，三足，高九尺。
葛陂鼎銘
《皇覽》：銅陽縣有葛陂鄉，城東有楚武王冢，民謂之楚王琴。

"琴"一作"岑",楚人謂"冢"爲"琴"。永平元年,葛陂城北祝里社下,於王冢中得銅鼎,而銘曰楚武王之鼎。民間傳言,秦、項、赤眉之際欲發之,輒損壞,厭不得發。

王雒山寶鼎

永平二年六月,王雒山出寶鼎,廬江太守獻之。詔曰:"昔夏后氏收九牧之金,鑄鼎以象物,使人知神奸,不逢惡氣。遭德則興,鼎遷於商。周之德既衰,鼎乃淪亡。祥瑞之降,以度有德。方今政化多僻,何以致此?《易》曰:'鼎耳象三公。'豈公卿奉職得其理耶?太常其以祝祭之日,陳鼎於廟,以備共用。"

洛水鼎

明帝永平十年,鑄一鼎於洛水,高六尺,其文蛟龍伏。大篆書,三足。

穀水鼎

又鑄一鼎於穀水,高五尺,其文曰穀洛。小篆書,四足。

柱鼎

《漢官儀》:開陽門夜有一柱飛直樓上,帝因作一鼎,一足如馬蹄。

鎮地鼎銘

章和二年,於北岳鑄一鼎,[①]高四尺,無足,其文"鎮地鼎"。小篆書。

仲山甫鼎

和帝永元三年,竇憲伐匈奴,單于遺憲古鼎,容五斗,其旁銘曰:"仲山甫鼎,其萬年子子孫孫永寶用。"

竇大將軍鼎銘

崔駰撰銘曰:"鼎耳革,其行塞,雉膏不食,方雨虧悔,終吉。

[①] "北岳",原誤作"卝亚",據明萬曆四十三年高暉堂刻本《廣博物志》(以下《廣博物志》皆據此本)卷三十九改。

有福足勝,公餗乃矜,于思高危,在滿戒溢,可以永年,天之大律。"

地動儀圖記鼎
張衡制地動儀圖,紀之於鼎,沈於西鄂水中。

司徒鼎
王仲子爲大司徒,鑄一鼎,其文"司徒鼎"。大篆書。

永露鼎
安帝延光四年,鑄一鼎於少室山,其文"永露鼎"。小篆書。

魚鼎
順帝永建六年,鑄一鼎於伊水,名曰"魚鼎"。高四尺,三足。

太尉鼎
楊震爲太尉,作一鼎,其文"太尉鼎"。隸書。

儒鼎
靈帝熹平元年,鑄一大鼎,埋之鴻都門,其文曰"儒鼎"。古文書三足。

孝子鼎
胡廣鑄一鼎,其文曰"孝子鼎"。八分書。

橋公東鼎銘
維建寧三年秋八月丁丑,延公於玉堂前廷,乃詔曰:"其以大鴻臚橋玄爲司空。"再拜稽首以讓。帝曰:"俞,往哉!"三讓然後受命。公乃虔恭夙夜,帝采勤施八方。[1] 旁作穆穆,以對揚天子丕顯休命。越在先民,毗於天子,罔不著其股肱,畢其思心,式率天行,式昭德音,公亦克紹厥猷。鑑於法,罔敢不法;鑑於誠,罔敢不誠,用總是群后。保乂帝家,功在方冊。[2] 民咸曰休哉!惟帝念功,越若來二月丁丑,遷於司徒。

---

[1] "八",原誤作"公",據《漢魏六朝百三家集》改。
[2] "功",《漢魏六朝百三家集》作"勛"。

中鼎銘

惟建寧四年三月丁丑，延公登於玉堂前廷，乃制詔曰："其以司空橋玄爲司徒。"公拜稽首以讓。帝曰："俞，往哉！"三讓然後受命。公允迪厥德，宣力肆勤，戰戰兢兢，以役帝事，率夫百辟，媚於天子。天子曰："都！慎厥身修思永，同寅協恭，以和天衷。德則昭之，違則塞之。"回乃不敢不弼，柱乃不敢不匡。股肱之事既充，三事之繇允備。災眚作見，乃引其責，曰："凡庶徵不若，彝倫不叙，是惟臣之職，祗以疾告表。"越十月庚午記此。

西鼎銘

維光和元年冬十二月丁巳，延公入崇德殿前，乃制詔曰："其以光禄大夫玄爲太尉。"公拜稽首曰："臣聞之，三讓莫或克從，臣不敢辭。臣犬馬齒七十，可以生，可以死，其戮力閑私，悉心在公，以盡爲臣之節。"於時侍從陛階，與聞公之昌言者，莫不惕厲，如履薄冰，既乃碑表百代。

朱公叔鼎銘

忠文朱公名穆，字公叔，有殷之冑。微子啓以帝乙元子，周武王封諸宋，以奉成湯之祀。自元子啓生公子朱，其孫氏焉。後自沛遷於南陽之宛，遂大於宋，爵位相襲。烈祖尚書令，肅宗之世，守於臨淮。考曰實爲陳留太守。乃及忠文，克慎明德，以紹服祖禰之遺風，悉心臣事，用媚天子，顯允其勛績。尋綜六藝，契闊馳思，所以啓前惑而覺後疑者。亹亹焉雖商偃其猶病諸？初舉孝廉，除郎中、尚書侍郎，獨念運際存亡之要。乃陳五事，諫謀深切。退處獻畎，以察天象，驗應著焉。孝順晏駕，賊發江淮。時辟大將軍府，實掌其事，用拜宛陵令，非其好也，遂以疾辭。復辟大將軍，再拜博士高第，拜侍御史。明司國憲，以齊百僚。矯枉董直，罔肯阿順。以黜其位,潛於郎中,群公並表,乃遷議郎。登於東觀,纂業前史。於時冀州凶荒,年謹民匱,而貪婪之徒,乘之爲虐。錫命作牧,靜其方隅。乃攄洪化,奮靈武,昭令德,塞群違。貞良者封植,殘戾者芟夷。去惡除盜,無俾比而作慝,用陷於非辜。復徵拜議郎,病免官。徵拜尚書,清一以考其素,正直以醇其德。出納帝命,乃無不允。雖龍作納言,山甫喉舌,靡以尚之。享年六十有四。漢皇二十一世延熹六年夏四月乙巳,卒於官。天子痛悼,詔曰:"尚書朱穆,立節忠亮,世篤爾行,虔恪機任,守死善道,不幸而卒,朝廷憫焉。今使權謁者中郎楊貢贈穆益州刺史印綬。"魂而有靈,嘉其榮寵。嗚呼哀哉!肆其孤用作玆器鼎,銘載休功,俾後裔永用享祀,以知其先之德。

陳寔鼎

陳太丘鑄一鼎,藏於陘山。

千里鼎

王允字子師,郭林宗見而器之曰:"此子一日千里。"允自鑄一鼎,曰"千里鼎"。

張陵丹經鼎

陵在雲臺山得仙,作一鼎,寫丹經,埋於雲臺山。

太師鼎

董卓爲太師,鑄一鼎,其文曰"太師鼎"。古隸書。

蔡邕鼎

蔡伯喈爲侍中,封高陽侯,作一鼎,記漢家歷數,自書篆,藏於名山。

光漢鼎

先主章武二年於漢陽鑄一鼎,文曰"光漢鼎"。埋之丙穴,八分書,三足。

行軍奇變鼎

又鑄一鼎沈於永安水中,紀行軍奇變。

受禪鼎

又於成都武擔山埋一鼎,名曰"受禪鼎"。

劍山鼎

又埋一鼎於劍口山,名曰"劍山鼎",並小篆書。皆武侯手迹。

魯王鼎　梁王鼎

章武三年作二鼎,一與魯王,文曰"富貴昌,宜侯王";一與梁王,文曰"大吉羊,宜公王"。並古隸書,高二尺。

龍鼎

時龍見武陽之水九日,①因鑄一鼎,象龍形,沈水。

定軍山鼎

武侯殺王雙,還定軍山,作一鼎,埋之漢川。文曰"定軍鼎"。

八陣鼎

沈之永安水中,皆大篆書。

鎮山鼎

又於成都全山作二鼎,一大一小,無文。時武侯行軍見此山似有王氣,故鎮之。

魏武鼎

操鑄一鼎於白鹿山,高一丈,紀征伐戰陣之能。古文篆書。四足。

孝鼎

又爲太子作鼎,名曰"孝鼎"。刻畫古來孝子姓名。小篆書。

修官二鐵盆銘

廿五石。廿年修官作。廿五石。右修官鐵盆二,乾道中陸游

---

① "日",原誤作"月",據《廣博物志》卷三十九改。

監漢嘉郡得之。字畫無篆體，蓋東漢初年所作。其文有"廿年"字，而無紀年之名。東都惟建武、建安有二十年，此必建武之器。

巴官鐵盆銘
《入蜀記》：縣廨有故鐵盆，底銳似半甕狀，極堅厚，銘在其中，漢永平中物也。缺處鐵色光黑如漆，字畫淳質可愛。

諸葛行鍋
《丹鉛錄》：井研縣中有掘地者，得一釜，鐵色光瑩，將來造飯，頃即熟，一鄉皆異之。有爭之者，不得，共舉於縣中。令君命取看，未至堂下，失手落地，分爲二，中乃夾底，心縣一符，文不可識，旁有八分書"諸葛行鍋"四字。

張桓侯刁鬥銘
在涪陵。

延光大官壺
延光四年，銅二百斤，直錢萬二千。按延光四年，漢安帝之十九年，今銅百斤，約直錢萬五千，古斤權輕少也。

岐山銅樽
建初三年，岐山得之，形似酒樽，獻之。

建光卮銘
建光中室有四。薛尚功《鍾鼎款識》：按東漢孝安即位之十六年，紀年曰建光。是器蓋於建光中造。中室之稱者，宜有五室，而此特中室之器耳。漢武立帳，則有甲乙，言中室有四，則其他或有數也。

章和洗
章和元年，堂狼造。按章和元年，漢章帝即位之十四年。《漢志》犍爲郡有堂琅縣。常璩《南中志》：常琅山多毒草，盛夏之日，飛鳥過之，不能得去。《宋書·州縣志》作"狼"。

永和朱提洗

永和二年,朱提造。

永和鷺魚洗

永和三年造,左魚右鷺。

永和堂琅洗

永和四年,堂琅造。

陽嘉洗三

一陽嘉元年,一陽嘉二年,左鷺右魚,一陽嘉四年朔令。

永建洗

永建元年,朱榶造。按:永建元年,漢順帝之元年。《漢志》犍爲郡有朱提縣,字本從手,此從木作榶。考蘇林讀"朱提"爲"朱匙",云"北方人名匕爲匙",《玉篇》木部云"提即匙字"。

永建雙魚洗

永建元年,朱榶造。

平陽侯洗

漢安平陽侯用。按:漢安,漢順帝年號。平陽侯,後漢有二,一爲曹宏。據《漢書》列傳:平陽侯,本始子宏舉兵佐軍,建武二年復故封,曠嗣,曠後無聞。《後漢書·后紀》:永平三年,封平陽公主,明帝女,適大鴻臚馮順。又《馮勤傳》:建初八年,順子奮襲主爵爲平陽侯。奮無子,兄勤爲侯。勤子卯嗣勤爵,延光中爲侍中,子留嗣。延光,安帝年號。則漢安之平陽侯乃留也。

漢安鷺魚洗

漢安二年,朱提堂狼造。按《續漢·郡國志》有朱提,無堂琅。後漢堂琅既省入朱提,故此器云朱提堂琅也。犍爲,故夜郎國,《禹貢》梁州之域,厥貢璆、鐵、銀、鏤。則朱提之出銅、銀,由來舊矣。《漢書·食貨志》:朱提銀八兩爲一流,直一千五百八十文。銀一流但直一千。其產銅、銀特佳,故造器多出其地。
中平洗
中平二年,富世造。按:中平二年,漢靈帝即位之十八年也。富世作器者,氏與名也。

中平獸洗
中平三年八月造,他用畐。獸在其左,若駝非駝,若麟非麟。紹興中,長沙攸縣劉氏浚塘獲十六器。

初平洗
太歲在甲戌,初年、五年,吳師作,宜子孫。按獻帝以己巳年即位,庚午改元初平,初平止四年,甲戌改元興平。此稱初平五年,遠方于春初作器,不知改元,仍用舊號。

永平雁足鐙
永平二年,中尚方造雁足鐙,重九斤,工宋次等作。江鄭堂云:"是器後漢和帝永元二年造,文曰'重九斤'。以今權分之,則永元時權一斤,今權七兩有奇耳。"《晉書·職官志》:少府統材官校尉、中左右尚方。晉襲漢制,證以器之中尚方,可知漢有三尚方矣,可補司馬彪之闕。

耿氏鐙
延光四年,耿氏作鐙,比二工張衰造。見薛氏《鍾鼎款識》。

陽泉使者舍薰鑪銘
陽泉使者舍薰鑪一有般及蓋,並重四斤,△△△五年,六安十三年正月乙未,內史屬造。雒陽付守長則、丞善、掾勝、傳舍嗇夫充。右《陽泉使者舍薰鑪銘》五十一字,磨滅者四字。江鄭堂云:"漢火行,忌水,故去'洛''水'而加'隹'。"文"洛"作"雒",其爲光武以後之器無疑。第五行蝕剥不可辨,蓋年數及年號也。云"六安十三年",乃侯國紀年,如孔廟漢石既書五鳳二年,又書魯三十四年也。考《後書·竇融傳》有六安侯盱。又《楚王英傳》：肅宗三年封英子楚侯種，後封六侯。《續漢書·郡國志》無六縣，是光武時省入六安縣。然一縣無封兩侯之理，自必盱國除後乃徙封種，則所缺當在章、和以後矣。陽泉亦侯國，不知何時國絕，省入六安，改爲縣。使者疑是四百石、三百石之長有事於侯國，故稱使者耳。

橋公黃鉞銘

孝桓之季年，鮮卑入塞，盜起匈奴左部，梁州叛羌逼迫兵誅，滛衍東夷，高句驪翮子百固，逆謀並發，三垂騷然，爲國憂念，四府表橋公，昔在涼州，柔遠能邇，不煩軍師，而車師克定。及在上谷漢陽，連在營郡，膂力方剛，明集士衆，徵拜度遼將軍，始受旄鉞鉦鼓之任，扞禦三垂。公以吏士頻年在外，勤於奔命，人馬疲羸撓鈍，請且息州郡橫發之役，以補困憊，朝廷許之。於是儲廩豐饒，室罄不縣，人逸馬畜，弓勁矢利，而經用息省，官有餘資，執事無放散之尤，薄書有進入之贏，治兵示威，戎士踴躍，旌旗耀日，金鼓雷奮，守有山岳之固，攻有必克之勢，羌戎授首於西疆，百固冰散於東都，鮮卑收迹，烽燧不舉，視事三年，馬不帶鈌，弓不受驅，是用鏤石作茲鉦鉞軍鼓，陳之東階，以昭公文武之勛焉。銘曰："帝命將軍，秉茲黃鉞。威靈震耀，如火之烈。公之在位，群狄斯柔。齊釜罔設，人士斯休。"

光武劍銘

《刀劍錄》：光武未貴時，於南陽鄭水得一劍，文曰"秉命帝服之"。

秀伯劍銘

光武未貴時，在南陽孤水中得一劍，文曰"秀伯"，小篆書。

龍劍銘

永平元年戊午，鑄一劍，上作龍形。沈之於洛水，洛水清，往往有人見之。

建初劍銘

建初八年，鑄一劍，投之伊水，以厭人膝之怪。宏景按：《水經》：伊水有一物，如人膝，頭有爪，人浴輒引之投水。

安漢劍銘

永建元年，鑄一劍，長三尺四寸，文曰"安漢"，小篆書。後遂以爲年號。

肅宗賜尚書署名三劍

肅宗嘗賜諸尚書，特以寶劍自手署其名曰："韓棱楚龍淵，郅壽蜀漢文，陳寵濟椎成。"論者以棱淵深有謀，故得龍淵；壽明遠有文章，故得漢文；寵敦樸不外見，故得椎成。

元嘉刀銘

元嘉三年五月丙午日，造此銅官刀，長四尺二△△△，宜侯王大吉羊。按：元嘉三年，漢桓帝即位之七年，是年四月改元永興，是刀必作於四月以前，而曰"五月丙午"者，鑄陽燧必於五月丙午日中之時，見王充《論衡》。此刀實非五月丙午造，銘文特取其月日火德之盛耳。

丁氏刀

丁次卿者，不知何許人。漢順帝時，賣刀遼東，時人名之曰"丁次卿"，有寶刀。

中興劍銘

建和三年，鑄四劍，銘曰"中興一劍"，無故而失。

項羽刀

董卓少時，耕野得刀，無文字，四面隱起作山雲，斫玉如泥。及貴，以示蔡邕。邕曰："此項羽刀也"。

袁紹劍銘

《古今注》：袁紹在黎陽，夢神人受一寶劍。及覺，果在臥所，銘曰"思召"。解之曰："思召者,紹也。"

昭烈八劍

先主章武元年辛丑,采金牛山鐵鑄八劍,劍各長三尺六寸。一備自佩,一與太子禪,一與梁王,一與魯王,一與諸葛亮,二與張飛、關羽,一與趙雲,並是亮作風角處所。

蒲元刀

先主令蒲元造刀五千口,皆連環及刃口,刻七十二鍊,柄中通之,兼有二字。

諸葛匕首

諸葛教作匕首五百枚,以給騎士。

萬人刀銘

羽為先主所重,不惜身命,自采武都山鐵為二刀,銘曰"萬人"。及羽敗,惜此刀,投於水。檥按:關刀亦名冷豔鋸。

張桓侯刀銘

張翊德初授新亭,自命匠鍊赤珠山鐵為一刀,銘曰"新亭"。被范強將入吳。

黃忠刀

忠從先主定南郡,得一刀,赤如血,於漢中擊夏侯軍,一日之中,手刃數百人。

後主鎮山劍

後主造一巨劍,以鎮劍口山,人見精光,求之不獲。

孟德王劍銘

建安二十年,操於谷中得一劍,長三尺六寸,上有金字,銘曰"孟德王"。

倚天吉虹二劍銘

操時有二劍,一曰倚天,一名吉虹,其利斷鐵如泥。一自佩,一賜夏侯恩。

百辟刀

往歲作百辟刀五枚,適成,先以一與五官將,其餘四,"吾諸子有不好武而貌豪者,將以次與之"。又百辟,利器,以辟不祥,攝服奸宄也。

卑平刀

軍策令孤先在襄邑,與工師共得卑平刀。時北海孫賓碩來候,譏孤曰:"當慕其大者,乃與工師共作刀耶?"孤曰:"能小復能大,何害?"

延光弩機

延光三年閏月,書言府作六石鐵,郭工鍛賢、令磨守、丞殷躬承鉅、史訓主,見薛氏《鐘鼎款識》。

祭太僕弩

崔寔《政論》曰:"永平建武之際,去戰未久,官兵勁利,有祭太僕之弩,至今擅名天下。"

延熹弩機

延熹四年十一月戊午,五年九月丁丑,詔書造作六石鐵。郭工魯甫、史路肆、掾樂鍛、丞亮令臨、掾州明、郭右王廿二、郭底土甲。按:郭右有王廿二之文,猶他弩之有兒十四也。王蓋守機者姓,廿二,編列之次第。

建安弩機

建安廿二年四月十三日,所市八千五百師稽福。建安廿二年,獻帝即位之二十九年。師者,工師也。《夢溪筆談》:鄧州發地,得銅弩機,其側有刻文:臂師虞士,耳師張柔。不曉何義。按《逸雅》:弩,怒也,有怒勢也。其柄曰臂,似人臂也。鉤弦者曰牙,似齒。牙外曰郭,為牙之規。郭下曰縣刀,合名之曰機。又《漢書》言府弩機銘曰:郭工鍛賢。是則造臂者曰臂師,造牙者曰牙師,猶之造郭者曰郭工也。牙隸作目,故誤爲"耳師",然則此曰"師稽福",與臂師虞士、牙師張柔、郭工鍛賢同也。稽姓未審所出,《漢書·貨殖傳》有稽發,《廣韻》《吕氏春秋》有賢者稽黄,此銘可加證矣。"市"字,或以爲"第"字,或以爲"制"之半文。

右中郎將弩機

"右中郎將曹悦赤黑間,卷轉臂"。卷轉臂、曹悦,史無考。轉讀爲郭,牙外爲郭。臂,弩之柄。卷者,束也。赤黑間,當是弩名。古弩有名黄間者,見《漢書·李廣傳》注。有名紫間者,陸機《七導》云"操紫間之神機"是也。

左尚方弩機

"兒十四,兒十四,左尚方十一,左尚方十一"。十一者,左尚方造器之次第。兒,工師姓。十四者,工人造器之次第也。

陳愍王寵弩機

寵善射。其秘法以天覆地載,參連爲奇,又爲三微三小。三微爲經,三小爲緯。經緯相將,萬勝之方。然要在機牙,其射至十發十中。

諸葛連弩銘

景耀八石弩機

景耀三年六月卅日,中作部左興業、劉純業、史陳深,工蒲細所作八石,重三斤。

東漢錢範

兩行列五銖八枚,字背相間。建武十年三月丙申,太僕監掾蒼、考工令通、丞或、令史鳳、工周儀造。

五銖

建武六年,馬援上書曰:"富國之本,在於食貨,宜如舊鑄五銖錢。"帝從之。天下以爲便。

公孫述鐵錢

公孫述廢銅錢，鑄鐵官錢。

四道五銖

《續漢書》：靈帝中平三年，錢四出，文流布四海。靈帝鑄錢，皆内廓四角作路，折於外輪，俗稱爲"四道五銖"。有銅、鐵二等。

半兩錢

應劭曰："今民間半兩中小輕者，似四銖錢。"

董卓小錢

《魏志》：董卓鑄小錢，大五分，無文章，内外無輪廓，不磨鑢。董卓壞五銖錢，更鑄小錢，悉取洛陽及長安銅人、鐘簴、飛廉、銅馬之屬以充鑄焉。錢無輪廓，不便人用。

傳形五銖

先主所鑄。文字、輕重、大小與五銖無別，但以"五"字在左，①"銖"字在右，謂之傳形。"五銖"左右相反，"銖"字亦反。十有"十"字。

直百五銖

先主錢，文"直百五銖"。有徑九寸七分者，皆有一"爲"字，或三指。犍爲郡又一種上"直"下"百"，無"五銖"字。

許氏鏡銘

許氏作竟自有紀，青龍白虎居左右。聖人周公魯孔子，作吏高遷車生耳。郡舉孝廉州博士，少不努力老乃悔。

尚方鏡銘

尚方作竟真大好，上有仙人不知老，渴飲玉泉饑食棗，浮游天下敖四海，壽比金石國之保。

---

① "在左"，原誤作"爲五"，據民國五年黃氏重編彙印《翠琅玕館叢書》本《錢譜》改。

騶氏二鏡銘

尚方御竟大母傷，巧工刻之成文章。左龍右虎辟不祥，朱鳥玄武順陰陽。子孫修具居中央，練治銀錫清而明。常保二親樂富昌，壽敝金石如侯王。騶氏作竟四夷服，多賀國家人民息。胡虜殄滅天下復，風雨時節五穀熟，長保二親得天力。二鏡雖有大小，而銘文無異，大鏡"天力"下多一"兮"字，又有兩人相向坐，其旁小隸云："東王公，西王母。"小鏡惟"民"字筆法小變，"胡"字不作反文。

宜子孫鏡銘

尚方作竟四夷服，多賀國家人民息。胡虜殄滅天下復，長保二親子孫力。傳吉後世，樂無極兮。見《博古圖》。

李氏鏡銘

李氏作竟佳且好，明如日月世之保。白虎辟邪主邾道，渴飲玉泉饑食棗。彩由天下不知老。日有熹，月有富，樂無事，常得意，美人會，①竽瑟侍，商市程，②萬物平，老復丁，復生寧。

青羊鏡銘

挈清白而事君，怨陰驩之掩蔽。煥多錫之流澤，恐疏遠而自忘。慎麋美之窮嗤，外巫驩之可欲。說慕安於重泉，願永思而無紀。內清碩以昭明，外輝卓夫日月。心忽揚而願忠，然壅塞而不絕。

漢鏡銘

久不見，侍前希。秋風起，余心悲。又：天地成，日月明。五岳靈，四瀆清。十二成，八卦貞。富貴盈，子孫寧。皆賢英，福禄並。又：湛若止水，皎如秋月。清暉內融，菱花外發。鑑

---

① "美"，原誤作"夷"，據清嘉慶元年刻本《鏡銘集錄》（以下《鏡銘集錄》皆據此本）卷一改。

② "市"，原誤作"中"，據《鏡銘集錄》卷一改。

照心膽,屏除妖蠱。子孫作珍,服之無沫。

建武鏡銘

建武十四年造。檴按:今藏亡友王考、工慈兩家。

都甄鏡銘

予家所藏。徑三寸二分,圍六寸五分,柄長三寸二分。鏡背鏤西王母青鳥,旁侍女六人。鏡面土蝕斑駁,柄之右有銘"熙△都甄記官五"六字,隸書,映字視之始可辨。按:甄官屬少府,熙疑官師名。官五者,所鑄造之次第也。

蓋國琴銘

建武十一年,蓋國王遺五絃琴,蓋中國制也。上有上六字,皆錯金鵠頭書,惟首"伊王"二字可識,故名曰"伊王上寶"。

右吉金類。

補後漢書藝文志卷之廿一

程曾　孟子章句
趙岐　孟子章句十四卷　岐字邠卿,初名嘉,字臺卿,京兆長陵人。延熹元年,避中常侍唐衡兄玹之禍,改名字。遇赦出。中平中,徵拜議郎,遷太僕終太常。
鄭玄　孟子注
《隋志》:七卷。
高誘　孟子章句
誘,涿郡人,師事盧子幹。建安中辟司空掾,歷東郡濮陽令,遷河東監。
劉陶　復孟軻
陶本傳。
劉熙　孟子注七卷
熙字成國,近長州宋翔鳳有輯本刊行。宋云:"《蜀志·許慈傳》'師事劉熙,善鄭氏學',又《吳志·程秉傳》'避亂交州,與劉熙考論大義',又《薛綜傳》'避地交州,從劉熙學',蓋熙在建安中官交阯太守,故許慈、程秉、薛綜得師事熙。熙《後漢書》無傳,碑佚不存,不知所終歲月。其爲交阯太守當在士燮之前,蓋卒於建安時。"懷按:據錢竹汀《釋名跋》,熙亦避地交州,宋云熙爲交阯太守在士燮前,[①]未知何據。
馬融　老子注
融本傳。
劉陶　匡老子
陶本傳。

---

① "熙"字原脱,據補編本補。

又　反韓非
慎子注十卷　滕輔撰
輔，未詳。《初學記》引有滕輔《禡牙文》。
許慎　淮南子注
《隋志》：廿一卷。《問經堂叢書》刊有輯本一卷。
應劭　淮南子注
見《邯鄲李氏書目》。
高誘　淮南子注
近武進莊逵吉有校本刊行。誘自敘孫伯淵從《道藏》中録出，刊入《續古文苑》。
高誘　呂氏春秋注
《隋志》：廿六卷。
尹文子上下篇
仲長統撰定。
宋衷　法言注
辰，龍星也。我不見龍虎俱見。《文選·蘇子卿詩》注引。張良爲高祖畫策六，陳平出奇計四，皆權謀，非正也。《文選》陸士衡《漢高祖功臣頌》注引。篡，取也。鴻高飛，冥冥薄天，雖有弋人執矰繳，何所施巧而取焉。喻賢者深居，而不罹暴亂之害。今"篡"或爲"慕"，誤也。《文選》范蔚宗《逸民論》注引，宋本李軌《法言注》引同。
桓譚　新論
《隋志》：十七卷，《唐志》同。《問經堂叢書》刊有輯本一卷。
譚本傳：博學多通，遍習五經，①尤妙古學，從揚雄、劉歆辨析疑異。著書言當世二十九篇，號曰《新論》。上書獻之，世祖善焉。《琴道》一篇未成，使班固續成之。《東觀漢記》：光武

---

① "習"上原衍一"遍"字，據補編本、《後漢書·桓譚傳》删。

讀之，敕言卷大，①令皆別爲上下，凡二十九篇。《琴道》末有《發道》一章。章懷太子賢注：②《新論》，一《本造》，二《王霸》，三《求輔》，四《言體》，五《見微》，六《譴非》，七《啓寤》，八《袪蔽》，九《正經》，十《識通》，十一《離事》，十二《道賦》，十三《辨惑》，十四《述策》，十五《閔友》，十六《琴道》。《本造》《閔友》③《琴道》各一篇，餘並有上下。予爲《新論》，亦欲興治也，何異《春秋》褒貶耶？今有疑者，所謂蚌異蛤、二五爲非十也。譚見劉向《新叙》、陸賈《新語》，乃爲《新論》。莊周寓言"堯問孔子"，《淮南子》曰"共工争，地維絶"，亦爲妄作，故世人多云"短書不可用"。然論天莫明於聖人，莊周等虛誕，故當采其善，何謂盡善邪？按《漢書·高帝紀》"陳平秘計"注，應劭、顔師古之説出《新論》。

周黨書上下篇

黨字伯況，太原人。

韋卿子十二篇　韋彪撰

彪字伯達，京兆扶風人，官至太尉。

郅子　郅惲撰

惲字君章，官長沙太守。

牟子

《隋志》儒家：《牟子》二卷，後漢太尉牟融撰。《唐書》入道家。按《藏經》，《牟子》入佛《弘明集》。近《平津館叢書》有刊本。

班昭　女誡七篇　《唐志》：二卷。

陳振孫《書録解題》：漢曹世叔妻班昭撰，昭，固之妹也，俗號《女孝經》。

---

① "言"，原誤作"書"，據補編本、《後漢書·桓譚傳》改。
② "賢"，原誤作"覽"，據補編本改。
③ "閔友"二字原脱，據補編本、《後漢書·桓譚傳》補。

杜篤　女誡

篤爵里見後集類。

又　明世論十六篇

又　通邊論

親録譯導，緩步四來。《文選·魏都賦》注引。匈奴請降，氈毷罽褥。帳幔旃裘，積如丘山。《北堂書鈔》引。天下殷富。同上。漢征匈奴，取胡麻、蒲萄、大麥、苜蓿，旨蓄。《藝文類聚》引。

又　廣武論

文越水震，鄉風仰流。《文選》王元長《曲水詩叙》注引。

王充　論衡八十五篇

《隋志》：二十九卷。《唐志》入雜家，三十卷。《崇文總目》：二十卷。

充本傳：充字仲任，會稽上虞人。好論説，始若詭異，終有理實。以爲俗儒守文，乃失其真，乃閉門潛思，絕慶弔之禮，戶牖牆壁各置刀筆。著《論衡》八十五篇，二十餘萬言，釋物類同異，正時俗嫌疑。袁山松《後漢書》：充作《論衡》，中土未有傳者。蔡邕入吳始得之，常秘以爲談助。王朗爲會稽太守，又得其書，乃還許下，時人稱其才進。或曰：不見異人，當得異書。問之，果以《論衡》之益，由是遂見傳焉。《抱朴子》：時人疑蔡邕得異書，或搜求之帳中隱處，果得《論衡》數卷持去。蔡丁寧之曰："惟我與爾，勿廣布也。"樸按：中郎博極群書，豈必助《論衡》爲談助？又嘗以書之半乞仲宣，亦豈容匿人之美？選事者之言，不足據也。子稚謂王仲任《論衡》爲冠倫大才。同門魯生難予曰："王充著書，兼箱累袠，而乍出乍入，或儒或墨，屬辭比義，又不盡美。①所謂陂原之蒿莠，未若步武

---

① "盡"，原誤作"書"，據清嘉慶間刻《平津館叢書》本《抱朴子·喻蔽》（以下《抱朴子》皆據此本）改。

之黍稷也。①"答曰："王充一代英瑋，所著文時有小疵，猶鄧林枯枝、蒼海流芥，未易貶也。"《史通》曰："充《自紀》述其父祖不肖，爲州閭所鄙，而答以瞽頑舜神、鯀惡禹聖，盛矜於己而厚辱其先，何異證父攘羊，學子名母，名教之罪人也。"葛勝仲曰："充刺孟子，猶之可也，至訛訾孔子，以繋而不食之言爲鄙，以從佛肸、公山之召爲濁，又非其脱驂舊館而惜車於鯉，又謂道不行於中國，豈能行於九夷。② 若充者，豈足以語聖人之趣哉！"③《養新録》：《王充傳》："充少孤，鄉里稱孝。"按《論衡·自叙篇》"六歲教書，有巨人之志。父未嘗笞，母未嘗非"，不云"少孤"也。其答"或人之嗰"④稱"鯀惡禹聖，叟頑舜神。顔路庸固，回傑超倫。孔墨祖愚，丘翟聖賢"，蓋自居於聖賢而訾毀其親，可謂有文無行，名教之罪人。充而稱孝，誰則非孝？《潛研齋集》：《論衡》八十五篇，作於漢永平間，自蔡伯喈、王景興、葛稚川之徒，並重其書，以予觀之，其所謂小人而無忌憚者乎！觀其《問孔》之篇，掎摭至聖；《自紀》之作，訾毀先人；既已身蹈不韙，而《宣漢》《恢國》諸作，諛而無實，亦爲公平所嗤。⑤ 其尤紕繆者，謂國之存亡，在期之長短，不在政之得失；世治非賢聖之功，衰亂非無道之致；聖賢之主，⑥偶在當治之世，⑦無道之君，偶生於當亂之時；⑧善惡之證，不在禍福。何其悖也！後世誤國之臣，是今而非古，動謂天變

---

① "步"，原誤作"廣"，據《抱朴子·喻蔽》改。
② "九"，原誤作"四"，據明萬曆三十二年郭孔陵刻本《史通評釋》（以下《史通評釋》皆據此本）改。
③ "語"下原衍一"于"字，據《史通評釋》删。
④ "嗰"，原誤作"問"，據《十駕齋養新録》卷六改。
⑤ "平"，《潛研堂文集》卷二十七作"正"。
⑥ "聖賢之主"，《潛研堂文集》卷二十七作"賢君之立"。
⑦ "偶"，原誤作"遇"，據《潛研堂文集》卷二十七改。
⑧ "偶"字原脱，據《潛研堂文集》卷二十七補。

不足畏,《詩》《書》不足信,先王之政不足法,其端蓋自充啓之。小人哉!

又　六儒論

袁山松《後漢書》：充聰明,入太學,觀天子臨雍,作《六儒論》一篇。

又　譏俗書

又　政務書

又　養性書十六篇

鄒子　鄒伯奇撰

伯奇,東蕃人。《論衡·按書篇》"東蕃鄒伯奇",又"觀伯奇之《元思》",又《對作篇》引鄒伯奇《檢論》。朱買臣孜孜修學,不知雨之流麥。《太平御覽》引。

梁竦　七序

竦字叔敬,烏氏人,統子。① 爲竇憲迫逼自殺。永元九年,②詔封爲褒親愍侯。竦本傳：閉門自養,以經籍自娛。顯宗時,著書數篇,名曰《七序》,班固見而稱曰："孔子作《春秋》而亂臣賊子懼,梁竦作《七序》而竊位素餐者慚。"袁宏《後漢紀》：作經書數篇。

王子五篇

《華陽國志》：王祐,字平仲,鄭人也。少與雒高士張浮齊名,不應州郡之命。年四十二卒。季弟獲志其遺言,撰《王子》五篇。東觀郎李勝文章之士,作誄,方之顔子,列畫學宫。

楊由書十篇

《華陽國志》：由字哀侯,成都人。學候緯,著書十篇而卒。

---

① "子",原誤作"之",據補編本、《後漢書·梁統傳》改。
② "九",原誤作"三",據補編本、《後漢書·梁統傳》改。

唐子

《方術傳》：唐檀著書二十八篇，名《唐子》。檀字子產，南昌人，官郎中。檟按：東漢有兩唐子：一名檀字子產，一曰羌字伯游，汝南人，①爲臨戎長，著書三十篇。未知諸書所引爲檀、爲羌，以其書久佚，姑掇數條於此。② 命相在天，才智由人。人可學，致在天，無可冀。《藝文類聚·智》引。暴主闇君不可生殺。《文選》陸士衡《五等論》注引。聖人聞諫若甘味，愚者聞諫若食荼。《北堂書鈔·納諫》引。猶震霆摧枯、③千鈞壓卵。《北堂書鈔·兵勢》引。將者，專命千里，總帥六師。《北堂書鈔·將》引。猛將之發，觀於虎而鑑於鷹，故攻如擊電，戰如風行，散如收霧，閉之若在缾，開之如散星。《太平御覽·缾》引，"戰如風行"句據《北堂書鈔》補入。良將其象如山，④不知其歡戚也。《太平御覽·威名》引。吾嘗會賓設樂，天忽雲興，繼以大雨，有群鶩成列，飛翔而過，此偶爾，何異玄鶴二八也。《太平御覽·鶩》引。人多患遠見百步而不自知眉頰，知眉頰者復不能察百步。《太平御覽·眉》引。君子者，乘南面之位，操生殺之柄，威如秋霜，恩如春養，何求而不得？何化而不從？《天中記》引。人君也，當以江海爲腹，山林爲面，當使觀者不知江海何藏、山林何有。

許子十卷

崔瑗《與葛元甫書》：今遣奉書錢千爲贄，并送《許子》十卷，貧不及素，但以紙耳。檟按：許子不署名，以時考之，疑是南閣祭酒許叔重之撰述也。

---

① "汝"，原誤作"江"，據補編本改。
② "掇"，原誤作"綴"，據補編本改。
③ "霆摧"，原誤作"雷催"，據補編本、《北堂書鈔》卷一百十七改。
④ "其象"，《太平御覽》卷二百七十五作"如泉"。

崔寔　政論

《隋志》：六卷。《舊唐書》：五卷。《新唐書》：六卷，入法家。寔本傳：寔字子真，其少沈静，好典籍。桓帝詔公卿舉至孝獨行之士。寔以郡舉，詣公車，病不能對策，除爲郎。明於政體，吏才有餘，論當世事數十條，名曰《政論》。指切時事，言辨而确，當世稱之。仲長統曰："凡爲人主者，①宜寫一通，置之坐側。"司馬溫公曰："《政論》以矯一時之弊，②非百世之通議也。"

傅子五卷　傅燮撰

燮字南容，北地靈州人，官至漢陽太守。

魏子五卷

《隋志》儒家：《魏子》三卷，後漢魏朗撰。朗字少英，《三國志》作"叔英"。會稽上虞人。危殆之國，治不益之民，是猶薄冰當白日、聚毛遇猛火也。《藝文類聚·冰》引。仲尼無契券於天下，而名著古今，善惡明也。《太平御覽·券》引。蓼蟲在蓼則生，在芥則死，非蓼仁而芥賊也，本不可失也。《天中記》引。

王符　潛夫論十卷

符本傳：符字節信。自和、安之後，世務游宦，當途更相薦引，而符獨耿介不同於俗，以此遂不得升進。志意蘊憤，乃隱居著書二十餘篇，以譏當世得失，不欲顯章其名，故號曰《潛夫論》。其指漢時長短，討謫物情，足以觀當時風政，著其五篇，云《貴忠》篇、《浮侈》篇、③《實貢》篇、《愛日》篇、《述赦》篇。皇甫規解官歸安定，鄉人有以貨得雁門太守者，亦去職還家，書刺謁規。規臥不起，既入而問："卿前在郡食雁美乎？"有頃，

---

① "凡"字原脱，據補編本、《後漢書·崔駰傳》補。
② "弊"，《四部叢刊》影宋刻本《通鑑》卷五十三作"枉"。
③ "浮"，原誤作"謠"，據清乾隆五十六年刻《增訂漢魏叢書》本《潛夫論》改。

又白王秀才在門。規素聞符名，驚遽而起，衣不及帶，屣履出迎，同坐極歡。時人爲之語曰："徒見二千石，不如一逢掖。"

劉毅　漢德論

平望侯劉毅少以文辨稱，元初元年上《漢德論》。

又　憲論十六篇

毅並著《憲論》，劉珍、馬融共上書稱其美，安帝嘉之，拜議郎，賜錢百萬。

忠經十八章

《崇文總目》：馬融撰，鄭玄注。融述《孝經》之意，作《忠經》，陳事君之要道，始於《立德》，終於《成功》，凡十八章。

王逸子

木有扶桑、梧桐，皆受氣淳矣，異於群類者也。《初學記·松》引。或謂："張騫可謂名使與？""周流絕域，十有餘年，自京師以西、安息以東方數萬里，①百有餘國，或逐水草，或逐城郭，騫經歷之，知其所習，始得大蒜、蒲萄、苜蓿也。"《北堂書鈔·奉使》引。屈原、宋玉、枚乘、相如、王褒、揚雄、班固、傅毅，灼以揚其藻，斐以致其艷。《北堂書鈔·嘆賞》引。顏淵之簞瓢則勝慶封之玉杯，何者？道德高遠能絕殊也。《太平御覽·杯》引。自幽、厲禮壞樂崩，天綱弛絕，諸侯力攻，轉相吞滅，德不能懷，威不能制。至於赧王，遂喪天下。《太平御覽·道德》引。

又　正部論

或問玉符，曰："赤如雞冠，黃如蒸栗，白如豬肪，黑如點漆，玉之符也。"《初學記·玉》引，郭注《山海經》引作"王子靈符"。《易》與《春秋》同經總一機之織，經營天道，以成人事。《太平御覽·易》引。皎皎

---

① "息"，原誤作"定"，據補編本、《北堂書鈔》卷四十改。

練絲,爲藍則青,得丹則赤,①得蘗則黃,②得泥則黑。《太平御覽·絲》引。

又　杜武論
亦作"折武"。畏以雷霆。《北堂書鈔》引。游藝百家,用道德爲弓弩,仁義爲鎧甲。《北堂書鈔·博學》引。

陳術　釋問七篇
《華陽國志》：術字申伯,漢中人,博學多聞,著《釋問》七篇。《益部耆舊傳》：位歷三郡太守。

何汶　世務三十篇
《華陽國志》：汶字景由,何英孫。

劉梁　破群論
梁字曼山,常疾世多利交,以邪曲相黨,乃著《破群論》,時之覽者以爲仲尼作《春秋》而亂臣知懼。

又　辨和同論一篇

侯瑾　矯世論一篇
碧之似玉者,惟猗頓能別之。白玉之肖牙者,惟離婁能察之。《太平御覽·珍寶》引。

趙岐　禦寇論③
岐本傳：延熹九年,應胡廣之辟。會南匈奴、烏桓、鮮卑叛,公卿舉岐,擢并州刺史。岐欲奏守邊之策,未及上,會黨事免,因撰次爲《禦寇論》。

唐子三十篇
羌字伯游,汝南人。有《諫交州貢荔枝龍眼書》。謝承《後漢書》：汝南唐羌爲臨武長,縣接交州,州舊貢荔枝及土産,羌上

---

① "丹",原誤作"甘",據補編本、《太平御覽》卷八百十四改。
② "蘗",原誤作"藥",據補編本、《太平御覽》卷八百十四改。
③ 按,天頭有批注："似列在岐《孟子章句》後。"

書諫，乃止。

陳子　陳紀撰

紀字元方，遭黨錮，發憤著書數萬言，號曰《陳子》。《陳紀碑》：君既處隱約，潛躬味道，^①足不踰閾。覃思著書三十萬言，言不務華，事不虛設，其所交釋合贊，規聖哲而後建旨明歸焉，今所謂《陳子》者也。棄晨雞候犬鳳鶩，^②亦猶棄當世之實才，須故人之執政也。《太平御覽》引《陳子要言》。死刑有可加於仁恩者。曹操《復肉刑令》引。臣父以爲漢除肉刑而增加笞，本興仁惻而死者更衆，所謂名輕而實重也。名輕則易犯，實重則傷民。陳群《申紀論》。

仲長統　昌言

《隋志》：十二卷，録一卷。《唐志》：十卷。《崇文總目》：二卷。《中興書目》：今存十六篇，餘皆殘缺。統本傳：統字公理，山陽人。建安中，爲尚書郎，參丞相軍事。嘗發憤嘆息，因著書，名曰《昌言》。凡三十四篇，十餘萬言，論説古今及時俗行事。繆襲稱統才足繼西京董、賈、揚、劉。今簡其書，有益於政者略載，云《理亂篇》《損益篇》《法誡篇》。

高彪　清誡

天長而地久，人生則不然。又不養以福，保全其壽年。飲酒病我性，思慮害我神。美色伐我命，利欲亂我真。神明無聊賴，愁毒於衆煩。中年棄我逝，忽若風過山。形氣各分離，一往不復還。上士愍其痛，抗志凌雲煙。滌蕩俗蔽累，飄邈任自然。退修清復淨，存吾玄中玄。澂心剪思慮，泰清不受塵。惚恍中有物，希微無形端。智慮赫赫盡，谷神綿綿存。《藝文類

---

① "躬"字原脱，據《古文苑》卷十九補。
② 據吳淑《事類賦》，此句當作"棄晨雞，俟鳳警"。

聚・鑑誡》引。①

荀爽　女誡

《詩》云："泉源在左，淇水在右。女子有行，遠父母兄弟。"明當許嫁，配適君子，竭節從理，昏定晨省，夜卧早起，和顔悦色，事如依恃，正身潔行，稱爲順婦，以崇《螽斯》。百葉之祉，婚姻九族，云胡不喜。聖人制禮，以隔陰陽。七歲之男，王母不抱。七歲之女，王父不持。② 親非父母，不與同車。親非兄弟，不與同筵。非禮不行，是故宋伯姬遭火不下堂，知必爲災，傅母不來，遂成於灰。《春秋》書之，以爲高也。《藝文類聚・鑑誡》引。

蔡邕　女誡

心猶首面也，是以甚致飾焉。面一旦不修，則塵垢薉之；心一朝不思義，則邪惡人之。人咸知盛飾其面，而莫修其心，惑矣。二字據《文選・女史箴》注補。夫面之不飾，愚者謂之醜；心不修，賢者謂之惡。愚者謂之醜猶可，賢者謂之惡，將何容哉？故覽鑑拭面，則思其心之潔也；傅脂，則思其心之妍也；《北堂書鈔》"研"作"和"。加粉，則思其心之鮮也；澤髮，則思其心之順也；用櫛，則思其心之理也；立髻，則思其心之正也；攝髮，則思其心之盛也。《太平御覽・誡》引。禮，女行服纁。纁，絳也，上正色也。紅紫不以爲褻服，緗綠不以爲上繒。繒貴厚而色尚深，③爲其堅韌也。《太平御覽・綵》引。④ 舅姑若命之鼓琴，必正坐操琴而奏曲。若問曲名，則舍琴而對。《北堂書鈔・琴》引。興曰某曲。坐若近，則琴聲必聞；若遠，則左右必有贊其言者。凡鼓，小曲五終則止，大曲三終則止。無數變曲無多少，尊者之

---

① "誡"，原誤作"識"，據《藝文類聚》卷二十三改。
② "父"，原誤作"母"，據補編本、《藝文類聚》卷二十三改。
③ "尚"，原誤作"貴"，據補編本、《太平御覽》卷八百十四改。
④ "綵"，原誤作"繒"，據補編本、《太平御覽》卷八百十四改。

聽未厭,不敢早止。若顧望視也,則曲終而後止,亦爲終曲而息也。琴必常調。① 尊者之前,不更調張。私室若近舅姑,則不敢獨鼓。若絕遠聲不聞,鼓之可也。鼓琴之夜,有姊妹之宴,可也。《太平御覽·琴》引。

天機子一卷

《中興書目》:《天機子》一卷,不知作者。晁公武《讀書志》:《天機子》一卷,凡二十五篇,一名《陰符二十四機》,諸葛亮撰。觀其詞旨,殆李荃所爲,託之孔明也。

諸葛子　諸葛亮撰

若能力兼三人,身與馬如膠漆,手與箭如飛虻,②誠宜寵異。《太平御覽·箭》引。③

又　集誡二卷

五教志五卷④　譙周撰

又　法訓八卷

夫交之道,譬之物,猶素之與白也,染之以朱則赤,⑤染之以藍則青。游居交友,亦人之所染也。韓起與田蘇處而成好仁之名,甘茂與史舉處用顯相齊之力,曹參師蓋公致清靜之治,竇長君兄弟出於賤隸,⑥恭謹師友,皆爲退讓君子。交得其人,千里同好,固於膠漆,堅於金石,久遠不阻其分,毀譽不疑其實。語曰:"蓬生麻中,不扶自直。"此言雖小,可以喻大。貢公之於王吉,⑦可謂推賢矣。《藝文類聚》引譙子《齊交》。挽歌者,高

---

① "琴"字原脱,據補編本、《太平御覽》卷五百七十七補。
② "箭"下原衍一"笴"字,據《太平御覽》卷三百五十刪。
③ "箭"下原衍一"笴"字,據《太平御覽》卷三百五十刪。
④ "五",原誤作"二",據《隋書·經籍志》改。
⑤ "以"字原脱,據補編本、《藝文類聚》卷二十一補。
⑥ "長"原誤作"巨","出"原誤作"求",皆據《太平御覽》卷四百六改。
⑦ "於",原誤作"與",據補編本、《藝文類聚》卷二十一改。

帝召田横,至尸鄉,自剄。從者晚至宮,不敢哭而不勝其哀,故爲挽歌以寄哀音。《北堂書鈔·挽歌》引。好學以崇志,[1]故得廣業,力行而卑體,故能崇德,是以君子居謙而弘道,然後德能象天地。《北堂書鈔·謙》引。善耕者足以謹地待時而動,善射者調弓定準見可而發,君子善養其人足用。《初學記·耕》引。羊有跪乳之禮,雞有識時之候,雁有翔序之文,人取法焉。《初學記·羊》引。夫孝行之本,替本而求末,未有得之者也。如或得之,君子不貴矣。烏雅有反哺之心,況人而無孝心者乎?《初學記·烏》引。爲國者不患學人之害農,患治民者之無學。《太平御覽·學》引。鸞車璜珮,求中道心。《太平御覽·車》引。人之所以貴者,[2]以其禮節。人而無禮,獼猴乎?雖人象而蟲質也。《太平御覽·獼猴》引。若有人母有疾,使妻爲母作粥,妻不肯,乃以刀擊傷妻面,可以爲孝乎?答曰:"以刀擊妻,親必駭而有憂及之,何以爲孝?"《太平御覽·面》引。一産二子者,以後生子爲兄,其先胎也。答曰:"此野人之鑿語耳。君子不測暗,安知胎先後也?"《太平御覽·胎》引。或問:君子處陋巷之中,奚樂乎?曰:樂得其親,樂得其友,樂聖人之道也。《太平御覽·樂》引。貪者難爲惠,苛煩者難爲恭,君子以禮而已矣。《太平御覽·貪》引。古者茹毛飲血,燧人初作燧火,人始飲食。《天中記》引。唐、虞之衣裳文法,禹、稷之溝洫耕稼,人至今被之。《天中記》引。王者所以居中國者何?順天地之和而同四方之類也。《天中記》引。朝發而夕異宿,勤則菜盈頃筐。且苟有不織不衣,不能茹草飲水,不耕不食。安可不自力哉?《說郛》引。桀、紂雖有天下之位,而無一人之譽也,猶朽木枯樹逢風則仆也。男子初娶必冠,女子幼稼必笄。禮之則從成人,不爲殤。《說郛》引。

---

[1] "志",補編本、《初學記》卷十七皆作"智"。
[2] "之"字原脱,據補編本、《太平御覽》卷九百十補。

荀悅　申鑑　《隋志》：五卷。《唐志》同。《中興書目》："今所載《政體》《時事》《俗好》《雜言》《上下》五卷。"

悅本傳：悅字仲豫，建安中遷秘書郎。志在獻替，而謀無所用，乃作《申鑑》五篇。其所論辨，通見政體，既成奏之。其略曰：道之本，仁義而已。五典以經之，① 群籍以緯之。前鑑既明，後復申之。爲政之術，先屛四患，乃崇五政養生，② 正俗章化，秉威統法，又著《崇德正論》及諸論數十篇，其自著《漢紀》尚載其略，《范史》摘篇首數百言，及次篇尚主之制，備置史官之法。

吕稚　恪論十五篇

見《蜀志》。稚，吕乂子，清厲有文。

王粲　去伐論

《隋志》：三卷。

徐幹　中論

《隋志》：六卷，梁有目一卷。《唐志》《崇文總目》同。幹字偉長，北海人。病詞人工麗美之文，乃著《中論》二十篇，闡宏大義，以示學者。其書雜論治道、修身、學問之要，③ 旁及曆算、籌夭之說。魏文帝《與吳質書》：偉長懷文抱質，恬談寡欲，有箕山之志。著《中論》三十餘篇，辭義典美，④ 足傳於後。此子可以不朽矣。

周生烈子

舜嘗駕五龍以騰康衢，武嘗服九駿以馳名塗，⑤ 此上御也。《太

---

① "典"，原誤作"經"，據《後漢書·荀悅傳》改。
② "五"字原脱，據《後漢書·荀悅傳》補。
③ "學問"二字原脱，據《玉海》卷六十二補。
④ "美"，《玉海》卷六十二作"雅"。
⑤ "駿"，《太平御覽》卷八十一作"駿"。

平御覽・馬》引。夫忠蹇,國之杷杚;①正人,②國之埽篲。秉杷執篲,除凶掃薉,國之福、主之利也。《天中記》引。天無私覆,地無私載,日月無私照,子賢則流,不賢則禪,人道無私也。《禮》曰:"奉三無私,以勞天下也。"《天中記》引。夫獵葉之風不應八節。《天中記》引。桀、紂是湯、武之梯,秦、項是大漢之階。四逆不興,則四順不昇。《天中記》引。

附　家語注十卷　王肅撰
秦子三卷　吳秦菁撰
諸葛子五卷　諸葛恪撰
通語一卷　殷基撰　字文禮。
辨說一卷　韋昭撰
典論五卷　曹丕撰
又　士操一卷
體論四卷　杜恕撰
又　篤論四卷
顧子新語十二卷
　《唐志》:五卷,顧譚撰。
通語十卷　殷典撰
袁子正論二十卷　袁準撰
又　袁子正書二十五卷
天言新記二卷　王弼撰
又　道德經注二卷
　弼注:老子爲之指略,甚有理緒。
芻蕘論五卷　鍾會撰
又　老子注二卷

---

① "國",《太平御覽》卷七百六十五作"朝"。
② "正",原誤作"凶",據《太平御覽》卷七百六十五改。

老子道德論二卷　何晏撰

劉氏正論五卷　劉廙撰

法言十卷　劉劭撰

又　人物志三卷　又二卷

　　劭《都官考課》七十二條，①《略說》一篇，②《樂論》十四篇，子芳撰述《法論》《人物志》百餘篇。

士緯十卷　姚信撰

又　新書二卷

九州人士論一卷　盧毓撰

萬機論八卷　蔣濟撰

新言五卷　裴元撰

默記五卷　張儼撰

又　誓論五卷

桓氏要論十卷　桓範撰

太玄論演　陸凱撰

老子訓注　董遇撰

老子訓注　虞翻撰

　　翻，黜徙交州，而講學不倦，門徒常數百人。又爲《論語》《國語》《老子》訓注，皆行於世。

典訓十卷　陸景撰

又　典語別二卷

新議八篇　薛瑩撰

矯非論三十篇　范慎撰

　　慎字孝敬，廣陵人。問學賅博，早有令名，著論七篇，名曰《矯非》。

―――――――――

① "考課"，原誤作"子弟"，據清道光二十四年刻《守山閣叢書》本《人物志·記》改。

② "略說一篇"，原誤作"律吳論"，據《守山閣叢書》本《人物志·記》改。

老子次序一卷　　葛玄撰

薛綜私載一卷　　薛綜撰

治略論二十篇　　王昶撰

　　昶字文舒，太原人。黃初中，遷兗州刺史。昶身在外，不忘朝廷，乃著《治略論》，依古制而合於時論者爲書二十篇奏之。

孫炎書十餘篇

右諸子類。

補後漢書藝文志卷之廿二

五行章句　顯宗自制
太衍玄基　王景撰
　　景字仲通，樂浪誹邯人。建初八年爲廬江太守。景以六經所載皆有卜筮，作事舉止質於蓍龜，①而衆書雜糅，吉凶相反，乃參衆家術數文書，家宅禁忌、日相之術，適於事用者，爲《太衍玄基》。

興道一篇　景鸞撰
　　鸞本傳：抄鳳角雜占，別其占驗，爲《興道》一篇。

又　河雒交集
　　鸞本傳：兼明河雒圖緯，著《河雒交集》。

其平書數百篇　楊由撰
又　兵雲圖
　　《益都耆舊傳》：由有《兵雲圖》，時竇憲將兵在外，太守高安遣工從由寫圖以進。《華陽國志》：憲從太守索《雲氣圖》，由諫莫與。憲尋受誅，其明如此。

銅馬相法　馬援撰
　　援好騎，善別名馬。建武二十年，征交阯，得駱越銅鼓，②乃鑄爲銅馬式，遂上表曰："天行莫如龍，地行莫如馬。馬者，③甲兵之本，國之大要，安寧以別尊卑之序，有事則以濟遠近之難。昔有騏驥，一日千里，伯樂見之，昭然不惑。近世有西河

---

①　"作"字原脱，據補編本、《後漢書・王景傳》補。
②　"駱越"二字原誤倒，據補編本、《後漢書・馬援傳》乙正。
③　"馬"，原誤作"二"，據補編本、《後漢書・馬援傳》改。

子輿,亦明相法。子輿傳西河儀長孺,長孺傳茂陵丁君都,①君都傳成紀楊子阿。臣嘗師事子阿,受相馬骨法。考之行事,輒有效驗。臣愚以爲傳聞不如親見,視景不如察形。今欲形之生馬,則法難具備,又不可傳之於後。孝武皇帝時,②善相馬者東門京鑄作銅馬法獻之,有詔立馬於魯班門外,更名魯班門爲金馬門。臣謹依儀氏䩭、③中帛氏口齒、謝氏脣鬐、丁氏身中,備此數家骨相以爲法。④"馬高三尺五寸,圍四尺五寸,有詔立宣德殿下,⑤以爲名馬式。水火欲分明,⑥水火在鼻孔兩間也。上脣欲急而方,口中欲紅而有光,此千里馬。頷下欲深,下脣欲緩,牙欲前向,牙欲去齒一寸,則四百里;牙劍鋒,則千里。目欲滿而澤,腹欲充,⑦䑋欲小,季肋欲長,縣薄欲厚而緩。縣薄,⑧股也。腹下欲平滿,⑨汗溝欲深長,而膝本欲起,⑩肘腋欲開,⑪蹄厚三寸,堅如石。援本傳注引。

葬曆
又 沐書
又 裁衣書

見王充《論衡·譏日》引。⑫ 蓋當時民俗通用之書。

---

① "君",原誤作"西",據補編本、《後漢書·馬援傳》改。
② "帝"字原脱,據補編本、《後漢書·馬援傳》補。
③ "䩭",原誤作"䩭",據補編本、《後漢書·馬援傳》改。
④ "相",原誤作"法",據補編本、《後漢書·馬援傳》改。
⑤ "殿",原誤作"門",據補編本、《後漢書·馬援傳》改。
⑥ "欲"下原衍一"其"字,據補編本、《後漢書·馬援傳》删。
⑦ "充",原誤作"光",據補編本、《後漢書·馬援傳》改。
⑧ "縣"字原脱,據補編本、《後漢書·馬援傳》補。
⑨ "滿"字原脱,據補編本、《後漢書·馬援傳》補。
⑩ "起",原誤作"長",據補編本、《後漢書·馬援傳》改。
⑪ "開",原誤作"高",據補編本、《後漢書·馬援傳》改。
⑫ "譏",原誤作"愛",據《論衡》卷二十四改。

圖宅術

宅有八術，以六甲之名，數而第之。① 第定名立，宮商殊別。宅有五音，姓有五聲。宅不宜其姓，姓與宅相賊，則疾病死亡，犯罪遇禍。商家門不宜南向，徵家門不宜北向。商，金，南方火也。徵，火，北方水也。水勝火，火滅金，五行之氣不相得，故五姓之門有宜嚮。嚮得其宜，富貴吉昌。嚮失其宜，貧賤衰耗。王充《論衡》引。

周易雜占一卷② 　許峻撰

又　易災條二卷

母疾腹脹，蛇在井傍，當破瓶甕，井沸泥浮，五色玄黃。《北堂書鈔·瓶》引。懷按："當破瓶甕"下當落去一句，他書別無引證，無從補入。井中有魚，如蟲出流，若當井沸五色玄珠。《初學記·井》引。

又　周易通靈要訣二卷

梁《錄》作《易要訣》三卷。《通志》作《易訣》二卷。

又　通靈要訣四卷

解鳥語經一卷　王喬撰

喬，明帝時官葉縣令。

又　鳥情占一卷

周易占一卷　　張皓撰

皓字叔明。

黃帝飛鳥經一卷　　張衡撰

又　黃帝四神曆一卷

又　太玄圖

衡雅好玄經，謂崔瑗曰："吾觀《太玄》，方知子雲妙極道數，乃

---

① "第"，原誤作"定"，據補編本、《論衡》卷二十五改。
② "一卷"，補編本同，國圖本作"七卷"。

與五經相儗，非徒傳記之屬，使人論難陰陽之事，漢家得天下二百歲之書。復二百歲，殆將終乎？^① 所以作者之數，必顯一世，當然之符，漢四百歲，《玄》其興矣。"鴟隼喜獲，先笑後愁。《文選·吳都賦》注引。玄者，無形之類，自然之根，作於太始，莫與爲先。《文選》盧子諒《贈劉琨詩》注引。橐籥天地，稟受無窮。《太平御覽·氣》引。

太玄解　宋忠撰

堂，高也。《文選·西京賦》注引。畛，界也。《文選·東京賦》注引。^② 櫟，猶糾也。《文選·江賦》注引。質，問也。《文選》任彥昇《爲蕭揚州薦士表》注引。所以記綜之也。《一切衆經音義注》引。

太玄指歸　李譔撰

鳳角七分注　何休撰

見休本傳。

李氏家書　李郃撰

郃字孟節。父頡，以儒學稱，官至博士。郃襲父業，詣太學，通五經，善《河》《雒》風星，漢中南鄭人，官至大司空。時天有變氣，郃上書諫曰："臣聞天不言，縣象以示吉凶，挺災變異以爲譴戒。昔齊桓公遭虹貫斗、牛之變，納管仲之謀，令齊去婦，無近妃宮。桓公聽用，齊以大安。趙有尹史，見月生齒，齔畢大星，占有兵變。^③ 趙君曰：'天下共一畢，知爲何國也？'下史於獄。其後公子牙謀弑君，^④ 血書端門，如史所言。乃月十三日，有客星氣象彗孛，歷天市、梗河、招搖、槍棓，十六日入紫宮，迫北辰，十七日復過文昌、泰陵，至天船、積水間，稍

---

① "二百歲殆"四字原脫，據補編本、《後漢書·張衡傳》補。
② "京"，原誤作"都"，據補編本《文選》卷三改。
③ "有"，原誤作"因"，據補編本、《後漢書·天文志》改。
④ "弑"，原誤作"移"，據《後漢書·天文志》改。

微不見。客星一占曰：'魯星歷天市者爲穀貴，①梗河三星備非常，泰陵八星爲凶喪，②紫宫、北辰爲至尊。'如占，恐宫廬之内有兵喪之變，千里之外有非常暴逆之憂。魯星不得過歷尊宿，③行度從疾，應非一端，恐復有如王阿母母子賤妾之欲居帝旁耗亂政事者。④　誠令有之，⑤宜當抑遠，饒足以財。王者權柄及爵禄，人天所重慎，誠非阿妾所宜干預，天故挺變明以示人。如不承慎，禍至變生，悔之靡及也。⑥"《天文志》注引。又上書曰："陛下祗畏天威，懼天變，克己責躬，博訪群下。咎皆在臣，力小任重，招致咎徵。去年二月，京師地震。今月戊午，日蝕。夫至尊莫過於天，天之變莫大於日蝕，地之戒莫重於震動。今一歲之中，大異兩見。日蝕之變，既爲尤深。地動之戒，摇宫最醜。日者，陽精，君之象也。戊者，土主，任在中宫。午者，火德，漢之所承。地道安静，法當由陽。今乃專恣，摇動宫闕，禍在蕭牆之内。臣恐宫中必有陰謀其陽，下圖其上，造爲逆也。災異終不虚生，推原二異，日辰行度，甚爲較明，譬猶指掌。宜察宫闕之内，如有所疑，急摧破其謀，無令得成。修政恐懼，以答天意。十日辛卯，日有蝕之。周家所忌，⑦乃爲亡徵。是時妃后用事，七子專朝。今戊午之災，近相似類。⑧　宜貶退諸后兄弟群從内外之寵，求賢良，徵逸士，下德令，施恩惠，澤及山海。"時度遼將軍遵多興師重賦出

---

① "魯"，原誤作"無"，據補編本、《後漢書·天文志》改。
② "星"，原誤作"喪"，據補編本、《後漢書·天文志》改。
③ "魯"原誤作"客"，"歷"原誤作"逆"，皆據《後漢書·天文志》改。
④ "耗"，原誤作"託"，據補編本、《後漢書·天文志》改。
⑤ "之"字原脱，據補編本、《後漢書·天文志》補。
⑥ "也"，原誤作"已"，據補編本、《後漢書·天文志》改。
⑦ "周"，原誤作"國"，據補編本、《後漢書·五行志》改。
⑧ "近"字原脱，據補編本、《後漢書·五行志》補。

塞妄攻之事,上深納其言。建光元年,①鄧太后崩。上收考中人趙任,辭言地震、日蝕在中宮,竟有廢立之謀,郃乃自知其言驗也。《五行志》注引。李郃侍祠南郊,不見六宗祠,奏曰:"案《尚書》'肆類於上帝,禋於六宗'。六宗者,上不及天,下不及地,旁不及四方,在六合之中,助陰陽,化成萬物。漢初,甘泉、汾陰天地,亦禋六宗。②孝成之時,匡衡奏立南北郊,復祀六宗。及王莽謂六宗,易六子也。建武都雒陽,制祀不道六宗,由是廢不血食。今宜復舊制度。"制曰:"下公卿議。"五官將行弘等三十一人議可祭,③大鴻臚龐雄等二十四人議不可祭。上從郃議,由是遂祭六宗。《祭祀志》注引。

春秋災異五十篇

《隋志》:漢末郄萌集圖緯讖雜占爲五十篇,謂之《春秋災異》。檖按《後漢書·天文志》注、《初學記》並引郄說,《開元占經》所引尤多,另輯有一卷。

天文書二卷　段節英撰

節英,雒人。少周流七十餘郡求師,經三十年,凡事馮翊駱異孫、泰山彥之章、渤海紀叔陽,遂明天文,著書二卷。東平虞叔雅學高當世,恭以友朋之禮待之。

九章算術　馬援撰

《九章算術》,周公所作也。凡有九篇:一曰《方田》,二曰《粟米》,三曰《差分》,四曰《少廣》,五曰《均輸》,六曰《旁要》,七曰《盈不足》,八曰《方程》,九曰《句股》,此大同小異,馬援采爲九章。見《山堂考索》。

---

① "建光元年",原誤作"建安二年",據補編本、《後漢書·閻皇后紀》改。
② "禋",原誤作"禮",據《後漢書·祭祀志》改。
③ "官",原誤作"行",據補編本、《後漢書·祭祀志》改。

九章雜文一卷　劉祐撰

九章算術九卷　徐岳撰

《序略》：黃帝爲法，數有十等。及其用也，乃有三焉。十等，謂億、兆、京、垓、秭、壤、溝、澗、正、載；①三等者，上、中、下也。其下數者，十十變之，若言十萬曰億，十億曰兆，十兆曰京也。中數者，萬萬變之，②若言萬萬曰億，萬萬億曰兆，萬萬兆曰京也。上數者，數窮則變，若言萬萬曰億，億億曰兆，兆兆曰京也。從億至載，③終於大衍。

又　術數紀遺一卷

舊亦題徐岳撰，甄鸞注。按：岳，東萊人，《晉書·律曆志》所稱闞澤受劉洪乾象，徐岳者是也。《隋志》具列岳及甄鸞所撰書目，獨無此名。至《唐志》始著於録。唐代選舉制，算學《九章》《五曹》之外，兼習此書。此必當時購求古算好事者因託爲之，而嫁名於岳。

王粲算術

粲善作算術，究極師法。

荊州星占

《隋志》：二十卷。《唐志》列劉表二卷、劉叡三卷。《崇文總目》荊州列《石甘巫占》一卷。《周禮疏》引作《武陵太守星傳》。《晉志》：後漢劉表爲荊州牧，命武陵太守劉叡集天文衆占，④名《荊州占》。其雜星之體，有瑞、妖、客、流星，瑞、妖、日月旁氣。⑤檉按：《後漢書·天文志》注、《初學記》《太平御覽》並引此書，《開元占經》所引尤多，另輯三卷。

---

① "溝澗"二字原誤倒，據《玉海》卷四十四乙正。
② "萬萬"，原誤作"萬十"，據《玉海》卷四十四改。
③ "載"，原誤作"萬"，據《玉海》卷四十四改。
④ "衆"，原誤作"象"，據補編本、《晉書·天文志》改。
⑤ "月"字原脫，據補編本、《晉書·天文志》補。

應奉　洞序

《隋志》雜家：梁有《洞序》九卷，録一卷，應奉撰。

九宮經注一卷　鄭玄撰

焦竑《經籍志》作《黄帝九宮經》。

又　九宮行旗經注一卷

按：二書不見《後漢書》、鄭君撰述目録及《鄭志》《趙商碑》《史承節碑》，後人僞託也。

又　九旗飛變一卷①

李淳鳳注。

相印書

《相印書》本出陳長文，長文以語韋仲將。印工楊利從仲將受法，以語許士宗，以法術占吉凶，十可中八九。長文本出漢世，有《相印》《相笏經》，又有《鷹經》《牛經》《馬經》。印工宗養以法語程伊伯，是故有十一家相法行於世。《太平御覽·印》引。許允善相印，出爲鎮北將軍。將拜，以印不善，使更刻之，如是者三。允曰：②"印雖始成，而已被辱。"問送印者，果懷之而墜於廁。《太平御覽·印》引。印有八角十二芒，欲得周正，並無欹，上穩下平，光明潔清，如此皆吉。③《太平御覽·印》引。

相手板經

《世善堂書目》作"《相笏經》，漢人作"。《愛日齋叢鈔》：相手板法出蕭何，或曰四皓，初出殆未行世。東方朔見而喜之，曰："此非庸人所。"至陳長文見此書，嘆之，以示許士宗、韋仲將。《緯略》又舉東方朔《相笏經》、袁天綱《郭先相笏經》、陳混常《相笏經》《古相手板經》，亦驗人禍福也。齊綦母稱之在

---

① "飛變"，原誤作"舩鳥"，據清乾隆四年武英殿校刻本《舊唐書·經籍志》改。
② "允"，原誤作"名"，據補編本、《太平御覽》卷六百八十三改。
③ "皆"，原誤作"者"，據補編本、《太平御覽》卷六百八十三改。

州時，①有一手板相者云"富貴"。陸長源《辨志》載：天寶中，有李旺稱善相笏，②驗之以事，卒皆無驗。《漫録云館》中有陳混常《相笏經》，其語推本管輅、李淳風之言，又常氏相手板印法、魏程伊伯相印，蓋相笏之類。相手板以閑泰之時，③取五行，尋四時，定八節二十四氣，百不失一。板長一尺五寸，廣一寸五分，④上狹而薄，下廣而厚，八角十二芒，並欲端平，板形皆完净。合法者吉，不合者凶。二句據《北堂書鈔》補。板凶少吉多者可用，吉少凶多者不可用服也。舊用白直檀、刺榆、桑、柘四材也。審當令理通直，從上至下，直如弦，不得出邊絕理。四句據《初學記》補。板頭是君座，板頭與君共事，必不得中。分板作四分：上一分爲二親，左爲父，右爲母；第二分都爲婦；第三分左爲男，右爲女；第四分左爲奴，右爲婢。板不碎方，留爲田宅、財物、豬羊、雞犬之屬，以五行十二時分。若其處崩毀傷踢，⑤破裂弔節，蝎穿兆隨，所屬物必損失死亡。板兩邊，左爲城，右爲社，寬博，文采班班，光澤清静，必得封邑。《太平御覽·手板》引。

孔子馬頭卜易書　臨孝恭撰

見甄鸞《數術紀遺注》。按：臨碩字孝存，一作孝莊，一作孝恭。

相山訣三卷　諸葛亮撰

又　大堂明鑑一卷

又　相書一卷

---

① "萘"，原誤作"其"，據補編本、清光緒二十四年刻《守山閣叢書》本《愛日齋叢鈔》(以下《愛日齋叢鈔》皆據此本)卷五改。
② "相"字原脱，據《愛日齋叢鈔》卷五補。
③ "閑"，原誤作"閉"，據補編本、《太平御覽》卷六百九十二改。
④ "分"，原誤作"寸"，據補編本、《太平御覽》卷六百九十二改。
⑤ "毀"字原脱，據補編本、《太平御覽》卷六百九十二補。

又　六壬類苑一卷

以上並見焦竑《經籍志》，均後人僞托。

又　木牛流馬式

木牛流馬法：木牛者，方腹曲頭，一腳四足，頭入領中，舌著於腹。載多而行少，宜可大用，不可小使。特行者數十里，群行者二十里也。曲者爲牛頭，直者爲牛腳，橫者爲牛領，轉者爲牛足，覆者爲牛背，方者爲牛腹，垂者爲牛舌，曲者爲牛肋，刻者爲牛齒，立者爲牛角，①細者爲牛鞅，攝者爲牛鞦軸。牛飾雙轅。人行六尺，牛行四步。載一歲糧，日行二十里，而人不勞。流馬尺寸之數，肋長三尺五寸，②廣三寸，厚二寸二分，左右同。前軸孔分墨去頭四寸，③徑中二寸。前腳孔分墨二寸，去前軸孔四寸五分，廣一寸。前杠孔去前腳孔分墨二寸七分，孔長二寸，廣一寸。後軸孔去前杠分墨一尺五寸，大小與前同。後腳孔分墨去後軸孔三寸五分，大小與前同。後杠孔去後腳孔分墨二寸七分，後載剋去後孔分墨四寸五分。前杠長一尺八寸，廣二寸，厚一寸五分。後杠與等板方囊二枚，厚八分，長二尺七寸，④高一尺六寸五分，廣一尺六寸，每枚受米二斛三斗，從上杠孔去肋下七寸，⑤前後同。上杠孔去下杠孔分墨一尺三寸，孔長一寸五分，廣七分，八孔同。前後四腳，廣二寸，厚一寸五分。刑制如象，靬長四寸，徑面四寸三分。孔徑中三腳杠，長二尺一寸，廣一寸五分，厚一寸四分，同杠耳。

---

① "角"，原誤作"腳"，據補編本、清康熙三十七年萬卷堂刻本《諸葛丞相集》（以下《諸葛丞相集》皆據此本）卷二改。
② "肋"，原誤作"肘"，據補編本、《諸葛丞相集》卷二改。
③ "前軸孔分墨去頭"，原誤作"軸孔去墨頭"，據補編本、《諸葛丞相集》卷二改。
④ "七寸"二字原脫，據補編本、《諸葛丞相集》卷二補。
⑤ "從"，原誤作"以"，據補編本、《諸葛丞相集》卷二改。

周易集林一卷　　虞翻撰

又　太玄解十四卷

　翻以宋氏解《玄》頗有謬錯,①更爲立法,並著《明楊》《釋宋》以解其滯。②

周易林四卷　　管輅撰

又　鳥情逆占一卷

太玄經注十卷　　陸績撰

太玄注十三卷　　陸凱撰

右陰陽雜家類。

---

① "宋",原誤作"朱",據《三國志·吳志·虞翻傳》改。下"宋"字同。
② "著"字原脱,據《三國志·吳志·虞翻傳》補。

補後漢書藝文志卷之廿三

陰策二十卷　劉祐撰
又　金韜十卷
六韜注　許慎撰
　　方胥鐵梧重十二斤，柄長五尺，千二百枚，一名天梧。《太平御覽·梧》引。大杖以桃爲之，①擊殺羿，是以鬼畏桃人也。《太平御覽·梧》引。
文武釋論二卷
　　《隋志》：王越客撰。
兵要軍誡　諸葛亮撰
　　各結朋黨，競進憸人，有此不去，②是謂敗徵。《北堂書鈔·論兵》引。人之忠也，猶魚之有淵。魚失水則死，人失忠則凶，故良將守之，志立而名揚。《太平御覽·良將》引。不愛尺璧而愛寸陰者，皆難遭而易失也，故良將之趨時也，衣不解帶，履遺不躡。《太平御覽·良將》引。貴之而不驕，委之而不專，扶之而不隱，危之而不懼，故良將之動也，猶璧之不污。《太平御覽·良將》引。良將之爲政也，使人擇之不自舉，使法量功不自度，故能者不可蔽，不能者不可飾，妄譽者不能進也。《太平御覽·良將》引。
又　兵法五卷
　　《崇文總目》作《兵機法》一卷。山陵之戰不仰其高，水上之戰不逆其流，草上之戰不涉其深，平地之戰不逆其虛，此兵之利也，故戰鬥之利，惟氣與形。《通典》引。軍有七禁：一曰輕，二曰

---

①　"杖"，原誤作"梗"，據補編本、《太平御覽》卷三百五十七改。
②　"此"，原誤作"一"，據補編本、《北堂書鈔》卷一百十三改。

慢,三曰盜,四曰欺,五曰背,六曰亂,七曰誤,此治軍之禁也。若朝會不到,聞鼓不行,乘寬自留,迴避務止,初近而後遠,喚名而不應,軍甲不具,兵器不備,此謂輕軍。有此者斬之。受令不傳,傳之不審,以惑吏士,金鼓不聞,①旌旗不覩,此謂慢軍。有此者斬之。食不稟糧,軍不部兵,賦賜不均,阿私所親,取非其物,借貸不還,奪人頭首,以獲功名,此謂盜軍。有此者斬之。若變易姓名,衣服不鮮,金鼓不具,兵刃不利磨,器杖不堅,②矢不著羽,弓弩無弦,主者吏士,法令不從,此謂欺軍。有此者斬之。聞鼓不行,叩金不止,按旗不伏,舉旗不起,指麾不隨,避前在後,縱發亂行,折兵弩之勢,却退不鬥,或左或右,扶傷舉死,因托歸還,此謂背軍。有此者斬之。出軍行將,士卒爭先,紛紛擾擾,軍騎相連,咽塞道路,後不得前,呼喚喧嘩,無所聽聞,失行亂次,兵刃中傷,長將不理,上下從橫,此謂亂軍。有此者斬之。屯營所止,問其鄉里,親近相隨,共食相保,呼召不得,越入他伍,干誤次第,不可呵止,度營出入,不由門戶,不自啓白,奸邪所起,知者不告,罪同一等,合人飲食,阿私所受,大言驚語,疑惑吏士,此謂誤軍。有此者斬之。《太平御覽·法令》引。

又 十六策一卷

晁氏《讀書志》:《武侯十六策》一卷。序稱謹進便宜十六事:治國、君臣、視聽、納言、察疑、治民、舉措、考黜、治軍、賞罰、喜怒、治亂、教令、斬斷、思慮、陰察。陳壽錄孔明書不載,疑偽托者。

又 文武奇編

《館閣書目》載。

---

① "聞",原誤作"明",據補編本、《太平御覽》卷二百九十六改。
② "杖",原誤作"伏",據補編本、《太平御覽》卷二百九十六改。

又　將苑一卷

《中興書目》：《將苑》一卷，凡五十篇，論爲將之道。《提要》：舊本題諸葛亮撰。前有明僉都御史寧仲升序，謂出於士人周源所藏。考此書諸家不著録，至尤袤《遂初堂書目》乃載其名，蓋僞書之晚出者。又明焦竑《經籍志》更有亮《心書》《六軍鏡心訣》《兵機法》，益爲僞託。蓋宋以後兵家之書，多託於亮。明以來術數之書，多託於劉基。委巷之談，無足深辨。

又　心書一卷

《提要》：舊本題諸葛亮撰。書中皆言爲將用兵之法。《説郛》作《新書》。明宏治中，關西劉讓鋟之木，始改名《心書》，附以《出師》二表。嘉靖中夔人張鋭重刊，①增入《夔門圖》。前載讓序，後有郟鄉進士寇韋跋，皆以爲真出於亮。考五十篇内之文，大都竊取《孫子》之書而附以迂陋之言，至不足觀。蓋妄人僞託，又出《將苑》後也。

又　六軍鏡心訣一卷
又　平朝陰府二十四機一卷
又　八陣圖一卷

《中興書目》：《武侯八陣圖》一卷，後人推演其法，模爲圖。②《蜀志》：亮推演兵法，作《八陣圖》，咸得其要。《元和郡縣志》：八陣在夔州奉節縣西七里。《太平寰宇記》：夔州奉節縣，本漢魚復縣，八陣圖在縣西南七里。③《荆州圖副》：永安宮南一里，諸葛壘下平磧上，④周迴四百一十八丈，⑤有八陣

---

① "鋭"原誤作"德"，"重"字原脱，皆據《四庫全書總目》卷一百改。
② "模"，原誤作"作"，據《玉海》卷一百四十二改。
③ "西"字原脱，據《太平寰宇記》卷一百四十八補。
④ "諸葛壘下"，《太平寰宇記》卷一百四十八作"渚下"。
⑤ "迴"，原誤作"圍"，據《太平寰宇記》卷一百四十八改。

圖。取小圓石爲之，各高五尺，廣十圍，歷然棋布，①縱橫相當。中間相去九尺，正中開南北巷，②又悉廣五尺，凡六十四聚。或爲散亂，及爲夏水所没，冬水退，依然如故。盛弘之《荆州記》：魚復縣西，③聚細石爲壘，方可數百步，壘西聚石爲八行，行八聚，④聚二間相去二丈，⑤因曰八陣既成，自今行師更不覆敗。八陣及壘，皆圖兵勢行藏之權，自後深識者所不測。⑥桓温伐蜀經之，⑦以爲常山蛇勢，⑧蓋以意爲之。《玉海》：薛士龍謂圖之可考者三：一在沔陽之高平舊壘者。《水經》云：江又東徑諸葛亮圖壘南。⑨注：沔陽定軍山東谷高平，是亮宿營處，營東即八陣圖也。遺迹略在，難識。一在新都之八陣鄉。《郡縣志》：在成都府新都縣十九里。《寰宇記》：在縣北彌牟鎮。李膺《益州記》：稚子闕北五里，武侯八陣圖，土城四門，⑩中起六十四魁，魁八八爲行，魁方一丈，高三尺。一在魚復永安宫南江灘水上者。按《成都圖經》云："八陣有三，在夔州者，六十有四，方陣法也。在彌牟鎮者，百二十有八，當頭陣法也。在棋盤市者，二百五十有六，下營陣法也。"興元縣西亦有之，則八陣圖凡四。

孫子兵法注十三篇

一作《孫子兵法集解》三卷，又《續孫子兵法》二卷。曹操撰，

---

① "然"上原衍一"歷"字，據《太平寰宇記》卷一百四十八删。
② "開"，原誤作"間"，據《太平寰宇記》卷一百四十八改。
③ "西"字原脱，據《玉海》卷一百四十二補。
④ "行八聚"，原誤作"凡有八"，據《玉海》卷一百四十二改。
⑤ "二丈"，原誤作"一丈"，據《玉海》卷一百四十二改。
⑥ "不測"，《玉海》卷一百四十二作"不能了"。
⑦ "經之"二字原脱，據《玉海》卷一百四十二補。
⑧ "蛇"字原脱，據《玉海》卷一百四十二補。
⑨ "東"字原脱，據《玉海》卷一百四十二補。
⑩ "土"，原誤作"三"，據《玉海》卷一百四十二改。

有操序。

《提要》：《史記·孫子列傳》載武書十三篇，而《漢書·藝文志》乃載《孫子兵法》八十二篇，圖九卷。故張守節以十三篇爲上卷，又有中、下二卷。杜牧亦謂武書數十萬言，操削其繁剩，筆其精粹。然《史記》稱十三篇，在《漢志》前，不得以後來附益者爲本書。牧之言未可據也。此書注本極夥。《隋志》所載，自曹操外，有王凌、張子尚、賈詡、孟氏、沈友諸家。武書爲百代談兵之祖，葉適以其人不見於《左傳》，①疑其書乃春秋末戰國初山林處士之所爲。然《史記》載闔閭謂武曰：②"子之十三篇，吾盡觀之矣。"則確爲武所著，非嫁名也。

賞不以時，但留費也。《文選·魏都賦》注引。先出合戰爲正，後出爲奇。正者當敵，奇兵擊不備。《史記·田單傳》注引。如女示弱，脫兔往疾也。又苟便於事，不拘君命。二並《史記·司馬穰苴傳》注引。蹶猶挫也。《史記·孫吳傳》注引。馳車，輕車也。③《困學紀聞》引。

又　司馬法注　張綱集

又　兵法略要九卷

《舊唐書》作魏文帝，十卷。用軍行師，大率以孫吳之法，而因事設奇，譎敵制勝，變化如神。自作兵書十餘萬言，諸將征伐，皆以新書從事，從令者克捷，違教者負敗。《益部耆舊傳》：公以所撰兵書示張松，松晏飲間，一見便闇誦，楊修以此益奇之。

又　兵法接要十卷

《隋志》作《兵書接要》。《舊唐書》作《兵法捷要》七卷。捷要即節要也，魏諱"節"改耳。操集諸家兵法，名曰"接要"。大

---

① "葉"，原誤作"華"，據《四庫全書總目》卷九十九改。
② "武"下原衍一"子"字，據《四庫全書總目》卷九十九刪。
③ "輕"，原誤作"駤"，據《困學紀聞注》卷四改。

將之行，雨濡衣冠，是謂洗兵，其師有慶。四字據《北堂書鈔》補。雨甚薄，不濡衣冠，是謂天泣。《文選·魏都賦》注引。孫子稱有雲氣，非雲非烟，非塵非霧，形似禽獸，客吉主人之忌。《初學記·雲》引。良將思計如飢，所以战必勝攻必取也。《通典》引。三军將行，其旗墊然若雨，是谓天露。三軍失徒，將軍，雨甚，是謂浴屍，先陣者敗也。《廣博物志》引。

又　陰謀三卷

孫子兵法注　沈友撰

友字子正，吳郡人。弱冠博學，多所貫通，善屬文辭，兼好武事，注《孫子兵法》。建安九年，爲孫權所殺。

風氣占星決勝戰一卷　全範撰

陰符經注一卷　程遐撰

右兵家類。

此卷係五日鈔，鈔竟時，日剛午也。壬子午日，鏡山識於都門會館。

補後漢書藝文志卷之廿四

本草一卷

《隋志》：蔡邕撰。按班固記《黃帝內經》，不載《本草》，至梁《七錄》乃稱之。世稱神農嘗藥，而黃帝以前文字不傳，以識相付，至桐雷乃載篇册，①然所載郡縣多是漢時，疑張仲景、華佗所記者。《中興書目》：《本草圖經》二十卷，《漢書·藝文志》不載。平帝元始元年，舉天下通知本草方術者。《郊祀志》"成帝時，有本草待詔"，《樓護傳》"少誦醫經、方術、本草數十萬言"，"本草"之名，始見於此。梁《七錄》"《神農本草》三卷，陶隱君"，疑仲景、元化所記。

素問九卷

皇甫謐《甲乙經序》：《七略》《藝文志》：《內經》十八卷，今有《鍼經》九卷、《素問》九卷。張仲景云："撰用《素問》。"則《素問》之名，雖著於《隋志》，而已見於漢世。

八十一難經

王勃序。《八十一難經》，醫家之秘錄也。岐伯授黃帝，歷九師以授伊尹，伊尹授湯，歷六師以授太公，太公授文王，歷九師以授醫和，歷六師以授秦越人，始定章句，歷九師以授華佗。《提要》：《難經》，周秦越人撰，越人即扁鵲。元滑壽注。《漢藝文志》不載，《隋》《唐志》始載。吳大醫令呂廣嘗注之，則其文當出三國前。廣書今不傳，然唐張守節注《史記·扁鵲傳》所引《難經》悉與今合，則今書猶古本矣。其文辨析精

---

① "册"，原誤作"什"，據補編本、《玉海》卷六十三改。

微,詞致簡遠,讀者不能遽曉,故歷代醫家有注釋。壽所采摭凡十一家,今惟壽書傳。又《難經》雖未必越人之書,然三國時已有吕博望注本,①而張機《傷寒論·平脈篇》所稱經説,今在第五難中,則亦後漢良醫之所爲。歷代與《靈樞》《素問》並尊,别無異論。

涪翁鍼經脈訣

《方術傳》:初有老翁釣於涪水,著《鍼經脈訣》,弟子程高尋求積年,翁乃授之。

經方頌説　郭玉撰

《方術傳》:郭玉者,廣漢人。少師事程高,學方診六徵之術,②爲太醫丞。《華陽國志》:玉字通直,新都人。明方術技,妙用鍼,作《經方頌説》。

經方頌説　李助撰

《華陽國志》:助字翁君,涪人。通名方,③校醫術,作《經方頌説》,與郭玉齊名。

張仲景　脈經一卷

張機,字仲景,南陽人。受業於張伯景,精於治療。一日入桐柏覓藥,遇一病人求診。張曰:"子之腕有獸脈,何也?"其人以實對,乃嶧山老猿也。仲景出囊中丸藥與之,一服輒愈。明日,其人肩一木至,曰:"此萬年桐也,聊以相報。"仲景斵爲二琴,一曰古猿,一曰萬年。《何容别傳》:容字伯求,有人倫鑑。同郡張仲景總角造容,容曰:"君用思精而韻不高,將爲良醫?"卒如其言。仲景謂山陽王仲宣曰:"君體有病,年三十當眉落。"仲宣時年十七,以其言遠不治。後至三十,疾,眉果

---

① "望"字原脱,據《四庫全書總目》卷一百五補。
② "診",原誤作"許",據補編本、《後漢書·郭玉傳》改。
③ "名",原誤作"各",據補編本、《華陽國志·梓潼士女志》改。

落。《張仲景方》序：衛汎好醫術，少師張仲景，有才識，撰《四逆三部厥經》及《婦人胎藏經》《小兒顱顖方》三卷行於世。高湛《養生論》：王叔和，高平人。沈静好養生，博好經方，識養生之道。考覈遺文，采摭群論，撰《脈經》十卷，編次《張仲景方論》爲三十六卷行於世。

金匱玉函經　張機撰

《提要》：機嘗舉孝廉，建安中官長沙太守。是書亦名《金匱玉函要略》，乃晉高平王叔和所編次。陳振孫《書録解題》曰："此書乃王洙於館閣蠹簡中得之，曰《金匱玉函要略》。上卷論傷寒，中論雜病，下載其方，並療婦人，①乃録而傳之。今書以逐方次於證候之下，以便檢用。其所論傷寒，文多簡略，故但取雜病以下，止服食禁忌，二十五篇二百六十二方，而仍其舊名"云云。則此書叔和所編，本爲三卷，洙鈔存其後二卷，又以方一卷，散附於二十五篇，已非叔和之舊。然自宋以來，醫家奉爲典型，與《素問》《難經》並重，得其一知半解，皆可起死回生，則亦岐黄之正傳，和扁之嫡嗣矣。

又　傷寒論十卷

陳氏《書録解題》：其文詞簡古奧雅，又名《傷寒卒病論》，凡一百一十三方，古今治傷寒者未有能出其外者也。

又　評病要方一卷

又　五臟論一卷

又　方十五卷

又　口齒論一卷

又　療婦人方一卷

以上並見焦竑《經籍志》。

---

① "人"下原衍一"方"字，據《直齋書録解題》卷十三删。

華佗書一卷

佗字元化，沛國譙人，一名旉。佗獄中出書一卷，與獄吏，吏不敢留，乃燒之。

又　青囊書一卷
又　中藏經一卷

陳氏《書錄解題》序稱靈應洞主少室山鄧處中，自言爲華先生外孫，莫可考也。

又　華佗方十卷　　一作《華氏藥方》。

佗弟子吳普撰集。廣陵吳普、彭城樊阿皆從佗學。①

又　觀形察色並三部脈經一卷
又　五禽術

吳普常問道華佗。佗謂普曰："人體欲得勞動，但不當使極耳。搖動則穀氣易消，血脈通流，病不得生。譬如戶樞不蠹，《北堂書鈔·養生》引作"卿見戶樞，雖用易腐之木，朝暮開闔搖動，遂最晚朽"。流水不腐，以其常動故也。是以古之赤松、彭祖及漢有道之士，爲導引之事，熊經鴟顧，引挽腰體，②動諸關節，③以求難老。吾有一術，名五禽戲，汝可行之。一曰虎，二曰鹿，三曰熊，四曰猨，五曰鳥，亦以除疾，並利蹄足，以當導引。體中若不快，起作一禽之戲。④"普施行之，年九十餘歲。按《淮南子·精神訓》曰："是故真人之所游，若吹呴呼吸，吐故內新，熊經鳥伸，鳧浴猨躩，鴟視虎顧，是養形之人也。"又崔寔《政論》"熊經鳥伸，延年之術"，然則佗以前早有此術矣。

---

① "樊"，原誤作"楊"，據補編本、《後漢書·華佗傳》改。
② "挽"，原誤作"挨"，據《後漢書·華佗傳》改。
③ "諸"，原誤作"歸"，據補編本、《後漢書·華佗傳》改。
④ "一禽"，原誤作"屬"，據補編本、《後漢書·華佗傳》改。

又　濟急仙方一卷
又　急救仙方六十卷
以上二書見《道藏》。
又　玄門脈訣內照圖一册
又　枕中灸刺經一卷
又　漆葉青黏散方
佗弟子樊阿從佗求可服食益於人者，佗授以漆葉青黏散：漆葉屑一升，①青黏屑十四兩，以是爲率，言久服，去三蟲，利五藏，輕體，使人頭不白。阿從其言，壽百餘歲。漆葉處所而有，青黏生於豐、沛、彭城及朝歌云。"黏"，《抱朴子》作"菾"。一名地節，一名黃芝，大理五藏，益精氣。出於迷人山，仙人服之，以告佗。以爲佳，輒語阿。阿又秘之。近者人見阿之壽而氣力强勝，怪之，遂責阿所服，因醉亂誤道之。法一施，人多服之，皆有大驗。
又　服食論
《太平御覽・茶》引。
本草六卷　　吳普撰
普，廣陵人，從佗學。樓按：《北堂書鈔》《初學記》《太平御覽》《證類本草》《本草綱目》並引此書，尚可輯爲一卷。
狐剛子萬全訣一卷
曹氏雜方九卷
神仙服食經十卷　　句容葛玄撰
又　肘後救卒方六卷

---

① "屑"字原脱，據補編本、《三國志・魏志・華佗傳》補。

周敦方書脈訣

敦,平原人,建安中避地廬陵。孫權引參軍謀言,多奇中,精於諸術,不欲以術顯。尤兼醫道,乃推驗方書脈訣,著書五千餘言。

右醫術經方類。

補後漢書藝文志卷之廿五

天竺書四十二章　天竺沙門攝摩騰譯

袁氏《漢紀》：浮屠，佛也，西域天竺國有佛道焉。佛者，漢言覺也，將以覺悟群生也。其教以修善慈心爲主，不殺生，專務清净。① 其精者爲沙門。沙門，漢言息也。蓋息意去欲而歸於無爲也。② 又以爲人死精神不滅，③隨復受形，生時善惡，皆有報應。故貴行善修道，④以練精神，以至無生而得爲佛焉。初，明帝夢見金人長大，項有日月光，以問群臣。或曰："西方有神，其名曰佛。陛下所夢，得毋是？"於是遣使天竺，問其道，得其書四十二章，貯之蘭臺。於是中國始傳其形象，而王公貴人獨楚王英最先好。永平八年，詔令天下死罪皆入縑贖。楚王英奉黃縑、白紈詣國相，曰："託在藩輔，⑤過惡累積，歡喜天恩，奉送縑帛以贖罪。"國相以聞，詔報曰：⑥"楚王誦黄老之微言，尚浮屠之仁祠，潔齋三月，⑦與神爲誓，何嫌何疑。當有悔吝，其還所贖以助伊蒲、桑之饌。"

《隋志》：漢明帝遣中郎將蔡愔使天竺，求佛經四十二章，因立白馬寺。經緘於蘭臺石室，又建像於清凉臺及顯節陵上。

---

① "專"上原衍一"類"字，據《後漢紀》卷十刪。
② "意去"二字原誤倒，據《後漢紀》卷十乙正。
③ "死"，原誤作"生"，據《後漢紀》卷十改。
④ "善修"二字原脱，據《後漢紀》卷十補。
⑤ "託"，原誤作"枉"，據明成化九年內府刻大字本《通鑑綱目》（以下《通鑑綱目》皆據此本）卷九改。
⑥ "詔"字原脱，據《通鑑綱目》卷九補。
⑦ "月"，原誤作"日"，據《通鑑綱目》卷九改。

《高僧傳》：攝摩騰，中天竺人，美風儀，解大小乘經，嘗以游化爲任。至漢明帝永平三年，帝夜夢金人飛空而至，乃大集群臣，以占所夢。通人傅毅奏答：「臣聞西域有神，其名曰佛，陛下所夢，將毋是乎？」帝以爲然，即遣中郎蔡愔、博士弟子秦景等，使往天竺，尋訪佛法，於彼見摩騰，乃要還漢地。①騰誓志宏通，不憚疲苦，經涉流沙，至於雒邑，明帝甚加賞，接於城西門外，建精舍以處之，今白馬寺是也。名白馬者，相傳天竺有伽藍名招提，其處大富有。惡國王利於財，將毀之。有一白馬繞塔悲鳴，即停毀。自後，改招提爲白馬，諸處多取此名焉。此漢地有沙門之始也。大法初傳，未有歸信，故蘊其深解，②無所宣述。後卒於雒陽。摩騰譯《四十二章經》一卷，初緘在蘭臺。騰所住處即今雒陽西。《雒陽伽藍記》：白馬寺，漢明帝所立也。明帝崩，起祇洹於陵上，自此以後，百姓冢上，或作浮圖焉。寺中經函，至今猶存，嘗燒香供養之。李華《杭州開元寺新塔碑》：漢永平中，佛教初至雒陽，始置寺，度騰、蘭二德者，官之庭府稱寺，蓋賓而尊之也，比於曹署，此其原也。《冥祥記》：漢明帝夢見神人，形垂二丈，身黄金色，項佩日光。以問群臣，或對曰：「佛形如陛下所夢，得母是乎？」於是發使天竺，寫致經象。表之中夏，自天子王侯，咸敬事之，聞人死精神不滅，莫不瞿然自失。初，使者蔡愔將西域沙門迦葉摩騰等齎優塡王畫釋迦象，帝重之，如夢所見，乃遣畫工圖之數本，於南宮清涼臺及高陽門顯節壽陵上供養。又於白馬寺壁畫千騎萬乘繞塔三匝之象。③《釋鑑》：明帝幸白馬寺，攝摩騰、竺法蘭進曰：「寺東何館？」帝曰：「舊有阜，無因而起，夜有異光，民呼聖堁。」騰曰：「阿育王藏如來舍利於天下，凡八萬四千所。今震旦境中十有九處，此其一也。」帝乃驚，即駕幸拜之。忽有圓光現堁上，三身現光中。帝喜曰：「不遇二大士，安知大聖遺迹。」詔起塔於上。《法苑珠林》：摩騰法師是阿羅漢天眼，④亦見有塔，請立寺於五臺上。形如

---

① 「漢地」二字原脱，據補編本、日本《大正新修大藏經》本《高僧傳》（以下《高僧傳》皆據此本）卷一補。

② 「深解」，原誤作「經」，據補編本、《高僧傳》卷一改。

③ 「壁畫」二字原誤倒，據民國二十四年影印宋刻《大藏經》本《法苑珠林》（以下《法苑珠林》皆據此本）卷十三乙正。

④ 「阿」原誤作「沙」，「漢」字原脱，皆據《法苑珠林》卷十四改。

靈鷲，寺名曰"大孚"。孚者，信也。《牟子》：或問："佛從脇而生，①寧有先祖乎？"牟子曰："佛出天竺，假形王家。父曰白淨，夫人字曰白淨妙。四月八日，佛精從天來。夫人晝寢，夢見象六牙，欣然悅之，遂感而孕，因以八日從母右脇生。太子有三十二相，八十種好，頰如師子，②背不受塵水，③手足皆鉤鏁，毛悉向上。晁氏曰："《四十二章》一卷，天竺釋迦牟尼所說也。釋迦者，華言'能仁'。以周昭王二十四年甲寅四月八日生，④十九學道，三十學成，處世演道者四十九年而終，蓋年七十九也。沒後，弟子大迦葉與阿難纂掇其平生之言成書。自漢以上，中國未傳，或云雖傳而泯絕於秦火。張騫使西域，已聞有浮屠之教。及明帝感傅毅之言，遣蔡愔、秦景使天竺求之，得此經以歸。中國之有佛書自此始，其文不類他經云。"前漢孝武帝元狩中，霍去病討匈奴。至皋蘭山，獲昆邪休、屠王等。又獲金人象，長丈餘，列於甘泉宮。帝以爲大聖，燒香禮拜。及開西域，遣張騫往大夏還，云：有身毒國，一名天竺，始聞浮屠之教。⑤此即佛形教顯化之漸也。哀帝元壽中，使景憲往大月氏國，因誦《浮屠經》而還。當時稍行浮屠齋戒也。又《劉向傳》：向博觀史籍，往見有佛經。又《列仙傳》：吾搜檢藏書，太史創撰《列仙圖》，黃帝以下迄至於今，定檢實録一百四十六人，其七十四人已見佛經。據此而論，秦周已有佛法。又檢釋道安、朱士行等《經錄》云："秦始皇時，有外國沙門釋利防等一十八賢者，賫持佛經來化始皇。弗從，囚之。夜有金剛丈六來，破獄出之。始皇驚怖，稽首謝焉。推此而言，則知秦漢以前有佛法也。"又按《周書異記》：周昭王即位二十四年，甲寅歲，四月八日，江河泉池忽然泛漲，⑥井水溢出，山川震動。有五色光入貫太微，遍於西方，盡作青紅色。太史蘇由奏曰："有大聖人生於西方，一千年外聲教及此。"昭王即敕鐫石記之，埋於

---

① "脇"，《太平御覽》卷六百五十三作"何"。
② "頰"上原衍一"類"字，據《太平御覽》卷六百五十三刪。
③ "背"，《太平御覽》卷六百五十三作"皮"。
④ "以"，原誤作"心"，據補編本、《郡齋讀書志》卷十六改。
⑤ "聞"，原誤作"開"，據《法苑珠林》卷十二改。
⑥ "江河泉池"，原誤作"江泉地"，據《法苑珠林》卷十二改。

南郊天祠道。① 此即佛生之時也。相傳呂侯乘驊騮八駿而行求佛,因以襄之。周穆王五十三年,壬申歲,二月十五日平旦,暴風忽起,拔舍折木,地動天陰。西方白虹起十二道。太史扈多曰:"西方聖人滅矣。"此即佛入涅槃之日也。又按《春秋》魯莊公七年夏四月,恒星不見,夜明如日,即佛降生之瑞也。良由佛有真應二身,心行處滅。秦穆公時,扶風獲一石佛,不識,棄馬坊中,穢汙此象。護象神令公疾。公又夢游上帝,所極被責。覺問侍臣,由余便答云:"臣聞周穆王時有化人來此,云是佛神。"穆王信之,於終南山造中天臺,高千餘尺,基址見在。又於蒼頡臺造神廟,名三會道場。② 公今所患,殆非佛爲之耶?③ 公聞大怖,語由余曰:"吾近獲一石人,衣冠非今所製,棄之馬坊中,將非此是佛神耶?"由余往視之,對曰:"此真佛神也。"公取象澡浴,安清淨處,象遂放光。公又怖,謂神瞋也,宰三牲以祭之。諸善神擎棄遠處,公又大怖,以問由余。答曰:"臣聞佛神清潔,不進酒肉,愛重物命,④如護一子。所有供養,燒香而已,所可祭祀,餅果之屬。"公大悦,欲造佛象,絶於工人,又問由余。答曰:"昔穆王造寺之側,應存工匠。"遂於高四臺西村内得一老人,⑤姓王名安,年百八十歲,云:"曾於三會道場見人造之。至今年老,無力能作。所住北村,⑥有兄弟四人,曾於道場内爲諸匠執作,請追其造。"依言造成一銅象,妙相圓滿。公大悦,大賞賚之。彼人得財,並造功德,於土臺上造重閣,⑦高三百尺,時號之高四臺,或曰高四樓。其人姓高,大者名四,或曰兄弟四人故也。陳氏曰:"後漢竺法蘭譯佛到中國,此其首也,所謂經來白馬寺者,其後千經萬論,大藏教乘,要不出此。"馬氏曰:"此經雖在藏中,然以其見於《經籍志》,故特取焉。"

十住經

《隋志》:永平中,法蘭又譯《十住經》,其餘傳譯多未能通。《高僧傳》:竺法蘭者,⑧亦中天竺人,⑨自言誦經論數萬章,爲

---

① "道",《法苑珠林》卷十二作"前"。
② "名",原誤作"各",據《法苑珠林》卷十四改。
③ "非"字原脱,據《法苑珠林》卷十四補。
④ "重"下原衍一"一"字,據《法苑珠林》卷十四删。
⑤ "西",《法苑珠林》卷十四作"南"。
⑥ "北村",《法苑珠林》卷十四作"村北"。
⑦ "土",原誤作"王",據《法苑珠林》卷十四改。
⑧ "蘭",原誤作"跋",據《高僧傳》卷一改。
⑨ "中"字原脱,據《高僧傳》卷一補。

天竺學者之師。時蔡愔既至，蘭與摩騰共契游，遂相隨而來。會彼學徒留礙，蘭乃間行而至。既達雒陽，與騰同止，少時便善漢言。愔於西域獲經，即爲翻譯，所謂《十地斷結》《佛本生》《法海藏》①《佛本行》《四十二章》五部。移都寇亂，四部失本，不傳江左，惟《四十二章》見在，可二千餘言。此漢地諸經之始也。先漢武帝穿昆明池得黑灰，問東方朔，朔不知。朔云："可問西域胡。"後法蘭至，衆人追以問之。②蘭曰："世界終盡，③劫火洞燒，此灰是也。"朔言有徵，信者甚衆。後卒於雒陽，春秋六十餘矣。

泥洹經二卷

月支沙門支讖譯。《隋志》：桓帝時，有安息國沙門安静齋至雒陽，翻譯最爲通解。靈帝時，有月支沙門支讖、天竺僧朔，並翻佛經，而支讖所譯《泥洹經》二卷，學者以爲大得本旨。《桓帝紀》：設華蓋，以祠浮屠、老子。熹平中，襄楷上書，言："宮中立浮屠、老子之祠，此道清虛，④貴尚無爲，好生惡殺，省欲去奢。今陛下嗜欲不去，殺伐過理，既乖其道，豈獲其福哉？或言老子入夷狄爲浮屠。浮屠不三宿桑下，不欲久生恩愛，精之至也。天神遺以好女，浮屠曰：'此但革囊盛血。'遂不盼之。其守一如此，乃能成道。今陛下淫女豔婦，⑤極天下之麗，甘肥飲美，單天下之味，奈何欲如黄老乎？"《陶謙傳》：謙同郡人笮融聚衆數百，往依於謙，大起浮屠寺。上累金槃，下爲重樓，⑥堂閣周回，可容三千許人。作黄金塗象，衣以繡采。⑦每浴佛，輒多設飯饌，布席於路，其有就食及觀者且萬餘人。《釋鑑》：桓帝於宮中鑄黄金浮屠，覆以華蓋，身奉祀之。由是百姓向化，事佛彌盛。世人以金銀作佛象，自此而始。

---

① "佛本生法海藏"六字原脱，據《高僧傳》卷一補。
② "衆"，原誤作"後"，據《高僧傳》卷一改。
③ "終"，原誤作"初"，據《高僧傳》卷一改。
④ "清"，原誤作"德"，據補編本、《後漢書·郎襄傳》改。
⑤ "淫"原誤作"媱"，"婦"原誤作"妻"，皆據《後漢書·郎襄傳》改。
⑥ "樓"字原脱，據補編本、《後漢書·陶謙傳》補。
⑦ "繡"，補編本、《後漢書·陶謙傳》皆作"錦"。

法本内傳五卷

紀攝摩騰、竺法蘭事。漢明帝遣蔡愔、秦景、王遵等一十八人至天竺國，得摩騰、法蘭等及經象還。帝問："法王出世，何以化不及此？"騰曰："天竺迦毗羅衛國者，①三千大千世界百億日月中心也。三世諸佛，皆於彼出。乃至天龍人鬼有願行力者，皆生於彼，受佛正化，咸得悟道。餘處群生，無緣感之，佛不往也。佛雖不往，光相及處，或五百年，②或一千年，或千年外，③皆有聖人傳佛聲教而往化也。"明帝大悦。至永平十四年正月一日，五岳諸山道士朝正之次，自相命曰："天子棄我道法，遠求胡教，今因朝集可以表抗之。"其表略曰："五岳十八山觀與三洞弟子褚善信等六百九十人，至於方術，無所不能，願與西僧比較優劣，得辨真偽。若比對不如，任聽重決。如其不勝，乞除虛妄。"乃敕尚書令宋叔庠引入長樂宮。告曰："此月十五日，大集白馬寺南門。"道士等便立三壇，壇別開二十四門。五岳十八山諸道士將經三百六十九卷置於西壇，二十七家諸子書二百三十五卷置於中壇，奠食百神置於東壇。明帝設行殿在寺門。道西置佛舍利及經。諸道士等以紫荻和沈檀香爲炬，繞天壇泣淚，啓天尊曰："人主信邪，玄風失緒。敢延經義在壇，以火取驗，用辨真偽。"便放火燒經，經從火化，並成煨燼。五岳道士等相顧失色。有欲昇天入地種種呪術，並不能得，大生愧伏。太傅張衍語褚信曰："卿今一無可驗，即是虛妄，宜從西域佛法剃髮。"爾時外道褚善信等曰："茅成子云上太靈寶天尊是也。造化之謂之太素，斯豈虛妄乎？"衍曰："太上有貴德之名，無言教之稱。今子説有言教，即爲妄。"褚聞默然不答。南岳道士費叔才等自感而死。佛之舍利五粒，放五色光，直上空中，旋轉如蓋，遍覆大衆，映蔽日光。摩騰法師湧身高飛，居空如地，履地如空，神化自在。於時天雨寶華，散佛僧上，又聞天樂，感動人情。大衆咸悦，得未曾有，皆繞法蘭，聽説法要。並吐梵音，讚佛功德。初立佛寺，同梵福量。司空陽城侯劉峻與諸官人士庶等千餘人出家，四岳道士吕惠通等六百二十人出家，又聽陰夫人王婕妤與諸宮人、雒陽婦女阿潘等二百四十人出家。立寺，七所城外安僧，三所城内安尼。自斯以後，廣遍天下。

附《安息太子沙門安清傳》：雒陽沙門安清，字世高，安息國王正后之太子也。幼以孝行見稱，加又志業聰敏，刻意好學，外國典籍及七曜、五行、醫方異術，及凡鳥獸之聲，無不綜達。常行見有群燕，忽謂伴曰："應有送食者。"頃之，果有致馬。衆咸奇之。故儁異之聲，早被西域。窮理盡性，自識宿緣業，多有神迹，世莫能量。初高自

---

① "羅"字原脱，據《法苑珠林》卷十八補。
② "年"，原誤作"千"，據《法苑珠林》卷十八改。
③ "或千年"三字原脱，據《法苑珠林》卷十八補。

言先身已經出家，有一同學多瞋，分衞值施主不稱，每輒怨恨。高屢訶諫，終不悛改。如此二十多年，乃與同學辭決云："我當往廣州，畢宿世之對。卿明經精學，不在吾後，而性多恚怒，當受惡形。我若有力，必當相度。"既而遂適廣州。值寇賊大亂，路逢一年少，唾手拔刀曰："真得汝矣。"高笑曰："我宿命負卿，故遠相償。卿之忿怒，①故是前世時意也。②"遂伸頸受刃，容無懼色。賊遂殺之。觀者盈路，莫不駭異。而此神識還爲安息王太子，即今世高身是也。高游化中國，宣經事畢。值靈帝之末，關雒擾亂，乃振錫江南。云："我當過廬山，度昔同學。"行達宮亭湖廟，廟舊有靈威，商旅祈禱，乃分風上下，各無留滯。嘗有乞神竹者，未許輒取，舫即覆沒，竹還本處。自是舟人敬憚，莫不攝景。高同旅三十人，船乃奉牲請廟神，乃降祝曰："舫有沙門，可便呼上。"客咸驚愕，請高入廟。神告高曰："吾外國與子俱出家學道，好行布施，而性多恚怒。今爲宮亭廟神，周回千里，並吾所治。以布施故，珍玩甚豐。以瞋恚故，③故墮此神報。今見同學，悲欣可言。壽盡旦夕，而醜形長大，若於此捨命，穢污江湖，當度山西澤中。此身滅後，恐墮地獄，吾有絹千匹，並雜寶物，可爲立法營塔，使生善處。"高曰："既來相度，何不出形？"神曰："形甚醜異，④衆人必懼。"高曰："但出，衆不怪也。"神從牀後出頭，乃是大蟒，不知尾之長短。至高膝邊，高向之胡語數番，蟒悲淚如雨，須臾還隱。⑤高即取絹物，⑥辭別而去。舟已揚帆，蟒復出身，登山而望。衆人舉手乃滅。倏忽之頃，便達豫章，即以廟物造東寺。高去後，神即命過。暮有一少年上船，長跪高前。受其祝願，忽然不見。高謂船人曰："向之少年，即宮亭廟神，得離惡形矣。"於是廟神歇滅，⑦無復靈顯。後人於山西澤中，見一死蟒，頭尾數里，今潯陽蛇村是也。高復到廣州，尋前世害己少年，尚在。高徑投其家，說昔年償對之事，並叙宿緣，歡喜相向。云："吾猶有餘報，今當往會稽畢對。"廣州客悟高非凡，豁然意解，追恨前怨，厚相資送。隨高東游，遂達會稽。至便入市，正值市中有亂相打者，誤著高頭，應時隕命。廣州客驗二報，遂精勤佛法，具說事緣。遠近聞之，莫不悲歎。明三世之有徵也。

① "怒"字原脱，據《法苑珠林》卷五十七補。
② "意也"二字原誤倒，據《法苑珠林》卷五十七乙正。
③ "故"字原脱，據《法苑珠林》卷五十七補。
④ "形"字原脱，據《法苑珠林》卷五十七補。
⑤ "還"下原衍一"即"字，據《法苑珠林》卷五十七删。
⑥ "高"字原脱，據《法苑珠林》卷五十七補。
⑦ "神"，原誤作"形"，據《法苑珠林》卷五十七改。

婆羅門書

《隋志》：後漢得西域胡書，以十四字貫一切音，文省義廣，謂之《婆羅門書》。字音十四字：哀、阿、伊、塢、烏、理、釐、黳、藹、污、奧。比聲二十五字：迦、呿、伽、啀、俄，舌根聲；遮、車、闍、膳、若，舌齒聲；吒、咃、荼、咤、拏，上咢聲；多、他、陀、馱、那，舌頭聲；婆、頗、婆、婆、摩，脣吻聲；蛇、邏、縛、奢、沙、婆、呵，此八字超聲。凡有四十七字，爲一切字本。其十四字如言，三十三字如是，合之以成諸字，即名滿字。滿者善義，①以譬常往。半者惡義，以譬煩惱。②雖因半字，爲字根本，得成滿字，乃是正字。按西域悉曇章本，是婆羅賀磨天所作。自古迄今，更無異書。但點畫之間，微有不同耳。造書者凡有三人：長名曰梵，其書右行；次曰佉盧，其書左行；三曰蒼頡，其書順行。梵、佉盧居於天竺，蒼頡在於中夏。佉盧取法於浄天，蒼頡因華於鳥迹，文書誠異，徵理則同。鳩摩羅什曰："天竺國俗甚重文制，其宫商體韻，以入管弦爲善。凡覲國王，必有贊德，佛經中偈頌，皆其式也。"鄭夾漈曰："梵人長於音，所得從聞入。華人長於文，所得從見入。華一音該一字，梵則一字或貫數音。"

檽按：《法苑珠林》載梵天所説之書：佉盧虱叱書、富沙迦羅仙人説書、③阿迦邏書、瞢迦羅書、④邪寐尼書、鴦瞿梨書、⑤耶那尼迦書、婆迦羅書、波羅婆尼書、波流沙書、父與書、毗多荼書、陀毗荼國書、⑥脂羅低書、度其差那婆多書、優婆伽書、僧

---

① "義"，原誤作"根"，據《一切經音義》卷二改。
② "惱"，原誤作"燠"，據補編本、國圖本、《一切經音義》卷二改。
③ "書"字原脱，據《法苑珠林》卷九補。
④ "瞢"，原誤作"魯"，據《法苑珠林》卷九改。
⑤ "梨"，原誤作"黎"，據《法苑珠林》卷九改。
⑥ "書"字原脱，據《法苑珠林》卷九補。

佉書、①阿婆勿陀書、阿㝹盧摩書、②毗邪寐奢羅書、陀羅多書、西瞿耶尼書、③阿沙書、支那國書、摩那書、末荼叉羅書、④毗多悉底書、富數波書、提婆書、那伽書、夜叉書、乾闥婆書、阿修羅書、迦婁羅書、緊那羅書、摩睺羅迦書、彌伽遮伽書、⑤迦迦婁多書、浮摩提婆書、⑥安多梨叉提婆書、鬱多羅拘盧書、逋婁婆毗提訶書、烏差婆書、膩差波書、娑伽羅書、跋闍羅書、梨伽波羅低犁伽書、毗棄多書、阿㝹浮多書、⑦奢娑多羅跋多書、⑧伽那那跋多書、⑨優差波跋多書、尼差波跋多書、波陀梨佉書、⑩毗拘多羅波陀那地書、⑪耶婆陀輸多羅書、末荼婆哂尼書、⑫梨沙邪婆多波悋比多書、陀羅尼卑叉梨書、伽伽那卑麗叉尼書、薩蒲沙地尼山陀書、沙羅僧迦何尼書、薩婆韋多書。

右佛類書。

---

① "佉"，原誤作"呿"，據《法苑珠林》卷九改。
② "阿㝹盧摩書"，原誤作"阿菟盧魔書"，據《法苑珠林》卷九改。
③ "瞿"，原誤作"阿"，據《法苑珠林》卷九改。
④ "末"，原誤作"米"，據《法苑珠林》卷九改。
⑤ "遮伽"二字原脱，據《法苑珠林》卷九補。
⑥ "摩"，原誤作"靡"，據《法苑珠林》卷九改。
⑦ "㝹"，原誤作"菟"，據《法苑珠林》卷九改。
⑧ "娑"，原誤作"羅"，據《法苑珠林》卷九改。
⑨ "那那"，原誤作"羅羅"，據《法苑珠林》卷九改。
⑩ "佉"，原誤作"呿"，據《法苑珠林》卷九改。
⑪ "地"字原脱，據《法苑珠林》卷九補。
⑫ "婆"字原脱，據《法苑珠林》卷九補。

補後漢書藝文志卷之廿六

參同契　魏伯陽撰

《自叙》。未録。《神仙傳》：魏伯陽，吴人也。好道不仕，封己養高。後入山，與弟子三人作神丹，丹成，知弟子心懷未盡，乃試之，曰："丹雖成，然先與犬試之，若犬飛，然後人可服耳，若犬死，即不可服。"乃與犬食之，犬即死。伯陽謂弟子曰："作丹惟恐不成，今成而犬食之死，恐是未合神明之意，恐復如犬，爲之奈何？"弟子曰："先生當服之否？"伯陽曰："吾背違世俗，委家入山，不得道，亦恥復還，死之與生，吾當服之。"丹入即死。弟子顧視，相謂曰："作丹以求長生，服之即死，當奈此何？"獨一弟子曰："吾師非常人也。服此而死，得無意也。"因取丹服之，死。餘弟子遂不服，乃共出山，欲爲伯陽及死弟子求棺木。二子去，伯陽即起，持所服丹納死弟子及白犬口中，皆起。弟子姓虞，遂皆仙去，道逢入山伐木人，乃作手書與鄉里人，寄謝二弟子，乃始懊恨。

《舊唐書·志》五行類：魏伯陽《參同契》二卷。

晁氏《讀書志》：《參同契》，魏伯陽撰。按《神仙傳》，伯陽，會稽上虞人，通瞻詩律，文辭贍博，修真養志。按《周易》作此書，凡九十篇，徐氏箋注。桓帝時，以授同郡淳于叔通，因行於世。唐陸德明《經典釋文》解"易"字云"虞翻注《參同契》，言字從日下月"，今此書有"日月爲易"之文，其爲古書久矣。

《館閣書目》：明金丹之訣，篇題蓋仿緯書之目，詞韻皆古奥難通。首言《乾》《坤》《坎》《離》四卦，橐籥之内外；其次即言《屯》《蒙》六十卦，以見一日用功之早晚；又次即言納甲六卦，以見一日用功之進退；又次即言十二辟卦，以分納甲六卦而兩之。蓋內以詳理目節，外以兼統歲時。此書大要在坎、離二字。《提要》。未錄。

演參同契五相類秘要一卷　魏伯陽撰
參同契箋三卷
《天一閣書目》：東漢程景休箋並補遺，脫一卷，東漢淳于叔通贊。

程景休，會稽人，官至青州從事。《會稽典錄》：淳于斟亦名翼，字叔通，除雒陽市長。桓帝即位，有大蛇見德陽殿上。翼占曰："蛇有鱗，甲兵之應也。"袁宏《後漢紀》：翼學問淵深，大儒舊名，嘗隱於田里，希見長吏。《列仙傳》：淳于斟，字叔通，亦字叔顯，會稽上虞人。漢桓帝時作徐令，靈帝時辟大將軍掾。少好道術，數服餌胡麻黃精。後入吳烏目山隱居，遇仙人慧車子，授以《虹景丹經》，修行得道。在洞中爲典拍執法郎。

太上金碧經注一卷
《通考》：陳氏題魏伯陽注。

內經　魏伯陽撰
百章集一卷　魏伯陽撰
櫸按：《書錄解題》：原本已佚，今據《文獻通考》補入。

悟真篇　魏伯陽撰
感應訣一卷　魏伯陽撰
火鑑周天圖一卷　魏伯陽撰
大丹記一卷　魏伯陽撰
七返靈砂歌[①]　魏伯陽撰

---

① "七"，原誤作"大"，據國圖本、《崇文總目》卷九改。

大丹九轉歌訣一卷　魏伯陽撰
蓬萊東西竈還丹歌一卷　魏伯陽撰
魏伯陽　龍虎丹訣
《提要》。未錄。
參同契注　陰長生撰
道書九篇　陰長生撰
《自叙》：漢延光元年，新野山北之子，受仙君神丹要訣，道成去世，付之名山。於是裂黄素，寫丹經一通，①封以文石之函，置嵩山。一通黄櫨之簡，泰書之，封以青玉之函，置太華山。一通黄金之簡，刻而書之，封以白銀之函，置綏山。一封縑素書，合爲一編，付弟子，使世世當有所傳授。又著詩三篇，以示將來也。其一曰：惟予之先，佐命唐虞。爰逮漢世，紫艾重紆。予獨好道，而爲匹夫。高尚素志，不事王侯。貪生得生，亦又何求？超迹蒼霄，乘龍駕浮。青雲永翼，與我爲仇。入火不然，踏波不濡。逍遥太極，何慮何憂。遨戲仙都，顧愍群愚。年命之逝，如彼川流。奄忽未幾，泥土爲儔。奔馳索死，不肯暫休。二章曰：予之聖師，體道之真。升降變化，喬松爲鄰。惟予同學，十有二人。寒苦求道，歷二十年。中多怠墮，志行不堅。痛乎諸子，命也自天。天不妄授，道必歸賢。身殁幽壤，何時還。嗟爾將來，勤加精研。勿爲流俗，富貴所牽。神道一成，升彼九天。壽同三光，何但億千。三章曰：惟予束髮，少好道德。棄家隨師，東西南北。委放五濁，避世自匿。《集仙錄》載：此下有三十餘年畊山之側二句，惟側字韻複。寒不遑衣，饑不暇食。思不敢歸，勞不敢息。奉事聖師，承歡悦色。面垢足胝，乃克見識。遂受要訣，深不可測。妻子延年，咸享無

---

① "一"，國圖本作"三"。

極。黃白已成，貨財千億。使役鬼神，玉女侍側。今得度世，神丹之力。《神仙傳》：陰長生，新野人，後漢陰皇后之屬籍也。少居官貴，不好榮利。嘗聞馬鳴生得度世之道，乃尋求之，遂得相見，便執奴僕之役、親運履之勞。鳴生不教其度世之法，但日久別與之高談，論當世之事，治農田之業。以此十餘年，長生不懈。同時共事鳴生者十二人，皆悉歸去，惟長生執禮彌篤。鳴生告之曰："子真能行道矣。"乃將入青城山中，煮黃土爲金以示之，立壇西面，以太清神丹經授之。鳴生別去，長生乃歸合之。丹成，服半劑不盡，而即升天。著書九篇，云："古仙者多矣，但漢興以來四十五人，連予而六矣。"三十人尸解，餘俱白日仙去。

金碧五相類一卷　陰長生撰

按羊參微《金碧潛通序》"金者，剛柔得位，火不能灼，服之仙游碧落"云云。

太清金液神丹經三卷　陰長生撰

《抱朴子》：漢末新野陰君，合此太清丹得仙。其人本儒生，有才思，著詩及丹經並序，述初學道受師本末，列己所知識之得仙者四十餘人，甚分明也。

晁氏曰："《太清護命靈文》，①金闕上聖按修之，②可以除邪治病云。"

修丹秘訣一卷　陰長生撰

還丹歌　陰長生撰　宋陳摶注

蜀道觀鑿井得一碑，是漢時陰真人煉丹歌，曰："有物有物，可大可久。采乎蠶食之間，用乎火化之後。白英聚而雪慚，黃酥凝而金醜。"又曰："北方正氣爲河車，東方甲乙成丹砂。兩

---

①　"靈"，原誤作"雲"，據《郡齋讀書志》卷十六改。
②　"金闕上聖按修之"，《郡齋讀書志》卷十六作"金闕上真按付修道之士"。

情合養爲一體,朱雀調運成金花。"

五精論一卷　陰長生撰

金丹訣注一卷　陰長生撰

水鏡經一卷　陰長生撰

《袁紹傳》注引"凡軍始出,立牙竿,必令完堅。若有折,將軍不利。牙門旗竿,軍之精也。即《周禮・司常》職云'軍旅會同置旌門'是也"。

三皇經一卷

道士鮑静撰,託名陰長生。按:"静"當作"靓"。貞觀二十年,有吉州囚人劉紹略,妻王氏有《五岳真仙圖》及舊道士鮑靓所造《三皇經》合十四紙,云:"凡諸侯有此文者,必有國;王大夫有此文者,爲人父母;庶人有此文者,錢財自聚;婦人有此文,必爲皇后。"時吉州司法參軍吉辨囚檢因席,乃於王氏衣籠中得之。時追問紹略等,勘問向道士所,得之處受持,州官將爲圖讖,因封此圖及經,馳驛申省奏聞。乃返京,下清都觀道士惠元、西華觀道士成武英勘問。並款稱云:"此先道士鮑靓所妄爲墨書,非見元等所造。"敕遣除毀。又田令官奏云:"如佛教依内律僧尼受戒,得薩田,人各三十畝。今道士、女道士皆依《三皇經》授其上清下清,替僧尼戒處,亦合薩田三十畝。此經既僞廢除,道士、女道士既無戒法,即不合受田,請同揀廢。"京城道士等畏廢薩田,私憑奏官,請將老子《道德經》替處。其年五月十五日,敕侍郎崔仁師宣敕旨云:"《三皇經》文字既不可傳,又語涉妖妄,宜並除之。即以老子經替處。其諸道觀及百姓人間有此文,並勒送省除毀。"其年冬,諸州考使入京朝集,括此文字,總取禮部尚書廳前,並從火謝。

玄州上卿蘇君記一卷　李通撰

蘇耽傳一卷

蘇仙公者,桂陽人也。漢文帝時得道。先生早喪所怙,鄉中以仁孝聞。宅在郡城東北,出入往來,不通燥濕。至於食物,不憚精粗。先生家貧,常自牧牛,與里中小兒更日爲牛郎。先生牧之,牛則徘徊側近,不驅自歸。餘小兒牧,牛則四散,跨岡越險。諸兒問曰:"爾何術也?"先生曰:"非汝輩所知。"嘗與母共食,母曰:"食無鮓,他日可往市鮓也。"先生以箸插飯中,攜錢而去,須臾,即以鮓至。母食未畢,母曰:"何處買來?"對曰:"便縣市也。"母曰:"便縣去此一百二十里,道途徑險,往來遲至,汝欺我也!"欲杖之。先生跪曰:"買鮓之時,見舅在市,與我語曰,明日來此,請待舅至,以驗虛實。"母遂寬之。明曉,舅果到,云:"昨見先生便縣買鮓。"母即驚駭,方知其神異。先生曾持一竹杖,時人謂曰:"蘇生竹杖,固是龍也。"數歲之後,先生灑掃門庭,修飾牆宇。友人曰:"有何邀迎?"答曰:"仙侶當降。"俄頃之間,乃見西北隅紫氣氤氳,有數十白鶴飛翔其中,翩翩然降於蘇氏之門,皆化爲少年,儀形端美,如十八九歲人,怡然輕舉。先生斂容逢迎,乃跪白母曰:"某受命當仙,被召有期,儀衛已至,當違色養。"即便拜辭,母子歔欷。母曰:"汝去之後,使我如何存活?"先生曰:"明歲天下疾疫,庭中井水,簷前橘樹,可以代養。井水一升,橘葉一枚,可療一人。兼封一櫃留之,有所闕乏,可以叩櫃言之。所須當至,慎勿開也。"言畢,踟躕顧望,聳身入雲。紫雲捧足翱翔,群鶴昇雲而去。來年果有疾疫,遠近悉求母療,皆以水及橘葉,無不愈者。有所闕乏,即叩櫃,所說即至。三年之後,母心疑,因即開之,見雙白鶴飛去。自後叩之,無復有應。母年歲盡,一旦無疾而終。鄉人共葬之,如世人之禮。葬後,忽見州東北牛脾山紫雲蓋上有號哭之聲,咸知蘇君之神也。郡守鄉人皆就山弔慰,但聞哭聲,不見其形。鄉人苦請相見,空中答曰:"出俗日久,形貌殊凡。若當露見,誠恐驚怪。"固請不已,即出半面,示一手,皆有細毛,異常人也。因謂郡守鄉人曰:"遠勞見慰,途逕險阻,可從直路而還,不須回顧。"言畢,即見橋亘嶺旁,直至郡城。行次,有一官吏輒回顧,遂失橋所在,墜落河濱,乃見一赤龍於橋下宛轉而去。先生哭處有桂竹兩枝,無風自掃,其地恒净。三年之後,無復哭聲。因見白鶴常在嶺上,遂改牛脾山爲白鶴嶺。自後有白鶴來止郡城東北樓上，或挾彈彈之，鶴以爪攫樓板，似崇書："城郭是，①人民非，三百甲子一來歸。吾是蘇君，彈我何爲？"至今修道之人，每至甲子日，焚香禮於蘇君之第也。

《桂陽先賢畫贊》：蘇耽嘗聞夜有衆賓來，耽告母曰："人招耽去，已種藥後園梅樹下，治百病，一葉愈一人，賣此藥足以供養。"

養性治身書三卷　王喬撰
王喬傳一卷

《風俗通》：俗説孝明帝時，尚書郎河東王喬遷爲葉令。喬有神術，每月朔，嘗詣臺朝。帝怪其數而無車騎，密令太史候望。言其臨至時，常有雙鳧從南飛來，因伏伺，見鳧舉羅，但得一雙舄耳。使尚方識視，四年中所賜尚書官屬履也。每當朝時，葉門鼓不擊自鳴，聞於京師。後天下一玉棺於廳事前，令臣吏試入，終不動搖。喬曰："天帝獨欲召我。"沐浴服飾，寢其中，蓋便立覆。宿夜葬於城東，土自成墳。縣中牛皆流汗吐舌，而人無知者，號葉君祠。牧子班錄，皆先謁拜。吏民祈禱，無不如意。若有違犯，立得禍。明帝迎取其鼓，置都亭下，略無音聲，但云葉公鼓。太史候望在上西門，上遂以占星辰，省察氛祥，言此令即仙人王喬者也。謹按《春秋左氏傳》，葉公子高，姓沈，名諸梁。古者令曰：公忠於社稷，惠恤萬民，方城之外，莫不欣戴。白公勝作亂，葉公自葉而入，與國人攻白公，迎反惠王，整肅官司，退老於葉。及其終也，葉人追思而立祠。功施於民，以勞定國，兼茲二事，固祀典之所先也。此乃春秋之時，何有近孝明乎？《周書》稱：靈王太子晉，幼有盛德，聰明博達，師曠與言，弗能尚也。晉年十五，顧而問曰：

---

① "是"，原誤作"非"，據國圖本、《神仙傳》卷九改。

"吾聞太師能知人年之短長也。"師曠對曰:"汝色赤白,汝聲清,汝不壽。"晉曰:"然,吾後三年將上賓於天,汝慎無言,禍將及汝。"其後三年,太子果死。孔子聞之,曰:"惜夫!殺吾君也!"後世以其自豫知其死,傳稱王子喬仙。或人問仙,揚雄以爲虙羲、神農、黃帝、堯、舜隕落,文王葬畢,孔子葬魯城之北。獨不愛其死乎?知非人之所能也。生乎!生乎!吾恐名生而實死也。國家畏天之威,思求譴告,故於上西門城上候望。近太史寺丞躬親靈臺,位國之陽,於安陽門禱祠齋戒,別有宮中,懼有得失,故參之也。何有伺一飛鳧,遂建其虡乎?世之矯誣,豈一事哉!

蔡邕《王子喬碑》:永和元年冬十二月,當臘之時,夜有哭聲,其音甚哀。附居者王伯怪之,明則登而察焉。時天鴻雪,下無人逕,有大鳥迹在祭祀處,左右咸以爲神。其後有人著大冠,絳單衣,杖竹立冢上,呼采薪孺子伊永昌曰:"我王子喬也,勿得取我墳上樹。"忽然不見。時太山令萬喜,稽故老之言,感精瑞之應,乃造靈廟,以休厥神,於是好道之儔自遠方集,或絲琴以歌太一,或覃思以歷丹田,知至德之宅兆,實真人之祖先。延熹八年,皇帝遣使者奉犧牲致禮,祇懼之敬,肅如也。國相東萊王璋字伯義,以爲神聖所興,必有銘表,乃與長史邊乾樹之玄石,紀頌遺烈。

《水經注》:蒙城縣有王子喬冢,冢側有碑曰:"王子喬者,蓋上世之仙人,聞其仙,不知其興於何代也。傳聞道家或云潁川,或云產蒙,初建斯城,則有斯丘,傳承先民,曰王氏墓。"

裴充《冀州記》:緱氏山仙人廟者,昔王僑爲柏人令,於此登仙。

《香按牘》:武陽山有白蝦蟇,謂之肉芝,王僑食以仙。武當山三祠有三王喬:一太子晉,一葉令王喬,一食肉芝王喬。

馬鳴生別傳

馬鳴生者，臨淄人也。本姓和，字君賢，爲縣吏捕賊，爲賊所傷，當時暫死，忽遇神人以藥救之，便活。鳴生無以報之，遂棄職隨神。初但欲治金瘡方耳，後知有長生之道，乃久隨之，爲負笈之女几山，北到元邱，南至崑江，周游天下勤苦，乃授《太陽神丹經》三卷。歸入山，合藥服之，不樂升天，但服半劑爲地仙，恒居人間，不過三年，輒易其處，時人不知是仙人也。駕屋舍，畜僕從車馬，並與俗同。如此展轉，經歷九州五百餘年，人多識之，後乃白日昇天而去。

馬鳴生隨神女禹章入石室，金牀玉几，彈琴，有一弦，五音並奏。

安期生仙人見神女，設厨膳，①安期曰："昔與女郎游息於南海之際，食棗異美，此間棗小，不及之，憶此棗未久，已二十年矣。②"神女云："吾昔與君共食一枚，乃不盡，此間小棗，那年乃去。③"

成武丁傳一卷

成仙公，名武丁，桂陽臨武烏里人也。後漢時爲縣小吏，少言大度，博通經書，不從師授，有自然之性。時先被使京，還過長沙郡，投郵舍不及，乃宿於野。忽聞樹上人語曰："向長沙市藥。"平旦視，乃二白鶴。仙公異之，遂往市，見二人張白蓋相從而行，仙公遂呼之設食。食訖便去，曾不顧謝。仙公隨之行數里，二人顧見仙公，語曰："子有何求而隨不止？"仙公曰："僕少出陋賤，聞君有濟生之術，是以侍從耳。"二人相向而笑，遂出玉函看素書，果有仙公姓名。於是與藥一丸，令服

---

① "膳"，原誤作"藏"，據《藝文類聚》卷八十七改。
② "二十"，《藝文類聚》卷八十七作"二千"。
③ "那年乃去"，《藝文類聚》卷八十七作"哪可相比耶"。

之。遂令還家,明照萬物,獸聲鳥名悉能解。仙公到家後,縣使送餉。府君周昕有知人之鑑,見仙公,呼曰:"汝何姓名也?"對曰:"姓成名武丁,縣司小吏。"府君異之,乃留在左右。久之,署爲文學主薄。後府君令先生出郡城西,立宅居止,只有母一小弟及兩小兒。比及二年,先生告病,四宿而没。府君自臨殯之,經兩日猶未成服。仙公友人從臨武來,於武昌岡逢仙公乘白騾西行。友人問曰:"日將暮,何所之?"答曰:"暫往迷溪,斯須即返。我去向來忘大刀在户側,履在雞栖上,可過語家人收之。"友人至其家,聞哭聲,大驚曰:"吾向來於武昌岡上逢先生共語,云暫往迷溪,斯須當反,令過語家人收刀並履,何得爾乎?"其家人曰:"刀履並入棺中,那應在外?"即以此事往啓府君,府君遂令發棺視之,不復見尸,棺中惟一木竹杖,長七尺許,方知先生之託形仙去。時人謂先生乘騾於武昌岡,乃改爲騾岡,在郡城西十里。

《桂陽先賢傳》:成武丁達鳥語,爲郡主簿,與人俱坐,聞雀鳴而笑曰:"東市輦粟車覆,相呼往食之。"衆人遣視,果然。

《桂陽列仙傳》:成武丁正旦大會,以酒沃庭中,有司問其故,對曰:"臨武縣失火,以酒救之。"遣驗,果然。

《桂陽先賢畫贊》:成武丁以疾而終,殮畢,其友人從臨武縣來至郡,道與武丁相逢,友人曰:"子欲何之,而不將人?"答曰:"吾今南游,爲投小兒,善護大刀。"到其門,見其妻哭泣,問之,答曰:"夫殁。"友大驚,曰:"吾適與相逢。"乃發棺,了無所見,遂除衰絰而心喪,咸以爲武丁得仙。

《續齊諧》:桂陽成武丁有仙道,謂其弟曰:"七月七日,織女當渡河,諸仙悉還宮。"弟曰:"織女何事渡河?"曰:"織女暫詣牽牛。"世人至今謂之織女嫁牽牛也。

《集仙傳》:成武丁獻沙摩罨月之珠,縣於庭中,日色寒於月。

玉珮金璫經

《白帖》引"太老仙都捧金精立空之按,上清寶文,以授衆真"。

《真誥》:戴孟姓燕,名濟,字仲微,漢明帝時人。入華山及武當山,受裴君《玉珮金璫經》,及受《石精金光符》《太微黄書》,能周游名山。

《神仙傳》:武當山道士戴孟,少好道德,不仕,周游名山。後居武當山,寢息無常,或因精石,或倚大樹,四時衣服不變。恒散髮,亦有練巾。入華山,餌芝朮、黄精、雲母、丹砂,受法於清虚真人,得長生之道。趙威伯,東郡人。少好道,師邯鄲張先生。晚在中岳,受《玉珮金璫經》於邱林,乃漢樓船將軍衛行道婦也。又受行挹日月之景,服九靈明鏡華,遂行道。

石精金光符
太微黄書

《三洞珠囊》:壺公謝元,歷陽人,賣藥於市,不二價,治病皆愈。戴公柏有《太微黄書》十餘卷,即公之師也。

壺公符

今世所有《召軍符》《召鬼神玉應符》,凡二十餘卷,皆出自公,故總名《壺公符》。後封符一卷付費長房,曰:"帶此可主諸鬼神,常稱使者,可以治病消灾。"長房行符收鬼,治病無不愈者。

周義山内傳一卷

《周君傳》:紫陽真人周義山,字季通,汝陰人也,漢丞相勃七世孫。父浚,陳留内史。君年十六,隨浚在郡。爲人沈重,喜怒不形,獨坐静處,精思微密。嘗以平旦出日之初,向東漱口服氣,旦旦如此。聞有樂先生得道在蒙山,能讀《龍蹻經》。按《抱朴子》:黄帝游玄圃,遇雲臺先生,授《龍蹻經》。又《儲禄定命真君紀傳》:真君名封,與黄帝同時,帝從之。聞龍蹻飛行之道。乃追尋之。入蒙山,遇羨門子,乘白鹿,執羽蓋,佩青毛之節,侍從十餘玉女。乃再拜叩頭,乞長生要訣。羨門子曰:"子名在丹臺石室之中,何憂不仙?遠涉江河來,登此何索?"真人會合群仙,在金屋大室銅門之內,以紫雲爲蓋,以采玉爲牀。

《雲笈七籤》:紫陽真人周義山巡行名山,尋索仙人,聞蒙山欒先生能讀《龍蹻經》,遂往尋之。遇衍門子,於是授《龍蹻經》及《三皇內文》。登王屋山,遇趙陀子,授《芝圖》十六首及《五行秘符》。又遇欒先生,受《黃素神方》《五帝六甲左右靈飛之書》四十四訣。登嶓冢山,遇上衛君,①受《太素傳》《左乙混洞東蒙之錄》《右庚素文挥殺之律》。登嵩高山,遇中央黃君老,教以存洞房之術,見白玄君。西登白空山,遇沙野帛先生,受《太清上經》。登峨眉山,入空洞金府,遇寧先生,受《大丹隱書》八稟十訣。登岷山,遇陰先生,受《九赤班符》。登岐山,遇臧延甫,受《憂樂曲素訣》。登梁山,遇淮南子成,受《天關三圖》。登牛首山,遇張子房,受《太清真經》。②登九疑山,遇李伯陽,受《李氏幽經》。登鍾山,遇高丘子,受《金丹方》二十七首。登鶴鳴山,遇陽安君,受《金液丹經》。登猛山,遇青精先生,受《黃素傳》。登陸渾山,潛入伊水洞室,遇李子耳,③受《隱地術》。登戎山,遇趙伯陽,受《三九素語》。④登陽洛山,遇幼陽君,《受青雲紫書》。登霍山,遇司命君,受《經命青圖》《士皇民籍》。登烏鼠山,遇墨翟子,受《紫度炎光內視圖中經》。登曜名山,遇大帝候夜神童,受《金根之經》。登委羽山,遇司馬季主,受《石精金光藏景化形術》。登大庭山,遇劉子先,受《七變神法》。登都廣建木山,遇谷希子,受黃氣之

---

① "上",原誤作"王",據明正統刻《道藏》本《雲笈七籤》(以下《雲笈七籤》皆據此本)卷一百六改。
② "經",原誤作"君",據《雲笈七籤》卷一百六改。
③ "耳",原誤作"甘",據《雲笈七籤》卷一百六改。
④ "三九素語",原誤作"二九素女術",據《雲笈七籤》卷一百六改。

法、太空之術、陽精三道之要。登桐柏山，遇王喬，受《素奏丹符》。登太華山，遇南岳赤松子，受《上元真書》。登太冥山，遇九老仙都君，受《黃水月華四真法》。登合黎山，遇皇人，受《八素真經太上隱書》。登景山，遇黃臺萬畢先生，受《九真中經》。登玄壠山，遇王童、九氣丈人，①受白羽紫蓋服黃水月華法。到桑木，登扶廣山，遇青真小童君，②受《金書秘字》。南行朱火，③登丹陵山，遇龔仲陽，受《仙忌真記》。

劉真人內傳一卷

劉根，字君安，長安京兆人。少明五經，入嵩山學道。石室峻絕之處，上直下五十餘丈。冬夏不衣，身毛長一二尺。其顏色如十四五歲人。深目多須，皆黃，長三四尺。每正坐，忽然變著高冠玄衣，人不覺。時衡府君自說先祖與根同歲，至王莽時，頻使使者請根，根不肯往。衡府君使府掾王珍問起居，④根不答。再令功曹趙公往，少達敬根，惟言謝府君，更無他言。後太守張府君以根為妖，遣吏召根，儗戮之。一府共諫府君，府君不解。如是諸吏達根，欲令根去，根不聽。府君使至，請根。根曰："張府君欲見我何為耶？間當至耳。若不去，恐諸君招尤，謂卿等不能來呼我也。"根是日至府，時賓客滿座，府君使五十餘人持刀杖繩索而立，根顏色不怍。府君烈聲問曰："若有何道術也？"答曰："唯唯。"府君曰："能召鬼乎？"曰："能。"府君曰："既能，即可捉鬼至廳前，不爾，當大戮。"根曰："召鬼至，易見耳。"借筆硯案奏，鎗鎗然作銅鐵之聲，聞於外。又長嘯之音，非常清亮，聞者莫不肅然，衆客震

---

① "丈"，原誤作"夫"，據《雲笈七籤》卷一百六改。
② "青真"二字原誤倒，據《雲笈七籤》卷一百六乙正。
③ "火"，原誤作"天"，據《雲笈七籤》卷一百六改。
④ "珍"，原誤作"根"，據《神仙傳》卷三改。

悚。須臾，廳上南壁忽開數丈，見兵甲四五百人，傳呼赤衣兵數十人，齎刀劍，將一車，直從壞壁中入來。又壞壁復如故。根敕下車，赤衣便乃發車上被，見下有一老翁老姥，大繩反縛囚之，縣頭廳前。府君熟視之，乃其亡父母也。府君驚愕流涕，不知所措。鬼乃責府君曰："我生之時，汝官未逮，不得汝祿。我死，汝何犯神仙尊官，使我被收，囚辱如此，汝何面目，以立人間？"府君下階叩頭，伏罪受死，請求放赦先人。根敕伍百兵將囚出，散遣之。車出去，南壁開。後車過，壁復如故。既失車所在，根亦隱去。府君惆悵，忽狀若發狂，妻登時死，良久乃蘇，云見府君家先捉者，大怒，云："汝何故犯神仙尊官，使我見收？今當來殺汝。"其後一月，府君皆卒。府掾王珍數見，數承顏色懍然，伏地叩頭，請問學仙時本末。曰："吾昔入山時，精思無所不到。後如華陽，見一人乘白鹿車，從者十餘人，左右玉女四人，執彩旄之節，皆年十五六，載拜稽首，求乞一言。神人乃告予曰：'爾聞有韓衆否？'答曰：'實聞有之。'神人曰：'我是也。'予乃自陳曰：'某少好道而不遇明師，頗習方師，按而爲之，多不驗。豈根命相不應，度世有幸？今日得遇大神，是根宿昔夢想之願，願見哀憐，賜其要訣。'神未肯告予，乃流涕自搏，重請神人。曰：'坐。吾將告汝。汝有仙骨，故得見吾耳。汝今髓不滿，血不暖，氣少腦減，筋息肉沮，故服藥行氣，不得其力。必欲長生，且先治病十二年，乃可服仙藥耳。夫仙道有升天躡雲者，有游行五岳者，有服食不死者，有屍解而仙者。凡修仙道，要在服藥。藥有上下，仙有數品。不知房中之事，及行氣導引，並神藥者，亦不能仙也。藥之上者，有九轉還丹、太乙金液，服之，皆立登天，不積日月矣。其次有雲母、雄黃之屬，雖不即乘雲駕龍，亦可役使鬼神，變化長生。次乃草木諸藥，能治百病，神虛駐顏，斷穀益氣，不能使人不死也。上可數百歲，下即全其所稟而已。』予頓首曰：『今日蒙教，乃天也。』神人曰：『必欲長生，先去三尸。三尸去，即志意定，嗜欲除也。』乃以神方五篇見授，云：『伏尸常以月望晦朔，上天白人罪過，司命奪人算，使不壽。人身中神欲得人生，而尸欲得人死，則神散無形之中而成鬼，祭祀之則得歆饗。故欲人死，夢與惡人鬥爭，此乃尸與神戰也。』予乃從其言，合服之，遂以得仙。"珍又每見根書字，有所呼召，似人來取，或數聞推問，有人答對，及聞鞭撻之聲，而悉不見其形，及地上時時有血，莫測其端也。根乃教珍守一行氣存神，坐三綱六紀、謝過上名之法。根後入雞頭山仙去。

劉根別傳

《藝文類聚》引"根棄世學道，入中岳嵩高山石室中，岸嶸上東南下五十丈，冬夏不衣，身毛皆長三尺，顏色如十五六時。"又"有病可服棗核中二十七枚，能常服之，百邪不復干也"。

《北堂書鈔》引"孝武帝登少室，見一女子以九節杖仰指日，閉左目，開右目，氣且絕，久乃蘇息。武帝使人問之，所行何等。东方朔曰：『婦人食日精者。』"又"高府君到官，郡民大疫，郡中掾吏死者過半，夫人郎君悉得病，高府君復遣珍往從根求消除疫氣之術，珍叩頭述府君之言，根曰：『壬戌歲洩在亥，今年太歲在寅，於廳事之亥上穿地，取土沙三斛著之，以涼水三升灑沃其上。』府從之，病者悉得愈，疫氣以絕"。又"取九寸明鏡照面，熟視之，令自識己形，當令不忘，久則身神不散，病患不入"。《太平御覽》引"多思形狀，可以長生"二句。

《太平御覽》引"取七歲男齒女髮與己頸垢合燒服之，則不知老，常為之，則使老有少容也"。

《白帖》引"根令人見鬼，太守史祈不信，囚之，乃召祈七世祖皆面縛責祈，祈乃謝而遣之"。

太上墨子枕中記五卷

一作《墨子枕中五行志》，一作劉根《墨子枕中記》。

《抱朴子》：本有五卷，昔劉君安未仙去時，抄取其要，以爲一卷。

《中興藝文志》：不知作者，此書載區形幻化之術，殆依託墨子云。

《太平御覽》引"石華釀蜜"。

墨子隱形法一篇

靈寶衛生經一卷

樊英石壁文三卷

王遠符書

《真誥》：遠字方平，桓帝時人，降蔡經家，以一符傳授經，經亦得解蛻之道。常從王君游山海，或暫還家，又以一符授經鄰人陳尉，能檄召鬼魔，救人治疾。王君亦有書與陳尉，多是篆文或真書，字廓落而大，陳尉世世寶之。

樓觀內傳一卷　尹軌撰

《初學記》引"尹真人草制樓觀，遂召幽逸之人，置爲道士。又曰：'平王東遷洛邑，又置道士七人。漢明帝永平五年，置三十七人。'"

《神仙傳》：軌字公度，太原人。博極羣書，尤精圖緯。晚乃學道，常服黃精。年百餘歲，言天下盛衰吉凶，未嘗不效。腰佩漆竹筒十數枚，中皆有藥，言可辟兵。常與人一丸，令佩之。會世大亂，鄉里皆罹其難，惟此家免。及又大疫時，或得粒許大塗門，則一家不病。弟子黃理居陸渾山中，患虎暴。公度使其斷木爲柱，去家五里，四方各埋一柱。公度即印封之，虎即絕迹，到五里輒反。人有怪鳥鳴其屋上，以語公度，公度爲一奏符著鳥鳴處,鳥即伏符下死。有人遭父喪,當葬而貧。公度過省之,孝子說甚幸苦。公度愴然曰:"卿假求數十斤鉛,猶可得否?"孝子言猶可得耳。乃具一百斤。公度將鉛入前山中,架小屋,鑪火銷鉛,以其所帶管中藥大如棗,投沸鉛中,皆成好銀,以與之。告曰:"念卿貧困,故以相與,慎勿多言。"嘗見一人,本衣冠子弟,仕郡,遇公事簿書不了,當陪官錢百萬,賣田宅車牛,不售而停,見收緊獄。公度語所識富人曰:"子可以百萬錢借我,我欲以救人,後三十日出,當倍還。"富人喜敬,即以百萬錢與公度,與遇事者曰:"卿能得一百二十斤錫否?"遇事者即具之。公度於鑪中銷錫,復以腰間管中藥一方寸匕,投沸錫中,攪之,皆成金,即稱以還富人。後入太和山仙去。

樓觀本行傳一卷　尹軌撰

樓觀先師傳　尹軌撰

《初學記》引"穆王問杜沖,靈宅樓玄,爲修觀"。

張陵　符書

《法苑珠林》:後漢張陵造《靈寶經》及《章醮》等道書二十四卷。張陵入蜀,學道鶴鳴山,作《道書》以惑百姓。從受道者出五斗米,號米賊。陵死,子衡行其道。衡死,魯復行之,以術教導民,自號師君。其來學道者,初名鬼卒。受本道者已信,號祭酒。領卒衆多者爲治頭大祭酒,皆教以誠信,不欺詐。有病者自首其過,請祭酒,皆作義舍,爲舍之亭傳。又置義米肉,縣之義舍。行路者量腹爲足,若過多者,鬼道輒病之。犯法者三原,然後行刑。

熹平中,妖賊大起,三輔有駱曜。光和中,東方有張角,漢中有張修。駱曜教民緬匿法,角爲太平道,修爲五斗米道。太平道者,師持九節杖爲符水咒,教病人叩頭思過,因以符水飲之,得病淺。或日淺而愈者,則云此人修道;其或不愈,則以爲不信道。修法略與角同,加施静室,使病者處其中思過。又使人爲奸令祭酒,祭酒主以《老子》五千文,使都習,號爲奸令;爲鬼吏,主爲病者請禱。請禱之法:書病人姓名,説服罪之意,作三通,其一上之天官,其一埋之地,其一沈之水,謂之三官手書。使病者出米五斗以爲常,號五斗米師。

李膺《蜀記·玄光辨惑論》:①張陵避瘧邱社中,得咒鬼術,遂解使鬼。熹平末,爲蟒蛇所噏。子衡尋尸不獲,畏負清議之譏,乃假設權方,以表靈化之迹。生摩鵠足,置石崖巔,謀事辨畢,剋期發之。到光和年,遣使告曰:"正月七日,天師昇玄都。"米民巴獠蟻集關外,各治民稽首再拜言:"伏聞聖駕玄都,常辭蔭接,尸塵方享,九幽方夜。"衡入,久之乃出,詭稱曰:"吾旋駕晨華,爾等各還所治,净心持行,存師念道。"衡便密抽鶴胃,鶴直沖虚空,民獠贊嘆,僉言登仙。販死利生,欺罔天地,莫過此之甚也。

《華陽國志·世語破邪論》:②陵死,子衡行其道。衡死,魯復行之。魯母有姿色,挾鬼道往來益州牧劉焉家。焉以魯爲督義司馬,督漢中。焉死,子璋立。魯驕恣不順,盡殺魯母家室。魯遂反,據漢中,以鬼道化民,自號師君。大都與張角相似,雄據漢中垂三十年。曹操征魯,魯走巴中,弟衛横築平陽城以拒之。夜有野麋數千,決壞衛營,衛大驚懼,以爲大軍至,見掩,遂降曹公。或曰:"西歸劉備。"魯勃然:"寧爲曹公作奴,不爲劉備上客。"遂委質曹公,拜鎮南將軍。

《破邪論》:後漢順帝時,有沛人張陵客游蜀土,聞古老相傳:高祖應二十四氣,祭二十四山,遂王有天下。陵不度德,遂構

---

① 按,"李膺蜀記玄光辨惑論"九字爲天頭朱笔批注。
② 按,"華陽國志世語破邪論"九字爲天頭朱笔批注。

此謀，殺牛祭祀二十四所，以土壇載以草屋，稱二十四治。治館之興，始於此也。二十三所在於蜀地，尹喜一所在於咸陽。是誑誘愚民，招合凶黨，斂錢稅米，謀爲亂階。時被蛇吞，逆氛暫輟。至孫魯，禍亂方興，起於漢中。於是假託神言，黃衣當王。魯因與張角相應，合集部衆，並戴黃巾，披道士之服，數十萬人自據漢中垂三十載。後爲曹公所破，黃巾始滅。

夫《國志》等書去陵不遠，其三張之僞接於耳目，而道書依託，流傳不悟，悲夫！據《釋老志》，①後魏之世，嵩山道士寇謙之自謂遇太上老君，云"從張陵去世，無所傳授，授汝天師之位，賜汝《雲中音誦科懺》二十篇，號道教。除去三張僞法，租米錢稅，及男女合氣之術。大道清虛，寧有是事？"②

晋原鶴鳴山，張陵登仙之所，其上有銘，記張陵爲蝮蛇所吸，其徒以爲登仙矣。③

《抱朴子》：曩有張角、柳根、王歆、李申之徒，或稱千歲，假託小術，坐扙立亡，變形易貌，誑眩黎庶，進不以延年益壽爲務，退不以消災治病爲業，遂以招集奸黨，稱合逆亂，不久自伏其辜。事魔食菜，法禁甚嚴。其法奉漢張角爲祖，立象祀之，斷葷酒，不事神佛祖先，不會賓客。死則裸葬，方殮，盡飾衣冠，其徒二人坐於尸旁，問曰："來時有冠乎？"則答曰："無"。遂去其冠。逐一去之，以至於盡。乃曰："來時何有？"曰："有胞衣。"則以布囊盛尸，云事之。後致富，始投其黨，人皆館穀焉。凡物用之無間，謂之一家，故有無礙彼之説。其魁謂之魔王，爲之佐者謂之魔母、魔公，各誘他人，令人出四十九錢於魔母翁處燒香，魔母聚所得錢，以時入於魔王，歲獲不貲。

---

① "釋"，原誤作"仟"，據國圖本改。
② 按，據補編本，此段當出自《天中記》。
③ 按，據補編本，此句當出自《華陽國志》。

其初授法，設誓甚重，雖死於湯鑊，不敢言角字。何執中官台州，州獲事魔之人，何以雜物百物皆能識其名，置一羊角則不言，遂決如獄。其術又謂人生爲苦，殺人是救苦，謂之度人，殺人多者則可以成佛，故統衆乘亂而起，甘嗜殺人，爲世大患。

《神仙傳》：張道陵，沛國人也，本太學諸生，博通五經，晚乃嘆曰："此無益於年命。"遂學長生之道，得黃帝九鼎丹法，欲用之合藥，皆糜費財帛。陵家素貧，欲治生營田，畜牧非己所長，乃不就。聞蜀人多純厚，易可教化，且多名山，乃與弟子入蜀，住鶴鳴山，著《道書》二十篇，乃精思鍊志。忽有天人下，千乘萬騎，金車羽蓋，驂龍駕虎，或自稱柱下史，或稱東海小童，乃授陵以新出正一明威之道。陵受之，能治病，於是百姓翕然奉之爲師。弟子户至數萬，即立祭酒，分領其户，有如官長。並立條制，使諸弟子隨事輒出米絹、器物、紙筆、樵薪、什食物等，領人修復道路，不修復者，皆使疾病。縣有應治橋道，於是百姓斬草除溷，無所不爲，皆如其意。而愚者不知是陵所遣也，將爲此夕從天上下也。陵乃立條制，使有疾病者皆疏記生身以來所犯之罪，及手書投水中，與神明共盟約，不得復犯法，當以身死爲約。於是百姓邂逅病疾，輒當首過，一則得愈，二使羞慚，不敢重犯。陵乃多得財物，以市其藥，合丹成，服半劑，不願即升天也，乃能分形作數十人。所居門前山池，常乘舟戲其中，而諸道士賓客往來盈庭，坐上常有一陵，與賓客對談共食，而真陵故在池中也。其治病事皆采取玄素，但變易其大較，轉其首尾，故陵語諸人："爾輩多俗態未除，不能棄世，正可得吾導引房中之事，或可得草木服食數百歲之方耳。其九鼎大要，惟傳王長。向後合有一人從東方來，當得之。此人必以正月七日日中到，具説長短形狀。"至期，果有趙昇者從東方來，昇平原相其形貌，亦如陵所説。陵乃七度試昇，皆過，乃授昇丹經。七試者，第一試，昇到門不爲通，使人罵辱，四十餘日露宿不去，乃納之。第二試，使昇於草中守黍驅獸，暮遣美女託言遠行過寄宿，與昇接牀，明日又稱脚痛不去，遂留數日，亦復調戲昇，昇終不失正。第三試，昇行道，忽見遺金三十餅，乃走過不取。第四試，令昇入山採薪，三虎交前咬昇衣服，惟不傷身，昇不怨，顏色不變，謂虎曰："我道士耳，年少不爲非，故不遠千里來事神師，求長生之道，汝何以爾也？豈非山鬼使汝來試我乎？"須臾，虎乃起去。第五試，昇於市買十餘匹絹，付直訖，而絹主誣之云未得，昇乃脫衣買絹而償之，殊無吝色。第六試，昇守田穀，有一人往叩頭乞食，衣裳殘弊，面目塵垢，身體瘡膿，臭穢可憎，昇愴然爲之動容，解衣衣之，以私糧設食，又以私米遺之。第七試，陵與諸弟子登雲臺絕崖，崖上有一桃樹，旁生石壁，下臨不測之淵，去三四丈有桃大實，陵謂諸弟子曰："得此桃者，當告以道要。"弟子流汗，無敢視者。昇曰："神人所護，何險之有？"乃從上自擲，正投桃樹上，取桃滿懷，而石壁峻峭，不能得上，乃擲桃巖上二百二枚，陵分桃賜諸弟子，餘二枚陵自食一，留一以待昇。乃申手引昇，昇忽已還，乃以向一桃與昇。食桃畢，陵乃臨谷上笑言曰："趙昇心自正，能投樹上，足不蹉跌，吾今欲自投下，應得大桃也。"衆人皆諫，惟昇與王長默然。陵遂投空，不落桃上，失陵所在。上則連天，下則無底，四方皆仰，往無道路，莫不驚嘆悲涕。昇、長二人良久乃相謂曰："師則父也，自投於不測之崖，吾何以自安？"乃俱投身而下，正落陵前。陵生坐局脚牀斗帳中，謂昇、長二人笑曰："吾知汝來。"乃授二人道畢，三日乃還。歸治舊舍，諸弟子驚悲不息。後陵與昇、長三人皆白日冲天而去，弟子仰視之，乃没於雲霄也。

《真誥》：陵字輔漢，沛國豐人也。晚學長生之道，得《九鼎丹經》，聞蜀中名山，乃入鳴鶴山，著《道書》二十餘篇，仙去。

《登真訣》：太清正乙真人張道陵，沛國人，本大儒，漢延光四年始學道於鳴鵠山，仙官來降，授以正乙盟威之教、施化領民之法。《天師靈寶五符序》及《太清金液丹經序》。

《集仙傳》：道陵隱龍虎山，修三元默朝之道，得黃帝龍虎中丹之術，服之能分形散景。自鄱陽入嵩高山，有隱身制命之術。陵學道於鶴鳴山，時蜀中人鬼不分，災疫並起，老君降授正乙盟威法，爲分人鬼，置二十四治，至今民受其福。有戒壇，今尚在。

《仙鑑》：張道陵隱鶴鳴山，煉龍虎大丹，遇神告曰："北嵩山中峰石室藏《三皇羽文》《九鼎太清真經》，得而修之，乃升天也。"於是陵得之，能飛行遙廳，分形散景。正月十五夜，老君下降，令治蜀鬼，以福生靈。乃授正乙盟威秘錄及經訣劍印。真人按修千日，內顧五藏，外集三萬六千神。又感玉女，教以步罡履鬥。於是與鬼三戰，畫山分海，驅喚風雷，衆鬼滅景而遁。以殺鬼過多，擅役風雷，勤修謝過，九年方得上昇，朝元始天尊。上清玉女二人引陵與夫人雍氏，於雲臺峰白日昇天。陵將秘錄、斷邪劍、玉册、玉印授子衡，與雍氏上昇。陵子衡爲系師，衡子魯爲嗣師，號稱三師。衡與妻盧氏得道平陽山，白日飛昇。

張鎮南在北洞北石壇上燒香禮拜，因伏不起，遂乃夜解，明旦視之，形如生。此壇今猶存。

曹操西征，魯以手板書地成河，兵不得渡。使者以水師進，魯又以手板蓋其河水中，輒出高山，兵不得越。曹公遣使封之，不受。後修煉，白日乘龍升天。

魯女浣衣山下，有白霧蒙身，因而孕子，恥之，自殺。破腹得龍子一雙，送於漢水，既而葬於山，有龍數至墓前成淚。今墓在廢成縣。

梁州女郎山，張魯女浣衣石上，感赤光之祥而懷孕，生二龍。及女死，柩車忽騰飛升此山，因葬焉。

《彭乘記》：成都玉局觀，相傳永壽初，老君與張道陵至此，有局腳玉牀自地而出。老子升坐，爲說《南斗經》。既去，而牀隱地中，遂成此洞，故以玉局名之。

《昇元經》：東方如來遣善勝大士詣太上曰："如來問子爲張陵說法，故遣我來看子。"語張陵曰："卿隨我往詣佛所，當令子見所未見，聞所未聞。"陵即禮大士，隨往佛前廳法。

道陵居渠亭山，見青童絳節前導曰："老君至矣。"從者二人，貌似弱冠。或指曰："此子房，此子淵。"

宋濂《漢天師世家》：天師道陵，留文成侯之後。漢建武十年，生於吳天目山中。舉直言極諫，拜巴郡江州令。棄官隱洛陽北邙山，修煉形之術。章和徵，皆不起。入鄱陽，上龍虎山，合九天神丹，得黃帝《九鼎丹書》。入蜀，感玄元老君，授以經籙之法。壽百二十二歲上昇。

櫟按：《後漢書》及《華陽國志》《抱朴子》《破邪論》載陵事如彼，而道流依託附會陵事如此，則陵之本末從可知矣。屢朝崇奉，系嗣不絕，異矣哉！又按：張魯十子並知名，所稱張氏十龍，儒雅溫恭，尤天道之不可解者。

靈匱秘錄三卷

按：此所謂張陵符書也。《皇甫明序略》云："下邳先生得之於太山巔其山右石穴，張子房得之於下邳先生，李廣利得之於張子房，費長房得之於壺中公，王光伯得之於楚王廟，劉桓公得之於王光伯，張公超得之於劉桓公，王子晉得之於華山樵父，諸葛孔明得之南陽真人，天師張晶得之於張氏山林而遺於子孫。玄圃山者,天下之視山也。中有宛玄洞,有神宰曰虛隗。帝君有二十四將,分布於一十府,總天下禍福之響應。書目爲《靈匧秘錄》者,乃玄圃山神靈秘奧之妙用也。匧者,感動之器也。從匚從金,藏物之象也。金者,至精之物,以喻此至精之物藏於匚缶之中,而不洩於外。匧,世無此字,乃異世之神言爾。所謂秘錄者,言此書神傳而口口,①可傳於天下,故總謂之《靈匧秘錄》也。書三卷,分爲上中下,有二十四法。上卷八法,可以發天籟,動雷霆,易乾象,袪陰霾,壅川流,合游河,止烈火,馭雲氣;中八法,可以戰陣勝,藏息卒,求異泉,射火光,興陰雲,化人馬,縮地脈,步江河;下卷八法,可以起光華,隱形質,變物貨,附夢魂,驅惡毒,伏蛟螭,斬妖精,治疝景。明爲潯陽太守,罷歸長安。一日曉坐渭水旁,遇林大領授予此書。予年九十,恐將來此書遺於岩壑,得之者不知其本,故考其全記,就以序之,庶後得之者見其所由耳。時周通元年七月十五日,商山隱人皇甫明序。"

《後集序》:"《靈匧秘錄》三卷,初本三十六法,南陽先生於卷內撼去十二法,只傳二十四法,以此十二法不傳於世。天道不昧,不傳之法,後人亦得之。考南陽之意,②後世文士得之,妄興取作,所以秘之也。予得之不可秘哉!後得書之時,謹持慎守,切勿以法輕舉,驚罕於世,是予所願。爰題卷首,以戒將來。周通元年七月十六日,商山隱人皇甫明識。"

《續集》:十二法:無礙通,神行,無盡丹,不竭壺,水火瓢,盆取魚,煮水石,佯死,飛空住,紙鶴飛,鐵其身,入壺。

張道陵別傳

《法苑珠林》引"陵在鵠鳴山中,供養金象轉讀佛經"。

---

① "口口"原爲空格,據國圖本改。
② "意"下原衍一"後"字,據國圖本刪。

天師內傳一卷

天師外傳一卷

張道陵　神仙得道靈槃歌一卷

張道陵　中山玉櫃神氣訣一卷

張道陵　剛子丹訣一卷

仙人馬君陰君內傳一卷　趙昇撰

虹景丹經

《真誥》：張正禮漢末受西城君虹景神丹經方，患丹沙難得，去廣州爲道士，遂得內外洞澈沙，兼修守一之法，仙去。

《登真隱訣》：後漢末，張正禮在衡山受服王君虹景丹，積三十餘年。

太平經一百七十卷　于吉撰

《江表傳》：道士瑯邪于吉，寓居東方，往來吳會，立精舍，著絳帊頭，燒香讀道書，作符水以治病。

于吉者，瑯邪人也，一云北海人，先名室，後改名吉。其祖父世有道術，不殺生命，吉精苦有愈於昔日。嘗於曲陽水上得神書百餘卷，皆赤界白素，青首朱目，號曰《太平清錄書》。時漢成帝河平二年甲午也。蓋吉親受於老君，今道家《太平經》也。其經以甲、乙、丙、丁、戊、己、庚、辛、壬、癸爲部，每部一十七卷。

《襄楷傳》：桓帝時，襄楷上書言"臣前上瑯邪宮崇受于吉神書，不合明聽"，又言"前者宮崇所獻神書，專以奉天地、順五行爲本，亦興國廣嗣之道，其文易曉，參同經典。而順帝不行，故國久不興"云云。初，順帝瑯邪宮崇詣闕，上其師于吉於典陽泉上所得神書一百七十卷，皆縹白素、朱朱界、青首、朱目，號《太平清領書》。其言陰陽五行家事，而多巫覡雜語。有司奏崇所上妖妄不經，乃收藏之。後張角頗存其書。及靈帝即位，以楷書爲然。

《像天地品》：後漢順帝時，曲陽泉得《神仙經》一百卷，内七十卷皆白素、朱界、青縹、朱書，號曰"太平青領道"。

端臨馬氏曰："按道家之説，皆昉於後漢桓帝之時。今世所傳經典符籙，以爲張道陵天師於永壽年間受法於老君者也，而《太平經》正出於此時，范史所書甚明。然隋以來《藝文志》道書並不收入，至宋《中興史志》方有之，然以爲襄楷撰，則非也。今此經世所不見，獨章懷太子所注《漢書》及其二三，如楷疏中所謂'奉天地、順五行'者。經中所言，亦淺易無甚高論。至所謂興國廣嗣之道，則不過房中鄙褻之談耳。楷好學博古，於君昏政亂之時，能詣闕上書，明成瑨、李雲之冤，指常侍、黃門之過，不可謂非高明傑特之士。而疏中獨再三尊信此書，遂以'違背經誼，假託神靈'之劾，幾不免獄死，惜哉！然此經流傳甚古，卷帙最多，故附見於此。"

于吉者，後爲孫策所殺。按：順帝至孫策據江東之時垂七十年，而吉於順帝時已爲宮崇師，則必非稺齒。度其死時當過百歲，必有長生久視之術，然亦不能晦迹山林以全其天年，而乃招集徒黨，制作符水，襲黃巾米賤之爲，以取誅戮，則亦不足道也。

《江表傳》：孫策嘗於郡城樓上請賓客，吉乃盛服趨度門下，諸將賓客三分之一下樓拜之，掌客者呵禁不能止，策即令收之。諸事之者，悉使婦女入見策母，請之。母謂策曰："于先生亦助軍作福，醫護不可殺之。"策曰："昔南陽張津爲交州刺史，舍前聖典訓，廢漢家法律，常著絳袙頭，鼓琴焚香，讀邪僞道書，云以助化，卒爲蠻夷所殺。此甚無益，諸君但未悟耳。今此子已在鬼錄，勿復費紙筆也。"即催斬之，縣首於市。

《後漢書注》引"吾書中，悉使青下而丹目，合乎吾之道，乃丹青之信也。青者,生仁而有心。赤者太陽,天上之正色也"。又"《帝王篇》:真人問神人曰:'吾欲使帝王立致太平,豈可聞耶?'神人言:'但順天地之道,不失銖分,則立致太平。元氣有三名,曰太陽、太陰、中和。形體有三名,爲天、地、人。天有三名,爲日、月、星,北極爲中。地有三名,爲山、川與平土。人有三名,爲父、母、子。政有三名,爲君、臣、人。此相得腹心,不失銖分,使其同一憂,合成一家,立致太平,延年不疑也。'又問曰:'今何故其生子少也?'天師曰:'善哉!子之言也,但施不得其意耳。如令施其人欲生也,開其玉户,施種於中,若春種於地也,十十相應和而生。其施不以其時,若十月種物於地,十十盡死,固無生者。真人欲重知其審,今無子之女,①雖日百施其中,猶無所生也。不得其所生之處,比若此矣。是故古者聖賢不妄施於不生之地也,名無亡種竭氣,而無所生成。今太平氣到,或有不生子者,斷絶天地之統,使國少人。理國之道,多人則國富,少人則國貧。今天上皇之氣已到,天皇氣生物,乃當萬倍其初天地。'"又"天失陰陽則亂其道,地失陰陽則亂其財,人失陰陽則絶其後,君臣失陰陽則其道不理,四方失陰陽則爲災。今天垂象爲人法,故人當順承之也"。又"天上有常神聖要語,時下授人以言,使神吏應氣而往來也。人衆得之,謂神咒也。咒百中百,十中十,其咒有可使神爲除災疾,用之所向,無不愈也"。

《初學記》引"悟師一人教十弟子,十以教百,百以教千,千以教萬"。又"太空瓊臺洞門列真之殿,金華之内,侍女衆真之所處"。

《白帖》引"一者,數之始生之道也。元氣所起,天之大綱,故

---

① "今"上原衍一"曰"字,據《後漢書·郎襄傳》删。

守一而思之也。子欲養生，守一最壽。平氣徐卧，與一相守，氣若淵泉，其身何咎"。

《北堂書鈔》引"人之精神，當居空閒之地，不拘污濁之門也。欲思還神，皆當齋戒，焚香室中，百病自除。不齋戒，則神精不肯還人也"。

《太平御覽》引"上士學道，輔佐帝王好生之德也。中士學道，欲度其家。下士學道，才脱其身"。

何謂如分言？一言而大凶至，是上多言人也。一言而致辱，是中多言人也。一言而致窮，而是下多言人也。①

宮崇書

《神仙傳》：宮崇者，琅邪人也。有文才，著書百餘卷。師事仙人于吉。漢元帝時，崇隨吉於曲陽泉上界，天仙授吉青縑朱字《太平經》十部。吉行之得道，以付崇，後上其書。此書多論陰陽否泰災眚之事，有天道、地道、人道，云治國者用之可以長生，此其旨也。

左慈真人助相見規戒一卷

《真誥》：慈字元放，廬江人也。明五經，通星象，見漢祚衰微，乃學道精思，尤明六甲，能役使鬼神，生致行厨。於天柱山得石室《九丹金液經》，是《太清經》中法師李仲甫。曹操問而召之，問學道之由，俄失慈。建安末渡江，在小方山，顏色甚好。

《神仙傳》：曹公捕左慈，數日得之，使斷頭以白，曹公大喜曰："果慈頭？定視，乃一束茅爾。"

曹公收左慈，慈走入羊群中，失慈之所在。追者疑化爲羊，乃令人數羊，羊本千口，揀之，多一口，知果化爲羊，乃謂曰："若是左公，但出無苦也。"有一羊跪曰："詎如許。"追者欲執之，

---

① "人"字原脱，據國圖本補。

於是群羊曰："詎如許。"追者乃去。

吳有徐隨者居丹徒，左慈過隨門下，有宿客車六七乘，欺慈曰："徐公不在。"慈去，客皆見牛在楊柳樹杪，車轂中皆生荆木，長三尺。客懼，入報隨，隨曰："此左公，亟追迎之。客逐慈，叩頭謝。客還，視牛故在地，無復荆木也。"

左慈詣劉表云："有薄禮，願犒軍。"表使取之。有酒一壺、脯一槃，千餘人共舉不能勝，慈自引取之，求書刀，削脯投地。人接酒及脯賜兵，人二三杯，酒如故，脯亦不減。

九鼎丹經一卷

《抱朴子》：慈於天柱山精思積久，神人授以《金丹仙經》，凡《太清丹經》三卷、《九鼎丹經》一卷。

黃白中經五卷

《抱朴子》：《黃白中經》，鄭君曾與左慈於廬山銅山中試作，皆成也。

太極左真人曲素訣辭

一名《九天鳳氣玄邱太真書》。太上授太極左真人，真人授東海方諸宮青童太君，使傳道士宿有名應神仙真者佩也。

太極左仙公起居注

《太平御覽》引"太上之天錫仙公芙蓉冠、排羅裙"。

七變經一卷

《昇元經》：李翼字仲甫，以七變法授左慈。慈修之，變化無端。此經在《茅真人傳》，後道士以還丹方殊秘，故略出別為一卷。

包元太平經

齊人甘忠撰。

甘始容成陰道十卷

《博物志》：魏時方士甘陵、甘始。

《神仙傳》：甘始者，太原人，本師韓世雄，服天門冬，在人間三百餘年，始依容成玄素之法，更演之爲十卷。按《漢書·志》有《容成陰道》二十卷。曹植《辨道論》：甘陵、甘始能行氣導引，老而有少容，自諸術士咸共語之，然始辭繁寡實。予嘗辟左右，獨與之言，問其所行，溫顏以誘之，美辭以導之。始與吾言："本身師姓韓字雅，嘗與師於南海作金，前後數四，投數萬金於海。"又言："諸梁時，西域胡來獻香罽、腰帶、割玉刀，悔不取。"又言："車師元西國兒生，劈臂出脾，欲其食少而怒行也。"又言："取鯉魚五寸一雙，令其一著藥，投沸膏中，有藥者奮尾鼓腮，游行浮沈，有若處淵，其一已熟而可噉。"時予問言："寧可試否？"言："此藥去此踰萬里，當出塞，始不自行，不能得也。"
《典論》：漢末李覃辟穀服茯苓，飲寒水而洩痢。秦芬呼吸吐納，氣閉不通，良久乃蘇。

王和平寶書

王和平性好真術，自言當仙。濟南孫邕少事之，從至京師。會和平病死，邕葬之東陶。有書百餘卷，藥數囊，悉以送之。後弟子夏榮言其尸解，邕乃恨不取其寶書仙藥焉。

趙炳越方

炳字公明，東陽人。《抱朴子》：道士趙炳，以氣禁人，人不能越。禁虎，虎伏地，低頭閉目，便可執縛。以大釘釘柱，入七尺，以氣吹之，釘即躍射而出，射去如弩箭之法。又以真氣禁沸湯，令百許錢投中，令一人手探漉取錢，而手不灼爛。禁水著中庭露之，大寒不冰。又能禁一里中炊者，盡不得熟。禁犬，令不得吠。仲長統公理者，才達之士也，著《昌言》，亦論氣以不飢不病。

《異苑》：趙侯以盆水吹氣作禁，魚龍立見。越方著禁咒也。
《搜神記》：越地深山中，有鳥大如鳩，青色，名曰冶鳥。穿大樹作巢，如五六升器，户口數寸，周飾以土墼，赤白相分，狀如射侯。伐木者見此樹，即避去。或夜冥不見鳥，鳥亦知人不見，便鳴唤曰："咄！咄！上去！"明日便宜急上去。"咄！咄！下去！"明日便急下去。若不使去，但笑言而已者，人可伐也。若有穢惡及其所止者，則有虎通夕來守，①人不去，便傷害人。此鳥白日見其形，是鳥也；夜便作人形，長三尺，至澗中取石蟹，就人取火炙之，人不可犯也。越人謂此鳥是"越祝"之祖。

素書二卷　孔元方撰

孔元方，許昌人也。常服松脂、茯苓、松實等，老而益少，容如四十許人。郗元節、左元放皆爲親友，俱棄五經當世之人事，專事道術。鑿水邊作一窟室，方廣丈餘，元方入其中，斷穀，或一月兩月乃復也，家人亦不往來。窟前有一柏樹，生道後荆棘草間，委曲隱蔽，弟子急欲詣元方窟室者，皆莫能知。後東方有一少年馮遇，好道術，伺候元方，便尋窟室，得見，曰："人皆來，不能得見我，汝得見，似可教也。"乃以《素書》二卷授之，曰："此道之要也。"

李先生傳

《三國志注》：李意期者，蜀人。劉先主後伐吴，報關羽之死，使迎意期。至，甚敬之。問伐吴吉凶，意期不答，求紙畫作兵馬器仗十數萬，乃一一裂壞之。又畫一大人，掘地埋之，乃逕去。備不悦，後果爲吴軍所敗，十餘萬纔數百人得還。先主忿怒，遂崩於永安宫。意期少言，人有所問，略不對答。蜀有憂患，往問之，吉凶自有常候，但占其顏色，若懽悦則善，慘戚則惡。後入琅邪山，不復見出也。人有説四方郡國宅觀市里者，期即撮土成之，經見者詫其酷類，但識小耳。

---

① "通夕來守"，原誤作"來文采守"，據《搜神記》卷十二改。

周易參同契注　　虞翻撰

見《經典釋文》。

胎中記

趙叔期學道於王屋山，時時出民間，聞有卜者在市，叔期往見之，卜者曰："欲入天門，調三關，有朱衣，正昆侖。"①叔期知爲異人，因叩首往請要道，卜者乃授以《胎中記》一卷，拜受之，盡其奥，丹成而昇天。

右道家類。

樸按：甄鸞《笑道論》：道家妄注諸子三百五十卷爲道經。又按：驗《玄都目録》，妄取《藝文志》書名，矯注八百八十四卷爲道經。永平十四年，道士褚善等六百九十人聞佛教入雒，請求角試，總將道教經書合有三十七部，七百四十卷，就中五十九卷是道經，餘三百三十五卷是諸子。又按葛洪《神仙傳》，道教所有度世消災之法九百三十卷，符書等七十卷，總一千卷。今按《抱朴子》所引道書有：《三皇内文天地人》三卷、《元文》上中下三卷、《混成經》二卷、《玄録九三經》《二十四生經》《九仙經》《靈十仙經》《十二化經》《九變經》《老君玉歷經》《墨子枕中五行温寶經》《息民經》《自然經》、《養生書》一百五卷、《太平經》五十卷、《九敬經》、《甲乙經》一百七十卷、《青龍經》《中黄經》《玄女經》《素女經》《彭祖經》《陳赦經》《子都經》《張虚經》《天門子經》《容成經》《八山經》《内寶經》《四規經》《明鏡經》《日月臨鏡經》《五言經》《柱中經》《靈寶皇子心經》《龍蹻經》《正機經》《平衡經》《飛魚經》《鹿盧蹻經》《蹈形記守形圖》《坐七圖》《觀卧經引景圖》《含景圖》《觀天圖》《木芝圖》《菌芝圖》《肉芝圖》《石芝圖》《大魄雜芝圖》、《五岳經》五卷、

---

① "正"，原誤作"在"，據《太平御覽》卷六百七十九改。

《隱守記》《東井圖》《虛元經》《牽牛中經》《王彌經》《臘成記》《六安記》《平都記》《定心記》《龜文經》《山陽記》《玉策記》《八史記》《八寶經》《左右契》《玉歷經》《昇天儀九奇經》《更生經》、《四衿經》十卷、《食日月精經》《食六氣經》《丹一經》《胎息經》《行氣治病經》、《勝中經》十卷、《攝提經》《丹壺經》《岷山經》①《魏伯陽內經》《日月厨食經》《步三罡六紀經》《八軍經》《六陰玉女經》《四君要用經》《金雁經》《三十六水經》《白虎七變經》《道家地行仙經》《黃白要注》《八公黃白經》《天師神氣經》、《枕中黃白經》五卷、《帛子變化經》②《移災經》《厭禍經》《中黃經》《文人經》《涓子天地人經》《崔文子肘後經》《神光占方來經》《水仙經》《尸解中遁經》《李君包元經》《黃度經》《淵體經》《大素經》《華蓋經》《行厨經》、《微言》三卷、《內視經》《文始先生經》《曆藏延年經》《南闕記》、《協龍子紀》七卷、《九宮》五卷、《三五中經》《宣常經》《節解經》《鄒陽子經》、《玄洞經》十卷、《示玄經》十卷、《箕山經》十卷、《鹿臺經》《小僮經》、《河雒內記》七卷、《舉形道成經》五卷、《道機經》五卷、《見鬼記》《無極經》《宮氏經》《真人玉胎經》《道根經》《候命圖》《反胎胞經》《枕中清記》《幻化經》《詢化經》《金華山經》《鳳網經》《召命經》《候神記》《鬼谷經》《凌霄子安神記》《丘子黃山公記》《玉子立行要貞經》《少餌經》《鴻寶經》《鄒生延命經》《安魂記》《黃道經》《九陰經》《雜集書錄》《銀函玉匱記》《金板經》《黃老仙錄》《原都經》《玄元經》《日精經》《混元經》《三尸集》《呼身神治百病經》、《收山鬼老魅治邪精經》三卷、

---

① "山"，原誤作"生"，據國圖本、《抱朴子》內篇卷十九改。
② "帛"，國圖本作"白"。

《入五毒中記》、①《休糧經》三卷、②《采神藥治作秘法》三卷、《登名山渡江海來地神法》三卷、《趙大白囊中要》五卷、《八瘟氣疫病大禁》七卷、《收治百鬼召五岳丞太山主者記》三卷、《興和宮宅客舍法》五卷、《斷虎狼禁山林記》《召百里蟲蛇記》、《萬畢高丘先生法》三卷、《王喬養性治身經》三卷、③《服食禁忌經》《立功益算經》、《道士奪算律》三卷、《移門子記》《鬼丘法》《立亡術》、《練形記》五卷、《郄公道要》《角里先生長生集》、《少君道意》十卷、《樊英石壁文》三卷、《思靈經》三卷、《龍首經》《荊山記》、《孔安仙朏赤斧子大覽》七卷、《董君地仙却老要記》、《李先生肘後口訣》二卷、《自來符》《金光符》、《太玄符》三卷、《通天符》《五精符》《玉策符》《枕中符》《小童符》《九靈符》《六君符》《玄都符》《黃帝符》《少子三十六將軍符》《延命符》《天水神符》《四十九貞符》《青龍符》《白虎符》《朱雀符》《玄武符》《朱昭符》《七機符》《九天發兵符》《九天符》《老經七符》《大捍厄符》《玄子符》《武孝經燕君龍虎三囊辟兵符》《包元符》《沈羲符》《禹蹻符》《消災符》《八卦符》《盟乾符》《雷電符》《萬畢符》《五威八勝符》《威喜符》《巨勝符》《採女符》《玄精符》《玉曆符》《北臺符》《陰陽太真符》《枕中符》、《治百病符》十卷、《厭怪符》十卷、《壺公符》二十卷、《九臺符》九卷、《六甲通靈符》十卷、《六陰行厨龍胎三金五木防終符》合五百卷、《軍火召治符》、《玉斧符》十卷。葛洪去漢未遠，所列道書已如此之多，大都依託附會，無足深論也。

---

① "入"，原誤作"八"，據國圖本改。
② "休"，原誤作"林"，據國圖本、《抱朴子》內篇卷十九改。
③ "經"字原脫，據國圖本、《抱朴子》內篇卷十九補。

補後漢書藝文志卷之廿七

洞冥記四卷

《唐志》：郭憲《洞冥記》四卷。《中興書目》：《洞冥記》四卷，漢光禄大夫郭憲撰，載武帝神怪事。陳振孫《書録解題》：東漢光禄大夫郭憲子横撰，題《漢武別國洞冥記》，其別録又於《御覽》中鈔出，然則四卷非全書也。《唐志》入神仙家。《提要》。未録。

麗娟傳一卷　郭憲撰

東方朔傳一卷　郭憲撰

漢武故事二卷

《西京雜記》：葛洪家有《漢武禁中起居注》一卷、《漢武故事》二卷。《提要》。未録。

漢武内傳二卷

《唐志》神仙三十六家：①《漢武内傳》二卷。《中興書目》：《漢武内傳》載西王母事，後有淮南王公孫卿、稷邱君八事，乃唐終南山道巖所附。《提要》。未録。

飛燕外傳

《提要》。未録。

西王母傳　桓驎撰

陶九成《説郛》有刊本。

異聞記　陳寔撰

寔字仲弓，潁川人，官至太丘長。《抱朴子》：故太丘長潁川陳

---

① "三十六"，《新唐書·藝文志》作"三十五"。

仲弓，篤論士也，撰《異聞記》：其郡人張廣定者，遭亂避地。有一女年四歲，不能步涉，①不可擔荷，計棄之固當餓死，不欲令其骸骨之露，邨口有古大冢，上巔先有穿穴，乃以器盛縋之，下此女於冢中，以數月許乾飯及水漿與之而捨去。候此平定，②其間三年，③廣定乃還鄉里，欲收冢中所棄女骨，④更殯埋之。廣定往視之，故坐冢中，見其父母，猶識之甚喜。而父母猶恐其鬼也，入就之，乃知其不死。問從何得食，女言糧初盡時甚饑，見冢角有一物，伸頸吞氣，⑤試效之，轉不復饑，日月爲之，以至於今。父母去時所留衣被，自在冢中，不行往來，衣服不敗，故不寒凍。廣定乃視女所言物，⑥乃是一大龜耳。女出食穀，初小腹痛嘔逆，久許乃習。

龐娥親傳　黃門侍郎安定梁寬撰

附晉皇甫謐《龐娥親傳》：酒泉烈女龐娥親者，表氏龐子夏之妻，祿福趙君安之女也。君安爲同縣李壽所殺，娥親有男弟三人，皆欲報仇，壽深以爲備。會遭災疫，三人皆死。壽聞大喜，請會宗族，共相慶賀，云："趙氏强壯已盡，唯有女弱，何足復憂！"防備懈弛。娥親子淯出行，聞壽言，還以啓娥親。娥親既素有報仇之心，聞壽言，感激愈深，⑦愴然隕涕曰："李壽，汝莫喜也，終不活汝！戴天履地，爲吾門戶，吾三子之羞也。⑧焉知吾不手刃殺汝，而自徼倖耶？"陰市名刃，挾長持短，晝夜

---

① "涉"，原誤作"攝"，據《抱朴子·對俗》改。
② "此"，《抱朴子·對俗》作"世"。
③ "年"，原誤作"季"，據《抱朴子·對俗》改。
④ "中"字原脫，據《抱朴子·對俗》補。
⑤ "吞"，原誤作"伸"，據《抱朴子·對俗》改。
⑥ "視"，《抱朴子·對俗》作"索"。
⑦ "深"字原脫，據《三國志·魏志·龐淯傳》補。
⑧ "吾"字原脫，據《三國志·魏志·龐淯傳》補。

哀酸，志在殺壽。壽爲人凶豪，聞娥親之言，更乘馬帶刀，鄉鄰皆畏憚之。比鄰有徐氏婦，憂娥親不能制，恐逆見中害，每諫止之，曰："李壽，男子也，凶惡有素，加今備衛在身。趙雖有猛烈之志，而強弱不敵，邂逅不制，則爲重受禍於壽，絶滅門户，痛辱不輕也。願詳舉動，爲門户之計。"娥親曰："父母之仇，不同天地共日月者也。李壽不死，娥親視息世間，活復何求！今雖三弟早死，門户泯絶，而娥親猶在，豈可假手於人哉！若以卿心況我，則李壽不可得殺；論我之心，李壽必爲我所殺明矣。"夜數磨礪所持刀訖，扼腕切齒，悲涕長嘆，家人及鄰里咸共笑之。娥親謂左右曰："卿等笑我，直以我女弱不能殺壽故也。要當以壽頸血污此刀刃，令汝輩見之。"遂棄家事，乘鹿車伺壽。至光和二年二月上旬，以白日清時，於都亭之前，與壽相遇，便下車扣壽馬，叱之。壽驚愕，迴馬欲走，娥親奮刀斫之，並傷其馬。馬驚，壽擠道邊溝中。① 娥親尋復就地斫之，探中樹蘭，折所持刀。壽被創未死，娥親因取壽所佩刀殺壽，壽護刀瞋目大呼，②跳梁而起。娥親乃挺身奮手，左抵其額，右樁其喉，反覆槃旋，應手而倒。遂拔其刀以截壽頭，持詣都亭，③歸罪有司，徐步詣獄。時禄福長漢陽尹嘉不忍論娥親，④即解印綬去官，弛法縱之。娥親曰："仇塞身死，妾之明分也。治獄制刑，君之常典也。何敢貪生以枉官法？"鄉人聞之，傾城奔往，觀者如堵，莫不爲之悲喜慷慨嗟嘆也。守尉不敢公縱，陰諭使去，⑤以便宜自匿。娥親大聲言曰："枉法逃死，非妾本心。今仇人已雪，死則妾分，乞得歸法以全國

---

① "道"，原誤作"遂"，據《三國志・魏志・龐清傳》改。
② "瞋"，原誤作"瞑"，據《三國志・魏志・龐清傳》改。
③ "詣"，原誤作"詢"，據《三國志・魏志・龐清傳》改。
④ "禄福"二字原誤倒，據《三國志・魏志・龐清傳》乙正。
⑤ "諭"，《三國志・魏志・龐清傳》作"語"。

體。雖復萬死，于娥親畢足，不敢貪生爲朝廷負也。"尉故不聽所執，娥親復言曰："匹婦雖微，猶知憲制。殺人之罪，法所不縱。今既犯之，義無可逃。乞就刑戮，殞身朝市，肅明王法，娥親之願也。"辭氣愈厲，面無懼色。尉知其難奪，强載還家。涼州刺史周洪、酒泉太守劉班等並共表上，稱其義烈，刊石立碑。弘農張奐貴尚所履，以束帛二十端禮之。海内聞之者，莫不改容贊善，高大其義。故黄門侍郎安定梁寬追述娥親，爲其作傳。

藝經　邯鄲淳撰

淳，一名竺，字子叔。博學有才華，又善《蒼》《雅》、許氏《字指》。樸按：淳爲度尚撰《曹娥碑》在桓帝元嘉元年，爲段君撰《孫叔敖碑》在延熹四年，不應魏正始中尚能書三體石經及進《投壺賦》，疑是兩人。

《文選注》引"棋局縱橫各十七道，合二百八十九道，白黑棋子各一百五十枚"，又"更先按之，三彈不得，各去一棋，以補角"，又"馬射，左邊爲月支二枚，馬蹄三枚"。

徐岳《術數紀遺》引"三不能比兩者，孔子造，布十子於其方，戊己在西南。四維者，東萊子所造，布十二時四維之一，其文曰：'天行星紀，石隨龍淵，風吹羊圈，天門地連，兔居蛇穴，馬到猴邊，雞飛豬鄉，鼠入虎廛。'"

《太平御覽》引"以博二枚，長七寸，相去三十步，立爲標。各以博一枚，方圓一尺，擲之。主人持籌添多少，甲先擲破，則得乙籌，後破則奪先破矣"，又"塞，行棋相塞謂之塞也"，又"夾食者，二人黄黑各十七棋，橫列於前第四道上，甲乙推造。二棋夾一爲食棋，不得食兩，不得邊食。不由道則不行，棋入夾不取食。一棋爲籌，賭多少隨人所制"，又"恉悶者，周公作，先布本位，以十二時相從。曰：'同有文章，虎不如龍。豕者何爲,來入兔宮。王孫畫卜,乃造黃鐘。犬往就馬,非類相從。羊奔蛇穴,牛入雞籠。'"

《天中記》引"夫圍棋之品有九:一曰入神,二曰坐照,三曰具體,四曰通幽,五曰用智,六曰小巧,七曰鬥力,八曰若愚,九曰守拙。九品之外,今不復云",又"博局戲,六箸十二籌也,古者烏曹作博",又"投壺之禮,主人奉矢,司射奉中,吏人執壺。主人謂曰:'某有枉矢哨壺,請以樂賓。'"又"義陽臘日飲祭之後,叟嫗兒童爲藏鉤之戲,分爲二曹,以交勝負。若人偶即敵對,人奇即人爲游附,或屬上曹,或屬下曹,名爲飛鳥,以齊二曹人數。一鉤藏在手中,曹人當射知所在,一藏爲一籌,三籌爲一都"。

《太平御覽》引"簸子,①子之多少,人之明數,隨戲者制。始於十子爭先,以落多爲不妙",又"擊壤,古戲也。據《廣韻注》補。以木爲之,前廣後銳,長尺四寸,闊三寸,其形如履。將戲,先側一壤於地,遙於三四十步以手中壤敲之,中者爲上",又"彈棋正彈法,二人對局,黑白棋各六枚,先列棋相當,下呼上擊之"②,又"投壺法,十二籌以象十二月之數"。

笑林三卷　　邯鄲淳撰

《能改齋漫錄》:秘閣有《古笑林》十卷,孫楚《笑賦》"笑林調謔之具觀"本此。

《北堂書鈔》引"有南方人至京師食者,人戒之曰:'汝得物惟食,③慎勿問其名也。'後詣主人,入門見馬矢便食,惡臭。乃步進,見敗屨棄於路。因復嚼,不可咽。顧從者曰:'人言皆不可信。'後詣貴官,爲設鮨,因相視曰:'故是首物,且當勿

---

① "子"字原脱,據補編本、《太平御覽》卷七百五十五補。
② "上"字原脱,據補編本、《太平御覽》卷七百五十五補。
③ "物",原誤作"食",據補編本、《太平御覽》卷六百九十八改。

食。'"又"吴人至京師,爲設食者有酪酥,未知是何物,强而食之,歸吐,遂至困頓。謂其子曰:'與傖人同死,亦無所恨。然汝固宜慎之!'""遂至困頓"五句據《藝文類聚》補。

《藝文類聚》引"有人弔喪,並欲齎物助其子,問人:'可與何等物?'答曰:'錢布穀帛,任卿所有耳。'因齎大豆一斛相與。孝子哭唤奈何,以爲問豆,答曰:'可作飯。'孝子哭復唤窮已,曰:'適得便窮,自當更送一斛。'"又"太原人夜失火,出物,欲出銅鎗,誤出熨斗,便大驚惋。語其子曰:'異事!火未至,鎗已被燒失腳。'"又"某甲夜暴疾,命門人鑽火。其夜陰暝,不得火,督迫頗急,門人忿然曰:'君責之亦太無道理,今闇如漆,何以不把火照我?我出當得鑽火具,然彼易得耳。'孔文舉聞之曰:'責人當以其方也。'""然彼易得耳"三句據《太平御覽》補。又"沈峙弟峻,字叔山,有名譽,而性儉嗇。張溫使蜀,峻入內良久,出語溫曰:'向擇一端布,欲以遺卿,而無粗者。'溫嘉其能顯非"。

《太平御覽》引"趙伯公肥大,夏日醉臥,孫男緣其肚戲,因以李八九枚納臍中。至後日,李大爛,汁出,乃泣謂家人:'我腸爛將死。'明日,李核出,乃知孫兒所納李子也"。又"楚人居貧,得《淮南》方'螳螂伺蟬自障葉,可以隱形',遂於樹下仰取螳螂伺蟬葉以摘之。葉落樹下,樹下先有落葉,不能復分別,掃取數斗歸,一一以葉自障,問其妻曰:'汝見我否?'妻始時恒答言'見'。經日,乃厭倦不堪,紿云'不見'。默然大喜,齎葉入市,對面取人財。吏縛至縣官受辭,具説本末,官大笑,放而不治"。又"有人作羹者,以杓嘗之,少鹽,便益之。[①]後復嘗之,問杓中者,故云不足。如此益升許鹽,故不鹹,因以

---

① "便",原在"少"上,據補編本、《太平御覽》卷八百六十一移正。

爲怪"。又"姚斌至武昌遇風，與沈彪於江渚守風。糧用盡，遣人從彪貸鹽。彪得書不答，敕左右倒鹽著江水中，曰：'明吾不惜，惜所與耳。'"又"司徒崔烈辟上黨鮑堅爲掾。將謁見，自慮不過。問先到者儀，適有答曰'隨典儀口唱'。既謁，讚曰'可拜'，堅亦曰'可拜'；讚者曰'就位'，堅亦曰'就位'，因復著上坐。將離席，不知履所在，讚者曰'履著脚'，堅亦曰'履著脚'也。"又"平原陶丘氏取渤海墨台氏女。女色甚美，才甚令，復相敬。已生一男，而歸。母丁氏年老，進見女婿，女婿既歸，而遣婦。婦臨去，請罪。夫曰：'曩見夫人年德已衰，非昔日比。亦恐新婦老後必復如此，是以遣，無他故。'"

《廣博物志》引"漢人有適吳，吳人設筍，問是何物，曰：'竹也。'歸煮其牀簀而不熟，乃謂其妻曰：'吳人輾轆，欺我如此！'"

《後漢書注》引"桓帝時，有人辟公府掾，倩人作奏記文。人不能爲，因語曰：'梁國葛龔者，先善爲記文，自可寫用，不煩更作。'遂從人言。寫記文不去龔名姓。府公大驚，不答而罷歸。時人語曰：'作奏雖工，宜去葛龔。'"

《天中記》引"漢室有人年老無子，家富，性儉嗇，惡衣蔬食，侵晨而起，侵夜而息，營理產業，聚斂無厭，而不敢自用。或人從之求乞者，①不得已而入内，取錢十，自堂而出，隨步輒減，比至於外，纔餘半在，閉目以授乞者，尋復屬曰：'我傾家贍君，慎勿他説。'復相效而來。老人俄死，田宅没官，貨財充於内帑矣"。

附　博經一卷　曹丕撰

右小説家。

---

① "乞"，補編本、國圖本皆作"丐"。

補後漢書藝文志卷之廿八

悼離騷　班彪撰

《藝文類聚》引"夫華植之有零茂，故陰陽之度也。聖哲之有窮達，亦命之故也。惟達人進止得時，行以遂伸，否則屈而圻，蠖體龍蛇以幽潛"。

離騷章句　班固撰

《序》：昔在孝武，博覽古文。淮南王安叙《離騷傳》，以《國風》好色而不淫，《小雅》怨誹而不亂，若《離騷》者，可謂兼之。蟬蛻濁穢之中，浮游塵埃之外，皭然泥而不滓。① 推此志，雖與日月爭光可也。斯論似過其真。而又論五子以失家巷，謂伍子胥也。及至羿、少康、貳姚、有娀佚女，皆各以所識有所增損，然猶未得其正也。故博采經書傳記本文以爲之解。且君子道窮，命矣。故潛龍不見是而無悶，《關雎》哀周道而不傷。蘧瑗持可懷之智，寧武保如愚之性，②咸以全命避害，不受世患。故《大雅》曰："既明且哲，以保其身。"斯爲貴矣！今若屈原，露才揚己，競乎危國群小之間，以離讒賊。然責數懷王，怨惡椒蘭，愁神苦思，强非其人，忿懟不容，沈江而死，亦貶絜狂狷景行之士矣。多稱崑崙、冥婚宓妃虛無之語，曹子建《贈白馬王彪詩》注引作"帝閽宓妃虛無"。皆非法度之言，經義所載。謂之兼《詩》風雅而與日月爭光，過矣！然其文宏博麗雅，爲詞賦宗。

---

① "皭"，原誤作"潘"，據補編本、明隆慶五年豫章夫容館重雕宋本《楚辭·本傳》（以下《楚辭》皆據此本）改。

② "保"，原誤作"抱"，據補編本、《楚辭·本傳》改。

後世莫不斟酌其英華，則象其從容。自宋玉、唐勒、景差之徒，漢興枚叔、司馬相如、劉向、揚雄，馳騁文詞，好而悲之，自謂不能及也。雖非明智之器，可謂妙才者也。《文選·吳都賦》注引"颮，疾也"。又《魏都賦》注引"畹，三十畮也"。洪興祖《補注》引"坤作地勢，高下大則"。

離騷贊　班固撰

《序》：《離騷》者，屈原之所作也。屈原初事懷王，甚見信任。同列上官大夫妒害其寵，①讒之於王，王怒而疏屈原。屈原以忠信見疑，憂愁幽思而作《離騷》。離，猶遭也。騷，憂也。明己遭憂作詞也。其時周室已滅，七國並爭。屈原痛君不明，信用群小，國將危亡，忠誠之情，懷不能已，故作《離騷》。上陳堯、舜、禹、湯、文王之法，下言羿、澆、桀、紂之失，以風。懷王終不覺悟，用反間之説，西朝於秦。秦人拘之，客死不還。至於襄王，復用讒言，逐屈原。在野又作《九章》賦以風諫，②卒不見納。不忍濁世，自投汨羅。原死之後，秦果滅楚。其辭爲衆賢所悲悼，故傳於後。

離騷章句　賈逵撰

王逸《離騷注》引"楚人謂女曰須，前漢有吕須，③取此爲名。嬋媛，音蟬爰"。洪興祖《補注》引"羿之先祖也，爲先王射官。帝嚳時有羿，堯時亦有羿。此羿夏時諸侯有窮后也"。

楚辭注　馬融撰

洪興祖《補注》引"鸘鸘其羽，如紈高首而修頸"。槤按：此二

---

① "上官"二字原脱，"寵"原誤作"能"，皆據補編本、《四部叢刊》影明翻宋本《楚辭補注》（以下《楚辭補注》皆據此本）卷一改。

② "賦"字原脱，據補編本、《楚辭補注》卷一補。

③ "吕"，原誤作"女"，據補編本、《楚辭補注》卷一改。

語亦見融《左傳注》。

悼騒　梁竦撰

《序》：既徂南土，歷江湖，濟沅湘，感悼子胥，屈原乃作《悼騒賦》，繫玄石而沈之。

楚辭章句十六卷　王逸撰

《序》未録。《提要》未録。晁無咎云：[①]"漢武帝時，淮南王安始作《離騒傳》。劉向校經書，分爲十六卷。東京班固、賈逵各作《離騒章句》。餘十五篇，闕而不説。至校書郎王逸自以爲南陽人，與原同里，悼傷之，復作十六卷章句，又續爲《九思》，取班固二叙附之，爲十七篇。"

九思　王逸撰

《序》：《九思》者，王逸之所作也。逸，南陽人，博學多覽，讀楚詞而傷愍屈原，故爲作解。又自以屈原終没之後，忠臣介士游覽學者讀《離騒》《九章》之文，莫不愴然，心爲悲[②]感，高其節行，[③]妙其麗雅。至劉向、王褒之徒，咸嘉其義，作賦騁辭，以讚其志，則皆列於譜録，世世相傳。逸與屈原同土共國，悼傷之情，與凡有異，竊慕向、褒之風，作頌一篇，號曰《九思》，以裨其詞，未有解説，故聊序訓誼焉。

九咨　崔琦撰

九慎　服虔撰

感騒三十篇　應奉撰

本傳：著《感騒》三十篇，愍屈原因以自傷。

---

① "晁"，原誤作"晷"，據國圖本、補編本改。
② "感"字原脱，據補編本、《楚辭補注》卷十七補。
③ "行"字原脱，據補編本、《楚辭補注》卷十七補。

九維　蔡邕撰

《太平御覽》引"八維困乏,憂心殷殷。天之生我,星宿值貧。六極之厄,獨遭斯勤。居處浮溷,無以自任。冬日栗栗,上天同雲。無衣無褐,何以自溫。六月徂暑,炎赫來臻。無絺無綌,何以蔽身。無食不飽,永離懽欣"。

右楚辭類。

補後漢書藝文志卷之廿九

東平王蒼集五卷

東平王蒼，光武皇帝之子，母光烈陰皇后。建武十五年封東平公，十七年進爵爲王。明帝即位，拜驃騎將軍。建初七年薨，諡曰獻。① 詔告中傅封上蒼自建武以來章奏，②及所作書、記、賦、頌、七言、別字、歌詩，並集覽焉。

今可考者：《光武受命中興頌》《薦吳良疏》《薦左馮翊桓虞等疏》《地震上便宜疏》《諫獵書》《請歸職疏》《諫原陵顯節陵起縣邑疏》《求朝疏》《辭優禮疏》《世廟登歌詩》《世廟登歌八佾舞議》《孝明皇帝廟諡議》《顯宗祫食世廟議》《奏定明德皇后宜配享孝明皇帝議》《南北郊冕服議》《上言明帝廟樂議》③。

徐令班彪集五卷

彪字叔皮，扶風茂陵人。年二十遭王莽亂，乃去京師，往天水郡歸隗囂。囂擁衆不禮，彪知囂必敗，乃避地河西，就大將軍竇融，勸融歸光武。光武問融曰："比來文章所奏誰作？"答云："班彪也。"舉秀才爲徐令，卒。著有賦、論、書、記、奏事九篇。

今可考者：《北征賦》摯虞《流別論》"更始時，彪避難涼州，發長安，至安定，作《北征賦》"。《冀州賦》《覽海賦》《悼離騷》《王命論》《爲竇融章奏前史得失論》《請置太子諸王官屬疏》《上言西羌事》建武九年。《議答北匈奴疏》《請置烏桓校尉北單于奏》《上便宜表》《上

---

① "獻"，補編本、《後漢書·東平憲王蒼傳》皆作"憲"。
② "中"字原脱，據補編本、《後漢書·東平憲王蒼傳》補。
③ "議"字原脱，據補編本補。

事》《北堂書鈔》引《上便宜》一條,引《奏事》一條,《太平御覽》引《上事》二條。《奏記東平王蒼》《與京兆丞郭季通書》《與金昭卿書》、按:昭卿杜陵人,隗囂賓客,名丹。牋。《北堂書鈔・太子中庶子》引。

中護軍司馬班固集十七卷　《唐志》作十卷。[1]

固字孟堅,九歲能屬文,長遂博貫載籍。顯宗時,除蘭臺令,遷爲郎,乃上《兩都賦》。大將軍竇憲出征,以固爲護軍司馬。憲敗,固坐免官,死獄中。所作詩、賦、表、奏、論、難、牋、記、頌、碑、銘、哀辭、《典引》《答賓戲》《應譏》《連珠》《弈旨》,共四十九篇。

按:張天如《固集》目録有《兩都賦》《明堂詩》《辟雍詩》《靈臺詩》《寶鼎詩》《白雉詩》《幽通賦》《終南山賦》[2]《游居賦》《竹扇賦》《爲第五倫薦謝夷吾表》《奏記東平王蒼》《薦夏育與竇憲牋》六、《與弟超書》九、《與陳文通書》《匈奴和親議》《典引》蔡邕注。《答賓戲》《應譏》《難嚴周》《竇車騎北征頌》《東巡頌》《南巡頌》《封燕然山銘》《高祖泗水亭碑銘》《十八侯銘》《難莊論》《功德論》《馬仲都哀辭》《儗連珠》五首、《弈旨》《郊祀靈芝歌》《讀史詩》。此外可考者尚有《耿恭守疏》《勒城賦》見《文選注》。《白綺扇賦》見《初學記》。《涿郡山祝文》見《文選注》。《祀濛山祝文》見《文心雕龍》。按"祀"當作"汜"。《與賈逵表》《請楊終與諸儒議》《五經同異表》見本傳。《孝明帝頌》《論衡》:"揚子雲録宣帝至哀平,陳平仲紀光武,班孟堅頌孝明,漢家功德,頗可觀見。"《困學紀聞》:"今子雲書不傳,平仲未詳其人,孟堅頌亦亡。"按明帝詔班固與睢陽令陳宗、長陵令尹敏、司隷從事孟冀共成《世祖本紀》,是《論衡》所稱平仲乃陳宗也,王氏偶不記憶耳。《安豐戴侯頌》見《文章流别》。《楚辭叙》《離騷贊叙》見《楚辭章句》。《在昔篇》《太甲篇》見《隋書・經籍志》。《梁氏哀辭》見《文心雕龍》。《馬叔持誄》見潘

---

[1] 此句原爲正文大字,據補編本及本書體例改爲注文小字,下同。
[2] "終南山賦"下,補編本有"覽海賦"。

安仁《馬汧督誄》注。"長安何紛紛,詔葬霍將軍"四句、見《太平御覽》,又《御覽·劍》引"寶劍值千金,延陵輕寶劍"二句。《漢頌論功歌》。見《通典》。

班昭集三卷

昭字文姬,扶風曹世叔妻,同郡班彪之女也。年十四聘世叔。和帝數召入宮,令皇后貴人師之,號曰"大家"。兄固修《漢書》不終而卒,詔大家續之。馬融從受業,著《女誡》七篇,賦、頌、銘、誄、問、注、哀辭、書、論、上疏、遺令十六篇。

今可考者有《東征賦》《大雀賦》《鍼縷賦》《蟬賦》《欹器頌》《爲兄超上書》《請太后聽鄧騭乞身行服疏》《女誡》《女誡序》《女史箴》見《吹劍錄》。《幽通賦注》《列女傳注》《續漢書·天文志》《漢書》八表、《難周季貞問神》。附班成妻《大家贊》一篇,曹豐生《難曹大家書》一篇。

史岑集一卷

王莽末,沛國史岑字子孝,以文章顯,莽以爲謁者,著頌、誄、《復神》《說疾》四篇。按:東漢有兩史岑,一字子孝,沛國人,王莽時爲謁者,著《復神》《說疾》者也;一字孝山,當和熹之世,作《出師頌》及《鄧太后頌》者。《後漢書》於《復神》《說疾》下綴以《出師頌》,則混兩人爲一人矣。典籍散亡,未詳孝山爵里。

司隸從事馮衍集五卷 《隋書·經籍志》;梁有《衍集》五卷。

衍字敬通,京兆杜陵人。世祖時爲曲陽令,尋爲司隸從事,以罪詣獄,有詔赦不問。建武中,上書自陳,猶以前過不用。卒於家。著有賦、誄、銘、記、《問交》《德誥》《慎情》、書記說、自叙、官錄說、策五十篇,章懷太子賢注衍文見有二十八篇。

按:張天如題作《馮曲陽集》,目錄有《顯志賦》《初學記》引作《明志賦》,一作《揚節賦》。《說廉丹》《說鮑永》《與田邑書》《移上黨書》《上書陳八事》《奏記鄧禹》《與鄧禹牋》《說鄧禹書》《與鄧禹書》《與陰就書》,出獄後《又與就書》《上書自陳》《自論顯志賦》《與婦弟任武達書》《與宣孟書》《自叙》《官錄》《刀陽銘》《刀陰銘》《杖銘》《御覽》引作《竹杖銘》。《杯銘》一作《爵銘》。《車前銘》《車後銘》《車左銘》《車右銘》。《衍集》：鮑永行將軍事，安集并州，擁兵屯太原，與太原李仲房同心并力。

司徒掾陳元集一卷

元字長孫，蒼梧廣信人。父欽，受《左氏春秋》。元少傳父業，以高才辟司空李通府。通罷，辟司徒歐陽歙府。以病去，年老，卒於家。

今可考者，《請立〈左氏春秋〉博士疏》《辨范升條奏〈左氏〉失十四事》《難范升奏太史公違戾孔子及〈左氏春秋〉不可錄者三十二事》，凡十餘上，《論司隸校尉督察三公疏》《上書陳便宜事》《上書追訟歐陽歙》《上書訟司空宋宏》。見華嶠《後漢書》。

雲陽令朱勃集二卷

勃字叔陽，扶風茂陵人。十二能誦《詩》《書》，年二十，右扶風請試守渭城宰，①終雲陽令。

今可考者，《上書訟馬援》見《援傳》。《薦伏湛表》。見任昉《文章緣起》，《北堂書鈔》引朱勃表。

新汲令王隆集二卷

隆字文山，馮翊雲陽人。王莽時，以父任爲郎。避地河西，爲竇融左護軍。建武中，爲新汲令。著《小學漢官篇》、詩、賦、銘、誄二十六篇。按：《小學漢官篇》見胡廣《漢官解詁》，餘並佚。

侍中賈逵集一卷

逵字景伯，扶風平陵人。明帝時，拜爲郎，與班固並校秘書。肅宗即位，官侍中，遷衛士令。永元二年，拜左中郎將。八年，復爲侍中，領騎都尉。卒年七十二。所著經傳義詁及論

---

① "渭"，原誤作"汲"，據補編本、《後漢書·馬援傳》改。

難百餘萬言，賦、頌、誄、書、連珠、酒令九篇。

今可考者，《神雀賦》《奏劉愷復國書》《條上左氏大義》《薦東萊司馬均、陳國汝郁書》①《上書論劉珍漢德論之美》《上左傳國語解詁疏》《表請楊終議白虎觀》《薦楊終疏》《永平頌》《曆數論》、《連珠》一首。

崔篆集一卷

篆，涿郡安平人。王莽時，爲新建大尹。建武初，舉賢良。篆以受莽僞爵，慚愧漢朝，遂辭歸不仕。著《周易林》。臨終作賦以自悼，曰《慰志》。

今可考者，《慰志賦》《明道》《述志詩》見陸機《遂志賦叙》。《御史箴》。

長岑長崔駰集十卷

駰字亭伯，篆子。少游太學，與班固、傅毅齊名。竇憲爲車騎將軍，辟駰爲掾。憲驕恣，駰數諫，稍疏之，出爲長岑長。著有詩、賦、銘、書、記、表、《七依》《昏禮結言》《達旨》《酒警》二十一篇。

按：張天如《駰集》目錄有《反都賦》《大將軍西征賦》《大將軍臨洛觀賦》《達旨》《與竇憲書》《與竇憲牋》三、《太尉箴》《司徒箴》《司空箴》《大理箴》《虎賁中郎將箴》《河南尹箴》《仲山甫鼎銘》《車左銘》《車右銘》《車後銘》《樽銘》《襪銘》《縫銘》《刀劍銘》②《刻漏銘》《六安枕銘》《上四巡頌表》《西巡頌》《南巡頌》《東巡頌》《北巡頌》《明帝頌》《北征頌》《杖頌》《章帝諡議》《博徒論》，又《七依》《昏禮結言》《安豐侯詩》《七言詩》，此外可考者尚有《武賦》《文選・褚淵碑》注引。《趙公誄》《文心雕龍》"崔駰誄趙"，按以時考之，疑是太尉趙熹。《太常箴》《廷尉箴》《尚書箴》《太平御

---

① "陳國"二字原脱，據補編本補。
② "劍"字原脱，據補編本、《北堂書鈔》卷一百二十二補。

覽》引。《七言詩》《文選》郭泰機《答傅咸詩》注引。《三言詩》《北堂書鈔》引。《琴銘》。《古琴疏》"崔駰有琴曰臥水，背銘曰：'空桑之桐泗濱梓，丁緩造琴千策底，彈之福降壽無已'。"

車騎從事杜篤集一卷　《唐志》：五卷。《玉海》：一卷，與《隋志》同。

篤字季雅，京兆杜陵人。光武時，上《論都賦》。仕郡文學掾，以目疾，二十年不闚京師。後馬防擊西羌，請爲從事。著有《明世論》十五篇、賦、誄、弔、讚、七言、《女誡》及雜文十八篇。

今可考者，有《上論都賦》《奏論都賦》《祓禊賦》《北堂書鈔》引作《上巳篇》。《首陽山賦》《書擯賦》《衆瑞頌》《文選·雪賦》注、《關中詩》注並引。《大司馬吳漢誄》《弔比干文》《文選》謝宣遠《王撫軍庚征西陽集別詩》注、《西征賦》注並引。《通邊論》《魏都賦》注引。《廣武論》王元長《三月三日曲水詩序》注引。《迎鐘文》《西征賦》注引，按《迎鐘文》當作《祭延鐘文》，見任昉《文章緣起》。《女誡》。《文章緣起》"後漢杜篤作《女誡》"。

六安丞桓譚集五卷① 梁五卷。《唐志》：二卷。

譚字君山，沛國人。王莽末，以父任爲郎。光武即位，拜議郎，遷郎中。以論讖忤帝意，出爲六安丞，②道病卒。著書言當世行事二十九篇，曰《新論》，賦、諫書、奏二十六篇。

今可考者，《大道賦》、《集仙宮賦》並序、《奏書董賢》，與揚子雲辨蓋天，與劉子駿論方士養生，及土龍求雨、頓牟磁石、陳平解平城之圍，皆見《新論》，《侍詔上書》《時政疏》《諫用讖薄賞疏》《上便宜事》《東京賦》注引譚《上便宜事》，《太平御覽》引譚《上事》。《答揚雄書》《文選》班孟堅《答賓戲》注引。《奏言南郊事》見《前漢書》。《上章言男子畢康殺母事》見《新論》："宣帝時，公卿朝會，丞相語曰：'聞梟生子，長且食其母，果然否？'有賢者應曰：'但聞烏子反哺耳。'丞相大慚。君子之於禽獸尚爲之諱，況人乎？"《上書獻新論》。

---

① "六安丞"，原誤作"安六相"，據補編本改。
② "丞"，原誤作"相"，據補編本改。

處士梁鴻集一卷

鴻字伯鸞，平陵人，隱居霸陵山中。後居吳，皋伯通舍之於家。鴻潛著書十餘篇，卒於吳。

今可考者，《逸人頌》二十四篇、束晳《補亡詩》注引《安丘嚴平頌》，餘佚。《五噫歌》一篇、《適吳詩》一篇、《思友高恢詩》一篇、《責京邑蕭友書》。見《東觀漢記》。

蘭臺令史傅毅集二卷 《隋志》：二卷，梁五卷。《唐志》同。《典論》：傅毅之於班固，伯仲之間耳，而固小之。與弟超書曰："武仲以能屬文，爲蘭臺令史，下筆不能自休。"

毅字武仲，扶風茂陵人。肅宗召文學之士，以毅爲蘭臺令史。後與班固並爲竇憲府司馬，早卒。著有賦、誄、頌、祝文、《七激》《連珠》二十八篇。

今可考者，有《神雀賦》見《論衡》。《洛都賦》《舞賦》《琴賦》亦作《雅琴賦》。《羽扇賦》《顯宗頌》《郊頌》按顏氏《匡謬正俗》引作傅毅《郊祀賦》。《西征頌》《竇撫軍北征頌》《高闕祈文》《車左銘》《扇銘》《七激》《迪志詩》《冉冉孤生竹詩》《文心雕龍》、《古詩十九首》中《冉冉孤生竹》傅毅作。《明帝誄》《北海靖王興誄》亦作傅龍撰。《與荆文姜書》《琴銘》。《古琴疏》：傅毅有琴銘曰"永寶"，科斗正篆。

樂安相李尤集五卷

尤字伯宗，廣漢雒人。少以文章顯。和帝時，拜蘭臺令史，後爲諫議大夫，遷樂安相。年八十三卒。著有詩、賦、銘、誄、頌、《七嘆》《哀典》二十八篇。《李尤集序》：尤好爲銘贊，門階户席，莫不著述。

按：張天如題作《李蘭臺集》，仿漢人碑額，例重内也。《經籍志》《玉海》書"樂安相"，舉其所終之官也。目錄有《函谷關賦》《平樂觀賦》《東觀賦》《德陽殿賦》《辟雍賦》《函谷關銘》《孟津銘》《河銘》《洛銘》《鴻池陂銘》《上林苑銘》《明堂銘》《辟雍銘》《靈臺銘》《永安宮銘》《德陽殿銘》《闕銘》《京師城門銘》

《正陽城門銘》[①]《高安館銘》《平樂館銘》《東觀銘》《中東門銘》《上東門銘》《上西門銘》《開陽城門銘》《津城門銘》《旄城門銘》《廣陽城門銘》《雍城門銘》《夏城門銘》《穀城門銘》《堂銘》《門銘》《室銘》《楹銘》《墉銘》《井銘》《琴銘》《鐘簴銘》《漏刻銘》《鼎銘》《古鼎銘》《屏風銘》《舟楫銘》《寶劍銘》《笛銘》《小車銘》《天軿車銘》《經橃銘》《讀書枕銘》《筆銘》《墨研銘》《冠幘銘》《文履銘》《錯佩刀銘》《金馬書刀銘》《弧矢銘》《弩銘》《彈銘》《盾銘》《鉦銘》《書案銘》《牀几銘》《鎧銘》《良刀銘》《轡銘》《鞍銘》《馬箠銘》《臥牀銘》《麈尾銘》《薰鑪銘》《安哉銘》《羹魁銘》《豐侯銘》《箕銘》《權衡銘》《匱匣銘》《武庫銘》《圍棋銘》《槃銘》《樽銘》《杯銘》《盂銘》《印銘》《鏡銘》《靈壽杖銘》《金羊鐙銘》《竈銘》《鞠城銘》《几銘》《序九曲歌》，凡九十二篇。此外可考者，尚有《玄宗賦》、《政事論》七篇、《懷戎頌》見《華陽國志》。《果賦》見任昉《述異記》引"三十六園之朱李"，又"如拳之李"。《上書諫廢太子》見范《書》本傳。《七嘆》按亦作《七歎》，《述異記》引作《七命》，句云"味兼龍羹""元和元年，下雨，有一青龍墜宮中。命烹焉，賜群臣龍羹各一杯"。《和帝哀策》見《文章緣起》，"漢樂安相李尤作《和帝哀策》"。《輪銘》亦作《軺車銘》。《博銘》見《太平御覽》。《席銘》《蓍龜銘》《杵臼銘》見《文心雕龍》。《武功歌》。見《文選》謝宣遠《張子房詩》、沈休文《齊故安陸昭王碑文》注。

魏郡太守黃香集二卷

香字文強，江夏安陸人。初除郎中，讀書東觀，拜尚書郎。永元四年，拜左丞，遷尚書。後爲東郡太守，遷魏郡太守。著有賦、牋、奏、書、令五篇。

今可考者，《九宮賦》《天子冠頌》《刻鏤屏風銘》《讓東郡太守疏》《科別東平清河妖言獄》《奏移魏郡出所設什器》《削臨邑

[①] "城"字原脱，據補編本補。

侯劉萇爵議》《濟北王罪議》《責髯奴辭》。
郎中蘇順集五卷
順字孝山，京兆灞陵人。和安間以才學見稱，好養生術，晚乃求仕，官郎中，著有賦、誄、哀辭十六篇。

今可考者，著有《嘆懷賦》《和帝誄》《賈逵誄》《陳公誄》應詔《責躬詩》注引。《高士科》。皇甫謐《高士傳·序》：梁鴻頌逸民，蘇順科高士，或叙屈節，雜而不純，又近取秦漢，不及遠古。按：焦竑《國史經籍志》"蘇順"作"藉順"，誤。

校尉劉珍集二卷
珍字秋孫，一名寶，南陽蔡陽人。永和中爲謁者，遷侍中越騎校尉。延光四年，拜宗正，轉衛尉，①卒。著有《漢德論》《建武以來名臣列傳》《中興以下名臣列傳》、詩、頌、連珠七篇，又撰《釋名》。

今可考者，《上書論劉毅之美》《太后獻廟疏》《贊賈逵詩》《連珠》。

黄門侍郎葛龔集六卷
《典論》："三輔學有俊才，茂陵馬季長、同郡曹伯師、梁葛元甫、南陽張平子、南郡胡伯始、安定胡節等，文冠當世也。"龔嘗爲人作書，草寫時忘去龔名，時人爲之語曰"作奏雖工，宜去葛龔"。

龔字元甫，梁國寧陵人。永平中，舉孝廉，拜蕩陰令，辟太尉府，不就。永初中，遷黄門侍郎。著有文、賦、誄、碑、書記四篇。《玉海》作二十篇。

今可考者，有《遂初賦》《文選·陶徵士誄》注引。《永初中上便宜四事》《與張季景書》《報竇章書》《薦戴昱書》《太平御覽》引。《喪伯父還傳記》《文選》李令伯《陳情表》注引。《讓州辟文》《文選》陸士衡《謝平原内史表》注引。《舉梁相書》任彦昇《爲范始興求立太宰碑表》注引。②《薦

---
① "衛"，原誤作"校"，據補編本、《後漢書·劉珍傳》改。
② "表"字原脱，據補編本補。

郝彦書》劉孝標《辨命論》注引。《與張略書》顏延年《和謝監靈運詩》注引。①
《薦黄鳳文書》謝靈運《初發石首城》詩注引。《與梁相張府君牋》魏文帝
《雜詩》注、《北堂書鈔·裳部》、《初學記·墨部》②並引。又劉孝標《廣絶交
論》注引《葛龔集》"龔以毛羽之身，戴丘山之德"。

司徒掾桓驎集二卷

驎字元龍，沛國龍亢人。③ 桓榮孫，精鑑好學，碑、誄、讚、説、
書二十一篇。摯虞《文章志》：驎文見有九首、④詩七首、《七
説》一首、《與沛相郭府君書》一首。

今可考者，有《七説》《答客詩》附客美桓驎詩。《劉寬碑》《西王母
傳》，見陶九成《説郛》。餘並佚。按《隸釋》《劉寬碑》題作"亘驎撰"者，避宋欽
宗諱也。《古琴疏》：驎有琴曰叢竹流風。

校書郎劉騊駼集二卷　　梁《七録》、《唐志》並同。《玉海》作一卷。

騊駼與劉珍等著作東觀，共撰《中興以下名臣列傳》，又自造
賦、頌、書、論四篇。

今可考者，《玄根賦》《太平御覽》引。《與李子堅書》《宦者傳論》注引。
《郡太守箴》《赭白馬賦》注引。詩佚句、《白帖》引"碧玉以爲瓦"。《上言
請張衡撰集〈漢記〉參定漢家禮儀》。

大鴻臚竇章集二卷

章字伯向，好學，有文章。與馬融、崔瑗同好。

今可考者，有《竇貴人碑》及誄辭、《勸葛龔書》。

濟北相崔瑗集六卷　　《唐志》：五卷。《中興書目》同。

瑗字子玉，涿郡人。少孤，鋭志好學，盡傳父業。舉茂才，爲
汲令，遷濟北相。所著賦、碑、銘、箴、頌、《七蘇》《南陽文學官

---

① "和"下原衍一"監"字，據補編本、《初學記》卷十二刪。
② "記"字原脱，據補編本補。
③ "國"，原誤作"郡"，據國圖本、補編本改。
④ "九首"，補編本作"七首"。

志》《欵辭》①《移社文》②《悔祈》③《草書勢》七言，五十七篇。今可考者，有《言便宜上書》《自訟上疏》《北堂書鈔》引"孝廉限年後先舉"。表、見《漢官儀》，云"許敬年且百歲，猶居相位"。《與葛元甫書》《藝文類聚・贈答》引。《胡公碑》《赭白馬賦》注引。《張平子碑》《大司空李郃碑》《文心雕龍》"崔瑗之誄李公，比行於唐虞"。《太公廟碑》《和帝誄》《竇貴人誄》《大司農鮑德誄》《汝陽王哀辭》見《文心雕龍》。《雜怙敕妻子》④見張受先《東漢文選》。《座右銘》《竇大將軍鼎銘》《几銘》《三子釵銘》⑤《遺葛龔佩銘》《枕銘》《杖銘》《序箴》《尚書箴》《博士箴》《東觀箴》《關都尉箴》《河堤謁者箴》《北軍中候箴》《侍中箴》《司隸校尉箴》《中壘校尉箴》《七蘇》《南陽文學官頌》《篆書勢》《草書勢》《隸書勢》《題門語》。見《世說新語》。

河間相張衡集十一卷 梁十二卷，又一本十四卷。唐十卷。

衡字平子，南陽西鄂人。少善屬文。安帝雅聞衡學術，公車徵，拜郎中，出爲河間相。乞骸骨，徵拜尚書，卒。著有詩、賦、銘、七言、《靈憲》《算罔論》《應間》《七辨》《東巡誥元圖》三十二篇。

按：張天如《衡集》目錄有《西京賦》《東京賦》《南都賦》《周天大象賦》按《大象賦》李播撰，賦中用李郃辨使星事，決非衡作。播，李淳風之父也，後人誤編入《衡集》。《溫泉賦》《冢賦》《髑髏賦》《羽獵賦》《思玄賦》《定情賦》《扇賦》《觀舞賦》《歸田賦》《東巡誥》《大疫上疏》《陳時政疏》《駁圖讖疏》《論貢舉疏》《論舉孝廉疏》《水災對策》《求合正三史表》《日食上表》《請專事東觀收檢遺文表》、

---

① "欵"，原誤作"難"，據補編本、《後漢書・崔駰傳》改。
② "社"，原誤作"祈"，據補編本、《後漢書・崔駰傳》改。
③ "祈"，原誤作"社文"，據補編本、《後漢書・崔駰傳》改。
④ "怙"，補編本作"恬"。
⑤ "子"，補編本作"珠"。

《與崔瑗書》二、《與特進書》四、《七辨》《應間》《曆議》《渾儀》《靈憲》《靈應》《算罔論》《南陽文學儒林書贊》①《儒林書贊》《大司農鮑德誄》《司徒呂公誄》《司空陳公誄》《怨篇》《同聲歌》《四愁詩》。

此外可考者，尚有《逍遙賦》《叙行賦》<small>《北堂書鈔》引</small>。《陽嘉三年京師地震對策》《崔瑗三子釵銘》②<small>《白帖》引</small>。《大司農鮑德綬笥銘》<small>《初學記》引</small>。《四聲詩》。《炙轂子》録《四聲詩》亦平子所作，又《初學記·春》引衡歌"浩浩陽春發，楊柳何依依。百鳥自南歸，閑翔萃我枝"，《北堂書鈔·冬》引"冬月處城邑"句。

南郡太守馬融集九卷 <small>《唐志》：五卷。</small>

融字季長，扶風茂陵人。有俊才，爲校書郎。順帝時，遷南郡太守。免官。後拜議郎，卒。著有賦、頌、碑、誄、書記、表、奏、七言、琴歌、對策、遺令二十一篇。

按：張天如《融集》目録有《長笛賦》《圍棋賦》《樗蒲賦》《琴賦》《上安帝請龐參等書》③《上論日食疏》《上順帝遭兄子喪乞自劾疏》《廣成頌》《大將軍西第頌》《高第頌》《東巡頌》《爲梁冀誣奏太尉李固書》④《與謝伯世書》《與竇伯向書》《忠經序》，此外可考者尚有《龍虎賦》<small>見裴駰《史記集解·東平世家》注</small>。《上林頌》<small>見《文章流別論》</small>。《上書訟梁慬乞自劾疏》⑤《陳星孛疏》《與鄧耽、尹兌共上書論劉珍〈漢德論〉之美》<small>按《初學記》載鄧耽《郊祀賦》</small>。《陽嘉二年京師地震對策》《安豐侯竇融頌》《答北地太守劉瓌渾天説》《自序》《遺令》《七厲》。<small>見《文心雕龍》</small>。

---

① "書"字原脱，據補編本、《北堂書鈔》卷三十九補。
② "子"，補編本作"珠"。
③ "等"字原脱，據補編本、《漢魏六朝百三家集》補。
④ "書"字原脱，據補編本、《漢魏六朝百三家集》補。
⑤ "劾"，原誤作"效"，據國圖本、補編本改。

太傅胡廣集二卷

廣字伯始，南郡華容人。州舉孝廉，遷陳留太守，再爲司徒，進司空，以太傅薨於位。撰《百官箴》及《目錄》四十篇，所著詩、賦、銘、頌、箴、弔及諸解詁凡二十篇。

今可考者，有《諫探籌建后疏》《駁左雄察舉之制議》[①]《百官箴序》《侍中箴》《邊都尉箴》《陵令箴》《元德先生法高卿碑》《弔伯夷叔齊文》《文選·夏侯常侍誄》注引。《謁陵文》《文心雕龍》：觀伯始謁陵之文，足見其典文之美。《周官解詁》《漢官解詁》《漢官解詁序》《漢書解詁》《劾大司農朱寵》、數上書陳鄧騭罪惡、《與陳蕃表》《薦徐穉追表》《袁彭清潔綬笥銘》《印衣銘》《刀筆囊銘》《太學碑》《答記制》。

侍中王逸集二卷

逸字叔師，南郡宜城人。著有書、論、雜文二十一篇、漢詩百二十三篇。[②]

今可考者，有《機賦》《荔支賦》《正部論》《妍媸論》《折武論》[③]《楚辭章句序》《離騷經序》《九歌序》《遠游序》《天問序》《九章序》《卜居序》《漁父序》《九辯序》《招魂序》《大招序》《惜誓序》《七諫序》《哀時命序》《九懷序》《九嘆序》《招隱士序》《九思序》《九思》《琴思楚歌》《臨豫州教》《與樊季齊書》。

王延壽集三卷

延壽，字文考，一字子山。《博物志》：王子山與父叔師到泰山，從鮑子真學算，到魯作《魯靈光殿賦》，渡湘水溺死，時年二十四。

今可考者，有《魯靈光殿賦》蔡邕初作《魯靈光殿賦》，見延壽所作，遂爾輟

---

① "舉"，原誤作"車"，據補編本、《全上古三代秦漢三國六朝文·後漢文》改。
② "二十三"，原誤作"二十"，據補編本、《玉海》卷五十五改。
③ "折"，原誤作"杜"，據補編本、《北堂書鈔》卷九十七改。

筆。《蜀志》：劉琰侍婢百餘人，皆令誦《魯靈光殿賦》。《顏氏家訓》：吾七歲時誦《靈光殿賦》，至於今十年一理，猶不遺忘。《述癮賦》《王孫賦》《桐柏廟碑頌》。

徵士郎顗集一卷

顗字稚光，北海安邱人，少傳父業。

今可考者，有《詣闕拜章條對》《七事臺詰對》《薦黃瓊李固》《陳四事奏》。《後漢書補注》引《郎顗集》：顗上書曰："雷二月出地，百八十三日，雷出則萬物出；八月入地，百八十三日，雷入則萬物入。入能除害，①出則興利。"

太尉李固集十二卷　梁十卷，《唐志》同。

固字子堅，漢中南鄭人，大司徒郃子。陽嘉二年對策，拜議郎，出爲廣漢令。永和中，拜荆州刺史，遷太山太守，拜大司農。沖帝即位，拜太尉。桓帝立，爲梁冀誣奏，誅死。所著章、表、議、教令、對策、記、銘十一篇。

今可考者，《對賢良策》《論當世之敝》《爲政所宜策》《奏記梁商》《與黃瓊書》《與崔瑗書》《與賓卿書》《與弟圓書》見《水經注》。張受先辨云："獻帝時有郎中李固，書云'吾今年五十有七'，太尉固被禍時年五十有四，爲郎中李固明矣。"《助展允昏教》《駁百官四府遣大將發荆揚兗豫四萬人赴九真日南奏》《陳事疏》《請徵用楊厚疏》《請白王龔罪疏》《救种暠疏》《表薦楊淮》《表薦長沙桂陽太守趙歷》《奏河南太守高賜臧罪》按《華陽國志》作江夏南郡太守高賜、孔疇等。《與廷尉吳雄上疏言八使所糾急宜誅》《與劉宣上書言選舉非人》《荆州文學辟書》見《長沙耆舊傳》。《沖帝山陵議》《立清河王蒜議》《與梁冀書》《復與冀書》《臨終與胡廣趙戒書》。

外黃令高彪集二卷　梁一卷。

彪字義方，吳郡無錫人，著賦、頌、詩、箴數篇。

今可考者，有《請立左氏博士書》《薦申屠蟠書》《與馬融書》

---

① "除"，原誤作"爲"，據《廣雅書局叢書》本《後漢書補注》卷八改。

《第五永祖席箋》《清誡詩》。《北堂書鈔·經典》引《彪集》：雜藝爲庖廚，五經爲府庫。

臨濟長崔琦集一卷　《唐志》：二卷。

琦字子偉，涿郡人。初舉孝廉，梁冀聞其才，請與交。冀多行不軌，琦頻引古今成敗以戒之，冀不能受。補臨濟長，不敢之官，冀後竟捕殺之。著賦、頌、銘、箴、弔、論、《九咨》、七言十五篇。

今可考者，有《白鵠賦》《外戚箴》《九咨》《七蠲》《四皓頌》。

酈炎集二卷　盧植《酈文勝誄》：自髫齓未成童，著書十餘箱，文體思奧，爛有文章，箴鏤百家。案《炎集》，炎自謂賦、頌、誄自少爲之，與誄合也。

炎字文勝，范陽人，有文才。靈帝時，州郡辟命，皆不就。後病風恍惚。性至孝，遭母憂，病甚發動。妻始產而驚死。妻家訟之，炎病不能對，竟死獄中。

今可考者，有《酈篇》年十七作。《州書》二十四作。《七平》二十七作。《對事》《太平御覽》引。《見志詩》《詩紀匡謬》"酈炎《見志詩》"，東漢書無此題，《藝文類聚》引作《蘭詩》，《詩品》"文勝託咏霜芝，寄興不淺"。《遺令》。《文章九命》"酈炎有《遺令》四帖"。按炎子名止戈，見《遺令》。

益州刺史朱穆集二卷

穆字公叔，暉之子。銳意講誦，梁冀素聞穆名，辟典兵事，拜益州刺史。徵拜尚書，卒。著有論、策、奏、教、書、詩、記、嘲二十篇。

今可考者，有《鬱金賦》、前後《奏記梁冀》三篇、《上書稱劉矩等良輔不宜策免》《冀州版書》《除宦官疏》《劾虎賁奏駁》[①]《馮緄奏父貞宣先生謚議》《崇厚論》《絕交論》《與劉伯宗絕交詩》》。袁山松《後漢書》：穆著論甚美，蔡邕嘗至其家寫之。

---

① "駁"，補編本作"疏"。

京兆尹延篤集一卷　　梁二卷,《唐志》同。

篤字叔堅,南陽犨人。桓帝時,以博士徵拜議郎,遷左馮翊,徙京兆尹。遭黨禁,卒於家,鄉里圖其象於屈原之廟。著書、論、銘、詩、應訊、表、教令凡二十篇。

今可考者,有《與高義方書》《與張奐書》《與劉祐書》《與越巂太守李文德書》《與段紀明書》《發梁冀客詣京兆求牛黃私書奏》《仁孝論》《戰國策論》。《養生論》注引延叔堅曰:"豫章與枕木相似,生七年乃可別耳。"《避暑録話》:樂君達生巴陵間,每起授群兒經,口誦數百遍不倦。少間,必曳履,慢聲抑揚,吟誦不絶。躡其後聽之,則延篤之書也。

陳相邊韶集一卷　　《唐志》:二卷。

韶字孝先,陳留浚儀人。桓帝時,徵拜大中大夫,著作東觀,遷北地太守,入拜尚書令,① 後爲陳相。所著詩、頌、碑、銘、書、策凡十五篇。

今可考者,有《塞賦》《上言請用四分曆》《楊秉不就徵議》《滎瀆石門頌》《老子廟碑》《答弟子嘲》。

五原太守崔寔集二卷

寔字子真,一名台,字元符,一作元始,崔瑗之子。桓帝初,舉孝廉,拜議郎,官至五原太守。建寧中,卒。著《政論》六篇、論、箴、銘、答、七言、祠、②文、表、記、書十五篇。

今可考者,有《大赦賦》《上書求歸葬行喪》《政論》《本論》《答客譏》《奏記公府》見《文心雕龍》。《尚書令箴》《諫大夫箴》《大理箴》《太醫令箴》《父瑗碑頌》。

中郎將盧植集二卷

植字子幹,涿郡涿人。建寧中,徵博士,拜九江太守。黄巾賊起,四府舉植北中郎將。董卓廢立,植獨抗議,卓欲誅之,以

---

① "令"字原脱,據補編本、《後漢書·邊韶傳》補。
② "祠",原誤作"詩",據補編本、《後漢書·崔駰傳》改。

蔡邕救得免。免官，隱於上谷。初平三年卒。著碑、誄、表、記六篇。

今可考者，《日食上封事》《上書請立五經博士》《上書請蔡邕徙朔方》《上書請專就東觀刊正碑文》《與竇武書》《與張然明書》《酈炎誄》《冀州記》《奏事》。《初學記·皇后》引盧植奏，《皇太子》引《奏事》，《北堂書鈔·春秋》引《奏事》，《赭白馬賦》注引《盧植集》"詔給濯龍廐馬三百匹"。

司農卿皇甫規集五卷

規字威明，安定朝那人。舉賢良對策，拜議郎，託疾歸。梁冀誅，公車徵，拜太山太守。西羌反，拜度遼將軍，封壽成亭侯，①轉越騎護羌校尉。熹平三年，徵拜司農，卒於穀城，年七十二。著有賦、銘、碑、讚、禱文、弔、章表、教令、書檄、牋記二十七篇。

今可考者，有《芙蓉賦》《對賢良方正策》《上言馬賢不恤軍事狀》《上書求自效邊事疏》《上書自訟》《上書薦張奐自代》，前後凡七，《上自請坐黨禁》《訟楊秉忠正不宜久抑》《劾奏屬國都尉李翕、涼州刺史郭閎，一作"郭奉"》②《督軍御史張稟、平陽太守趙熹、③安定太守孫俊倚恃貴戚皆不任職奏》《移書營郡》《女師箴》《追謝趙壹書》《與馬融書》《與張奐書》《與劉司空牋》。

太常卿張奐集二卷

奐字然明，敦煌酒泉人。辟大將軍梁冀府，舉賢良，對策第一，擢拜議郎，遷安定屬國都尉，④使匈奴。中郎將冀誅，以故吏免官。禁錮在家四年，復拜武威太守，代皇甫規為度遼將

---

① "成"，原誤作"城"，據補編本、國圖本、《後漢書·皇甫規傳》改。
② "郭奉"，補編本作"郭泰"。
③ "陽"，原誤作"易"，據補編本改。
④ "安定"，原誤作"永安"，據補編本、《後漢書·張奐傳》改。

軍,以功封侯。黨事起,禁錮歸里。建和四年卒。著銘、傳、頌、書、教、誡、志述、對策、章奏二十四篇。

今可考者,《上桓帝書》《奏減定牟氏尚書章句》《對賢良策》《上疏讓封爵》《上災異疏》《上言東羌事》《芙蓉賦》《奏記段熲》《與屯留君書》《與崔元始書》《與崔子真書》《與許季將書》《與宋季文書》《與延篤書》《與陰氏書》《與孟季卿書》《與張公超書》《戒兄子書》《古今人論》見《左傳》疏。《遺令》。

扶風太守傅幹集一卷

幹字彥林,小字別成,北地靈州人,漢陽太守燮子。幹知名,位至扶風太守。

今可考者,有《王命叙》《皇后箴》《諫征孫權書》《肉刑議》《與裴叔威書》《與蘇文師書》。

徵士侯瑾集二卷

瑾字子瑜,燉煌人。著《皇德傳》三十篇、①《矯世論》一篇,餘所著雜文數十篇。

今可考者,有《箏賦》《應賓難》《矯世論》《述志詩》。《初學記·皇后》引,又《北堂書鈔·大司馬》引侯瑾詩。

趙壹集二卷

壹字元叔,漢陽西縣人。光和元年奉郡上計,司徒袁逢、河南尹羊陟共稱薦之,名動京師。西還,州郡爭致禮命,不就,終於家。所著賦、頌、箴、誄、書、論及雜文十六篇。

今可考者,《刺世疾邪賦》《窮鳥賦》《迅風賦》《解擯賦》《與友人謝恩書》《答皇甫規書》《報羊陟書》《非草書》。

外黃令張升集二卷 《唐志》無。

升字彥真,陳留尉氏人。著賦、誄、頌、碑、書凡六十篇。

今可考者,《與任彥堅書》潘安仁《寡婦賦》注引。《反論》《潛研齋文集》:

---

① "傳",原誤作"論",據補編本、《後漢書·侯瑾傳》改。

問："《昭七年》正義引張叔《皮論》'賓爵下革，田鼠上騰。牛哀虎變，鮫化爲熊。久血爲燐，積灰生蠅'。未審張叔皮何代人，下文兩稱張叔，則張叔似人姓名，又不知《皮論》何書也？"曰："予初讀疏，亦蓄疑久之。後讀《文選》卷六引張升《反論》'噓枯則冬榮'，卷五十五引張升《反論語》'噓枯則冬榮，吹生則夏落'，卷四十三引張升《反論》'黄綺引身，巖棲南岳'，卷四十引張叔《及論》'青萍砥礪於鋒鍔，庖丁剖犠於用刀'，卷三十一引張叔《及論》'煩冤俛仰，淚如絲兮'。詳其詞意，與《春秋》所引是一篇之文，而篇名或云《反論》，或云《及論》，或云《皮論》，或云《及論》，其名或云叔，或云升。考《後漢書·文苑傳》有張升，字彥真，陳留尉氏人，著賦、誄、碑、頌、書凡六十篇，梁《七錄》有《張升集》二卷。《反論》蓋升所撰之一篇，如《解嘲》《釋譏》之類，曰'皮'，曰'及'，皆字形相涉而訛，'叔'與'升'亦字形相涉也。"《白鳩頌》《御覽·鳩》引。《哀文》。見《文心雕龍注》。

司空荀爽集三卷　　《唐志》二卷。《玉海》及焦竑《國史經籍志》並三卷。

爽字慈明，一名諝，潁川人。獻帝即位，徵拜平原相，追爲光禄勳，視事三日，進拜司空。著《禮》《易》等傳，《尚書正經》《春秋條例》《漢語公羊問》《辨讖》，它所論叙題曰《新書》，凡百餘篇。

今可考者，《舉至孝對策》《讓孝廉記》《遺李膺書》《與郭叔都書》《辨讖》《女誡》《薦朱野文》。按野字子遼，朱穆子，仕至河南尹。

野王令劉梁集三卷　　梁二卷，《唐志》同。

梁字曼山，一名恭，少有清才，以文學見貴，終野王令。

今可考者，有《破群論》《辨和同論》①《七舉》《告北新城縣人李南碑》。

侍中荀悦集一卷

悦字仲豫，儉之子。辟鎮東將軍曹操府，②遷黄門侍郎，年六十二建安十四年卒。

今可考者，《申鑒》五篇、《崇德正論》《漢紀序》《後序》《酈食其

---

① "辨"字原脱，據補編本、《玉海》卷六十二補。
② "東"下原衍一"大"字，據補編本、《後漢書·荀悦傳》删。

謀立六國論》《家令論》①《太公論》《貫高張敖論》《高祖贊》《立張氏爲惠帝后論》②《列侯論》《禄制論》《災異論》《高后贊》《時務論》《立制度論》《除田租論》《馮唐論》《文帝遺詔短喪論》《文帝贊》《景帝賜江都王非天子旌旗論》③《高帝封王侯約論》《封匈奴徐盧等論》④《三游論》《丞相封侯論》《神怪論》《斬任安論》《昌邑王論》《王吉請改正尚主之禮論》⑤《單于朝位論》《石顯論》《赦論》《矯制立功論》《漢治迹論》《經籍論》《立定陶王爲太子論》《成帝贊》《罷司空官論》⑥《州牧論》《阿保乳母論》《原涉論》《鄭崇論》《哀帝贊》。

諫議大夫劉陶集三卷　《唐志》無。

陶字子奇，一名偉，潁川潁陰人，濟北貞王勃之後。舉孝廉，除順陽長。所著條教、書、記、《復孟軻》《匡老子》《反韓非》、辨疑百餘萬言。

今可考者，有《游太學上疏》《論張角疏》《憂亂疏》《災異疏》《上便宜》《訟朱穆書》《改鑄大錢議》《七曜論》《黃公誄》。《文心雕龍》"劉陶誄黃"。

別部司馬張超集五卷

超字子奇，河間鄚人。袁紹時爲別部司馬。著賦、頌、薦、檄、牋、書、謁、文嘲十九篇。⑦

今可考者，有《誚青衣賦》《尼父頌》《靈帝河間舊廬碑》《與太尉朱儁薦袁遺書》《謁孔子文》《與陳公牋》。《文選》曹元首《六代論》

---

① "論"，補編本作"説"。
② "氏"，原誤作"后"，據補編本、《漢魏六朝百三家集》改。
③ "非"字原脱，據補編本、《漢魏六朝百三家集》補。
④ "封"字原脱，"盧"原誤作"虞"，皆據《漢魏六朝百三家集》改。
⑤ "請"，原誤作"論"，據補編本、《漢魏六朝百三家集》改。
⑥ "官論"二字原脱，據補編本、《漢魏六朝百三家集》補。
⑦ "文"，原誤作"五"，據《後漢書·張超傳》改。

注引張超牋。

大司農鄭玄集二卷　《雅雨堂叢書》有刊本。

玄字康成，北海高密人。獻帝遷都，舉趙相，道斷不至，徵大司農。建安五年，以病卒於家，年七十四。著有《周易》《毛詩》《儀禮》《禮記》《論語》《孝經》《尚書大傳》《尚書中候》《易緯》《禮緯》《乾象曆》注，又著《七政論》《魯禮禘祫議》《六藝論》《毛詩譜》《駁許慎五經異義》《箴膏肓》《發墨守》《起廢疾》《答臨孝存周禮難》，凡百餘萬言。

今可考者，有《嘉禾頌》亦作《嘉瓜頌》。《戒子書》《詩譜序》《尚書大傳序》《孝經注序》《周官注序》《論語注序》《魯禮禘祫議》《皇后父伏完朝賀議》《通典》引。《六藝論》《答何休》《答甄子然難禮》《答臨孝存周禮難》《鄭志》《鄭記》《答張逸趙商諸弟子問》《駁五經異義》《自叙》《遺令》。

左中郎將蔡邕集二十卷　《世善堂書目》：十卷。

邕字伯喈，陳留圉人。辟橋玄府，稍遷至郎中，坐事徙朔方。後董卓辟邕，遷尚書令。卓被誅，王允收邕付廷尉，死獄中。著有詩①、賦、碑、誄、銘、贊、連珠、箴、弔、論、議、《獨斷》《勸學》《釋誨》《叙樂》《七誡》《女誡》《篆勢》、祝文、章表②、書記百四十篇。③

按：張天如《邕集》目錄有《述行賦》《漢津賦》《協和昏賦》《檢逸賦》《協初賦》《青衣賦》《短人賦》《瞽師賦》，又《筆賦》《琴賦》，又《彈棋賦》，又《團扇賦》《胡栗賦》亦作《傷栗賦》。《蟬賦》《陳政事七要疏》《幽冀刺史久闕疏》④《上漢書十意疏》按"意"當

---

① "詩"字原脫，據補編本、《後漢書·蔡邕傳》補。
② "章"字原脫，據補編本、《後漢書·蔡邕傳》補。
③ "百四十"，補編本、《後漢書·蔡邕傳》皆作"百四"。
④ "冀"，原誤作"州"，據補編本、《漢魏六朝百三家集》改。

作"志"，避桓帝諱。《爲陳留縣上孝子狀》《上始加元服與群臣上壽表》《薦皇甫規表》《薦太尉董卓表》《讓高陽侯印綬符策表》《讓尚書乞閒冗表》《尚書詰狀》《自陳表》《表賀錄換誤上章謝罪》《辭讓金龜紫綬表》《與何進薦邊讓書》《從朔方報楊復書》①《從朔方報羊丹書》《辭郡辟讓申屠蟠書》《與袁公書》《與人書》《又與人書》《明堂月令論》《正交論》《銘論》《桓彬論》《諫伐鮮卑議》②《曆元議》《宗廟迭毁議》《答齋議》《和熹鄧后謚議》《答詔問災異八事》《封事釋誨》《月令問答》《廣連珠》《東巡頌》《南巡頌》③《胡廣黃瓊畫象頌》《京兆樊惠渠頌》《詩紀》匡謬"樊惠渠歌"，《藝文類聚》第九渠類有此，在頌類前，序亦不同，是妄人刪爲之者。《陳留太守行小黃縣頌》《考城縣頌》《祖德頌》《麟頌》《五靈頌》《太尉陳公贊》《焦君贊》《琴贊》《衣箴》《橋公黃鉞銘》《東鼎銘》《中鼎銘》《西鼎銘》《朱公叔鼎銘》《胡太傅祠前銘》《京兆尹樊德雲銘》④《樽銘》《槃銘》《警枕銘》《太尉橋公廟碑》《太尉橋公碑》《太傅文恭侯胡公碑》《太傅胡公碑》《胡公碑》《太尉汝南李公碑》《太尉楊公碑》《司空文烈侯楊公碑》《漢太尉楊公碑》《文烈侯楊公碑》《司空房植碑》《司空袁逢碑》《荆州刺史庾侯碑》《朱公叔墳前石碑》《陳留太守胡公碑》⑤《太守胡公碑》《顏氏家訓》作《議郎胡君碑》，"蔡邕爲胡顥作其父銘曰'葬我考議郎君'"。《陳太丘碑》《陳太丘廟碑》《文範先生陳仲弓碑》《郭有道林宗碑》《貞節先生范史雲碑》《彭城姜伯淮碑》《翟先生碑》《汝南周巨勝碑》《處士圈叔則碑》⑥《光武濟陽宮碑》《王子喬

① "楊"，原誤作"羊"，據補編本、《漢魏六朝百三家集》改。
② "伐"，原誤作"代"，據補編本、國圖本、《漢魏六朝百三家集》改。
③ "南"上原衍一"東"字，據補編本、《漢魏六朝百三家集》删。
④ "尹"字原脱，據補編本、《漢魏六朝百三家集》補。
⑤ "公"下原衍一"碩"字，據補編本、《漢魏六朝百三家集》删。
⑥ "圈"，補編本作"圂"。

碑》《伯夷叔齊廟碑》《九疑山碑》《陳留索昏庫上里社碑》《琅邪王傅蔡公碑》《元文先生李子才碑》《郡掾吏張元祠堂碑》《袁滿來墓碑》《童幼胡根碑》《真定直父碑》《太傅胡公夫人靈表》《司徒袁公夫人馬氏靈表》《濟北相崔君夫人誄》《漢交阯都尉胡公夫人黃氏神誥》①《議郎胡公夫人哀讚》《宗廟祝嘏辭》《九祝辭》《祝社文》《祖餞祝文》《禊文》《弔屈原文》《篆勢》《隸勢》《九惟文》②《飲馬長城窟行》《答元式詩》《答卜元嗣詩》《翠鳥》，此外可考者尚有《霖雨賦》《玄表賦》《金樓子》引"摯虞《文章流別》云邕《玄表賦》'幽通精以整，《思玄》博而贍，《玄表》儗之而不及'，予以仲治此説爲然"。《長笛賦》《北堂書鈔》：余同僚桓子野有故《長笛賦》，傳之耆艾云"蔡邕所作也"。初邕避難江南，宿於柯亭。柯亭之館，以竹爲椽，邕仰而盼之，曰"良竹也"。取以爲笛，奇聲獨絶，歷代傳之，以至於今。《巴郡太守謝版》見張采《兩漢文選》。《詔對崇德殿地震》《對光和元年尚書宮城内武庫屋及外東垣前後垣並壞》《對天投蜺》③《對光和三年蝗蟲冬踊》《對熹平四年十二月癸酉朔日食》《上書潁川太守王立義葬流民頌》《北堂書鈔》引。《袁氏三公頌》《顏氏家訓》：猗與我祖，出自有媯。《除三互議》《通典》引。《朱公叔謐議》《董卓稱尚父議》《赤泉侯楊喜五世將相圖贊》《何休碑》《文選・褚淵碑》注。《趙歷碑》《文選注》引。《度尚碑》顏延年《祭屈原文》注引。《袁陽碑》《文選注》引。《袁喬碑》張茂先《勵志詩》注引。《陳球三碑》《述征記》：並蔡邕所作。《司隸校尉魯峻碑》《天下碑録》：蔡邕書。《童子逢盛碑》《劉寬碑》《隸釋》"亘麟撰文，蔡邕所書"，《文選》曹子建《王仲宣誄》注引作蔡邕。《小黃門譙敏碑》《東觀餘論》：何藉以爲蔡中郎書。《酸棗令劉熊碑》王建詩"不向圖中尋舊見，無人知是蔡邕碑"。《交阯太守胡寵墓碑》《水經注》"是蔡伯喈之辭"。

① "神誥"，原誤作"誄"，據補編本、《蔡中郎集》卷四改。
② "惟"，原誤作"辨"，據補編本、《漢魏六朝百三家集》改。
③ "對"上，補編本有一"詔"字。

《邊韶碑》《通志》：蔡邕書，唐開封府。《楊馥碑》《北堂書鈔》引作蔡邕。《命論》見劉昭《續漢書志補注》，按《命論》他無所見，當是《明堂月令論》"令"字之訛。《與故郡將子橋伯尉書》見《北堂書鈔》。《車駕上原陵記》《聖皇章》《皇初篇》《吴章篇》《女史篇》見《隋志》。《䠍誓》《悲温舒文》。見《太平御覽》。《第五永祖席詩》見《高彪傳》。《初平詩》《琴歌》《青青河畔草》《詩式》：蔡邕作。《祖蔡儒碑》見本傳注。按《顔氏家訓》引"蔡邕書集呼其姑女爲家姑家姊，班固書集亦稱家孫"，今集中並無此語，蓋佚者多矣。

陳振孫《書録解題》：《唐志》二十卷，今本闕亡，纔六十四篇。其間有稱建安年號，及爲魏宗廟頌述者，非邕文也。卷末有天聖癸亥歐陽静所書辨證甚詳，以爲好事者雜編它人之文相混，非本書。

《四庫全書提要》：《蔡中郎集》六卷，漢蔡邕撰。《隋志》載《左中郎將蔡邕集》十二卷，注有"梁有二十卷，録一卷"。則其集至隋已非完本。《舊唐志》乃仍作二十卷，當由官書佚脱，而民間傳本未亡，故復出也。《宋志》著録僅十卷，則又經散亡，非其舊本矣。此本爲雍正間陳留所刊，文與詩共九十四首，證以張溥《百三家集》刻本，多寡增損，互有出入。首有歐静序論姜伯淮、①劉鎮南碑斷非邕作，以年月考之，其説良是。張本刪去劉碑，不爲無見。然以伯淮爲邕前輩，宜有邕文，遂改建安二年爲熹平二年，則近於武斷矣。張本又載《薦董卓表》，而陳留本無之，其事范《書》不載，疑爲後人贋作。然劉克莊《後村詩話》排詆此表，②與揚雄《劇秦美新》同稱。則宋本實有此文，不自張本始載。③夫《後漢書》自范、袁二家外，

---

① "歐"下原衍一"陽"字，據《四庫全書總目》卷一百四十八刪。
② "話"字原脱，據《四庫全書總目》卷一百四十八補。
③ "載"字原脱，據《四庫全書總目》卷一百四十八補。

尚有謝承、薛瑩、張璠、華嶠、謝沈、袁崧、司馬彪諸家，今皆散佚，難以史所未載，斷其事之必無。或新本刊於陳留，以桑梓之情，欲爲隱諱，故削之以滅其迹與？

少府孔融集九卷　梁十卷，《唐志》同。

融字文舉，魯國人。少有異才，性好學，拜御史，歷官至將作大匠，遷少府。曹操積嫌，奏誅之，下獄，棄市。著有詩、頌、碑、文、論、議、六言、策、表、檄、教令二十篇。

按：張天如《融集》目錄有《薦禰衡表》《崇國防疏》《薦謝該書》《上漢帝書》《奏宜準古王畿制書》①《上三府所辟稱故吏事》《奏馬賢事》《東海王祗四時祭禮對》《告高密縣立鄭公鄉教》《修鄭公宅教》《告昌安縣教》②《下高密縣恤鄧子然教》《答王修教》，又、《與王朗書》《與張紘書》，又、《喻邴原書》③《與邴原書》、又、《與諸卿書》《與從弟書》《與許靖博士書》《與虞翻書》《與韋休甫書》，又、《與曹操論盛孝章書》《與曹操論酒禁書》，又、《啁曹操討烏桓書》《報曹操書》《汝潁優劣論》《聖人優劣論》，又、《周武王漢高祖論》《馬日磾不宜加禮議》《肉刑議》《衛尉張儉碑》《離合郡國姓名字詩》、《雜詩》二首、《臨終詩》六言三首。此外可考者尚有《上書謝大中大夫》《上書薦趙岐》《薦邊讓》見《邊讓別傳》。《隱劉表用郊祀禮疏》《馳檄州郡》《再告高密令教》《教高密縣僚屬》《楊氏四公贊》《陳公碑》。見《文心雕龍》。

《四庫全書提要》：《孔北海集》一卷，漢孔融撰。魏文帝《典論·論文》："孔氏卓卓，信含異氣，筆墨之性，殆不可勝。"《後

---

① "奏宜準古王畿制書"，原誤作"奏準古制王畿書"，據《漢魏六朝百三家集》改。
② "昌安"二字原誤倒，據補編本、《漢魏六朝百三家集》乙正。
③ "喻邴原書"，原誤作"與喻原書"，據明末刻"七十二家集"本《孔文舉集》改。

漢書》融本傳亦曰："魏文帝深好融文辭，嘆曰：'揚、班儔也。'①募天下有上融文章者，②輒賞以金帛。所著詩、頌、碑文、論議、六言、策文、表檄、教令、書記凡二十五篇。"《隋書·經籍志》則較本傳所記已多增益。新、舊《唐書》皆作十卷，蓋猶梁時之舊本也。③《宋史》始不著録，則其集當佚於宋時。此本爲明人所掇拾。凡表一篇、疏一篇、上書三篇、奏事二篇、議一篇、對一篇、教一篇、書十六篇、碑銘一篇、論四篇、詩六篇，共三十七篇。其《聖人優劣論》，蓋一文而偶存兩條，編次者遂析爲兩篇，實三十六篇也。張溥《百三家集》亦載是集，而較此本少《再告高密令教》《教高密縣僚屬》④二篇。大抵捃拾史傳、類書，多斷簡殘章，首尾不具。不但非隋、唐之舊，即蘇軾《孔北海贊序》稱'讀其作《楊氏四公贊》'，今本亦無之，則宋人所及見者，已不具矣。然人既國器，文亦鴻寶，雖闕佚之餘，彌可珍也。其六言詩之名，見本傳，今所傳三章，詞多凡近。又皆盛稱曹操功德，⑤斷以融之生平，可信其義不出此；即使舊本有之，亦必黄初間購求遺文，⑥贗託融作以頌曹操，未可定爲真本也。流傳既久，姑仍舊本録之，而附黜其僞焉。《養新録》："孔融爲北海相，告高密縣爲鄭康成特立一鄉，名鄭公鄉，其推許甚至。而《太平御覽》載融《與諸卿書》云'鄭康成多臆説，人見其名學，爲有所出也。證案大較，要在五經四部書，如非此文，近爲妄矣。若子所執，以爲郊天之鼓必當麒麟之皮也，寫《孝經》本當曾子家策乎？'予謂此必非孔文舉之言，殆魏晉以後習王肅者僞託。且晉荀勗《中經部》始有四部之分，文舉漢人，安得稱'四部書'？且鄭君注《三禮》，初無麒麟皮冒鼓之説也。范蔚宗及章懷皆無此語，不可執此無稽之

---

① "班"，原誤作"雄"，據《四庫全書總目》卷一百四十八改。
② "者"字原脱，據《四庫全書總目》卷一百四十八補。
③ "梁"，原誤作"唐"，據《四庫全書總目》卷一百四十八改。
④ "教"，《四庫全書總目》卷一百四十八作"告"。
⑤ "又"，原誤作"文"，據國圖本、《四庫全書總目》卷一百四十八改。
⑥ "間"字原脱，據國圖本、《四庫全書總目》卷一百四十八補。

言以誣盛德。"

處士禰衡集三卷

衡字正平，平原般人。少有才辨，而尚氣傲物。曹操欲見之，不肯往。操懷憤，而以才名，不欲殺，送劉表。表不能容，以江夏太守黃祖性急，送衡與之。後爲祖所殺。

本傳載《鸚鵡賦》一篇，此外可考者有《魯孔子廟碑》《顏子碑》《弔張衡文》《弔寇柏松版文》顏延年《陶徵士誄》注、潘安仁《河陽縣作》注並引。《爲劉表草奏》《爲黃祖作書記》《鼓歌》。見楊文公《談苑》。

尚書令士孫瑞集二卷

瑞字君榮，扶風平陵人。世爲學門，瑞少傳家業，博達無所不通，歷官大司農，爲亂兵所害。

今可考者，有《奏事》《北堂書鈔》九月九日引士孫瑞《奏事》。《劍銘》《藝文類聚》引。《日食議》《通典》："獻帝初平四年正月，當祠南郊，尚書八座議，欲却郊日，又定冠禮而月朔日蝕。博士士孫瑞議：'八座書以爲正月之日，太陽虧曜，謫見於天，而冠者必有裸享之儀，金石之樂，飲燕之娛，獻酬之報，是爲聞災不祇肅，見異不怵惕也。'按：士孫瑞，范《書》無傳。《三輔決錄》："士孫萌字文始，少有才學，年十五能屬文。初董卓之誅也，萌父瑞知王允必败，京師不可居，乃命萌將家屬至荆州，依劉表，果爲李傕所殺。及天子都許昌，追論誅董卓之功，封萌爲澹津亭侯。與山陽王粲善，萌當就國，粲作詩以贈萌。"又按《梁冀傳》"從扶風富人孫奮貸錢"，亦當作"士孫奮"。《誅董卓詔》。

太山太守應劭集二卷① 梁四卷，《唐志》同。

劭字仲遠，亦作"仲瑗"。奉之子。少篤學，博覽多聞。靈帝時，舉孝廉，辟車騎將軍何苗掾。中平四年，舉高第，拜太山太守，卒。凡爲《駁議》三十篇，刪定律令爲《漢儀》，著《漢官禮儀故事》，撰《狀人紀》《中漢輯序》《風俗通》，凡所著述三十六篇，書、謁、文嘲十九篇。

今可考者，有《刪定漢儀奏條》《奏雒陽男子夜龍射北闕事》

---

① "二卷"，國圖本、補編本皆作"三卷"。

《駁募鮮卑議》《駁尚書陳忠罪疑惟輕議》《舊君名諱議》見《春秋左傳疏》。裴松之《三國志注》：時汝南主簿應劭議，宜爲舊君諱，論者皆互有異同，事在《風俗通》。《張昭傳》：與王朗共論舊君諱事，州里才士陳琳等皆稱善之。《風俗通序》《遣五官掾孫艾》《獻藥表》《明文移營陵縣》《申約吏民歲再祠城陽景王祠書》。

廉品集一卷

品爵里未詳。今可考者，有《大儺賦》。

蔡琰集一卷　見《世善堂書目》。

琰字文姬，邕女。初適衛仲道，無子。西京之亂，爲匈奴左賢王所得，生二子。曹操遣人持金帛贖之，後嫁董祀。

今可考者，有《悲憤詩》二首、《胡笳十八拍》。按《胡笳十八拍》詞意淺率，多不成語，與《悲憤詩》迥別，係後人僞託，非琰作也。

丞相忠武侯諸葛亮集二十五卷　《世善堂書目》：二十卷。

亮字孔明，琅琊陽都人。昭烈帝屯新野，詣見之。及即位，拜爲丞相。後主延熙十二年卒。陳壽上《諸葛亮集》目錄：《開府作牧》第一、《權制》第二、《南征》第三、《北出》第四、①《計算》第五、《訓厲》第六、《綜覈上》第七、《綜覈下》第八、《雜言上》第九、《雜言下》第十、《貴和》第十一、《兵要》第十二、《傳運》第十三、《與孫權書》第十四、《與諸葛瑾書》第十五、《與孟達書》第十六、《廢李平》第十七、《法檢上》第十八、②《法檢下》第十九、《科令上》第二十、《科令下》第二十一、《軍令上》第二十二、《軍令中》第二十三、《軍令下》第二十四。

按：張天如《亮集》目錄有《隆中對》《群臣上漢帝請先主爲漢中王表》《請宣大行遺詔表》《爲後主伐魏詔》《前出師表》《後出師表》《薦呂凱表》《廢李平表》《廢廖立表》、又、《臨終遺表》

---

① "出"，原誤作"伐"，據補編本、《諸葛丞相集》改。
② "法"，原誤作"性"，據補編本、《諸葛丞相集》改。下"法檢下"同。

《薦蔣琬密表》《追尊甘夫人爲昭烈皇后表》《街亭自貶疏》《上事疏》《公文與尚書》《與羣下教》、又、《答蔣琬教》《作斧教》《黜來敏教》《與張裔教》《稱姚伷教》，又《與參軍掾屬教》①，又《與關雲長書》《與杜微書》②《答杜微書》③《答李嚴書》、又、《與張裔、蔣琬書》、又、《與蔣琬、董允書》《與孟達論李嚴書》《與李豐書》《與劉巴書》《與孟達書》《與陸遜書》《與步騭書》、《與兄瑾書》九、《誡子書》、又、《誡外孫書》《與劉巴論張飛書》《與吳王書》《上先主書牋》，又、《遠涉帖正議》《絕盟好議》《作木牛流馬式》《交論》《黃陵廟記》《司馬季主碑》《南中紀功碑》《刀陰銘》《軍令》、又、《兵軍要誡》④《梁甫吟》。此外可考者，有《上昭烈帝諡議表》見《三國志》本傳。《與司馬懿書》見張儼《默記》。《與張嶷書》見《姜維傳》。《上後主論據武功表》見《水經注》。《甘戚論》見《華陽國志》。《讖記碑》"知吾心事者,惟有宋曹彬",見《宋碑》。《連弩法》《行鍋》《八分書》。

司徒許靖集二卷

靖字文休，汝南平輿人。昭烈即位，拜爲司徒。

今可考者，有《上先主玉璽》《勸進表》《與曹操書》《大漢樂金石志》《與交阯太守士燮書》《自表》。

征北將軍夏侯霸集二卷

霸字仲權，譙人。後主時，官至鎮北將軍。文佚無考。

孟達集三卷

達字公威。少與諸葛亮俱游學，以叛降魏伏誅。按達一字子敬，後以避昭烈帝叔父諱，⑤改名子度。

---

① "參軍"上原衍"張裔"二字，據補編本、《諸葛丞相集》刪。

② "微"，原誤作"瓊"，據補編本、《諸葛丞相集》改。

③ "答"，原誤作"與"，據補編本、《諸葛丞相集》改。

④ "軍"，原誤作"車"，據國圖本、補編本、《諸葛丞相集》改。

⑤ "諱"，原誤作"敬"，據補編本改。

今可考者，有《辭先主書》《薦王雄表》《與劉封書》《與諸葛亮書》《上堵吟》。《水經注》：達爲新城郡太守，治房陵故縣。有白馬山，達登之而嘆曰："劉封、申耽據金城千里，而更失之乎？"爲《上堵吟》。又劉表性好鷹，登此臺，歌《野鷹來曲》，聲似孟達《上堵吟》矣。

鎮東將軍費亭侯曹操集十卷

操字孟德，譙人。舉孝廉，遷南頓令。後封魏王，追諡武帝。

按：操雖自爲丞相，加九錫，封魏王，然卒於獻帝建安二十五年，其時魏國雖建，鼎祚未移，則操始終固漢臣也。書漢帝所授之官，係之漢末，所以削追諡之醜，亦以著丕之篡也。王粲、陳琳、劉楨、阮瑀、應瑒以下並終於建安，故附綴於末。

按：張天如《操集》目錄有《春祠令》《述志令》《軍譙令》①《嚴敗軍令》《重功德令》《建學令》《求賢令》《舉士令》《選舉令》《求逸才令》《求直言令》《封功臣令》《分給諸將令》《掾屬得失令》《效力令》《讓禮令》《抑兼并令》《禁比周令》《存恤令》《給貸令》《愼刑令》《禁絕火令》《禁鮮飾令》《百辟刀令》《修盧植墓令》《褒太山太守呂虔令》《表封田疇令》②《下田疇讓封令》③《與張範令》《徐晃假節令》《下州郡美杜襲令》《與辛毗令》《與邴原令》《辟王必令》《拜高柔爲理曹掾令》④《下諸侯長吏令》《諸兒令》《列孔融罪狀令》《丁幼陽令》⑤《表青州刺史劉綜令》《壽陵令》《遺令》《蠲河北租賦令》⑥《更始令》《讓九錫令》《遣使令》《褒賞令》《軍策令》、又、又、《鼓吹令》《論將令》《設官令》《賜夏侯惇伎樂名倡令》《褒夏侯淵令》《論功行封二荀令》《稱荀攸令》、又、《請鍾繇參軍令》《誅崔琰令》《省西曹令》《徐

---

① "令"字原脫，據補編本、明末刻《七十二家集》本《魏武帝集》（以下《魏武帝集》皆據此本）補。
② "表"字原脫，據補編本、《魏武帝集》補。
③ "封"下原衍一"爵"字，據補編本、《魏武帝集》刪。
④ "拜"，原誤作"辟"，據補編本、《魏武帝集》改。
⑤ "丁"，原誤作"下"，據補編本、《魏武帝集》改。
⑥ "賦"字原脫，據補編本、《漢魏六朝百三家集》補。

奕爲中尉令》①《諸子選官屬令》《蔣濟爲揚州別駕令》《蔣濟爲丞相西曹掾屬令》《棗衹子處中封爵令》《褒杜畿令》《原劉廙令》《内誡令》、又、《臨淄侯曹植犯禁令》《遺命諸子令》《與衛臻令》《議田疇讓封教》《授崔琰東曹掾教》《征吴教》《復肉刑教》《與張遼等教》《賜袁涣家穀教》《上言破袁紹表》《讓費亭侯表》《又讓封表》《讓增封武平侯表》《讓增封表》《讓還司空印綬表》《讓九錫表》《謝襲封費亭侯表》②《領兗州牧表》③《陳損益表》《拜九錫表》《請封荀彧表》《請封田疇表》《請卹郭嘉表》《獲宋金生表》《請封荀攸表》《請增封郭嘉表》《縻竺領嬴郡太守表》④《上獻帝器物表》《破袁尚上事》《上九醖酒法奏》《上雜物疏》《立卞夫人爲王后策》《與少府孔融書》《與太尉楊文先書》《與王修書》《與荀彧書》《報荀彧書》《與荀彧悼郭嘉書》、又、《與鍾繇書》《與荀攸書》《與閻行書》《報蒯越書》《答朱靈書》《報楊阜書》《報劉廙書》《答袁紹書》《答呂布書》《遺孫權書》、又、《與王芬書》《爲兗州牧上書》《報荀彧書》《與荀彧書》、又、又、又、《與諸葛亮書》《孫子兵法接要序》⑤《祭太尉橋玄文》《氣出唱》《精列》《度關山》《薤露》《蒿里行》《對酒》《短歌行》《苦寒行》《秋胡行》《善哉行》《却出東門行》《碣石篇》《觀滄海》《冬十月》《土不同》《龜雖壽》⑥《董卓歌詞》⑦。此外可考者，尚有《上書》陳蕃、竇武正直而見陷害，奸邪蓋朝，善人壅塞，操上書諫。《復上書》是歲詔書敕三府：秦州縣政理無效，民作爲謠言者罷之。操上

---

① "奕"，原誤作"變"，據補編本改。
② "謝"，原誤作"讓"，據補編本、《魏武帝集》改。
③ "表"字原脱，據補編本、《魏武帝集》補。
④ "嬴"，原誤作"赢"，據補編本、國圖本改。
⑤ "接要"二字，補編本無。
⑥ "雖"，原誤作"難"，據補編本、《魏武帝集》改。
⑦ "詞"，原誤作"詩"，據補編本、《魏武帝集》改。

書切諫。《奏事》《初學記》引魏王《奏事》"出門必用里門，面大道者名曰第。爵雖列侯食邑不滿萬户不得作第，其舍在軍中不得稱第"。《請州郡罷兵表》《理楊彪表》《禁用誹謗令》，又《報和洽論毛玠令》①《杜襲爲留府長史令》②《手書與吕布》《陌上桑》《謡俗詞》《東武吟》。

丞相掾王粲集十一卷　《世善堂書目》：十卷。

粲字仲宣，山陽高平人。獻帝西遷，從至長安。西京擾亂，乃之荆州，依劉表。後曹操辟爲丞相右掾。魏國建，爲侍中。建安二十二年春，病卒。所著詩、賦、論、議、③垂六十篇。《魏志》：粲善屬文，舉筆便成，無所改定，時人以爲宿搆。曹丕《與吴質書》：昔年疾疫，親故多罹其災。徐、陳、應、劉，一時俱逝。頃撰其遺文，都爲一集。仲宣獨自善於辭賦，④惜其體弱，不足起其文。至於所善，古今無以遠過。《金樓子》：仲宣在荆州，著書數十篇。荆州壞，盡焚其書，今存者一篇。《顔氏家訓》：吾初入鄴，與博陵崔文彦交游，⑤嘗説《王粲集》中難鄭玄《尚書》事，崔轉爲諸儒道之。始將發口，懸見排蹙，云："文集止有詩、賦、誄，豈當論經史事乎？⑥ 且先儒之中，未聞有王粲也。"《詩紀匡謬》：子桓《與吴質書》"徐、陳、應、劉，一時俱逝"，知數子盡卒於建安之年，藝文之序仲宣每云"漢王粲"可證。

按：張天如《粲集》目録有《游海賦》《登樓賦》《浮淮賦》《初征賦》《羽獵賦》《思友賦》《車渠盌賦》《迷迭賦》《柳賦》《槐賦》《鸚鵡賦》《鶡賦》《鶯賦》《傷夭賦》《出婦賦》《寡婦賦》《神女賦》《閑邪賦》⑦《大暑賦》《酒賦》《瑪瑙勒賦》《爲劉荆州與袁譚書》《爲劉荆州與袁尚書》《爲荀彧與孫權檄》⑧《七釋》《荆州文

---

① "又報和洽論"五字，原在後"長史令"下，據《魏武帝集》移置於此。
② "留"，原誤作"晋"，據補編本改。
③ "論議"二字原脱，據補編本、《三國志·魏志·王粲傳》補。
④ "獨"，原誤作"續"，據補編本、《三國志·魏志·王粲傳》改。
⑤ "文"，原誤作"及"，據補編本、《顔氏家訓》卷上改。
⑥ "史"，補編本、《顔氏家訓》卷上皆作"書"。
⑦ "邪"，原誤作"雅"，據補編本、明末刻《七十二家集》本《王侍中集》（以下《王侍中集》皆據此本）改。
⑧ "檄"，原誤作"書"，據補編本、《王侍中集》改。

學記》《務本論》《三輔論》《難鍾荀》《太平論》《儒吏論》《爵論》、又、《安身論》《務本論略》、《連珠》四首、《正考父贊》《反金人贊》①《刀銘》《研銘》《蕤賓鐘銘》《無射鐘銘》《鐘簴銘》《弔夷齊文》、《太廟頌》三首、《俞兒舞歌》四首、②《矛俞新福歌》《弩俞新福歌》《安臺新福歌》《行辭新福歌》《贈蔡子篤》《贈士孫文始》《贈文叔良》《思親詩》、《雜詩》四首、《七哀詩》三首、《咏史詩》《公醼詩》《從軍詩》五首。此外可考者，尚有《愁霖賦》《投壺賦》《圍棋賦》《贈楊德祖詩》《顏氏家訓》引"我君餞之，其樂洩洩"。《詩品》其源出於李陵，文秀而質羸。在曹、劉間，別構一體。方陳思不足，比魏文有餘。《竹林詩品》：王粲之作，如梗楠杞梓，輪囷離奇，夫豈細材哉？《安世詩》《玉海》：王粲所造《安世詩》，今亡。《阮元瑜誄》。

倉曹掾阮瑀集五卷

瑀字元瑜，陳留人。少受學於蔡邕。操召為軍謀祭酒，管記室書檄。建安十七年卒。瑀嘗為操書與韓遂，於馬上具草，書成，操覽筆欲有所定，而竟不能增。今可考者，有《止欲賦》《鸚鵡賦》《紀征賦》《箏賦》《為曹操與劉備書》《為曹操與孫權書》③《謝曹公牋》《立齊桓公神堂議》《為曹丕作書告》《文質論》《弔伯夷文》《駕出北郭門》《琴歌》、《文士傳》：太祖雅聞瑀名，辟之，不應，乃逃入山中。太祖使人焚山得瑀。太祖時征長安，大延賓客，怒瑀不與語，使就伎人列。瑀善解音，能鼓琴，撫弦而歌，為曲既捷，音節殊妙，歌曰："奕奕天門開，大魏應期運。青蓋巡九州，在東西人怨。士為知己死，女為悅己玩。恩義苟潛暢，它人焉能亂？"太祖大悅。按《文章志》瑀建安中初辭疾，得召即起，不聞有焚山事。操征荊州，瑀作書。十六年入關，而云得瑀在長安，瑀十七年卒，操次年進爵魏公，辭稱"大魏"，愈知其妄矣。《咏史詩》二首、《雜詩》二首、《七哀詩》《隱士苦雨》《公醼怨

---

① "贊"，原誤作"銘"，據《王侍中集》改。
② "四首"二字原脫，據補編本、《王侍中集》補。
③ "孫權"，原誤作"韓遂"，據補編本、明崇禎十一年刻《建安七子集》本《阮元瑜集》改。

詩》、失題二首。

軍謀祭酒陳琳集十卷 《世善堂書目》同。

琳字孔璋，廣陵人。袁紹辟之，使典密事。紹死，曹操辟爲軍謀祭酒，典記室。建安二十二年病卒。琳作諸書及檄文成呈操，操先苦頭風，是日病發，讀琳所作，翕然而起曰：①"此愈我病！"曹丕《與吳質書》：孔璋章表殊健，微爲繁富。《顔氏家訓》：陳孔璋居袁裁書，則呼操爲豺狼；在魏則目紹爲蛇虺。在時君所命，不得自專，然亦文人之巨患也。

今可考者，有《武庫車賦》②《神武賦》《止欲賦》《神女賦》《大暑賦》《瑪瑙勒賦》《迷迭賦》《柳賦》《鸚鵡賦》《大荒賦》張天如《琳集》目錄不載，《初學記》引"假龜筮以貞吉，問神謐以休祥"。《更公孫瓚與子書》《與臧洪書》《爲曹洪與世子書》《文帝集》序曰："上平定漢中，族父都護還書與予，盛稱彼方土地形勢。觀其辭，如陳琳所爲也。"《名世文宗》評云："按此書辭，因文帝疑其辭出陳琳，故辨其爲己作，則文帝所疑者，非此書也。此書之前必更有書，所謂盛稱彼方土地形勢者也。洪因爲彼窺其短長，故復以此書自明。觀其書時稱'琳頃多事，不能得爲'及'頗奮文辭'以下云云可見。"《爲曹操與韓遂書》《答張紘書》《爲袁紹拜烏桓三王爲單于版文》《答東阿王牋》《爲袁紹討曹操檄》③《檄吳將校部曲文》《應譏》《韋端碑》《飲馬長城窟行》、《游覽詩》二首、《宴會詩》。

《書錄解題》：丞相軍謀掾廣陵陳琳孔璋撰。按《魏志》文帝爲五官中郎將，及平原侯植皆好文學。昔山陽王粲仲宣、北海徐幹偉長、廣陵陳琳孔璋、陳留阮瑀元瑜、汝南應瑒德璉、東平劉楨公幹並見友善。自邯鄲淳、繁欽、路粹、丁廙、楊修、荀緯等，亦有文采，而不在此七人之列，世所謂建安七子者，自王粲而下纔有六人，意子建亦在其間，而文帝《典論》則又以孔融居首，並粲等謂之七子，植不與焉。

---

① "而"字原脫，據補編本、《三國志·魏志·陳琳傳》補。
② "武庫車賦"，補編本、民國十年刻《楚州叢書》本《陳孔璋集》皆作"武軍賦"。
③ "討曹"，原誤作"封東"，據補編本改。

五官中郎將文學劉楨集四卷

楨字公幹,東平人。辟丞相掾。丕嘗請諸文學,酒酣,命甄后出拜,坐中皆伏,楨平視。操收楨,減死,輸左作。著詩、賦數十篇。《與吳質書》:公幹時有逸氣,但未遒耳。

今可考者,有《魯都賦》《遂志賦》《黎陽山賦》《瓜賦》《初學記》引《瓜賦》序:在曹植坐,廚人進瓜,植命爲賦,促立成。《大暑賦》《清慮賦》、《初學記》引"錯華玉以茇屋,①駢雄黃以爲堲。紛以瑤藥,糅以玉黃"②,"結東阿之扶桑,接西雷乎燭龍。上青腰之山,蹈琳珉之塗。玉樹翠葉,上棲金烏"。《答太子書》二、《與臨淄侯書》《諫曹植書》《文選》陸韓卿《奉答内兄希叔詩》注引。《磨石對》見《文士傳》。《答太子索廓落帶書》《公讌詩》、《贈五官中郎將》四首、《贈徐幹》一首、《贈從弟》三首、《雜詩》《鬥雞》、《射鳶》、《失題》二首、《思友》見鍾嶸《詩品》。《處士文國甫碑》。此外尚有《御覽》引《天地無期竟》一首,《北堂書鈔》引"旦發鄴城東"四句,《蓋》引"攬衣出邑去,素蓋何翩翩"句,《初學記》引"玄雲起高岳,終朝彌八方"句,《春》引"初春含寒氣"句。《詩品》:其源出於古詩。使氣愛奇,動多振絶。真骨凌霜,高風跨俗。③但氣過其文,雕潤恨少。然自陳思以下,楨稱獨步。《竹林詩評》:劉楨之作,朗潤清越,如摐金考石,故宜稱於建安。

尚書右丞潘勖集二卷

勖字元茂,陳留中牟人。《文章志》:勖初名芝,改名勖。獻帝時,爲尚書郎,遷東海相,未發,拜尚書右丞。

今可考者,有《玄達賦》、謝靈運《儗陳琳詩》注引。《魏公九錫文》《荀彧碑》《齊故安陸昭王碑》文注引。《連珠》《文心雕龍》叙連珠曰:"賈逵、杜篤、劉珍、潘勖欲穿明珠,多混魚目。"《符節箴》。見《文心雕龍》。

丞相主簿繁欽集二卷

欽字休伯,潁川人。少以文辨知名,以豫州從事稍遷至丞相

---

① "屋",原誤作"座",據《初學記》卷二十七改。
② "糅以玉黃",原誤作"揉以千黃",據《初學記》卷二十七改。
③ "俗",原誤作"佗",據補編本改。

主簿。欽既長於書記，又善爲詩賦。建安二十三年卒。

今可考者，有《秋思賦》《弭愁賦》《征天山賦》《建章鳳闕賦》《暑賦》《述行賦》《避地賦》《三胡賦》《述征賦》《桑賦》《柳賦》《與魏世子書》《辨惑》_{《文選》陸機《辨亡論》注引。}《嘲應德璉文》_{按《文心雕龍》"應瑒之鼻，方於盜削卵"即此文中語，黃叔琳注未及引。}《爲文叔良移檄零陵》《川里先生訓》《祠先主訓》《丘儁碑》《尚書箴》《威儀箴》《研頌》《研贊》《定情詩》《勸誡詩》《雜詩》《贈梅公明詩》一首、《槐樹詩》。_{《北堂書鈔・雪》引《繁欽集》"陰雲起兮白雪飄"。}

五官中郎將文學徐幹集五卷

幹爵里見前《中論》注，建安二十二年卒。_{《與吳質書》：偉長獨懷文抱質，恬澹寡欲，有箕山之志，可謂彬彬君子矣。}

今可考者，有《嘉夢賦》_{《初學記・漢水》引"昔嬴子與其交游於漢水之上，其夜夢見神女。"}《西征賦序》《征賦》《齊都賦》《車渠盌賦》《玄猨賦》《漏巵賦》《橘賦》《團扇賦》《哀別賦》《法象論》《制王公以下奴婢限數及禁百姓任踐田宅議》《七喻》《行女哀詞》_{建安中曹丕與臨淄侯植各失穉子，命公幹、偉長製哀詞。}《室思詩》_{《詩紀匡謬》：徐幹《室思詩》，其第三章曰："自君之出矣，金翠闇無精。"《藝文類聚》亦題曰"儗室思"，則此詩之爲《室思》無疑也。今遽以前五篇爲雜詩，而獨以"人靡不有初"爲《室思》，誤也。}《爲挽船士與新娶妻別詩》《答劉楨詩》_{《詩品》：偉長與公幹往復，雖曰以莛扣鐘，亦能閑雅矣。}《情詩》。_{《文選》沈休文《齊安陸昭王碑文》注引。}又《北堂書鈔・夏》引徐幹佚句"陶陶朱夏德，草木昌且繁"。

丞相主簿楊修集二卷

修字德祖，弘農人，太尉彪子。曹操以修前後漏洩言教，交通諸侯，乃收殺之。著爲賦、頌、碑、贊、哀、誄、表、記、書十五篇。

今可考者，有《出征賦》《神女賦》《許昌宮賦》_{亦作"頌"。}《節游賦》《大暑賦》_{曹植作《大暑賦》，修亦爲之。既成，終日不敢獻。}《傷夭賦》_{《文選》潘安仁《悼亡詩》注引。}《孔雀賦》。_{《序》：魏王園中有孔雀，久在池沼，與}

衆鳥同列。其初至也，甚見奇偉，而今行者莫眡。臨淄侯感世人之待士，亦咸如此，故作賦以明志，并見命及，遂作賦。《五湖賦》《水經注》引。《司空荀爽述贊》《答臨淄侯牋》《爲臨淄侯前後條答教令》。

丞相掾應瑒集五卷

瑒字德璉，汝南人，劭姪。① 曹操辟爲丞相掾，後爲五官中郎將文學。建安二十二年卒。《與吳質書》：德璉常斐然有述作之志，其才學足以著書，美志不遂，良可痛惜！應休璉終於魏明帝時，故不錄。

今可考者，有《贊德賦》《愍驥賦》《迷迭賦》《靈河賦》《正情賦》《征賦》《馳射賦》《鸚鵡賦》《愁霖賦》《喜霽賦》《西狩賦》《校獵賦》《車渠盌賦》《楊柳賦》《神女賦》《文質論》《報龐惠恭書》《弈旨釋賓》《文選·辨命論》注引。《檄文》、《北堂書鈔·軍容》引。《報趙淑麗》一首、《公醼詩》、《侍五官中郎將建章臺集詩》二首、《別詩》二首。

軍謀祭酒路粹集二卷

粹字文蔚，陳留人。少學於蔡邕。建安初，爲軍謀祭酒。十九年，從軍至漢中，坐違禁賤請騾伏法。

今可考者，有《枉奏孔融》。按：孔北海見虎賁中郎將貌似蔡邕，引置座上，曰："雖無老成人，尚有典型。"粹親受學於邕，而甘心鷹犬，枉奏孔融，違禁請騾，罪不至死，卒以此伏法，蓋權奸之於小人也。當其得志恣睢，引爲羽翼，藉以誅鉏善類，而其心固已厭而薄之矣，一旦犯法誅戮，不少貸，爲小人者可不戒哉！

右集類，共二百八十六卷。

按范《書》本傳有載疏奏數篇者，有錄詩賦一二首者，其餘第撮其大略，史體固應爾也。王深寧《玉海》於諸集下略載著述，然采擇尚多未備，兹據袁宏《後漢紀》、《東觀漢記》、裴松之《三國志注》、《文選注》、《初學記》、《藝文類聚》、《北堂書鈔》、《太平御覽》、《白帖》、《文獻通考》、《東漢文類》、《古文苑》、《續文

① "姪"，原誤作"子"，據《後漢書·應奉傳》改。

選》所引、及張天如《百三家集》所載，廣爲蒐輯，於各集下分類而條次之，吉光片羽，彌可珍貴，俾好古之士按圖索驥，有所考焉。它若楊終、有《雷電之意賦》《神雀賦》《制封禪書》《寬刑還成疏》《獄中上書自訟》《戒馬廖書》《生民詩》《晨風詩》《孤憤詩》。侯諷、有《神雀賦》，見王充《論衡》。劉玄、明帝時人，有《簀賦》，見馬融《長笛賦序》。李勝、字茂通，有詩、頌、論數十篇，可考者有《王祐誄》，見《華陽國志》。臨邑侯劉復、有《漢德頌》。曹衆、字伯師，扶風人，有誄、書、論四篇。曹朔、有《漢頌》四篇。劉睦、有《終始論》、賦、頌數十篇。夏恭、有詩、賦、《勵學》二十篇。夏牙、有賦、頌、贊、誄四十篇。王符、有《羽獵賦》。王充、有《果賦》，見任昉《述異記》。劉廣世、有《七興》。桓彬、有《七説》。趙岐、有《監賦》、《厄屯詩》二十三章、《連珠》四十章、《與友書》《病中遺令》《三輔決録序》《守邊策》《禦寇論》《壽藏頌》。邊讓、有《章華臺賦》一篇。崔烈、著詩、書、教、頌凡四篇。服虔、有賦、誄、碑、書、記、連珠十餘篇。趙商、有《鄭康成學書》《遺闕文》《譏詩賦》、書二十餘篇，李密爲之釋。秦嘉、有《述昏詩》、《贈婦詩》五篇、《與婦書》。徐淑、有《答夫秦嘉書》、《答夫詩》一篇。馬融女芝、司徒袁隗妻也，有《申情歌》一篇。蘇伯玉妻、有《槃中詩》一篇。竇玄妻、有《怨歌》一篇、《與玄書》。仲長統、有《樂志論》《樂志詩》《社主非句龍議》。龐德公、有《於忽歌》二篇。費禕、有《麥賦》《甲乙論》。郤正、有《釋譏》《姜維論》。秦宓、有《帝系辨》《皇帝王霸》、《養龍説》三篇、《答李權借戰國策書》《與王商書》《答王商書》《奏記劉焉》。劉修、修字季緒，表子，著詩、賦、頌六篇。杜秦姬、有《教子書》《戒諸女及婦》。諸人無專集者附識於此。其諸帝詔令、璽書、制策、告勅及諸臣上書、疏、奏、封事、對策、論、議、書、牋、奏記、檄、移、嘲、答、箴、銘、頌、碑、誄、哀弔，各以時次另編作一卷。

附　曹丕集二十三卷　《隋志》：十卷。

丕字子恒，操稱魏王，立爲王太子。建安二十五年三月，逼帝禪位，在位四年，僞謚文帝。丕好學，所著述百篇，又使諸儒集經傳隨類相從，凡千餘篇，名曰《皇覽》。案：《漢魏百三家》有刊本。

曹叡集十卷 一作七卷。
叡字元仲。丕死,嗣僞位。景初二年正月死,僞謚明帝。

曹髦集二卷
髦字彥士,初封高貴鄉公。司馬師既廢芳,立之。後討司馬昭,爲賈充帳下督成濟所弒。

曹植集二十卷 又三十卷
植字子建。初封臨淄侯,丕嗣位,改封鄄城。明年,徙封雍丘。曹叡時,徙封東阿,又徙封陳留。謚曰思。

司馬懿集十卷
懿字仲達。魏大都督太傅,晉受禪,謚宣帝。

華歆集二十卷
歆字子魚,平原高唐人。獻帝時,參操軍事,入爲尚書令。丕篡漢,由相國拜司徒。建興九年卒。

王朗集三十卷
朗爵里見前經部周易類。

邯鄲淳集二卷
淳字子叔,一作子篤,一作子竺。潁川人。八體悉工,師曹喜,尤精古文、大篆、八分、隸書。自杜林、衛宏以來,古文泯絕,由淳復著。

桓範集二卷
範字元則。建安末,爲羽林左監。以有文學,與王象等典集《皇覽》。曹芳時爲大司農,曹爽之敗,爲司馬懿族誅。

鍾毓集二卷
毓字稚叔,累遷黃門侍郎,出爲魏郡太守,遷徐州刺史,卒。

鍾會集十卷
會字士季。司馬昭輔政,爲黃門侍郎,遷司隸校尉,與鄧艾伐漢,誣殺艾,尋以謀反伏誅。會嘗作《易無互體論》,著書二十篇,名曰《道論》,實刑名家也。

陳群集三卷
群字長文,前後數陳得失,爲司空,錄尚書事,薨。

盧毓集五卷
毓字子家,涿郡人。官黃門侍郎,歷濟陰相,梁、譙二郡太守,遷吏部尚書僕射,進司空,封容城侯,延熙末卒。

王肅集五卷
肅爵里見前。

何晏集十卷
晏字平叔,南陽人。尚金鄉公主,官散騎常侍,遷尚書主選。曹爽之敗,爲司馬懿斬於東市。① 晏少知名,好莊言,作《道德論》及文賦數十篇。

王弼集五卷
弼爵里見前。

應璩集二卷
璩字休璉,瑒弟,博學屬文,喜爲書記。曹爽秉政,多違法度,璩爲《百一詩》以諷焉。再爲侍中典著作,卒贈衛尉。案:漢魏百三家有刊本。

劉廙集二卷
廙字君嗣,安樂人。辟丞相掾,轉五官中郎將。獻帝末,遷侍中,著書數十篇,與丁儀共論刑禮,皆傳於世。

吳質集五卷
質字季重,濟陰人。官至振威將軍,假節督河北諸軍事,封列侯。

---

① "斬",原誤作"軒",據國圖本改。

劉劭集二卷
　　劭字孔才，邯鄲人，官至陳留太守。

繆襲集五卷
　　襲字熙伯，東海人。博士斐子，有才學，多所著述，官至尚書光禄勛。

杜摯集一卷
　　摯河東人，著有文賦。

孫該集二卷
　　該字公遠，任城人。好學博文，著《魏書》，終魏郡太守。

傅嘏集二卷
　　嘏字蘭石，北地泥陽人，辟陳群司空掾。曹芳時，除尚書郎，遷黄門侍郎，守尚書僕射，封易鄉侯，卒年四十七。

高堂隆集十卷
　　隆字升平，太山平易人，魯高堂生之後也。曹叡時為給事中、博士，累官散騎常侍，遷侍中卒。隆經學淹通，尤精《三禮》，與王肅詰難，反覆數十萬言。叡使隆草封禪儀，會卒。叡曰："天不欲吾事之成耶。"

王修集二卷
　　修字叔治，北海營陵人。孔融召為主簿，守高密令，辟曹操司空掾，行司金中郎將，遷魏郡太守，入為大司農郎中，病卒。

母丘儉集二卷
　　儉字仲恭，河東聞喜人。曹芳時，鎮東將軍都督揚州起兵討司馬師，兵敗夷三族。

傅巽集二卷
　　巽字友悌，曹芳時官侍中。

丁儀集二卷
　　儀字正禮，沛人。曹操奇其才，數典議論，尋辟為掾。

丁廙集二卷　一作《丁黃門集》。
廙字仲禮,儀弟,官黃門侍郎。

袁渙集五卷
渙字曜卿,扶樂人。舉茂才,拜沛南部都尉、[①]丞相軍謀祭酒。魏國建,拜郎中令。著書十餘萬言。

袁淮集二卷
淮字孝尼,渙子。

李康集二卷
康字蕭遠,中山人。著《游山九吟》《運命論》。叡異其文,遂起家爲尋陽長,有美績,卒。

卞蘭集二卷
蘭字子玉,官太子文學。

韋誕集三卷
誕字仲將,京兆人,官尚書。

曹羲集五卷　一作《中領軍集》。
羲字子沖,曹芳時冠中領軍。

夏侯元集二卷　一作《夏侯太常集》。
元字太初。曹爽之敗,爲司馬懿族誅,著《樂毅張良論》及《本無肉刑論》。

夏侯宏集二卷
宏,元族子,官樂安太守。

士燮集五卷
燮爵里見前。

張温集五卷　《江南通志》作《張中郎集》六卷。
温字惠恕,吳郡吳人。吳選曹尚書、太子太傅,後下獄病卒。

---

① "沛"下原衍一"相"字,據《全上古三代秦漢三國六朝文·後漢文》刪。

張昭集三卷

昭字子布,彭城人。孫策創業,命昭爲長史,撫軍中郎將。文武之事,一以委昭。

虞翻集三卷

翻爵里見前。

張紘集一卷

紘字子網,廣陵人。吳侍御史,會稽都尉,卒年六十,著詩、賦、銘、誄十餘篇。

駱統集十卷

統字公緒,會稽義烏人,官至濡須督。

韋昭集二卷 一作《高陵亭侯韋曜集》,避晋諱也。

昭爵里見前。

姚信集十卷

信爵里見前。

華覈集三卷

覈字承先,吳郡武進人。以文學爲秘府郎,遷中書丞、東觀令,領右國史,以譴免,數歲,卒。

薛綜集二卷

綜字敬文,沛郡竹邑人。吳太子少傅,選曹尚書,所著詩、賦、難、論數十萬言。又定《五宗圖述》《二京解》,皆傳於世。

胡綜集二卷

綜字偉則,汝南固始人。年十四與孫權同席研,後典軍國機務。權稱尊號改元,①黃龍作大牙,命綜賦之。天子遣使來聘,綜爲誓文,二義甚美。自嗣事以來,文誥策命、來往

_____

① "稱尊",原誤作"借",據國圖本改。

書符,皆綜所作。官至偏將軍、左執法,延熙六年卒。

暨艷集二卷　一作《暨選部集》六卷。

艷字子休,吳郡吳人。張溫薦爲選曹郎,遷尚書,坐事自殺。

謝承集四卷

承字偉平,爲吳郡督郵,遷長沙都尉,一作長沙太守。博物洽聞,下筆儁妙,撰《後漢書》一百三十卷。

張儼集二卷　一作《張侍中集》。

儼字子即,吳人。弱冠知名,博聞強識,官至大鴻臚。

盛翁子集五卷

彥字翁子,廣陵人。

閔鴻集三卷　《通志》作《閔徵士集》。

鴻字文林,廣陵人。名列五後,後入洛,二陸曰:"若非龍駒,當是鳳雛。"

陸丞相集五卷

凱字敬風,遜族子,官大都督、丞相,雖在軍旅,手不釋書。

陸景集一卷

景,凱子。

楊泉集二卷

泉字德淵,著有《蠶賦》《五湖賦》《墓祭議》《物理論》。

殷褎集二卷

褎字元祚,滎陽令。廣築學館,會集朋徒,民知禮讓。

殷巨集二卷　《隋志》作《交趾太守殷巨集》二卷。

巨字元大,吳北征虜將軍。